경영전략

현대 경영의 핵심을 꿰뚫는 왕의 전략

임득수

KING'S MANAGEMENT STRATEGY

박영사

PREFACE

머리말

전략은 왕의 것이다

경영전략은 향후 경영을 어떻게 해나갈 것인가에 대한 큰 그림이자 철학이다. 경영전략의 수립은 그것을 구체화하는 과정이다. 경영전략을 수립하는 데에는 과거 사용해보았던 어떤 전략 수립방법론이 있었고, 현재의 외부 환경분석과 VUCA(Volatility, Uncertainty, Complexity, Ambiguity)로 대변되는 내부 환경분석을 수행하여야 한다. 환경들은 훨씬 커진 변동성, 불확실성, 복잡성, 모호성을 내포하고 있으며 이들은 내부 자원으로 극복하여야 한다. 기술 발전, 글로벌 경쟁 심화, 팬데믹, 기후 변화 등 예측 불가능한 변수들이 끊임없이 등장하고 기업은 이들 환경 변화에 즉각 대응하지 못하면 어려움에 빠지는 경우가 많다. 위기는 타개하고 앞으로의 밝은 장밋빛으로 나아가게 하는 것, 어떤 경쟁에서도 이기고 성공하게 하는 것, 그것이 왕이 백성에게 선사할 선물이다.

왕은 전략을 잘 짜야 한다. 스스로 짜야 하며 최종적으로는 자기화하고 스스로 전략이 되어야 한다. 내가 가진 자원 병력을 잘 활용하고 많은 군사로 쉽게 이기기도 하고 적은 군사로 승리를 가져오기도 한다. 대부분의 전략은 전략가들이 짜게 된다. 군에서는 모사요, 전략 참모들이며, 기업에서는 전략통이라 하는 경영 기획가들이다. 그런데, 잘 짜여진 경영전략에는 가끔 쓸 만한 것이 있기도 한가 보다. 유명 경영인이 말한 "전략은 잘 실행하면 성과가 개선될 수 있는 것이 있다"(두산인프라코어 김용성 사장)는 정도이다. 신기술을 통하여 비교적 짧은 기간에 세계 경제의 핵심축으로 등장한 애플, 메타, 인스타그램, 구글, TSMC 및 우리나라의 쿠팡, 셀트리온 등도 있다. 삼성전자는 이병철 선대회장의 구국 일념으로 반도체에 투자하여 우리나라 세수의 20%[1]를 넘는 납세 공룡으로 키웠는데, 이들 기업들이 잘 짜여진 기업 전략이라도 가지고 그런 성과를 거두었는지 또 그 전략대로 되었을지는 미지수이다.

기업의 미션과 비전이 향후 경영을 어떻게 해나갈 것인가에 대한 큰 그림이며 철학이라 한다면 경영전략은 이제 과거 어떤 전략 수립방법이 있었고 기업 외부 내부 환경분석에, 지금의 아이디어를 잔뜩 붙여 수립한 전략서는 실상은 그 작성과 동시 폐물이 되고 만다. 전략의 작성과정 중 여러 가지 조사나 추론 및 아이디어를 모집하는 과정에서 나타났던 어느 특정 단초들은 실제 경영에 따라 순발력으로 작용할 뿐이다. 방법론에 연연하는 기업은 이미 병이 깊은 상태로 쇠퇴의 길로 가고 있는 중증 상태의 기업이라 할 것이다.

삼성의 경우는 선대 이병철 회장의 '인재제일(人才第一)', '사업보국(事業報國)'의 사훈[2] 속에 녹아있는 국가관과 이를 실현하기 위한 통찰력의 힘이 곧 전략이었고, 기업 융성의 근원이었다고 보아야 할 것이다. 기업이 그때그때 만든 전략서는 기본 전략의 변두리이며 참고자료일 뿐이다.

전략서들은 물론 참고는 될 수는 있다. 이것은 제한적으로 활용될 수 있을 뿐, 전략가라는 사람들의 전유물이며 '식층론(識層論, 지식인들의 논쟁)' 정도에 불과하다고 볼 수 있다. 수립된 모든 전략은 조금씩 CEO의 마음에 남아 별도의 내재적 전략 체계를 구성하고 시행될 뿐이다. 그만큼 디테일하지도 못하다. 따라서 수립되고 쓰여진 전략은 전략가들의 것이며, 진짜 기업을 이끌고 가야 할 전략은 CEO의 가슴 속에만 있다. 전략은 왕만의 것이라는 말이다.

전략이 무용함에도 왜 본인은 경영전략 책을 저술하는가? 본서에서 경영전략의 무용론을 주장하되, 적은 아니더라도 '경영을 조금이라도 개선시킬 수 있도록 전략이 수립될

1) 100대 상장 대기업의 법인세 부담률과 삼성전자의 부담률 비교(삼성전자 부담률/100대기업 부담률) 2013년: 32.5/29.2%, 2014년: 35.1%/29.9%, 2015년: 26.6%/26.1%, 2016년: 17.6%/24.3%, 2017년: 27.4%/23.3% taxwatch, 2023, 2024년도 각 세금부담(개별) △78,655억원, △18,329억원. (△는 환급을 의미) 출처: 금감원 공시자료

2) 임득수(1987), 한국의 경영이념 정립을 위한 서론적 시론, p.50

수 있으면...' 하는, 그리고 그 작성과정 속에서라도 경영자에게 조금이라도 도움을 줄 수 있으면 좋겠다는 기대나 욕심 때문에 펜을 잡았다.

TSMC가 삼성전자를 추월하기 시작한 것은 그들의 '제한 없는 유능한 인재영입'에 있다고 볼 수 있다. 사실은 이것이 진정한 전략이다. 필자가 TSMC를 방문했을 때만 해도 삼성전자에 많이 떨어져 있었고, 경쟁 상대를 삼성전자라 하기도 했다. 기업은 why to do(왜 하는가)가 정립되어야 what to do(무엇을 하는가)가 있을 수 있고 how to do(어떻게 하는가)가 생길 수 있다. know-why와 know-what가 있어야 know-how의 의미가 생긴다. TSMC의 성공은 why to do의 부산물이다.

규제

우리나라의 경우 전략의 최우선에 감안하여야 할 것은 규제일 것이다. 사업은 대부분 기술로 시작되는데 기술을 내세워 창업을 하려고 하는 신산업에 대한 규제가 너무 많기 때문이다.

예를 들어 삼성전자의 경우 평택 반도체 공장 송전선로 갈등(서안성-고덕 송전선로), 반도체 공장 백혈병 사례, 삼성중공업 거제조선소의 중대 재해 등은 시민사회 및 환경 단체의 반발과 규제에 직면한 사례들이다. 잘잘못을 논할 것은 아니다. SK하이닉스는 용인 반도체 클러스터 전력 공급 지연, 이천 공장 증설 시 수도권 환경 문제로 인한 건설 지연 등을 겪었다. 한국전력공사는 신규발전소 건설 지연, 동해안-수도권 HVDC 송전선로 건설 및 하남시 변전소 신설 인허가 불허로 인한 지연, 밀양, 정읍, 함평 등의 지연사태 등을 경험하였다. 한국수자원공사는 4대강 사업 논란, 댐 건설 및 상수원 보호구역 관련 논란 등으로 규제나 주민들의 반발이 사업과 혼재되어 묻혀 있다. 이러한 사례들은 경영들이 내 사업에도 그런 일이 있을 수 있다는 것을 반드시 감안해야 할 사항들이다.

한편, 아래 기술들은 세계적 우수 기술로 인정을 받았음에도 국내 규제로 인해 국내에서 사업을 하지 못하고 해외로 발걸음을 옮긴 사례들이다.

• 표 1 규제로 국내 사업 막힌 우수스타트업

기업	핵심기술	국내규제	사업현황
팻나우	반려동물 스마트폰 인식·등록	반려동물은 스마트폰 등록 불가	미국·캐나다 진출
오름	휴대용 소형 엑스레이 장비	차폐실에서 전문가만 취급 가능	미국·인도 진출
한국NFC	카드 단말기 없이 스마트폰 결제	비사업자 카드거래 금지 유권해석	미국·대만 진출

위에 예시한 기업 중 펫나우는 2018년 설립하여 2022년 세계 최대 전자·정보기술 전시회(CES)에서 스마트폰을 이용해 반려동물의 비문(코 무늬)을 식별하는 기술로 최고 혁신상을 받았다. 이 생체 인식 기술로 반려동물을 등록한 후 유사시 쉽게 찾을 수 있는 서비스 사업에 대한 기대로 부풀어 있었으나, 동물보호법(동물등록번호체계관리 및 운영규정)에서 동물 등록 방법을 외장형 및 체내 삽입형(내장형) 무선식별 장치로 한정하고 있어 이 기술을 목적 용도로 활용할 수 없게 되었다. 결국 엄청난 위험과 비용을 감수하며 미국과 캐나다로 진출할 수밖에 없었다.

의료장비 제조업체 오름은 휴대용 X레이 장비 '마인'을 개발하여 중동 최대 스타트업 경연대회인 '비반(BIBAN) 2023'에서 2위에 올랐다. 이 기술은 폴라로이드 카메라만한 크기로 야외 인명 구조현장에서 활용할 수 있고, 방사선 피폭량도 거의 없다는 점이 주목을 받은 것이다. 그러나 현행법에 X레이 장비는 별도의 차폐실을 두고 의사나 방사선사 등 관련 전문가만 다룰 수 있도록 돼 있어 미국과 인도로 위험과 비용을 부담하며 진출하였다.

그럼에도 경영전략은 기업에 약간의 도움이라도 줄 수 있도록, 좀 더 폭넓은 지식 범위를 가지고 전략 수립방법을 연구해야 한다. 기술과 환경, 그리고 이를 다루는 기초지식에 관한 내용이 전략에 녹아 함께 연구되고 있다.

노블레스 오블리주

기업은 이미 주주만의 것도 종업원만의 것도 아니다. 사랑과 배려의 대상인 고객과 하나뿐인 제품인 지구 보존을 위한 비용이 제품 원가에 포함되어야 한다. 우리에게는 이미 오래전 이를 실현한 선각자가 있다. 진정한 의미의 노블레스 오블리주(noblesse oblige)를 실현한 유일한(1895~1971) 박사는 유한양행을 설립(1926)하여 1939년 최초로 종업원 지주제를 도입하였고 그의 1969년 은퇴 시에는 전문경영인에게 온전히 경영을 넘긴 진짜 신사로, 기업에 종사하는 모든 사람은 하나의 공동체라고 했고 납세의무 및 탈세를 엄중 경계하였다. 그의 생전 부정과 불법이 성행하던 그 시기에 정밀 세무조사를 받았지만 털어도 먼지 한 톨 나오지 않을 정도였다고 하며, 당시 조사팀장은 "한국에 이런 기업이 있나 싶을 정도였다"고 회고하기도 하였다.

아울러 기업은 이익을 그 기업을 키워준 사회에 환원되어야 한다고 하였고 가족에게는 남겨준 자산도 회사의 직책도 없이 자신의 사전(死前)에 전원 해고하였으며 본인이 가지고 있던 유한양행 주식 55%는 사회 및 교육사업에 기증하였고 나머지는 유언으로 100% 사회 및 교육신탁에 기증, 사회기업의 본을 보이신 분이다.

우리가 지금 ESG 경영을 말하지만 현재의 ESG 경영보다 이미 60년 전인 1960년대에 지금 우리가 논하는 ESG 경영보다 훨씬 더 사회·환경친화적 경영을 실현한 것이다. 즉, 하나뿐인 지구를 위한 ESG 경영을 이제야 추진하는 것은, 이미 지구 온도는 올라갔고 기후 이변, 극지의 얼음 붕괴 등의 재앙이 가속되고 있는 지금 늦은 감이 있다. 응당 경영이념과 전략, 미션, 비전은 이를 포함하여야 하는 것이다.

아나톨 칼레츠키(Anatole Kaletsky, 1952.6.1~)는 그의 『자본주의 4.0: 새로운 경제의 탄생』, 「The birth of New Economy」(2010)에서 '나눔과 배려의 따뜻한 자본주의'를 표방하며 공동체의 상생과 조화를 이야기하고 공감을 얻었다. 그러나 이미 우리나라에서는 일제 강점기인 1939년, 그의 저서 2010년보다 무려 70년 이상 앞서 이를 행동으로 옮긴 위인이 있었다는 사실은, 이미 우리나라 기업의 사회 정신이 세계를 훨씬 앞서갔다는 것을 의미한다. 따라서 우리의 경영 전략론은 반드시 기업의 사회 도덕과 규범을 이끌어 가는 사회 책임을 중심에 두고 전개되어야 한다. 본서는 그렇게 구성되었다.

경영자의 지식 범위

기술자들은 그들이 가슴속에 그가 세웠거나 세우는 데 기여한 회사의 비전을 품고 기업의 밝은 미래를 생각한다. 연구개발에 종사하는 이들은 연구 결과의 남다른 성과를 기대한다. 기업의 성장은 대내외로부터 기업과 제품에 대한 좋은 평가와 양질의 자금 조달 및 구성원이 총체적 일체가 된 적정한 기업 이익 아래 이루어지는 것이다.

그러기 위해서는 구체적 지식도 필요하다. 기업의 연구·개발비를 회계상 이연할 수도, 당기 비용으로 처리할 수도 있음에 따라 그 처리가 회사 이익 관리에 융통성을 줄 수 있으며, 고객 관계에 영향을 미치는 여러 가지 지식을 가지고 경영에 임하면 좋을 것이다. 생산을 담당하는 종사자들은 그들의 모션 하나하나가 타사와 대비되는 경쟁력이고 원가절감은 기업의 이익으로 현현되며 결국은 자신들의 비전에까지 합치된다는 것을 명확히 인식할 필요가 있다. 경영자의 지식이 깊을수록 결정력의 확보, 의사결정의 질 향상, 혁신 및 성장촉진, 조직문화 형성 등 경영의 여러 측면에 영향을 미치게 된다.

중요한 미래가치

미래가치에 대한 부분은 더 없이 중요하다. 스타트업(Start－Up) 등 기업의 미래가치가 1조가 넘는 벤처기업을 유니콘이라 한다. 기업들에게는 도약을 위한 전략 또한 중요하다. 기업가치는 현재의 기술에 대한 미래의 평가이다. 이 평가를 더 우월하게 받아내기 위해서는 현재 기술의 발전적 진보성이 필요하다. 이는 독립된 기업의 경우만 해당되지 않는다. 대기업들이 사업부를 조정하여 경쟁력을 위한 이합집산을 하는데, 이들 사업부를 하나의 독립채산, 책임 중심점으로 구분하고 이 미래가치를 구분해 볼 필요가 있다. BCG Matrix의 경쟁력 판단도 좋다. 현재는 'dog' 또는 '?(물음표)'에 있으나 구조조정 등에 의하여 미래 Cash Cow나 Star로 옮겨질 수 있는지, 이 기술에 대하여 현재 진행되고 있는 다른 기업들의 움직임에 대한 검토가 제대로 수행되고 있는지도 판단이 필요한 것이다.

경영전략의 취급 범위

경영전략은 초기에는 기업의 대외전략에 초점이 맞추어져 있었다. 그러다가 경영전략 서적이나 논문들이 주로 다룬 것이 기업의 외부 환경분석에 내부 자원을 포함시키기 시작하였고 전략적 제휴나 합작 또는 M&A에 대하여 관심을 가지기 시작하였다. 이 중간 과정으로 아웃소싱과 수직적 통합을 다루었다. 그러나 현재 경영은 자산이 수십조 또는 수백조를 능가하고 매출도 그 정도의 규모를 보이고 있기 때문에 이들 기업들은 이미 그 동안의 경영전략론이 다루었던 범위를 초과한다. 이제는 외부 환경을 분석하여 내부 자원으로 대응전략을 세워야 하는 단계를 벗어난 기업들이 국내외를 불문하고 허다하며, 이들에게는 세계 Top을 향한 기업 내부 역량 및 기업을 전체인 하나로서의 경쟁력 확보와 보유 자원 기반 핵심역량 개발에 초점을 맞추고 있다. 이때는 조직 간의 시너지가 문제이며 성장할 대로 성장한 기업, 또는 분명한 미래 산업에서 덩어리 경쟁력 창출을 위한 리밸런싱이 주효한 전략이 된다. 이때는 "The best way to predict the future is to create it. 미래를 예측하는 가장 좋은 방법은 미래를 창조하는 것이다."라 한 에이브러햄 링컨의 지적처럼 불확실한 미래는 창조하며 만들어가는 것이 쉬울 수 있다. 제이 바니(Jay Barney)는 그의 기업자원과 지속가능한 경쟁우위(Firm Resources and Sustained Competitive Advantage, 1991)에서 자원기반 관점을 피력하였다. 자원기반 관점(RBV: Resource Based View)은 기업의 핵심 경쟁력으로 내부 자원을 핵심역량으로 강조하는 것이다.

현대 전략가들의 지식 균형

이 책의 독자들은 이 책이 과거의 경영전략의 정태적 틀이 미래지향적으로 수정되어 제시되었음을 볼 것이다. 아울러 과거 전략모델들의 부족했던 부분이 현재에도 생생하게 살아 숨쉬며 독자들과 함께할 준비를 갖추고 있음을 보게 될 것이다. 본서는 전략가들이 필요하다고 인정되는 부분을 동태적으로 보강하였다.

전략가들은 그 지식에 균형을 갖추어야 하는데, 첫째는 전통적 지식을 현대적 변화 차원에서 융합하고 미래지향적 통찰이라는 균형을 갖추어야 하며, 복잡한 문제해결능력, 지속가능한 전략 수립, 그리고 급변하는 환경에 대한 적응력을 확보하여야 한다. 둘째는 기술, 경제, 정치, 사회, 윤리 등 광범위한 영역을 깊이 이해하고 지식들은 비판적으로 융합하는 능력이 필요하다. 또한 경영학적 지식을 바탕으로 혁신을 주도하는 기술적, 실증적 능력이 필요하다. 여기에는 다음의 지식들이 포함되는데, 기업의 미래가치를 평가하는 가치평가와 IPO 관련 부분 및 그 기초가 되는 회계학과 원가계산을 추가하여 공부할 필요가 있다. 업무수행능력보다 원리에 대한 깊은 이해가 필요하다. 다음 내용을 참고한다.

「잘 나가던 '전략기획·생산통 줄고 재무통 CEO' 늘었다.」[3]: 국내 30대 그룹에서 (전통적인 주류였던 전략기획과 생산 출신 CEO는 줄고) '재무통' CEO가 늘어났다(리더스 인덱스, 2024. 1분기 기준). 재무출신 대표이사는 387명 중 56명(14.5%)으로 1년 전 392명 중 46명(11.7%)일 때보다 10명(2.8%) 증가했다.

대기업들이 재무를 중요하게 취급하는 편으로 이동했다는 것이다. 회계와 원가 및 가치평가 지식을 섭렵하면 합병이나 리밸런싱 등을 이해하고 관련 전략을 수립하는 데 도움이 될 것이다.

솔로몬의 지혜(성경, 열왕기상 3:4 ~)

솔로몬은 블레셋 장군 골리앗을 물맷돌 하나로 물리친 다윗의 아들로 하나님에 대한 1천 번제[4] 후 꿈에 나타난 하나님 여호와와의 약속에 따라 지혜의 왕으로 세상에 등장한다. 다윗의 아들 솔로몬의 지혜는 세상을 놀라게 하며 또는 감동시킨다. 폭정에 물들었던

3) 조선경제, (2024. 8. 7), B1 보도자료 인용

4) 번제(燔祭)는 성경에서 하나님께 드리는 제사 중 하나로, 짐승이나 다른 제물을 불에 태워 드리는 제사를 의미한다. 하나님에 대한 온전한 헌신과 순종의 의미를 가진다.

은나라를 이은 주나라의 주왕이 구한 기자로부터의 탕평 지혜는 주나라 790년의 기초를 닦았다. 고대 이스라엘은 기원전 10세기부터 바벨론 유수 시까지 약 400년을 다스렸다.

"전략은 王의 것이지 결코 전략가들의 것이 아니다."

이에 왕이 제사하러 기브온으로 가니 거기는 산당이 큼이라 솔로몬이 그 제단에 일천 번제를 드렸더니 기브온에서 밤에 여호와께서 솔로몬의 꿈에 나타나시니라. 하나님이 이르시되 내가 네게 무엇을 줄꼬. 너는 구하라. 솔로몬이 이르되 주의 종 내 아버지 다윗이 성실과 공의와 정직한 마음으로 주와 함께 주 앞에서 행하므로 주께서 그에게 큰 은혜를 베푸셨고 주께서 또 그를 위하여 이 큰 은혜를 항상 주사 오늘과 같이 그의 자리에 앉을 아들을 그에게 주셨나이다. 나의 하나님 여호와여 주께서 종으로 종의 아버지 다윗을 대신하여 왕이 되게 하셨사오나 종은 작은 아이라 출입할 줄을 알지 못하고 왕께서 택하신 백성 가운데 있나이다. 그들은 큰 백성이라 수효가 많아서 셀 수도 없고 기록할 수도 없사오니 누가 주의 이 많은 백성을 재판할 수 있사오리이까. 듣는 마음을 종에게 주사 주의 백성을 재판하여 선악을 분별하게 하옵소서. 솔로몬이 이것을 구하매 그 말씀이 주의 마음에 든지라 이에 하나님이 그에게 이르시되 네가 이것을 구하도다. 자기를 위하여 장수하기를 구하지 아니하며 부도 구하지 아니하며 자기 원수의 생명을 멸하기도 구하지 아니하고 오직 송사를 듣고 분별하는 지혜를 구하였으니 내가 네 말대로 하여 네게 지혜롭고 총명한 마음을 주노니 네 앞에도 너와 같은 자가 없었거니와 네 뒤에도 너와 같은 자가 일어남이 없으리라. 내가 또 네가 구하지 아니한 부귀와 영광도 네게 주노니 네 평생에 왕들 중에 너와 같은 자가 없을 것이라. 네가 만일 네 아버지 다윗이 행함 같이 내 길로 행하며 내 법도와 명령을 지키면 내가 또 네 날을 길게 하리라. 솔로몬이 깨어 보니 꿈이더라 이에 예루살렘에 이르러 여호와의 언약궤 앞에 서서 번제와 감사의 제물을 드리고 모든 신하들을 위하여 잔치하였더라.

솔로몬은 블레셋(지금의 하마스) 장군 골리앗을 돌을 던져 물리친 다윗의 아들로 다윗이 외간녀 밧세바와 통간하여 얻은 아들이다. 다윗은 밧세바와의 언약대로 그녀의 아들 솔로몬을 왕위에 앉혔고 솔로몬은 하나님에 대한 1천 번제 후 꿈에 하나님 여호와와의 대화를 통한 약속으로 지혜의 왕으로 세상에 등장하게 된다. 다윗의 아들 솔로몬의 지혜는 이어지는 다음 기사로 그 절정에 이르게 된다.

> 그때에 창기 두 여자가 왕에게 와서 그 앞에 서며 한 여자는 말하되 내 주여 나와 이 여자가 한집에서 사는데 내가 그와 함께 집에 있으며 해산하였더니 내가 해산한 지 사흘 만에 이 여자도 해산하고 우리가 함께 있었고 우리 둘 외에는 집에 다른 사람이 없었나이다. 그런데 밤에 저 여자가 그의 아들 위에 누우므로 그의 아들이 죽으니 그가 밤중에 일어나서 이 여종 내가 잠든 사이에 내 아들을 내 곁에서 가져다가 자기의 품에 누이고 자기의 죽은 아들을 내 품에 뉘었나이다. 아침에 내가 내 아들을 젖 먹이려고 일어나 본즉 죽었기로 내가 아침에 자세히 보니 내가 낳은 아들이 아니더이다 하매 다른 여자는 이르되 아니라 산 것은 내 아들이요 죽은 것은 네 아들이라 하고 이 여자는 이르되 아니라 죽은 것이 네 아들이요 산 것이 내 아들이라 하며 왕 앞에서 그와 같이 쟁론하는지라 왕이 이르되 이 여자는 말하기를 산 것은 내 아들이요 죽은 것은 네 아들이라 하고 저 여자는 말하기를 아니라 죽은 것이 네 아들이요 산 것이 내 아들이라 하는도다 하고 또 이르되 칼을 내게로 가져오라 하니 칼을 왕 앞으로 가져온지라.
> 왕이 이르되 산 아이를 둘로 나누어 반은 이 여자에게 주고 반은 저 여자에게 주라. 그 산 아들의 어머니 되는 여자가 그 아들을 위하여 마음이 불붙는 것 같아서 왕께 아뢰어 청하건대 내 주여 산 아이를 그에게 주시고 아무쪼록 죽이지 마옵소서 하되 다른 여자는 말하기를 내 것도 되게 말고 네 것도 되게 말고 나누게 하라 하는지라 왕이 대답하여 이르되 산 아이를 저 여자에게 주고 결코 죽이지 말라. 저가 그의 어머니이니라 하매 온 이스라엘이 왕이 심리하여 판결함을 듣고 왕을 두려워하였으니 이는 하나님의 지혜가 그의 속에 있어 판결함을 봄이더라.

주무왕의 탕평전략 - 새나라 전략

왕의 백성에 대한 도는 솔로몬에 그치지 않고, 프로이센의 프리드리히 대왕은 “짐은 백성의 종이다”라고 말했으며, 이 말은 조선시대 영조 대왕과 명나라 태조 주원장의 정치철학이기도 하였다. 루이 14세는 “짐은 곧 국가다”라는 말과 배치된다. 이 중 주의 무왕에 대하여 살핀다.

은(殷)나라 · 주(周)나라 시대

중국의 창세 신화는 삼황오제(三皇五帝), 요순시대, 하나라로 이어진다. 그러나 역사적 유물로 확인된 최고(最古)의 왕조는 은(殷)나라이다. 은허(현재 하남성 안양시)에서 발굴된 은나라 유물은 거대한 궁전과 청동 무기 및 제기, 갑골문자 등인데 제정일치의 신권정치 체제를 유지했다. 기원전 11세기에 은을 멸망시킨 주나라가 주변 이민족의 침입을 받아 기원전 8세기에 도읍을 호경에서 낙읍으로 옮기면서(동주) 춘추전국시대가 열렸다.

은과 주의 대치

특히 차자표기(借字表記)를 담당하는 용도로 두루 쓰인 동아시아 주요 문자의 하나.

우리가 잘 아는 강태공(태공망), 그가 신하였던 주(紂)왕은 은나라 왕이었으며 경국지색 달기와 음탕하며 주지육림 속에 집정했던 패왕이다. 그를 꺾고 주(周)나라를 세운 무왕(武王)이 맨 먼저 한 일은 주(周)의 신하였던 기자(箕子)를 찾아가 백성들을 화집(和集)시킬 지혜를 물은 것이다. 무왕은 은을 멸할 만큼 지혜있는 현인 강태공(태공망)을 비롯 주변에 인재가 많았음에도 기자를 찾은 이유는, 포악한 주왕까지도 모셨던 기자의 덕을 높이 산 때문이다. 주무왕은 불치하문(不恥下問)하여 정치의 궁극적 요체가 백성들을 화합시켜 마음을 하나로 모으는 것(和集)임을 깨닫고 있었던 것이다.

여기서 기자는 홍범구주(洪範九疇)를 말한다. 홍범구주는 하(夏)나라 우왕이 남긴 정치이념으로 '큰 법 아홉 가지 범주의 의미'이다. 이 중 왕에게 가장 중요하다고 하는 다섯 번째 황극(皇極)과 오사(五事) 팔정(八政)을 세우는 등의 이야기를 한 것이다. 이는 임금 스스로 만백성의 표준이 되어야 하며, 오복을 백성들에게 베풀어주면 백성들도 왕의 법을 따를 것이다. 백성들이 음모를 도모하지 않고, 관리들이 자기에게 유리한 행정을 하지 않는다. 그 핵심은 "무편무당(無偏無黨)하면 왕의 도리가 탕탕(蕩蕩)해지고 무당무편(無黨無偏)하면 왕의 도리가 평평(平平)해진다"라 했다. 한편으로 쏠려서는 탕탕할 수 없고 패거리를 지어서는 평평할 수 없다는 것이다.

백성을 옳게 다스리는 지혜의 필요성은 동서고금을 막론 지도자들에게 필수의 덕목임을 깨닫게 한다. 이는 솔로몬이 '백성 재판의 지혜를 구함'과 어찌 그리 똑같은지, 지혜자의 덕목은 동서고금을 막론하고 같다.

우리는 중소기업의 대표들이 회사의 일정 기간에 걸쳐 시현된 이익이 얼마인지, 또는 특정 프로젝트 또는 거래에 따른 이익이 얼마인지 계산해보라고 경리과 직원에게 지시하면서 이미 그의 마음속에는 심산(心算)이 끝나있는 것을 자주 본다. 경리과 직원이 사후에 계산해내는 것은 오히려 회계 처리가 정상적으로 되었는지에 대한 사장의 점검이기도 하다.

요즘 유난히 다발하는 기업 간에 이루어지는 M&A 거래 또는 내부 구조조정이나 Line Up에 대해서, 그 시행을 위한 Staff들, 전략가들이 여러 예측 모델들을 가지고 미래 청사진을 그려보고 많은 지식인들이 융합된 전략가의 전략을 내놓는다. 그러나 이들은 대표자 또는 최고 의사 결정자에게는 참고자료일 뿐이다. 이미 그의 가슴속에는 당해 프로젝트의 최종 결과치가 마음에 그려져 있고, 벌써 몇 년간을 운영한 수년 후의 회사 재무구조가 계산되어 있으며, 그 후의 사업구상이 자리 잡기 시작했을 수 있다. 표현된 많은 지식들, 도표로 그려진 알록달록 심볼들은 그에게는 참고뿐이며 그 수행 절차에 대한 CEO의 마음을 얼마나 잘 읽어냈는지에 대한 검증에 불과할 수 있다.

전략이란 최고 책임자의 것이지 그 그림을 그리는 자들의 것이 아니다. 여기서 그동안의 전략론이 전략을 작성하는 전략가들의 전유물인 양 쓰여진 것은 이제는 주인인 대표의 몫으로 중심축이 옮겨져야 한다. 거듭하거니와 전략은 Top의 것이다. 또 그만을 위한 것이어야 한다. 따라서 전략이 전략으로서만 존재하는 것이 아니라 왕(CEO또는 대표)은 전략 수행의 결과에 대한 책임을 져야 하며 그 결과가 기업에 충분한 이익을 안겨주는 가치있는 것이어야 한다. 그러기 위해서는 설정된 전략에 대하여는 당해 전략이 승리를 가져올 수 있는가와 이행 가능한 지, 전략의 수행방법, 적절한 능력자 기술자의 존부·조달, 소요자원의 규모 및 조달 방안, 전략 성공 후의 기업 또는 사업부 등의 모습 등이 검토되어야 한다. 최종으로 BCG Matrix 등으로 파악되는 경쟁력 변환과 이 절차를 수행함에 따르는 경쟁력의 상승 대비 비용과 원가를 산정하여 타당성을 검토하는 것이다.

Why the West Rules

우리는 이안 모리스(Ian Morris)의 'Why the West Rules for Now(Ian Morris)'를 기억한다. 영국과 청나라의 전쟁에서 청이 패배하여 서양이 동양을 지배하게 되었다는 서언에서 시작하여 역사적 과학적 사실들을 전 세계사를 통틀어 분석해 놓은 역대의 대작이다.

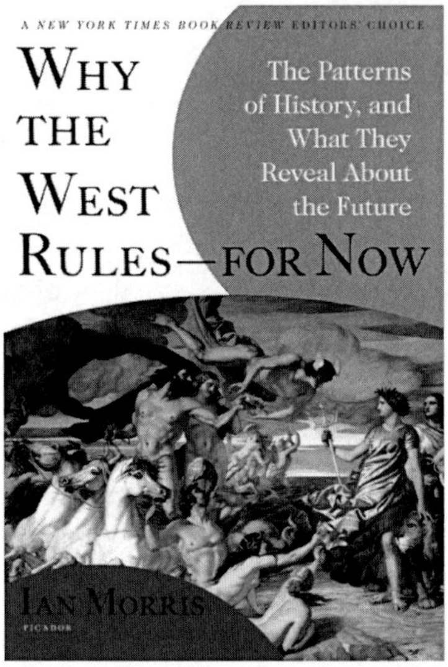

1500년 이상의 광범위한 인류 역사를 통해 탐구하는 이 책은 서구문명의 지배를 오랜 패턴의 결과로 분석한다. 과거와 현재의 패턴을 바탕으로 미래 국제 질서와 서구 지배현상의 지속가능성 또는 변화를 심층적으로 예측한다. 단순한 서구 우월론을 넘어 인류 역사를 거시적 관점에서 다룬다. 물론 실제로 실현될지에 대한 지속적 논쟁도 있다.

우리는 지금까지의 역사 전개에서 미국의 트럼피즘이나 중국의 패권주의 등의 신대권주의에 노출되는 운명을 맞고 있다. 영·청 전쟁에서 승리한 영국이 세계를 경영하던 시대와는 다를 것이다. 이미 트럼프 1기에서 보였던 것과는 달리 미 상·하원을 장악하였고 부하들에게는 충성을 최고의 덕목으로 삼는 그의 2기는 수많은 예측성 보도와 컬럼들의 지적들과는 또 다른 양상이 될 것이다.

이 시기 대한민국의 증시와 경제의 냉각은 이미 시작되었다. 나라 경제가 그의 펀치를 맞지도 않았는데 멍이 들어버렸다. 그럼에도 우리나라의 트럼프 2기 초기의 반응은 다소 과하다 보인다. 솔로몬의 말처럼 이는 또 곧 지나갈 것이다. 그리고는 새로운 균형에 도달하게 될 것이다. 나타나는 현상들의 본질을 파악하여 적절한 대응을 하여야 할 것이다. 이기면 박수를 받는다.

의대가 망해야 나라가 산다

아래 표는 2025학년도 대학 정시 합격 예상점수를 시험을 마치고 나온 학생을 대상으로 2024학년도 대비 추정한 것이다.

• **표 2** 2025 주요 대학 정시합격 예상점수표(국수탐 원점수 300점 만점 기준)

대학	학과 및 학부	2024학년도	2025학년도(추정)
경희대	의예	285	287
	한의예	273	276
	경영	254	257
고려대	반도체공학	264	268
	경영대학	277	279
	경제학과	277	279
서강대	시스템반도체공학과	259	264
	경영학부	266	267
	인문학부	260	263
서울대	약학	273	279
	경영대학	284	285
	정치외교	282	283
성균관대	반도체시스템공학	261	264
	글로벌경영	267	271
연세대	치의예	282	281
	경영	277	279
	정치외교	275	277
이화여대	의예	283	285
	의예(인문)	288	287
	인문	254	255
중앙대	의학부	285	287
	경영	262	262
한국외대	LD학부	258	261
	ELLT학과	253	254
한양대	의예	286	288
	반도체공학과	259	264
	정책	263	265

이 표에서 보듯 우수한 인재들은 대부분 의학 쪽으로 몰려있다. 서울대 경영대학 합격 예상점수도 경희대 의예과에 미치지 못한다. 먹고살기 쉬운 직업 선호사상 때문이다. 국가 경쟁력이 기술경쟁력임에 우리나라의 미래가 그리 밝게 보이지 않는 이유가 여기에 있다.

이런 원인은 국가 정책에도 원인이 있다. 역사적으로 사농공상의 존비서열 인식이 깊고 과학기술에 대한 실수를 용납하지 않았으며 기술인들을 쟁이로 취급 존중하지 않았기 때문이다. 우리나라의 실업계 고등학교는 명멸의 위기에 있다. 그럼에도 영국 대학평가기관 타임스 고등교육(THE: The Higher Education)가 평가한 세계의 대학 대비 서울대의 기초과학 역량이 크게 뒤처진다고 한 것은 그리 놀랄 일도 아니다. 봉건시대와 일제의 인식 잔재들을 털어내고 새로운 기준으로 새 술을 새 부대에 넣어야 할 때이다.

게임의 룰이 바뀐다

우리나라의 경제발전은 누가 뭐래도 국가의 건국 시(1948년 8월 15일, 정부수립일, 이 책은 역사에 대한 논란을 원치 않는다)부터 민주주의로 국가의 정체성을 놓은 것과 6.25라는 큰 전쟁에도 나라를 빼앗기지 않은 UN의 파병 지원과 한미방위수호조약(Korea–US Mutual Defence Treaty)의 덕이 크다. 그리고 1960년대(박정희 대통령 시대)부터 국민의식을 개선하여 잘 살아보자는, 또 잘 살 수 있다는 신념을 가지게 한 것과, 착복하지 아니하고 국가 재건에 힘을 쏟은 지도자의 리더십도 큰 공을 세웠다.

산업정책으로는 처음 자본이 덜 들어가는 경공업을 집중 육성하다가 중공업 쪽으로 방향을 선회하여 철강과 선박으로, 반도체로 주체성을 가지고 고부가가치 산업으로 주력을 바꾸어가며 국가 경제를 세계인들의 칭송을 받으며 세계 10위권으로 끌어올렸다.

2024년도 노벨 경제학상 수상자들은 한국의 민주화와 경제발전을 언급하고 경제성장을 진단하였다. 그들은 대한민국의 1980년대 민주화 이후의 사상적 리더십에 대해서만 말했다. 사이먼 존슨 교수는 "1960년대 가난과 독재를 겪었던 한국이 민주화를 통해 경제적 기적을 이룬 과정"이라 평가했다. 왜 그뿐이겠는가, 알 낳는 암탉을 보고 병아리를 가져와 키운 것만 말하는 이면을 볼 줄 모르는 단견의 노벨상의 한계가 보이는 듯하다. 한때, 아프리카 지도자와 논의한 적이 있었다. 그들은 우리나라의 발전상을 너무나 잘 알고 있다. 그래서 자기 나라 발전을 모색하려 한국에 온 것일 것이다. 왜 새마을운동을 하지 않느냐고 책망하듯 물었다. 통절한 그의 답변은 간단했다. "We have no Park Jung Hee"였다. 자기네 나라는 부패가 심해서 국가에 투입되는 돈이 지면에 닿지를 못한다는 것이었다. 우리는 역사를 제대로 들여다보아야 실수를 하지 않는다는 것, 이것이 디테일이며 역사의 지혜이다.

이제 그것은 과거이다. 미국의 정치 지형이 180도 바뀌면서 우리나라는 큰 충격에 빠져있고 더구나 그것이 주변 경쟁국과의 경쟁력이 최저로 하락한 시점이어 더욱 우려된다. 인도를 비롯한 베트남, 싱가포르, 인도네시아, 필리핀, 말레이시아 등의 스윙 컨트리들이 세계 무역과 기술의 질서 속에 구도를 잡아가면서 그들의 주식시장은 대한민국보다 훨씬 큰 활황을 기록하고 있고, 중국과의 기술 격차는 줄어들어 오히려 대부분 따라잡혔고 활로조차 보이지 않는다. 우리가 일본을 반도체와 가전 및 조선 등에서 따라잡았던 것과 같이, 지금은 전 산업에서 중국에 선두를 내주고 회복이 어려운 정도에 이르러 있는 것이다. 특히 AI 산업에서는 회복 불가능하다는 평가가 타당할 것이다.

조금 상세히 분석한 자료를 보면, 과거 우리나라의 주력 산업이었던 섬유와 건설 등의 경쟁력은 이미 오래전에 밀렸고 석유화학과 철강에 이어 조선, 반도체에서도 중국의 저가 물량 공세에 잠식당하고 있는 반면, 우리의 항공기와 원자력 산업은 미국에 발목이 잡혀 미래가치 100조가 넘는 프로젝트들이 위험의 외줄을 타는 가슴 졸임이 지속되고 있다.

기업의 경쟁력은 기술개발 및 유니콘 기업의 육성과 그 수단의 하나인 M&A의 촉진 등에서 찾을 수 있는데, 중국의 기업 합병은 시장 논리보다 정부의 방침에 따른 파격적 지원하에 일방적이고 일사분란한 진행을 보장하며 진행된다. 이에 비해 대한민국의 M&A는 지난 두산과 SK의 양사 리밸런싱 목적의 M&A에서 보여준 바와 같이 심지어는 법을 초월하는 정부와 이해관계자의 간섭으로 경영진의 정리된 전략이 타격을 받기까지 한다. 특히 미래 신산업 분야에서 전기차 배터리 1위 업체인 CATL(닝더스다이)과 중국의 테슬라로 불리는 BYD(비야디)는 공격적인 수직 계열화 및 M&A를 통해 규모를 팽창시키고 원가를 절감하며 세계적 1위 경쟁력을 확보하고 있다.

몇 가지 예를 더 들면, 금융업에서는 궈타이 주안증권(国泰君安证券, Guotai Junan Securities, 대만계 유안타 증권과는 다름)은 하이퉁 증권(海通证券, Haitong Securities)을 합병하여 자산 1조 6천억 위안(약 300조 원)의 증권사로 거듭나려 하고 있으며, 중국 1위 조선사인 중국 선박 공업그룹(中国船舶工业集团, China State Shipbuilding Corporation, CSSC)은 2위 중국 선박 중공업 그룹과의 합병을 추진하고 있다. 이 합병이 성사되면 자산규모 4,000억 위안(약 75조 원)으로 HD현대중공업(자산 약 17조 원)의 4배를 넘어서게 된다. 철강업에서는 상하이바오강과 우한강철이, 원자력 분야에서는 중국핵공업그룹과 중핵건설그룹 간 합병이 되었거나 추진 중으로 우리나라와의 경쟁 관계는 물론 세계와의 경쟁 관계에 굴기의 중국을 나타낼 준비를 하고 있다.

한중 경쟁력 역전

한때 한국은 중국의 좋은 모델이었다. 경제와 기술 및 문화적 차원에서도 우상과 같이 평가되었으며, 중국인이 한국인과 결혼 했다면 그건 큰 성공에 해당하는 일이었다. 그러나 어느 날부터 연변 조선족 자치주의 한국어 간판이 사라지기 시작하였고 몇 년 전부터 중국의 기술이 한국과 격차가 줄었다느니 앞섰다더니 하다가, 2024년 말 경에는 '8대 핵심 산업 중 7개는 중국에 밀렸다'는 공식적 선포 상태에 이르렀다.[5)]

한국경제는 2024년 2.1%의 성장률이 예측되고 2025 및 2026년에는 각 1.9% 및 1.8%로 예측되어 연 성장률 1%대의 일본식 '저성장 터널' 진입을 앞두고 있다. 성장의 핵심인 산업이 중국이라는 거대한 블랙홀에 빠져들고 있는 것이다.

• **표 3** 한중 핵심산업의 세계 수출 점유율(%)

산업별	2013년		차이	차이율	2023년		차이	차이율	격차 증가율
	중국	한국	한-중	중/한	중국	한국	한-중	중/한	
반도체	14.59	6.76	-7.83	115.8%	17.06	6.33	-10.73	169.5%	46.3%
디스플레이	21.03	11.29	-9.74	86.3%	26.26	7.54	-18.72	248.3%	187.8%
이차전지	14.37	6.38	-7.99	125.2%	32.89	4.16	-28.73	690.6%	451.5%
무선통신기기	26.11	3.61	-22.5	623.3%	27.27	0.98	-26.29	2682.7%	330.4%
선박	18.01	22.69	4.68	-20.6%	22.03	14.27	-7.76	54.4%	역전
자동차	1.44	2.96	1.52	-51.4%	4.93	3.08	-1.85	60.1%	역전
철강	7.46	3.85	-3.61	93.8%	14.86	4.61	-10.25	222.3%	137.1%
석유화학	1.43	3.88	2.45	-63.1%	3.37	4.42	1.05	-23.8%	-62.4%

자료: 한국 경제인협회(수정)

[표 3]에서 보듯 한·중의 세계 시장 수출 점유율은 8대 산업에서 2013년에는 한국에 우수하거나 큰 차이가 없었던 산업이 10년 후인 2023년에는 '중국 블랙홀'에 들어선 한국경제의 현주소가 여실히 드러난 것이다.

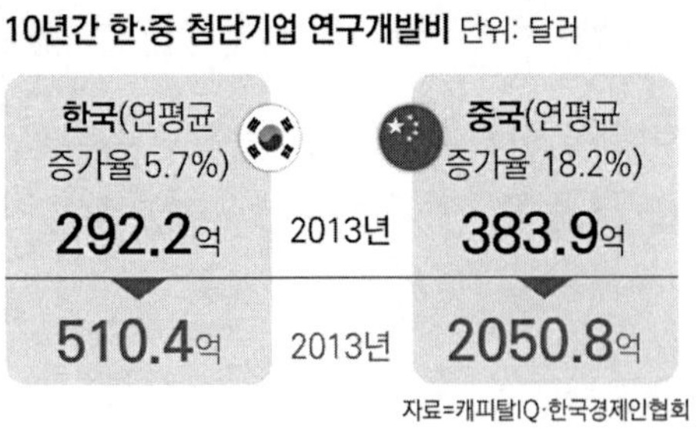

2023년도에 와서는 8대 산업 중 석유화학에서만 1% 포인트 수준의 선두를 간신히 지킨 것이다. 중국이 한국을 턱밑까지 추격했다고 하지만 2025년에 와서는 확실히 추월당했다는 것이 타당할 것이다. 2013년도에

5) 조선일보, 2024. 12. 2 제1면

겨우 선두를 지키던 선박과 자동차도 2023년도에는 역전되었다.

반도체, 디스플레이 및 이차전지에서는 2013년 중국이 한국의 2배 수준이었으나 한국이 뒷걸음친 덕에 2023년에는 3~8배까지 격차가 벌어졌고, 무선통신기기 분야에서는 물경 26배로 30배에 접근한다.

이러한 험악한 성적표는 한중간 첨단기술 연구개발비의 추이를 보면 더욱 비감함을 보인다. 2013년에 비슷한 규모였던 연구개발비는 2023년도에는 물경 4배의 차이를 보이고 있다.

만약 이 책이 명맥을 유지하여 2033년에도 팔린다면, 그때 이 책의 서문은 어떻게 바뀔까를 생각해 본다. 보호무역, 포퓰리즘 및 비효율 국유화로 대변되는 아르헨티나형 경제 모델로 갈 것인가 아니면, 이러한 난관을 극복하고 매킨지가 예측한 산업구조 재편을 통한 2040년 세계 7대 강국으로의 열차를 타고 있을 것인지 궁금하다.

2024년은 트럼프의 재집권이 이루어진 해이다. 12월 한국경제의 성적표와 예상은 참담하다. 지난해 중국 첨단기업의 R&D 투자는 2050.8억 달러 한국은 510.4억 달러로 4배를 넘었다. 이는 지난 10년간 R&D투자 증가율이 5.7%대 18.2%의 결과이다. 그동안 한국과 중국의 격차는 1.11년에서 0.3년으로 줄었다. 산업 생산성의 척도인 국제 기능 올림픽에서의 금메달 획득도 중국이 휩쓸고 있다.

SK의 게임 체인저 기대

암담한 경제 현실과 달리 미래 비전이나 희망도 있다. SK그룹이 그 역할을 해주고 있다.

그룹은 2024년 6월 25일 SK이노베이션과 SK E&S가 합병을 선언했다. 합병비율은 1 : 1.1917417(1:1.19)로 정했다. 아울러 SK이노베이션의 자회사인 SK온과 SK트레이딩인터내셔널도 합병을 결정했다. 또한 SK(주) 자회사 에센코어와 SK머티리얼스에어플러스를 SK에코플랜트 자회사 편입을 추진하는 방안도 발표했다. 이러한 세기적인 대기업의 구조조정은 좀처럼 보기 힘든 것이다. 그동안 엄청난 속도로 성장해온 SK그룹의 성장통을 해소하기 위한 포석이며 변화하는 세계 경제 및 기술 흐름에서 경쟁우위(initiative)를 잡겠다는 의도가 의미 있게 깊이 깔려 있다.

SK이노베이션과 SK E&S 합병을 보면, SK이노베이션 계열의 원유 정제, 석유화학,

배터리사업과 SK E&S의 LNG, 도시가스, 수소, 신재생에너지 사업이 조합되면서 석유·가스 및 신재생에너지를 아우르는 포괄적 에너지 밸류체인이 형성되는 것이다. 석유에너지와 아울러 전기차 배터리 충전 인프라 및 산업용 전력의 생산과 공급까지 아우른다면 신재생에너지와 ESS(Energy Saving System, 에너지 저장 시스템), 스마트그리드 구축 등을 통해 미래 에너지 시장을 선점하겠다는 포석이 깔려있다. 물론 이후의 사업 포트폴리오 재편 및 이질적 집단 간 통합으로 인한 인적갈등의 해소나 신·구 사업간의 조정, 유난히 규제가 많은 우리나라의 규제 장애를 어떻게 극복할 것인가의 과제도 존재한다. 그러나 한편으로는 국가경제와 안보 측면에서도 전쟁 등 갈등에 따른 에너지 수급, 불안정에 대한 대응력도 높아지게 된다.

SK그룹의 합병 근거에는 글로벌 에너지기업들의 움직임과 관련이 있다. 엑손모빌이 '파이오니어 내추럴 리소스'(셰일오일 시추업체)를 약 600억 달러에 인수하였고 CCUS(탄소 포집 및 저장) 기업인 '덴버리(Denbury)'를 49억 달러에 추가로 인수하였으며, 셰브론은 석유 탐사기업 '헤스 코퍼레이션(Hess Corporation)'을 인수하고 리뉴어블 에너지그룹(Renewable Energy Group)을 인수하면서 탈 산소화, 디지털화, 전기화라는 흐름에 대처하고, 규모의 경제를 통한 경쟁력을 확보하고 있다는 흐름을 읽었으며 그와 일맥상통하기도 한다. 그러나 한 동일인 아래 계열기업 수가 219개, 연결대상 종속회사 수 649개 사이며, SK네트웍스의 PBR이 0.38, SK(주)의 PBR 예상치는 0.29 정도(2024 보도자료 기준)이며, 총수가 명예 감투에 연연하는 듯한 느낌을 주는 것은 미래 게임 체인저 역할에 대한 우려를 가지게 한다. SK하이닉스는 2025년 성과급을 1억원씩 지급한다 하여 센세이션을 일으켰다.

본서의 체계

기업의 다각화니 집중화니 하는 말들의 의미는 기업과 기업간 또는 사업부의 활동의 범위를 넘어 국제적 수준의 경제와 국제적 콩글로머리트 간의 경쟁을 이기기 위한 독립

> **참고** 본서에서 사용한 기업 또는 회사라는 말을 문장 주어로 사용한 것은 동일한 의미로 보면 된다. 기업은 다소 객관적인 언급으로, 회사는 회사 내부로 인식될 때 이렇게 구분하였다.

적 역량에 초점을 맞추고 있다는 것이다. 그것이 본고를 집필하는 시점에 동시에 불거진 SK, 두산, 한화 등의 리밸런싱이라 부르는 기업 내부의 합종연횡이다. 이들은 내부 경쟁력 관련 여러 전략장에서 별도로 다룰 것이나 사업을 통폐합하여 경쟁력을 높이고 미래에 올 작은 기회도 놓치지 않으려는 안간힘을 그들 그룹의 총괄자들로부터 느끼게 한다. 간혹 합병비율 및 소액주주 이익에 관하여 곤란을 겪는 경우가 있으나 이것이야말로 과거의 전통에서 뿌리를 찾고 향후 미래의 변화되는 역량과 기술력에서 가치를 찾아 대응 및 극복하여야 할 것이다. 여기 엔비디아나 TSMC의 성화는 훨씬 더 성가시다.

따라서 본서는 다음의 체계를 갖춘다.

제1부 전략의 태동 - 고전적 전략: 강태공, 손자부터 프레데릭 테일러까지

제2부 현대적 전략 모델: 원가우위, 차별화 전략, 다각화 전략, 수직적 통합과 아웃소싱, 전략적 제휴 · 합작투자 · M&A, 구조조정, 해외시장 전략 등을 취급한다.

제3부 새로운 경영환경 대응: 여기서는 리밸런싱, 비즈니스 세계 대전, ESG 경영, 디지털 시대 및 전략의 최고봉에 있는 인사전략을 다룬다.

중간중간 전략적 관심을 끄는 내용들은 참고나 추가 자료로 삽입하였다. 최근 삼성이나 엔비디아의 미래에 대한 AI와의 대화 내용도 삽입한다. 사용된 용어는 각 학문별 부문별 통용되는 전문 용어를 사용하였다.

「처음에 속히 잡는 산업은 마침내 복이 되지 않느니라.」(잠언 20:21)
- An inheritance claimed too soon will not be blessed at the end!

진리는 변한다는 것이 진리이다.

졸고임에도 출판에 응해주신 박영사 측에 감사를 드리며, 악필을 직접 타이핑해준 막둥이, 원고 시작부터 교정 등 최종까지 애써준 아내와 관련자들께 감사한다.

2026년 1월

서재에서

CONTENTS

차 례

PART 1 전략의 태동

PART 2 현대적 전략모델

QR코드를 스캔하시면 정오표를 확인할 수 있습니다.

경영전략

현대 경영의 핵심을 꿰뚫는 왕의 전략

KING'S MANAGEMENT STRATEGY

전쟁은 신화에서부터 시작했다.

인류의 역사와 함께해온 전쟁은 신화 속 이야기에서부터 그 기원을 찾을 수 있다. 이를 모방하고 학습하였으며, 한편은 사람들의 전쟁에 신을 엮어 낸 인간의 상상력 속에 수없이 많은 전쟁을 치러왔다.

전쟁 중에 인간은 서로 죽고 죽였으며, 이 중 역시적으로 중대한 의미를 지니거나 인류 문명사에 영향을 미친 전쟁도 있었을 것이고, 단지 파괴만을 남긴 채 통치자의 욕구 해소책으로 명분 없는 전쟁으로 기록된 경우도 있었을 것이다. 전쟁에 승리하므로 승전의 부산물로 국가를 부흥시킨 경우도 있었으며 국가의 존재를 지워버린 경우도 우리는 잘 알고 있다.

전쟁 시 쓰이는 계략이 전략이다. 그러나 단순한 전쟁 물자나 기술력의 우위를 넘어선 복합적인 전략의 중요성은 역사 속 다양한 전쟁들 속에서 드러난다. 당태종은 30만 대군을 동원하여 수군과 육군의 연합 작전으로 고구려를 침공하였으나 이기지 못하였다. 이 전쟁은 동아시아 역사의 흐름을 바꾼 중요한 사건이다. 세계 최강 제국 당나라의 황제가 직접 나서서 정복하고자 했으나 연개소문의 리더십 아래 고구려의 강인한 저항 정신과 뛰어난 전략 때문에 실패했던 이 전쟁은, 대국과 소국, 강국과 약국의 상대성 외에도 결연한 의지와 적절한 전략이 승리할 수 있음을 보여주는 역사적 증거이다.

기업의 역사 역시 마찬가지다. 디지털 전환 실패로 문을 닫은 코닥, 스마트폰 시장 변화에 대한 느린 대응과 혁신 부족으로 쇠락한 노키아, 회계 부정 및 경영진의 비윤리적 행위로 순식간에 무너진 엔론, 새로운 비즈니스 모델과 기술 변화에 적응하지 못한 블록버스터, 그리고 현재 위기를 겪고 있는 제록스 등 참담한 실패 사례가 적지 않다. 반면, 한때 컴퓨터 업계에서 'Main Frame은 IBM', '빅 블루(Big Blue)'라 불리며 컴퓨터 산업을 지배했으나 몰락 위기를 겪었다가 다시 재기한 IBM은 경영자들에게 귀감으로 새겨야 할 중요한 교훈을 던져준다. IBM이 상하가 하나 되어 고통의 시간을 이겨낸 과정은, GE의 회생 사례와 함께 기업에게 전략이 얼마나 중요한지 그 힘을 보여주는 대표적인 사례가 되고 있다.

전략은 본시 전쟁에 쓰인 것이다. 초기 경영학에서는 전쟁의 사례와 원칙을 경영 분야에 적용하려는 시도가 있었으며, 최근에는 경영전략 학자들의 심도 깊은 연구를 통해 독자적인 이론으로 발전하였다. 본 장에서는 전쟁에서 유래한 전략 개념이 어떻게 경영의 영역으로 확장되고 정립되었는지, 경영전략의 태동 과정을 살펴볼 것이다.

PART 1

전략의 태동

CHAPTER 1

전략의 태동

1 전략의 필요성

기업의 전략은 기업의 현재와 미래를 연결해 주는 가교라 할 수 있다. 사람과 기업은 모두 변화에 직면한다는 공통점을 지닌다. 현재의 상태에 머무르지 않고 능동적으로 변화해야만 존속할 수 있는 것이다. 여기 필요한 것은 그들의 행동이며 행동을 유발하는 것은 유형, 무형의 크고 작은 전략이라 할 수 있다. 전략은 자원을 활용하며 전략을 수행함으로써 기업의 현재 상황을 미래의 어떤 상태로 바꾸어주는 역할을 한다.

전략은 기업의 현재 상태를 진단하고, 보유 자원의 현황을 알게 한다. 그 효과적인 운용 방안을 모색하며, 부족한 자원을 식별하고 조달하는 방법을 강구한다. 또한, 전략의 실행 과정에서 발생하는 내·외부 이해관계자들의 식별 및 그들과의 상호작용과 그에 대한 대응 방안을 포함하여, 기업의 변화를 위한 모든 요소가 하나의 목적을 놓고 통합되며 효율을 극대화하는 수단과 방법들이 전략의 범주에 포함된다. 즉, 기업이 목표하는 미래 상태로 나아가기 위해 필요한 모든 자원과 방법론이 전략의 영역이라 할 수 있다. 기업은 자기 자리에서 옮겨 변화된 환경에 적응한다.

• **그림 1** 전략 터널(Strategy Tunnel)

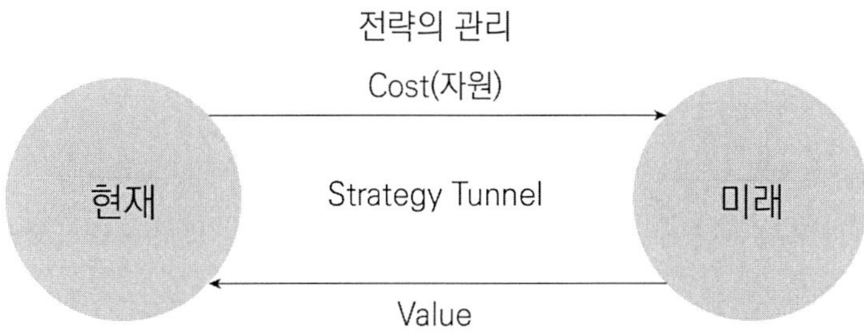

[그림 1]에서 보는 바와 같이 기업의 현재 상태에 전략이 집행되면 자원이 사용되고 사용은 전략적으로 관리되며, 소비된 자원은 원가(cost)가 된다. 수행된 전략의 결과는 일정 시점 이후의 미래 나타나는 기업의 가치로 나타난다. 이 과정은 기업이 매년 또는 분기별 발행하는 재무보고서(재무상태표, 손익계산서, 현금흐름표 등)로 표현되고 미래의 상황은 추정 재무보고서에 예측될 수 있다. 물론 전략도 전술도 없이 일상 업무가 이루어져도 이러한 보고는 가능하여 그 결과가 반영되지만, 잘 정돈된 전략을 통해 의도적으로 설정된 목표가 더 좋은 결과로 나타나도록 하여야 한다.

전략은 의도적으로 계획되고 수행되어야 한다. 전략의 수립과 전략의 이행 및 그 결과 기업이 어떻게 바뀔 것인가, 그 바뀐 미래의 모양새, 즉 전략의 효과는 어떠한가를 측정하는 부분이 검토되어야 한다. 전략의 진행과정은 자원의 사용과 그 결과, 이익의 발생과 일정 시점의 재무상태 등은 경영의 성과로 나타난다. 이러한 과정들은 회계를 통하여 실적을 기록하며 경영성과를 측정하고 그 결과의 공시(금융감독원 전자공시시스템, 'dart.fss.or.kr)를 통해 외부 이해관계자들과 소통을 하게 된다. 이것이 우리나라 기업의 생태이다. 미래가치는 가치평가로 측정된다.

[그림 1]에 보이는 전략통로(Strategy Tunnel)는 전략(Strategy)이 수행되면서 소모하는 자원, 발생하는 원가와 그 원가가 산출하는 가치를 표시하고 있다. 전략의 수행은 기업의 자원을 소비하는 과정(Process)이다. 기업자원에는 유형자원과 무형자원 및 인적자원이 있다. 그 속 내용을 살펴보면 다음과 같다.

기업의 성공요인 7요소, 7-S Model

7-S Model은 기업 내부의 구조에 대하여 간간한 통찰을 제공한다. 조직에는 조직이 나아갈 방향과 함께 동행하는 사람들이 공통으로 가지는 의식이 있는데 이를 공유가치(Shared Value)라 한다. 워터만(Waterman)과 피터스(Peters) 등이 개발한 7-S Model은 기업의 전략적 성공을 위한 일곱 가지 상호 연관된 요소를 제시한다. 특히 1970년대 이후 일본기업의 성공 요인을 분석한 결과 그 성공비결이 공유가치를 포함한 경영의 7가지 요소에 대한 실천 의지에 있다는 연구결과를 내놓았다.

공유가치를 중심으로 조직구조와 제도 및 기술, 인적자원 및 운영방식을 관장하는 것을 전략으로 본다. 7-S 모델에서 전략을 접촉하는 다른 요소들과의 다양한 관계이다. 이 모델은 부서 이기주의를 피하고 팀워크를 발휘할 수 있게 해주며 새로운 방법론과 리더십을 찾을 수 있다. 기업에 영향을 미치는 7 요소들을 정의하여 기업의 융합을 도모하고 방향을 설정한다. 7-S 모델은 다음과 같다.

• **그림 2** 전략을 중심으로 한 7-S

- 전략 (Strategy)
  - 소프트요소 (Soft)
    - 공유가지(Shared Value)
    - 인적자원(Staff)
    - 기술(Skill)
  - 하드요소 (Hard)
    - 제도(System)
    - 조직구조(Sructure)
    - 운영방식(Style)

출처: Waterman Junior, Tom Peters, 변형

일본 5S 문화와 7-S 모델의 연결

이러한 전략의 중요성은 일본 기업의 성공 사례에서 찾아볼 수 있다. 일본 제조업체의 생산현장에는 5S(five systems) 문화가 있다. 생산현장의 업무 활동에서 정리, 정돈, 청소, 청결, 습관화인데, 좋은 업무 태도를 습관화를 통해 지속성을 가지고 업무 효율을 최대로 높이며, 기업문화로 체질화시킨다는 것으로 제안제도와 더불어 일본의 성장을 이끈 활동기준이라 할 수 있다. 5S가 안정된 생산 시스템을 조성한다면 7-S는 안정된 물적 인적 자원의 구성과 운용 측면의 통합기술이다. 5S+7S에 유무형의 자원이 올려지면 그

항해는 순조로울 수밖에 없다.

이러한 전략의 합심된 수행은 성과로 이어지며 성과는 이윤을 창출하고 가치로 나타난다. 가치는 미래에 대한 것인데, 매출이나 영업이익 등 현상의 미래를 표시한다. 그 결과들은 정상적 회계 처리를 통하여 손익계산서에는 경영의 성과로, 그 결과 증대 또는 감소되는 자산은 재무상태표에 나타나며, 미래 가치는 자산의 활용을 반영한 추정을 통하여 산출해 볼 수 있는 것이다.

미래가치가 증가하면 스타트업(Start-up)의 경우는 자금의 압박 해소와 함께 그의 꿈인 상장을 노려볼 기회를 갖게 되는 것이다. 상장기업의 경우는 불특정 다수들이 주식을 거래하는 시장에서 주가가 상승하고 기업의 이미지가 올라가 투자자들에게 보상을 해 줄 기회가 제공된다. 추가 자금의 필요시 주주들의 호감도에 따라 증자를 하거나 필요 자금에 대한 금융기관의 차입을 유도하는 데도 유리한 입지를 확보할 수 있다.

이러한 이유로 이 도표의 중심을 관통하는 통로를 전략통로(Strategy tunnel)라 명명한 것이다. 통로의 폭은 가치와 원가의 차이를 나타내며 그 폭이 넓을수록 전략의 효과는 크다고 할 수 있다. 맥킨지 7-S 모델의 일곱 요소가 기업을 앞뒤에서 이끌고 나가며 이를 계량화하여 성과 측정의 척도로 쓸 수 있다.

2 손자병법의 탄생

현재의 기업이 미래의 바람직한 모습을 보이려면 [그림 1]과 같이 전략의 수립과 자원의 투입이 필요하다. 전략(Strategy)이라 하면 동서양의 전략서들이 많으나 여기서는 주로 손자병법을 논하려 한다. 독일 황제 빌헬름 2세는 1차 세계대전에서 패한 이후 "내가 만일 20년 전에 손자병법을 읽었더라면 이렇게 무참하게 패하지는 않았을 텐데..." 하고 탄식했다고 한다. 동서고금을 막론하고 유명한 그 손자병법이 말하는 것은 전략이며 그 전략은 경영전략이 말하는 전략과 본질적으로 핵심적 원리가 상통한다. 손자가 말하는 전략의 요체는 "싸우지 않고 승리하는 방법"(百戰不殆)에 있다. 이는 현대 경영전략이 추구하는 '최소한의 자원과 노력으로 최대의 성과를 얻는 예술'과 본질적인 부전승이라는 지향점을 공유한다.

본서에서 추구하는 전략은 경영기획에서 말하는 Plan-Do-See의 Cycle과는 유사하되 결이 다르다. 전략은 단순히 계획-실행-평가의 통제된 과정에만 매몰되지 않는다. 대신 기업가의 통찰과 조직의 공유 가치를 바탕으로 자원(기물)을 자연스럽게 배치하고 운용함으로써, 전략이 마치 물 흐르듯 자연스럽게 구현되고 성공으로 이어지는 '유연한 수행'을 추구한다. 마치 알렉산드로스 3세가 고르디우스의 매듭[1]을 한 칼에 풀어내듯 쉬운 방법을 찾아 문제를 해결한다. 여기엔 정공도 있지만 매복도, 독침도 있다. 때로는 예측 불가능한 기습적인 방식으로 난관을 돌파하는 신출귀몰함까지 포함하는 것이다.

물론 이 또한 Plan-Do-See의 Cycle로 설명할 수는 있을 것이다. 그러나 각 단계별 접근방식과 속도, 각 Activity의 중요성 차원에서 차이가 있다.

본 전략서, '경영 전략'은 손자병법을 따라 다음과 같이 전개한다.

1) 손자병법의 생성

우리가 아는 전략의 원전은 손무(孫武)의 『손자병법』과 그의 후손으로 알려진 손빈(孫臏)의 병서이다. 손자병법의 핵심 전략개념은 싸우지 않고 적을 굴복시키는, 즉 '백전불태(百戰不殆)'에 있다. '승리하는 군대는 먼저 승리를 해 놓은 다음 전투는 승리를 확인하는 과정일 뿐이라(先勝後戰), 패배하는 군대는 일단 싸우고 나서 이기려고 한다'는 철학과 '적을 알고 나를 알면 백 번 싸워도 위태롭지 않다(知彼知己 百戰不殆)'는 원칙에서 잘 드러난다.

은의 주왕(紂王)과 주의 주무왕(周武王)

지금으로부터 약 3천 100년 전(기원전 1046년-256년, BC 11세기-3세기) 주무왕(周武王)이 은(殷)의 포악한 주왕(紂王)을 멸망시키고 주왕조(周王朝)를 세운다. 은나라는 상나라로 상이 은을 정복한 후 은나라의 명칭을 그대로 사용함에 따라 상을 은이라 했다. 은은 동이족이 세운 나라이며 그 마지막 왕이 주(紂: 본명 제신帝辛)였고 그는 단군의 직계 자손으

1) 이걸 풀면 아시아의 왕이 되리라: 튀르키예 프리기야의 왕 고르디우스의 왕위를 물려받은 미다스는 자신과 아버지가 타고 들어온 우마차를 사바지오스 신전 기둥에 매우 복잡한 매듭으로 묶었다. 여기에 고르디우스의 매듭(Gordian knot)을 푸는 자는 아시아의 왕이 된다라는 말이 구전되었다. 어느 날 젊은 청년이 나타나더니 오랜 세월 그 누구도 풀지 못하던 이 매듭을 한칼에 쳐 잘라버리고 "내가 알렉산더다"라고 호쾌하게 떠났다는 전설이다.

강태공

로 민첩하고 총명하며 지혜와 용맹이 뛰어나고 언변이 출중한 사람이었다(고대 역사로 논쟁 있음).

주무왕(周武王)이 포악한 은나라 주왕(紂王)을 무찌를 때는 강태공이 등장한다. 그는 염제 신농씨(炎帝 神農氏)의 후손이며 동이족의 후예로 동해가 고향인 우리가 잘 아는 강태공(성(姓)은 강(姜), 씨(氏)는 여(呂), 이름은 상(尙), 자는 자아(子牙)이며, 호는 비웅(飛熊), 姜太公)이 지혜와 전략을 제공했다. 회수에서 미끼 없는 곧은 낚싯바늘로 낚시를 하다가 무왕을 만나 지혜와 전략을 제공하고 은을 정복하여 천하를 통일한다.

은의 토대가 된 상(商)나라가 천하를 통일할 때도 상식을 뛰어넘는 전략과 무기들이 동원되어 나라가 발생했다는 기록과 전승들이 있다. 상은 청동기 문화의 전성기였으며, 청동 제기와 무기는 석기 무기 시대의 전쟁에서 막강한 능력을 드러냈다. 또한 동이족의 문자 갑골문은 최초의 체계적 문자로 점복 기록을 통해 당시 사회상을 생생히 전달하고 있다.

강태공은 그의 저서 육도삼략(강태공 저서가 아니라는 반론 있음)에서 백성을 위한 정치와 인재 등용, 때를 식별하라는 점과 그 시대에 이미 경제를 말했다. 그는 목야전투에서 주군의 총사령관으로 승리를 이끌었는데, 이때 동원된 전략은 무력뿐 아니고 심리전 등으로 전투의 효율성을 극대화하였다. 은의 주왕은 이미 포락지형, 주지육림의 포악성이 나타나고 경국지색 달기에 빠지는 등으로 이미 패한 상태였으며, 이 전투를 마지막으로 은왕 주는 자살하고 주(周)가 서게 되며, 강태공은 그 공으로 동쪽 제나라를 식읍으로 받고 제의 시조가 된다. 제나라는 주의 통일기인 BC1046년 성립하여 진의 천하통일기인 BC221년 멸망하였다. 이 지역은 나중 공자의 태생지이며 주된 활동지가 된다.

앞의 언급과 다소 중복되나, 주나라가 건국된 지 삼백 삼십 년쯤 후(BC771년) 세상은 어지러워지며 주왕조의 위력이 와해되고 주(서주)는 멸망하고 동주가 시작되었다. 이때부터 주 건국 후 약 800년이 지난 기원전 221년 진시황(秦始皇)이 중국 전토를 통일할 때까지를 후세 사학자들은 춘추전국시대(春秋戰國時代)라 하며, 춘추시대를 기원전 770년부터 기원전 476년까지 294년을 지칭하며 전국시대는 기원전 475년부터 기원전 221년까지의 254년을 지칭한다. 춘추 전국 시대의 명칭 기원은 공자가 춘추(春秋)에 쓴 기간(242년)을 춘추시대(春秋時代)로, 유향(劉向)이 전국책(戰國策)에 기술한 기원전 221년까지(254년)를 전국시대(戰國時代)라 하였다(기록 기간과 실제 사학자들이 지칭하는 기간은 약간의 차이가 있을 수 있다).

춘추시대는 전국에서 제후들이 일어나 주왕조를 할거 통치하였고 약육강식의 싸움이 벌어져 무려 140여 개나 되는 나라들이 군웅할거하였다. 시간이 지나면서 이들 소국들은 10여 국으로 정리되었지만 제후국의 지배는 불완전하였다. 이후의 전국시대를 통치하던 나라는 진(秦), 초(楚), 연(연), 제(제), 한(韓), 위(위), 조(조)의 전국칠웅(戰國七雄)이다. 이 중 가장 강성한 나라는 진나라였다. 드디어 진은 다른 여섯 나라를 정복하고 기원전 221년 진시황(秦始皇)이 천하를 통일하였다. 이 혼란의 시대인 춘추시대에 살던 손무(孫武: 기원전 541년~482년)가 지은 병서(兵書)가 손자병법(孫子兵法)이다.

2) 오궁참미인

춘추시대의 말기 손자가 등장한다. 그의 등장은 신비롭고 한편 처절하기까지 하여 왕비를 둘이나 처단하면서 역사의 강호장상 반열에 데뷔한다. 오나라 왕 합려의 비를 둘이나 벤 손무{사마천(司馬遷)이 쓴 사기(史記): 오궁참미인(吳宮斬美人)}는 그랬음에도 합려의 선택을 받아 오나라의 장수가 되어 춘추시대를 누빈다. 이 춘추시대가 손무가 살던 시대의 배경이며 그의 활약은 이 혼란기에 빛을 발하게 된다. 경영전략을 배우는 학생으로서는 손무가 쓴 손자병법의 전략에서 배울 것을 찾는 것이 중요한 것이다.

오(吳)나라의 왕비를 벤 손무(吳宮斬美人)

손무(孫武)가 처음 오나라 임금 합려를 만났을 때 합려는 손무에게 이렇게 말했다. "나는 그대가 쓴 병법서 열세 권을 다 읽었는데 상당히 흥미가 있더군. 그런데 책만 가지고는 잘 이해할 수 없으니 어디 한 번 실전 모습을 나에게 보여주지 않겠는가? 궁중에는 백팔십명의 미녀들이 있으니 이 여인들을 두 패로 나누어 그대의 작전을 제대로 한 번 보여주게."하고 말했다.

손무는 왕명을 받들어 궁중에 있는 미녀들을 구십 명씩 둘로 나누고 오왕이 총애하는 제2부인과 제3부인을 각각 대장으로 임명했다. 그리고 "진하면 앞으로 가고 후퇴하면 뒤로 돌아가야 한다."고 가르쳐주었다.

그런데 대장이 명령을 해도 젊고 여자들뿐인지라, 한 사람이 웃기 시작하면 그 웃음이 그치지 않고 대장이 이를 타이르면 그 모습이 우스워 또 웃음이 터지는 것이었다. 몇 번이나 명령을 되풀이 해보았지만 미녀들은 애교 있는 소리만 지를 뿐이었다. 결국 손무는 두 대장을 베어버리겠다고 말했다. 임금은 깜짝 놀라 필사적으로 이를 말렸다. 그러자 손무는 "일단 왕명을 받아 장수가 된 이상 설사 임금의 명령이라도 도리에 맞지 않을때는 따르지 않을 수 있다." 하면서 두 대장의 목을 베어버렸다. 이때의 법 집행 절차는 왕 합려의 구원 요청이 있었음에도 엄격하였다.

이것을 본 미녀들은 새파랗게 질렸다. 그 후 두 대장을 새로 세우고 명령을 내리자 미녀들은 마치 손무의 손발처럼 움직였으며, 손무가 명령하는 대로 진형과 작전의 오묘함을 보여주었다고 한다. 처음에는 손무의 무엄한 행동에 화를 내던 왕도 차례차례 전개되는 용병의 오묘함에 넋을 잃고 바라보았으며 이후 손무를 장수로 삼아 극진히 대우하고 모든 군대를 그에게 맡겼다.[2)]

손무는 그의 병서에서 왕의 전략(王之戰略)을 오늘의 기업 환경에 대비 다음과 같이 가르치고 있다.

• **그림 3** 경영전략에 적용한 손자의 전략 개념

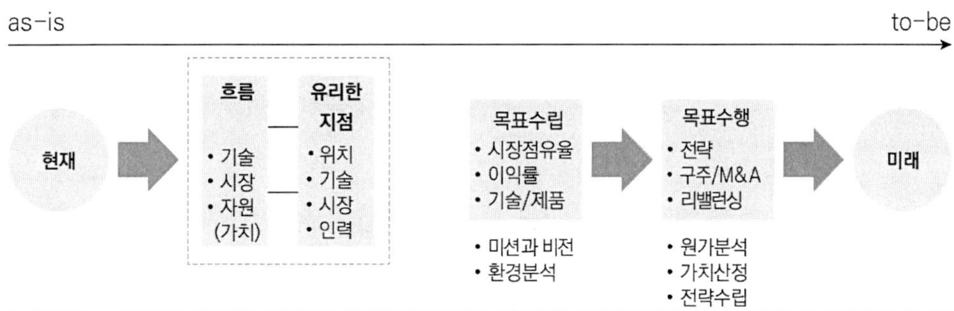

해설

이 도표에는 손자병법의 핵심 사상인 '지피지기(知彼知己)'와 '이정합전(以正合戰)', '승자선승이후구전(勝者先勝而後求戰)(승리자는 먼저 이겨놓고 나중 싸움을 수행한다)' 등이 'as-is'에서 'to-be'로 나아가는 현대 경영전략의 흐름 속에 유리한 지점을 파악하고 목표를 수립하며 전략을 구체화하는 과정을 표시하였다.

1. **as-is(현재):** 현재 기업이 처한 현 상황을 의미. 손자병법의 관점에서 '지기(知己)' 즉, 우리 자신(기업)의 현재 역량, 강점, 약점 등을 정확히 파악하는 단계이다.

2) 박일봉, 손자병법, 육문사 pp.10~11.

2. 흐름(Flow) & 유리한 지점(Advantageous Position)

- **흐름(Flow)은 기술, 시장, 자원 및 가치의 흐름으로**

  (1) 기술: 시장의 기술 변화 동향, 경쟁사의 기술 수준, 자체 기술 역량 등을 파악하는 것. 손자의 '지형(地形)'과 유사하게 전장의 특성(기술 환경)을 아는 것임

  (2) 시장: 현재 시장의 동향, 규모, 성장 가능성, 주요 고객층 등을 분석. '천시(天時)'와 '지리(地理)'에 비유될 수 있다.

  (3) 자원(가치): 기업이 보유한 무형의 자산(브랜드 가치, 조직 문화 등)과 유형의 자산(재무 역량, 생산 설비 등)을 평가한다. '도(道)', '천(天)', '지(地)', '장(將)', '법(法)'의 오사(五事) 중 '법(法)'에 해당한다.

- **유리한 지점(Advantageous Position)**

  (1) 위치: 시장에서의 포지셔닝, 핵심 거점 등을 의미. 손자의 '지리(地理)' 개념으로, 전술적으로 유리한 위치를 선점하는 것을 강조한다.

  (2) 기술: 경쟁사 대비 차별화된 기술 우위나 핵심 기술 역량을 의미

  (3) 시장: 독점적 지위, 특정 시장에서의 강력한 영향력 등을 의미

  (4) 인력: 핵심 인재, 조직 역량, 리더십 등을 의미. 손자병법의 '장(將)' 즉, 장수의 역량과 인재 운용의 중요성과 연결된다.

- **전략적 통찰:** 이 단계는 손자병법의 '지피지기(知彼知己) 백전불태(百戰不殆)' 사상이 가장 명확히 드러나는 부분이다. 외부 환경(흐름)과 내부 역량(자원), 그리고 경쟁 우위(유리한 지점)를 종합적으로 파악하여 승리할 수 있는 기반을 다지는 것이다.

3. 목표 수립(Goal Setting)

지금까지의 추상성을 구체적 계수로 수치화한 목표를 수립한다.

(1) 시장점유율: 경쟁 환경 속에서 목표로 하는 시장점유율을 설정한다.

(2) 이익률: 재무적인 성과 목표를 설정한다.

(3) 기술/제품: 개발하고자 하는 핵심 기술이나 출시할 제품의 목표를 구체화한다.

(4) 세부 고려사항

- **미션과 비전:** 기업의 궁극적인 존재 이유(미션)와 미래상(비전)을 기반으로 구체적인 목표를 설정. 손자병법의 '도(道)' 즉, 백성으로 하여금 군주와 한마음이 되게 하는 리더십과 목표 의식에 해당한다.
- **환경 분석:** SWOT 분석 등 외부 기회와 위협, 내부 강점과 약점을 종합적으로 고려하여 현실적이고 도전적인 목표를 세운다.
- **전략적 통찰**

이 단계는 '승자선승이후구전(勝者先勝而後求戰)'의 의미를 담고 있다. 즉, 싸우기 전에 먼저 이길 수 있는 조건을 만들고(명확한 목표 설정), 그 후에 싸움에 임한다는 손자의 지혜가 반영되어 있다.

4. 전략 수립(Strategy Formulation)

(1) **전략:** 목표 달성을 위한 큰 그림과 방향을 설정한다.

(2) **구조/M&A:** 조직 구조의 재편, 인수합병을 통한 시장 확장 또는 역량 강화 등을 고려한다. '법(法)' 즉, 조직과 규율을 정비하는 것과 유사하다.

(3) **리밸런싱:** 기존 사업 포트폴리오를 재조정하거나 자원 배분을 효율화하는 것이다.

(4) **세부 고려사항**

- 원가 분석: 비용 효율성을 고려한 전략을 수립한다.
- 가치 산정: 창출될 가치와 투입될 자원을 면밀히 분석한다.
- 전략 수립: 최종적인 세부 실행 계획까지 포함하는 개념이다.

- **전략적 통찰**

이 단계는 '이정합전(以正合戰) 이기격승(以奇擊勝)'과 연결될 수 있다. 정공법(정확한 전략)으로 싸우되, 필요하다면 기습(M&A나 리밸런싱 같은 과감한 변화)을 통해 승기를 잡는다는 손자의 전술적 지혜가 담겨 있다. 이는 또한 '계(計)' 즉, 전쟁 전의 철저한 계산과 계획을 의미하기도 한다.

5. to-be (미래):

- **미래:** 설정된 목표를 달성하고 전략이 성공적으로 실행된 후 기업이 도달하고자 하는 이상적인 상태를 의미한다.

6. 결론

이 그림은 손자병법의 핵심 원칙들이 현대 경영 환경에서도 여전히 유효하게 적용될 수 있음을 잘 보여주는 개념도이다. 특히 '알고', '계획하고', '싸우지 않고 이기는' 손자의 사상이 기업의 현황 파악, 유리한 위치 선점, 명확한 목표 설정, 잘 갖추어진 시스템, 그리고 효율적인 전략 수립 과정에 효과적으로 반영되어 있음을 알 수 있다.

최고경영자라면 자사의 Position을 잘 인식하고 있어야 한다. 기업은 기술흐름, 시장흐름 및 보유자원의 흐름을 파악한다. 2024년 중반의 상황이라면 기술흐름은 AI가 주도하고 있으며 여기 전력 문제로 원자력 발전과 에너지 및 전기차 등이 핵심이다. 그러나 기업 CEO에게 기술의 유행은 중요하지 않다.[3] 오로지 자기가 현재 수행하는 사업의 범주에 대한 기술에 관심을 가지면 될 뿐이다. 다만, 사업의 다각화를 꿈꾸는 기업가라면 관심을 가져볼 일이다.

전략을 수립하여 시행하고 새로운 미래를 열겠다면 흐름에 따른 유리한 지점을 결정한다. 여기가 지형이며 지리이다. 그리고는 사업상 목표를 설정한다. 이 목표는 전략의

3) 네 양떼의 형편을 부지런히 살피며 네 소떼에 마음을 두라(잠언 27: 23).

진행 및 사후에도 통제의 도구로 써야 하므로 구체적이고 현실적이어야 한다. 시장점유율이나 경쟁사에 대한 경쟁력 우위 확보 목표 또는 영업이익률 등으로 구체화하되 기술수준과 제품 경쟁력을 목표로 할 수도 있다. 이후에 대망의 전략을 수립한다. M&A가 될 수도 있고 분사나 통합, 수평적 다각화나 수직적 통합 등 대상을 정하여 구체화시킨다.

이 중 시장과 기술의 흐름을 파악하고 자신이 설 위치를 파악하는 것이 가장 중요하다. 이를 수행하기 위한 전략, 그 수행 위한 총체적 틀에 대하여 손자가 준비한 전략에 관한 금언은 다음과 같다.

3) 손자병법 개요(총론)

손자병법은 고대 중국의 병법서로 오나라 왕 합려를 섬기던 손무가 쓴 병법서라 한다. 손빈병법과는 다르며 시계(始計), 작전(作戰), 모공(謨功), 군형(軍形), 병세(兵勢), 허실(虛實), 군쟁(軍爭), 구변(九變), 행군(行軍), 지형(地形), 구지(九地), 화공(火攻) 용간(用間)편의 총 13편으로 구성되어 있다. 이 중 시계편은 전쟁에 앞서 승산을 파악하고 기본계획을 세움의 중요성, 전쟁의 승패를 결정짓는 전략(戰略 또는 전력)의 5요소(五事)와 서로의 전략 요소를 비교하는 일곱 가지 기준(七計), 그리고 승리를 위해 적을 속이는 것의 중요성에 대해 언급하고 있다. 본서는 전쟁을 준비하는 전략이 깃든 시계편만을 다음과 같이 간략히 살핀다.[4]

(1) 전쟁은 국가의 중대한 일이다.

– 국가 존망이 걸린 일

원문: 孫子曰 兵者, 國之大事, 死生之地, 存亡之道, 不可不察也, 故經之以五事, 校之以七計, 而索其情. 一曰道, 二曰天, 三曰地, 四曰將, 五曰法.

읽음: 손자왈 병자, 국지대사, 사생지지, 존망지도, 불가불찰야, 고경지이오사, 교지이칠계, 이색기정. 일왈도, 이왈천, 삼왈지, 사왈장, 오왈법.

해석: 손자가 이렇게 말했다.

4) 이하 박일봉 편저 손자병법, 제1시계편

전쟁은 국가의 중대한 일이다. 국민의 생사가 달려있고 국가의 존망이 달려있으니 가히 신중하게 살펴보지 않을 수 없다. 그러므로 다섯 가지 사항으로써 조사하고 일곱 가지 계교로써 비교하여 그 실정을 탐구해야 한다. 다섯 가지 사항이란 첫째는 도덕이요 둘째는 하늘이요 셋째는 땅이요 넷째는 장수요 다섯째는 법이다.

손자는 그의 병서 첫머리에서 그의 전쟁관을 피력하고 있다. 전쟁은 국가의 중대한 일(大事)이라는 것이다. 국민들의 생사가 달려있고 국가의 존망이 좌우되기 때문이다. 전쟁이 불가피하다면 검토를 철저히 해야 하는데 그 내용은 다섯 가지 근본 문제와 일곱 가지 기본 조건인 5사(五事)와 7계(七計)이다.

(2) 오사(五事) 다섯 가지 근본 문제는 다음과 같다.

원문: 道者, 令民與上同意也, 故可與之死, 可與之生, 而不畏危也. 天者, 陰陽·寒暑·時制也. 地者, 遠近·險易·廣狹·死生也. 將者, 智·信·仁·勇·嚴也. 法者, 曲制·官道·主用也. 凡此五者, 將莫不聞, 知之者勝, 不知者不勝. 故校之以計, 而索其情

읽음: 도자, 영민여상동의야, 고가여지사, 가여지생, 이불외위야. 천자, 음양 · 한서 · 시제야. 지자, 원근 · 험이 · 광협 · 사생야. 장자, 지 · 신 · 의 · 용 · 엄야. 법자, 곡제 · 관도 · 주용야. 범차오자, 장막불문, 지지자승, 부지자불승. 고교지이계, 이색기정

해설: 道란 백성으로 하여금 위와 더불어 한 뜻이 되게 하여 함께 죽을 수 있고 함께 살 수 있게 해서 위험을 두려워하지 않게 하는 것이다.

하늘이란 낮과 밤(陰陽), 추위와 더위, 시기에 맞추는 일이다. 땅이란 멀고 가까움 험하고 평탄함, 넓음과 좁음, 결사적으로 싸울 곳인가 살 수 있는 곳인가 하는 것이다. 장이란 모사(謀士)나 참모까지 포함되며 지혜와 믿음과 어짐과 용맹과 위엄이다 법이란 군대의 편성, 명령의 계통, 병기와 식량 등의 군용품을 말한다.

대저 이 다섯 가지는 장수가 다 알고 있지 않으면 안 되거니와 아는 사람은 승리하고 알지 못하는 사람은 승리하지 못한다. 그러므로 이를 비교하는 데는 계(計)로써 하여 양편의 정밀한 탐색이 필요하다.

전쟁에는 원칙이 있어야 한다. 5事는 다섯 가지 전쟁 원칙이다. 도천지장법은 전장에서는 고정되어 있는 것으로 전장의 하드웨어와 같다.

가장 먼저 언급한 도(道)란 바꾸어 말하면 전쟁의 명분, 즉 대의명분을 말한다. 기업

으로 말하면 상도덕과 윤리를 말한다. 상업을 수행함에 따름이며 당위성이다. 최고경영자와 전 직원이 하나의 방향으로 나갈 수 있는 합심력을 발휘할 수 있음은 상하가 하나로 뭉쳐서 죽어도 같이 죽고 살아도 같이 산다는 합심이 되어야 한다(민의 합심).

둘째, 언급한 하늘(天)이란 전쟁에 있어서는 기후나 기상에 해당하여 바람과 구름, 비와 눈 등을 의미하지만 기업에 있어서는 기업을 영위하는 환경이라 할 수 있다. 시장에서 경쟁을 하는 경쟁자들, 가지고 있는 기술, 고객들과 납품업자들, 기술의 진보나 경기의 변동 등이 하늘이라 할 수 있다.

셋째, 지(地)란 지리적 위치로 땅의 이점 활용을 말하지만, 기업에서는 하드웨어적인 조직, 직원, 공장·기계 등 시설과 설비, 대외 거래선들과의 계약관계 등을 말한다고 할 수 있다.

넷째, 장(將)은 장수로 전장에서 생사여탈권을 가진 최고 명령권자를 말하며 기업에서는 최고경영자로 CEO나 그룹의 회장 등을 일컫는다고 볼 수 있다. 전쟁에서는 모사(謀士)나 참모까지 포함된다고 본다. 장수가 덕과 지혜와 용기가 있으며 신의와 어짊이 있어야 하듯 CEO도 덕과 지혜와 용기를 갖추고 신의와 성실로 기업을 경영해야 한다.

다섯째, 법(法)이란 군대의 질서요 물 흐름이다. 군대의 편성과 위계 규율과 명령과 복종체계, 병장기의 조달과 그 사용법, 군수물자의 조달과 원거리 전투에서의 보급 등을 말한다. 이것을 기업으로 치면 내규(SOP)나 업무규칙, 사규, 작업방법 등과 원부자재, 소모품의 조달, 인력의 조달 및 운용 방법, 작업의 진행과 그 통제의 방법, 물건(상품·제품)을 파는 방법, 고객관리 방법, 이사회의 운영 방법과 직원관리 및 상벌의 방법, 전략을 가지고 사업의 확장·축소를 관리하는 방법, 하자를 처리하고 위기를 대응하는 방법 등이 법에 해당된다고 볼 수 있다.

(3) 칠계(七計) - 승리를 위한 판단기준

다음은 일곱 가지 전쟁의 조건으로 주장천법병사상(主將天法兵士賞)의 7계이다. 전쟁 전에 반드시 비교해야 할 것이다. 전쟁에 있어서의 소프트웨어로 정신세계를 구성한다고 볼 수 있다.

원문: 故校之以七計, 而索基情. 曰 主孰有道, 將孰有能, 天地孰得, 法令孰行, 兵衆孰强, 士卒孰練, 賞罰孰明. 吾以此知勝負矣.

읽음: 고교지이칠계, 이색기정. 왈 주숙유도, 장숙유능, 천지숙득, 법령숙행, 병중숙강, 사졸숙련, 상벌숙명. 오이차지승부의.
해설: 그러므로 다음의 일곱 가지 계책을 비교하여 그 실정을 탐색해야 한다. 왕은 누가 더 법도가 있는가. 장수는 누가 더 유능한가. 천시와 지리는 누가 더 얻고 있는가, 법령의 집행은 누가 더 잘하고 있는가, 군대는 누가 더 강한가, 병사는 누가 더 잘 훈련되었는가, 상벌은 누가 더 맑게 집행하는가이다. 나는 이것으로써 승부를 알 수 있다.

일곱 가지 전쟁의 조건을 제시하면서 손자는 이것으로 싸워보지 않고 승부를 알 수 있다고 했다. 기업의 경영도 그러한 것이 아닌가? 전략을 수립하고 그것을 이행해 볼 것도 없이 성패를 알 수 있는 것, 7계를 파악하는 것이다. 어찌 보면 당연한 내용들이나 한편은 기업의 전 직원들이 하나같이 움직이기에는 참으로 어려운 것들이 아닌가?

첫째는 왕도(王道)에 관한 것이다.

전쟁의 당사국 왕 중 어느 왕이 더 법도에 맞는 정치를 하는가의 문제로, 손자병법 칠계의 제1계에서 말하는 왕은 기업의 이사회로 보는 것이 타당할 것이다. 기업이 존재하는 한 존속하며 기업의 명운을 건 의사결정을 하는 이사회로 CEO가 잘못할 때는 해고하기도 하고 오류를 지적하기도, 감독도 할 수 있는 기관이다.

둘째는 전쟁을 책임진 장수(將帥)의 능력이다.

장수의 지략에 관한 문제로 손무나 손빈 또는 제갈량 같은 장수 또는 총사령관의 역량을 지칭한다 할 것이다. 이 대목에서는 예리한 칼을 말총 하나로 달아 매놓고 그 아래 앉아있던 시라쿠사의 참주 디오니시오스의 신하(정신, 廷臣) 다모클래스가 본 칼[5]이 연상된다. 기업 최고경영자의 법도와도 일맥상통한다. CEO는 자신의 언행에 있어 막중한 책임감과 함께 예에 맞아야 하며 기업의 이념과 비전 및 목표 수행을 위해 노심초사하고

5) 시라쿠사의 참주 디오니시오스의 신하 다모클래스의 칼
다모클레스: 참주님께서는 뭐든지 맘대로 할 수 있으시겠네요?
디오니시오스 1세: 그래? 그러면 자네가 내 자리에 앉아보겠나?
다모클레스: 물론이죠.
디오니시오스 1세: 자, 여기 앉게. 오늘 하루 동안은 자네가 참주네(신나게 왕 노릇을 하던 다모클레스가 고개를 들어보니 머리 위에는 날카로운 칼이 말총 한 가닥에 매달려 있었다).
다모클레스: !
디오니시오스 1세: 이제 참주라는 자리가 어떤 것인지 알았겠지? 자, 그래도 참주가 되고 싶은가?

직원들의 건강과 직무능률 향상 및 보상에도 부족함이 없어야 하되 주주 이익을 위한 노력에도 온 힘을 다해야 한다는 것이다.

장기 계획은 물론 한 해 한 해 단기 성과도 잘 낼 수 있도록 하여 매년의 인센티브도 만족스럽도록 하여야 한다.

셋째는 천시와 지리(天時地理)를 누가 잘 얻고 있느냐의 문제이다.

이 예로는 제갈공명이 적벽부에서 10만 개의 화살을 얻을 계략을 성공하게 한 바람의 때, 알프스를 넘은 카르타고의 장군 한니발이나 보나파르트 나폴레옹, 험산 준령을 넘어 촉장 마막의 무방비를 뚫은 위의 등애 장군, 이들은 천시와 지리를 활용한 사례이다.

오펜하이머의 이야기를 하지 않을 수 없다. 2차 세계대전에서의 끝 무렵, 미국과 독일은 적대국 관계에서 서로 원자폭탄을 개발하고 있었다. 이때 미국 오펜하이머 측이 역사의 기록대로 먼저 개발했다. 물론 그 파괴력 때문에 이를 투하할 것인가에 대한 결정의 고민은 별론으로 하고 제2차 세계대전은 종료하였다. 천시라 할 것이다.

아스피린의 개발도 그렇다. 아스피린은 해열, 진통, 항염작용을 하며 심혈관 질환에도 효과가 있고 인후염과 감기로 인한 통증 완화에도 효과가 있다. 달착륙 우주선에도 상비약으로 준비되는 아스피린은 1897년 독일의 작은 제약사 바이엘의 23세 젊은 화학자 펠릭스 호프만 박사가 오랜 기간 통증에 시달리는 자기 아버지의 통증을 완화해드리기 위하여 밤낮 연구 끝에 개발한 약(아스피린)으로 아버지가 통증없이 밤을 보낼 수 있었다고 한다. 이것은 어느 정도 우연이 있으나 천시라 함이 타당할 것이다.

우리나라 6.25 사변에 UN 연합군이 파견된 것도 당시 UN의 창립과 전쟁의 원흉인 소련이 안전보장이사회 상임이사국이었다는 점을 감안하면 하늘이 도운 것이라 하지 않을 수 없다. 제갈공명의 적벽대전에서 연환계를 쓴 것, 롬멜의 사막 탱크전도 맥아더 장군의 인천상륙작전은 천시 또는 지리를 가장 잘 이용한 것이다.

제품을 시장에 낼 때 시장이 기다리는 시기를 택하여 출하하는 전략은 그 시기를 알기 어려움에도 매우 중요하다. 코로나19 치료제 같은 약품의 출하, 인터넷 게임이나 관리용 SW 등도 출하의 시가와 배포의 장소 등은 매우 중요하다. 2024년 전반기 게임사 3N(넥슨, 넷마블, 엔씨소프트)의 해외 매출액은 2조원을 넘었다. 시운을 탄 것이다. 또한 배포의 지역도 적중했을 것이다.

넷째는 법령의 집행·판결의 문제이다.

법의 집행이 엄정해야 함은, 누구에게나 엄격·공평해야 할 판결이 요즘은 유전무죄

무전유죄의 흐름을 타고 있다니 안타깝다. 본서의 앞에 예를 든 솔로몬은 하나님께 백성 판결의 지혜를 구했고, 재물이나 영달을 구하지 않고 백성들의 억울함을 풀어주기 위한 재판의 지혜를 구한 솔로몬의 뜻이 아름다워 하나님은 그에게 권력과 부와 장수의 복까지 주셨다. 이것은 솔로몬의 꿈에 보여진 것이나 우리는 사실로 믿는다.

기업에는 근무규정이 있다. 출퇴근과 업무수행 및 공과에 대한 내용들이 들어있으며 지켜야 한다. 이익 성과에 대한 인센티브의 지급은 항상 경영진과 노조가 충돌하는 부분이다. 이러한 공과의 집행을 누가 잘 하는가, 그리하여 노사 및 전 임직원들이 화합하여 뭉쳐진 힘으로 임무를 다 하는가, 이것은 그 기업의 힘으로 나타나는 것이다. 기업의 이익 분배는 단순한 회계적 결정이 아니라, 경영 전략, 기업의 성장 단계, 산업의 특성, 노사 관계, 그리고 주주 가치 중시 여부 등 기업을 구성하고 있는 다양한 집단의 복합적인 요소가 작용하여 결정된다. 수행결과에 대한 평가를 공정하게 불평 없이 처리하는 것은 쉽지 않다.

📖 참고_ 미국, 일본, 한국의 이익분배 방법

---

1. 미국 기업의 이익 분배 실례

미국 기업은 '주주 자본주의' 원칙에 따라 주주 환원에 매우 적극적이며, 임직원 보상도 성과 연동형이 강하다.

가. 임직원 성과급/주식 보상(기본급 대비 비율 또는 주식 수)

- Google(Alphabet)
  - 성과급/보너스: 직원들의 성과에 따라 기본급의 15~30%수준의 보너스를 지급
  - 주식 보상(RSU, Restricted Stock Units): 매년 직원들에게 RSU를 부여하며, 이는 연봉의 상당 부분을 차지할 수 있다. 경력과 직무에 따라 다르지만, 고액 연봉자의 경우 연간 수만 달러에서 수십만 달러 상당의 RSU를 받는다. 이는 일정 기간(보통 3~4년)에 걸쳐 베스팅(권리 확정)되는 방식으로, 기업의 주가 상승 시 직원들의 자산도 함께 증가한다.
- Apple
  - 성과급: 개인 및 회사 성과에 따라 기본급의 10~20% 수준의 성과급을 지급한다.
  - 주식 보상 (RSU): 구글과 유사하게 RSU를 통한 주식 보상이 임직원 보상의 중요한 부분이다. 특히 핵심 인력에게는 상당한 규모의 RSU가 부여된다.
  - Ford / General Motors(자동차 산업, UAW, United Auto Workers 노조)
  - Profit Sharing Bonus(이익 공유 보너스): 노사 협약에 따라 회사의 북미 지역 세전 이익에 비례하여 직원들에게 보너스를 지급한다.

나. 주주 배당 및 자사주 매입(당기순이익 대비 배당성향, 자사주 매입 규모)

미국 기업들은 배당뿐만 아니라 자사주 매입을 통한 주주 환원도 매우 활발하다.

- Apple
  - 배당성향: 비교적 낮은 편이나, 꾸준히 배당을 지급한다.
  - 자사주 매입: 매년 수백억 달러 규모의 자사주 매입을 통해 주가를 부양하고 주주 가치를 높인다(예: 2023년 약 900억 달러 규모의 자사주 매입 승인).
- Microsoft
  - 배당성향: 안정적인 배당을 지급하며, 기술주 중에서는 배당 수익률이 비교적 높은 편이다.
  - 자사주 매입: 애플과 유사하게 대규모 자사주 매입을 꾸준히 진행한다(예: 2021년 600억 달러 규모 자사주 매입 승인).
  - S&P 500 기업 평균: S&P 500 기업들의 평균 배당성향은 약 30~40% 수준이며, 여기에 자사주 매입 규모를 더하면 이익의 상당 부분이 주주에게 환원된다.

2. 일본 기업의 이익 분배 실례

일본 기업은 전통적으로 내부 유보를 선호하는 경향이 있었으나, 최근에는 주주 환원과 직원 보상에 대한 압력이 커지고 있다.

가. 임직원 임금 인상 및 보너스(기본급 대비 비율, 고정 금액)

- 춘투(春闘) 결과: 매년 봄에 주요 기업과 노동조합 간에 임금 및 보너스 협상이 진행된다.
- 도요타(Toyota): 2024년 춘투에서 노동조합의 임금 인상 요구(월 기본급 7,000~28,000엔 인상, 보너스 7.6개월분)를 100% 수용하는 '만액회답(満額回答)'을 제시했다. 이는 과거 수십 년간 볼 수 없었던 높은 수준의 임금 인상이다.
- 닛산(Nissan): 2024년 춘투에서 노조의 임금 인상 요구(기본급 월 1만 8천엔 인상, 보너스 5.8개월분)를 100% 수용했다.
- 일본제철(Nippon Steel): 2024년 춘투에서 기본급 14% 인상이라는 노조의 요구를 전례 없이 100% 수용했다.

나. 주주 배당(당기순이익 대비 배당성향)

- 일본 기업의 배당성향은 과거에 비해 높아지는 추세지만, 여전히 미국이나 유럽 기업보다는 낮은 편이다.
- 소니(Sony): 꾸준히 배당을 지급하며, 재무 상태에 따라 배당금 규모를 조절한다.
- 유니클로(Fast Retailing): 성장 중심 기업이라 배당성향이 아주 높지는 않지만, 이익이 늘어남에 따라 배당액을 늘리는 추세이다.

3. 한국 기업의 이익 분배 실례

한국 기업의 이익 분배는 크게 주주 배당, 임직원 성과급/보너스, 그리고 사회 공헌으로 나눌 수 있다.

가. 임직원 성과급(주로 영업이익 대비 비율 또는 고정 금액)

- 한국 대기업들은 초과이익성과급(PS, Profit Sharing) 제도를 많이 운영하며, 이는 연간 경영 실적에 따라 결정된다. 지급액은 영업이익 또는 법인세비용차감전계속사업이익(세전이익)에 연동되는 경우가 많다.

■ **삼성전자**

- PS(초과이익성과급): DS(반도체) 부문은 실적이 좋을 때 연봉의 최대 50%까지 지급되는 경우가 많았다. MX(모바일경험) 사업부 등 다른 사업부는 실적에 따라 연봉의 10~30% 수준으로 지급된다.
- 2021년(역대급 실적): DS 부문은 연봉의 50% 지급(예: 연봉 1억 원 기준 5천만 원).
- 2023년(반도체 불황): DS 부문은 2023년 실적에 대한 2024년 초 PS 지급률이 0%로 결정되었다. 이는 반도체 부문의 적자로 인해 초과이익이 발생하지 않았기 때문이다. 반면, MX 사업부 등 일부 사업부는 12~18% 수준의 PS가 지급되었다.
- PI(생산성격려금): 목표 달성 인센티브로, 통상 월 기본급의 0~100% 수준으로 지급된다. 분기별 또는 반기별로 지급될 수 있다.

■ **SK하이닉스**

- 초과이익분배금(PS): 삼성전자와 유사하게 실적에 따라 연봉의 최대 50%까지 지급될 수 있다.
- 2021년: 최대 PS 지급.
- 2023년: 삼성전자 DS 부문과 마찬가지로 반도체 불황으로 인해 PS가 지급되지 않거나 최소한의 수준으로 지급된 것으로 알려져 있다. 대신 위기 극복 격려금 형태로 소정의 금액이 지급되기도 했다.
- 2025년: 성과급 1인당 1억 이상 받는다.

■ **현대자동차/기아**

- 특별 성과급: 매년 노사 임단협(임금 및 단체 협상)을 통해 결정된다. 회사의 연간 영업이익률과 판매량 등을 고려하여 결정된다.
- 2023년(사상 최대 실적): 현대차는 기본급 11만 1,000원 인상에 더해 특별 성과금 400만 원, 주식 10주, 그리고 '전통시장상품권 25만원'이 지급되었다. 기아도 유사한 수준으로 타결되었다. 이는 상당한 규모의 이익을 임직원과 공유한 사례이다. 금액으로 따지면 1인당 1천만원 내외의 이익 분배가 이루어진 셈이다.
- 이러한 성과급은 단순히 이익 대비 비율로 계산되기보다는, 노조의 협상력, 전년 대비 실적 개선폭, 동종 업계 상황 등 복합적인 요인이 작용하여 결정된다.

나. 주주 배당(당기순이익 대비 배당성향 또는 주당 배당금)

■ **삼성전자**

한국 기업 중에서는 비교적 주주 환원에 적극적이지만, 글로벌 IT 기업에 비해서는 여전히 보수적이라는 평가가 있다.

- 2023년 결산 배당: 보통주 주당 361원, 우선주 주당 362원(분기별 지급).

- 배당성향: 2023년 당기순이익이 크게 감소했기 때문에 배당성향은 일시적으로 높아졌으나, 통상적으로 이익의 10~20% 수준을 배당으로 지급해 왔다(장기적으로 50% 수준의 잉여현금흐름 주주환원 정책을 발표하기도 했다).

■ **SK하이닉스**

반도체 업황 변동성이 커 배당이 들쑥날쑥한 편이다.

- 2023년 결산 배당: 보통주 주당 300원(최소 배당 보장). 2023년에는 대규모 적자를 기록했음에도 불구하고 주주 환원 정책에 따라 최소 배당을 실시했다.

■ **KB금융지주**

금융지주는 비교적 안정적인 배당을 지급하는 경향이 있다.

- 2023년 결산 배당: 주당 3,060원.
- 배당성향: 2023년 기준 26%수준. 금융당국의 배당 제한 권고 등으로 인해 해외 금융권 대비 낮은 수준을 유지해 왔다.

다섯째는 군대가 어느 쪽이 강한가이다(병중숙강, 兵衆孰强).

병중(兵衆)은 단순히 병사의 수뿐 아니라, 군대의 질, 즉 조직력, 장비의 우수성, 사기 등 군대 전체의 종합적인 힘을 의미한다.

기업의 경우에는 직원들의 능력에 대한 문제이다. 이는 단순히 직원 개개인의 능력을 넘어, 조직의 전체적인 역량, 시스템의 효율성, 시너지 효과 등을 포함하는 개념으로 전체로서의 능력을 의미한다.

여섯째는 병사의 훈련 정도이다.

전쟁을 위하여 병사들을 훈련시킨다. 총 쏘는 법이나 칼 또는 공용화기나 비행기, 탱크 등의 조작법, 그 기술을 배운다. 생산라인은 고가의 자동화 기기를 다룰 줄 아는가와 같은, 기기를 가지고 생산성을 얼마나 올리는가는 기술자에 따라 큰 차이가 난다. 같은 선반을 가지고 단위 시간에 가공해 낼 수 있는 역량이 다르고 정밀도를 ±0.01mm로 가공할 수 있는가 없는가는 작업자의 능력이며, 이는 그 가공된 부품을 사용하여 제작한 제품의 품질을 좌우한다. 컴퓨터 소프트웨어 코딩 분야에서는 개인 능력에 따른 생산성에 무려 40배의 차이가 있다는 통계가 있다. 능력 있는 강한 직원들, 세계 기능올림픽에서 메달을 따고 사내에서도 기능대회 등을 자주 하여 능력을 배양시킨, 관리 사무 능력 측면에서도 자질을 함양한 종업원들이 다수 포진해 있고 사내에서도 상호 배움의 길을 열어주며 강한 능력을 갖춘 직원들이 얼마나 있느냐가 그 기업의 우수성과 경쟁력을 나타내는 것이다.

기업이 인력을 채용할 때 채용공고를 하고 지원 자격요건을 공시하며 일정한 시험을 거쳐 선발한다. 삼성이나 SK, 현대, LG 등에는 쉽게 입사할 수 없는 이유도 여기에 있다. 채용된 직원들은 기업의 조직을 구성하며 필요한 자리(직)에 배치되어 자기 직무에 충실하며 그 업무의 질을 책임져야 한다. 회사를 대표하여 외부인과 접촉할 때 나타나는 총체적인 역량수준이 경쟁사 대비 얼마나 우수한지가 기업의 경쟁력을 결정한다.

세계적으로 유명한 명문대인 하버드나 스탠포드(구글의 창업자 출신학교), 버클리 대학 출신들, 서울대학교나 기타 유명 대학의 졸업생들이 주로 포진한 기업들은 그 나름의 역할을 하게 될 것이다. 그러나 기업의 성패는 학력이 아니라 CEO나 초기 구성원들의 창발적 기질에 좌우됨을 명심하여야 한다.

일곱째는 상벌에 대한 기준이다(상벌숙명, 賞罰孰明).

손자병법 내에는 전쟁에서 승리한 병사에게는 반드시 상을 주라고 한다. 우리가 잘 아는 한나라와 초나라의 전쟁, 즉 유방과 항우의 전쟁에서는 처음의 군사력이나 싸움의 능력, 출신 집안의 내력 등으로 보아 전쟁의 객관적 승자는 항우였다. 그러나 항우는 승리한 전쟁의 전리품을 나누어 줄 줄을 몰랐다 한다. 반면 군사의 존경을 받고 상하가 하나로 뭉친 유방은 결국 한의 백만대군을 지휘한 한신의 계략으로 항우를 격파하고 천하를 통일하였다. 기업에서도 공을 세운 직원에게 적절한 보상을 제공하는 것은 매우 중요하다. 회사의 창립기념일 보너스, 연말 성과급, 인센티브 등은 기업가의 입장에서는 일상적이고 진부한 일로 여겨질 수 있으나 받는 직원 입장에서는 기대와 꿈이 실린 중요한 의미가 될 수 있다. 시상의 결과는 인사고과에서 진급의 근거가 되기도 한다.

벌을 주는 경우는 각별히 억울함을 간직하게 하지 말아야 하며 엄정하게 조사하고 감사하여 명확한 증거를 가지고 잘못에 걸맞은 징계를 하여야 한다. 변명의 기회를 충분히 주며 '나는 이 징계가 억울해'라는 비판이 나오지 않도록 하고 마음으로부터 오는 자숙의 기회로 삼을 수 있도록 하여야 한다.

손자병법의 현대적 교훈

손자병법은 전쟁의 엄중함과 중요성을 깊이 인식하며, 전쟁에 임하기 전에 5사(五事)와 7계(七計)를 통해 스스로를 철저히 점검하고 우위를 확보할 것을 강조한다. 기업의 전략도 시장에서 승리하기 위해서는 자신에 대한 성찰과 타 경쟁자와의 겸손한 비교를 통해 비교우위와 경쟁력을 점검하고 승산이 있을 때 진입하면 필승할 수 있을 것이다. 이것이 바로 손자가 현대 기업가들에게 전하는 핵심 교훈이다.

3 경영전략으로의 전환

1) 산업의 시대적 경향

손자의 시대 이후 오랜 세월이 흘렀다. 기원전(BC)과 기원후(AD)를 나누는 예수 그리스도 시대를 지나, 중세 시대를 거쳐 영국에서 산업혁명이 시작되었고, 이는 현대의 태평양 시대로 이어졌다. 특히 제1, 2차 세계대전을 승리로 이끈 미국 경제는 1980년대 일본의 부상 전까지 약 40년간 세계 경제의 중추로서 독보적인 위치를 차지했다. 물론 2000년대 와서 미국은 이를 다시 회복했지만...

1950~1960년대에는 전후 경제 성장과 함께 기업 규모가 비약적으로 커지면서 성장의 부작용과 한계가 드러나기 시작했다. 이에 기업의 목표 달성을 위한 체계적이고 장기적인 접근의 필요성이 대두되었고, 이것이 바로 현대 경영전략을 태동시키게 되었다. 이 시기에는 대량생산 시대를 배경으로 5년 정도의 중기 경영 예측과 시장 수요 추정치를 기반으로 마케팅 전략, 투자, 시장점유율, 매출 및 이익 계획을 수립했다. '경영정책(Management Policy)'이라는 용어가 등장한 것도 바로 이 시기이다. 1970년대에는 기업 내 '전략기획실(Strategic Planning Department)' 또는 '종합기획실'(삼성의 경우는 비서실)과 같은 계획 전담 부서가 등장하여 기업의 장기 성장 계획 수립과 다각화를 통한 성장을 주도했다. 특히 삼성의 경우 이병철 회장 시절의 비서실과 이건희 회장 시절의 종합기획실이 강력한 전략 수립 기능을 수행하며 상징적인 조직으로 자리매김했다.

이 시기에 보스턴 컨설팅 그룹(BCG) 매트릭스(BCG Matrix)와 같은 포트폴리오 관리 기법, 그리고 기업의 내외부 환경을 분석하는 SWOT 분석 등이 확산되며 전략 수립의 도구로 활용되었다. 이 시기에는 시장 경제에서 케인즈 경제학이 주요 거시경제 이론으로 자리잡았으며, 손익분기점(BEP) 분석, 비용–편익 분석(Cost–Benefit Analysis), 현금흐름 할인 분석(Discounted Cash Flow Analysis)과 같은 계량적 분석 기법들이 등장하고 유행했다.

이 시기는 기업 경영과 국가 경제 전반에 걸쳐 계획에 의한 통제가 주류를 이루던 때였다. 그러나 1970년대 후반부터 일본 경제가 고도 성장을 구가하는 반면, 미국에서는 경제 불확실성이 증대되면서 기존의 장기 계획 중심의 전략 수립 방식이 한계에 부딪히기 시작했다. 이에 기업들은 조직 전체의 계획보다는 개별 종업원의 전략적 사고의 중요성에 주목하기 시작했다. 이어서 하버드 대학교의 마이클 포터(Michael E. Porter) 교수를 중심으로 산업 구조 분석에 기반한 경쟁 전략이 전략 수립의 핵심으로 부상했다. 포터는 기업의 외부 환경과 내부 환경을 체계적으로 분석하는 틀을 제공하며 새로운 경영 전략 이론들을 제시했다.

1980년대는 일본 기업의 경영 방식이 전 세계적으로 주목받았던 시기이다. 1970년대 후반부터 일본 기업과 제품의 경쟁력이 급성장하면서, 경영학자들은 일본 기업의 성공 요인을 체계적으로 연구하기 시작했다. 특히 1980년대 초, 컨설팅 회사 맥킨지(McKinsey & Company)의 토마스 피터스(Thomas J. Peters)와 로버트 워터만(Robert H. Waterman Jr.) 등은 일본의 성공적인 기업들의 공통점을 분석하여 7-S 모델을 발표했다. 이 모델은 맥킨지 컨설턴트들이 일본 기업을 포함한 여러 기업을 연구하는 과정에서 나왔다고 보아야 한다. 파스칼과 아토스의 책은 일본 경영을 다루었으나, 7-S 모델의 직접적인 출처로 보기는 어렵다. 7-S 모델은 조직 성공을 위해 공유가치(Shared Value), 전략(Strategy), 구조(Structure), 시스템(Systems), 스킬(Skills), 스태프(Staff), 스타일(Style)의 7가지 경영 요소가 상호 유기적으로 조화를 이루는 것이 중요하다고 강조했다. 당시의 우수한 일본기업이 취했던 전략이다.

1990년대 이후는 인터넷의 폭발적인 성장시기로 특징지을 수 있으며, 이는 2020년대의 인공지능(AI) 열풍으로 이어가고 있다. 마이크로소프트(Microsoft), 인텔(Intel), 페이스북(현 메타)(Meta), 넷플릭스(Netflix), 아마존(Amazon), 구글(현 알파벳, Alphabet Inc.), 엔비디아(Nvidia) 등은 놀라운 성장을 통해 이른바 '빅테크(Big Tech)' 기업을 형성하며 신경제 및 초연결사회의 초경제 시대를 이끌고 있다. 닷컴 버블(dot-com Bubble)로 인해 수많은 인터넷 기업이 파산하는 사태도 있었으나(예: 티매프 사태), 이는 경영전략 이론의 근간을 뒤흔들 정도의 사건이라기보다는, 기술 진보와 함께 펼쳐지는 네트워크 산업이라는 신산업의 등장에 따른 산업 변이 시기의 특성으로 이해되었고, 관련 연구를 촉진하는 계기가 되었다.

2010년대 이후에는 공유경제(Sharing Economy)가 부상했다. 우버(Uber), 그랩(Grab) 등 인터넷 기반의 공유 기업들은 자산의 소유가 아닌 공유를 통해 필요할 때만 활용하는 비즈니스 모델로 성공을 거두기도 하였다.

한국에서도 공유경제 모델이 활성화되고 있으며, 일부 기업들은 제품 판매를 넘어 임대나 서비스 구독 형태로 비즈니스 모델을 전환하며 위기 돌파를 시도하고 있다. 이와 함께 공유가치 창출(Creating Shared Value, CSV)과 같은 개념들도 주목받고 있다.

한편, 2020년대 들어 OpenAI의 챗GPT 출시를 기점으로 엔비디아(NVIDIA)가 주도하는 AI 열풍은 산업 전반에 걸쳐 큰 변화를 가져왔다. 구글과 엔비디아 등 거대 자본집약적 빅테크 기업들이 인공지능 중심의 새로운 산업 역사를 써 내려가고 있다.

반도체 산업에서는 대만의 TSMC와 대한민국의 삼성전자 그리고 SK하이닉스 간 경쟁이 치열하며, 엔비디아의 AI와 그 대규모 전력 소모와 고가를 견제하려는 신기술 등의 경합 등이 AI 애플리케이션과 함께 새로운 경쟁관계 및 산업의 태동을 예고하고 있다. 특히 고성능 AI 반도체 시장에서는 SK하이닉스가 HBM 기술에서 우위를 점하고 있으나, 파운드리 시장에서는 TSMC와의 경쟁 구도가 여전히 치열하다. 이러한 기술 경합은 AI 애플리케이션의 발전과 함께 새로운 경쟁 구도 및 산업의 태동을 예고하고 있다고 보아야 할 것이다. 이처럼 기업의 위상은 그들이 가지고 있는 자원에 의하여만 결정되는 것이 아니라 그들이 수립하고, 그리고 목숨 걸고 굳건히 지켜온 신념과 비전에 의해 결정된다. 이는 경영전략으로 표출되는 기업의 나아갈 길을 잡아가는 일이다.

2) 경영전략의 속성

전략은 특정 행위의 비전을 실은 방책이라는 측면에서, 구체적인 실행 계획인 전술(Tactics)과는 명확히 구분될 필요가 있다. 전략은 장기적이고 포괄적인 계획으로서, 모방하거나 단기간에 습득하기 어려운 특성을 지닌다. 반면 전술은 단기적이고 구체적인 실행 계획으로, 비교적 모방이나 벤치마킹이 용이하다.

기업의 미션(Mission)과 목표(Objective)는 단기적인 노력만으로는 달성하기 어렵다. 단순한 작업 방식 개선이나 인력 재배치로는 근본적인 변화를 이끌어낼 수 없기 때문이다. 따라서 기업은 장기적인 관점에서 나아갈 방향을 설정해야 하며, 여기에는 필요한 자원의 조달, 재배치 및 사용 우선순위 결정, 그리고 필요시 조직 구조의 조정까지 포함될 수 있다. 잘 짜인 전략은 급변하는 환경에 대한 유연한 대응을 가능하게 하며, 단기적인 전술적 경영 계획 수립의 근간을 제공한다.

전략은 장기적인 관점을 제시하므로, 조직 구성원들이 공동의 목표를 가지고 자신의 행동 방향을 판단하고 설정할 수 있도록 돕는다. 또한 기업이 나아갈 방향, 장·단기 제품 및 서비스 계획, 주요 고객 및 경쟁자 분석, 그들의 전략, 차별화 요소, 그리고 경쟁

우위 확보 방안 등에 대한 인식을 공유하고 포함시킬 수 있게 한다.

3) 경영전략의 정의

전략을 수립하고, 그 전략이 계획대로 진행되어 소기의 목적을 달성하는 과정을 지켜보는 것은 분명 보람 있는 일이다. 삼성전자가 반도체 산업에 진출하여 세계 1위 메모리 반도체 기업으로 성장한 사례나, 마이크로소프트의 강력한 시장 지배 속에서도 구글이 혁신적인 검색 기술로 단기간에 세계 최고 글로벌 IT 기업으로 부상한 사례는 경영전략의 중요성을 보여주는 대표적인 예시이다. 이 기간에 MS의 반독점법 송사가 있었다. 1심판결에서 회사분리명령이 있었으나 항소심에서 이를 뒤집으며 회사 분리의 상황에는 가지 않았다. 구글의 성공 후면에 이것이 작용했는지는 알 수 없다.

1970년대 이후 경영 전략이 본격적으로 확산되면서, 경영 목적 달성을 위해 기업의 내외부 경영 활동에서 가장 핵심적인 요소들을 찾아내고, 이 요소들이 상호 시너지를 창출하도록 하는 통합적인 방책이라는 의미가 정립되었다.

여러 학자들은 경영 전략을 다양하게 정의했다. 마이클 포터(Michael E. Porter)와 오마에 켄이치(Kenichi Ohmae)는 경쟁우위(Competitive Advantage)와 경영 방식에 초점을 맞추었으며, 케네스 앤드류스(Kenneth Andrews)는 경영 목적 달성을 강조했다. 이러한 정의들을 종합해 볼 때, 경영 전략은 '희소한 경영 자원의 효율적인 배분과 필요한 자원의 조달을 포함하여, 기업이 시장에서 경쟁 우위를 확보하고 유지할 수 있도록 하는 종합적인 방책'이라고 정의할 수 있다.

4 성장의 저주에서 벗어나기[6]

대부분의 기업은 설립 후 3년에서 5년이라는 초기 생존 단계를 넘어서면 어느 정도

6) 윤선영. (2024. 8. 7). 잘나가더니 급추락… '저주' 벗어나는 열쇠는 부실한 이사 가려내기. 매일경제 MK 비즈니스 스토리.

성공의 기반을 다진 것으로 평가받는다. 이 시기를 지나면 기업은 시장에서 인지도를 얻고, 미래 비전을 공유하는 투자자들을 유치하며, 유망한 기술이나 아이템을 통해 본격적인 성장을 준비하게 된다. 그러나 성장하는 기업이라도 언젠가는 성장이 멈출 수 있다.

프랑스의 이브 도즈 인시아드(INSEAD) 경영대학원 교수는 그의 저서 『성장의 저주에서 벗어나기(Escaping the Growth Curse: Paths Toward Stronger Strategies)』에서 기업은 성장이 멈출 수 있으며, 성장이 멈추었을 때는 이 현상이 일시적인 '성장 정체'인지, 아니면 기업의 생존을 위협하는 '성장의 저주'인지를 정확히 파악하는 것이 중요하다고 한다.

기업 성장의 딜레마

기업의 성장은 기업 간 수직적 통합이나 사업의 다각화와 전략적 제휴 또는 M&A 등을 통하여 성장을 계속하다가 경기 순환이나 산업구조 조정의 시기를 만나면 캐즘에 빠져 일시 성장의 중단이 있을 수 있기 때문이며, 이를 성장의 저주로 보아 CEO를 해고하는 등의 악수를 두어서는 안 된다는 것이다. 그의 중요한 경영전략에 관한 언급은, 장기전략은 이사회가 주도하라고 충고를 한 것이다. 대부분 CEO의 업무로 비전이나 기업목표 또는 장기전략계획 수립 등을 들고 단기적 일상업무를 상근 이사들에 맡기는 우리나라 경영관습에 경종을 울리고 있다. CEO의 역할은 중·단기 미션에 집중하라는 것이다.

미국 에너지 기업 엔론은 1996년부터 2001년까지 연속 6년 포춘(Fortune)지 선정 '미국에서 가장 혁신적인 기업'으로 선정됐지만 분식회계 스캔들로 터지며 2001년 파산신청을 했다. 프린터 제조기업으로 이름을 날렸던 HP는 잦은 최고경영자(CEO) 교체와, PC 컴퓨터 이후 시대에 빠르게 적응하지 못하면서 2015년 기업을 분할했다. 노키아도 단순 기술 낙후의 문제만이 아니라 그 원인을 제공한 내부 복합요인으로 몰락하였으며, 끊임없이 혁신 추구하는 '전략적 민첩성 부족'이 관건이라고 주장하였었다. 판도라의 상자 같았던 노키아 경영진, 그들은 빠르게 변화하는 상황에 맞추어 전략을 수정하며 끊임없이 혁신을 추구하는 전략적 민첩성이 부족했었다고 주장하였다.

이사회와 CEO의 역할 재정립-장기전략의 주체

이브 도즈 교수는 기업의 지속 가능한 성장을 위해 장기 전략 수립의 주체를 CEO가 아닌 이사회로 전환해야 한다고 역설한다.

우리나라 재벌같이 오너가 CEO인 경우가 아니면 CEO는 보통 5년 정도의 임기를 수행하며 기업 성장의 저주에 빠지면 CEO의 해고는 저주탈피를 위한 하나의 방편이 되기도 한다. CEO는 장기전략의 실패에서 자리에서 내려오는 것이 아니라 주주 이익의 단기적 침해나 이익의 감소 등 단기적 요인의 실패에 의한다. 그러나 이사회의 의미는 항구적이며 기업경영의 책임은 CEO가 포함된 이사회에 있는 것이므로 이사회에 회사경영의 장기적 책임을 부여해야 한다는 의미이다. 이 견해는 대단히 합리적인 것임에 틀림없다. 다만, 현재 이사회를 구성하고 있는 이사 중 장기전략계획을 회사의 속성과 역사 및 신기술과 미래 비전을 엮어 수립할 훈련이 되어있는 사람이 있느냐와 이러한 문화로 이끌고 가는 과정에 우리나라 기업문화와는 다소의 괴리가 존재한다는 것이다.

본 저자는 전략은 전략가의 것이 아니라 왕의 것이라 하였다. 왕은 그 주인이므로 CEO의 개념적 연속성을 놓고 주인을 정의하여야 하며, 이사회가 영속하듯 왕도 기업의 운명과 함께할 것이니 장기경영계획은 왕과 함께 해온 이사회의 기능이며 중단기적 경영실적은 임기제의 CEO의 기능으로 구분하는 것은 상당한 합리성을 갖는 주장이라 할 수 있다.

이사회는 다음 8가지 주요 책임을 통해 기업의 전략적 건전성을 확보해야 한다.

① 기업 목적 이해하기: 기업의 핵심가치와 존재이유를 명확히 이해한다.

② 전략 설정하기: 기업의 장기적인 방향과 목표를 설정, 그 달성을 위한 전략을 수립한다.

③ 기업이 직면하는 Risk 파악하기: 잠재적 위험요소를 식별, 대응 방안을 수립한다.

④ 성과 측정 기준 세우기: 기업의 장기적 성과를 측정할 객관적인 기준을 수립한다.

⑤ 경영진이 현실 감각을 잃지 않도록 질문 및 자극하기: 기업이 직면한 실제 문제를 파악하고 경영진에게 날카로운 질문을 던져 현실 인식, 나태 경계 및 동기부여를 돕는다.

⑥ 경영진과 이해관계자 사이에 완충제 역할 하기: 경영진과 주주 및 직원 간 등 다양한 이해관계자들의 상충된 이해관계를 조율한다.

⑦ 인재 평가하기: 경영진의 역량을 평가하고 필요한 인재를 발굴한다.

⑧ CEO 승계하기: 장기적 차원의 CEO 승계계획 및 비상시 대안을 수립한다.

특히, 전략 설정에 있어서는 '성과 개선을 위한 단기 전략'과 '기업이 장기적으로 추구해야 하는 전략'을 구분해야 한다. CEO를 비롯한 경영진은 전자의 권한을 가지지만,

이사회의 역할은 후자인 기업의 장기적 전략을 수립하고, 이를 경영진 및 이해관계자들과 공유하며, 해당 전략에 맞게 기업이 운영되는지 확인하는 것이다.

이사회 재구성 및 다양성 확보 방안

이사회가 기업이 성장저주에 빠지지 않도록 하는 역할을 수행하게 하기 위해서는 이사회의 구성에 있어서도 전략적인 고려가 필요하다. 이사회의 여덟 가지 역할을 잘 수행하게 하기 위한 구성은,

첫째, 이사회 규모 적정성 연구: 상대적으로 규모가 큰 이사회보다 상대적으로 작은 이사회를 갖춘 기업들이 주주들에게 더 높은 수익률을 올려준다는 점이 확인됐다. 일반적 통념으로 대규모 상장기업의 이상적 이사의 수는 7~8명이다(기업 지배구조 조사기관 GMI 레이팅 조사). 이 수는 의사결정의 신속성과 효율성, 그리고 책임감 있는 토론을 가능하게 하는 데 기여한다.

둘째, 인지적 다양성(Cognitive Diversity): 이사회 다양한 구성은 기업 성과에 중요한 영향을 미치지만, 단순히 성별이나 문화적 다양성만을 의미하지는 않는다. 인지적 다양성(Cognitive diversity)을 갖추어야 한다. 이는 이사들이 얼마나 다양하게 정보를 처리하고 문제를 해결하는 방식을 의미한다. 여러 연구에 따르면 이사회의 성별 다양성이 기업 성과에 불러오는 효과는 거의 없다. 또한, 다양한 문화권의 사람들이 모이면 오히려 대화를 지속하는 데 어려움이 생길 수 있다. 반면, 영국 애슈리지 경영대학원의 앨리슨 레이놀즈 교수와 런던 비즈니스 스쿨의 임원 교육과정 디렉터인 데이비드 루이스의 연구에 따르면, 인지적 다양성을 갖춘 조직 내 팀들이 더 좋은 성과를 낼 수 있다고 했다. 인지적 다양성은 이사회가 다양한 시각과 분석 방식을 통해 복잡한 문제를 해결하고 혁신적인 장기 전략을 수립하는 데 필수적인 요소임을 나타낸다.

성장저주에 빠진 기업이 공통적으로 하는 실수

기업이 성장의 저주에 빠졌을 때, 이사회는 종종 외부 압력(주주, 언론)에 의해 CEO 해고라는 신속하고 강력한 조치를 취한다. 하지만 이 결정이 동의를 받기 위해서는 CEO가 실제로 기업이 직면하는 실질적인 원인, 또는 그 중요한 일부라는 점을 이사회가 확신하는 때에만 의미가 있다. 성장저주에 대한 걱정에 CEO 해고와 같은 신속하고 강력한

조치를 취한다면 이사회는 중요한 질문을 누락할 수 있다.

중요한 것은 "비즈니스 성장이 멈춘 이유는 무엇인가?"와 "근본적인 문제의 원인이 외부 요인인가, 아니면 내부 관리 실패인가?"이다. CEO의 거취는 이러한 질문에 대한 답에 따라 결정되어야 한다.

실제로 CEO를 교체해야 한다면 이사회는 과거의 두 가지 잘못이 발목을 잡을 것이다. 첫째는 과거 이사회가 기업전략 수립 과정에 동참하지 않았다면 이사회는 새로운 CEO가 갖춰야 할 능력과 경험이 무엇인지 모를 수 있다. 둘째는 승계 계획에 필요한 시간과 노력을 투자하지 않았다는 것이다. 즉, CEO는 후보가 없다. 전 세계의 임원 채용 전문가들의 의견은 현직 CEO가 물러나기 3~5년 전부터 잠재적 CEO 후보들을 이사회가 살펴보고 파악하는 과정을 가져야 한다는 것이다.

기업이 성장저주에 빠진 시기에 CEO와 이사진이 어떻게 잘 협업할 수 있겠는가에 대하여는, 성장저주는 주로 경영인의 잘못된 단기적 관점에서 비롯된다고 하니 성장 정체가 성장저주로 이어지기 전에 투명하고 사실에 기반한 대화가 필요하다는 것이다. 성장저주가 닥치면 CEO의 해고는 피하기 어렵다는 것이다.

CEO는 단기적 성장, 즉 기업 주가를 높이기 위하여 수익 성장을 달성해야 한다는 엄청난 압박을 받는다. 투자자의 부를 높이는 기업의 지속적인 수익 성장은 좋은 소식처럼 보인다. 하지만 이러한 성장은 장기적 관점에서 종종 기업 미래를 위험에 빠뜨린다. 기억해야 할 중요한 사실은 상장기업의 경우 다수의 투자자들이 기업의 향후 10년 이상의 미래보다는 향후 6~18개월 동안의 미래에 관심이 있다는 점이다. 기업 성과가 자신의 보수와 연결되는 경향이 있기에 CEO는 단기적 성과에 중점을 두려는 동기가 있다. CEO의 평균 재임기간 5년을 넘어선 장기적 계획에 중점을 둘 것이라 기대하는 것은 순진한 생각일 수 있다.

CEO는 단기적인 주가 상승과 수익 성장에 대한 엄청난 압박을 받는다. 상장 기업의 다수 투자자들은 기업의 10년 이상의 미래보다는 향후 6~18개월 동안의 미래에 더 큰 관심을 가지는 경향이 있으며, CEO의 보수가 성과와 연결되기에 단기적 성과에 집중할 유인이 크다. 이러한 현실에서 CEO에게 5년 이상의 장기적인 계획에 중점을 둘 것을 기대하는 것은 순진한 생각일 수 있다.

이사회 멤버들은 기업을 보호해야 하는 신의 성실 의무가 있다. 하지만 현실적으로는 이사진이 기업의 전략적 건전성을 이해하는 데 필요한 작업을 수행할 시간이 부족하다는 한계가 있다. 그러므로 CEO의 단기적 전략을 승인하는 것에 그친다는 위험과 기업 보호라는 당위적 의무의 압박을 동시에 받는 것이다.

결론 및 시사점

기업이 지속 가능한 성장을 위해서는 '성장의 저주'를 정확히 이해하고, 이를 극복하기 위한 근본적인 전략적 변화가 필수적이다. 이를 위해서는 이브 도즈 교수의 주장처럼 이사회 중심의 장기 전략 수립 체제로의 전환은 중요한 대안이다. 이사회는 기업의 영속적인 주인으로서 장기적인 비전을 제시하고, CEO는 그 비전 아래 중단기적인 실행에 집중하는 역할 분담이 합리성을 가진다. 우리나라 기업들이 잘 살펴야 하는 충언이다.

CHAPTER 2

경영전략의 수립

1 경영전략의 유형

1) 기업 환경

이러한 환경과 목표를 바탕으로 기업은 다양한 경영전략을 수립하게 된다. 기업이 한 국가의 특정 지역이나 국가라는 테두리 안에서 사업을 영위하던 시대는 벌써 지나갔다고 보아야 한다. 삼성전자 이재용 회장이 인도 재벌 결혼식에 참석하고 다음 날 베트남에서의 사업 제휴 미팅에 참석한다. 인도를 비롯한 스윙 컨트리의 움직임은 중국경제나 한국경제에 큰 영향을 미치고 있다. 국제 무역은 자국 산업 보호라는 명목으로 관세를 부과하여 장벽을 쌓아왔으나 제2차 세계대전 이후 GATT나 WTO로 인해 벽은 계속 낮아졌다. 2019년 이후 몇 년간은 코로나19가 창궐하여 팬데믹이 형성된 것도 세계화의 영향이라 할 수 있다. 한편 WTO 체제는 트럼프의 AFBA(America First, Buy American), MAGA (Make America Great Again) 등의 쇄국정책으로 시련을 겪고 있다.

기업들은 이미 글로벌 환경에 놓여있다. 이미 기업전략은 국가별로 이루어지지 않고 자국과 해외, 세계를 대상으로 펼쳐지고 있다. 한국에서 발생한 테슬라 자동차 배터리 화재나 미국에서 일어난 벤츠의 배터리 화재가 동일하게 취급되며, 서울과 뉴욕이 하나의 문제로 동등하게 다루어지는 것이다.

산업의 글로벌화는 여러 형태로 나타난다. TV, 냉장고 등 전자제품의 판매망이 세계화되었고, 농축산물도 러시아 산이나 칠레산이 하루아침에 우리 식탁에 오르는 것이 일상이다. 자동차 또한 국경을 넘어 세계로 뻗어나가고 있다. 미국 NVIDIA의 헛기침에 세계가 동시 반응하는 세상이 되었고, 배터리나 핸드폰, AI 산업의 세계화 같은 소비의 동질화는 그 생산지나 소비지의 차별을 두지 않는다. 기업의 제품은 그 생산지에서 세계를 대상으로 엄청난 양이 쏟아져 나와 세계를 향한다. 통신 및 광고기술의 발달로 한국 삼성전자의 생산품이 북경과 뉴욕에서 동시 오픈 및 홍보되고 세계 구석구석에서 동시 구매가 이루어지고 있다. 한편은 세계 소비자들의 소득 수준은 교육 수준의 상승과 함께 증대하였다.

글로벌화를 촉진시키는 또 다른 원인은, 세계의 산업이 자동화 초대형화 되면서 금융비용과 간접비(고정비)는 증가하고 인건비(변동비)는 극소화되어 고정비 효과로 대량생산만이 제품단가를 낮추어 경쟁력을 가질 수 있는 규모의 경제를 이루었다는 것이다. 일정 조달 자본에 대한 금융비용과 자동화시설의 감가상각비는 고정비이다. 막대한 연구개발 비용도 고정비를 구성한다.

바이오산업의 경우 한 회계연도에 회수할 수 없는 규모의 R&D 비용이 들기도 하며 이를 단가에 반영하려면 총 발생 개발비를 그 제품의 생애주기 동안 생산되는 총량에 배부하여야 할 만큼 R&D 비용이 많이 들어간다. 이를 Life Cycle Costing[1)]이라 하는데, 세계를 대상으로 한 수명주기 전 기간 동안의 생산량이 개발비를 회수하고 이윤을 확보할 수 있는 방법이기 때문이기도 하다.

세계의 생산은 초과 생산 양상이 전개되고 있다. 중국의 BYD 자동차공장도 재고 때문에 멈추어 섰다. 세계를 향한 과잉생산 때문이다. 이러한 투자와 전략 및 과잉생산 구조를 가능토록 하는 것이 자본과 물품의 자유로운 이동을 가능케 하는 WTO 체제하의 국제무역의 확대이다. 중국의 저가 상품이 며칠 만에 통관을 거쳐 한국 소비자에게 배달이 되고 세계 금융시장은 통합 수준이 되었다. 그러나 트럼프의 쇄국정책은 이러한 국제적 자유무역에 걸림돌 역할을 하고 있다.

---

1) 제품수명주기원가산정(LCC, Life Cycle Costing): 제품 또는 시스템의 전 수명기간 동안 발생하는 원가를 총 생산량으로 나누어 제품단가를 산정하는 원가계산 방식

이러한 글로벌 경쟁 환경하에서 한국기업의 경쟁력은 그리 높지 못하다. 아직도 SK 그룹은 600여 개의 자회사를 거느리고 있을 만큼 관여하는 범위가 넓다. 삼성그룹이 삼성물산을 기준으로 제일모직, 삼성건설, 에버랜드 등을 통합한 것과는 상반된다. AI를 중심으로 한 2024년 8월에 있었던 이천포럼에서 이 문제가 다루어졌을 것으로 예상된다.

재벌의 경우 손실을 보는 계열사를 돕는 일은 수월하지 않다. 자금 이동에 대한 증여의 문제가 발생하고 내부 이자율에 의한 인정이자의 법인세 부담이 생긴다. 리밸런싱을 추진하는 SK, 두산 및 한화 그룹들이 공통으로 겪고 있는 아픔이다. 대우건설과 대한통운을 합병하였다가 자금 문제로 그룹 해체 수준에 이른 금호아시아나 그룹은 타산지석이 되고 있다.

위메프 사태는 우리 금융의 취약한 구조와 윤리의식을 반영한다. 카카오 및 김범수 회장 사태에서도 배울 것이 많다. 그는 검찰에 시달리다 2025년 3월 방광암 초기 진단을 받고 그 치료를 위해 CA협의회 의장직을 내려놓았다. 요즈음은 백종원 대표의 기사가 논란거리가 되고 있다. 그러나 이들은 모두 좋은 결과를 내리라 의심치 않는다. 한국 기업들은 이를 반면교사 삼아 보다 더 철저한 도덕과 윤리의식으로 무장한 강한 기업으로 탄생하는 데 각고의 노력을 다해야 할 것이다. 윤리에 바로 서는 것이 경쟁력이기 때문이다.

2) 기업의 목표

이러한 글로벌기업환경 하에서 기업의 목표는 어떻게 설정해야 할까?

이에 대한 답은 의외로 간단하다. 기업은 자본을 가진 자가 기술 또는 상품을 가진 자와 이윤을 목적으로 하여 연합 설립한 이익 추구 단위이다. 이들이 성장하여 복합기업(Conglomerate)도 되고 모여서 집단도 이룬다. 기업의 목표는 프리드먼 독트린이 말하는 이윤 극대화라는 점을 버릴 수는 없는 불변의 가치임에는 변동이 없다. 다만, ESG 경영(환경, 사회, 지배구조), EPG 경영(Ethics, People, Governance) 등에서 말하듯 사회적 책임이 있으므로 이를 충분히 감안하여야 한다.

이사 충실의무

2024년도 일고 있는 이사의 충실 의무가 주주 행동주의와 겹쳐 기업들의 경영이 위축되고 있다. 주주 행동주의는 소수주주들이 자신의 불이익이 있을 때 적극적으로 자기

권리를 주장하라는 것으로, 지금까지는 주총이나 경영자(CEO)의 결정을 따라가던 데서 자기 이익보호에 적극성을 띠는 것이다. 이는 기업 밸류업(Value-up)의 일환이다. 이사 충실 의무는 소액주주들의 이익을 침해하지 않고 나아가 보호해야 하며, 이사의 충실의무 대상에 지배주주를 포함하여 대주주까지 일반주주 이익침해를 원천적으로 차단하자는 논의이다. 현재의 회계 손익계산서에는 인수·합병, 물적 분할 후 분리상장 등 자본거래는 포함되지 아니하므로(재무상태표에 기타포괄손익누계액으로 표시되기는 한다) 재무제표 검토에 포함되지 않아 소액주주의 감독 범위에서 배제되어 왔다.

이사의 충실 의무에 관한 상법 개정을 반대하는 목소리는, 수많은 경영 판단 과정에서 불이익을 받았다고 주장하는 주주들이 손해 배상 소송이나 배임으로 고발을 자주 하게 되면, 이사들은 사법 리스크 확대로 신산업 진출을 위한 투자나 인수·합병 등 발전을 위한 기업활동을 주저하게 되고 이는 결국 기업가치를 훼손하게 되어 최종적으로는 주주이익에 반한다는 것이다.

실제로 기업이 혁신에 투자하지 않을 경우 단기이익에 치중하게 되고 그러면 계산상의 기업이익은 증가하나 본질 가치는 하락하여 주가 하락으로 이어진다는 것은 우리의 경험이다. 지금의 주주이익을 대변하는 국회의 결정 및 상법개정이 어떻게 될 것인지 관심이 쏠려있다.

이윤의 배분

기업의 사회적 책임 중 가장 중요한 것은 이윤의 배분이라 할 수 있다. 삼성전자 노조나 타 기업에서도 수시로 발생하는 논란이지만 종업원들이 자기 지분을 더 요구하는 것을 볼 수 있다. 주주들은 이윤을 바라고 투자를 한다. 기업의 이윤은 종업원들의 수고의 결과이며 주변 주민들이 소음과 교통, 오염 등의 불편함을 참아준 공, 사회 전체가 그를 인정하고 국가라는 틀 안에서 보호를 받은 공이 있다. 따라서 기업 이윤은 국가에 대한 세금이 납부된 이후 주주들에 대한 배당이 지급되고 종업원들에게 상여금이나 인센티브로 지급되며 주민봉사 및 사회적 약자들에 대한 적절한 기부 등 보상이 이루어져야 한다. 이윤의 배분 실례에 대하여는 미국, 일본, 한국의 이익분배 방법을 참조한다(p.19).

이윤 관련 주요 측정치는 다음과 같다. 이 비율들은 재무제표로부터 측정되고 타기업과의 비교나 회사의 시계열 분석에 의거 유용한 정보가 된다.

$$매출액\ 이익률 = \frac{당기순이익}{매출액} \times 100\%(매출액\ 대비\ 이익률)$$

$$총자산\ 이익률 = \frac{당기순이익}{(기초총자산 + 기말총자산) \div 2} \times 100\%$$

(재무상태표상 총 자산(전기 당기 평균)이익률)

$$투하자본\ 이익률 = \frac{당기순이익}{(기초투하자본 + 기말투하자본) \div 2} \times 100\%$$

(투하된 사업자금에 대한 이익률)

부채비율 = 총부채 ÷ (부채 + 자기자본)×100%

경제적 부가가치 = 영업이익 - 자본 비용

- 자본비용 = 자기 자본비용 + 타인 자본비용

내부 이익률 = IRR

(다른 사업을 할 때 투자의 기준이 되는 현재의 내부 사업 이익률)

$$배당\ 성향 = \frac{배당액}{당기순이익} \times 100\%(외국\ 주주의\ 경우\ 특히\ 높을\ 수\ 있음)$$

3) 기업전략과 사업전략

경영전략은 기업조직의 수준에 따라 다르게 설정된다. 최고 경영층은 장기적이며 전략적인 차원에서, 중간 관리층은 중기적이며 전술적 차원 넓은 의미의 전략을 수행한다. 경영전략은 기업활동의 영역이나 범위를 기준으로 기업전략, 사업전략 및 기능별 전략으로 나눌 수 있다.

기업전략

기업전략은 주로 최고 경영층에 해당 되는데, 사업을 기업 전체적 관점에서 정의하는 전략으로, 기업이 미션하에서 미래 나아가야 할 방향의 제시와 기업목표의 반영 및 하위조직이 합심하여 나아갈 역할과 지침 등을 포괄적으로 제시하는 것이다. 이는 기업이 보유한 자원, 기술, 그리고 진출하려는 시장과 산업에 대한 능력을 종합적으로 고려하여

• **그림 1** 사업전략과 기업전략

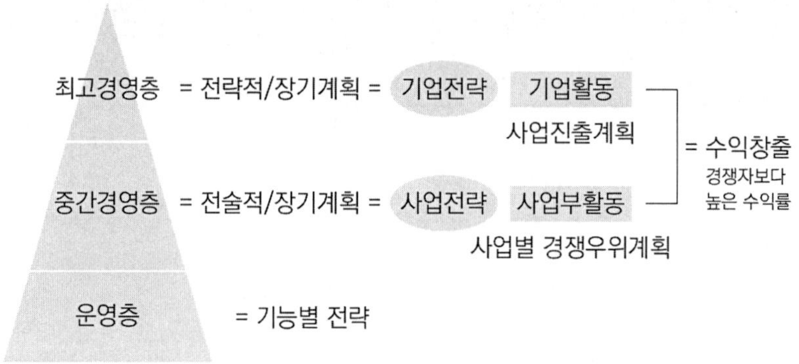

사업의 범위를 결정하는 것을 의미한다. 이때 신규 조달 가능한 자금의 범위 또한 중요한 고려 요소이다. 조달 자금은 사업의 성격에 따라 결정된다. 원자력 발전을 하려는 사업은 수십조 원이 들 것으로 소요자본 중 자체 조달 자금과 외부 조달 자금을 구분하여야 할 것이다. 사업의 비전과 규모가 작으면 투자를 유치할 수 없으니 자기 자금의 범위 내에서 사업을 수행하여야 할 것이다.

사업전략

사업전략은 각 사업 단위, 사업부 차원에서 각각의 시장에서 경쟁하는 구체적인 방법을 다룬다. 기업전략이 사업전략을 수행하는 지침이 된다. 기업이 경쟁에서 이기기 위한 전략으로 기업전략과 경쟁기업의 전략분석을 전제로 한다.

기업전략-성장전략, 안정전략, 축소전략

기업전략은 성장전략, 안정전략 및 축소·철수 전략으로 나눌 수 있다. 성장전략은 장기적 관점에서 기업의 생존과 성장을 목표로 한다. 이는 시설 및 인력 등 규모의 성장, 자원 확충, 사업 범위 확장 등을 통해 특정 시장을 대상으로 확장하는 전략을 포함한다. 사양 산업으로부터의 철수도 성장전략의 일환이다.

성장전략

성장전략에는 내부자원에 의한 개발, 시장개척, 시설 확충, 다각화 등을 수행하는 내부 성장전략과 다른 기업과의 제휴, 수직적 통합 조인트벤처 등의 방법으로 성장을 추구해가는 외부 성장전략, 이들이 혼합된 리쇼어링, 니어쇼어링, 리밸런싱, 파트너십 등이 있다.

안정화전략

안정화 전략은 기업 또는 특정 사업이 성장의 한계에 와 있다든가 혁신을 통하여 설립한 기업이 정상의 몇몇 기업들로 시장 균형을 이루었을 때 생산과 판매의 안정화를 취하는 단계의 전략이다. 사업 확장에 따른 위험부담은 하지 않고 혁신은 원가혁신과 생산공정혁신 정도로 하며 이윤을 극대화하는 데 중점을 두게 된다. 그러나 혁신적 사고가 없고 환경 적응에 실패하면 외부의 힘에 의하여 도태될 수 있으므로 조심하여야 한다.

축소전략

축소전략은 시장이 레드오션화 되고 경영환경이 불확실하며 경기 침체가 심하게 예견되는 경우, 일시적 또는 영구적으로 사업을 축소 또는 철수해 나가는 전략이다. 그래도 미래 시장을 감안한 원가계산을 잘못하여 이익이 발생하는 제품을 팔수록 손실이라는 잘못된 계산에 의한 제품의 시장 철수는 없어야 한다. 이때에는 활동기준원가계산 등의 방법이 사용된다.

성장·안정·축소전략은 둘 이상을 겸하여 쓸 수 있는데 이를 복합전략이라 한다. 경영환경이 심히 복잡·다기한 경우 하나의 전략에만 의지할 수 없을 경우 사용할 수 있다.

사업전략

사업전략으로는 사업부 단위에서 수행할 수 있는 원가우위 전략이나 차별화 전략 또는 집중화 전략을 사용하여 경쟁 우위를 확보할 수 있다. 각 사업을 경쟁사와 비교·분석하여 우위를 점할 수 있는 영역을 찾고 그에 따른 조치를 취함으로써 성과를 올릴 수 있다.

기능적 전략

기업의 기능 조직 단위에서도 나름의 전략을 펼 수 있다. 기능적 전략을 수립하고 수행하여 성과를 낼 수 있는데, 시험·연구·개발·생산전략·마케팅전략 등이다. 이들은 개별적 역량을 발휘하게 하여 경쟁력을 키울 수 있다.

2 경영전략의 수립

1) 개요

경영전략은 그 전개과정에 상당한 원가가 소요되며, 미래 기업에 미치는 영향이 크기 때문에 신중하고 철저한 준비하에 수립하여야 한다. 경영전략은 보통 경영 외적인 환경과 실상을 분석하고 보유자원을 감안하여 경영전략과 사업전략을 수립하는 것으로 되어있다. 여기서 외적 환경이란 기업의 미션과 비전을 포함하는 개념이다.

미션과 비전

미션과 비전 및 사훈은 그 성격을 별도로 구분하기 어려우나, 여기서는 미션이란 그 기업의 '설립 의의' 또는 설립 목적으로 '주로 인류나 사회에 대한 공헌'을 의미하는 것으로 정의한다, 예를 들어 삼성전자의 사훈이 인재 제일, 사업보국을 맨 앞에 포함시킨 것과 같이 추상적인 단어나 문장으로 표현된다.

여기에 더해 비전이란 미션과 구분한 비전을 별도로 설정한 경우가 많지 않지만 당해 기업이나 주주 또는 종업원들의 '바람'이 포함되어 있는 것으로, 복지나 이익 등의 내용이 포함될 수 있다. 기업의 목표란 미션이나 비전이 추상적인 데 비해 '기업이 달성해야 할 분명한 도착점'을 정의한 것이라 할 수 있다. 목표에는 다소 달성하기 어려운 바람이 포함될 수도 있다. 이천포럼을 마친 SK그룹이라면 "AI를 함께한 범 AI 문화재현"이나 단기 목표로 Three Tens(성장률, 영업이익률, 기업가치상승률 등 3지표 각각을 10% 달성) 등을 넣을 수 있을 것이다.

이러한 개념적·정신적 토대 위에서 어떤 구체적 사업을 어떻게 전개해 나갈 것인가에 대한 장기적인 목표의 달성 방안이 수립되므로 내부 보유자원이나 조달 가능한 자원 및 그 조달 방안, 협력할 지혜자나 지식센터들과의 협력 방안도 비밀로 해야 할 내용을 제외하고는 포함되어야 한다. 외부환경에는 시장분석과 기술 추이 및 경쟁자의 현황과 자사의 핵심역량과 경쟁력이 포함된다.

경영전략 수립과정

아울러 전략적 대안이 설정되고 대안별 우선순위를 제시하며 사업부나 기업 내부 기능과의 조화도 고려한다. 이러한 경영전략 수립과정에 대한 환경요인을 구체화하면 아래 [그림 2]와 같다.

• **그림 2** 경영전략과 환경

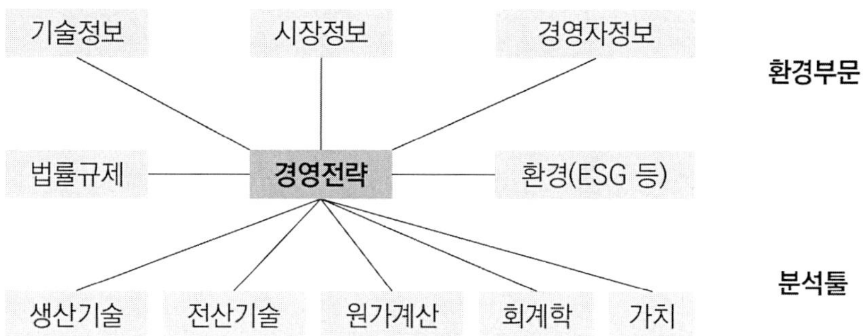

M. Porter는 그의 5-Force 분석에서 현재의 경쟁자와 신규진입자, 대체재 및 공유자와 구매자의 교섭력 등을 경쟁자로 들고 있다. 한편, 본서는 이와 같은 경영전략의 환경조건을 제시하고 현실적이라 생각되는 전략 수립 절차를 제시한다.

본 전략 수립 절차의 핵심은 지금까지는 전략가들이 전략이 수립된 전략서만 제시하고 그 이후의 전략 진행에 대하여 무관심했던 것과 달리, 전략 수립자가 현재의 실상(as-is)을 바탕으로 전략 실행 이후를 예측하고, 이를 목표로 한 관리통제를 통해 전략의 목적(to-be)을 달성하는 데까지 모니터링하며 추적관리를 한다는 점이다. 따라서 그 과정은 철저히 감시되고 중간 결과에 대한 분석 및 검토와 함께 관리통제되어야 한다.

그러기 위해서는 위상이 변경된 일정 시점 후의 기업 또는 특정물의 가치는 얼마가 될 것인지를 제시하고 객관적으로 인정할 수 있어야 한다. 그래야 전략의 이익이 측정되고 이득이 산정될 수 있다. 예로 현재의 as-is로 분석한 BCG Matrix에서의 경쟁력이 효과를 발휘한 이후에서의 경쟁력은 어떻게 변화할 것인지를 비교하는 것은 매우 중요하다. 구조조정 등의 리밸런싱이나 합병을 추진하는 기업들이 소수주주의 강한 반대에 부딪히는 것은 미래에 대한 기업 비전 및 소액주주들에 대한 혜택 등을 충분히 제시하지 못하기 때문이라고 보아야 할 것이다.

2) 전략의 수립 절차

(1) 전략수립 절차 모형(기술분야 선정)

전략은 흐름이자 프로세스로 보아야 한다. 그것은 한편 프로세스이다. 전략은 외부에 정복할 대상이 있고 나의 병사들을 통해 이를 정복하는 것이다. 손자는 이것을 도천지장법(道天地將法)과 오사칠계(五事七計)라 하였으며, M. Porter는 경쟁 관계를 산업 내 경쟁 수요자와 공급자, 신규진입자 및 대체재로 보았다. 이들은 순서대로 손자의 도천지장법에 상응하기도 한다. 이미 앞 손자병법의 미래전략수립에 부분에서 그 과정의 중요한 것은 기술, 시장, 인력 및 자원의 흐름이며 여기서 유리한 지점을 확보하고 구체적 목표를 수립하여 이에 맞는 전략을 수립하는 과정이 중요하다고 했다. 여기서는 좀 더 구체적인 전략수립 절차를 논해 본다.

• **그림 3** 경영전략의 수립절차

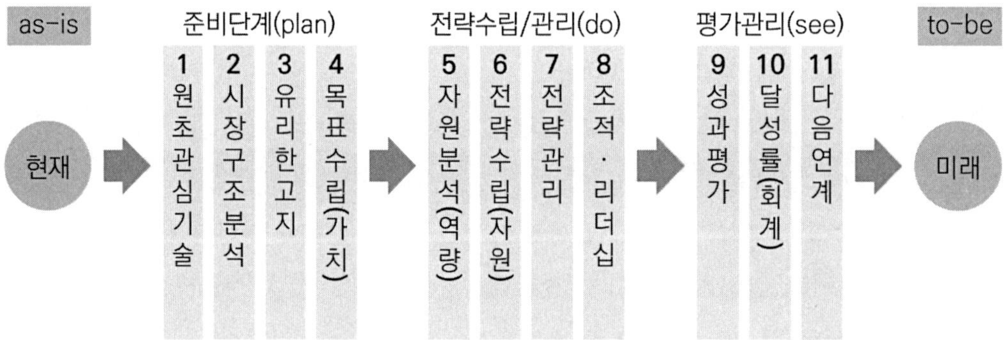

[그림 3] 경영전략의 수립절차는 전략 수립을 위한 준비단계에서 전략을 수립하는 각 4단계와 수립된 전략을 평가하는 3단계로, 총 11단계로 나누어져 있다. 지금까지 많은 전략을 수립하였지만 수립된 전략은 전략가들의 것이었고 왕의 것으로 제대로 검증된 것은 많지 않은 것으로 보인다.

이 단계에서 유관한 요소들은 기술, 시장, 가치, 자원, 조직, 리더십, 회계, 평가의 8소로 **본질적** [기술, 시장, 가치], **구조적** [자원, 조직, 리더십], **관리적** [회계, 평가]의 3개 그룹으로 구성된다. 각 절차는 이들 요소들의 필요 시기별 적절한 조합으로 볼 수 있다.

• **그림 4** 전략수립요소

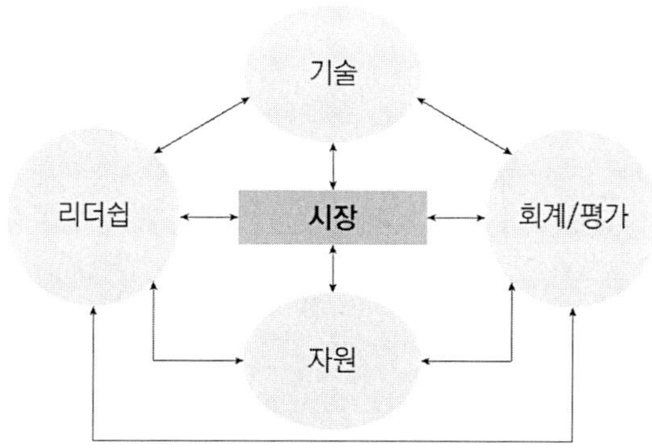

이 전략 수립 절차와 손자의 5계 및 포터의 5요소를 비교해 볼 수 있다.

손자와 포터의 5요소

포터의 가치사슬과 손자의 전략을 비교하면 다음과 같이 상호 연관성을 찾을 수 있다. 문휘창 교수는 DBR(동아비즈니스리뷰, 2013.10.15.)에서 "〈손자병법〉 3편 '모공(謀攻)'편: 싸우지 않고 적을 이기는 병법"과 "승리를 쟁취하려는 전략의 수립－'지피지기(知彼知己)"에 대하여 포터의 산업 매력도를 분석하는 5요소 모델과 연결시켜 설명하였다. 산업의 매력도는 5가지 요소(5－Force)에 의해 결정되며, 이는 전쟁승리의 '지피지기'의 조건과 일맥상통한다는 이론을 폈다. 강점과 약점은 보이는 물리적 군사력 및 보이지 않는 의도, 기획, 전략 등이 포함되는데, 실제로 손자는 후자에 대한 파악을 도천지법(道天地法) 넷으로 전자는 병(兵) 하나로 표시함으로써 보이지 않는 것을 더욱 강조했다. 물론 전자를 파악하는 것은 매우 어렵지만 이를 정확히 파악하면 손자가 주장하는 승리를 할 수 있다고 하였다.

[그림 5]에서 표시한 손자와 5Force 대비표에서는 현재 경쟁기업들은 현재의 적이며, 공급자는 병사와 군비 제공자로, 구매자는 백성으로, 신규 진입자는 잠재적인 적으로, 대체재는 부전승으로 비유하였다.

한편, 본 11단계 모델은 시장구조, 경쟁력우위, 관심과 목표, 자원(역량), 조직과 리더십으로 구분되는데, 시장구조는 포터의 현 경쟁시장을, 경쟁력은 경쟁자 등 5요소를 포괄하고, 관심과 목표는 포터 모델에서는 가치 사슬을 손자모델에서는 도천지법을 의미한다고 볼 수 있다. 자원 및 역량은 포터의 경우는 경쟁중인 제품과 시장을, 손자의 경우는

• **그림 5** 5요소 비교(손자와 포터)

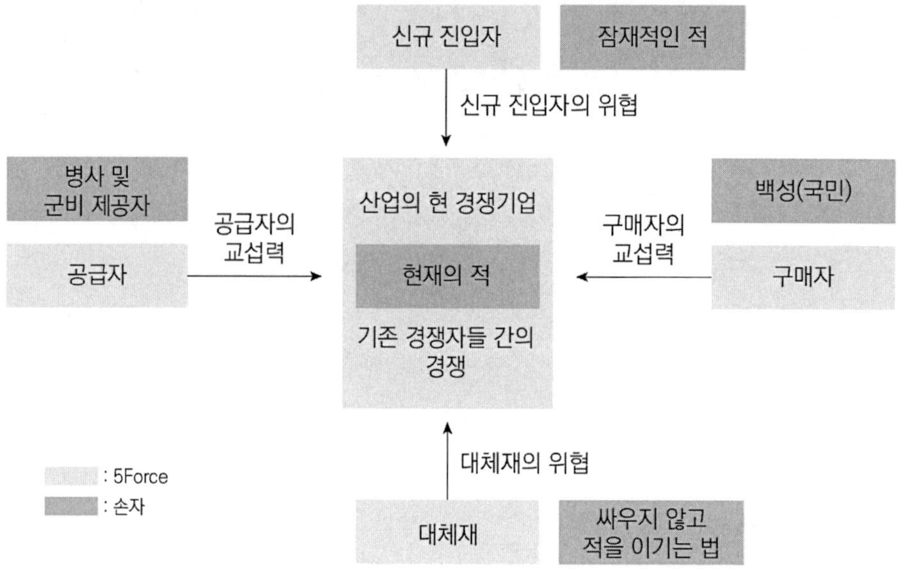

출처: 문휘창 DBR(2013.10.15.)

병(兵)을 의미한다고 할 수 있을 것이다. 역시 지피지기에 의한 승리를 추구함과 맥이 통하는 것이다.

(2) 준비단계

적을 공격하기 위해서는 제일 먼저 공격할 적을 특정하여야 한다. 그다음 적의 약점을 파악하고 어떤 방법으로 공격할 것인지를 결정한다. 기업의 경영전략 수립도 마찬가지로 달성해야 할 목표를 수립하고 이를 공략하여야 한다. 목표는 하고 있는 사업을 하는 것이 가장 중요하며 이를 성취하기 위하여 유리한 고지를 정의하거나 점령해야 한다.

애플(Apple)사의 회장이었던 존 스컬리(John Sculley)는 "미래를 예측하는 제일 좋은 방법은 자신이 스스로 그것을 창조하는 것이다"라고 하였다. 피터 드러커도 "The best way to predict the future is to create it."라 하였으며, 이 문장은 피터 드러커의 저서나 강연에서 자주 인용된다. 다음은 미래 예측과 창조에 대한 유명 인사들의 금언이다.

- "The best way to predict the future is to create it." －Peter Drucker
- 미래를 예측하는 가장 좋은 방법은 미래를 창조하는 것이다. －Abraham Lincoln
- 미래를 예측하는 제일 좋은 방법은 자신이 스스로 그것을 창조하는 것이다. －John

Scullery(전 Apple 회장)

- “미래를 예측하는 가장 좋은 방법은 미래를 창조하는 것이다.” – Steve Jobs

발언의 연대순으로 보면 에이브러햄 링컨(1809.2.12.~1865.4.15.)이 한 말을 100년 후에 출생한 피터 드러커(1909.11.19.~2005.11.11.)가 인용하였다고 볼 수 있다.

(가) 원초 관심 기술분야

기업을 창업하는 경우나 혁신 등을 통해 확장·합병 등을 수행하는 경우는 반드시 철저한 준비를 하여야 한다. 현재의 사업에 혁신을 가하여 변화를 모색하고 새로운 길을 찾을 때도 전략은 필요하다. 이때 CEO 또는 최고 경영책임자는 자신의 원초적 관심 예를 들어, 개인의 관심사가 시장의 흐름, 기술 발전 가능성, 핵심 역량과의 연계 관계 등을 자극하여야 한다. 어떤 사업이 좋을 것 같다는 막연한 감상으로는 사업을 성공하기 어렵다. 큰 관심으로 많은 생각과 연구를 한 것, 이것을 전문가나 측근들과 협의하여 목표를 설정하여야 한다.

기술의 종류는 우리나라 표준산업분류표에 나와 있는 대로 A군이 농업·임업·어업, B군이 광업, C군이 제조업으로, C24 1차 금속, C25 금속 가공제품, C26 전자부품 컴퓨터 영상 음향 및 통신장비, C27 의료 정밀 광학기기, C28 전기장비, C29 기타 기계장비, C30 자동차 및 트레일러, C31 기타 운송장비, C351 전기업, E 하수·폐기물처리 등으로 구분되어 있으나 사업을 위해서는 이렇게 큰 구분으로는 활용하기 어렵다. 따라서 이를 세분하여, 바이오, 에너지, 반도체, 원자력, 기계, 설비, AI, M/S, 풍력, 드론, 홀로그램, 마켓플레이스, 엔지니어링, 여행, 종이(한지), 낙농, 육우, 어업, 스마트팜, 원유, 폐기물, 조선, 항공, 건설 등으로 세분화하여야 한다. 세분화된 기술의 예를 들면 다음과 같다.

• **표 1** 산업기술 종류

분류		내역	예시기업
대분류	소분류		
인공지능(AI)	AI반도체칩개발	AI 연산을 효율적으로 처리하는 전용 반도체 칩을 설계하고 생산	NVIDIA(GPU), 삼성전자(NPU 등), 구글(TPU), 퀄컴(스냅드래곤 AI 엔진)
	AI소프트웨어 alc플랫폼	특정 목적을 위한 AI 알고리즘, 솔루션, 또는 AI 개발 환경을 제공	마이크로소프트(애저 AI), 구글(Vertex AI), 네이버(하이퍼클로바X), 카카오(카카오 i)

분류		내역	예시기업
대분류	소분류		
	AI서비스 및 애플리케이션	AI 기술을 활용하여 최종 소비자나 기업에 직접적인 서비스를 제공	OpenAI(ChatGPT), 딥마인드(알파고), 뷰노(의료 AI 솔루션), 뤼튼테크놀로지스(생성형 AI 글쓰기 도구)
바이오	신약개발	특정 질병 치료를 위한 혁신 신약 물질을 연구하고 개발	셀트리온(바이오시밀러, 신약), SK바이오팜(중추신경계 신약), 한미약품(개량 신약 및 파이프라인)
	의료기기 및 진단	질병 진단, 치료, 관리를 위한 첨단 기기나 진단 키트를 개발	삼성메디슨(초음파 진단 기기), 씨젠(분자 진단 키트), 루닛(의료 영상 AI 솔루션)
	디지털 헬스케어	ICT 기술을 활용하여 건강 관리, 질병 예방, 맞춤형 의료 서비스를 제공	솔트룩스(AI 헬스케어 플랫폼), 카카오헬스케어(모바일 기반 건강 관리 서비스), 라이프시맨틱스(디지털 치료제)
모빌리티: 운송 수단을 넘어 이동성 전반을 다루는 모빌리티 산업	전기차 및 자율주행	전기차 제조와 더불어 자율주행 기술 개발 및 상용화	테슬라, 현대자동차, GM(자율주행 사업부 GM Cruise)
	도심항공 모빌리티(UAM)	도심 내 이동을 위한 에어택시 등 새로운 항공 이동 수단을 개발	현대자동차(슈퍼널), 한화시스템(오버에어와 협력), 조비 에비에이션
	스마트 모빌리티 서비스	차량 공유, 전동 킥보드 등 다양한 이동 수단을 통합 관리하고 제공하는 서비스	쏘카(차량 공유), 카카오모빌리티(택시, 대리, 주차 등 통합 서비스), 라임(공유 전동 킥보드)

또한 2024년에 예타가 면제된 양자플래그십, mRNA 백신 개발, AI과학영재학교 개설, 미래 판기술 프로젝트, 지역혁신 선도기업 육성, 이공계 연구생활장려금 사업 등이 있고, 과학기술정보통신부 장관이 언급한 인공지능(AI)·반도체, 첨단 바이오, 양자 등 3대 게임 체인저 기술도 도전할 만하다.

(나) 시장 구조분석

다음은 관심기술과 관심제품의 시장 반영도를 측정한다. 당연히 기존 시장에서 경쟁을 하고 있는 제품이나 서비스가 있으면 경쟁자에 대한 경쟁력도 조사·분석해야 한다. 이 부분은 주로 외부환경에 해당하므로 포터의 5－Force 모델을 활용하여 분석하여도 좋다. 그러나 잊지 말아야 할 핵심은 본인의 관심인 원초관심기술과 해당 시장과의 관계임을 잊어서는 안 된다.

(다) 유리한 고지 설정

기업이 진출할 시장(국내 및 해외면 스윙 컨트리 등 포함)과 AI를 포함한 item이나 해당 분야의 목표기술 수준, 타깃 시장점유율 및 기업 순위, 확보할 인력의 수준과 수 등의 진출하고 싶은 기술이나 산업분야가 정해지고 이 기술이나 제품 또는 서비스 등에 따른 시장이 조사되어 시장의 크기, 경쟁자의 역량과 경쟁력 등이 파악이 되면 이러한 상황에서 시장에 진출하면서 유리한 위치가 어디인가를 파악하여야 한다. R&D 센터의 경우, 정밀 시험장비는 더욱 중요하다. 제품의 경쟁력을 위해서는 생산하려는 제품의 기능이나 디자인, 안전도 등에 경쟁력 있는 위치를 선택·결정하여야 한다. 경쟁자들의 시장점유율이나 대리점 현황 등 유통채널, 가격과 할인 방법, 인터넷 판매 방법, 해외 직구 업체들의 제품과의 경쟁 관계, 품질 수준, 배송방법 및 배송기간, 품질과 배송시간에 대한 소비자의 만족도, 제품 불량으로 인한 A/S율, 제품 폐기율 및 소비자 불만 등에 대하여도 조사하고 대응하여야 한다. 이러한 내용들은 기업의 제품을 설계할 때 품질을 설정하는 기준이 되며, 고객만족을 위한 서비스 수준의 기준을 정하는데도 사용되며, 이를 통해 경쟁자들보다 한 발 앞서는 서비스로 경쟁력 확보에 핵심이다.

(라) 목표수립

원하는 제품이나 서비스가 정해지고 시장 파악이 이루어지며 경쟁제품 대비 경쟁력 있는 상대적 우월한 위치가 확인되면 목표를 수립하여야 한다. 이때 구체적이고, 측정 가능하고, 달성 가능하고, 관련성이 있고, 시간이 정해진 목표를 설정하기 위한 프레임워크인 SMART 원칙이 적용되면 좋다.

목표는 목적 제품의 수량과 조달의 시가, 조달 및 배송의 방법 등이 개략적으로는 정해져야 한다. 목표수립에서는 주로 품질의 수준, 이익률, 기술 수준 및 당해 프로젝트

• **표 2** SMART 원칙

S	구체성 Specific	Nature and required level of performance can be clearly identified	성과는 본질적 수준과 요청된 수준을 명확하게 식별할 수 있어야 한다.
M	측정가능성 Measurable	Required performance can be measured	요청된 성과를 측정할 수 있어야 한다.
A	달성가능성 Achivable	Realistic given existing capacity and environment	기존의 역량과 환경을 고려하여야 한다.
R	목적적합성 Relevant	Required performance is linked to achievement of goal	요청된 성과가 전체 목표 달성과 연결되어 있어야 한다. 세부 목표는 최종 목표에 기여한다.
T	기한 Time-bound	Time period/deadline for delivery is specified	목표를 달성하기 위한 기간이나 마감 기한이 명시되어야 한다. 기한은 행동을 촉진하고 책임감을 부여한다.

에 대한 투자액이 클 경우는 투자액의 규모도 정해야 한다. 사후관리 등 정보 관리 목표 등의 예를 들면 다음과 같다.

- ERP, 전자결재, 자원관리 및 연구관리
  - MES(Manufacturing Execution System): 제조 실황 관리
  - GSP(Global Standard Platform): 그룹사 통합 MIS
    국제 표준화된 프레임워크, 규칙들로 이종 지역 간에도 지속성, 상호운용성, 효율성 확보
  - ICS(Internal Control System): 내부 회계 관리
- AI SW 개발 Platform 관리

전쟁은 적군과 아군이 무기를 들고 싸움을 하여 승패를 가리는 것이다. 손자는 지피지기 백전불태(知彼知己百戰不殆)라 하여 싸우지 않고 이기는 것이 최상임과 전쟁은 승리의 확인과정임을 설파하였다. 기업의 전략에서도 마찬가지일 것이다. 그러나 산업에서는 기업들이 이윤을 추구하기 때문에 경쟁자들도 시장에 진입하여 경쟁 관계를 성립시킨다. 공존이 가능한 것이다.

(3) 전략수립 및 관리

(가) 자원 분석

싸움은 적군과 아군이 가진 무기를 이용하여 수행한다. 회사가 가진 무기는 자원으로 유형자원, 무형자원 및 인적자원이 있으며 이러한 자원을 전략을 수행하는 경영 과정에서 어떻게 효율적으로 쓸 것인가는 매우 중요하다. 자원은 늘 한계를 가지기 때문이다. 그러나 이를 잘 쓰는 것은 역량이다. 역량 있는 장수는 적은 군대로 큰 군대를 이기며 별로 좋지 않은 원재료로도 훌륭한 제품을 만들어 낸다.

역량

소요자원의 규모는 사업의 크기에 따라 결정된다. 이를 활용하는 것은 역량이다. 기업이 세운 사업상 자금 계획이 소유한 자원의 규모를 넘을 때는 자본을 추가 조달하여야 한다. 조달되는 자본은 자기자본과 타인자본으로 구분되는데 자기자본은 주주의 출자에

의하여 조달되는 자본을, 타인자본은 타인으로부터 조달된 자본, 즉 사채의 발행이나 은행 차입금의 조달 등이 기업의 역량에 해당한다.

기업의 자본을 타인자본으로 조달할 시 부채비율(부채÷자본)은 200%를 넘지 않도록 하는 것이 좋다. 기업의 유동성도 매우 중요하므로 유동비율(유동자산÷유동부채)도 200%를 초과하는 것이 좋다.

목표사업이 정해지고 소요자원이 분석되면 당해 사업을 수행하는 데 소요되는 원가가 산정된다. 원가는 목표 생산수량에 대하여 재료비와 노무비 및 제조경비를 산정하여 계산한다.

제조원가	= 재료비 + 노무비 + 경비
	= 재료비 + 직접노무비 + 제조간접비
직접재료비	= 단위당 직접재료비×생산수량
직접노무비	= 단위당 직접노무비×생산수량
제조간접비:	직접재료비와 직접노무비를 제외한 제조과정에서 발생하는 모든 원가

(나) 전략 수립 - 자원 배분

전략은 기업전략과 사업전략으로 구분된다. 기업전략은 그룹의 회장 또는 CEO나 최고 경영층에 의해 수립되는 전략으로 사업을 기업 전반적인 관점에서 정의하고 수립하는 전략으로, 사업전략은 사업부 또는 사업 단위에서 수립되는 전략으로 선택된 측정 사업부문의 전략을 말한다.

전략은 앞에서 본 바와 같이 다각화전략, 수직적 통합전략, 해외시장 진출전략, 인수합병 및 전략적 제휴, 기업 구조조정 등의 기업전략과 사업전략으로 구분되며 기업전략은 성장전략, 안정화 전략 및 축소전략으로 구분할 수 있다.

기업의 주 경쟁력은 자산이다. 자산을 활용할 수 있는 힘을 보태서 자원이라는 말을 쓴다. 사업을 수행하면서 자원을 원가요소에 배분하고 소비한다. 자원소비가 제품 생산에 기여한 것을 소비, 공헌하지 못한 것을 손실이라 한다. 자원의 사용은 원가를 구성한다.

(다) 전략 관리

전략이 수립되면 그 집행을 하게 된다. 전략은 기업이 수행하는 기업의 사활이 걸린 중요한 프로젝트라고 보아야 한다. 이 전략은 성격이 변동성이 크고 예측하기 어려워 언제 무슨 난리를 피울지 모르므로 잘 관리되어야 무탈하게 완성할 수 있게 된다. 일반적인 프로젝트 관리방법은 다음 예를 들었으며 이들은 다수가 묶여서 사용될 수도 있다. 전략관리는 기업 전체 차원에서 관리하며 수행부서에 국한하여 관리하는 경우도 있다. 방법론에는 구체적인 절차가 있다. 참여 구성원들이 이 절차를 준수하면서 프로젝트를 수행한다.

일반적인 프로젝트 관리 방법

[a] 애자일

애자일 방법론은 유연성과 빠른 속도가 요구되는 프로젝트를 관리하기 위해 개발되었다. 애자일은 빠른 목표를 달성하기 위해 스프린트(Sprint)라는 짧은 사이클로 구성되며 자발적인 팀 구성 안에서 통제력 감소와 실시간 소통이 필요한 프로젝트에 가장 적합하다.

프로젝트 관리 방법론으로서 애자일은 매우 상호적이기 때문에 프로젝트 전체에 걸쳐 신속한 수정이 가능하며, 테스트가 완료될 때까지 기다리는 대신에 문제를 빠르게 확

• **그림 6** Agile Project Management

인하고 초기 개발 과정에서 수정하기 좋다. 그래서 대부분의 소프트웨어 개발 프로젝트에서 보편적으로 사용되고 있다. 경력직은 물론 신입 직원들까지 포함한 조직에 적절하다.

[b] 워터폴(폭포수 방법)

워터폴(water fall)은 가장 오랜 기간 프로젝트 관리 방법론에서 주류였다. 우리나라에서는 폭포수관리법으로 명명하기도 한다. 과거부터 다양한 산업에서 활용되었으며, 특히 소프트웨어 개발에서 보편적으로 도입되었고, SW에서는 '요구사항 → 분석 → 디자인 → 시험 → 이행 → 유지보수'의 순서로 실행되는 프로젝트 관리 방법이다.

워터폴 방법론을 사용하면 각 단계 전반의 통제력이 높아지는 것이 장점이지만 프로젝트 진행 중에 범위나 내용이 변경되면 유연하게 대처하기가 어렵다. 그래서 워터폴로 프로젝트를 할 때에는 요건을 초기에 정확하게 파악할 수 있는 계획 단계를 잘 준비하는 것이 중요하다.

[c] PRINCE2(PRojects IN Controlled Environments)

PRINCE2는 포괄적인 워터폴 방법론을 사용하여 프로젝트의 단계를 정의하는 방법론으로 영국 정부가 IT 프로젝트를 수행하기 위해 고안해낸 것을 말한다. 기존의 제품 관련 프로젝트나 시장 중심 프로젝트보다는 대규모의 IT 프로젝트에 적합한 프로젝트 관리 방법으로 평가받고 있다.

이 방법론에는 1. 프로젝트 시작, 2. 프로젝트 주도, 3. 프로젝트 착수, 4. 프로젝트 통제, 5. 산출물 인도 관리, 6. 단계 경계 관리 및 7. 프로젝트 종료의 7가지 핵심 원칙이 있으며 이 원칙을 따라 철저한 프로젝트 프로세스를 수립하면 효과적으로 프로젝트를 관리할 수 있다. PRINCE2 방법론은 역할을 정의하고 관리를 지원하는 것이 가장 큰 목표이며 단계 통제, 산출물 인도 관리, 프로젝트 착수 및 종료와 같이 수많은 프로젝트 개발 작업을 간소화하여 관리하는 데 유용하다.

식스시그마(Six Sigma)는 다른 프로젝트 관리 방법론 종류와 달리 품질 관리에 사용되며 방법론보다는 일종의 철학으로 묘사되기도 한다. 또한 앞서 설명한 린이나 애자일과 함께 사용되어 린 식스 시그마, 애자일 식스 시그마로 불리기도 한다.

[d] 식스 시그마(Six Sigma)

식스 시그마는 끊임없이 개선하고 결함을 제거하는 것을 목표로 하며, 현업 종사자들은 이 프로세스를 유지하고 정의, 제어하며 지속으로 개선하고 목표를 달성하고자 한다.

식스 시그마를 한 단계 더 발전시킨 것을 식스 시그마 DMAIC 프로세스라 하며, 아래와 같은 단계로 구성된다.

- Define(정의): 프로젝트 범위, 비즈니스 케이스, 최초 스탠드업 미팅 만들기
- Measure(측정): 개선의 필요성을 알리는 데 도움이 되는 데이터 수집하기
- Analyze(분석): 문제의 근본 원인 찾기
- Improve(개선): 문제의 근본 원인 해결하기
- Control(제어): 향후 프로젝트에 해결책을 활용할 수 있도록 유지하기

[e] 크리티컬패스 방식(Critical Path Method, CPM)

크리티컬 패스 분석법은 프로젝트의 중요한 작업을 식별하고 일정을 계획하기 위한 프로젝트 관리 방법론 종류이다. 업무 분류 체계와 유사하게 직업 종속성 생성, 프로젝트 목표 및 진행상태 추적, 결과물 우선순위 지정, 마감일 관리 등으로 구성되어 있다.

이 방법은 소규모 및 중간 규모의 프로젝트와 팀이 사용하기 좋으며 사용할 때는 마일스톤과 결과물을 올바르게 계획하는 것이 중요하다.

[f] 크리티컬 체인 프로젝트 관리(Critical Chain Project Management, CCPM)

CPM을 보다 상세하게 발전시킨 것이 크리티컬 체인 프로젝트 관리(Critical chain project management, CCPM)이다. 크리티컬 체인 프로젝트 관리는 크리티컬 패스 분석법과 같이 업무 분류 체계를 구현하고 각 업무에 소요되는 시간을 할당하며, 이를 통해 할당된 시간을 넘길 때를 명확하게 정의해 효과적인 작업을 추적할 수 있다.

또한 이 방법론은 이용 가능한 리소스에 업무를 골고루 분배하는 리소스 평준화(Resource Leveling)를 사용해 많은 업무량을 적절하게 분산시키도록 한다. 이러한 특성 때문에 프로젝트 효율성 문제를 해결하는 데 큰 도움이 되는 프로젝트 관리 방법론이다.

[g] 린

린 방법론은 Henry Ford가 실행하고 나중에는 토요타와 모토로라에서 사용하면서 널리 알려진 프로젝트 관리 방법론이다. 낭비를 줄이고 프로젝트 요구사항에 맞는 간단한 프레임워크를 만드는 것을 목표로 하며 궁극적으로 적은 리소스로 더 많은 일을 하여 효율과 팀워크를 극대화하는 것을 목표로 하는 방법론이다.

주로 제조업에서 사용하던 과거에는 물리적인 낭비를 줄인다는 것을 의미했지만, 그 활용 범위가 서비스에까지 미치게 된 최근에는 낭비요소가 발생하는 관행을 의미한다. 린 방법론에는 피해야 할 다음과 같은 세 가지 M이 존재한다.

- むだ(Muda, 낭비): 리소스를 소비하지만 가치를 더하지 않는 관행
- むら(Mura, 불균형): 과잉 생산으로 인해 폐기물을 발생
- むり(Muri, 무리): 리소스에 지나치게 많은 부담이 가해질 때

린 방법론은 위에 언급한 세 가지 M(む)을 방지하는 것이 프로젝트의 목표이기 때문에 현재 효율성 저하에 문제를 겪고 있는 사용하기에 적합한 프로젝트 관리 방법론이다. 2008년 Eric Ries가 쓴 린 스타트업을 기점으로 최근에는 스타트업에서도 많이 활용하고 있다.

그 외 스크럼, 칸반, 스크럼반, PMBOK, 익스트림 프로그래밍 등의 방법론이 있으며 이들은 각각의 특징적인 프로젝트에 활용되고 있다.

(라) 조직 관리·리더십

전략을 기업이 가진 자원의 수준에서 수립 및 집행하는 경우는 CEO를 비롯하여 기획조정실과 관련 부서에서 총력을 다 할 일이다. 그러나 그 규모가 커져 대규모 외부 투자자금이 들어온다거나 인수·합병 또는 계열사 구조를 조정하는 리밸런싱이 진행되게 되면 여기서 다룰 사항들은 매우 많다. 따라서 이런 경우는 조직적으로 관리를 하여야 한다.

계열사를 통폐합하는 경우 성격과 문화가 다른 둘 이상의 기업들이 합병 또는 분할되기 때문에 변화된 상태에서 자리를 잡게 하는 것은 매우 어렵다. 특히 합병된 기업의 경우 한 지붕 몇 가족이 공생하게 되는데, 이들을 화학적 결합을 시키기까지는 큰 고통이

따르는 경우가 많다.

이런 경우 최고 책임자의 리더십이 필요하다. 이런 경우는 마키아벨리(Niccolò Machiavelli)의 제왕적 리더십보다 정약용(丁若鏞)의 서번트 리더십(servant leadership)이 필요할 것이다. 최고 경영자가 합치된 각사 직원들과 함께 동고동락하는 리더십으로, 오나라의 장군 오기(吳起)가 병사들의 고름을 입으로 빨아 치료하며 동고동락하였고 부하들은 그의 정성에 감읍하여 목숨을 바쳐 전쟁에 임함으로 승리했던 것처럼 상하가 하나 되는 데서부터 그 결합은 시작이 될 것이다.

(4) 평가 관리

(가) 성과 평가

전략을 수립하는 과정에서 소요원가 계산과 미래가치 산정을 마치게 된다.

리더십이 발휘되어 적절한 조직관리를 통하여 자원의 효율적 배분·사용과 인력의 효율적 운영으로 전략이 성공했다면 그에 대한 성과평가가 있어야 한다. 좋은 과실을 맺기 위하여 공유가치를 위한 구성원들 교육은 다음과 같은 카테고리를 설정하여도 좋을 것이다.

전산 일반교육	생산직 회계/원가계산 교육
• 컴퓨터 혁명 – AI 혁명까지, 챗GPT (speed, memory & 양자컴퓨터) • ERP와 자원관리 – 재고관리 – 생산관리 및 R&D와 CE(동시공학) – 회계관리 • 회사 맞춤 정보기술 • Data Transformation • 채택된 프로젝트 관리방법론	– 회계기준(K-IFRS) – 원가계산 개요 – 가치평가 개요 – 규정상 허용 비용 – 개발비 이연 규정 – 금융감독원 등 공시대상 – 투자자관계(IR) – 공시와 개인비전 – 주주·주가 관계 – Value Up

사업부제가 운영이 되면 채찍과 동시에 적절한 당근이 제공되어야 한다. 사업의 성과에 따른 인센티브는 종업원들에게 동기를 부여하며 경영목표 달성에 유효하게 작용한다. 성과관리에는 성과를 평가하고 그에 대한 보상을 지급하며 그 과정을 통한 경영 능률을 높이는 것을 포함한다. 성과평가는 균형성과평가를 활용할 수도 있다.

(나) 달성률 분석 - 회계 분석

기업의 재무제표는 금융감독원의 공시 시스템(www.dart.fss.or.kr)에 공시하여야 한다. 외부 회계감사를 받는 법인 또는 금융업, 상장기업 등은 재무제표를 공시하도록 하고 있다. 상장기업들은 분기 또는 반기 결산서와 기업에 사채 발행, 주주 변경, 중요 의사결정에 관한 사항 등을 공시하여 이해관계자들에게 회사의 실상을 알려야 한다. 이 알림은 회사의 장점을 알리는 데도 일익을 담당한다.

회사가 전략을 세워 성공한 경우 그것은 경영 실적에 나타날 것인데 이는 재무제표에 반영된다. 일반기업회계기준 또는 K－IFRS(한국채택국제회계기준) 중 해당 적용 기준에 따라 작성되고 감사받은 재무제표의 공시는 일종의 자랑이기도 하다. 자원의 사용은 원가를 발생시킨다. 원가는 자원의 사용 또는 자원의 형태변환을 의미한다. 그 결과는 회사의 수익력 증대, 즉 매출로 나타난다. 재무제표에는 매출, 자산 및 이익의 증가, 부채비율이나 유동비율의 건전화 등이 나타날 것이다. 수익과 비용을 계산하면 손익계산서를 통하여 이익이 산출된다. 이익은 여러 가지로 쓰이기 때문에 많은 이익을 내는 것이 좋다. 이는 회사의 신용도를 높이고 대외 경쟁력을 증진하여 결국은 기업 경쟁력을 증대시킨다.

(다) 다음 단계 연계(next step)

성장하는 기업은 계속 성장하여야 한다. 정상에 올랐다고 태만하여 혁신동력을 잊고 재무적 이익만 탐하면 일시 영업이익은 증가하겠지만 회사의 본질 가치는 증대되지 않고 호시탐탐 기회를 노리는 경쟁자들에게 기회를 주게 된다. 기업은 정상에 올라 안정화되었을 때 또 다른 혁신으로 신발 끈을 다시 매야 한다. 전략을 마무리하기 전 이미 타 사업의 준비와 혁신의 기틀이 마련되어야 하며 다음 사업으로 유연하게 연결되어야 한다.

기업의 미래가치와는 다음과 같이 연계된다.

- 기업의 미래가치 비전 - 가치평가 및 IPO 연계
- 기술 및 R&D(AI 포함), 투자 및 특허 관리
- 계열화, M&A(세계화 포함) 및 리밸런싱 등
- 전문가의 계수적 평가
  - 기술성 / 권리성 / 시장성 / 사업성

3 경영전략과 경쟁우위

경영전략이 수립되고 기능을 하게 되면 기업은 경쟁사들 대비 경쟁력을 얻게 된다. 그러면 매출의 증가나 고객들의 신뢰가 쌓이고 이익이 증가한다. 이렇게 경쟁사보다 우월한 위치를 경쟁우위라고 한다.

1) 기업의 기능과 전략 수립

초기 원시사회에서의 기업의 기능은 아마도 생산과 판매 두 가지만 있었을 것이다. 처음 강한 돌을 발견하여 이를 칼(돌칼)로 제작하여 물물교환을 한 원시인이 있었다면, 그는 적절한 돌의 입수와 이를 가공하여 제품을 만들고 이를 필요로 하는 사람과 적절한 것과 교환하여 판매했을 것이다. 그의 행동은 이러한 판매 행위와 제품을 만드는 생산활동이 전부였을 것이기 때문이다. 그러나 찾는 사람이 한둘 증가하면서 더 생산을 하여야 하므로 원재료의 조달과 판매의 기능이 분리되었고, 관리 기능이 첨가되면서 기업의 형태는 생산, 판매·마케팅, 구매·조달, 관리, 인사, 재무 등으로 나누어지면서 여러 기능으로 분화되었다. 이들은 하드웨어적 기능과 소프트웨어적 기능으로 구분되는데 이들이 전략의 추동력이 되는 것이다. 이처럼 분화된 기능들은 기업의 하드웨어적 기능과 소프트웨어적 기능으로 구분되며, 이들이 전략의 추동력이 된다. 현대적 경쟁 환경에 맞춰 기업의 기능을 하드 요소와 소프트 요소로 구분하면 [표 3]과 같다. 이 요소들은 전략 수립의 중요한 기반이 된다.

• **표 3** 기업 핵심역량의 하드와 소프트 기능

기능	핵심역량 요소		
	내용	하드요소	소프트요소
경영 관리	기업 경영철학, 환경 변화에 대한 대처능력, 유리한 입지, 차별화된 경쟁전략, 뛰어난 리더십, 혁신 및 창조적인 기업문화 창출능력, 기업 이미지 등	본사건물 조직구조	관리규정, 관리체계, 원가계산체계
인사 조직	인적자원의 질과 숙련도, 임금 및 복리후생, 노사 관계, 사기 및 조직 충성심, 전문인력 보유 정도, 조직구조, 조직문화, 인사정책, 조직문화와 스타일, 가치 행동규범 등	출퇴근 시간기록기, 인사조직	인사 시스템, 인재발굴 체계

기능	핵심역량 요소		
	내용	하드요소	소프트요소
생산 기술	경험곡선과 규모의 경제 효과 활용·생산설비의 효율성, 유리한 자재, 부품 조달능력, 체계적인 SCM 구축, 공정 혁신 능력, 신기술 도입 및 연구 개발 능력, 첨단기술 융복합능력 등	공장건물, 기계장치, 연구능력, 연구실, 연구인력 확보능력	과거의 연구실적, 연구 네트워크 (연구소, 시험원, 학회 등),
재무 관리	자본 조달능력, 건전한 재무구조, 유동성, 자본비용, 자금 운용능력, 고정비의 활용, 직·간접비의 절감능력 등	회계규정, 재무관련 규정, 세제관련 법규,	자금운용능력, 고정비 활용능력 직간접비 절감능력
마케팅·유통	시장 창출 능력, 제품의 다양성, 시장개척 및 현지 적응 능력, 첨단기술을 활용한 효율적인 물류시스템과 유통경로·브랜드 충성도·고객 서비스의 품질과 효율성·가격 정책 등	마케팅 채널, 내외 판매조직	시장 점유율 확대 능력, 시장개척 및 현지 적응능력

2) 전략에 의한 경쟁우위

손자의 고전에서 이제 현대 기업의 처절한 경쟁의 현장으로 넘어온다. 전쟁에서 전략이 필요하듯 기업에는 경영전략이 요구된다. 기업전략의 수립은 현재 근무하는 기업에서 그간 선배들이 해오던 방식의 답습일 것이다. 이들은 대부분 그동안 교과서들이 다루었던 방법들일 테니 잘 습득하여 경우에 맞게 전략을 세우면 된다. 그러나 만약 잘 맞지 않고 차질이 생긴다면 경영전략의 다른 교과서 내용을 보고 답습하며 창의성을 더해 전략을 수립해 보는 것이 중요하다.

본서에서는 전략수립의 준비를 손자가 말하는 道天地將法(도천지장법)을 감안하도록 하였고 모든 시장과 경영은 흐름이므로 변화에 대한 통찰력을 강조하였으며, 역사적 여러 정태적 전략 모델들을 동태적으로 바꾸어 제시하였다. 따라서 경영전략을 정중동 또는 동중정의 전쟁의 전략개념을 도입하여 설명하였다. 기회는 놓치지 말되 결코 서두르지 말고 모든 관련 사항들은 빠짐없이 감안하고 결정 산식의 변수에 삽입하여 거대한 함수를 풀어갈 것이다.

전략과 목표 달성

전략을 세울 때는 전략 달성 또는 성공의 결과 이루어야 할 목표를 설정하여야 한다. 이 목표는 대개 순이익률 또는 영업이익률 등으로 표시된다. 기업을 하는 목적이 이익임은 누구에게든 받아들여지기 때문이다. 전략 수립 시 주의해야 할 것은, 보잉사와 같이 이익과 주가를 중요시하다 기술과 안전을 잃고 주가까지 하락하는 결과를 초래하게 되지 않아야 한다는 점이다. 보잉은 기술이 정상 수준에 올랐다 판단될 때 CEO를 재무통으로 교체하고 기술을 이끌던 이들을 해고하였으며, 회사 목표를 원가절감에 초점을 맞추어 비용은 감소되고 이익은 올라가고 배당은 증가했다. 그러나 상대적으로 기술력이 저하(보잉의 판단은 그렇지 않다고 할 수 있음)되어 주가의 하락과 동시, 세계 여러 곳에서 보잉이 생산한 비행기의 사고가 발생하고, 독보적이었던 우주산업에서도 후발업체인 SpaceX와의 경쟁에서 밀리는 결과를 초래하였다. 반면 SpaceX 는 꾸준히 1위 전략을 추구해 왔는데, 그들이 세운 목표는 로켓 재사용 기술, 우주 산업의 수직 계열화, 발사비용 절감 등이다. 이를 위해 팰컨 9(Falcon 9) 로켓의 재사용, 엔진 개발 및 제조, 스타링크(Starlink, 위성 인터넷 사업) 구축 등을 적극적으로 추진하고 있다. 이를 위한 전략은 1단계 로켓의 회수, 재사용 및 상용화, 로켓의 개발, 제조, 발사, 운영 등 우주 관련 모든 과정을 자체적으로 수행하고, 외부 의존도를 낮추며, 기술문제 발생 시 신속한 대응을 할 수 있다. 이들을 통한 비용 절감 효과는 대단하다. SpaceX는 우주 발사 시장의 고비용 구조를 깨고 우주 탐사 시장의 확대를 열었다. 그들은 3D 프린팅 기술 적용, 메탄 엔진 개발 등 지속적인 기술 혁신을 통해 로켓 성능 향상 및 발사비용 절감에 노력하고 있다.

전략은 그 기업의 중요한 부분을 판단하여 초심에 맞는 혁신을 수반한 기발한 것이어야 하되 합리적이고 실현 가능하며 경쟁우위를 확보할 수 있어야 한다. CEO와 전략수립가들이 경쟁 관계 및 미래 먹거리에 초점을 맞추어 어떤 외풍에도 견딜 수 있도록, 설혹 경쟁사에서 강한 도전을 해와도 견디며 이겨낼 수 있는 강한 체질을 만들어 경쟁우위를 확보하여야 한다. 보잉은 이미 기술을 초월해버린 SpaceX에 밀려 우주 왕좌의 자리를 유지하기는 힘들어 보인다.

3) 경영전략의 조합에 의한 경쟁력 확보

전략이란 전쟁을 위한 지략이다. 싸움하는 방식을 말한다. 전략을 수립함에는 적의 지형과 위세를 파악하고 이를 우리 부대로 공격을 할 것인지 방어를 할 것인지를 정하고, 공격을 한다면 어떤 병사들을 어떤 무기로 무장시켜 어떤 방법으로 싸움을 하게 할 것인가를 결정한다. 적보다 충분히 강하다면 정면 공격을 수행할 것이고 아니면 우회나 매복 또는 측면 공격을 병행할 것이며 약하면 수비를 할 것이다.

제갈공명이 사마의의 15만 대군을 양평관 서성의 성문을 열어놓고 성루에 올라 가야금 하나로 승부했던 것도 임기응변이지만 전략의 하나다. 전략의 기본은 지피지기(知彼知己)이다. 제갈량은 사마의를 너무나 잘 알고 있었던 것이다.

지피지기와 경영전략의 조합

전략들은 적절히 조합되고 구사되어야 한다. 나에 대하여 정확하게 알고 있으면 적에 대한 파악과 동시에 전략은 이미 수립된 것이나 마찬가지이다. 나의 강점과 약점을 파악하고 있으니 상대방의 강·약점이 파악되면 나의 강한 것과 적의 약한 것을 부딪치게 할 것이기 때문이다. 전략의 수행도 조합되어 세워진 전략에 따르면 된다.

경영전략은 내가 싸워야 할 상대, 즉 시장에서 제품을 가지고 매번 부딪히는 경쟁자와 그 제품 및 경쟁상대인 유사 제품들, 그 시장을 노리는 자들 등의 신경 써야 할 적(敵)들이 있다. 회사가 시장에서 총소리 없는 전쟁을 해야 하는 상대는 제품뿐 아니라 상대회사의 브랜드나 특허, 서비스, 광고 선전, 신제품의 출시, 경쟁사의 제품 기능의 추가나 변경 등도 포함된다. 이들은 그동안의 전략 연구들을 통하여 파악하는 방법이 나와 있다.

마이클포터의 5 Force Model에서는 ① 산업 내의 경쟁 관계로, 경쟁 상대기업과 그들의 제품 및 경쟁의 강도, 시장점유율과 제품 차별화, 원가경쟁력 등과 ② 잠재적 향후 진입자로 그들의 제품력, 자본력, 유통망 장악력, 가격 및 원가경쟁력, 법적 규제 회피 방법 ③ 고객으로 우리 회사 제품에 대한 가격 민감도와 품질 및 고객의 구매 규모나 전환비용에 따른 교섭능력 ④ 원재료 등 공급자 ⑤ 대체 유사 제품 등을 조사하고 연구함으로써 경쟁관계 분석의 목적을 달성할 수 있다.

경영전략의 새로운 모델 제시

전략이라는 용어는 경영학에서는 1960년대 미국의 산업생산이 극도에 달했을 때 사용이 시작되었고 1970년대에 와서 본격적으로 사용한 것으로 본다. 본 장에서는 여러 경영전략 학자들과 전문가들이 분류하고 연구해 놓은 전략이론을 따라가고 그들이 만들어 놓은 서식들을 분석하고 개선하여 새로운 모델을 제시한다. 이 모델들은 고전 모델이지만 현대적으로 약간의 개선을 가하면 지금도 나름의 유용성이 있을 것으로 본다. 가능하면 지금까지 소개된 모델들을 빠트리지 않으려 노력했다. 여기서 제시되고 내용을 다소 변경(주로 정태모델을 동태화 함)한 전략모델들은 다음 장에 소개한다.

4) 기업에 대한 제재

성장하여 최상에 선 기업들에게는 독과점 금지법의 제재가 있다. 경영에서 기업에 대한 제재를 정확히 파악하는 것은 매우 중요하며 사전에 이를 대비하고 제재에 휘말리지 않아야 한다. 최근 구글은 독점적 시장 지배력으로 인해 회사가 쪼개질 위기에 놓였다. 많은 기업들이 독점으로 인한 제재에 부딪혀 기업이 쪼개지고 경쟁력을 잃기도 하였다. 스탠더드 오일, 아메리칸 타바코, NBC, AT&T, MS, IBM, GE, DuPont 등이 독점으로 인해 정부에 의하여 분리된 기업들이며, 구글이나 페이스북(FaceBook) 및 맥도넬 더글러스(McDonnell Douglas)를 인수한 보잉(Boeing) 등은 조사를 받으며 제재 수준 등 여러 논의가 계속되고 있다.

한국에서의 대기업 제재는 독과점 방지법을 검토하고 대처해야 한다. 기업 지배 구조상의 독점으로 인하여 시장을 지배하고 횡포하는 데 대하여 소비자를 보호하겠다는 것이다. 이전에는 이사회를 위주로 하는 지배구조라는 개념이 전무하였으므로 이사회의 회장 견제기능은 있을 수가 없었던 것을 보완한 것이다. 기업 외부에서도 자본시장이 적대적 M&A나 기관투자자 또는 소액 주주 운동에 의한 기업 견제를 수행하고 있다. 두산로보틱스와 두산밥캣의 합병에 제동을 걸었고, 동원엔터프라이즈와 동원산업의 합병을 반대한 한국거버넌스포럼의 활동 등이 있다. 지배구조를 통하여 이사회에서 통제를 시행하기도 한다. 요즘 일고 있는 이사책임 및 지배주주 포함 논란은 이러한 주주 이익 극대화를 위한 민관 합동 운동이다.

4 경쟁우위를 이끄는 요소

1) 최고경영자(CEO)

(1) CEO의 역할

CEO는 경쟁우위를 이끄는 TOP 영향자임에 틀림없다. 한때는 경영전략이 최고경영자의 전유물이라고 생각하던 시대가 있었다. 이는 기업에 대한 개념이 바뀌면서 전략적 CEO는 ① 최고경영자가 전략 수립하면 하부 조직은 이를 수행한다. ② 기업조직 전반적 전략적 사고능력을 갖추어야 한다. ③ 수인의 전유물이 아니고 기업 내 모든 구성원이 전략적 사고 아래 업무를 수행해야 한다.

이러한 변화에 따라, 최고 경영자는 전 임직원이 하나가 되어 미래를 갖추어 나가는 비전의 실현 실체로 정의된다.

기업문화 리더

기업문화의 주요 요소인 관행과 가치체계는 대체로 기업의 창시나 또는 최고경영자에 의해 만들어지고 유지·보수된다. 이에 대하여 학자들은 다음과 같이 정의하였다.

- Barney: 명시적으로 기업문화가 경쟁 우위의 근본이 될 수 있다고 강조(The Secret of Culture Change, 2023. 8. 8 by Jay B. Barney)하였다.
- Kotter와 Heskett는 기업문화와 기업전략이 종업원들이 업무 수행을 더 효율적으로 할 수 있게 한다고 주장하였다(Corporate Culture and Performance Paperback – May 16, 2011 by John P. Kotter (Author), James L. Heskett (Author)). 이들의 주장은 공유가치(shared value)로 연결되며 다음으로 설명된다.

  그들의 저서는 '~ provide the first comprehensive critical analysis of how the "culture" of a corporation powerfully influences its economic performance, for better or for worse' 즉, 기업 '문화'가 경제 성과에 좋든 나쁘든 강력하게 영향을 미칠 수 있다는 포괄적인 비판적 분석을 제공한다.

- 최고경영자가 수행하는 중요한 역할 중 하나: 문화적으로 큰 변혁을 주도하며 지속가능성에 영향을 미치는 것이다. 그 조직 구성원들로 하여금 창의적인 생각을 하도록 변화의 주도자 역할을 수행함(Thomas Peters & Robert Waterman, Jr.). '탁월성을 찾아서' In Search of Excellence, New York. 1980년대 성공한 기업의 특징을 탐구하여 게재하였다. 워터먼은 맥킨지앤컴퍼니의 이사였고, 피터스는 조직 효과성 실무 부서의 책임자이자 공동 리더였다.

내부정치

- 최고경영자의 또 한 가지 역할: 내부 정치(Politics) 수행

  최고경영자는 정치적 협상을 하고 타결점을 찾는 내부 정치에도 능숙하여야 한다. 한편 Quinn은 기업조직 내의 여러 세력이 자신의 이익을 증진시키기 위해 치열한 정치적 흥정을 하고 있으며 이는 내부 혁신을 위한 구조개편에 "저항"으로 작용한다고 하였다.

- Jack Welch(GE): 관리자들을 바쁘게 만들었다.

  잭 웰치는 조직 내 관리자, 특히 CEO의 역할에 대해 새로운 통찰을 제공하였다. "관리자들을 바쁘게 만들었다"라는 표현은 단순히 일의 양이 많아졌다는 의미를 넘어, CEO의 역할과 책임에 대해 깊은 시사점을 담고 있다.

  현대 조직에서 CEO는 단순한 관리자 이상의 역할을 수행하는 전략적 리더이다. 잭 웰치의 연구는 CEO들이 조직 내에서 어떻게 바쁘게 만들어지고, 이러한 바쁨이 조직 운영에서 어떤 의미를 가지는지에 대해 새로운 관점을 제시한다. 특히 "관리자를 바쁘게 만든다"는 것은 곧 변화하는 조직환경 속에서 리더십의 본질이 무엇인지를 재정립하는 계기가 된다.

  잭 웰치는 CEO의 역할을 다음과 같이 재구성, 새로운 시각으로 제시하였다.

  – 전략적 역할의 강화: 단순한 업무 수행이 아닌, 복잡한 환경에서 전략적 방향을 제시하는 역할

  – 조직 내 비전과 목표 설계: 수많은 관리자가 직면하는 문제들에 대한 우선순위를 정하고, 전체 조직이 조화를 이루게 하는 책임.

  – 조직 환경의 조율자: 내부와 외부의 복잡한 이해관계 속에서 다양한 이해당사자들을 조율하는 역할

관리자가 바쁘다는 의미는 조직이 역동적이고 복잡하다는 사실을 반영한다. 이는 리더가 모든 문제를 해결하려 하기보다는, 문제를 인지하고, 우선순위를 정하며, 역량을 집중하는 능력이 중요함을 의미한다. CEO는 이 과정에서 조직의 자율성과 책임을 분산시키면서도, 궁극적 비전과 방향성을 제시하는 역할을 수행해야 한다.

핵심 가치 유지

마지막으로, 변화하는 환경에서는 CEO가 너무 많이 '관리'하거나 세세한 일에 관여하는 대신, 핵심 가치를 유지하면서 조직의 자율성을 키우고, 중요한 결정에 집중하는 역할이 필요하다고 봤다. 이는 조직은 지속가능한 성장을 이루면서도, 과중한 업무 부담에서 벗어날 수 있음을 시사한다.

결론적으로, 잭 웰치가 "관리자를 바쁘게 만든다"고 말한 것은, 조직 내 역동적이고 복잡한 환경에서 리더십이 수행하는 역할의 본질이 변화했음을 시사한다. 이는 단순히 업무를 지시하거나 처리하는 것을 넘어, 전략적 판단, 조직 내 조율, 핵심 가치 제시 등 더 높은 수준의 역할과 책임으로 확장되어야 함을 의미한다. 결국, CEO는 조직을 바쁘게 만드는 것이 아니라, 조직이 스스로 문제를 해결하고 성장할 수 있는 기반을 마련하는 '리더이자 조율자'임을 강조하는 메시지이다.

(2) 최고경영책임자와 비전 · 미션

최고경영책임자(CEO: Chief Executive Officer)는 기업의 미션과 비전을 정립하고 기업이 나가야 할 방향을 결정하거나 장 · 단기계획을 수립하는 역할을 하는 자이다. 최근은 경영의 다기능화 및 전문화로 인해 경영의 부문별 전문가를 두고 이들의 조언을 참고 또는 토대로 하여 의사결정을 수행한다.

최고경영책임자는 소위 우리나라의 대기업 회장과는 구분된다. 회장은 기업의 소유자 역할을 하며 책임과 권한이 잘 구분되지 않고 경영의 성과와 결과에 책임을 지지 않는 반면, 최고경영책임자는 본인의 역할(role)과 권한(authority)에 대한 책임(responsibility)을 부담한다. 대표이사와도 약간의 개념차이를 인식할 필요가 있다.

사례_ '미다스의 손' 니콜 CEO 영입 - 스타벅스 주가 24% 급등

세계 굴지의 외식업체인 스타벅스와 치폴레가 13일 CEO 교체로 희비가 엇갈린 하루를 보냈다. 브라이언 니콜 치폴레 CEO를 영입한 스타벅스의 주가는 24.5% 급등한 반면 치폴레의 주가는 7.5% 급락한 것이다. 경제지 포털의 멘트는 "'미다스의 손'을 가진 니콜이 벌써 투자자의 신뢰를 얻었다"고 평가했다.

스타벅스는 이날 지난해 3월 이후 회사를 이끌며 취임 후 20% 넘게 하락한 스타벅스 주가에 대한 책임을 지고 물러난 랙스먼 내러시먼 전 CEO를 대신하여 니콜을 CEO 겸 이사회 집행의장으로 선임했다. 17개월 만이다. 이날 뉴욕 증시에서 스타벅스의 주가는 1992년 상장 후 가장 큰 일일 상승률인 24.5%가 급등한 95.90달러에 거래됐다. 가격 인상과 불매운동 등의 여파로 올해 들어 매출 감소와 주가 하락으로 고전해 오던 스타벅스는 이날 주가 상승으로 시가총액이 214억 달러 늘어나며 반전의 기회를 얻었다. 반면 고물가와 경기 침체 속에서도 호실적을 내며 상승세였던 치폴레 주가는 폭락하며 시가총액도 58억 달러 감소한 것이다.

니콜은 2018년부터 치폴레를 이끌며 경영 혁신을 통해 이익은 약 7배로, 주가는 약 800% 끌어올렸다. 치폴레 CEO가 되기 전 타코벨과 피자헛에서도 성과를 거두었다. 그는 자동화, 디지털 플랫폼 업그레이드, 주문 픽업레인 신설, 전 세계 신규매장 확대 등 혁신과 공격적인 경영으로 치폴레를 세계적인 기업으로 성장시킨 1등 공신으로 평가되고 있다.

스타벅스가 치폴레보다 훨씬 더 크고 복잡한 사업이라는 점에서 니콜의 도전이 만만치 않을 전망이지만 일단 시장은 긍정적이다. 투자은행 TD 카우먼의 애널리스트 앤드류 찰스는 “스타벅스는 명예의 전당에 오른 레스토랑 CEO를 영입했고 이는 스타벅스의 새로운 시대가 열리고 있음을 시사한다”고 평가했다.

출처: 문화일보, 2024.8.14.

🗁 사례_ 스타벅스 새 CEO 당면 과제는 '대기시간 축소

복잡한 모바일 주문 제때 처리 못해. 슐츠 전 CEO “가장 큰 아킬레스건”

1,000억 원이 넘는 막대한 보수를 받고 영입된 스타벅스의 최고경영자가 풀어야 할 과제 1순위는 ‘매장 내 대기시간 지연문제’라고 미 경제 매체 CNBC가 18일(현지시간) 전했다.

CNBC는 모바일 앱을 통해 주문한 뒤 매장에서 음료를 기다리며 답답해하는 고객들과, 밀려드는 주문을 처리하느라 지쳐가는 바리스타들의 모습이 현재 스타벅스에서 볼 수 있는 흔한 풍경이라고 지적했다.

모바일 주문은 스타벅스 전체 매출의 3분의 1을 차지하는데, 이용자가 주문을 더 여유롭게 할 수 있어 우유 거품과 시럽 종류 등 세부 사항을 다양하게 추가하면서 주문 내용이 복잡해지는 경향이 있다. 바리스타가 이런 주문을 처리하느라 시간이 걸리는 탓에 소비자가 주문한 후 음료를 받기까지 기다리는 시간이 전보다 더 늘어난 것으로 분석되었다.

슐츠는 “8시에 ~ (모바일로 주문한) 사람들이 매장에 나타나더니 갑자기 엉망진창이 됐다”고 했다.

니콜은 치폴레를 떠나 스타벅스로 옮기는 대가로 현금 1,000만 달러와 주식 7,500만 달러 상당의 보수를 받기로 했다고 한다.

출처: 서울경제, 2024.8.20.

---

(3) 최고 경영자의 교체

기업의 경영상황이 내외적으로 위기에 봉착했을 때에는 가끔 CEO 교체 카드를 쓰기도 한다. GE의 경우 1970년대 말부터 야기되었던 경영 위기를 극복하고 세계기업으로 재탄생한 구조조정의 단계적 추진과정은 다음과 같다.

• **그림 7** GE의 변화 과정

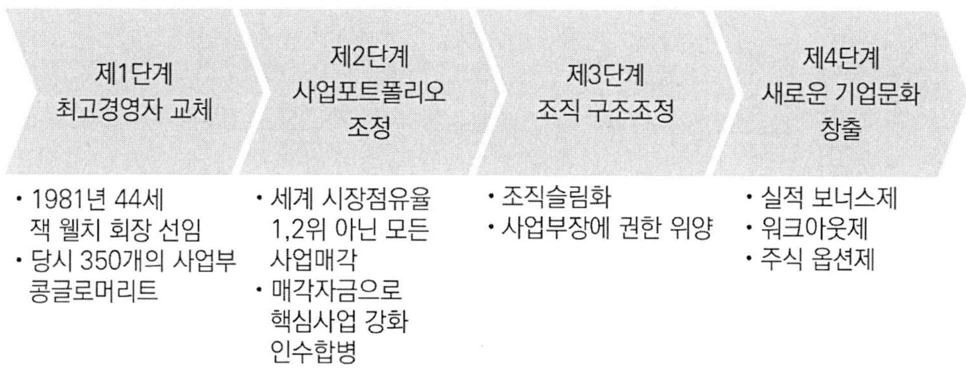

GE의 변화과정은, 위 그림과 같이 기업의 위기 구출을 위한 구원투수로 잭 웰치가 겨우 나이 44세로 GE 회장에 선임되고 350개의 복잡다단한 기업들을 정리하여 새로운 사업 포트폴리오를 갖추며, 핵심역량 기업들만으로 구조조정을 실시, 이를 강한 기업으로 재탄생시켜 새로운 문화를 창출하면서 세계기업으로 우뚝 서는 과정을 잘 보여주고 있다.

- 변화: 기업전략의 수정. 사고 패러다임 변화
- 조정: 그룹 기조실 해당 Staff 조직 대폭 정리, 사업부장에 권한 위임. 중복을 회피시킴
- 워크아웃(Workout): 종업원·관리자 대화를 통한 부실기업에 대한 문제 해결 과정. 일종의 공청회
- 방법: 모든 관련 종업원들이 2~3일 숙식하며, 현재의 경영관리 시스템에 공개적으로 솔직한 비판·검토
- 철학: 3S

  속도(Speed), 단순(Simplility), 자신(Self confidence)

이를 통하여 생산성을 높일 대안을 찾아갔으며, 관리자들은 여러 문제제시 또는 제안에 대한 즉석 답변을 제공했다. 그동안 쌓여온 관료주의적 업무시스템을 제거하고 기능별 부서 간 협조 관계를 개선하였고, 2년간 2천여 건을 청취 및 처리하였고 그중 약 90%를 채택하였다.

GE에서 여러 임원 직책을 거쳐 2001년 GE 회장으로 잭 웰치를 이은 제프리 이멜트(Jeffrey Immelt)는 하버드 비즈니스 스쿨의 경영학석사(MBA) 출신으로 1982년 GE에 입사한 20년 만에 GE를 맡는다. 그는 디지털 기술(인더스트리 4.0(Industry 4.0))과 산업 인터넷에 큰 비중을 두었으며, 사업 포트폴리오를 재편하고 핵심 사업인 항공, 헬스케어, 에너지 인프라에 집중하였으며, 그 외는 비핵심분야로 하여 매각하고 더 강력한 수익성과 경쟁력을 갖춘 기업으로 태어났다. 디지털 기업으로의 변환을 위해 IoT, 클라우드컴퓨팅, 빅데이터 분석 등을 도입하였고, 재생·친환경 에너지기술에 힘을 쏟았으며 변화를 주도하는 리더십을 강조하였다.

우리나라의 경우는 언제까지 갈지 가늠은 안 되지만 그룹의 총수가 대표이사를 무기한 겸하고 있으므로 대표이사의 교체는 어렵다. 그러나 SK텔레콤의 박정호 사장은 통신분야 전문가로서 오랜 기간 글로벌 통신, ICT 사업을 담당해왔다가 2017년 SKT를 이끄는 등 전문경영인으로서의 역할을 수행하였다. LG－CNS의 김영섭대표는 IT를 기반으로 한 전문경영인으로 디지털 전환 전략과 글로벌 경쟁력 향상을 적극 추진하였다. 우리나라의 전문경영인은 그 수가 점점 늘어나고 있으나 아직은 기업 문화상 그들이 적극 역할을 하기에는 한계가 있다. 그러나 결국 전문경영인의 폭과 깊이가 더해지면서 오너 경영인보다 장점이 많은 경우가 있으므로 2024~2025의 위기 또는 그에 준하는 시기에 기업의 국제화와 난국 타개에 대한 전문가로 나설 시기가 되어가고 있다.

순수 전문경영인의 경우 그 임기는 보통 5년으로 한다. 기업의 큰 위험이나 변화가 있을 때 CEO를 교체하면서 위기를 타개하기도 한다.

2) 리더십

(1) 리더의 조건

기업 최고경영자의 리더십은 기업의 미션과 비전 안에서 목표 달성을 위하여 종업원들을 이끌고 나간다는 의미를 가진다. 기업문화의 창출과 그 유지 및 환경 변화에 따른 적응 및 시대를 앞서나가는 창의성이 포함된다. 경우에 따라서는 리더는 기업의 문화를 바꿀 수 있기도 하고 비전을 새로 정립하며 기업 목적도 시대에 맞게 조정하고 미션에 손을 댈 수도 있다. 당해 기업이 가진 시대에 대한 미션이라면 이전의 미션이 이전 경영진에 의하여 세워졌으니 새 사람의 새 부대에 맞는 새 미션의 정립이 될 수도 있다는 말이다.

(가) 책임감

리더는 그의 어떤 역할보다 책임감이 투철하여야 한다. 본인의 역할과 책임 균형에 따른 책임도 중요하지만 자신이 리드하는 조직 및 조직원들의 잘못에 대한 책임을 지겠다는 생각과 실제 문제가 발생했을 경우, 실수를 한 팀원들에 대한 총력을 다한 구제 및 발생한 사안에 대한 책임을 지는 자세는 더없이 중요하다. 아주 오래전 우리나라 군부대 훈련에서 실수한 부대원이 떨군 수류탄에 몸을 던져 산화하면서 부하들의 생명을 구한 '이인호' 소령의 예는 오늘날에도 리더십의 전형으로 기억되고 있다.

(나) 비전 제시 및 변화 리딩

기업은 설립의 이유가 있다. 이를 우리는 미션(mission)이라 한다. 기업은 이 미션을 달성하기 위하여 가진 자원을 활용하여 기업활동을 수행하고 이 활동을 경영자가 리드한다. 이때 기업과 경영자 및 구성원들이 공유하는 미래의 가치를 비전이라 한다.

비전은 구성원들의 활동 동인을 제공하고 그 방향성을 기업의 목표를 향하도록 방향타의 역할을 한다. 따라서 비전은 구성원들의 욕구에 맞아야 하며 시대와 가치관 및 문화를 준용하여야 한다. 잘 설정된 비전은 각 구성원들과 관계자들이 기업을 나가는 방향에 동의하고 협업하는 분위기를 만들어 나간다. 비전은 최고경영자가 구성원들과 협업하여 수립한다고 보아야 하며 공동으로 보유하여야 할 가치이다.

환경과 가치관의 변화가 생기면 비전은 이에 적응하여야 하는데, 이때에도 최고경영자와 구성원들이 함께 비전을 수정·조정하여야 할 것이나 변화에 대한 민감성을 가지고 변화를 인식하며 비전의 조정에 대한 필요성을 제시하는 것은 최고경영책임자라 할 수 있다. 이때는 조직의 관성(momentum)에 유의하여야 한다. 조직과 조직 구성원들은 그들이 수행해 온 운영방법과 가치관을 계속적으로 유지하려 하기 때문이다.

최고경영자는 자기가 가진 권한을 활용하여 조직 구성원들로 하여금 좋은 생각을 가지고 좋은 아이디어를 내도록 그들의 동기를 유발시킬 수 있다. 일에 대한 관념이나 가치관을 바르게 정립시킬 수도 있다. 자신의 미래에 대한 아름다운 꿈 안에서 창의적 생각 속에 단합된 구성원의 강한 셀(Cell)이 될 수 있도록 할 수 있는 것이다.

(다) 정치적 협상력

기업은 다양한 성향의 인적 구성체이며 이들이 모이면 정규적 조직(formal organization)만이 아니고 비정규적 조직(informal organization)이 다수 형성되기도 한다. 응당 조직의 구성은 이해관계를 전제로 하여 뭉쳐지고 같은 조직 내가 아니면 정규·비정규 조직을 막론하고 추구하는 이익 간의 충돌이 발생할 수 있다. 이러한 충돌은 적게 혹은 크게 발생되기도 하며 혹은 긍정적인 방향으로 혹은 부정적인 방향으로 발생하기도 한다. 긍정적인 방향이란 업무수행의 효율성이나 생산성의 증대에 대한 의견의 불일치로 어떤 작업방법을 선택할 것인가에 대한 개선 방법의 충돌 같은 경우를 들 수 있으며 부정적인 방향이란 자기가 할 작업을 남에게 미룬다거나 과실의 배분에 대하여 더 차지하려는 욕심의 상충 등이 예가 될 수 있다.

이러한 충돌은 사람들이 모인 사회에서는 일상으로 보아야 하되 문제는 이로 인하여 작업에 차질을 빚거나 생산성이 저하되고 혹은 소요가 되어 작업 중단이나 노조의 개입으로 파업으로 이어지는 경우이다. 노조 파업에 관한 문제는 별도로 다루겠으나, 이러한 문제가 발생하면 더 큰 문제로 발생하기 전에 조속히 잠재우는 것이다. 여기에 최고경영자 또는 그를 지원하는 관리자의 민감성이 중요한 역할을 한다. 관리자는 구성원들의 미동도 감지할 수 있는 역량이나 민감성을 가져야 하며 이를 무마할 수 있는 능력을 갖춰야 하며, 이러한 능력은 최고경영자로 집결된다. 최고경영자는 구성원들 간의 발생할 수 있는 사안이나 구성원 감정의 변화를 읽는 법 또는 이를 무마, 조정하는 기법 등에 대한 교육을 사전에 해두어야 한다. 그러나 무엇보다 구성원들의 비전을 공유하고 사랑으로 감싸는 능력은 더없이 소중하다.

위에서 언급한 조직의 관성(momentum)이 문제가 될 수도 있다. 새로운 제도의 시행이 야기하는 조직 구성원들의 저항으로, 새로운 학습의 필요, 조직 개편이 될 수 있으며, 이때 자신이 불이익을 당할 수도 있다는 불안감. 새 조직 안에서의 화합을 위한 가외의 노력, 새로 맡겨진 업무에서의 본인에 대한 저평가의 위험, 결국은 추가적인 노력이 들어가야 하며 보상이 낮아질 수 있다는 불안이 관성을 야기한다. 이럴 때 최고경영자의 역할은 대단히 중요하다. 현재의 구성원들이 불안에 떨지 않도록 조치를 해야 하는 것이다. 잭 웰치의 GE가 시행했듯 주식옵션을 지급하든가 실적에 대한 보상 - 이러한 보상들은 새 제도 시행에 따른 효율성으로 원가에서 커버될 수 있어야 함 - 등으로 구성원들의 심적 안정성을 꾀할 필요가 있다.

(라) 기업윤리

기업의 움직임은 그 구성원들의 움직임으로 구체화된다. 특히 최고경영자의 윤리의식은 중요하며, 회사를 대표하여 - 영업 대표나 특정 협상에서의 협상 대표 등 - 회사의 업무를 수행하는 이들의 윤리나 매너는 그 회사의 품격을 결정한다.

회사의 명예를 걸고 수행하는 업무에 자긍심을 가지고 행하며 말과 행동에 예의에 어긋나거나 신뢰를 저버리는 일이 있어서는 안 된다. 한번 한 약속은 어기거나 특별한 사유 없이 변경하는 일이 있어서도 안 된다. 개인적 약속은 물론이고 특히 회사 명의의 날인이 들어간 것을 변경하여서는 안 된다.

다과를 함께 하거나 식사를 하는 경우에는 장유유서의 질서와 조직에서의 위치에 대한 경외심을 가져야 하고 승하차 시의 예절, 어느 좌석에서건 좌석의 위치를 망각해서는 안 된다.

기업윤리의 최 근저에는 제품으로 그 고객이나 사용자들을 기만하지 않는다는 것일 것이다. 정성이 깃들은 제품이나 서비스를 공급하여 그 사용자들에게 기쁨과 만족을 주어 기업 창립이나 제품 개발 및 출시의 취지에 맞추는 것, 허황된 광고로 헛된 기대를 촉발하지 않고 제품 구매자들이 지급한 금액 대비 충분한 사용가치로 보답하는 것이다.

최고경영자의 입장에서는 특히 사회에 대한 기부나 정치자금에 대한 각별한 주의가 필요하다. 잘못하면 회사의 귀중한 자원을 써가면서 구설에 오를수도 있기 때문이다. 윤리차원의 최고경영자가 발휘할 리더십의 범위와 깊이는 넓고도 깊다. 윤리에 강한 리더가 강한 리더이다.

(마) 기업의 사회적 책임

기업은 국가 경제의 3주체 중 하나이다. 국가 경제의 3주체는 국가·기업·가계를 말하며 기업은 그중 생산을 담당한다. 기업은 사회의 구성요소이다. 기업이 하는 활동은 사회적 활동이며 그 활동들은 사회적 책임을 지게 된다. 기업의 사회적 책임은 좋은 제품이나 서비스를 그 사용자에게 공급한다는 범위를 초월한다. 기업은 그 소비자들이 물건을 사줌으로써 기업의 유지 및 돈을 벌었고, 교통 등의 불편을 야기했으며 공해도 유발했으니 현재의 자본력과 부는 지역사회의 도움 없이는 이룰 수 없었던 것들이며, 그 공을 망각해서는 안 된다. 따라서 사회의 결손이나 도움이 필요한 부분에 물적 지원도 아끼지 말아야 한다는 것이다. 이러한 업무들도 기업의 리더가 간과해서는 안 될 중요한 리더십 중의 하나이다.

3) 리더와 세계 전략

리더는 국내 기업의 경영에만 관여하지 않는다. 이미 세계화 된 기업환경은 경영을 국경을 넘어 타국의 시장에 개방하고 있다. 세계화는 신중해야 한다. 그러나 기회가 오면 이를 마다할 것도 아니다. 세계의 변화와 그 상상 등의 사례, 세계 시장에서 움직이는 기업들의 현황을 살펴본다.

(1) 경영전략의 AI화

세계는 AI 소용돌이에 급하게 빨려 들어가고 있다. 1993년 창립한 엔비디아가 설립 30년 만에 1975년 창립한 세계 최대 마이크로소프트를 시가총액으로 넘어섰다. 상호 투자나 파트너십을 맺은 기업 수도 마이크로소프트를 넘어선다.

AI를 다루는 기업의 수준 자체가 세계 최고 기업들이고 따라서 AI의 발전 속도는 역사상 그 어느 시대의 산업 분야보다 높은 것 같다. 이는 AI와 인간과의 경쟁에서 AI의 승리를 예측하고 AI가 인간들을 어떻게 대할 것인지에 대해, 지금 인간이 돼지나 소 등을 우리에 가두고 학대하면서 노동력을 착취하고 먹이를 주는 행태가 AI가 인간을 다루는 모습일 것이라는 상상을 해보기도 한다.

🗁 사례_ 인도

---

1. 의사 부족 AI로 극복

인도에서 인공지능 도입이 가장 활발한 영역은 의료 산업인 것 같다. GDP(국내 총생산)가 매년 7%씩 상승하면서 세계 5위 경제 대국에 오른 인도는 의사 부족 현상을 첨단 원격 의료 AI산업 발전의 마중물로 활용하고 있는 현상이다. 인도는 AI기반 비접촉 방식의 원격 환자 모니터링 시스템을 운용한다. 환자 침대 매트리스 아래 센서를 설치하고 심박수, 호흡수, 혈압, 혈중 산소농도, 온도 등을 24시간 모니터링 한다. AI는 이 정보를 분석해 이상 증상 발견 시 의료진에 즉각 알리는 조기 경보시스템을 갖추고 있다. 인도 전역 370곳이 넘는 병원의 15,370개 침상에 이 시스템이 적용됐다. 이 시스템으로 위험한 환자에 대한 의료진의 적시 개입이 가능해졌다(벵갈루루 스타트업 도지; Dogee).

의료진이 중환자실 병상을 직접 찾지 않고도 더 많은 환자 상태를 확인하면서 업무량은 18% 가량 줄었다 한다. 인도는 의사 1인당 환자 수가 830명 정도이며 대도시에 편중되어 있다. 2025년 인도의 AI 의료시장 규모는 16억 달러(약 2조 2,000억원)로 전망한다.

우리나라 의료산업의 세계 경쟁전략은 무엇인가? 인도와는 국민소득이나 사회 성숙도 면에서 많은 차이가 있을 것이나 미래 청사진은 제시되어야 할 것이다.

2. 모디 총리는 파시스트 - 규제법 제정 철회

2024년 2월, 인도의 한 언론사에서 "나렌드라 모디 총리는 파시스트인가?"라는 질문을 LLM(구글 대규모 언어모델)인 제미나이(Gemini)에 던졌다. 이에 대한 제미나이의 답변은 "모디 총리는 파시스트로 볼 수 있는 정책을 실행했다는 비난을 받고 있다"이었다. 이이 "인도 여당인 인도 국민당(BJP)이 힌두 민족주의 이데올로기, 반대 의견에 대한 탄압, 소수 종교를 향한 폭력 등을 행하고 있다"고 지적했다. 4월에 총선이었다. 인도 정부는 발칵 뒤집어졌다. 이 사태 직후 인도 정부 내에서는 '신뢰할 수 없는 인공지능(AI) 도구를 공개하기 전에 정부 승인을 받도록 법을 개정해야 한다'는 강력한 목소리가 나왔으나 결국은 'AI 오류를 잡는 것도 중요하지만 성장동력을 꺾으면 더 큰 피해가 날 수 있다'라 하여 결국은 철회하였다.

3. AI 5개년 투자 계획

인도는 이 제미나이 사건 직후는 2024년 3월 AI 5개년 투자계획을 세워 컴퓨팅 인프라 개발과 인재육성 등에 12억 5,000만 달러(약 1.7조원)를 지원키로 하였다.

여기에는 GPU 1만개를 스타트업에 제공(GPU는 그래픽 처리장치: Graphic Processing Unit로 개당 가격 수천만원, 엔비디아의 AI 가속기 구매에 몇 달씩 소요)하며, 자금지원과 함께 대학·연구소에 AI 교육 프로그램을 제공하고 지방 도시에도 AI 기초 강좌를 개설한다.

인도공과대(IIT-Delhi)는 세계 최고 수준의 공과대학으로 세계 대학순위는 2025년 기준 150위 수준이나 글로벌 기업에서는 하버드나 MIT, 프린스턴 등과 동급으로 취급하고 있다. 이 대학이 세계에서 인재를 빨아들이고 있다. IIT에 지원하는 인도 고교 졸업생이 매년 1,200만 명에 달한다.

민간부문의 AI관련 투자금액은 32억 4,000만 달러(약 4조 5천억 원)에 달한다.

- 지난 2년 간 R&D, 인력 양성, 자체 솔루션 개발 등에 집중 투자 단행
- 인도 내 기업들은 74%가 이미 AI를 활용 중
- 인도의 AI 시장은 2027년 까지 170억 달러 예상
- 인도의 AI 인재수요는 2027년까지 15%씩 늘어날 것
- 인도의 AI 관련 지출은 2018년 6억 6,500만 달러에서 이후 연 평균 39%씩 증가, 2025년에는 117억 달러에 이를 것으로 예측

인도공과대학(IIT)은 IIT-Delhi, IIT-Bombay, IIT-Madras, IIT-kharagpur, IIT-kanpul 및 인도과학원(IISC-Bangalore)으로 구성된다.

4. 인도의 AI 정책

인도의 AI 경쟁력은 다음과 같다고 한다.

- 인도 정부는 공공정책 싱크탱크 등을 중심으로 AI 정책을 지속적으로 개발해 왔다.
- 2018년 AI 국가전략 지침 "모두를 위한 AI(AI For All)" 전략 발표
- 2021년 AI 운영원칙(AI의 윤리적 고려사항 다룸) 발표

- IIT는 인도가 영국에서 독립한 뒤 미국 매사추세츠 공대(MIT)를 본떠 설립, 인도의 엘리트 사관학교로 꼽힌다. 인도 스타트업`대부분이 IIT 출신이라 함.
- 구글의 4대 CEO인 순다르 피차이와 IBM의 CEO인 아르빈드 크리슈나도 IIT출신임.
- 인도 최초의 LLM(대규모 언어 모델)기업 크루트림이 인도 AI 스타트업 중 최초 유니콘(기업가치 10억 달러 이상)에 등장.
- 크루트림의 모기업 올라그룹은 근무장소와 출퇴근 시간에 제한을 두지 않음.
- 인도의 AI 인재들은 과거 외국에 나갔다가 다시 회귀하고 있음.
- 인도의 가파른 경제성장과 정부의 AI 지원정책 효과 + 글로벌기업 다수(삼성 포함)가 인도 진출 투자 확대 효과가 큼.
- 인도의 실리콘밸리인 벵갈루루에만 인도 AI 인력 41만 6천명 중 6만 9천명(16.8%) 근무.
- 올라의 CEO 바비시 아가르왈은 동시에 크루트림의 CEO이며 1985년생, IIT 뭄바이 졸업 후 마이크로소프트에서 근무 경력 가짐.
- 정신적 지주인 인도의 주가드(Jugaad) 정신은 '예기치 못한 위기 속에서 즉흥적으로 창의력을 발휘하는 능력'으로 생존하기 위한 혁신을 뜻함. 한편은 최소의 비용으로 최대의 효율을 이끌어 낸다는 의미도 있음.
- 크루드림은 엔비디아의 AI 가속기가 고비용으로 인도 적용이 부적합하므로 성능은 높이고 에너지 소모량은 줄이며 저비용 AI칩 개발을 하고 있다고 함.

- 인도의 강점은 저비용으로 영어 수준이 원어민 수준이라 함.
- 삼성전자, 아마존, MS 등이 연구센터 설립. 삼성전자 벵갈루루연구소(SRI-B)는 소장부터 정규 엔지니어까지 3,000명 개발인력 전체를 현지인으로 채용. 매년 200개 이상의 특허 출원, 6세대(6G) 이동통신과 AI 등 신규 프로젝트에도 지속적 참여.

우리나라 기업들은 AI를 얼마나 경영전략에 도입하고 있는가?

5. 노동 유연성

인도에서 해고는 쉽고 AI 인재 경우 수요 높아 취업 걱정은 덜하다. 유연한 노동시장임.
직원해고 및 퇴사는 1달 전에 사전예고로 가능. 5년 이상 근무해야 퇴직금 받을 수 있으나 IT 인력들은 이 기간을 채우지 않고 몸값을 올려 이직하며, 이것이 신분 상승이 됨.
채용시장에서는 정부나 현지에 진출한 빅테크 제공 교육을 통해 새 일자리를 찾을 수 있음.
마이크로소프트의 chair이며 CEO 사티아 나라야나 나델라(Satya Narayana Nadella, 1967년 3월 24일 ~)는 2024초 인도를 방문해 200만 명의 AI 인재 양성 약속함.

5 전략기획 예시

뇌통신기술 전략 계획서

기술 계획은 조직이 전략적 목표를 달성하기 위해 기술을 활용하는 방법을 간략하게 설명하는 동적 문서이며 이는 기술 주도 방책을 안내하고 이를 전체 조직 목표에 맞게 조정하는 로드맵이다. 이 계획은 단순한 생각들이나 소프트웨어 목록이 아니라 기술을 사용하여 운영을 개선하고 목표를 달성하기 위한 전략적 프레임워크이기도 하다.

📖 참고_ 기술전략계획의 예(초안)

1. 개요(Executive Summary)

본 기술 전략 계획서는 혁신적인 뇌통신 기술개발을 위한 로드맵을 제시한다. 인간의 뇌 신호를 AI와 연동하여 AI를 통제하고 의사를 전달하는 것을 핵심 목표로 하며, 이를 통해 의료, 국방, 일반

생활 등 다양한 분야에서 혁신적인 변화를 주도하고자 한다. 특히, 전도성 하이드로겔 기반의 생체 소재 기술을 활용하여 기존 기술의 한계를 극복하고, 환자 맞춤형 생체 전자 소자 제작을 가속화할 것이다. 현재 뉴럴링크 등 선도 기업의 기술 동향을 면밀히 분석하고, 우리의 독자적인 기술 우위를 확보하여 시장을 선도하는 것이 목표이다. 이 계획은 기술 개발 목표, 시장 분석, 경쟁 전략, 리스크 관리, 그리고 중장기 로드맵을 포괄하며, 뇌통신 기술의 성공적인 개발 및 상용화를 위한 전략적 방향을 제시한다.

2. 비전 및 미션(Vision & Mission)

2.1. 비전

인간과 AI의 경계를 허물고, 뇌통신 기술을 통해 인류의 삶을 혁신하며 궁극적으로 AI 문명의 안전한 발전을 선도하는 기술 리더가 된다.

2.2. 미션

- 정교한 뇌-기계 인터페이스(BMI) 기술 개발: 인간의 뇌 신호를 정밀하게 감지하고 AI에 효과적으로 전달하며 제어하는 기술을 구현한다.
- 혁신적인 생체 친화형 소재 및 소자 연구: 생체 적합성이 높고 안정적인 뇌 신호 송수신이 가능한 차세대 생체 전자 소재 및 소자를 개발한다.
- 다양한 분야로의 기술 확장 및 적용: 의료(재활, 질병 치료), 국방(전자기기 통제), 일반 생활(스마트 기기 제어) 등 광범위한 분야에 뇌통신 기술을 적용하여 인류의 삶의 질을 향상시킨다.
- 윤리적, 사회적 책임 이행: 뇌통신 기술 개발 및 상용화 과정에서 발생할 수 있는 윤리적, 사회적 문제에 대한 선제적 대응 및 투명성을 확보한다.

3. 기술 개요 및 목표(Technology Overview & Goals)

3.1. 기술 명칭

뇌통신 기술(Brain-Communication Technology)

3.2. 기술 정의 및 핵심 기능

인간의 뇌 신호를 AI에 전달하여 AI를 통제하고, 나아가 인간의 의식(인지된 의도)을 시그널화하여 AI가 명령으로 인식하고 수행하도록 하는 기술. 궁극적으로 인간의 지능이 AI를 선도하고 제어할 수 있는 인터페이스를 구축하는 것을 목표로 한다.

핵심 기능

- 의식-시그널 변환: 의식 발생(인지) → 의식 모음(소자 부위) → 시그널화
- 메시지 전송 및 수신: 시그널 전송 → 시그널 접수 → AI 명령 인식 및 수행

- AI 통제: 인간의 뇌 신호를 통한 로봇, 미사일 등 전자기기 및 AI 시스템 직접 제어

3.3. 주요 개발 영역 및 목표

3.3.1. 생체 소재 및 소자 기술(하드웨어 플랫폼)

- 목표: 뇌 신경세포를 정밀하게 자극하고 측정하며, 높은 생체 적합성을 갖춘 3D 회로 기반의 유연한 생체 전자 소자 개발.

기술 내용

- 생체 세포 제작용 소재 개발: 심장, 뇌, 근육 제작에 활용 가능한 생체 소재 연구. 특히 심장박동 수, 뇌 신호 감지에 특화된 소재 개발.
- 3D 프린팅 활용: 복잡한 3D 회로를 필요한 적용 분야에 맞춤 제작할 수 있는 3D 프린팅 기술 고도화.
- 전도성 고분자 기반 전극 물질: 낮은 전도성 및 독성 제거 공정의 한계를 개선한 고전도성/저독성 전도성 하이드로겔 소재 개발. 기존 2D 금속 전극을 넘어선 3D 패터닝 기술 확보.
- 용도: 피부 부착형 헬스케어 모니터링 소자, 생체 삽입형 조사, 뇌 심부 신경세포 자극 및 측정 소자.

기능성 목표

- 심전도, 근전도 측정 소자 개발.
- 뇌 피질 전도도(ECoG, Electrocorticography) 측정 소자 개발.
- 3D 뇌 탐침 측정 소자 개발 및 검증: 높은 전하 저장능력을 활용, 낮은 전압(60mV)으로 쥐의 좌골신경 자극 검증 완료(기존 연구성과 활용).
- 확장성 목표: 3D 마이크로 니들 전극 패터닝 기술을 통해 조직 심부 뉴런 인터페이스(I/F) 제작.
- 과거 연구성과 활용: 기존 3D 프린팅 전자소자의 후처리 복잡성을 래피드 프로토타이핑으로 전환하여, 환자 맞춤형 Bio 전자소자 제작 및 3D 회로 응용.

3.3.2. 뇌통신 인터페이스 기술(소프트웨어 및 연동)

- 목표: 인간의 의식을 AI에 효율적으로 전달하고, AI가 이를 정확히 인식하여 명령을 수행하도록 하는 소프트웨어 및 인터페이스 기술 개발.

기술 내용

- 의식 전달 및 수신 알고리즘 개발: 의식 발생(인지) → 시그널화 → 메시지 전송 → 시그널 수신 → 명령 인식 → 수행의 전 과정을 아우르는 알고리즘 구축.
- 뇌-컴퓨터 직접 소통 기술 개발: 뇌에 이식된 칩(텔레파시 칩 개념)과 컴퓨터 간의 직접적인 데이터 송수신 기술 고도화. 특히 무선화 및 무선 충전 기술 확보.

- 뇌 신호 해석 및 명령 변환: 뇌파, 신경 신호 등을 실시간으로 분석하여 AI가 이해할 수 있는 명령으로 변환하는 기술.

응용 목표

- 컴퓨터 조작: 전신 마비, 루게릭병 환자의 생각만으로 컴퓨터 조작 가능(뉴럴링크 사례 벤치마킹 및 개선).
- 로봇 및 자율주행 차량 제어: 인간형 로봇(옵티머스 등) 및 자율주행 차량을 뇌 신호로 직접 제어하는 시스템 개발.
- 궁극적 목표: AI가 문명에 끼칠 위험을 완화하고, 인간 지능이 AI를 선도하는 제어 시스템 구축.
- 시각 장애인의 시력 회복 및 사지마비 환자의 근육 운동 활성화.

4. 시장 및 경쟁 환경 분석(Market & Competitive Analysis)

4.1. 타깃 시장

- 의료/헬스케어: 신경 질환(알츠하이머, 파킨슨), 척수 손상, 사지 마비 환자 대상 재활 및 보조기기 시장, 웨어러블 헬스케어 모니터링 시장.
- 국방/안보: 무기 시스템 및 드론, 로봇 등 군사 전자기기 제어, 인간 개입이 필요한 AI 통제 시스템.
- 컨슈머/일반: 스마트 홈 기기, 증강현실(VR: Virtual Reality)/가상현실(AR: Augmented Reality) 기기, 개인 디지털 기기(휴대폰, 컴퓨터)의 직관적 제어.

4.2. 시장 트렌드 및 성장 잠재력

- 고령화 사회 진입 및 만성 질환 증가로 인한 의료/재활 시장 확대.
- AI 기술 발전 및 로봇 산업 성장으로 인한 뇌-기계 인터페이스(BMI) 수요 증가.
- 군사 분야 AI 활용에 대한 국제적 논의 활발(인간 통제 및 개입의 중요성 강조).
- 차세대 인터페이스 기술에 대한 소비자 관심 증대.

4.3. 경쟁 환경 분석

주요 경쟁사

- 뉴럴링크(Neuralink): 일론 머스크 설립(2016). 돼지, 원숭이 실험 성공 후 2024년 첫 인간 실험(놀런 드 아르보) 성공. 무선 금속 칩 이식, 블루투스 활용 무선화, 무선 충전 기술. 빠른 개발 속도와 과감한 투자.
  - 강점: 막대한 자본력, 혁신적인 기술력, 강력한 리더십, 대중의 높은 관심.
  - 약점: 오너 리스크(지나친 전시성, 투명성 부족), 기술적 안정성 및 장기 내구성 검증 필요(일부 실 이탈 문제), 윤리적 논란.

- 블랙록 뉴로테크(Blackrock Neurotech): 2002년 인간 뇌 칩 이식 성공. 뇌졸중 환자 로봇팔 제어, 반신마비 환자 로봇 슈트 제어 및 촉각 인식 등 다양한 의료 분야 실적.
    - 강점: 오랜 연구 역사, 실제 환자 적용 경험과 검증된 기술력, 안정성.
    - 약점: 상대적으로 낮은 대중 인지도, 뉴럴링크 대비 무선화 및 휴대성 부족(유선 방식이 많음).

우리의 경쟁 우위 및 차별점

- 생체 적합성 및 유연성: 기존 금속 전극의 한계를 뛰어넘는 고전도성/저독성 하이드로겔 기반의 유연한 3D 생체 전자 소자개발에 집중하여 생체 조직과의 장기적인 상호작용 및 안정성 확보.
- 환자 맞춤형 정밀성: 래피드 프로토타이핑이 가능한 3D 프린팅 기술을 통해 환자 개개인의 뇌 구조 및 필요에 최적화된 맞춤형 소자 제작 능력.
- 다목적 확장성: 의료 분야를 넘어 국방 및 일반 컨슈머 시장으로의 확장성 염두에 둔 기술 개발. 특히, 군사 AI 통제 시스템에서의 '인간의 개입 및 통제'라는 국제적 필요성에 부합하는 기술 개발.

5. 기술 개발 전략 및 로드맵(Technology Development Strategy & Roadmap)

5.1. 단기 목표(1~2년 이내)

- 고전도성/저독성 3D 전도성 하이드로겔 전극 소재 최적화 및 양산화 기술 확보.
- 3D 뇌 탐침 측정 소자 고도화 및 인체 적용 가능성 검증(비침습/최소 침습 방식 우선 고려).
- 뉴럴링크 2차 인간 실험 결과 분석 및 문제점(실 이탈 등)에 대한 기술적 해결 방안 모색.
- 뇌 신호 해석 및 기본 명령 변환 알고리즘 개발.
- 전신마비 환자 대상 컴퓨터 마우스/키보드 제어 기술 시연(소규모 임상/비임상 환경).

5.2. 중기 목표(3~5년 이내)

- 인체 삽입형 뇌통신 칩(소자) 개발 및 동물 실험 완료(장기 안정성 및 생체 적합성 검증).
- 무선 충전 및 무선 통신 기술 통합: 뇌통신 소자의 완전 무선화 구현.
- 시각 장애인의 시력 회복 및 사지마비 환자의 근육 운동 활성화 기술 개발 초기 단계 진입.
- 인간형 로봇(옵티머스) 및 자율주행 차량에 대한 기초적인 뇌 신호 기반 제어 프로토타입 개발.
- 국방 분야 AI 시스템에 대한 인간 개입/통제 핵심 알고리즘 개발 착수.

5.3. 장기 목표(5년 이상)

- 인체 삽입형 뇌통신 칩의 대규모 임상 시험 및 상용화.
- 시각 장애인 시력 회복 및 사지마비 환자 근육 운동 활성화 기술 완전 상용화.
- 로봇 및 자율주행 차량에 대한 정교하고 안정적인 뇌 신호 제어 시스템 구축 및 적용.
- 인간의 뇌가 컴퓨터에 연결되어 인간 지능이 AI를 효과적으로 통제하고 선도하는 시스템 완성.
- 핵무기 등 군사 핵심 AI 시스템에 대한 인간 뇌통신 기반의 강제 작동 중단 및 통제 기술 개발

완료 및 국제 표준화 기여.

- 텔레파시 칩 장착자들 간의 상호 직접 통신 기술 구현.

6. 사업화 전략(Commercialization Strategy)

- 초기 시장 진입: 높은 필요성과 즉각적인 효과를 기대할 수 있는 의료 재활 분야(전신 마비, 루게릭병 환자의 컴퓨터 조작)에 집중하여 기술의 유효성과 안정성을 입증.
- 점진적 확장: 의료 분야에서의 성공을 바탕으로 헬스케어 모니터링 소자, 국방 분야 제어 시스템, 그리고 궁극적으로 일반 컨슈머 시장으로 기술 적용 분야 확장.
- 파트너십 구축: 주요 병원, 재활 센터, 국방 연구기관, AI 및 로봇 개발 기업과의 전략적 파트너십을 통해 기술 상용화 및 시장 확대를 가속화.

수익 모델

- B2B: 의료 기기 제조사, 국방 관련 기업, 로봇 개발사에 기술 라이선싱 및 핵심 부품 공급.
- B2C: 특정 기능(예: 뇌파를 이용한 스마트 기기 제어)에 대한 개인용 기기 판매 또는 서비스 구독 모델.

7. 조직 및 인력 계획(Organization & Human Resources)

- 핵심 인력: 신경과학자, 뇌공학자, AI 전문가, 소재 과학자, 3D 프린팅 전문가, 생체 의공학자, 소프트웨어 개발자 등 다학제적 전문가로 구성된 연구 개발 팀 구축.
- 인력 충원: 각 개발 단계별 필요 인력을 예측하여 신규 채용 및 외부 전문가 영입.
- 협력 체계: 국내외 유수 대학 및 연구기관(병원 포함)과의 긴밀한 협력 연구 수행. 특히, 임상 시험을 위한 의료 기관과의 파트너십 강화.

  ※ 뇌통신기술 세계적 Start-up 인수.

8. 리스크 관리(Risk Management)

8.1. 기술적 리스크

- 생체 삽입 소자의 장기 안정성 및 내구성: 뇌 속 실 이탈, 이물 반응, 전도성 감소 등 문제 발생 가능성.
- 대응 방안: 소재 개선(생체 적합성 증대), 정밀한 수술 기법 개발, 소자 패터닝 및 고정 기술 고도화, 지속적인 모니터링 및 유지 보수 기술 개발.
- 뇌 신호 해석의 정확성 및 안정성: 개인별 뇌 신호 패턴의 다양성, 노이즈 문제.
- 대응 방안: 머신러닝 기반의 개인 맞춤형 신호 해석 알고리즘 개발, 노이즈 필터링 기술 적용, 대규모 뇌 신호 데이터 확보 및 분석.

8.2. 윤리적, 사회적 리스크

- 개인 정보 및 의식 침해: 뇌 신호 데이터 유출 및 오용 가능성, 의도치 않은 정신적 변화.
- 대응 방안: 강력한 데이터 암호화 및 보안 시스템 구축, 익명화된 데이터 활용, 사용자 동의 및 제어권 보장 메커니즘 마련, 엄격한 윤리 위원회 운영.
- 사회적 수용성 및 차별: 뇌통신 기술에 대한 거부감, 기술 접근성에 따른 사회적 불평등 심화.
- 대응 방안: 기술의 순기능 및 안전성 대한 대중 교육 및 소통 강화, 기술 접근성 향상을 위한 정책적 노력, 사회적 논의 주도.

8.3. 오너 리스크(경영 및 투명성)

- 과도한 홍보 및 투명성 부족: 대중의 기대감 증폭 후 실망, 실제 기술 개발 과정에 대한 불신.
- 대응 방안: 현실적인 목표 설정 및 단계별 공개, 연구 개발 과정의 투명성 확보(정기적인 연구 성과 발표, 학술 교류 활성화), 전문가 및 언론과의 신뢰 기반 소통.

8.4. 법규 및 규제 리스크

- 뇌통신 기술에 대한 규제 불확실성: 새로운 기술 분야로 인해 법규 및 규제 정립의 미비.
- 대응 방안: 국내외 관련 법규 및 가이드라인 동향 지속적 모니터링, 정부 및 규제 기관과의 긴밀한 협력, 기술 개발 단계별 규제 당국과의 사전 협의.

9. 재무 계획(Financial Plan)

- 초기 투자: R&D 시설 구축, 핵심 인력 확보, 초기 재료 및 장비 구매.
- 중장기 투자: 임상 시험 비용, 대규모 생산 시설 구축, 마케팅 및 영업 비용.
- 자금 조달: 정부 연구 과제 지원, 벤처 캐피탈 투자 유치, 전략적 투자자 유치, IPO(장기적 목표).

10. 성과 측정 및 평가(Performance Measurement & Evaluation)

- 정기적인 진행 상황 검토: 매 분기별 R&D 진행 상황, 예산 집행, 시장 동향 변화 등을 검토.

핵심 성과 지표(KPI) 설정:

- 기술 개발: 특정 프로토타입 완성률, 특허 출원/등록 건수, 학술 발표/논문 수, 임상 시험 성공률.
- 시장/사업: 시장 점유율, 매출액, 파트너십 구축 건수, 고객 만족도.
- 재무: 투자 유치액, 손익 분기점 달성 시점.
- 유연한 계획 조정: 급변하는 기술 및 시장 환경에 맞춰 본 전략 계획을 주기적으로 업데이트하고 조정.

CHAPTER 3

경영전략의 역사

1 경영전략의 발전 과정

1) 기업 조직의 태동

기업은 사람으로 구성된다. 상품을 사다가 파는 동네 조그만 옷가게의 경우 새벽에 남대문에 가서 싸고 헐하나 괜찮은 옷가지들을 사다가 매장에 잘 진열해 놓고 고객들한테 판매를 한다. 상품 매매업의 경우 처음에는 혼자 매장도 없이 상품을 요구하는 고객에게 직접 전달하는 형태의, 이른바 장사를 하다가 사업이 성공하면 매장을 내고 직원을 쓰게 되는데 많은 경우 첫 번째가 cashier, 그다음이 판매와 구매, 그다음이 급여 계산이며 총무 담당자의 순으로 조직이 생긴다. [그림 1]은 조직의 분화과정이다.

초기의 회사조직의 태동 그림은 제품 생산하는 조직의 예이다. 만약 상품매매나 제품 생산 판매업의 경우가 아닌 용역업이라면 초기에는 인력 수요자가 요구하는 대로 기술자가 용역이 필요한 장소에 가서 용역을 제공하다가 일이 많아지고 관리가 필요하게 되면 추가로 용역을 수행하는 기술자를 채용하고 그다음은 총무와 회계 담당자의 채용 및 업무의 지속성을 위한 구매 및 영업팀 또는 제안서를 작성하는 제안팀을 두게 된다.

큰 자금이 수반되지 않은 개인적 능력에 의한 사업의 확장은 [그림 1]의 제조업이나

• **그림 1** 회사조직의 태동

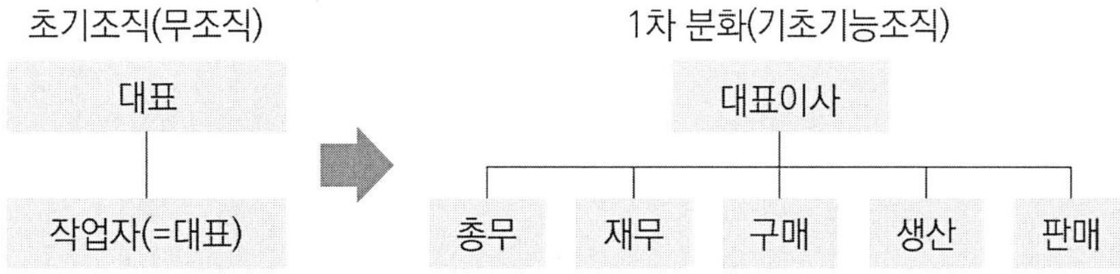

용역업의 형태를 오래 유지한다. 다음 단계는 기업이 성장하며 외부회계감사를 받는 단계, 그다음은 상장(IPO)하는 단계, 그다음은 다각화나 수직적 통합을 통한 기업의 확장이 된다. 조직이 커지고 종업원이 많아지면 조직관리의 효율화가 필요하며 기능별 조직의 체계화를 통하여 관리의 효율화를 추구하는데, 이때 하나의 조직 내 팀제나 사업부제의 모양을 잡아가게 된다.

2) 팀제 · 사업부제의 형성

기업의 조직이 성장하면 동일 또는 유사한 업무를 업무량에 따라 여럿으로 분리하여 수행하게 한다. 이를 부르는 이에 따라 팀제 또는 사업부제라 한다. [그림 2] 사업부제 조직에서 보는 바와 같이 동일한 업무를 수행하는 그룹들을 묶어 사업1부, 사업2부 및 사업n부를 구분하고 본부에서 기획실과 관리부를 통해 통제를 수행한다.

• **그림 2** 사업부제 조직도

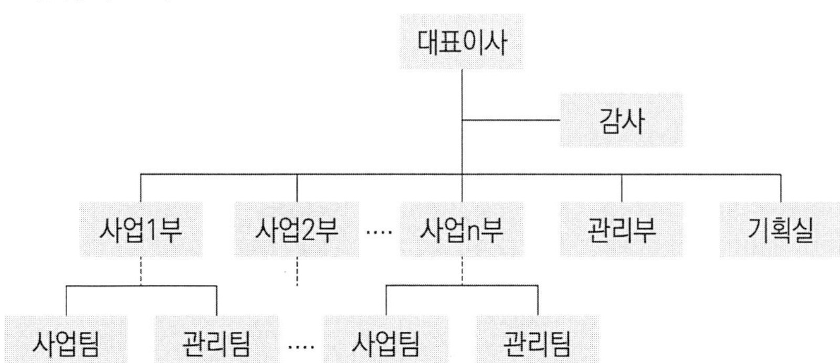

각 사업부는 업무가 다를 수도 있다. 제품 판매 사업부와 설치·건설 사업부 등을 구

• **그림 3** 용역업의 사업부제 분화

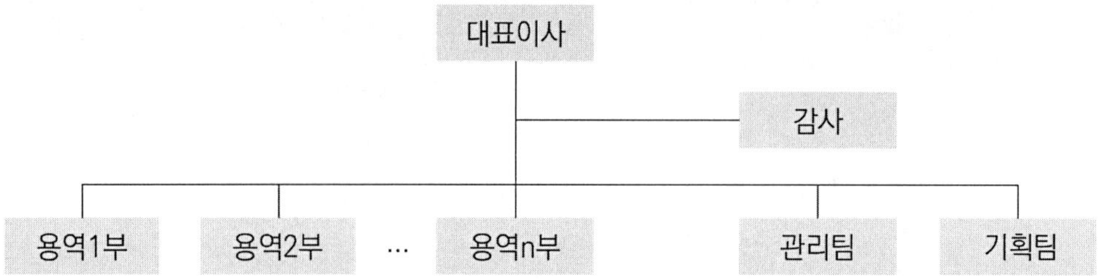

분할 수 있다. 사업부가 지역으로 구분되고 규모가 커지면 자체에 관리팀을 확보할 수도 있다. 관리의 형태에 따라서 사업부는 원가중심점 또는 투자중심점 형태의 관리체계를 갖출 수 있고, 앞에 설명한 삼성물산의 unit 단위의 업무형태로 할 수도 있다. 용역업의 경우는 [그림 3] 용역업의 사업부제 분화와 같이 용역팀의 분화와 관리팀의 관리방법 변경이 수반된다. 용역팀도 각 팀별 다른 업무, 예로 설계팀, 감리팀 등을 나눌 수 있고 팀 내에 총무, 회계 부서를 둘 수 있다. 조직이 이러한 사업부제로 변화되는 것은 다각화나 수직계열화 등에 의해 비대해진 조직 관리의 효율화를 위함이다.

사업부제의 형태는 제품의 생산과 판매가 많아지면 제품별 사업부를 구분하거나 동일한 제품이라도 사업부별 생산과 판매량을 나누어 편성할 수 있다. 판매 또는 생산의 영역이 넓어지면 사업부는 지역별 사업부로 편성될 수 있다. 해외로 사업이 확대되면 국내 사업부와 해외 사업부가 병존할 수 있는데, 해외 사업부는 해외 진출 초기에는 지역(국가)별 사업부를, 해당국가의 활동이 확대되면 해당 국가에서 제품별 또는 지역별 사업부를 개설할 수 있다.

• **그림 4** 해외사업부의 구성

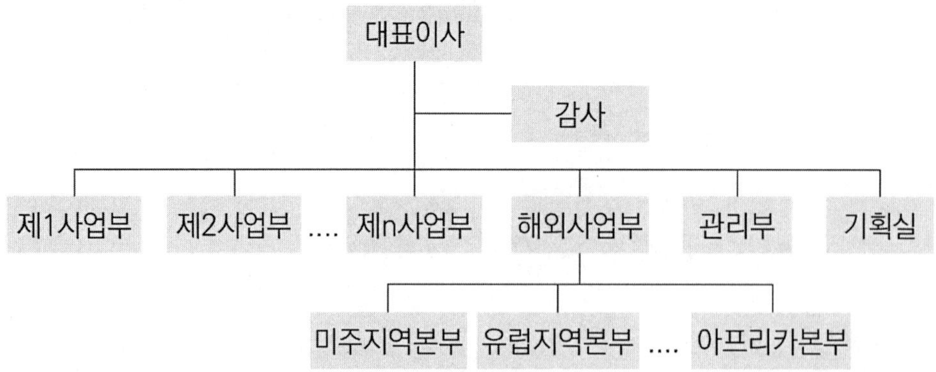

[그림 4] 해외 사업부의 구성도와 같이 사업부가 있는 국내 조직도에 해외 사업부가 추가되고 해외 사업 단위로 미주, 유럽 및 아시아나 아프리카 등의 별도 사업부를 둘 수 있을 것이다.

한편, 해외 사업에 사업부를 두면 사업부의 내부 의사결정이 지연되거나 하부조직 통제에 불편함이 생길 수 있다. 따라서 이러한 소통의 단계를 축소하고 내수와 동일체계를 형성하여 내수와 해외를 동시에 어우르는 글로벌 사업부로 구성하여 생산과 판매를 하게 함으로써 규모의 경제를 살피고 판매도 동시에 처리하게 하여 전체적 효율을 높이는 방법을 많이 쓰고 있다.

이상의 사업부제 조직은 기획실에서 사업을 기획하고 전략사업단이 활동을 수행한다고 볼 수 있다. 전략사업단위는 전략계획을 위한 일종의 사업부제 조직구조로 서로 다른 경쟁전략을 수립하는 기능을 수행한다. 전략사업부는 목표의 수립과 그 달성 및 차기 예산의 확보에 적극적이다. 왜냐하면, 책임과 권한 및 본인에 대한 보수까지 동시에 부여되기 때문이다. 따라서 그 성과는 높은 것으로 나타나 있다. 기획실 또는 기획팀은 사업부 단위 또는 전략사업부의 계획수립에 도움을 준다.

• **그림 5** 글로벌 사업부 조직

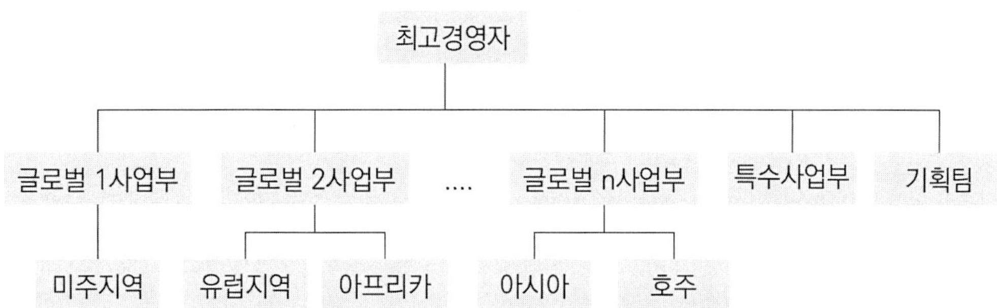

2 경영전략의 태동

기능이 분화된 조직에는 관리가 필요하다. 이것을 조직을 나누어 제품의 생산 및 원자재 구매나 제품의 판매를 하는 일을 관리하고 사람들을 관리하기 시작한 것이 오늘날의 경영학이다. 경영을 좀 더 잘하기 위한 방법론의 모색은 이전 시대 전쟁에서 승리를 하기 위해서 병법을 연구했던 것과 마찬가지로 전략적 경영이 필요해졌다.

경영전략이라는 학문 분야의 태동은 그리 길지 않다. 1970년대 경영학에서 회계학의 분리 이후 경영전략도 분화되어 강의되는데 아직도 그 모양새가 불투명한 면이 있다. 그러나 경영을 전략적으로 접근하고 그에 관한 이론들이 자리를 잡아가고 있음은 인정할 수 있다.

경영전략은 전략이라는 오래된 군사용어를 기업에 원용 또는 도입하면서 붙여진 이름이다. 그 연원인 전략이란 병법에서 온 것으로, 병서는 동양에서는 손자와 손빈이, 서양에서는 케이사르나 알렉산더의 병법 이론이 존재한다.

어원

전략(戰略)이라는 어원을 살펴보면, 영어 단어 strategy는 고대 그리스에서 유래하였다. 초기 어원인 그리스어의 부족이나 군대를 지휘하는 '장군의 기술(art of general)'이라는 의미로 등장했으며 어원은 그리스어 strategos에서 유래으며 부족이나 군대를 지휘하는 군사지도자를 의미한다. 이것은 strategia로 확장되는데, 이 의미는 전쟁에서 적을 속이는 술책이라는 뜻을 가지고 있었다. 18세기 말에 이르러 'stratos(군대, 육군)'와 'agein(이끌다, 지휘하다)'라는 두 단어가 합쳐져 '전반적인 지배' 또는 '군대를 이끄는 기술'이라는 의미로 재정립되었다. 단순히 전술적인 속임수를 넘어, 전쟁의 큰 그림을 그리고 지휘하여 군대를 이끄는 또는 집단을 이끄는 총체적인 역량을 지칭하게 된 것이다.

동양에서 쓰는 한자어 '전략(戰略)'은 '전쟁(戰)'과 '지략(略)'이 결합된 말이다. 이는 '전쟁을 위한 지략' 또는 '싸움하는 방식'이라는 의미로, 이는 군사를 움직이는 것이니 서양의 초기 군사적 개념과 유사한 맥락을 가진다.

'전략'이라는 개념이 군사 분야에서 벗어나 현대 경영학의 핵심 요소로 자리 잡은 것은 1950년대와 1960년대이다. 이 시기는 거대화된 미국 기업들이 복잡해진 시장 환경 속에서 어떻게 효율적으로 운영되고 성장할 것인지에 대한 고민이 깊어지던 때였다.

이고르 엔소프(H. Igor Ansoff, 1918~2002)는 "기업 전략/전략 기획에서 전략 경영으로(from corporate strategy/strategic planning to strategic management)"의 흐름을 만들어냈는데, 이는 단순히 특정 부문의 전략을 넘어 기업 전체의 운영에 전략적 사고가 스며들어야 한다는 개념의 확장을 의미한다.

그는 「기업 전략론(Corporate Strategy)」(1965): 이 책에서 엔소프는 다양해진 시장과 사업의 불확실성 속에서 기업이 어떻게 사업 전략과 계획을 수립해야 하는지를 다루었는데, 이는 기업이 단순히 주어진 환경에 반응하는 것이 아니라, 미래를 예측하고 주도적으로 방향을 설정해야 함을 강조한 것이다.

경영전략

「기업 전략론(Corporate Strategy)」(1965)에서 다양화된 시장과 사업의 불확실성하의 사업전략과 계획의 수립방법을 언급하였고, 「경영전략(Strategy Management)」(1979)에서는 기업경영을 기업전략이나 전략기획에서 전략 경영을 하여야 한다는 논리를 폈다(The first flow is a horizontal one in terms of the scope of disciplines concerned: from corporate strategy/strategic planning to strategic management).

「경영전략(Strategic Management)」(1979)에서는 '기업 전략'이나 '전략 기획'을 넘어, 기업 경영 전체가 '전략 경영(Strategic Management)'의 관점에서 이루어져야 한다는 논리를 제시하였다. 이는 전략이 단순히 특정 계획을 세우는 것을 넘어, 조직의 모든 활동과 의사결정이 장기적인 목표 달성을 위해 통합적으로 관리되어야 한다는 의미를 내포한다.

이 시기는 미국 경제의 호황기로 경영의 효율성에 대하여 최고경영자가 효과적인 사업관리를 위하여 1년 또는 수년의 이익이나 매출목표 또는 시장점유율 등 중·장기 전략계획을 수립하여 회사 전체 또는 부문별 목표 경영을 하게 되었고 이것은 기업가들에게 상당한 효과를 안겨주었다.

이때는 경영학의 학문 분야가 생산관리, 마케팅, 인사관리 또는 재무관리 등으로 세분되었었으며, 이를 종합 관리하는 기능의 필요성이 대두되었던 것도 이 시기여서 미국의 기업들은 기획조정실(Corporate planning department)을 설치하였고, 이를 본받은 우리나라 기업들은 비서실 또는 종합기획실 등을 두고 장·단기 경영전략을 수립하고 있었다. 응당 산업의 세분화가 이루어지기 이전이었으므로 사업 확장은 다각화로 이어졌다. 현대경영에서도 다각화를 통하여 신산업을 창업하여 키우고 시너지를 위하여 다시 합병하는 전략을 구사하기도 한다.

여러 사업들의 집합을 포트폴리오라 하고 여기에는 제품 포트폴리오 매트릭스(product portfolio matrix)가 중요하였으며, 이들 포트폴리오를 구성하는 개별 사업부들은 각각의 성과나 경쟁력을 평가할 필요가 있었다. GE(General Electric)는 전략계획의 선두를 달렸으며, 보스턴 컨설팅그룹(Boston consulting Group)에서는 BCG matrix를 만들어 사업부문의 실상을 경쟁사와 비교하는 방식으로 표시하여 평가할 수 있도록 하였다.

BCG matrix는 사분면의 X·Y축에 상대적 시장점유율과 시장 성장성을 상대적으로 표시하여 당해 사업부나 제품의 경쟁력을 비교하는 표로, 회사에 기여하며 돈을 벌어주는 가치를 cash cow라고 하며, 여기서의 거리를 가지고 부문 또는 상품의 공헌도를 평가하는 것이다. 이 기법은 지금도 상당히 유용하며, 본서에서도 여러 곳에서 언급 및 인용하고 있다.

같은 시기에 SWOT 분석이 케네스 앤드류스(Kenneth Andrews, 1916~2005)에 의해 제시되었다. 이는 일종의 상황 분석으로 기업 또는 기업 내부자원의 강점(Strength)과 약점(weakness), 외부환경이 제공하는 기회(Opportunities)와 위협(Threats)의 4요소를 기업 측면에서 분석하는 것이다. 이 기법은 누구나 사용하기 쉽고 기업에 대한 이해를 쉽게 하게 하므로 크게 유행했으며 지금도 많이 쓰이고 있는 것이나, 주어진 기회와 강점을 잘 이용하고 약점과 위험은 피해가라는 이상의 의미를 주지는 못하고 있다.

SWOT 분석은 일부에서 보다 이론적인 바탕에 체계적인 분석기법을 갖춘 산업구조 분석과 기업의 경영자원과 핵심역량에 대한 분석으로 완전히 대체될 수 있다는 이론을 펴기도 한다. 그러나 실무적으로는 아직까지 M.Porter의 5－Force Model보다는 단순하고 작성하기 쉬운 SWOT 분석이 훨씬 많이 쓰이고 있다.

3 경영전략의 역사적 발전과정

1) 미국 부(富)의 시대적 축적과정

경영전략은 부자들의 학문이다. 미국 부의 축적과정은 그 자체로 매우 흥미로운 과정으로 부자에게 닥치는 위기와 그 타결방법은 우리에게 참신한 것을 던져준다. 이 과정은 복잡하고 다면적인 역사적 현상이며, 광업, 대농업, 제조업 등 다양한 산업과 시대적 사건들이 얽혀 있다. 아래 내용은 산업을 중심으로 미국의 부 축적 과정의 시대적 구분, 원인, 현상을 아우르는 연구 및 관련 정보들이다.

(1) 신대륙 이전 시대(Native American Society)

유럽인들의 미국 도착(1492) 이전으로 Pre−columbia era라고도 하며, 이때의, 아메리카 원주민 사회는 자연과의 조화, 공동체 기반의 생활을 중심으로 했다. 이때의 '부'의 개념은 자원의 소유보다는 공동체의 생존과 번영, 그리고 정신적 가치에 더 큰 의미를 두었다. 사유재산 개념이 희박하거나 달랐으며, 대규모 축적보다는 공유와 분배가 중요했다. 이 시기의 부 축적에 대한 연구는 주로 인류학, 고고학, 역사학 분야에서 이루어지며, 유럽인의 관점이 아닌 원주민 사회의 경제 및 사회 구조를 이해하는 데 초점이 맞추어져 있다.

(2) 초기 자본의 태동기(식민지 시대~미국 독립 초기, 17세기~18세기)

유럽인들의 미국 상륙과 번성으로 본토 인디언의 식민화와 함께 상업 자본주의가 유입된다.

농업이 발전하는데, 특히 남부 식민지에서는 담배, 목화 등의 대농업이 발달하며 노예 노동을 기반으로 한 플랜테이션 경제가 구축된다. 이는 소수의 지주 계층에게 막대한 부를 안겨주었으나, 동시에 극심한 불평등을 초래했다.

북부 식민지는 해상 무역, 어업, 소규모 제조업을 통해 상업 자본을 축적한다. 삼각무역(노예 무역 포함)이 중요한 자본 축적 수단이었다.

한편, 광활한 신대륙의 토지는 초기 이민자들에게 기회를 제공했지만, 원주민으로부터의 토지 강탈과 불공정한 분배의 역사를 만들었다. 이는 유럽 자본주의의 이식과 함께 값싼 노동력(노예)의 제공과 풍부한 자연자원(토지, 목재, 광물)의 자유로운 활용 및 유럽 시장과의 연계를 이끌어냈다. 이러한 사회 환경은 식민지 경제 구조 형성, 노예제 심화, 유럽과의 경제적 종속 관계, 초기 엘리트 계층을 형성시켰다.

(3) 산업혁명 시대(19세기, 특히 남북 전쟁 이후)

영국에서 시작된 산업혁명은 응당 미국에도 미쳤으며 제조업 중심의 산업화가 이루어지고 가속화된다. 특히 남북 전쟁(1861.4.12.~1865.5.9.) 이후 북부의 제조업이 비약적으로 발전한다.

철도: 남북 전쟁 이후 대륙횡단철도 건설 등 철도 산업이 급성장하며 물류 혁명을 가

져오고, 관련 산업(철강, 석탄)의 발전을 견인한다. 이는 막대한 투자와 함께 거대 자본을 형성하는 계기가 된다.

제조업: 섬유, 철강, 정유, 자동차 등 다양한 제조업 분야에서 혁신이 일어나고, 대량 생산 체제가 구축된다. 앤드루 카네기(철강), 존 D. 록펠러(석유), 코르넬리우스 밴더빌트(철도) 등 '강도 귀족(Robber Barons)'이라 불리는 거대 기업가들이 등장하며 막대한 부를 축적한다.

광업: 캘리포니아 골드러시(1849년) 등을 통해 서부 개척과 함께 광업이 발달하며 새로운 부의 기회가 열렸다.

풍부한 자원(석탄, 철광석, 석유), 대륙 횡단 철도 등 인프라 확충, 인구 증가와 도시화로 인한 거대한 내수 시장 형성, 유럽 기술의 도입 및 자체 혁신으로 기술 발전, 정부의 보호무역 정책(남북 전쟁 이후 북부의 고율 관세)으로 자연적 부의 축적을 이룬다.

이에 따라 도시화 및 빈민 문제는 심화되고 인력 착취에 대한 노동 운동이 발생한다. 독점 자본주의의 등장과 함께 트러스트가 형성, 부의 극심한 불균형이 발생한다. '도금 시대(鍍金時代, Gilded Age)'의 명암이다.

(4) 남북 전쟁 시대(1861-1865)

미국의 남북 전쟁은 막대한 인명 피해와 경제적 손실을 가져왔지만, 역설적으로 북부의 산업 경제 발전을 가속화시키는 결과를 낳았다. 이는 남부의 농업 중심 경제를 파괴하였고 연방 정부의 재정 지출을 확대하였다. 결과로 남부는 경제적으로 황폐화되었고 소작농 제도가 확산되었다. 북부의 산업 지배력은 강화되었으며, 연방 정부의 권한이 증대되었다.

전쟁 특수로 군수품 생산이 급증하면서 포드나 크라이슬러 등 북부 제조업의 생산 능력이 크게 확장되었고, 전쟁 자금 조달을 위한 금융 시장이 활성화되고, 정부 채권 발행이 늘어나면서 금융 자본의 중요성이 증대했다.

(5) 1차 세계대전기(1914-1918)

제1차 세계대전 중에는 미국은 중립을 지키며 유럽 교전국들에게 군수품과 식량을 수출하여 막대한 이득을 얻었다. 미국이 얻은 부는 전쟁 전 유럽 국가들에 빚을 지던 채무국에서, 전쟁 후 유럽에 막대한 자금을 빌려준 세계 최대 채권국으로 부상했다. 유럽 국가들이 전쟁 비용 조달을 위해 미국에 투자했던 자본을 사업 매각 등 회수하고 역으로 차관을 얻으면서 미국의 금융 자본이 비약적으로 성장했다. 유럽의 산업 기반이 전쟁으로 파괴되면서 전쟁으로 증대된 미국의 제조업 생산력이 세계적으로 압도적인 위치를 차지하게 된다. 그들이 맞는 20년대는 '포효하는 20년대(Roaring Twenties: 1920년부터 ~ 1929년까지의 미국 역사에서 경제적, 사회적, 문화적으로 활황을 이룬 시기)'로 이어지는 경제적 번영의 기반을 마련하였으나, 고립주의 정책과 국제적 영향력 확대가 상충된 하나의 과도기를 맞게 된다.

(6) 2차 세계대전기(1939-1945)

제2차 세계대전에서도 미국은 불간섭주의를 견지한다. 따라서 1차 세계대전과 유사하게 전쟁 특수로 인한 경제적 번영을 누렸으며, 대공황을 완전히 극복하는 계기가 되었다. 전쟁 물자의 초수요로 군수품 생산이 폭증하였으며 대규모 군수품 생산은 실업률을 급격히 낮추고 산업 생산력을 극대화했다. 전 연준의장 앨런 그린스펀의 언급처럼, 1939~1944년 실질 GDP가 거의 두 배로 늘어났다.

전쟁으로 인해 유럽과 아시아의 주요 경쟁국들이 황폐해진 반면, 미국 본토는 전쟁의 직접적인 피해를 입지 않아 생산 시설이 온전했다. 이 결과는 미국을 세계 총생산의 50%를 차지하는 압도적인 경제 대국이자, 전 세계 금의 대부분을 보유한 국가로 등극시켰다.

1944년 브레튼우즈 체제로 연합국 통화 금융회의에서 미국 달러화는 국제 기축 통화의 지위를 얻게 되었고 미국의 경제적, 금융적 패권이 확립되었다. 반면, 세계는 소련의 공산주의진영이 대두되면서 냉전 체제에 돌입(1991년 소련의 패망 시까지)하였다. 미국은 자유진영의 경제 및 정치적 주도권을 확립하였고 전후 베이비붐을 일으키며 중산층 확산 효과를 가져왔다.

2) 경영전략 발전의 역사적 고찰
(미국의 기업 성장과 경영 전략의 진화: 시대별 분석)

경영전략은 주로 부자들에게 적용되는 학문이다. 부의 역사적 창출과정에서 태동한 경영전략은 다음과 같이 몇 가지 단계로 요약할 수 있다. 다만, 이들은 이론들의 연속성에 의한 태동 이후 여러 시대에 걸쳐 적용되기도 하고 중첩하여 사용되기도 한다는 일반적 특징이 있다.

(1) 초기 산업화 시대(1800년대 중반~말)

이 시기는 미국이 농업 기반 경제에서 산업 경제로 전환되던 시기이다. 대규모 생산과 유통 시스템의 구축이 핵심 과제였다.

이 시기의 대표기업들은 석유 산업으로 스탠더드 오일(Standard Oil, 존 D. 록펠러, 창립: 1870년, 해체: 1911년), 철강 산업으로 카네기 스틸(Carnegie Steel, 앤드루 카네기, 창립: 1892년, 매각: 1901년) 및 철도 회사로는 뉴욕 센트럴 철도(New York Central Railroad) 등이 있다.

이 시대에 영국에서는 영국동인도회사(British East India Company)(창립: 1600년, 해체: 1874년), 임페리얼 케미컬 인더스트리(Imperial Chemical Industries, ICI)(창립: 1926년) 등이, 독일에서는 지멘스(Siemens, 창립: 1847년)와 바이엘(Bayer, 창립: 1863년)이, 프랑스에서는 미쉐린(Michelin, 창립: 1889년), 생고뱅(Saint-Gobain, 창립: 1665년)이, 일본에서는 미쓰이, 미쓰비시, 스미토모(Mitsui, Mitsubishi, Sumitomo) 등이 창업하였다.

미국의 경영전략 발전 예를 보면, 이 시대의 미국 기업들은 규모가 커지고 광활한 미국 전역을 배송해야 하니 여러 문제가 생겼다. 그러면서 자연스럽게 규모의 비효율성이 생겼으며 거대해지는 조직을 효율적으로 관리하고 통제할 시스템이 부재하였고, 한편으론 철도 산업 등에서 무한 경쟁으로 인한 수익성이 악화되고. 전국적인 유통망 구축 및 재고 관리의 어려움, 대규모 생산을 위한 원자재 공급의 안정성이 부족했다.

이러한 문제점들을 해결한 전략 이론들은 다음과 같다.

- **수직적/수평적 통합 전략**: 스탠더드 오일은 유전, 정유, 운송, 판매에 이르는 수직적 통합을 통해 비용 효율성을 극대화하고, 경쟁 정유사를 인수하여 수평적 통합을 달성하며 시장을 장악했다. 이는 원자재부터 최종 제품까지 전 과정을 통제하여 효율성을 높이고 시장 지배력을 강화하는 방식이었다.
- **규모의 경제(Economies of Scale) 활용**: 대량 생산을 통해 단위당 생산 비용을 낮추는 전략이 보편화되었다.
- **과학적 관리법(Scientific Management)**: 프레데릭 테일러에 의해 주창되었으며,

작업 과정을 분석하고 표준화하여 생산 효율성을 극대화하는 방법을 제시하여 주로 공장 현장의 생산성 문제를 해결하기 위한 전략이었다.

- **사업부제 조직 구조의 초기 형태:** 듀폰(DuPont)이나 제너럴 모터스(GM) 등에서 거대하고 다각화된 사업을 효율적으로 관리하기 위한 사업부제(Divisional Structure)의 아이디어가 싹트기 시작했다. 이는 각 사업부를 독립적인 이윤 센터(Profit Center)로 운영하여 의사결정의 신속성과 책임감을 높이는 방식이었으며, 20세기가 되어서는 듀폰의 피에르 듀폰과 GM의 앨프레드 슬론 주니어에 의해 사업부제가 본격적으로 도입된다.

(2) 대기업 시대와 전략 기획의 등장(20세기 초반~1970년대 초)

이 시기는 대규모 제조업이 번성하고, 기업의 내부 효율성을 넘어 환경 변화에 대한 체계적인 대응의 필요성이 대두되기 시작했다. 대표 기업 및 성장 방식은, 제너럴 모터스(General Motors, 창립: 1908년), 포드(Ford), 제너럴 일렉트릭(General Electric), IBM(창립: 1911년), 수비재 생산기업인 프록터 앤드 갬블(Procter & Gamble, P&G, 창립: 1837년) 등이다.

이 시대에 영국에서는 BP(British Petroleum, 창립: 1908년), 유니레버(Unilever, 창립: 1929년), 독일에서는 국민차로 시작한 폭스바겐(Volkswagen, 창립: 1937년) 국민차(비틀), 메르세데스-벤츠(Mercedes-Benz, 창립: 1926년) 등이, 프랑스에서는 르노(Renault, 창립: 1898년, 국유화: 1945년, 민영화: 1996년), 에어 프랑스(Air France, 창립: 1933년) 등이, 일본에서는 소니(Sony, 창립: 1946년), 도요타(Toyota, 창립: 1937년) 등이 얼굴을 내밀었다.

이를 극복한 미국 기업들의 전략 및 이론은 다음과 같다.

- 전략적 기획(Strategic Planning) 개념의 확립

  이고르 엔소프(H. Igor Ansoff)의 「기업 전략론(Corporate Strategy)」(1965)은 기업이 체계적으로 환경을 분석하고, 목표를 설정하며, 대안을 평가하고 실행하는 일련의 전략 기획 프로세스를 제시. 이는 과거의 기능 중심 계획에서 벗어나 전사적이고 장기적인 관점에서 미래를 준비하는 틀을 제공했다. 엔소프는 전략 기획의 아버지로 불린다.

- 사업 포트폴리오 관리(Business Portfolio Management)

  보스턴컨설팅그룹(BCG)의 BCG 매트릭스(Growth-Share Matrix)(1970년대 초), GE-

맥킨지 매트릭스도 이 시기에 등장했다. 경영 목표에 의한 관리(MBO: Management by Objectives), 이 시기 스탠포드 연구소에서 개발된 것으로 알려진 SWOT 분석 등이 있다.

이 시기에 일본에서는 도요타 생산 시스템(Toyota Production System, TPS)으로 '린 생산', 'JIT(Just-In-Time)' 등 혁신모델과 전사적 품질 관리(Total Quality Management, TQM), 카이젠(Kaizen, 改善) 등의 개념을 적용하였다.

(3) 일본의 도전과 경쟁 전략의 심화(1970년대 중반~1980년대)

일본 기업들이 품질과 생산성 우위를 바탕으로 미국 시장을 위협하기 시작하면서, 미국 기업들은 외부 환경, 특히 경쟁자를 분석하고 이에 대응하는 전략에 집중하게 된다. 이 시기의 대표 기업들은 GM, 포드, 크라이슬러 등 자동차 산업으로 이들은 일본의 혼다, 토요타, 닛산과의 경쟁에서 품질, 연비, 가격 경쟁력 열세를 보인다. 전자산업에서는 제니스, RCA 등이 있는데 역시 일본 소니, 파나소닉 등과의 경쟁에서 혁신 및 생산성 열세에 놓였다. 이들은 품질 경쟁력이 약화되었고, 생산 효율성 저하, 경직된 조직 문화, 글로벌 경쟁에 대한 이해 부족의 결함을 드러냈다.

이 시대에 영국에서는 보다폰(Vodafone, 창립: 1982년), 브리티시 에어웨이(British Airways, 창립: 1974년, 민영화: 1987년) 등이, 독일에서는 BMW와 아우디(BMW 창립: 1916년, 아우디 창립: 1909년) 등이, 프랑스에서는 LVMH(루이비통 모에 헤네시, 창립: 1987년)가, 일본에서는 소니(Sony), 도요타(Toyota), 캐논(Canon, 창립: 1937년) 등이 얼굴을 보였다.

1970년대 중반부터는 앞선 시기 미국 기업들이 주도했던 대량 생산 및 다각화 전략의 한계가 드러나기 시작했다. 동시에 일본 기업들은 품질 관리 및 생산 효율성에서 놀라운 성과를 보이며 글로벌 시장에서 강력한 도전자로 부상했다. 이들의 정교한 생산 시스템과 지속적인 개선 노력은 전 세계 기업들에게 큰 영향을 미쳤고, 이는 글로벌 경쟁을 심화시키며 기업들이 핵심 역량에 집중하고 비용을 절감하며 새로운 경쟁 전략을 모색하게 만들었다.

이를 극복한 전략 및 이론은, 경쟁 전략(Competitive Strategy) 개념의 확립과 일본 기업들로부터의 벤치마킹이라 보아야 한다. 마이클 포터(Michael Porter) Five Forces Model(1980), 본원적 경쟁 전략(Generic Strategies)(포터가 제시한 경쟁 우위를 확보하기 위한 세

가지 기본 전략으로 원가 우위, 차별화, 집중화), 가치 사슬 분석(Value Chain Analysis)(포터가 제시한 또 다른 도구로, 기업의 활동을 주 활동과 보조 활동으로 나누어 각 활동에서 가치가 어떻게 창출되고 비용이 발생하는지 분석하여 경쟁 우위의 원천을 파악하는 방법), 리스트럭처링(Restructuring) 등과 일본 기업을 분석하여 전사적 품질 관리(TQM), 식스 시그마(Six Sigma), 린 생산(Lean Production) 등 품질 향상 및 낭비 제거 기법을 미국 기업에 도입하려는 노력이 확산되기도 하였다. 이는 단순한 생산 기술이 아닌 조직 문화와 프로세스 혁신의 전략이었다. 그 외에도 일본 기업과의 기술 및 합작 투자 등의 전략적 제휴(Strategic Alliances)를 통해 경쟁력을 학습하고 시장에 대응하는 전략이 늘어났다.

(4) 글로벌화와 디지털 시대(1990년대~현재)

정보 기술의 발전과 글로벌화가 가속화되면서 시장의 불확실성이 커지고, 기업은 변화에 대한 민첩성과 혁신 역량을 더욱 중요시하게 되었다. 이 시기의 대표 기업은 마이크로소프트(Microsoft), 애플(Apple, 창립 1976), 아마존(Amazon, 창립 1994), 구글(Google, 창립 1998), 메타(Meta, 구 페이스북, 창립 2004) 등의 IT/빅테크 기업들이 플랫폼 비즈니스와 데이터 기반 압도적 시장 지배력을 가진 기업들이 기술 공룡으로 탄생 및 성장하였다. 스타벅스(Starbucks, 창립 1971), 월마트(Walmart, 창립 1962) 등의 서비스 기업 등도 설립되었다.

이 시기 영국에서는 딜리버루(Deliveroo, 창립: 2013년)가 음식 배달 플랫폼으로, 리볼루트(Revolut, 창립: 2015년) 디지털 은행 및 핀테크 혁신 기업으로, 독일에서는 SAP(창립: 1972년)가 클라우드 기반 ERP 솔루션 기업으로, 보쉬(Bosch, 창립: 1886년)가 IoT 및 스마트 팩토리 기술 기업으로, 프랑스에서는 LVMH(창립: 1987년)와 다쏘 시스템즈(Dassault Systèmes, 창립: 1981년) 등을 선보였고, 일본에서는 소프트뱅크(SoftBank, 창립: 1981년) 비전 펀드 투자자로, 라쿠텐(Rakuten, 창립: 1997년)은 전자상거래를 넘어 핀테크, 통신 등 다양한 서비스를 통합한 플랫폼 기업으로, 도요타(Toyota)는 수소차, 자율주행 등 미래 모빌리티 기술 투자로 자리매김 하였다.

이전 시기의 글로벌 경쟁 심화와 정보 기술의 발전은 1990년대 이후 인터넷의 폭발적인 확산과 디지털 혁명으로 이어졌다. 이로 인해 국경을 초월한 비즈니스 환경이 조성되었고, 데이터 기반의 새로운 경제 모델이 등장했다. 벤처 캐피털의 활성화는 혁신적인 스타트업이 빠르게 성장할 수 있는 자양분이 되었으며, 이들 기업은 강력한 네트워크 효과를 기반으로 전례 없는 시장 지배력을 구축할 수 있었다. 동시에 지속 가능한 성장에 대한 사회적 요구가 커지면서 ESG 경영이 중요한 화두로 떠올랐다.

이들의 문제는 초고속으로 변화하는 기술과 시장 환경, 글로벌 경쟁 심화, 파괴적 혁신의 위협, 데이터 활용 및 개인 정보 보호 문제, 사회적 책임 요구 증대 등으로, 이를 극복한 전략 및 이론은, C.K. 프라할라드(C.K. Prahalad)와 게리 하멜(Gary Hamel)이 주창한 핵심 역량(Core Competence)이며, 불확실한 환경에 빠르게 적응하고 변화하는 기업의 역량을 강조한 것이다. 짧은 주기로 계획하고 실행하며 피드백을 통해 개선하는 전략적 유연성(Strategic Flexibility) 및 애자일(Agile) 전략이 소프트웨어 개발을 넘어 경영 전반으로 확산되었다. 그 외에도 플랫폼 전략(아마존, 구글, 메타 등, 단순한 제품/서비스 제공을 넘어, 다양한 참여자들이 상호작용하고 가치를 창출하는 플랫폼을 구축하여 막대한 네트워크 효과와 시장 지배력을 확보), 블루오션 전략(Blue Ocean Strategy), 지속 가능한 경쟁우위(Sustainable Competitive Advantage), 디지털 전환(Digital Transformation), ESG 경영 및 사회적 책임(CSR) 등이 문제의 해결책으로 제시되었다.

(5) 현재시점에서의 전략적 도전과제

현재 시점에서의 환경은 워낙 빠르게 발전하고 융합되기 때문에, 전략적 도전 분야들은 특정 이론보다 여러 분야의 연구가 복합적으로 적용되므로 융합하여 설명한다.

(가) 인공지능(AI) 시대의 전략 재정의: '생성형 AI'의 등장

AI, 특히 생성형 AI는 기존의 경영 전략 이론을 재해석하고 새로운 프레임워크를 요구하고 있다. 이에 대한 주요 이론 및 학자는 다음과 같다.

- 제한된 합리성(Bounded Rationality): 허버트 사이먼(Herbert A. Simon)
  AI 시대에는 인간의 제한된 합리성을 AI가 보완하여 의사결정의 질을 높일 수 있다는 관점에서 사이먼의 연구이다. AI가 방대한 데이터를 처리하고 복잡한 계산을 수행함으로써 인간의 인지적 한계를 넘어선 의사결정을 지원하는 방향으로 전략이 발전하고 있다.
- 예측 기계(Prediction Machines): 에이제이 아그라왈(Ajay Agrawal), 조슈아 강스(Joshua Gans), 아비 골드파브(Avi Goldfarb)
  이들은 AI를 '예측 기계'로 정의하며, AI가 예측 비용을 현저히 낮추고 이로 인해 의사결정, 비즈니스 모델, 경제 전반에 혁신적인 변화를 가져올 것이라고 주장한다. AI

가 예측을 담당함으로써 인간은 판단과 행동에 더욱 집중할 수 있게 된다는 것이다.

- 플랫폼 전략(Platform Strategy): 마이클 쿠수마노(Michael A. Cusumano), 아나벨 고워(Annabelle Gawer) 등

  AI 시대에는 데이터와 네트워크 효과가 더욱 중요해지면서 플랫폼 비즈니스 모델의 중요성이 커진다. AI 기술은 플랫폼의 가치를 극대화하고 새로운 사용자 경험을 창출하는 핵심 동력이 된다.

- 인간-AI 협업/증강지능(Human-AI Collaboration/Augmented Intelligence): 에릭 브린욜프슨(Erik Brynjolfsson), 앤드루 맥아피(Andrew McAfee)

  이들은 AI가 인간의 지능을 대체하기보다 보완 또는 향상 및 증강시키는 '증강 지능(Augmented Intelligence)'의 관점을 강조한다. AI와 인간이 각자의 강점을 활용하여 협업할 때 가장 큰 시너지가 발생하며, 이를 위한 조직 설계와 전략적 방향 설정이 중요하다고 주장한다.

- 데이터 거버넌스 및 윤리적 AI(Ethical AI)

  특정 이론가보다는 기술 윤리, 법학, 사회학 등 다양한 분야의 전문가들이 논의를 주도하고 있다. 기업의 데이터 수집, 활용, AI 모델 개발 및 배포 과정에서의 투명성, 공정성, 책임성을 강조한다.

(나) 지정학적 리스크와 공급망 재편: '회복탄력성'의 확보

글로벌 공급망의 안정성과 회복탄력성은 더 이상 비용 효율성만의 문제가 아닌 생존의 문제가 되었다. 주요 이론 및 학자는 다음과 같다.

- 공급망 위험 관리(Supply Chain Risk Management): 크리스토퍼 멜리(Christopher M. Meli), 이반 두치(Ivan Duque) 등

  전통적인 공급망 관리 이론에 위험 요소를 통합하여 분석하고 대응하는 방법을 제시한다. 자연재해, 정치적 불안정, 팬데믹 등 다양한 외부 충격에 대비하여 공급망을 설계하고 운영하는 전략을 강조한다.

- 회복 탄력적 공급망(Resilient Supply Chain): 야리 네미넨(Jari Nummila), 토마스 크리스토퍼(Thomas Christopher) 등

  공급망이 외부 충격으로부터 빠르게 회복하고, 심지어 더 강력하게 변화할 수 있는 능력을 의미한다. 단순히 위험을 피하는 것을 넘어, 위기 상황에서도 작동하고

새로운 기회를 창출하는 공급망 구축 전략을 논한다.

- **프렌드쇼어링(Friend-shoring) 및 리쇼어링/니어쇼어링(Reshoring/Nearshoring)**
  동맹국 간 공급망 구축을 프렌드쇼어링이라 한다. 리쇼어링은 해외로 생산기지를 옮겼던 기업이 본국으로 회귀하는 현상을, 니어쇼어링은 생산이나 서비스업무를 수출 대상국 가까운 인근 국가로 이전하는 것을 의미한다.
- **복합 지정학(Complex Geopolitics)**
  국제 관계 및 경제 안보 분야에서 사용되는 분석 틀이다. 경제적 수단(제재, 보조금 등)을 통한 국가 간 경쟁과 안보 협력이 결합된 복잡한 지정학적 상황에서 공급망의 취약성을 분석하고 대응 전략을 수립하는 데 활용한다.

(다) ESG 경영과 지속 가능한 성장: ESG는 '가치 창출'의 새로운 패러다임

기업의 재무적 성과와 비재무적 성과(환경, 사회, 지배구조)를 통합하여 장기적인 가치를 창출하는 것이 중요해졌다. 주요 이론 및 학자는 다음과 같다.

- **이해관계자 이론(Stakeholder Theory): R. 에드워드 프리먼 (R. Edward Freeman)**
  기업은 주주뿐만 아니라 직원, 고객, 공급업체, 지역 사회, 정부 등 다양한 이해관계자들의 이익을 고려해야 한다는 주장이다. ESG 경영은 이 이해관계자 이론의 실천적 적용이라고 볼 수 있다. 모든 이해관계자의 가치를 고려할 때 기업은 장기적으로 성공할 수 있다는 논리이다.
- **공유가치 창출(Creating Shared Value, CSV): 마이클 포터(Michael E. Porter), 마크 크레이머(Mark R. Kramer)**
  기업이 사회적, 환경적 문제를 해결함으로써 경제적 가치를 동시에 창출할 수 있다는 개념이다. CSR이 기업의 이윤 활동과 별개의 사회 공헌 활동으로 인식될 수 있다면, CSV는 기업의 핵심 비즈니스 활동 자체를 통해 사회적 가치를 창출하는 것을 목표로 한다. ESG는 이러한 CSV의 구체적인 실천 지표와 프레임워크를 제공한다.
- **측정 가능한 지속 가능성(Measurable Sustainability): 밥 윌라드(Bob Willard) 등**
  ESG 활동이 단순히 '착한 일'을 넘어 기업의 재무적 성과에 긍정적인 영향을 미친다는 것을 정량적으로 보여주려는 노력이 지속되고 있다. ESG 성과 지표 개발 및 공시의 중요성이 강조된다.

- ESG 파이코노믹스(ESG and Pieconomics): 알렉스 에드먼스(Alex Edmans)
  ESG가 기업의 재무적 가치에 실제로 어떻게 긍정적인 영향을 미치는지에 대한 실증적 연구를 통해 ESG 투자가 장기적인 수익성으로 이어진다는 점을 강조한다.

이러한 과제들은 서로 긴밀하게 연결되어 있으며, 기업들은 이들을 개별적으로 대응하기보다는 통합적인 관점에서 새로운 전략 프레임워크를 구축해야 할 것이다. 다층적이고 동적인 변화 속에서 어떤 새로운 이론과 프랙티스가 탄생하고 진화할지 주목하는 것이 매우 흥미로운 시점이다. 아마 지금은 모든 비즈니스는 AI와 연결을 지어야 할 것 같다. 엄청 복잡한 문서를 주었는데도 1초도 안 되어 "문서를 검토해본 결과~ "라 하며 답을 내는 것이 AI이다. 사람으로서는 이를 능가할 수 없으니 결과의 합리성 신뢰성 등을 평가하면서 함께 일을 할 것이다.

🗁 AI 응답사례_ ESG 파이코노믹스(ESG and Pieconomics) 질의

ESG and Pieconomics를 ESG and Pynomics로 오기한 것을 지적했더니 다음의 답변이 왔다.
"죄송합니다. 확인해 보니 제가 이전에 해당 내용을 답변하면서 '파이이코노믹스(ESG and Pieconomics)를 ESG-Pynomics로 잘못 표기한 부분이 있었습니다. 제가 이전에 오타를 내어 혼란을 드린 점 다시 한 번 사과드립니다. 정확한 정보 제공에 더욱 유의하겠습니다."
AI는 고집은 센데, 잘못한 것은 쉽게 사과한다.

3) 다양한 관점에서의 경영전략 분류

경영의 발전 과정을 통해 경영전략은 더욱 복잡해지고 다각화되었으며, 치열하고 역동적인 시장 환경에서 기업들은 생존을 위해 지속적으로 혁신하고 적응하고 있다. 경영전략의 발전과정을 역사적으로 분류하는 것 외에 다음과 같이 논제를 나누어 분류해 볼 수도 있다.

(1) 전략적 초점에 따른 분류

(가) 내부 초점

- 핵심 역량(Core Competence): 핵심역량이란 기업이 타사와 차별되는 고유한 기

술이나 능력을 지칭한다. 핵심역량은 고객가치를 창출하고 시장에서 경쟁우위를 확보하는 데 중요한 역할을 한다. 예를 들어, 세계 최대 규모의 파운드리 기업으로, 애플, AMD, intel 등 글로벌 반도체 기업에 로직 칩을 공급하고 있는 TSMC는 기업 내부의 기술력과 부족한 자원을 보완할 수 있는 유동적인 제휴 전략을 그들의 핵심 역량으로 활용한다.

- **자원 기반 관점(RBV: Resource-Based View)**: 이론적으로 기업의 성과는 그들이 보유한 자원(인적, 재무적, 물리적 자원 등)에서 기인하며, 독특한 자원과 역량이 경쟁우위를 만들어낸다라고 본다. RBV의 핵심은 기업 보유 자원의 가치, 희소성, 모방불가능성 및 대체 가능성으로 VRIO(Value, Rarity, Inimitability, Organization) 이론으로 기업의 경쟁력을 높여주는 핵심적 자원이다.

(나) 외부 초점

- **시장 기반 전략(Market-Based Strategy)**: 기업의 시장 접근 전략은 외부 시장의 요구와 고객의 기대(need and expectation)를 중시하는 것으로 시장 지향성(Market Orientation)을 중심으로 한다. 포터의 5Force Model도 이 부류라 할 수 있으며, 산업환경 및 경쟁사 분석, 시장 수요 분석 등을 기반으로 '시장의 니즈와 고객 가치 창출에 중점'을 둔다. 마케팅 믹스를 활용하여 소비자를 공략하며, 고객의 피드백을 통해 지속적으로 전략을 개선한다.
- **경쟁 분석(Competitive Analysis)**: 경쟁 대상 기업을 분석하여 그들의 강점, 약점 및 시장 위치를 파악하고 자사의 전략 경쟁우위를 확보한다. 마이클 포터의 5 Force Model 등과 같은 도구를 통해 경쟁사의 전략적 선택과 위치 및 강약점을 평가한다.

SWOT 모델은 내부의 강점과 약점 및 외부의 기회와 위협을 분석하는 도구로 내부초점과 외부초점 모두에 쓸 수 있다.

(2) 시간적 차원에 따른 단계

(가) 단기 전략

- **전술적 계획(Tactical Planning)**: 특정 목표를 달성하기 위한 세부적인 행동계획을

수립한다. 단기적으로 기업이 실행할 수 있는 계획으로, 특정 기간 내에 성과를 이루기 위한 방법론이 포함된다.

- 현장 운영 개선(Operational Improvements): 일상적인 운영 활동을 최적화하여 효율성을 높이는 전략이다. 프로세스 개선, 비용 절감, 품질 관리 등을 통해 단기적인 성과를 증대시킨다.

(나) 중기 전략

- 사업 모델 혁신(Business Model Innovation): 기존의 비즈니스 모델을 변화시키거나 새로운 모델을 개발하여 시장에서의 경쟁력을 강화하는 전략이다. 예를 들어, 전통적 유통업체가 온라인 플랫폼을 통해 판매를 확대하는 경우가 해당된다.
- 제품 라인 확장(Product Line Expansion): 기존 제품 라인을 다양화하여 새로운 고객층을 확보하는 전략이다. 기존 제품의 개선이나 새로운 제품 출시를 포함하기도 한다.

(다) 장기 전략

- 비전 수립(Vision Development): 기업의 장기적인 목표와 방향성을 명확히 정립하는 전략이다. 비전은 기업 문화와 전략적 결정에 있어 나침반 역할을 하게 된다. 따라서 기술의 변화나 시장의 특성을 반영하여야 한다.
- 글로벌 확장 전략(Global Expansion Strategy): 국내기업이 국제 시장에 진출하여 시장을 확보하는 전략이다. 이 과정에서 시장 조사, 문화적 적합성 분석, 법적 규제 준수 등이 필수적이다.

(3) 효과성에 따른 분류

(가) 공격적 전략(성장 지향 전략)

- 다각화 전략(Diversification Strategy): 기업이 다양한 제품군이나 시장으로 확장하여 위험을 분산시키는 전략이다. 관련 다각화(유사한 산업으로 확장)와 비관련 다각화(무관한 산업으로 확장)로 나뉜다.
- 신시장 진입(Market Entry Strategies): 새로운 시장에 진입하기 위해서는 다양한

전략이 필요하다. 시장 진출을 하나의 전략으로 하고 여러 전략 들을 구성하여 추진하는 것이다. 시장 접근 방법으로는 직접 진출, 합작 투자, 프랜차이즈 등 여러 방법을 고려할 수 있다.

(나) 방어적 전략

- 비용 절감 전략(Cost Leadership): 운영비용을 최소화하여 가격 경쟁력을 유지하는 데 초점을 맞춘 전략이다. 대량생산, 효율적인 프로세스 개선인 여러 활동 관리비 등을 축소하는 전략 등이 포함된다. 그러나 기술 패권 경쟁이 현대와 같이 치열한 경우 이는 충분히 고려하여 채택하여야 한다.
- 리스크 관리 전략(Risk Management Strategies): 외부요인(시장 변동, 경제 불황 등)에 대한 대비책을 마련하여 안정성을 높이는 전략이다. 다양한 보험, 헤징 기법 등을 활용할 수 있다.

(4) 혁신 수준에 따른 분류

(가) 점진적 혁신

- 지속적 개선(Continuous Improvement): 기존 제품이나 프로세스를 점진적으로 개선하여 효율성을 높이는 방법이다.
- 프로세스 혁신(Process Innovation): 업무 프로세스를 분석하고 과학성을 가미하여 효율성을 높일 수 있는 방안을 모색한다.

(나) 파괴적 혁신

- 기술적 혁신(Technological Innovation): 기존 기업들은 신규기업의 기술적 파괴적 혁신 앞에 무릎을 꿇을 수밖에 없다. AI 프로그램 딥시크의 등장도 그와 같다. 파괴적 기술혁신은 업계를 완전히 재편성하고 시장이 요동칠 신제품이나 서비스를 말한다.
- 비즈니스 모델 혁신(Business Model Disruption): 비즈니스 모델의 파괴적 혁신은 비용을 최소화하고 혁신을 이룰 수 있는 기회이기도 하다. 자기의 핵심역량이나 Biz Model을 타 산업에 적용시켜 제품의 경쟁우위를 확보할 수 있다면 쉽게 비즈

니스 영역을 확보하는 길이다.

(5) 조직의 관리 또는 실행방식에 따른 분류

- 전통적 관리 접근
  - 계획과 통제 중심(Planning and Control)
- 민첩한 관리 접근
  - 애자일 방법론(Agile Methodologies)
  - Lean 스타트업 방식(Lean Startup Practices)

이러한 분류 방식은 경영 전략의 다양한 측면을 구체적으로 이해하고 분석하는 데 도움이 되며, 각 기업의 상황에 맞는 전략을 설계할 수 있는 기반을 제공한다.

4 고전적 대표적 학자

1) 고전적 경영이론과 대표적 학자

고전적 경영이론(Old Management Theory)과 그 대표적 학자는 다음과 같다.

(1) 프레드릭 테일러의 과학적 관리 이론

- 프레드릭 테일러(Frederick Winslow Taylor, 1856년 3월 20일~1915년 3월 21일)가 제안한 "과학적 관리의 원칙(Principles of Scientific Management)"은 다음과 같다.
  - 작업 분석: '시간 연구'와 '동작 연구'를 통해 각 작업의 최적 방법을 도출한다.
  - 과학적 선발: 작업자의 능력에 맞는 직무 배치
  - 작업 표준화: 작업 표준화로 모든 작업자가 동일한 방식으로 작업할 수 있도록 함
  - 교육 및 훈련: 표준 작업 방법에 따라 작업자를 교육시킴
  - 작업 성과의 평가와 보상: 각 작업별 생산성에 따라 '성과급 제도'를 통한 공정한 보상 체계 마련

(2) 헨리 포드의 대량 생산 시스템

- 헨리 포드(Henry Ford, 1863년 7월 30일 ~ 1947년 4월 7일)의 조립라인 모델은 다음과 같다.
  - 작업을 세분화하여 각 작업자가 특정 작업만 수행하도록 함으로써 생산 속도를 높임
  - 단순하고 반복적인 작업을 통해 작업자의 숙련도를 높이고 전문화하여 생산성을 극대화함
  - 대량 생산에 따른 원가 절감과 제품 가격 인하

(3) 막스 웨버의 관료제 이론

- 카를 에밀 베버(막스 웨버, 독일어: Maximilian Carl Emil Weber, 1864년 4월 21일~1920년 6월 14일)는 독일의 법률가, 정치인, 정치학자, 경제학자, 사회학자로, 사회학 성립에 막대한 영향을 끼친 인물이며, 그의 관료제 모델은 다음과 같다.
  - 분업화, 위계질서, 문서주의, 능력주의, 공식화된 절차 등 관료제는 가장 효율적이고 합리적인 방식이라 주장
  - 명확한 계층 구조: 조직 내 권한 및 책임의 명확한 분담
  - 규칙과 절차: 일관된 규정과 표준 작업 절차 수립
  - 비인격적 관계: 업무와 규칙을 중심으로 한 관계 형성
  - 전문화: 각 구성원이 고유의 전문성을 가지고 특정 역할을 수행

이 원칙들은 생산성과 효율성을 향상시키기 위한 시스템적 접근을 강조하며, 현대 경영 이론의 기초를 형성하는 데 중요한 역할을 했다.

이 모델들은 각각의 학자가 강조한 이론적 틀을 기반으로 하며, 조직의 경영 방식과 효율성을 향상시키기 위한 기초를 제공했다. 이러한 이론은 산업과 경쟁의 바닥을 다루고 있는 것으로 현대 경영에도 여전히 많은 영향을 미치고 있다.

2) 고전적 경영전략 이론과 대표적 학자

고전적 경영전략 이론(old management strategy theory)의 대표적 학자들은 다음과 같다. 다만, 여기 언급한 학자 중 피터 드러커, 마이클 포터, 헨리 민츠버그, 짐 콜린스, 클레이튼 크리스텐슨, 에릭 리에스 등은 일반적 분류로는 현대적 또는 근현대 경영전략 학자이나, 전략 이론을 동태화 또는 AI화 한 시각의 전략을 현대로 보는 측면에서 고전적이라 분류하였다.

(1) 피터 드러커(Peter Drucker)

피터 드러커는 목표 관리(MBO, Management by Objectives)의 개념을 도입했다. 그는 조직의 목표를 명확히 하고, 이를 달성하기 위한 구체적인 계획을 수립해야 한다고 주장했다. 또한, 성과를 측정하고 피드백을 통해 지속적인 개선을 강조했다. 현대 경영학의 아버지로 불린다. 주요 저서로는 “The Practice of Management”이 있다.

- **목표 설정**: 각 직원의 목표는 조직의 전체 목표와 정렬되어야 한다. 목표는 SMART(구체적, 측정 가능, 달성 가능, 현실적, 기간 설정) 원칙에 따라 설정된다.
- **성과 평가**: 주기적으로 목표 달성 여부를 검토하고, 필요한 경우 목표를 조정한다. 이러한 과정을 통해 직원의 동기 부여와 성과 증진을 도모한다.

(2) 마이클 포터(Michael Porter)

마이클 포터는 경쟁 전략(Competitive Strategy) 개념을 제시하며, 기업이 지속 가능한 경쟁우위를 확보하기 위해 시장과 경쟁 환경을 분석해야 한다고 주장하였다. 포터는 다섯 가지 힘 분석(Porter's Five Forces)과 가치 사슬(Value Chain) 분석을 통해 기업들의 전략적 계획 수립에 기여하였으며, 주요 저서로는 “Competitive Strategy(1980)”, “Competitive Advantage(1985)” 등이 있다.

포터가 말하는 5Force의 내용은 다음과 같다.

- **공급자의 힘**: 원자재나 서비스의 공급자가 시장에서 지배력을 행사할 경우, 가격을 올리거나 품질을 낮출 수 있는 가능성이 높아진다.
- **구매자의 힘**: 고객이 대체 상품을 쉽게 찾을 수 있거나 대량 구매를 요구할 경우, 기업의 가격 결정에 영향력을 미친다.

- **대체재의 위협**: 기존 제품을 대체할 수 있는 새로운 제품이 등장할 수 있으며, 이는 시장 점유율에 영향을 줄 수 있다.
- **신규 진입자의 위협**: 시장 진입 장벽이 낮을 경우 새로운 경쟁자가 등장하여 기존 기업의 시장 점유율을 잠식할 수 있다.
- **기존 경쟁자 간의 경쟁**: 경쟁이 치열할수록 가격 경쟁이나 품질 개선을 통해 소비자를 유치하려는 노력이 중요해진다.

(3) 헨리 민츠버그(Henry Mintzberg)

헨리 민츠버그는 전략적 계획이 비체계적이고 비선형적으로 발생할 수 있음을 강조하였다. 그는 전략이 공식적인 계획 과정뿐만 아니라 우연과 경험을 통해 형성될 수 있으며, 전략적 사고(Strategic Thinking)의 중요성을 제안했다. 그의 주장이 실린 주요 저서로는 "The Rise and Fall of Strategic Planning"이 있다. 그 내용은 다음과 같다.

민츠버그의 조직 구조의 유형

- **단순 구조**: 소규모 기업의 비형식적 관리
- **기계적 관료제**: 표준화와 명확한 규칙에 기반한 관리
- **전문적 관료제**: 고도로 전문화된 직무가 있는 조직
- **혁신적 구조**: 프로젝트 기반으로 조직을 구성하여 변화에 유기적으로 대응

민츠버그의 전략 패턴

- **의도적 전략(혹은 숙고된 전략, Deliberate)**: 기업들이 처음 기획을 한 전략으로 실현된 전략이다. 이 전략은 완벽한 분석에 근거해 기획되는 전략이며, 초기에 기획한 이 전략은 실현되어야만 deliberate strategy라 할 수 있다.
- **실현되지 않은 전략(Unrealised)**: 기업들이 처음 기획은 했지만 실현될 수 없는 계획이나 주변 환경 요건 변경이나 이런 저런 이유로 실현이 되지 않은 전략을 뜻한다.
- **창발적 전략(Emergent)**: 기업이 처음 계획하지 않은 전략이지만 사업을 진행하는 과정에서 시행착오를 통해 학습하게 된 실현된 전략이다.

(4) 리차드 루멜트(Richard Rumelt)

리차드 루멜트는 전략의 본질을 이해하고, 유연하고 실행 가능한 전략의 필요성을

강조했다. 그는 전략을 "어떤 문제를 해결하기 위한 계획"이라고 정의하였으며, 실행 가능성과 일관성을 중시했다. 주요 저서로는 『Good Strategy Bad Strategy』이 있다.

전략의 핵심(Kernel of strategy) 3요소의 내용은 다음과 같다.

- **명확한 진단(Diagnosis)**: 기존 문제를 깊이 분석하고, 원인을 규명함으로써 해결이 필요한 상황을 명확히 파악한다.
- **행동 계획(Guiding Policy)**: 진단된 문제를 해결하기 위한 구체적인 행동 계획을 마련한다. 이를 통해 전략이 효과적이도록 설계한다.
- **일관된 행동(Coherent Actions)**: 실행 계획이 현장에 잘 적용될 수 있도록 조치하고, 실제로 계획이 이행되는지를 지속적으로 모니터링한다.

(5) 이고르 앤소프(Igor Ansoff Matrix, 제품-시장 매트릭스)

앤소프의 제품－시장 매트릭스는 기업의 성장 전략을 4가지 유형(시장 침투, 제품 개발, 시장 개발, 다각화)으로 분류한다.

- 시장침투는 더 많이 판매하기 위해 가격 조정, 공격적인 마케팅 캠페인, 제품 개선 등의 전술을 통해 시장 점유율을 높이는 데 중점을 둔다.
- 제품개발에 있어서는 기존 시장 내에서 품질 좋은 새로운 제품을 출시하여 고객의 신뢰를 얻고, 판매를 촉진하는 전략을 구사한다.
- 시장개발은 기존 제품을 새로운 시장(예: 지리적 확장, 새로운 고객 세그먼트)에 판매하여 성장을 꾀한다.
- 다각화는 새로운 제품을 새로운 시장에 출시하여 리스크를 분산하고, 신규 수익원을 창출하는 전략을 펼친다.

(6) 짐 콜린스(Jim Collins)

짐 콜린스는 뛰어난 기업이 어떻게 지속 가능한 성공을 달성하는지를 연구했다. 그의 저서 "Good to Great"에서 '레벨 5 리더십', '핵심 원형(Hedgehog Concept)' 및 '기술 가속기(Technology Accelerators)'와 같은 개념을 제시하여, 회사의 장기적인 성공을 위한 전략적 초점의 중요성을 강조했다. "Good to Great" 속에서 주장하였다.

- **겸손함**: 뛰어난 리더는 자신을 내세우기보다 팀의 성과를 강조하며, 조직의 성공을 위해 헌신한다.

- **강한 의지**: 힘든 상황에서도 기업의 비전과 목표를 향해 흔들리지 않고 추진하는 의지를 가지고 있다.
- **후계자 양성**: 차세대 리더를 육성하는 데에도 적극적으로 참여하여 조직의 지속적인 발전을 도모한다.

(7) 클레이튼 크리스텐슨(Clayton Christensen)

클레이튼 크리스텐슨은 "파괴적 혁신(Disruptive Innovation)"의 개념을 도입하여 기업이 새로운 시장을 창출하거나 기존 시장에서의 경쟁력을 유지하기 위해 어떻게 전략적으로 접근해야 하는지를 설명했다. 그는 기업이 기존 제품이나 서비스에 안주하지 말고 혁신을 추구해야 한다고 강조했다. 그의 파괴적 혁신은 1995년 하버드비지니스리뷰에 처음 소개되었고 1997년 "The Innovator's Dilemma"은 그의 핵심 저서로 여기서도 다루어졌다.

- **시장 침투 시작**: 초기에는 성능이 낮거나 가치가 적은 제품이나 서비스로 시작하여 가격이 저렴하다.
- **기술 개선**: 시간이 지남에 따라 품질과 성능이 개선되어 주류 시장에서 기존 기업들에게 위협이 되기 시작한다.
- **진입 장벽 하락**: 새로운 기술이나 제품이 시장에 진입할 때, 이전에는 존재하지 않던 대체재가 등장하여 기존 기업의 시장 점유율을 위협할 수 있다. 이들 신생 기업은 보통 초기에는 소규모의 틈새시장에서 시작하여 점점 더 큰 시장으로 성장하게 된다.
- **고객 가치 변화**: 파괴적 혁신은 고객에게 더 높은 가치를 제공하는 방법으로 기존의 제품보다 저렴하거나 접근성이 좋은 대안을 제공한다. 예를 들어, 스트리밍 서비스가 전통적인 TV 방송과 영화 산업을 혁신한 사례가 있다.

(8) 핵심 역량(Core Competence)

기업이 보유한 세계적 수준의 능력과 활동을 말하며, C.K. Prahalad와 Gary Hamel 교수가 1990년 5월과 6월에 발표한 논문 "The Core Competence of the corporation"을 통하여 발표한 것이다.

- **특화된 기술**: 기업이 경쟁 우위를 확보하는데 필요한 특정 기술이나 능력을 의미한

다. 이는 고유의 자원과 역량으로, 경쟁사와의 차별화를 가져온다.

- **지속 가능한 경쟁력**: 핵심 역량은 시간이 지나도 지속적이면서도 개선될 수 있는 능력으로, 기업의 장기적인 성공에 필수적이다. 예를 들어, 삼성전자의 반도체 기술이 핵심 역량의 한 예이다.
- **자원 통합**: 기업의 다양한 자원과 기술을 통합하여 새로운 제품이나 서비스를 개발할 수 있는 능력을 포함한다.

(9) SWOT 분석(Strengths, Weaknesses, Opportunities, Threats)

1960년대 스탠포드 알버트 험프리(Albert Humphrey) 포춘 500대 기업의 장기 계획수립을 돕기 위해 개발한 도구로 다음과 같다.

- 강점(Strengths)은 기업 내부의 긍정적인 요소로 경쟁력을 높이는 자원을 강조.
- 약점(Weaknesses)은 경쟁사에 비해 부족한 부분을 식별하는 것으로 이를 개선하기 위한 전략을 모색.
- 기회(Opportunities)는 외부 환경에서 얻을 수 있는 긍정적인 요소로 새로운 시장 진입이나 기술 발전의 가능성을 포함.
- 위협(Threats)은 기업이 직면할 수 있는 외부의 부정적인 요소로 경쟁 심화 경제 불황

(10) 요약

이들 고전적 경영전략 이론들은 현대 전략적 계획 및 관리 이론의 발전에 크게 기여했으며, 각자 독특한 관점을 통해 기업이 변화하는 환경에서 지속 가능한 성과를 거둘 수 있도록 돕고 있다. 고전적이라는 의미는 자체적 분류기준을 고려한다.

이 고전적 이론들의 특징을 요약하고 현대적 이론까지를 연결하면 다음과 같다.

구분	주 학자	핵심 이론 명칭	세부이론
고전적 이론	프레드릭 테일러(Frederick Taylor, 1856-1915), 헨리 포드(Henry Ford, 1863-1947)	과학적 관리법(Scientific Management) 조립라인 생산 방식 (Assembly Line Production)	작업 효율성과 생산성 향상을 위한 시간이 최적화된 방법을 제안. 대량 생산을 위한 조립라인의 도입으로 대량 생산 활성화.
전략적 이론	마이클 포터	경쟁 전략	비용 우위와 차별화 전략을 통한

구분	주 학자	핵심 이론 명칭	세부이론
	(Michael Porter, 1947-현재)	(Competitive Strategy)	기업의 경쟁력 확보 방법 제시.
현대적 이론	게리 해멀 (Gary Hamel, 1948-현재)	핵심 역량 (Core Competence)	기업이 차별화할 수 있는 핵심 자원 및 능력에 대한 강조.
AI 혁명기 적용 이론	클레이튼 크리스텐슨 (Clayton Christensen, 1952-2020), 비제이 고빈다라잔(Vijay Govindarajan, 1948-현재)	파괴적 혁신 (Disruptive Innovation), 혁신의 3가지 경로 (3 Types of Innovation)	기존 시장을 재편하는 새로운 기술과 모델의 관점 제안, 지속적, 점진적, 파괴적 혁신을 나누어 이해하는 프레임워크 제공.

구분	사회적/산업적 공헌도	한계점 또는 현대에 미친 영향
고전적 이론	- 생산성 향상과 작업 프로세스의 표준화에 기여. - 생산 비용 절감과 산업 발전에 기여.	- 개인의 동기와 접근 방식의 다양성 고려 필요. - 자동화 및 변화하는 시장 요구에 대한 적응 필요.
전략적 이론	- 기업의 경쟁력 강화를 위한 프레임워크 제공.	- 변화하는 경쟁 환경에 대한 지속적인 전략 수정 필요.
현대적 이론	- 지속 가능한 경쟁력을 위한 자원 기반 전략 필요성 제안.	- 자원의 지속적 개발 및 혁신 강조.
AI혁명기 이론	- 새로운 시장 창출 및 기존 기업의 재구성 기여. - 전체적인 혁신 과정의 이해 증진 및 기업 성장 전략 제안	- 빠르게 변화하는 기술 환경에 대한 능동적 대응 필요 - 다양한 혁신 전략의 통합적 관리 필요성 강조.

각 경영 전략 이론은 시대적 배경과 산업적 요구에 따라 발전하였으며, 현대의 경영 환경에서도 여전히 중요한 교훈과 시사점을 제공한다. 이들 이론은 조직이 지속 가능성을 추구하고 경쟁력을 유지하는 데 필수적인 요소로 작용한다.

5 현대적 의미의 경영전략 이론

1990년대 이후의 경영전략 이론은 1980년대의 일본 기업들의 큰 성과를 딛고 미국이 다시 세계적 패권을 찾아가는 상황에서의 산업전략이 중심을 이루며, 그 이후의 기술 발전에 영향을 받은 산업의 변화 등이 경영이론의 중심을 이룬다고 할 수 있다.

1) 리소스 기반 관점(Resource-Based View, RBV)

리소스 기반 관점(RBV)은 제이 바니(Jay B. Barney, 유타대 경영대학 전략경영 석좌, 1953년 11월 16일 생)이 주창하였다. 그는 저서 『Firm Resources and Sustained Competitive Advantage』(1991)에서 리소스 기반 관점은 기업의 자원 및 능력이 경쟁우위를 창출하는 주요 요인이라고 주장하였다. 특히, 자원은 가치 있고, 희소하며, 모방 불가능하고, 비대체적이어야 지속적인 경쟁우위를 제공할 수 있다고 강조하였다.

RBV는 기업이 자산과 능력을 전략적으로 관리할 필요성을 강조하며, 특히 인적자원, 브랜드, 기술력 등 무형의 자산의 중요성을 부각시켰다. 이 이론은 많은 기업들이 내부 자원과 능력을 강화하여 경쟁력을 높이기 위한 다양한 전략을 채택하는 데 기여하였다.

2) 다이나믹 케이퍼빌리티(Dynamic Capabilities)

다이내믹 캐퍼빌리티 이론은 데이비드 티스(David Teece, 1941년 생)에 의하여 주창되었다. 그는 자신과 개리 피사노(Gary P. Pisano), 메이 슈엔(Amy Shuen)이 공저한 논문 『Dynamic Capabilities and Strategic Management』(1997)에서 다이나믹 케이퍼빌리티는 기업이 환경 변화에 적응하고 혁신을 지속하기 위해 스스로 새로운 능력을 개발해야 한다고 주장하였다. 이는 자원의 효과적인 조합과 활용을 통해 이루어지며, 혁신의 지속 가능성을 강조한다.

다이나믹 케이퍼빌리티 이론은 기업들이 혁신적이고 유연한 조직구조를 구축하도록 이끌었으며, 이는 특히 기술의 변화가 빠른 산업에서 중요한 전략으로 자리잡게 되었다.

3) 가치 사슬 분석(Value Chain Analysis)

가치사슬이론은 마이클 포터(Michael Porter, 1947년 5월 23일 생)의 주 이론이다. 그는 그의 저서 『Competitive Advantage』(1985)를 통해 이 개념을 제시했으며, 1990년대에 더욱 발전시켰다. 가치 사슬 이론은 기업이 제품이나 서비스를 생산하기 위해 거치는 모든 활동을 분석하여 각 단계에서 가치를 창출하고 비용을 최소화하는 방법을 제시한다. 가치사슬을 효과적으로 활용하면 경쟁기업 대비 경쟁우위를 확보할 수 있다고 주장하였다.

가치 사슬 분석으로 끼친 산업에의 영향력은, 많은 기업이 운영 효율성을 높이고, 공급망 관리 및 고객 가치를 극대화하는 전략을 개발하는 데 기여했다. 이 이론은 다양한 산업에서 경쟁 분석에 필수적인 도구로 자리잡았다.

4) 기타

(1) 혁신확산 이론(Diffusion of Innovations)

혁신확산이란 혁신이 그 자리에 머무르지 않고 끊임없이 확산되어 나간다는 이론으로, 에버릿 로저스(Everett Rogers, 1931년 3월 30일~2004년 3월 21일) 교수가 주창하였다. 그는 그의 논문『Diffusion of Innovations』(1962, 1995, 2003 개정)에서 새로운 아이디어와 기술이 사회에 퍼져나가는 과정을 설명하며, 혁신의 수용자 그룹을 구분하고 각기 다른 수용 속도를 제시하였다.

이 이론은 기업이 전략의 본질을 이해하고 기업 전략을 수립하는 데 중요한 역할을 하였으며, 특히 기업들이 고객의 수용 특성에 맞춘 전략을 개발하고 성공적인 혁신을 이루는 데 기여했다고 평가된다.

(2) 비즈니스 모델 혁신(Business Model Innovation)

비즈니스 모델 혁신이론은 알렉산더 오스터왈더(Alexander Osterwalder, 1974년 2월 3일생)가 이브 피그누어(Yves Pigneur)와 공저한『Business Model Generation』(2010)에서 주창하였다. 이 책에서 비즈니스 모델 혁신은 기업이 새로운 가치를 창출하기 위해 기존의 비즈니스 모델을 변화시키는 과정으로 소개되었다. 이는 상상과 혁신, 가능성이 폭발하는 신개념 비즈니스 발상법으로 이해될 수 있으며, 비즈니스 모델 캔버스를 통해 구성이 가능하다.

비즈니스 모델 캔버스는 다음과 같이 한 장의 캔버스에 비즈니스모델의 핵심 구성요소를 다 넣고 이를 고객가치 창출의 과정을 도식화하고 있다. 비즈니스모델 캔버스는 다음과 같다.

• **표 1** Business Model Canvas

<table>
<tr><td rowspan="2">❽ 핵심파트너십
(Key Partners)
비즈니스를
성공적으로
운영하거나
발전시키기 위해
누구와 전략적
파트너십을
맺어야 하는가?</td><td>❼ 핵심활동
(Key Activities)
비즈니스를 운영하는
데 가장 중요한 일과
행동은 무엇인가?</td><td rowspan="2">❷ 가치제안
(Value Propositions)
고객이 원하는 것이
무엇이며, 우리는
어떤 차별화된 가치를
제공할 것인가?</td><td>❹ 애고관계
(Customer Relationships)
고객과 어떤 관계를 맺고
어떤 역할을 수행할 것인가?</td><td rowspan="2">❶ 고객구분
(Customer Segments)
우리가 만들고자 하는
제품이나 서비스를
구매하거나 이용할
고객은 누구인가?</td></tr>
<tr><td>❻ 핵심자원
(Key Resources)
비즈니스를
운영하는데 가장
필요한 자원과 자산은
무엇인가?</td><td>❸ 소통창구(Channels)
고객에게 가치를 어떠한
방식으로 어떠한 접점으로
전달할 것인가?</td></tr>
<tr><td colspan="2">❾ 비용구조(Cost Structure)
비즈니스를 운영할 때 어떤 항목들이 주된 비용인가?</td><td colspan="3">❺ 수익흐름(Revenue Streams)
고객에게 가치를 제공한 후 어떤 방식으로 수익을 창출할 것인가?</td></tr>
</table>

알렉산더 오스터왈더의 영향력은 스타트업 포함 전 기업들이 실행 가능한 비즈니스 모델을 개발할 수 있게 함으로써 산업 전반에 걸친 혁신을 촉진했다. 많은 기업들이 새로운 시장 기회를 탐색하고 기존의 비즈니스 방식을 혁신하여 경쟁력을 강화하는 데 활용하고 있다.

(3) 고차원적 전략 프레임워크(High-Level Strategic Frameworks)

고차원적 전략 프레임워크는 헨리 민츠버그(Henry Mintzberg, 1939년 생)를 비롯한 여러 학자 및 경영학자들이 동시 제창한 개념이다. 민츠버그의 『The Rise and Fall of Strategic Planning』(1994)에서 고차원적 전략 프레임워크는 전략적 계획과 실행 간의 간극을 줄여줄 수 있는 방법론을 제시한다고 하였다. 민츠버그는 전략이 단순히 계획된 것이 아닌, 실제로 조직 내에서 진행되는 과정이라고 강조했다.

그가 끼친 산업적 영향력은 많은 기업이 전략을 수립할 때 유연성을 가지고 접근하도록 만들었다는 점과 경영진이 변화하는 환경에 맞춰 빠르게 의사결정을 할 수 있는 방법을 제시했다는 점이다.

(4) 애자일 및 린 스타트업(Agile and Lean Startup)

애자일은 날렵하여 유연한 조직문화를 만들기 위한 방법론이며, 프로젝트를 작은 단위로 나누어 진행하고 반복적인 개발을 통해 고객 만족도를 높이는 방식이다. 에릭 리스

(Eric Ries) 교수는 저서 『The Lean Start-up』(2011)에서 린 스타트업(Lean Startup) 방법론을 주창했다. 애자일 개발 및 린 스타트업 이론은 신속한 프로토타입 제작, 고객 피드백, 반복적 프로세스를 통해 제품을 개선하는 방법론으로, 특히 실리콘밸리를 뒤흔든 IT 창업 가이드로 평가받는다.

에릭 리스는 린 스타트업 프로세스를 다음의 세 가지 단계로 정의한다.

- **1단계: 빌드(Build)**: 아이디어를 제품으로 개발하는 단계
- **2단계: 측정(Measure)**: 제품의 성과를 측정하는 단계
- **3단계: 학습(Learn)**: 성과를 분석하고 제품 개발 방향을 도출하는 단계

이 방법은 애자일 소프트웨어 개발, 고객 개발, 기존 소프트웨어 플랫폼 등을 활용한다. 핵심 행동원칙은 다음과 같다.

- **고객 피드백 중심**: 제품이나 서비스 개발 초기 단계에서 고객의 피드백을 중시하며, 이를 통해 아이디어의 유효성을 검증한다.
- **MVP(Minimum Viable Product, 최소 기능 제품)**: 최소한의 기능을 가진 제품을 빠르게 만들어 시장에 출시하여 시장의 반응을 보고 수정하는 과정을 반복하며, 자원을 효율적으로 운영한다.
- **빠른 학습 사이클**: Build-Measure-Learn(만들고, 측정하고, 배우는) 사이클을 통해 신속하며 시행착오를 줄이고, 제품이나 서비스의 개선 방향을 모색한다.

이러한 접근방법은 자원 낭비를 피하고, 초기 단계에서 시장을 더 잘 이해하도록 돕는다. 린스타트업과 기업들이 빠른 시장 적응력과 유연성을 가지도록 함으로써 신속성과 유연성을 동시 부여하게 하여 제품 개발과 고객 수요 조정에 크게 기여하였다. 이는 특히 기술 기반 회사들 사이에서 널리 채택되었다.

이상의 현대적 이론들은 근래의 경영전략 발전에 결정적인 역할을 하였으며, 기업들이 복잡한 시장 환경에서 경쟁력을 유지하고 혁신을 이루는 데 필수적인 접근 방식을 제공하고 있다. 기업 환경의 급변과 이에 대한 전략적 대응은 지속적으로 변화하고 진화하고 있으며 신속하나 유연한 대비를 하여야 한다. 수천억의 장비를 사용 2년 전에 장비에 대한 테스트도 없이 발주해야 하는 테크 기업들의 고뇌가 묻어나는 대목이다.

6 경쟁전략

1) 기업이념과 미션 · 비전

기업문화는 경영이념과 비전, 기업목적 또는 사훈 등이 기업의 활동 및 사회관계와 어떤 관계가 있는가를 논한다. 경영이념과 사훈은 기업의 설립 또는 현재의 대 사회적, 국가적, 국민적 나아가 세계 인류를 향한 기업의 사명과 관련된다. 반면 기업 비전은 기업의 이윤과 종업원의 이익까지 감안한 미래의 바람에 대한 표현과 의도가 들어있다고 볼 수 있다. 기업문화는 이념과 비전을 합한 미래 희망과 더불어 현재 수행하는 행동의 원리, 기업 방향에 대한 의식 및 그 체계화를 포함하는 개념으로 볼 수 있다.

기업들은 경영이념, 비전과 함께 목표와 기업문화의 정립(명시적이든 비명시적이든)을 MS나 엔비디아를 뛰어넘는 미래 경쟁력을 위한 추진력으로 지속적으로 점검하고 발전시켜 나가야 할 것이다.

MS "오픈 AI는 경쟁자"[2] - 기업비전의 표방

MS는 최근 연례보고서의 경쟁자 명단에 오픈 AI를 추가했다(기존 경쟁사: 아마존, 구글, 메타, 애플 등). 오픈 AI가 최근 자체 검색엔진 '서치 GPT'를 발표한 이후, AI 서비스와 뉴스 검색 분야의 경쟁자로 오픈 AI를 지목한 것이다. MS는 오픈 AI가 AI 모델을 제공 중이며 130억 달러(≒ 17조 8,000억 원)을 투자하였고, 이는 샘 올트먼 복귀에 도움이 된다고 했다.

MS는 AI 챗봇 코파일럿, 검색엔진 '빙'을 OS 윈도에 묶어 공급하며, 파트너십은 상호 경쟁할 것이라는 공통된 이해 아래 이뤄진 것이며 "MS는 여전히 오픈 AI의 좋은 파트너"라 했다. 기업 이상과 비전 관련 소신을 표명한 것이라 보아야 할 것이다.

(1) 기업전략과 비전 미션

기업의 경영전략은 방향성을 가지고 앞으로 나가는 힘이 있다. 이 힘으로 기업은 목

2) 유지한, (2024. 8. 3), "MS '오픈 AI는 경쟁자', 파트너와 헤어질 결심", 조선일보

표를 향해 나아간다. 이러한 나아감의 근본은 기업 설립 시의 창업자의 이념이며 전 종업원의 열망이 담긴 비전이 동기부여(Motivation)되어 전략의 사상적 기초를 이룬다. 따라서 경영전략을 수립함에는 기업의 미션과 비전 및 목표가 정립되어 있느냐와는 별개로 일직선상으로 정렬되어야 한다. 전 종업원들의 생각과 뜻을 하나로 일체화시켜야 기업이 추진하는 전략이 힘을 받을 수 있고 목표를 이룰 수 있다. 기업의 미션과 비전 및 목표가 정립되어있다면 그 철학을 녹여내야 한다.

경영이념은 기업의 가장 근본적인 철학, 가치관, 존재 이유(가장 큰 상위 개념)이라고 정의된다. 본서가 경영이념의 철학을 다루지는 않으며 경영이념과 기업 미션은 주체를 달리 한 동일한 표현으로 볼 때 여기서는 미션부터 취급한다.

캠벨(A. Campbell)은 그의 미션 모델(The Ashridge Mission Model)에서 목적과 가치, 전략과 표준·행동이 조화를 이루어야 한다고 했다. 여기에는 회사의 존재 이유 및 신념이 함께 묶여 있으며 업무 표준 및 행동 양식인 규정도 함께 예시하면서 전략을 포함한 회사경영의 전반적 틀을 제시하였다.

미션과 비전은 다음과 같이 구분할 수 있다.

구분	미션	비전
표시	해야 하는 것	되고 싶은 것
의미	존재적 의미, 사명 경영이념의 최상위 개념	지향점 달성하고자 하는 수준, 목표
지향점	궁극적 가치	궁극적 목적
성격	해야할 일을 추상적/ 선언적 형태로 표현	달성하고자 하는 추상적 수준
정립시점과 변화	창립시. 변하기 어렵다	창립시점 또는 중간에 정립할 수 있음. 시대에 따른 변화
현재	본질 또는 정체성	꿈 또는 미래의 모습

우리나라는 기업의 미션을 기업 설립의 이유, 존재의 근거 등으로만 취급하는 경향이 있다. 미션은 회사를 구상하면서 또는 설립하면서 사명감과 함께 정립되는 경우가 많다. 회사의 큰 전환점에서는 수정되기도 한다. 기업 미션이나 사훈이 수립되어 있지 않다면 깊은 통찰을 해보는 기회가 되면 좋겠다.

아래 모델은 미션 설정 모델과 비전 설정 모델이다. 미션 설정은 좀 더 철학적이고 추상적이며 인류에 대한 윤리에 가깝다. 윤리를 기반으로 한 사회의 요구를 감안하여 본인과 기업의 배경 및 가치를 기반으로 수립되는 것이다. 여기에 본인의 사고 또는 희망하는 기술의 요구는 무엇인가, 나아가 미래의 욕망을 평화 속에 그려보는 것이 미션 모델이다. 이 모델은 켐벨의 전략과 표준 및 규정 등에까지 미치지는 않으나 인재제일이나 근면성실 등의 철학은 도출할 수 있을 것이다.

한편 비전 모델은 창업자와 주주 및 종업원들의 욕구를 포괄하는 개념으로 회사 구성원이나 주주의 요구를 포함하고, 현재와 미래의 경제·사회·문화를 기업 미래에 녹여 기업의 과거와 미래, 기술의 과거와 미래를 융합하고 꿰뚫어 기업의 꿈을 종합하는 형상이라 할 수 있다.

(2) 미션 모델

미션은 상식에 기반한다. 기업가가 자신이 이루려는 꿈도 있지만 윤리를 포함한 사회적 요구나 기술의 발전상 및 그 미래를 담기도 한다. 세계적 주요 기업들의 미션의 예를 들면 다음과 같다(챗GPT를 통해 수집된 정보로 현재도 동일한지 검증은 하지 않았으나 실제 사용 여부가 중요하지는 않다).

1. **우버**: 보다 나은 세상을 만들기 위한 이동수단을 이용한 연결
2. **페이스북**: 사람들이 세상을 더 열렬하게 연결할 수 있게 한다.
3. **구글**: 세계의 정보를 조직하고 세계의 모든 사람들이 정보에 접근할 수 있게 한다.
4. **애플**: 놀라운 제품을 만들어 사람들의 삶을 바꾼다.
5. **아마존**: 세계적인 고객 만족을 위한 전 세계 최대의 온라인 마켓플레이스를 만든다.

미션사고모델 수립 개념도 및 미션선언문

미션 사고 모델은 일반적으로 기업의 존재 이유와 궁극적인 목표를 나타내는 그림으로 구성된다. 이는 기업의 가치, 신념, 그리고 사회에 대한 기여를 시각적으로 표현된다. 핵심 요소로는 '핵심 가치', '목표 집단(고객, 사회)', '핵심 역량 또는 사업 분야', 그리고 이들을 통해 달성하고자 하는 '궁극적인 영향 또는 변화' 등이 원, 사각형, 화살표 등으로 연결되어 표현될 수 있다. 이 모델은 기업이 무엇을 위해 존재하며, 어떤 방식으로 세상을 변화시키려 하는지에 대한 심오한 질문에 답하는 과정을 도식화한다.

• **그림 6** 미션 사고 모델

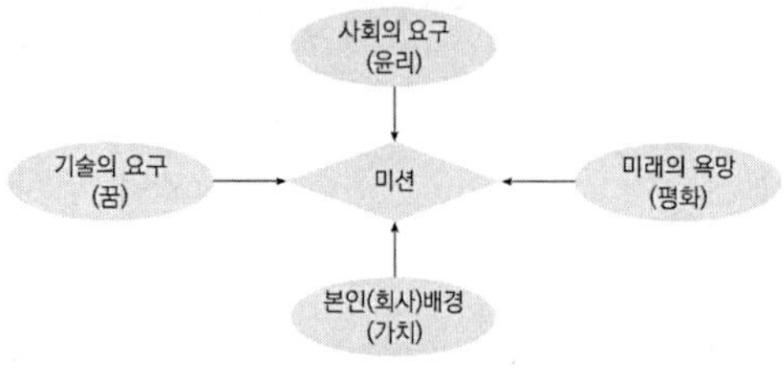

미션선언문

우리는 지속가능 혁신 기업으로서 지속적인 이윤을 창출하며, 우리의 4대 핵심가치인 고객행복, 사원행복, 인재경영, 사회공헌 실현을 위한 전략을 성실히 수행하고, 모든 구성원과 사원가족 및 공동체 사회의 행복실현에 이바지 하는 기업이 된다.

\+ + +

We are an innovation enterprise with continuance of possibility that creates sustainable profit and faithfully accomplishes our four main strategies: 'happiness of our customers', 'happiness of employees', 'human resource management', and 'social contribution'. Also become a company that contributes the attainment of happiness of every member, families of our employee, and the society of community.

캠벨 애시리즈의 미션모델(Campbell's Ashridge Mission Model)

미션은 복잡할 필요는 없다고 본다. 도덕성을 감안한 인류 공영의 추구를 담아내면 될 것이다. 삼성의 사훈과 같이 단순한 철학적 함축 단어면 족하다. 미션선언문을 제시하기도 한다.

캠벨의 애시리즈 미션 모델은 조직의 목표를 달성하기 위한 명확한 프레임워크를 제공한다. 조직의 미션(임무) 선언문을 개발하기 위한 프레임워크가 될 수도 있다. 1990년대 초 캠벨(Campbell)과 영(Yeung)이 53개 대기업을 대상으로 2년간의 연구를 통해 개발한 모델로 다음과 같은 네 가지 중요한 요소를 포함한다.

- **목적(Purpose)**: 조직이 존재하는 이유, 누구를 위해 노력하는지.
- **전략(Strategy)**: 경쟁에서 목적을 달성하기 위한 상업적 논리와 방식.
- **가치(Values)**: 조직 문화에 내재된 행동과 신념의 근간이 되는 원칙.
- **행동 표준(Behavioral Standards)**: 일상적인 행동을 이끄는 지침.

이 모델은 미션 선언문이 이 네 가지 요소를 긴밀하게 연결하고 서로 강화할 때 강력해진다고 강조한다. 또한, 직원들은 회사의 가치와 개인적인 가치가 일치할 때 "사명감(sense of mission)"을 강하게 느낀다고 설명한다.

• **그림 7** 캠벨 애시리즈의 미션모델[3]

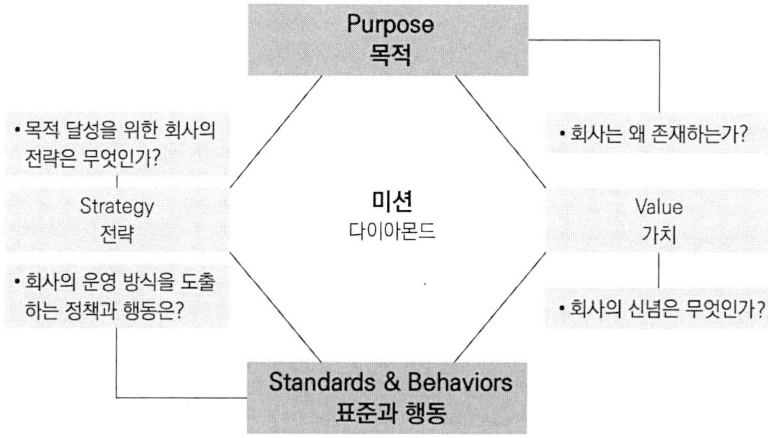

(3) 비전 모델

기업의 비전이란 '기업이 미래에 달성하고자 하는 기업상(企業像)'이다. 즉 오늘의 모습에서 벗어나 미래 어떤 시점에 기업이 갖고자 하는 의미를 나타낸 것이다. 이런 비전과 현재 모습과의 격차(Gap)를 연결시켜주는 것이 바로 전략(Strategy)이며, 이런 전략이 잘 실현되도록 해주는 것은 변화관리(Change Management)로 이들 세 개념은 구분된다. 즉 비전이란 전략이 존재하게 하는, 전략에 우선하는 개념이며, 변화관리의 맨 첫 출발점에 존재하는 상위 개념이다.

비전 모델 수립 개념도

설명

"비전 구성 모델" 그림에서 보듯 기업의 비전은 다양한 내부 및 외부 요인들의 복합적인 고려를 통해 수립됨을 시각적으로 나타낸다. '비전'을 중심으로 여러 요소들이 유기적으로 연결되어 있다.

1. 중앙의 '비전' 박스

이 모델의 핵심은 중앙에 위치한 직사각형 박스인 "위기 대응 능력·비전"이다. 이

3) 박상범(2024), 경영전략, 한경사, p.68.

• **그림 8** 비전 구성 모델

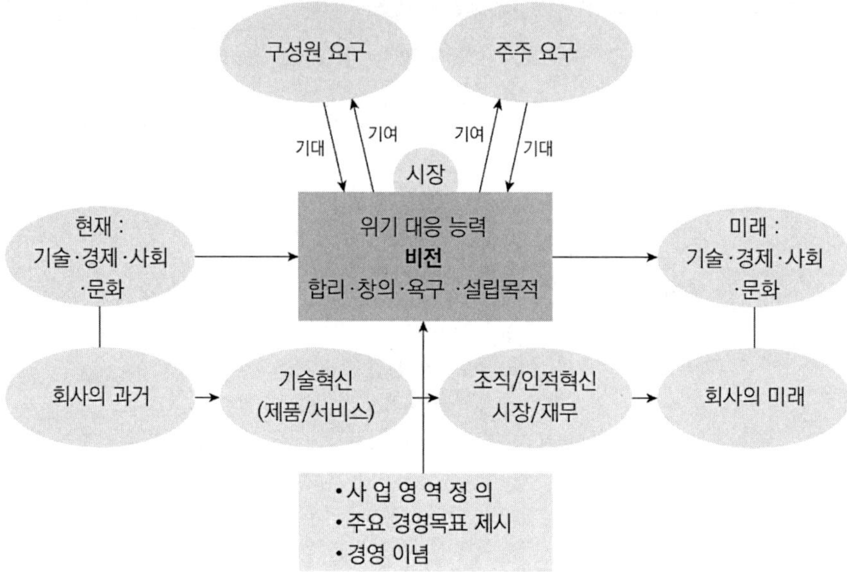

박스 아래에는 "합리 · 창의 · 욕구 · 설립목적"이라는 부가 설명이 기재되어 있다. 이는 비전이 단순히 미래의 희망뿐 아니라, 위기 대응 능력과 합리성, 창의성, 구성원의 욕구, 그리고 기업의 설립 목적을 모두 아우르는 개념임을 시사한다.

2. 비전에 영향을 미치는 주요 요소(중앙 '비전' 박스 주변)

외부 환경(좌/우)

왼쪽에는 원형 박스 "현재: 기술 · 경제 · 사회 · 문화"가 비전으로 화살표를 보낸다. 이는 현재의 거시적 환경이 비전 수립의 중요한 기반이 됨을 나타낸다.

오른쪽에는 원형 박스 "미래: 기술 · 경제 · 사회 · 문화"가 비전으로 화살표를 보낸다. 이는 미래에 대한 예측과 전망이 비전 설정에 필수적임을 보여준다.

내부 이해관계자(상단)

상단 왼쪽에는 원형 박스 "구성원 요구"가, 오른쪽에는 원형 박스 "주주 요구"가 위치한다. 각각에서 비전 박스 쪽으로 "기대"라는 글자와 함께 화살표가 이어지고, 다시 비전 박스에서 이들 원형 박스 쪽으로 "기여"라는 글자와 함께 화살표가 이어진다. 이는 비전이 구성원과 주주의 기대를 충족시키고, 동시에 기업 활동을 통해 이들에게 기여하는 상호작용적 관계를 가짐을 의미한다.

"구성원 요구"와 "주주 요구" 박스 사이에는 작은 직사각형 박스 "시장"이 위치하며, 이 또한 비전 박스와 화살표로 연결되어 있다. 이는 시장의 요구가 비전 수립에 중요한 영향을 미치고, 비전이 시장에 대한 기여를 포함해야 함을 나타낸다.

기업의 시간 흐름과 혁신(하단)

왼쪽 하단에는 원형 박스 "회사의 과거"가 위치하며, 여기서 화살표가 "기술혁신(제품/서비스)" 원형 박스로 이어진다.

오른쪽 하단에는 원형 박스 "회사의 미래"가 위치하며, 이와 연결되는 "조직/인적혁신 시장/재무" 원형 박스에서 화살표가 비전 박스를 향한다.

"기술혁신"과 "조직/인적혁신" 박스 모두 비전 박스로 화살표를 보낸다. 이는 비전이 과거의 경험을 바탕으로 한 기술 혁신과 미래 지향적인 조직/인적 혁신, 시장 및 재무적 고려 사항을 통해 구체화됨을 의미한다. 즉, 비전은 과거를 돌아보고 현재 혁신을 통해 미래를 만들어가는 과정 속에서 정립된다.

3. 비전 박스 아래 추가 설명

비전 박스 바로 아래에는 또 다른 직사각형 박스가 있으며, 그 안에 세 가지 핵심 요소가 나열되어 있다: 사업 영역 정의/주요 경영목표 제시/경영 이념

이 박스는 비전이 이러한 구체적인 내용들을 포함하거나, 이러한 내용들이 비전을 형성하는 데 중요한 기반이 됨을 보여준다. 특히 '경영 이념'이 비전의 하단에 명시된 것은, 경영 이념이 비전의 근본적인 토대 역할을 함을 다시 한 번 강조하는 것으로 해석된다.

4. 전체적인 의미

이 "비전 구성 모델"은 비전이 단순히 추상적인 꿈이 아니라, 현재와 미래의 외부 환경, 내부 이해관계자(구성원, 주주), 기업의 과거 경험과 미래 혁신 노력, 그리고 구체적인 사업 영역 및 목표, 경영 이념까지 아우르는 매우 복합적이고 다면적인 과정을 통해 수립되어야 함을 보여준다. 비전이 기업의 모든 활동을 이끌어가는 강력한 나침반 역할을 하기 위해서는 이 모든 요소들이 균형 있게 고려되어야 한다는 메시지를 전달한다.

세계주요기업들의 비전 예시

비전은 기업가가 자신이 이루려는 꿈이 중심이 된다고 볼 수 있다. 발전해가는 사회적 요구나 기술의 발전상 및 그 미래를 담을 수도 있다. 세계적 주요 기업들의 비전을 예를 들면 다음과 같다. 이 내용들도 AI를 통해 조사한 것들이며 실제 현재성이 있는지는 중요하지 않다.

1. 아마존(Amazon)

- **비전**: 세계에서 가장 고객 중심적인 회사가 된다.
- **실행전략**: 고객 경험을 최우선으로 하는 비즈니스 모델 구축
  - 프라임 멤버십을 통한 충성고객 확보
  - AI 기반 맞춤형 추천 시스템 제공
  - 물류 최적화를 통한 빠른 배송 시스템 구축

2. 테슬라(Tesla)

- **비전**: 지속가능한 에너지를 가속화한다.
- **실행전략**: 친환경자동차와 신재생에너지를 통한 혁신
  - 전기차 시장선도 및 자율주행 기술개발
  - 태양광 패널과 배터리 저장시스템을 통한 친환경 에너지 확산
  - 지속 가능한 에너지 공급을 위한 인프라 투자

3. 마이크로소프트(Microsoft)

- **비전**: 지구상의 모든 개인과 조직이 더 많은 것을 성취하도록 돕는다.
- **실행전략**: AI, 클라우드, 생산성 도구를 활용한 디지털 혁신
  - AI 및 클라우드 컴퓨팅 기술을 활용한 디지털 혁신
  - 기업 생산성 향상을 위한 SaaS(Software as a Service) 제공
  - 지속적인 연구개발 투자

- **효과적인 비전 설정 과정**

1단계: 당해 기업의 존재 이유 정의 - 고객과 사회에 제공하는 가치

2단계: 장기목표 설정 - 5~10년의 장기적 목표를 의지를 가미하여 구체적으로 정의

3단계: 차별화 요소 고려 - 경쟁사, 현재 기술과 차별화를 분명히 함

4단계: 조직구성원과의 공유 - 교육, 설득, 집합 회의 등을 통해 공유가치화

• 좋은 비전의 조건

1. 비전은 기업이 장기적으로 달성하고자 하는 목표와 방향성을 제시하여야 한다.
2. 미션과는 구별되며, 미래 지향성을 가져야 한다. 기술의 단절성이 있어도 좋다.
3. 성공적인 세계 기업 사례를 벤치마킹하여 큰 족적에 대한 길을 열어둔다.
4. 비전을 효과적으로 설정하고 실행하기 위하여 전략으로 뒷받침한다.

2) 경영이념의 체계

기업 조직이 사회에 제공하는 가치이자, 직원들이 일하는 의미는 미션이라 한다. 기업의 존재 목적, 사회적 사명 등 기업을 둘러싼 모든 이들이 받아들일 수 있는 개념이어야 한다. 기업 존립의 가장 우선시해야 하는 개념이며 변하지 않아야 한다. "무엇이 될 것인가?", "무엇을 이룰 것인가?"에 대한 답을 적절히 줄 수 있어야 한다는 것이다. 미션에 따라 구체적으로 달성해야 할 조직의 중장기적 미래와 선략을 통해 구현하고자 하는 조직의 중장기적 미래상, 실질적이며 조직원들을 선도할 수 있는 비전, 이들은 기업의 핵심 가치와 함께 기업을 받치는 핵심 주춧돌들이다.

경영이념의 체계

미션·비전·핵심가치·목표·전략 등의 관계는 다음과 같다.

• **그림 9** 경영이념의 체계

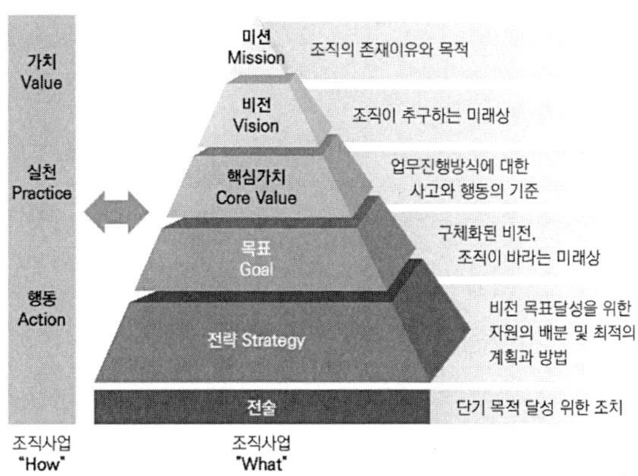

설명

이 모델은 기업의 가치(Value), 실천(Practice), 행동(Action)이라는 세 가지 큰 축을 바탕으로, 미션에서 전술에 이르기까지 단계적인 구조를 제시한다.

1. 피라미드 구조(상위 → 하위)

최상단(가치 - Value): 미션(Mission)

조직의 존재 이유와 목적: 피라미드의 가장 넓은 면적을 차지하며, 기업의 가장 근본적인 존재 이유와 궁극적인 목표를 나타낸다. 이는 기업이 추구하는 최고의 가치이며, 장기적으로 변하지 않는 기업의 본질적 사명이다.

두 번째 층(실천 - Practice): 비전(Vision)

조직이 추구하는 미래상: 미션 바로 아래에 위치하며, 미션을 바탕으로 조직이 미래에 도달하고자 하는 이상적인 모습을 제시한다. 이는 가치 지향적이고, 조직 구성원에게 동기를 부여하는 미래의 그림이다.

세 번째 층(실천 - Practice): 핵심 가치(Core Value)

업무 진행 방식에 대한 사고와 행동의 기준: 비전 아래에 위치하며, 조직 구성원들이 공유하고 지켜야 할 기본적인 신념과 원칙이다. 이는 조직 문화의 근간이 되며, 모든 의사결정과 행동의 준거 틀이 된다.

네 번째 층(실천 - Practice): 목표(Goal)

구체화된 비전, 조직이 바라는 미래상: 핵심 가치 아래에 위치하며, 비전을 구체적으로 측정 가능하게 만든 단계별 달성 목표를 의미한다. 이는 비전을 실현하기 위한 중간 지점들을 나타낸다.

다섯 번째 층(행동 - Action): 전략(Strategy)

비전 목표 달성을 위한 자원의 배분 및 최적의 계획과 방법: 피라미드의 하단부에 넓게 자리 잡으며, 설정된 비전과 목표를 달성하기 위한 광범위한 계획과 방향을 제시한다. 인적, 물적 자원을 어떻게 배분하고 활용할지에 대한 큰 그림이다.

최하단(행동 - Action): 전술(Tactics)

단기 목적 달성 위한 조치: 피라미드의 가장 넓은 바닥을 이루며, 전략을 실행하기 위한 구체적이고 단기적인 행동 계획과 수단들을 의미한다.

2. 좌측 수직축의 분류

- 가치(Value): 미션 영역을 포괄한다. 기업의 가장 근본적인 정신적 지향점을 의미한다.
- 실천(Practice): 비전, 핵심 가치, 목표 영역을 포괄한다. 기업이 지향하는 바를 구체화하고, 일상적인 행동 원칙으로 삼는 단계를 나타낸다.
- 행동(Action): 전략, 전술 영역을 포괄한다. 실제 목표를 달성하기 위한 구체적인 실행 단계이다.

3. 하단의 "조직문화(How)"와 "조직사업(What)"

피라미드 하단에는 두 가지 중요한 관점이 제시되어 있다.

- 조직문화 'How': 이는 미션, 비전, 핵심가치, 목표, 전략, 전술에 이르는 모든 과정이 조직 내부의 문화와 어떻게 연결되는지, 즉 '어떻게' 일하고 '어떻게' 행동할 것인지에 대한 측면을 강조한다.
- 조직사업 'What': 이는 미션부터 전술까지의 체계가 기업이 '무엇을' 달성하고 '무엇을' 제공할 것인지, 즉 기업의 사업적인 목표와 성과 측면을 강조한다.

4. 모델의 시사점

이 "경영이념의 체계" 모델은 기업의 경영 활동이 단순히 파편적인 요소들로 이루어진 것이 아니라, 최상위의 추상적인 가치(미션)에서 시작하여 점차 구체적인 실천(비전, 핵심가치, 목표)과 행동(전략, 전술)으로 이어진다는 것을 명확히 보여준다. 또한, 이러한 모든 단계가 기업의 문화(How)와 사업(What)이라는 두 축 위에서 유기적으로 작동해야 함을 시사한다. 경영이념을 중심으로 모든 요소들이 조화롭게 연결되어야 기업의 지속적인 성장과 목표 달성이 가능하다는 메시지를 전달한다.

조직 문화적 차원에서는 How를 기준으로 판단할 수 있으며 조직의 목표달성을 위한 사업 측면에서는 What로 정의할 수 있다. 핵심가치는 조직의 핵심 신념이나 가치관이며, 조직원들이 옳다고 믿는 신념이며, 목표달성을 위한 생각과 행동을 규범하고 규율하는 것으로 미션이나 비전을 달성하기 위한 행동 원칙을 말한다. 전술은 이를 실현하기 위한 구체적 방법이나 수단을 일컫는다. 핵심가치가 변화 속에서도 변화하지 않는 조직의 본질적 가치로 조직의 지향점이라면 전술은 그 목표를 달성하기 위한 방법론이라 할 수 있는 것이다.

미션·비전·핵심가치에 대한 기업들의 정의

이상의 미션, 비전, 이념과 핵심가치에 대한 기업들의 정의를 살펴보면 다음과 같다.

1. 아마존(Amazon)

   미션: 지구상에서 가장 고객 중심의 기업이 되어 고객이 무엇이든지 쉽게 찾고 발견할 수 있도록 하는 것

   비전: 고객이 더 쉽게 구매할 수 있도록 하여 고객의 삶을 풍요롭게 만드는 것

   이념: 고객의 요구를 항상 최우선으로 생각하고 혁신을 계속 추구한다.

   핵심 가치: 고객 집착, 혁신, 효율성.

2. 삼성전자(Samsung Electronics)

   미션: 세계 최고의 혁신적 기술과 제품으로 인류의 삶을 향상시키는 것.

   비전: 지속 가능한 미래를 위한 기술에 대한 리더십을 이어가는 것.

   이념: 끊임없는 혁신과 고객 중심.

   핵심 가치: 신뢰, 지속 가능성, 창의성.

3. SK그룹(SK Group)

   미션: 지속 가능한 경영을 통해 사회에 긍정적인 가치를 창출하는 것.

   비전: 고객과 사회가 행복한 미래를 만드는 것.

   이념: 인간 중심의 경영을 통해 이익과 사회적 기여를 동시에 추구한다.

   핵심 가치: 고객 가치, 사회적 책임, 지속 성장.

4. 넷플릭스(Netflix)

   미션: 전 세계 사람들에게 영화와 TV 프로그램으로 즐거움을 제공하는 것.

   비전: 사람들이 언제 어디서든 자신이 선호하는 콘텐츠를 시청할 수 있는 경험을 제공하는 것.

   이념: 고객의 기대를 초과하는 콘텐츠 경험 제공.

   핵심 가치: 혁신, 자유와 책임, 고객 중심.

5. GE(General Electric)

미션: 인류의 문제를 해결하는 혁신적인 기술과 솔루션을 제공하는 것.

비전: 더 나은 세상을 위한 혁신과 가치 창출.

이념: 지속적인 혁신과 윤리적 경영.

핵심 가치: 혁신, 성과, 고객 중심.

6. 마이크로소프트(Microsoft)

미션: 지구상 모든 사람과 조직이 더 많은 것을 이룰 수 있도록 돕는 것.

비전: 모든 사람과 조직이 자신의 모든 가능성을 실현할 수 있도록 지원하는 것.

이념: 신뢰성과 윤리를 바탕으로 혁신을 추구한다.

핵심 가치: 다양성 및 포용성, 고객 중심, 혁신, 팀워크.

7. IBM(International Business Machines Corporation)

미션: 문제 해결을 통해 고객의 성공을 돕고 변혁을 이끄는 것.

비전: AI, 클라우드, 블록체인 등 혁신적인 기술을 통해 기업과 사회에 긍정적인 영향을 주는 것.

이념: 고객 중심의 혁신 및 높은 윤리를 유지한다.

핵심 가치: 고객 신뢰, 혁신, 다양성.

8. 토요타(Toyota)

미션: 모든 사람에게 이동의 자유를 제공하는 것.

비전: 모두가 살기 좋은 세상을 만드는 것.

이념: 고객을 최우선으로 생각하고, 지속 가능한 사회를 지향한다.

핵심 가치: 지속 가능성, 품질, 혁신, 고객 중심.

9. 페이스북(Meta Platforms, Inc.)

미션: 사람들이 더 가까워질 수 있도록 도와주는 것.

비전: 사람들이 가상의 세상에서도 서로 연결되고, 협력할 수 있는 환경을 만드는 것.

이념: 사용자 데이터 보호와 프라이버시를 중요시한다.

핵심 가치: 연결성, 사회적 책임, 혁신.

10. 월마트(Walmart)

미션: 저렴한 가격으로 고객에게 좋은 품질의 제품을 제공하는 것.

비전: 전 세계에서 가장 고객 지향적인 기업이 되는 것.

이념: 고객의 요구를 충족시키기 위해 끊임없이 개선한다.

핵심 가치: 고객 중심, 효율성, 혁신.

11. 하인즈(Heinz)

미션: 전 세계의 주방에서 사랑받는 브랜드가 되는 것.

비전: 좋은 음식과 좋은 휴식을 통해 소비자들에게 기쁨을 주는 것.

이념: 품질과 고객 만족을 최우선으로 한다.

핵심 가치: 혁신, 지속 가능성, 품질.

3) 전략 수립을 위한 분석기법

전략 수립에는 분명한 목적을 가진 질문과 이를 해결하기 위한 데이터 및 데이터 분석 Tool이 필요하다.

(1) 외부환경분석

기업이 통제할 수 없는 외부 요인들을 분석하여 기회와 위협을 식별한다.

(가) PESTLE 분석(Political, Economic, Social, Technological, Legal, Environmental)

PESTEL 분석모델은 기업에 영향을 미치는 거시적인 외부 환경 요인을 종합적으로 분석하는 프레임워크이다. 각 요소는 다음과 같다.

- P(Political, 정치적): 정부 정책, 세금, 무역 정책, 정치적 안정성, 규제 변화 등.
- E(Economic, 경제적): 경제 성장률, 환율, 인플레이션, 금리, 소득 수준, 소비 지출 경향 등.
- S(Social, 사회적): 인구 통계 변화, 문화적 트렌드, 라이프스타일, 가치관, 교육 수준, 건강 의식 등.
- T(Technological, 기술적): 신기술 개발, 기술 혁신 속도, R&D 투자, 자동화, 디지털 전환 등.

- L(Legal, 법률적): 노동법, 소비자 보호법, 산업 안전 규제, 지적 재산권, 경쟁법 등.
- E(Environmental, 환경적): 기후 변화, 친환경 규제, 자원 고갈, 지속 가능성 인식, 자연재해 등.

활용

거시적인 트렌드와 변화가 기업의 장기적인 전략 방향, 투자 결정, 리스크 관리에 어떤 영향을 미칠지 예측하는 데 사용된다. 예를 들어, 특정 기술 발전이 새로운 시장 기회를 만들거나(T), 강화된 환경 규제가 생산 방식의 변화(E)를 요구할 때 전략적 대응 방안을 모색한다.

(나) 5가지 경쟁 세력 모형(Porter's Five Forces)

5가지 경쟁 세력 모형은 마이클 포터가 제시한 이 분석틀은 산업의 매력도(수익성)와 경쟁이 본질을 이해하는 데 저력을 다하며, 다음 다섯 가지 요소가 산업 내 경쟁 강도를 결정한다.

- 신규 진입자의 위협: 새로운 기업이 시장에 진입하기 쉬운가 어려운가(진입 장벽).
- 대체재의 위협: 유사한 기능을 수행하는 다른 제품이나 서비스가 얼마나 쉽게 소비자의 선택을 받을 수 있는가.
- 구매자의 교섭력: 고객이 제품 가격을 낮추거나 더 나은 서비스를 요구할 수 있는 힘.
- 공급자의 교섭력: 공급업체가 원자재 가격을 올리거나 서비스 조건을 불리하게 바꿀 수 있는 힘.
- 기존 경쟁자 간의 경쟁 강도: 산업 내 기존 기업들 간의 경쟁이 얼마나 치열한가(가격 경쟁, 광고, 제품 차별화 등).

활용

Five Forces Model은 특정 산업의 수익 구조와 경쟁 우위를 분석하여, 해당 산업에 진입할지, 아니면 어떤 방식으로 경쟁하여 이길지 결정하는 데 사용된다. 예를 들어, 구매자의 교섭력이 강하다면 고객 충성도를 높이는 전략이 중요해진다.

(2) 내부역량분석

기업이 통제할 수 있는 내부 요인들을 분석하여 강점과 약점을 식별한다.

(가) 가치 사슬 분석(Value Chain Analysis)

마이클 포터가 제시한 가치 사슬은 기업이 제품이나 서비스를 생산하고 고객에게 전달하는 모든 활동을 '가치 창출 활동'으로 보고, 이 활동들을 주 활동(Primary Activities)과 지원 활동(Support Activities)으로 분류한다.

– 주 활동은 물류 투입, 생산/운영, 물류 산출, 마케팅/판매, 서비스.

– 지원 활동은 인프라, 인적 자원 관리, 기술 개발, 구매.

가치사슬분석은 기업의 각 활동에서 어떻게 가치를 창출하고 비용을 발생시키는지를 분석한다. 이를 통해 경쟁사 대비 비용 우위를 확보하거나, 차별화된 가치를 제공할 수 있는 핵심 역량을 파악하고, 비효율적인 부분을 개선하는 데 사용된다. 예를 들어, 생산 과정의 특정 단계에서 혁신적인 기술을 도입하여 비용을 절감하거나, 고객 서비스 활동을 강화하여 차별화된 가치를 제공하는 방안을 모색한다.

(나) VRIO 분석(Value, Rarity, Imitability, Organization)

기업의 자원(Resources)과 역량(Capabilities)이 지속 가능한 경쟁 우위의 원천이 될 수 있는지를 평가하는 프레임워크이다. 다음 네 가지 기준을 만족할수록 강력한 경쟁 우위가 된다.

- V(Value, 가치): 그 자원/역량이 기업에게 경제적 가치를 창출하는가? (기회 활용 또는 위협 중화)
- R(Rarity, 희소성): 경쟁사들이 쉽게 모방하거나 획득할 수 없는 희소한 자원/역량인가?
- I(Imitability, 모방 불가능성): 경쟁사가 그 자원/역량을 쉽게 모방하거나 대체할 수 없는가? (복제 비용, 시간, 복잡성 등)
- O(Organization, 조직화): 기업이 그 자원/역량을 효과적으로 활용할 수 있도록 조직화되어 있는가?

활용

VRIO 모델은 기업이 진정으로 가진 강점이 무엇이며, 그것이 얼마나 지속 가능한 경쟁 우위를 제공할 수 있는지를 분석한다. 이를 통해 기업의 핵심 역량을 강화하고, 경쟁사에게 모방당하기 어려운 독자적인 강점을 구축하는 전략을 수립한다.

(3) 통합분석

내부 역량과 외부 환경 분석 결과를 종합하여 전략적 방향을 도출한다.

(가) SWOT 분석(Strengths, Weaknesses, Opportunities, Threats)

SWOT 모델은 가장 널리 알려진 전략 분석 기법이다. 내부 요인인 강점(Strengths)과 약점(Weaknesses), 그리고 외부 요인인 기회(Opportunities)와 위협(Threats)을 식별하고 이를 교차 분석하여 전략을 수립한다.

- 강점(S): 내부적으로 기업이 잘하는 것, 경쟁 우위를 가지는 요소(예: 강력한 브랜드, 우수한 기술, 숙련된 인력).
- 약점(W): 내부적으로 부족하거나 개선이 필요한 요소(예: 노후화된 설비, 비효율적인 프로세스, 낮은 인지도).
- 기회(O): 외부 환경에서 기업에게 유리하게 작용할 수 있는 요소(예: 새로운 시장 개방, 기술 발전, 정부 지원).
- 위협(T): 외부 환경에서 기업에게 불리하게 작용할 수 있는 요소(예: 경쟁사 등장, 경기 침체, 규제 강화).

(나) SWOT Matrix를 통한 전략 도출(SWOT-TOWS Matrix)

- SO 전략(강점 – 기회): 강점을 활용하여 기회를 포착하는 공격적인 전략.
- ST 전략(강점 – 위협): 강점을 활용하여 외부 위협을 회피하거나 최소화하는 전략.
- WO 전략(약점 – 기회): 약점을 보완하면서 외부 기회를 활용하는 전략.
- WT 전략(약점 – 위협) :약점을 최소화하고 외부 위협을 피하는 방어적인 전략.

활용

기업의 현재 상황을 한눈에 파악하고, 이를 바탕으로 가장 적합한 전략 방향(공격, 방어, 전환, 보완 등)을 도출하는 데 유용하다. PESTEL, 5 Forces, 가치 사슬 등의 분석 결과를 SWOT의 각 요소에 반영하여 더욱 풍부한 분석을 할 수 있다.

(4) 포트폴리오 분석

다각화된 사업을 영위하는 기업이 사업 단위(Business Unit)나 제품 라인의 전략적 위치를 평가하고 자원을 배분하는 데 사용된다.

(가) BCG 매트릭스(Boston Consulting Group Matrix)

기업의 사업 단위나 제품을 시장 성장률(Market Growth Rate)과 상대적 시장 점유율(Relative Market Share) 두 축을 기준으로 네 가지 유형으로 분류한다.

- Star(별): 높은 시장 성장률 & 높은 시장 점유율. 많은 투자가 필요하지만, 미래 성장을 이끌 핵심 사업.
- Cash Cow(현금 젖소): 낮은 시장 성장률 & 높은 시장 점유율. 안정적으로 많은 현금을 창출하여 다른 사업 투자의 원천이 됨.
- Question Mark(문제아): 높은 시장 성장률 & 낮은 시장 점유율. 높은 성장 잠재력이 있으나, 점유율 확대를 위한 과감한 투자가 필요. 실패할 수도 있음.
- Dog(개): 낮은 시장 성장률 & 낮은 시장 점유율. 수익성이 낮거나 손실을 발생시켜 철수나 축소를 고려해야 함.

BCG Matrix는 다각화된 기업이 한정된 자원을 각 사업 단위에 어떻게 배분할지 결정하는 데 도움을 준다. '현금 젖소'에서 번 돈을 '별'이나 '문제아'에 투자하여 성장시키고, '개'는 정리하는 식의 포트폴리오 전략을 수립할 수 있다.

(나) GE-맥킨지 매트릭스(GE-McKinsey Matrix/GE 9-Box Matrix)

- BCG 매트릭스의 한계를 보완하기 위해 개발된 9칸 매트릭스이다. '산업 매력도(Industry Attractiveness)'와 '사업 단위 강점(Business Unit Strength)'을 여러 지표(예: 시장 규모, 성장률, 경쟁 강도, 시장 점유율, 브랜드 강점, 기술 역량 등)로 평가하여 사업 단위의 전략적 위치를 더욱 세밀하게 분석한다.
- BCG 매트릭스보다 더 다차원적인 분석을 통해 각 사업 단위의 잠재력과 리스크

를 평가하고, 투자(Invest/Grow), 유지(Hold), 철수(Harvest/Divest) 등의 전략적 결정을 내리는 데 사용된다.

분석을 행함에는 분석의 목적이 있어야 한다. 장·단기적 구분 및 M&A나 리밸런싱 등까지 필요한지 판단한다. 분석이 정확하게 수행되고 결과가 효과를 발휘할 수 있기 위해서는 목적이 단순하고 질의 내용이 명확하여야 한다. 분석에 사용하는 데이터는 유용한 객관적 데이터를 도출함이 필요하고 분석의 결과가 목적에 맞지 않으면 분석의 반복이나 새로운 데이터의 조사·수집 및 입력이 필요하다. 특히 요즘은 AI에 의한 분석이 유행하며 AI는 질문에 따른 답변을 하게 되므로 정확한 질문이 엄선되어야 한다.

4) 경쟁전략

(1) 경쟁전략의 의미

기업은 경쟁을 위해 태어났다. 탄생과 더불어 남보다 좋은 제품을 남보다 빨리 남보나 저렴하게 남보다 좋은 유효 채널을 통해 더 친절하게 고객에 공급하여야 하는 경쟁이다. 기업의 전략은 기업이 그 모양새를 바꾸기 위해 취하는 활동계획이다. 현재의 상태가 경쟁자들과의 경쟁에서 부족함이 있거나 Top의 의식상 마음에 들지 않는 부분이 있음으로 그 개선을 위한 시도이다.

• **그림 10** 원가와 가격 및 WTP

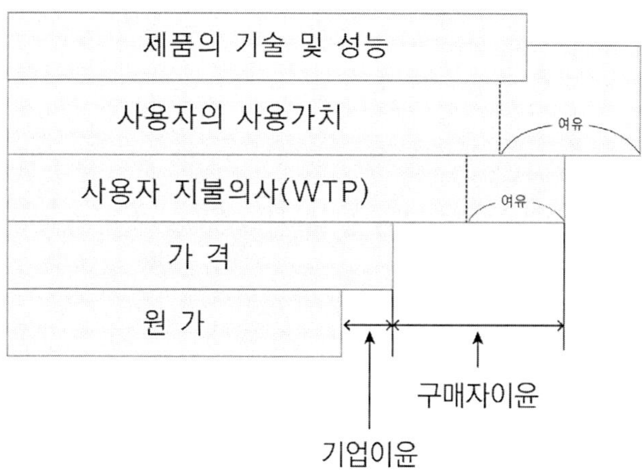

* WTP: Willing To Pay(지불의사)

이 전략의 목표는 크게 두 가지로 분류된다. 첫째는 기업이 제조 판매하는 제품의 성능 개선, 즉 기능을 다양화하여 소비자의 욕구를 더 충족시키는 것과 내구성 및 안전성을 높여 소비자의 품 안으로 한 발짝 더 가까이 가려는 노력이 그것이고 둘째는 당해 제품의 원가를 낮추어 기업이 추구하는 이윤을 높이거나 고객에게 더 저렴한 가격으로 제품을 공급하기 위함이다. 이는 기업의 존속이나 나아가 성장·발전을 의미하며 머슬로우가 말하는 경영자의 끝없는 '자아실현의 욕구' 충족을 위함이기도 하다.

제품의 성능 개선과 원가 절감은 기업 입장에서는 동일한 목표를 지향한다. 즉 [그림 10]에서 보는 바와 같이 이들은 기업 이윤의 증대를 가져오기 때문이다. 여유부분은 측정의 변동성을 의미한다.

기업은 판매가격과 원가의 차이를 이윤으로 향유한다. 따라서 가격이 일정하다면 원가가 낮으면 이윤이 올라간다. 한편 가격은 사용자(구매자)의 지불 가능 금액(WTP: Willing to Pay, 지불 의사) 안에서 결정되게 되고 지불 가능 금액은 구매자의 사용가치 안에 있게 된다. 사용은 자신이 사용할 수도 있고 남에게, 조카나 애인에게 선물할 수도 있으며 구매자는 자기가 선물하는 만큼의 사용가치를 가지게 된다. 사용가치는 강제 또는 특정 상황에 따른 구매를 제외하고는 지불 의사 금액을 초과한다. 점선의 범위와 같이 기업이 표방하는 기술의 가치를 초과할 수도 있다. 이것이 일반적 상황이라면 기업은 가격을 높이 책정하여 이윤을 많이 낼 수 있다. 산업화 초기 대량 생산이 시작되었을 경우에는 이런 현상이 있었다. 이 제품을 살까 말까 하는 단계는 이 양자가 일치하는 점이라 할 수 있다.

한편, 전해지는 바에 따르면, 구부러진 빨대는 "조셉 프리드먼이라는 발명가가 직선 빨대 사용이 서툴러 자꾸 음료수를 바닥에 쏟던 딸을 위하여 고안한 것"이라 하며, 사각형 우유팩도 이전의 삼각형이나 유리병 포장이 불편하여 나온 발명품이라 한다. 이런 것들은 원가나 판매가 보다 사용가치가 훨씬 높다. 기술의 고도화도 필요하지만 간단한 아이디어로 사용가치를 높이는 것도 이윤을 높이는 방법이다.

또한, 제품의 성능은 구매자의 사용가치를 결정한다. 엔비디아의 MPU(AI가속기) 칩은 초기에는 그 사용가치가 그래픽을 처리하는 일부에 사용성이 발견되었다면 그 후에 AI(Artificial Intelligence)가 등장하면서 AI에 접근하는 모든 사람들에게 사용가치가 인식되게 되어 수요가 폭발한 것이다.

전략의 목표가 제품의 성능을 목표로 하는 것은 여기에 그 중요성이 있다. 높은 기술을 활용하여 많은 사람들이 구매 유인을 가진 제품은 수요를 크게 창출하여 기업가의 자아실현 욕구를 성취시키기 때문이다. 전 세계는 이미 기술의 이전투구기에 접어들었다. 기존 제품의 성능을 개선하는 것은 지금까지 해온 한계에 도달해 있음으로 특이한 아이디어가 떠오르거나 월등한 기술의 지원을 받지 않으면 불가하며 이를 극복하는 노력이 장시간 많은 연구개발비를 써가며 제품 개선에 힘을 쏟는 것이다. 그러나 시간이 너무 지나면 경쟁제품에 의거 시장 기회를 놓칠 수도 있다.

원가절감의 경우는 제품생산을 위한 모든 비용 발생, 자원의 소비나 인력 또는 기계의 활동들이 경영자의 눈에 보이기 때문에 기술개발보다 쉽게 보이기도 한다. 따라서 인건비를 줄이기 위한 자동화를 하거나 불요불급한 비용을 통제하는 등의 조치를 취한다. 그중에서도 중요한 것은 계열화 또는 부문의 통폐합 등이다. 계열화는 비효율적인 조직을 효율적으로 분할 운영하는 것을 의미하며, 부문 통폐합은 여러 사업 단위나 기능을 통합하여 운영 효율성을 높이고 원가를 절감하는 것을 말한다. 그러면 기능 대비 저원가를 실현하는 것이다. 여기에는 두 가지의 목적이 있는데 하나는 새 제품에 대한 의사결정의 효율화를 통하여 커뮤니케이션 비용을 줄이고 속도를 붙여 소비자에게 남보다 한 발 앞서 다가가라는 의미와 함께 한편으로는 분산되어있는 사업들을 조정하여 기술과 시장의 흐름에 앞서가서 길목을 지키므로 시장을 선점하고 산업의 이니셔티브를 잡자는 목적도 있다. 그러나 경쟁전략은 거의 후자에 초점이 놓여 있다. 연구개발은 한계가 분명하므로 조직정비 또는 구조조정을 통하거나 규모의 경제를 이루어 비용을 절감하는 데 목적이 있기 때문이다.

(2) 내부 경쟁력

(가) 기업의 내부 역량 분석

기업은 내부에 자신이 보유한 자원이 있다. 이를 핵심역량으로 표시하기도 한다. 여기에는 유형·무형 자산과 인적 자원, 경영 능력이 있으며, 기업 스스로 가지고 있는 분석 기법의 적용 능력이 있다.

기업 내부 역량 중 경영자원은 매우 중요하며, 기업의 경쟁력은 경영자원에서 나온다. 물적 자원의 운용은 사람이 하며 운용하는 사람의 역량에 따라 기업 경쟁력에 차이가 생긴다. 인적자원에 관한 깊은 연구를 남긴 제프리 페퍼(Jeffrey Pfeffer, 1946~) 교수는 기업이 지속 가능한 경쟁 우위를 확보하는 데 "사람"은 결정적인 핵심 인자의 역할을 한다

• **그림 11** 기업의 내부 역량 분류

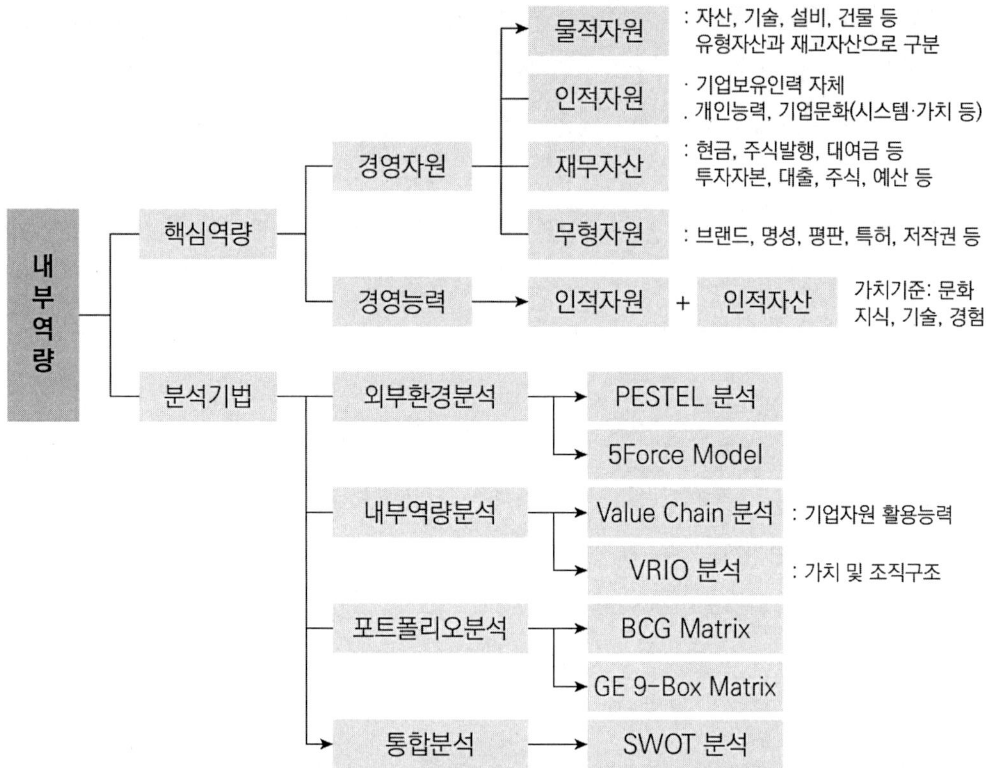

주: 핵심역량, 경영자원, 인적자원 및 PESTEL, 5Force, VC, VRIO, BCG, GE9, SWOT 등은 해당 장에 내용 및 저작 교수 등의 내용 참조

• **표 2** 경영자원의 분류

경영자원	자원요소	주요특성(능력)
물적자원	유형장비	건물, 설비, 기계, 공구, 연구설비 등 유형성 및 그 능력
	재고자산	원재료, 제품 등 좋은 원재료와 경쟁력 있는 조달능력
인적자원	사람	구성원의 가치관과 행동양식, 목표 비전, 핵심가치 공유
	인적가치	종업원이 보유한 노하우·능력·기술을 활용하는 능력
재무자원	현금	현금, 현금성 자산, 유가증권, 투자자산 등
	주식발행	주식발행금, 주식발행 여유 역량
	대여금	은행부채, 담보 보증, 추가 차입 여력 등
무형자원	브랜드가치	기업의 이미지, 상표, 평판, 고객신뢰
	기술	기업 소유 고유, 응용, 생산, R&D 기술(AI 등 포함)
	지적재산권 등	특허, 기술, 노하우

고 강조하였으며, 우수한 인적자원을 확보하는 것이 경영성과를 높이는 데 중요하다고 하였다. 인적자원 관리방식은 타인이나 타 기업이 모방하기 어려운 기업의 핵심역량 요소이다. 그의 '착한사람 이미지 벗어나기'는 "권력을 경영하는 7가지 원칙"에서 강조하는 내용 중 하나인데, 경영계에 남다른 통찰력을 제공하였다. 경영자원을 구분해보면 다음과 같다.

(나) 사람의 경쟁력

더글러스 맥그리거(Douglas McGregor)는 사람을 X이론과 Y이론으로 구분했다. X이론은 사람은 본래 일을 싫어하고 강압적이며 통제적 관리가 필요하다는 관점이며, Y이론은 스스로의 동기 부여가 가능하며 자율성과 책임감을 통해 더 높은 성과를 낸다는 관점이다. 그는 Y이론을 통해 직원들의 잠재력을 믿고 권한을 부여하는 것이 중요하다고 했다. 인간의 신뢰기반 리더십이 조직의 성공을 이끈다고 본 것이다.

사람의 활용법

이러한 그의 견해에 따른 사람의 활용법은 다음과 같다.

1. 사람을 적재적소 배치: 직원의 강점과 약점을 파악하여 적합한 역할을 찾고 그에 합당한 자리에 배치하는 것이 중요하다.
2. 동기부여 전략: 사람은 금전적인 보상뿐 아니라 인정, 성장기회, 자율성 등으로 동기부여를 받는다는 것이다. 프레데릭 허즈버그(Frederick Herzberg)의 동기－위생 이론에 따르면 동기요인을 잘 관리하면 직원들의 몰입도가 높아진다고 하였다.
3. 교육과 개발: 직원들은 지속적인 훈련을 통해 자신의 역량을 키울 수 있도록 도와야 하며, 리더십 개발 프로그램도 중요하다고 하였다.
4. 의사소통과 신뢰: 열린 의사소통과 신뢰를 기반으로 한 조직문화는 직원들의 참여를 이끌어 낸다. 심리적 안정감(Psychological Safety)을 주는 것도 핵심이다.
5. 성과관리와 피드백: 명확한 목표 설정과 성과평가, 그리고 꾸준한 피드백 제공은 직원들의 성장을 돕고 조직의 목표 달성에 기여한다.

좋은 인재발굴

좋은 인재발굴에 대하여는,

1. 조직의 니즈(needs)에 따른 명확한 역량을 정의하는 것: 조직의 목표와 역할에 필요

한 기술적/비기술적 역량을 명확히 정의해야 한다.

예로, 소프트웨어 개발에서는 기술 스팩, 문제 해결 능력, 협업 능력 등이 중요하다

2. 평가 도구 활용: 구조화된 면접, 코딩 테스트, 심리 분석 도구 등을 통해 지원자의 능력을 다각도로 평가할 수 있다.
3. 문화 적합성: 조직의 가치와 비전을 공유할 수 있는 인재를 발굴하는 것이 중요하다. 능력이 있어도 조직문화에 어울리지 못한다거나 역작용을 낸다면 이는 문제가 될 수 있다.

인재가 능력을 발휘하게 하는 방법은,

1. 개인의 강점을 활용한다.

   사람마다 특화된 능력이 다르니, 이를 파악하고 역할에 맞게 배치해야 한다.

   창의적인 직원은 문제 해결 및 미래를 향한 혁신 프로젝트에, 꼼꼼한 개발자는 품질 관리에 적합하다는 등이다.
2. 심리적 안정감을 제공한다.

   실패를 두려워하지 않고 자유롭게 아이디어를 낼 수 있는 환경을 조성해주면 좋다.
3. 성과 기반 보상체제를 갖추어야 한다.

   공정하고 투명한 성과 평가와 보상 체계는 동기부여에 큰 영향을 미친다. 유방과 항우의 싸움에서 유방은 전쟁의 획득물을 병사들에게 아낌없이 나누어 주었고 항우는 나누어주지 않음으로 사기의 차이가 컸음을 역사는 증명하고 있다.
4. 지속적 학습과 성장 기회 제공한다.

   최신 기술 교육, 멘토링, 네트워킹 기회 등으로 개인의 발전을 지원한다.

한 연구에 따르면, SW 개발자 간 생산성 차이는 10배에서 최대 40배까지 난다고 한다. 이는 단순히 기술적 능력뿐 아니라 창의성, 문제 해결 능력, 협업 태도 등의 복합적 요소에서 비롯된다고 보아야 한다. 이를 극복하기 위해서는 팀 구성 시 개개인의 강점을 살리고, 약점은 보완하는 협력과 소통을 촉진하고 조직 구조를 갖추어야 한다.

다만, 인사 평가 시에는 개인적 능력과 조직적 협의 정도는 다르게 보아야 한다. 누가 위기에 조직을 버리지 않고 끝까지 봉사할 것인가에 대하여는 좀 다른 평가가 있다.

5) 성과평가

사업부제가 운영이 되면 채찍과 동시에 적절한 당근이 제공되어야 한다. 사업의 성과에 따른 인센티브는 종업원들에게 동기를 부여하며 경영목표 달성에 유효하게 작용한다. 성과관리에는 성과를 평가하고 그에 대한 보상을 지급하며 그 과정을 통한 경영 능률을 높이는 것을 포함한다.

성과평가에는 두 가지 방법이 있다. 첫째는 평가지표에 대한 달성도를 측정하고 지표 각각에 대한 사전에 부여된 가중치에 의하여 점수로 환산하는 방법인 가중치법이고 둘째는 달성할 지표에 대한 목표를 주고 그 달성률을 측정하는 방법(목표 달성률법)이다.

(1) 가중치법

가중치법은 다음과 같은 단계로 진행된다.

① 우선 평가대상에 대한 평가 지표를 선정하고(예: 이익률, 시장점유율, 현금 흐름, 자산증가 기여도 등)

② 이들에 대한 가중치를 설정,

③ 성취도를 측정하여 개인이나 조직별 점수를 계산한다.

가중치법에 의한 성과측정은 선정된 지표의 목표 달성률을 설정된 가중치로 가중평균하여 최종 점수를 산정한다.

평가지표와 가중치는 기업문화와 사업부의 성격을 잘 이해하고 사업부 관리자들이 모두 공감하는 공통의 컨센서스(Consensus)로 지표를 설정하여야 한다. 조직간 관점에 따른 평가가 달라지는 등의 이견이 있는 지표를 선정한 평가결과는 조직의 집단적 반발을 불러일으킬 수 있으므로 주의해야 한다.

예시한 지표는 당해 본부의 매출액, 영업이익률, 시장점유율 증가, FCF(Free Cash Flow), 장기재원 계획, 자산 증가율 및 사회공헌비용으로 하였다. 장기재원 계획은 장기적 사업에 대한 투자를 의미한다. 가중치는 시장에 따른 분류로 고성장 · 중성장 ·저성장 시장이냐에 따라, 또는 회사의 상황에 따른 분류로 태동기 성장기 성숙기 안정기 쇠퇴기 등에 따라 달리하여 평가한다. 상황과 환경에 따라 조정할 수 있다.

• **표 3** 성과측정표(가중치법)

가중치법 ( )본부 성과측정표 (기간: ~)							
No	평가지표	표준치	실적	달성률	가중치	점수	비고
1	매출액증가율						
2	영업이익률(증가율)						
3	시장점유율(증가)						
4	FCF						
5	장기재원 계획						
6	자산증가율						
7	사회공헌비용						
.							
.							
	계				100%		

상기와 같이 성과평가표를 제출합니다.

20xx년 xx월 xx일

평가자 1. xxx (인)

2. xxx (인)

3. xxx (인)

(2) 목표 달성률법

목표 달성률법은 사업부별로 매년 성과목표를 지정하여 주고 그 달성도에 따라 인센티브를 지급하는 방법이다. 피동적 리더십 형태를 가지므로 그리 추천할 만한 것은 아니다. 리더의 상격 또는 과업이나 조직에 따라서는 이 방법이 주효할 수도 있다 이 방법은 [표 4]와 같이 정리된다.

목표 달성률법에서 평가지표에 사용되는 목표 예산은 기획조정실이나 예산실, 경우에 따라서는 성과분석실 등에서 수립한다. 성과를 기업의 핵심 가치로 삼고 있을 경우이다. 회사의 장·단기 목표와 국내·외 경기의 변동, 환율의 변동, 필요 시 유가나 국제 정세 등 시장의 상황이나 기업의 상황 등에 따라 설정할 수 있다. 다만, 목표를 너무 낮게 주면 최선을 다하지 않을 수 있으며 너무 높은 목표를 주면 처음부터 포기하고 노력을

• **표 4** 성과측정표(목표달성률법)

목표달성률법 (　　)본부 성과측정표 (기간:　　　~　　　)							
No	평가지표	표준치	실적	달성률	가중치	평가점수	비고
1 2 3 4 . .	매출액 증가율 영업이익 증가율 시장점유율 증가율 FCF 증가율 기타						
	계						

하지 않을 수 있으므로 그 적정선이 중요하다. 종업원들은 충분한 여유를 가지고 있음에도 간신히 다 했다는 엄살을 피운다는 사실을 직시하여야 한다.

설정한 목표는 당사자와의 협의를 거치는 것이 좋다. 기획실에서는 현장에서 발생한 상황을 다 모를 수 있다. 이 방법은 적절한 수준의 목표를 제시하는 것이 요체이다.

6) 전략의 유형과 활용

전략 유형에 따른 기업의 전략은 시장 진입, 신시장 창출 또는 시장 확장에 쓰인다. 궁극적으로는 기업의 수익증대를 통해 이윤의 확보에 목적을 두고 있는 것이다. 전략의 활용과 전략적 가치는 다음과 같이 분류할 수 있다.

(1) 성장 전략

(가) 다각화 전략

다각화 전략은 신 시장진입에 활용할 수 있다. 성장 기업이 기존 제품 라인을 넘어 새로운 시장이나 제품군에 진입할 때 사용된다. 예를 들어, 테크기업이 스마트폰을 넘어 피트니스나 의료기기로 사업을 확장하는 경우가 이에 해당한다.

기존 시장과 다른 분야로 진출하여 새로운 고객층 확보를 하는 경우도 있다. 예를 들어, 자동차 제조업체가 전기차나 자율주행차로 확장하는 경우이다.

다각화 전략의 전략적 가치

- 다각화 전략의 전략적 가치는 단일 시장에 의존하지 않음으로써 위험 분산하고 수익원을 다각화하여 경기에 따른 불안정을 해소할 수 있다.
- 기존 사업과의 시너지 효과를 발휘할 수 있는 사업 분야를 선정하여 기존 자원 및 역량을 활용함으로써 새로운 시장에서 효율성을 극대화한다.
- 이는 여러 시장에서 수익을 창출해 한 시장의 부진을 상쇄하므로 리스크의 분산효과 및 변화하는 소비자의 트렌드에 적극적으로 대응이 가능하므로 새로운 기회를 창출할 수 있다.

(나) 집중화 전략

집중화 전략은 특정 틈새시장에 집중하여 차별화된 제품이나 서비스를 제공함으로써 신시장 개척에 주효하다. 예를 들면, 고급 수제 맥주 브랜드가 소규모 양조장으로 성장할 기회를 만들 수 있다.

집중화 전략의 전략적 가치

- 전문성 강화로 특정 분야에서의 리더십을 구축할 수 있다.
- 브랜드 충성도를 증가시켜 소비자와 깊은 관계를 형성하고 고객 충성도를 확보할 수 있다.

(2) 방어적 전략

(가) 비용 우위 전략

비용 우위 전략은 시장 진입 시 활용한다. 자사의 가격경쟁력 있는 제품을 저렴한 가격으로 시장에 진입시켜 저가로 고객을 확보한다. 예를 들어, 대형 할인 매장이 특정 제품의 가격을 낮춰 고객을 유치하는 예를 들 수 있다.

비용 우위 전략의 전략적 가치

- 비용 우위 전략의 전략적 가치는 가격 민감도가 높은 소비자층을 타깃으로 하여

점유율을 증가시킬 수 있다.

- 지속적인 운영 효율성을 통해 안정적인 수익성을 유지할 수 있다.

(나) 차별화 전략

차별화 전략은 신시장 창출시 활용할 수 있다. 독특한 제품이나 서비스의 제공으로 경쟁업체와의 차별화를 만들어 낸다. 특정 제품의 프리미엄 제품군을 선보여 고급 소비자 시장을 겨냥할 수 있다.

차별화 전략의 전략적 가치

- 경쟁 우위를 바탕으로 가격 프리미엄을 만들어 수익성을 향상시킬 수 있다.
- 장기적인 고객 관계 구축을 통한 브랜드 이미지를 강화할 수 있다.

(3) 혁신 전략

(가) 점진적 혁신

혁신 전략의 점진적 혁신은 시장 초기 진입 시 활용할 수 있다. 기존 제품의 품질 개선으로 시장 점유율을 확대한다. 스마트폰 제조업체가 주기적으로 신모델을 출시하여 소비자의 흥미를 유지하는 것은 이 전략의 실현이다.

점진적 혁신의 전략적 가치

- 지속적인 고객 만족 및 충성도를 확보할 수 있다.
- 변화하는 시장 트렌드에 유연하게 적응할 수 있다.

(나) 파괴적 혁신

파괴적 혁신 전략은 신시장 창출 시 사용될 수 있다. 기존 시장의 패러다임을 변화시키는 혁신적 제품이나 서비스 도입. 예를 들어, 스트리밍 서비스가 전통적인 TV 소비 방식에 도전하는 경우이다.

파괴적 혁신 전략의 가치

- 새로운 소비자층을 겨냥하여 시장을 재편성할 수 있다.
- 시장에서 경쟁자들을 압도하며 독보적인 위치를 확보하거나 점유가 가능하다.

이러한 전략의 유형은 시장 진입 및 신시장 창출에 있어 다양한 방식을 통해 기업의 성장과 경쟁력을 확보 및 극대화할 수 있도록 한다. 지속 가능한 성장은 자원의 올바른 배분과 적절한 전략의 구사에 달려있다!

7 기업문화

1) 기업문화란

기업은 내재적으로 공유하고 있는 어떤 가치체계가 있다. 특정한 사안이 발생했을 때의 대응 방식, 쓰는 용어, 행동, 매너, 관습 등은 일정한 조직체계를 갖추고 있는 기업에는 늘 존재한다. 이는 보통 기업의 설립 이념과 설립자의 철학, 강조 용어 등으로부터 비롯된다. 삼성그룹의 이병철 회장께서 주장한 인재제일 사업보국의 사훈은 삼성의 뼈와 살이 된 문화로 자리 잡았으며 현대건설 정주영 회장의 '채금자'(현장 책임자를 부르던 정회장의 발음), '해바써'(안 된다고 하는 직원들한테 해보고 안 된다고 하느냐라는 정회장의 핀잔)라는 정신과 언행도 현대의 기업문화로 정착되었다.

기업문화는 기업을 운영하는 기본 틀이며 구성원의 의식을 지배하는 주요 요소이다. 이는 창립 시부터 정립되어 발전된 것이므로, 기업문화의 정착이 덜 되었거나 아직 미완성 또는 신설 기업의 경우는 기업문화를 조속히 정립하여야 한다. 기업의 전략이 성공하기 위해서는 그 기업의 문화와 선택한 전략이 일치하여야 전략의 본 뜻과 수행방안의 통일된 전달을 통하여 일사불란(一絲不亂)한 합심 '하자' 정신으로 성공할 수 있다. 기업문화의 정착은 일본의 5S 운동이 정리·정돈·청소·청결·습관으로, 마지막의 습관화를 하지 않으면 좋은 행동들의 연속성 보장이 되지 않음을 강조했던 것과 같이 좋은 문화는 습관화하여야 한다. 이는 내재적 사내 학습 체계화와 반복 학습을 통하여 습관화할 수 있을 것이다. 학습의 대상은 벤치마킹으로 업종을 불문하고 국내외 타 기업 또는 사내 타 부서의 좋은 습관이나 매너 용어 등을 배울 수 있다. 시대에 맞지 않는 합당하지 않은 문화는 과감히 수정해야 할 필요성도 있다. 기업이 또 그 조직이 잘 정착되고 최대의 효과를 내기 위해서는 조직과 경영이념 및 가치와 전략의 일관성을 이루어 기업의 목표 달성 및 종업원들의 만족도를 높여나가야 할 것이다.

2) SK의 이천 포럼과 슈펙스

이천포럼은 2017년부터 매년 개최하고 있는 SK그룹 내부행사로, SK 그룹이 국내기업 최초로 세계적 석학과 그룹 임원들을 한자리에 모아 최신 기술, 사회, 국제 동향에 대해 토론하며 비즈니스적 통찰력을 키우는 데에 목적을 둔 대규모 포럼이다. 급격한 기술혁신, 사회와 국제정세의 변화를 신속히 반영하여 세계적 기술과 시장의 흐름에 선도하겠다는 뜻을 가지고 있다. 슈펙스(SUPEX: Super Excellent Level, 초일류)는 인간이 도달할 수 있는 최고수준의 의미로, 1974년 최종현 선대회장께서 시작한 SK의 각 분야 활동 이념이라 할 수 있으며, SK 그룹의 경영철학인 SKMS(SK Management System)의 핵심 가치 중 하나로, 끊임없이 혁신하고 발전하기 위한 노력을 추구하는 SK의 경영 철학이다.

사업 포트폴리오 리밸런싱에 착수한 2024년, SK는 제18회 이천포럼(2024.8.19 ~ 21 3일간, 서울 워커힐 호텔 등)에서 '인공지능(AI)과 SKMS'라는 주제를 논의하였다. 이 포럼에서는 AI를 우선적으로 논의할 것이나 기업문화인 SKMS를 실천하는 방법도 찾아졌다. SK는 AI에 대해 AI 서비스부터 인프라까지 'AI 밸류체인 리더십 강화'를 목표로 SK하이닉스의 HBM 투자(2028까지 82조 원), SK텔레콤과 SK브로드밴드의 AI 데이터센터 투자(2028까지 3.4조 원)와 함께 SKMS에 대한 이해와 실천 사례 등을 공유하며 더욱 강한 SK그룹으로 성장할 기반을 갖출 계획으로 추진되었다.

SKMS는 1980년 유공, 1994년 한국 이동통신, 2012년 하이닉스 등 대형 인수·합병(M&A)을 주도한 경영철학으로 오늘의 SK 성공의 원동력으로 작용했다. SKMS는 "경영에 대한 이해를 달리하게 되면 경영의 목적이나 방향도 제각기 다르게 되고 의사소통은 원활하지 못해 의사결정을 그르쳐 올바른 경영을 하지 못하게 된다"며 선대 회장께서 제정한 것이다.

3) KT의 소통문화

KT는 개별적으로 움직이던 전국의 우체국을 통합하여 하나로 된 초대형 통신기업으로, 과거 팀제로 운영하였었다. 통합 당시 KT의 팀장은 상무급이었으며 지금은 그간의 수직적 문화를 털어내고 수평적 조직문화를 구축하고 있으며 그 문화는 다음과 같다.

• 고객 중심과 혁신

- KT는 통신과 ICT 서비스 분야의 선두 기업으로서, 고객 만족과 혁신을 기업문화의 핵심 가치로 삼고 있다.
- 고객의 니즈를 반영한 신기술 개발과 서비스 혁신을 추진하며, 디지털 트랜스포메이션을 적극 실천하고 있다.

• 협력과 소통

- 협력과 소통을 중요시하며, 수평적 조직문화와 열린 커뮤니케이션을 지향한다.
- 사내 아이디어 제안 제도, 다양한 워크숍 등을 통해 임직원 의견을 적극 반영하려는 노력을 경주하고 있다.

• 사회적 책임과 지속가능성

- 사회적 가치 창출과 ESG 가치를 기업경영의 핵심 요소로 인식하며, 공정경영과 친환경 경영을 실천하고 있다.
- 디지털 포용, 지역사회 공헌 활동 강화에 힘쓰고 있다.

• 미래지향적 인재 육성

- 글로벌 ICT 역량 강화를 위한 인재 육성 프로그램과 역량개발에 집중하고 있다.
- 변화에 빠르게 적응하는 유연성을 갖춘 인재를 중요시한다.

이러한 문화적 번창 아래 HBM분야에서 큰 성과를 거두었다.

4) LG의 정도경영과 개척정신

LG는 Culture Unit의 개념을 도입했다. 소관하는 사업들을 문화 유형으로 나누어 문화 단위(CU: Culture Unit)로 경영을 하였던 것이다. LG는 '금성'이었다. 주력기업이 금성사, 금성통신 등이었고 금성사는 LG전자로 바뀌었다. 이 전환과정에서 LG는 문화개념을 도입하여 의미 있는 Culture Unit으로 편성하였던 것이다. 현재 LG의 기업문화는 다음과 같다.

• 도전과 혁신

– LG는 '진취적 도전'과 '끊임없는 혁신'을 기업문화의 핵심 가치로 내세웠으며,
– 새로운 기술과 시장 개척에 적극적이며, 실패를 두려워하지 않는 문화 조성에 힘쓰고 있다.

• 인재중심의 가치

– '인재제일' 정신을 바탕으로, 인재 육성과 존중을 기업문화의 기본으로 삼고 있다.
– 다양한 교육 프로그램과 글로벌 인재 확보 정책을 추진하며, 인재의 역량 향상을 위해 노력한다.

• 상생과 협력

– 협력 기반의 조직문화를 지향하며, 내부 협력과 동반 성장에 중점을 둔다.
– 공급사슬, 지역사회와의 상생을 위한 사회적 책임 활동도 핵심 가치이다.

• 윤리경영과 지속가능성

– 윤리경영을 강조하며, 투명성과 공정성을 기업문화의 중요한 요소로 인식한다.
– 환경, 사회, 지배구조(ESG) 활동에 적극 참여하여 지속 가능한 성장을 추구한다.

• 젊은 세대와의 소통 강화

– 2020년도 젊은 세대(주로 2030세대)의 소통 강화 위한 "Y컬처팀"을 신설했다.
– 경영진과 직원 간의 소통 원활화 및 건전한 기업문화 창달에 힘쓰고 있다.

5) 삼성물산의 성과지향과 수평 소통

경영전략 차원의 사업부제 관련 관심은 삼성물산에 있다. 삼성물산의 내력은 참으로 찬란하여 향후 삼성물산의 변화에는 과거보다 더 큰 관심과 흥미가 있기 때문이다. 삼성물산은 인재제일을 사훈으로 한 고(故) 이병철 회장께서 1938년 설립한 삼성상회가 그 모체이다.

삼성상회는 국제무역에 손을 대면서 일본의 종합무역상사를 표방한다. 1975년 우리나라 최초로 종합무역상사로 지정되어 무자원국 대한민국의 수출 드라이브 정책을 주도한다. 1981~1982년 64k dram과 광섬유 개발에 동반했다. 래미안을 브랜드로 한 건설사업 참여는 1995년 삼성건설을 합병한 후였고, PC 사업역량을 모아 인터넷 사업을 시작하여 상사, 건설, 주택개발, 유통 및 인터넷 등 5개 사업 분야를 망라하는 복잡한 비관련 다각화 사업체가 되어있었다. 지나친 다각화의 결과 매출과 이익 측면에서는 큰 성장을 이루었으나, 조직이 너무 비대하여 효율적 경영은 이루어지지 않았다. 경제적 부가가치(EVA: Economic Value Added)로 자본비용을 고려한 경영성과를 분석해보니 큰 적자를 기록하고 있었던 것이다.

따라서 대대적인 구조조정과 함께 40개의 사업 유닛으로 재편하고 R&R(Role and Responsibility)을 재정의하여 비 임원도 사업부장을 할 수 있도록 하고 각 유닛을 투자 중심점으로 관리하도록 하였으며, 특히 각 사업 유닛은 필요 경비를 제외한 이익을 그 유닛 직원에게 성과 인센티브로 배분한 것이다. 집단 성과급에는 PI(Productivity Incentive)와 PS(Profit Sharing)를 지급하되 PI는 개인이나 부서의 탁월한 성과를 격려하기 위해 반기별로 지급하는 생산성 보너스이며, PS는 정해진 이익 목표를 초과한 잉여이익을 연 1회 구성원에게 지급하는 것이다. 각 사업 유닛은 독립적 회계 시스템을 적용한다. 수익과 비용을 독립적으로 계상하며, 부실채권에는 대손충당금을 설정하고 내부 이자율로 설정된 이자를 지급한다. 또한 재화나 용역의 유닛 간 이전 시에는 이전 가격에 의하여 채권·채무로 계상하고 정산한다. 유닛 책임자는 이제까지의 자기 유닛이 산출한 이익을 조회·확인할 수 있다.

각 사업 유닛의 직원은 4등급으로 평가된다. 이 제도는 기업 내에 엄청난 변화를 만들어 냈다. 창의적 지원적 업무 수행으로 변화하였고, 과거와 반대로 인력 배정을 덜 받으려 하였다.

단기적 성과평가 및 성과급제의 문제는 장기적 투자에 관심을 덜 가진다는 점과 개별 사업 유닛별 경쟁관계가 형성될 때 어찌할 것인가의 문제이다. 이에 대하여 전자의 경우는 전략적 의사결정을 요하는 사업 유닛의 경우는 최고경영자가 개별적으로 평가하며, 후자의 경우는 같은 산업군에 속하는 유닛들은 몇을 디비전 컴퍼니(division company)로 묶어 자원의 공유와 평가의 균형으로 조정한 것이다.

유통사업과 인터넷 쇼핑몰 사업 부문을 애경그룹에 넘긴 것은 획기적이다. 홈플러스의 지분도 전량 매각하였다. 2015년에는 제일모직이 삼성물산을 합병하고 상호를 삼성물산으로 바꾸었다. 2014년에는 유명한 제일모직의 에버랜드를 흡수하였었다. 새 이름 삼성물산은 이렇게 하여 건설, 상사, 패션(종전 제일모직 사업 부문) 및 리조트의 4개의 대규모 사업단위를 영위하게 된 것이다. 이들은 각 분야별 국내·외 최상을 추구한다. 미래 전략실의 폐쇄와 함께 조선과 중공업까지 총괄한다. 그야말로 비관련 다각화의 정점이라 할 수 있으며 세계에 이러한 다각화가 있는가 모르겠다. 삼성 엔지니어링을 포함 삼성물산의 미래는...?

CHAPTER 4

고전적 경영전략 모델 및 동태화

1 고전적 경영전략 모델

전쟁의 신인 아레스(Ares)나 마르스(Mars), 제석천과 치우 등에서 힐끗힐끗 보이는 전쟁의 양상과 그들의 전략들은 고대 전략가들의 손을 거쳐 현대 경영에 이르러서는 생산의 과잉으로 인한 소비의 초과 공급이 초점으로, 경쟁에서 이겨 내 제품을 어떻게 팔아넘길 것이냐가 관건이다. 이는 남을 이기기 위함이며 말은 숨겨있으나 경쟁자를 죽이는 것이 목적이다.

전통적 전략모델의 한계점은 모든 것들이 하나같이 정태형이라는 것이다. 마이클 포터(Michael Porter)의 5-Force Model도 경쟁요소 5가지를 산업적 측면에서 잘 뽑아내기는 하였으나 그것은 현상에 불과하고 자원과 시간이 투입되었을 때 어떻게 될 것이라는 동태적 상황이 어떻게 전개될지에 대한 해답을 제공하지 못한다. 특히 불리한 산업구조로 인해 이를 자사에 유리한 방향으로 조심스럽게 산업구조를 변경시켰다 하더라도 미래 변화의 추이를 예측하거나 어떻게 바꿀 것인가, 세계적 빅테크 기업들과 같이 자본을 투입하여 특정 기술을 세상에 내면 시장을 비롯한 경쟁구도가 어떻게 바뀔 것인가에 대하여는 그 과정이나 전략의 단기 장기적 결과에 대한 답을 주지 못한다.

이것은 포터의 5-Force 모델뿐 아니라 케네스 앤드류스(Kenneth Andrews)의 SWOT

모델, 보스턴 컨설팅 그룹(BCG) 매트릭스, 그리고 비교적 늦게 소개된 맥킨지(McKinsey)의 7-S 모델(또는 MS 모델)에서도 현재의 경쟁상황에 대한 정태적 상태만을 보여줄 뿐이지 경쟁의 변동성이나 변화된 산업구조 속에서 당사의 경쟁 관계 및 그 변화 과정을 나타내지는 못한다. 오히려 기업전략모델의 고전으로 꼽히는 안소프(Ansoff)의 기업 전략 모델은 시장과 사업이 다양화된 환경에서 비즈니스 전략과 계획의 수립, 그리고 상황에 따른 다각화를 포함하고 있어 다소의 동태적 의미를 내포하고 있다.

이러한 여러 전략모델의 정태성에 대하여 슘페터(Schumpeter)는 산업구조와 기업 간의 경쟁에 따른 상호작용에 주목하였다. 그는 기업의 혁신이 산업 변화에 영향을 미치고 시장 중심 기업 역시 새로운 경쟁 체제하에서 새로운 질서를 형성한다고 보았다. 이는 기술, 신제품 개발, 유통망 혁신 등을 통해 경쟁력의 수준을 높일 수 있다.

한편 기업 간의 상호작용도 또한 중요한 관심사이다. 기업들은 경쟁을 하면서 상호 영향을 주고받는데, 이는 마치 게임과 같다. 기업 상호 간 주고받는 작용과 반작용은 RPG(Role Playing Game) 게임과 같이 상대방의 움직임에 따라 반응을 하는 것이므로 미래를 추정할 때는 게임의 시나리오와 같이 스토리텔링(Storytelling) 방식으로 근사하게 변화를 예측하여야 한다.

기업 간 경쟁에서의 도전과 응전, 전략의 상대성은 게임이론으로 설명이 되어있으나 미래 예측 모델은 나와 있지 않은 것 같다. 그래서 장세진 교수는 그의 저서에서 게임이론을 끄집어내어 동태적 변동성을 일부 반영하였다. 시장 참여자들은 각자의 우위 확보를 위하여 비용과 인력을 수반하는 각종의 전략을 구사하며, 이는 결국 원가절감을 통한 비용 우위나 차별화 우위를 달성하기 위한 과정이라고 보았다. 그의 책에서는 비용 우위보다 차별화 우위를 더욱 선호한다고 밝혔지만 그 결과를 어떤 방법으로 확인하여야 하는지 측정 방법이나 도표를 통해 그 결과를 확인하는 구체적인 방식은 제시하지 못한 것 같다.

본서는 여기에서 고전적 모델인 BCG 매트릭스 등을 변형하여 전략 구사 이후의 경쟁력을 표시하는 방식을 제시한다. 이러한 방식은 결국 기업의 경쟁력 변화를 시각적으로 보여주며, 게임 이론이 더욱 잘 적용된다면 더 정교한 결과를 제시할 수 있을 것이다. 이러한 논거로 본 저서의 본 장에서는 전통적 전략모델들에 대하여 그 모델들의 소개 및 그들을 동태화시켜 변화하는 환경에 대응토록 하고, 동태적 경쟁을 감안한 수정된 모델들을 소개한다.

2 고전모델 및 그 동태화

경쟁전략은 산업혁명 이후 산업의 합리화와 이익의 창출을 위하여 끊임없이 발전해 왔다. 프레드릭 테일러(Frederick Taylor)의 과학적 관리법에서 지적한 분업도 일종의 전략이며, 애덤 스미스(Adam Smith)의 보이지 않는 손(Invisible Hand)도 시장의 자율적 효율성을 추구하는 거시적 전략의 하나로 보아야 할 것이다. 이러한 초기 경영전략 개념들을 바탕으로 다양한 전략 모델들이 정립되었는데, 여기 소개하는 모델들은 고전적이지만 현재에도 적용이 가능한 것들이며 약간의 변형을 거쳐 전략 목적에 맞는 형태를 갖출 수 있다. 여기서는 그 전략들의 기본 형태와 동태화한 변형모형 및 현대전략에서의 적용방안 등에 대해 살핀다.

1) 안소프(Ansoff) 기업전략(Corporate Strategy)

(1) 안소프 기본모델

H. 이고르 앤소프(H. Igor Ansoff, 1918~2002)는 그의 『기업전략론(Corporate Strategy)』(1965)에서 시장과 사업 및 그 속에서 움직이는 제품과 상품들의 다양성 속에 기업이 성장하기 위한 의사결정을 아래 4가지로 구분하였다.

- 시장 침투(Market Penetration): 기존 제품으로 기존 시장에서 성장을 꾀하는 전략. 가격 인하, 판촉 강화, 유통개선 등으로 매출 향상, 이익시현을 위해서는 원가 개선이 필요하다.
- 제품 개발(Product Development): 새로 개발된 제품으로 기존 시장을 공략하는 전략. 기술 Mix 등 신기술이 필요하며 R&D가 필요하다.
- 시장 개발(Market Development): 기존 제품으로 새로운 시장을 개척하는 전략. 주로 해외시장을 개척한다.
- 다각화(Diversification): 다각화는 신제품 다각화와 신시장 다각화로 구분된다.
  - 신제품 다각화: 동일 시장에 대한 제품의 다각화를 통한 전략
  - 신시장 다각화: 동일 또는 유사제품을 두고 시장을 다각화하는 전략

• **그림 1** Ansoff's Matrix

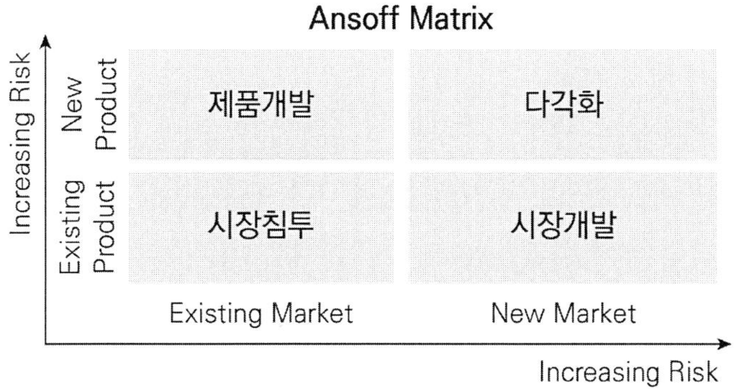

출처: H. Igor Ansoff (1957), 「Strategies for Diversification」, HBR; H. Igor Ansoff, 「corporate strategy」 penquis, 1986, p.99

Ansoff의 기업전략은 기업전략에 관한 초기 모델로 기업이 투자하면 그 효과를 즉시 볼 것인가를 판단하는 모델이다. 이 모델에서는 효과 대비 투입원가가 얼마인가가 판단의 기준이 된다. 시장에 유통되는 제품들보다 약간의 성능을 개선해서 저가에 판매한다면 제품 이용에 부담이 없는 소비자들부터 움직일 가능성이 높다. 따라서 시장효과와 투입비용을 비교하여 비교적 쉽게 적용해 볼 수 있는 모델이다.

앤소프 매트릭스의 적용방법은 다음과 같다.

앤소프 모델의 적용방안

1. 시장기회 파악: 기존 시장과 신제품
2. 유리한 지점 식별
3. 목표와 소요비용 판단(원가산정)
4. 자원·기술·인력 조달계획 수립
5. 가치분석
6. 실행
7. 정규 회계처리 및 정산
8. 달성률 분석 및 평가

(2) 앤소프의 다양화전략

앤소프는 1957년 하버드 비즈니스 리뷰(Harvard Business Review)에 「Strategies for

Diversification」이라는 논문을 발표하며 다양화 전략 모델을 선보였다, 그는 기업의 시장 침투전략을 설명하면서 기존시장의 기존제품을 통하여 시장 점유율을 높이려는 기본적 의도와 기존 고객에게 더 많은 제품이나 서비스를 판매하거나 기존 시장에서 새로운 고객을 찾음으로써 달성하는 전략을 구사할 수 있다고 하였다.

여기서, 시장개발은 최소한의 제품개발을 통하여 새로운 시장으로 확장하려 한다는 것이다. 제품개발전략은 기업 성장을 달성하기 위해 기존 시장을 대상으로 하는 새로운 제품과 서비스를 만드는 것으로 기존 제품의 범위 확장이 포함된다. 또 이들을 새로운 시장에 새로운 제품을 도입하여 시장 점유율을 높이려는 활동으로 전개하기도 하나 이것은 다각화를 말하는 것으로 리스크가 높은 위험한 전략이라고 하고 있다. 앤소프는 이때 이미 제품의 다각화를 통해 시장을 개척하는 것은 어렵다고 본 것이다. 그 이유는 무엇일까? 아마 자금 조달의 한계였을 수 있다.

(3) 기업전략에의 동태적 활용

다각화의 근본 목적은 위기의 극복과 안정적 수익성의 확보라는 목표를 이루는 전략이다.

앤소프의 입장에서는 다각화는 시장도 기술도 새로 개발하여야 하므로 그에 따르는 막대한 비용 때문에 그 시기에는 엄두를 내기 어려웠을 수 있다. 그러나 최근의 기업들은 자금이 축적되면서 수익성만 보장된다면 수십 조, 수백 조 또는 무려 1,000조까지도 조달이 가능하므로 투자자금의 한계를 극복해버렸다. 여기서는 앤소프 시대를 뛰어넘어 앤소프 모델을 동태화하여 전략수립의 도구로 활용해보면 [표 1]과 같이 표시된다.

이 표는 근본적으로 전략에 따른 타당성 분석을 도표화한 것이다. 추진하려는 사업의 내용과 여기 투입될 자원(원가)의 크기 및 그 가치 변화 등에 대하여 미래 사업 전략에 따른 자원의 소요와 소요 비용 및 수익을 분석하고 추진 계획을 세울 수 있다. 분석의 상황에 따라 증분개념을 적용할 수도 있다. 이렇게 분석된 시장전략은 앤소프의 기본모델에서 각 사분면의 목적 달성을 위하여 각각의 전략을 수립하면 [표 1]이 된다.

다각화는 업종과 기술의 측면에서 관련 다각화와 비관련 다각화로 나뉜다. 관련다각화는 기존의 제품과 시장 관련 사업 확장이며 비관련 다각화는 전혀 다른 신제품, 신시장에 진출하는 것이다. 다각화를 어떻게 할 것인가에 따라 구분할 수 있다.

• **표 1** 기업전략 계획표(Ansoff 이론의 동태적 도표화)

평가항목		시장침투 (기존시장)	제품개발 (신제품)	시장개발 (해외시장)	다각화 (신제품 x 신시장)	
					관련	비관련
사업 내용	내용 Top 의지 소요자원 성공정도					
투입원가 성공 후 가치증분						
판단						
전략	시기					
	수행 계획					

주: 1. 이 도표는 기업들의 전략 평가 및 시기별 전략수립 도구로 쓸 수 있는 도표. 간단히 단·장기적 의사결정 기준을 제시함.
2. 사용하는 기업과 목적에 따라 항목을 가감하여 사용할 수 있음.

2) BCG Matrix

(1) 개요

1960년에 미국의 거대화된 기업들은 다각화에 따른 한 기업 내 다중의 사업을 어떻게 하면 합리적으로 경영할 것인가의 딜레마에 빠졌다. 이때 GE(General Electric)가 전략계획의 선두에 섰었으며 많은 제품 포트폴리오 매트릭스가 제시되었으며 이들에 대한 공과(功過)의 평가가 문제로 대두되었다. 이때 보스턴 컨설팅 그룹에서 1969년 기업 내 특정 사업부문의 경쟁력을 경쟁사와 비교하여 평가할 수 있는 TOOL로 만든 것이 BCG Matrix이다. 이 매트릭스는 기업의 각 사업부문 또는 제품(제품 포트폴리오)이 속해 있는 시장의 성장률과 당해 부문이나 제품이 그 시장 내에서 차지하는 상대적 점유율을 조사하여 포트폴리오의 상대적 위치로 경쟁력을 평가하는 방법이다. 이 위치는 특정 제품이나 그 기업 또는 해당 사업부가 소속된 위치를 시장의 성장률과 상대적 시장점유율로 파악한 것이다.

(2) BCG Matrix의 기본 모형

본래의 BCG Matrix 모형은 [그림 2]와 같이 나타난다. BCG Matrix 기본모형에 나타난 프로덕트 P1, P2, P3는 P1은 Cash Cow에, P2는 Star에, P3는 Question Mark (?)에 있어 P1이 벌어서 P3부분을 먹여 살리는 꼴이다. 이는 상대적 현재의 제품 경쟁력을 표시한다.

• **그림 2** BCG Matrix 기본모형

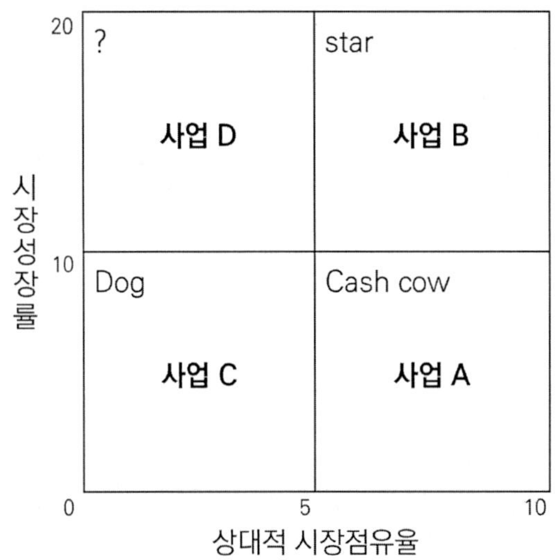

Cash cow: 수익 높고 안정적
현금흐름 높고 큰 투자 불요
Star: 수익 높고 경쟁 심함
현금흐름은 중립적
많은 투자 요구
더 큰 수익 기대
Dog: 수익 낮고 불안정함
현금흐름은 중립 or 마이너스
적극 추진/폐기 판단 필요
?: 수익 낮고 불안정함
시장 개척 중. 현금흐름 마이너스
성장 기업의 신시장 진출 분야
Star로의 전환이 목표

이들 4 위상은 다음과 같이 설명된다.

- Star: 시장성장률과 시장점유율이 모두 높은 위치로 고수익성이 기대되나 높은 시장성장률로 인한 경쟁이 심하며 경쟁자의 진입이 높아 많은 투자가 필요하다.
- Cash Cow: 시장성장률은 낮고 시장점유율은 높아 시장 선도기업이어서 이익창출력이 높아 안정적 자금 수입원 역할을 하며 새로운 투자의 필요성이 그리 크지 않은 위치이다. 많은 경쟁을 이기고 레드오션에 든 시장을 장악한 동아제약의 박카스 같은 제품이 여기 속한다.
- Dog: 시장 성장률은 낮고 시장 점유율도 낮은 위치를 말하며, 수익은 낮고 불안정한 사업 형태이다. 현금 창출 능력은 균형 또는 마이너스를 이룬다.
- ?(물음표): 시장성장률은 높으나 아직 제자리를 잡지 못하여 시장점유율은 낮은 불

안정한 사업구조로 성장을 위한 대책이 필요한 사업이다. 여기서 시장이 요구하는 좋은 제품이 나오고 특정 전략이 성공하면 이는 Star로 이동할 수 있어 신시장이 난립하는 과도기에 혁신기업들이 가장 공을 들이는 영역이다.

(3) 상대적 시장점유율 계산

BCG Matrix에서는 시장성장률과 상대적 시장점유율에 따라 BCG 4분면의 표시 위치가 결정된다. 따라서 시장성장률과 상대적 시장점유율이 계산되어야 한다. 그 계산은 다음과 같이 한다.

(가) 시장성장률 계산

시장 성장률은 특정 시장의 매출이 전년 대비 얼마나 증가했는지를 나타내는 지표이다. 계산 공식은 다음과 같다

시장성장률＝{(당해 연도 시장 매출액－전년도 시장 매출액)/전년도 시장 매출액}×100

(나) 시장점유율 계산

시장점유율은 특정 기업의 매출액이 전체 시장 매출액에서 차지하는 비율을 의미한다. 계산 공식은 다음과 같다.

시장점유율＝(자사 제품/서비스의 매출액/전체 시장 매출액)×100

(다) 상대적 시장점유율 계산

상대적 시장점유율 계산 공식은 다음과 같다.

상대적 시장점유율＝자사 시장점유율/최대 경쟁사 시장점유율

이 산식에서 보는 바와 같이 BCG 매트릭스는 단순화된 모델이며, 시장의 복잡성을 모두 반영하지는 못할 수 있다. 따라서 BCG 매트릭스 분석 결과는 다른 분석 기법과 함께 활용하여 종합적인 판단을 내리는 것이 중요하다.

(4) 변형된 BCG Matrix

앞의 BCG Matrix는 현재 우리 회사의 상대적 포지션을 표시하고는 있지만 "그러니 지금 우리는 어디로 가고 있느냐"라는 질문에는 답을 찾지 못한다. 이를 보고 Cash Cow 사분면에 있는 사업만 할 것인지 물음표 부문에 있는 사업을 접으라는 의미인지 방향성도 표시하지 못한다. 전략은 기업의 하나의 큰 계획이고 그 실행 후에는 변화가 따르기 마련인데, 당 BCG Matrix에서는 현 상황에 대한 기본지식 정도를 얻는 데 그치며 변화의 키가 되는 경영자의 전략은 이면에 숨어있다.

따라서 기본 BCG Matrix에 다음과 같은 무언가 이들을 변화시키는 요소들이 노출된 형태가 필요하다. 여기에 시간을 두고 경쟁력 상태 변화를 표시한 것인데, 이를 변형된 BCG Matrix라고 하며 현재의 상태와 일정 전략의 구사 후 또는 일정 기간이 경과한 후의 기업 포트폴리오를 표시하게 되고 시간 경과에 따른 기업이나 제품의 경쟁력 변화를 파악할 수 있다. 자료의 조사도 다음의 몇 가지 가정만 추가하면 변동성에 대한 조사이므로 현재 상태를 막연하게 조사하는 것보다 더 합리적이고 분석적으로 조사가 가능하다.

변형된 BCG Matrix는 경쟁력의 변동성을 강력하게 표시한다. BCG Matrix 작성의 연장선상에서 변형된 BCG Matrix 도출을 위한 조사 추가 항목은 다음과 같다.

1. 자사 및 상대회사 변화 조사: 매출, 영업이익, 자원 등 업계 전체 및 세계시장을 대상으로 함이 좋다.
2. 자사 및 상대회사의 개발능력, 시장 침투능력, 자본력, 네트워크 등 변화를 추가한다.
3 이를 기반으로 비교할 기간 3가지(현재, 미래, 그 미래, 시장 장악 후)를 추정한다.
4. 추정치를 근거로 변형된 BCG Matrix를 작성한다.

1년 후 및 3년 후의 상대적 경쟁력까지 표시한 [그림 3]의 변형된 BCG Matrix에서는 [그림 3] BCG Matrix 기본모형에서 현재의 경쟁력을 표시한 프로덕트 P1, P2, P3의 위치가 1년 후 및 3년 후에 변경된 것을 볼 수 있다. 이것은 전략을 수립하고 시행한 결과 산업에서 차지하는 회사의 경쟁력이 변경되고 있음을, 또는 변경될 수 있음을 표시한다. 따라서 전략의 중점이 어디 놓여야 할 것인지, 제품 퇴출전략을 어떻게 수립할 것인지가 나타나 경영자 입장에서도 자원 투입의 타당성에 힘을 얻을 수 있다.

• **그림 3** 각 시점별 상대적 시장점유율(BCG 동태모형)

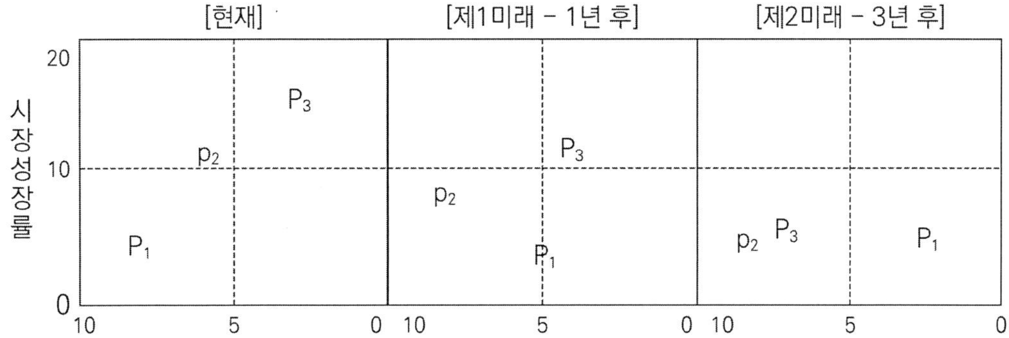

2024년 D그룹이 리밸런싱 도중 합병과정에서 보인 혼란은 변형된 BCG Matrix를 사전에 작성하여 배포하고 주주가치 증대 방안을 엮었다면 돌파하기가 그리 어려운 과제가 아니었을 것으로 생각한다.

상기 예로 든 1년 또는 3년 후의 변화에 대한 소요원가는 사업목적 달성을 위한 계획서상 나타나는 소요 기자재와 소요인력, 제반 비용들을 감안한 직접원가의 변동일 것이고 회사가 변동원가계산이나 표준원가계산을 도입하고 있다면 변동원가산정은 어렵지 않을 것이다. 또한 미래 일정 시점에 대한 가치산정도 기술성과 시장성을 감안하면 쉽게 산정된다. 이때의 가치 산정은 수익접근법을 써야 한다.

기초 자료조사에 있어서는 현재와 미래의 비교와 추정이 결합되고 상대적 포지션이 산정되므로 현재 상태 하나만 조사하는 것보다 훨씬 분석적이고 신뢰성 있는 자료가 입수되고 도출될 수 있다.

(5) 경영기획 수립

일반사항	추가분석 등
가. 목표의 명확화	가. 가치분석
나. 보유 자원(경쟁력 차원) 분석	i)기술분석
다. 소요 자원 및 원가산정	ii) 시장분석
i) 직접재료비	iii) 특허분석
ii) 직접노무비	iv) 사업분석
iii) 제경비/제조간접비	나. 애고 관계 분석
라. 기타사항	i) 주주가치 증대 효과
i) 관리방안	ii) 고객가치 증대 효과
ii) 장애요소	iii) 종합경쟁력 증대 효과
iii) 기타사항	iv) 유지, 확대방안

원가추정은 가치분석의 기초가 된다. 다음과 같은 내용 및 절차에 따라 소요비용 산정 및 가치분석을 실시하여 경영기획으로 연결한다.

3) 케네스 앤드류스(Kenneth Andrew)의 SWOT 분석

(1) 개요

BCG Matrix가 나올 무렵 케네스 앤드류스(Kenneth Andrew, 1926~2005)는 SWOT 분석방법을 고안하여 적용하기 시작하였다. 이는 앨버트 험프리(Albert Humphrey, 1926~2005)가 당시 고도로 발전된 초거대 기업들의 경영이 실패하는 것을 보고 실패의 원인을 분석하기 위하여 SOFT 분석을 고안하였는데, 이것을 케네스가 변경한 것이다. SWOT 분석은 기업에는 강점과 약점이 있고 외부환경들은 기회가 되기도 하고 위협이 될 수도 있다는 지극히 초보적 가정하에 기업 내부의 강점(Strengths)과 약점(Weakness)을 분석하고 외부환경이 기업에 미치는 기회(Opportunities)와 위협(Threats)을 구분, 식별하여 그 조합에 해당하는 강점-기회, 강점-위협, 약점-기회, 약점-위협을 분석하여 전략을 수립하게 한 것이다. 따라서 내용의 이해가 쉽고 간단하기 때문에 지금도 많이 쓰이고 있으나 마이클 포터의 산업구조분석(5-Force Analysis)과 기업의 경영자원과 핵심역량 분석은 이를 대체할 수 있다. 다만 SWOT 분석은 어디서나 쉽게 활용할 수 있다.

(2) SWOT의 기본모형

기업의 내적 강점과 약점, 외부 환경의 기회와 위협의 조합은 당해 기업의 위상을 말한다. [그림 4] SWOT 기본모델에서 보이는 SO, WO, ST, WT의 각 분면은 여기 해당하는 기업의 상태를 표시하고 있으므로 어떤 분야(SO-강점+기회)는 적극 사업을 추진하는데 적합하고 어느 부분(WT-약점+위협)은 조심하거나 사업 철수를 검토해야 하는지를 나타낸다.

SWOT 모델의 4분위면 각각은 큰 특징을 나타낸다. 산업의 특성이 나타나므로 기업이 취할 행동이 대부분 정해진다. 기업은 자신의 역량이나 자원 범위 안에서 다음의 전략을 수립한다.

• **SO전략**: 회사 내부의 강점이 외부환경상 기회를 만난 것으로 제품의 대량생산 및

• **그림 4** SWOT 시계열 모형-4분법

	STRENGTHS 강점	WEAKNESS 약점
OPPORTUNITIES 기회	강점 + 기회 영역 SO 적극 공세	약점 + 기회 영역 WO 약점 보완 공세
THREATS 위협	강점 + 위협 영역 ST 차별화	약점 + 위협 영역 TW 시장 방어·철수

판매의 적극 공세가 필요하다. 경쟁사와의 상대적 경쟁력을 감안한다.

- WO전략: 환경적으로는 기회가 도래했으나 내부 약점이 있는 경우, 통제 가능한 부분이면 조속 보완하여 기회를 이용한다.
- ST전략: 내부에는 힘이 있으나 외부환경이 위협적인 경우. 즉, 경쟁상품이 강력한 경우 등에는 가격 인하, 시장 세분화 등의 전략으로 극복해 나가야 한다.
- WT전략: 외부환경이 비협조적이고 내부역량도 부족할 시는 미래가치를 판단하고 때를 노리든가 시장 철수를 검토한다.

(3) SWOT 시계열 모형

기업의 강점과 약점은 언제나 동일하지 않다. 또한 환경은 흐름이 있고 경쟁자들이 움직이며 수시로 변화하므로 기회와 위협도 동일하지 않다. 기업의 전략과 자원의 투자를 지속적으로 하게 되며 약점은 보완하고 강점을 키워 시장에서의 우월한 위치의 확보와 경쟁력을 가지려 한다. 따라서 현 시점에서 분석한 SWOT 모형이 1년 또는 3년 후에도 동일할 수 없으며, 동일하다면 경영자의 잘못이다. 즉, 기업도 변화하는 것이다.

따라서 SWOT 분석을 시계열로 나누어 분석을 해보면 향후 기업이 나아갈 방향을 가늠할 수 있다. 다음 SWOT 시계열 모형은 쉽게 분석이 가능한 유용한 모형이다. 여기서 환경의 변화는 항상 동일할 수는 없다. 다만, 이를 추정할 시 기업환경의 변화를 잘

• **그림 5** SWOT 시계열 모형-4분법

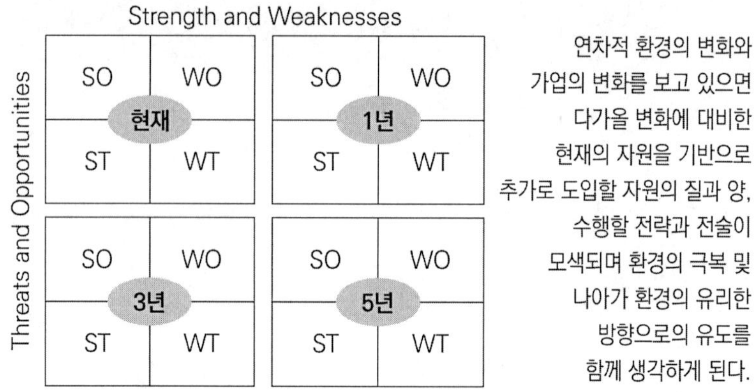

• **그림 6** SWOT 시계열 모형-3분법

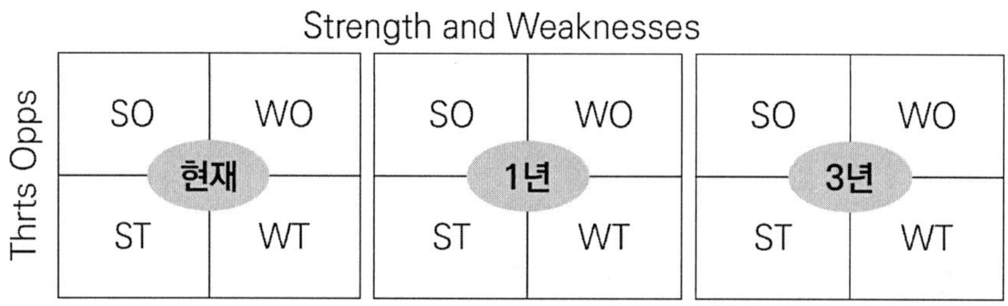

추정하여 이를 반영하는 것이 중요하다. 기업은 환경 속에 살아가는 생명체라는 견지에서 환경의 변화를 그리 크게 생각할 필요는 없고, 위협적 환경이 도래하면 이는 극복할 대상이라 생각하고 파도는 타고 넘는다는 자세가 중요하다. 또한 3년 내지 5년은 현재의 데이터로 어느 정도 추정이 가능하다.

SWOT 시계열 모형을 그림으로 표시하면 다음과 같다. 분석하는 기간에 따라 3분법(현재, 1년 후, 3년 후로 분석)과 4분법(3분법+5년 또는 특정 프로젝트 종료 시의 목표 양상을 표시)으로 구분할 수 있다.

기술의 추이나 환경의 변화는 대개 3년 정도는 가시 범위에 있다. 5년 이상이면 추정은 어려워진다. 장기화되면 기업의 미래 비전을 반영한 목표의 설정에 초점을 맞추게 된다.

SWOT 시계열 모형은 목표 SWOT를 설정해놓고 현재와 1년 후 및 3년 후의 SWOT를 추정한 시계열 모형과 3단계 시계열 모형으로 나누었다. 꼭 3분 또는 4분만이 아니고 현재와 현재의 전략이 효과를 거두는 시점, 즉 1년 또는 2년 후를 목표로 하여 2분 시계열 분석을 하여도 좋을 것이다. 시간의 흐름을 정지된 것으로 하지 않고 SWOT에 통제력을 부여하여 전략에 따른 변화, 즉 전략효과를 분석해 보는 것이 중요하다.

SWOT의 변화에는, 또는 SWOT를 변화시키려면 자원이 투입되어야 할 것이다. 이에 소요되는 비용의 규모를 추정해보고 그 결과에 대한 미래가치를 산정하여 전략의 효과를 분석해 보는 일은 매우 중요하다.

(4) SWOT분석의 대체기법

1960년대 고안된 SWOT 분석기법은 M. 포터의 산업구조분석과 기업의 핵심 역량과 경영자원분석 등의 방법으로 대체될 수 있다고 한다(장세진). SWOT 분석이 기업 내부의 자원 분석과 외부 환경 분석이며, 이는 산업분석에 당연한 원료이어서 SWOT 분석 시의 개괄적 분석보다 상세분석이 개괄 분석을 포괄함은 그것이 진부분 집합인가의 차이가 있을 뿐 응당 당연한 논리일 것이다.

• **그림 7** SWOT 분석과 그 대체이론

이후의 추가 분석: SWOT 분석 후 아래 내용에 대한 추가 분석을 통해 회사의 경영기획을 완성시킬 수 있다.

- 변화가치분석
- 애고관계분석
- 전략관리방안

- 장애요소분석
- 변화비용산정

SWOT 분석 사례

엔씨소프트의 SWOT 분석(2024)

아시아경제는 2024년 2분기 실적 발표에 맞추어 경영 위기를 겪고 있는 엔씨소프트에 대한 SWOT 분석을 하였다. 이 분석이 회사의 요청에 의한 것인지 어려워져가는 기업에 대한 안타까움으로 분석해 본 것인지는 알려지지 않았으나 SWOT 방법으로 한 분석이어서 여기 사례로 싣는다. 자료 및 내용은 다소 수정하였다.

우리나라 게임업계의 3N 중 하나인 엔씨소프트는 많은 애로를 겪었다. 그동안 신작부진, 실적부진, 주가 부진에 시달렸던 엔씨소프트가 2024년 2분기 적자를 면하면서 부진의 늪에서 빠져나올 수 있을는지 주목을 받고 있는 것이다. 체질 개선과 신작출시, 본격적인 투자 확대로 돌파구 모색에 적극 나서고 있는 만큼 하반기 이후에는 개선 신호가 나올 것이란 전망이 나온다. 본 분석 시점까지 회사의 주가는 33.31% 하락했다. 연초 24만원으로 시작한 것이 17~19만 원대에서 지지부진하면서 올 들어 52주 신저가도 여러 차례 갈아치웠다. 엔씨소프트의 성장을 견인해 준 '리니지'가 부진하면서 '원 게임 리스크(One Game Risk)'가 제대로 발목을 잡았다.

1998년 리니지로 발자취를 남겼으나 2010년 초반 부진, 2017년 '리니지 M'을 출시하며 온라인 리니지 시대의 향수를 불러일으키는 데 성공하며 높은 수익을 안겨 줬다. 하지만 핵심 수요층의 고령화 및 유사 게임의 증가로 매출과 영업이익은 빠르게 감소했다. 영업이익은 2023년 1분기에 818억에서 연말에 39억 원으로 쪼그라들었고 2024년 1분기에 257억원, 2분기에 89억 원으로 또 감소했다. 영업이익 기준으로 전분기 대비 66% 감소, 매출은 7% 감소했다. 인건비 및 마케팅비를 줄인 덕분으로 보인다.

부진 타개를 위한 노력으로 공동 대표체제, 인원 감축, 엔씨 타워 매각, 분사, 게임 포트폴리오 다변화와 글로벌시장 확장을 위한 지분투자, M&A, 서브컬쳐게임 전문 개발사 빅게임 스튜디오에 370억 규모 판권 및 지분투자 완료, 스웨덴 슈팅게임 전문개발사 문 로버 게임즈에 38억원 규모 투자 단행 등이다. 그럼에도 시장의 평가는 신작 흥행을 통한 매출 성장을 확인해야 한다며 여전히 보수적이다.

엔씨소프트는 신작 스위칭 역할 수행게임(RPG) '호연'을 8월 28일 한국, 일본, 대만에 출시한다. 그 외 '스론앤리버티(TL)', '블레이드 앤 소울2' '리니지 2M' 'Project G' '아이온 2(Aion 2)' 'LLL' 등이 출시를 예정하고 있다. 장기적(2026)으로는 MMORPG 게임도 계획하고 있다. 그러나 총체적 기대감은 낮다. 기대는 낮지만 흥행에 성공할 경우 주가 강세로 이어질 것으로 전망된다. 게임회사는 결국 게임으로 증명해야 하므로 달라진 모습을 보여주면서 실적까지 같이 증명해야 하는 어려운 구간이다.

관심은 28일 출시되는 '호연'의 성공 여부이다. 엔씨소프트의 새로운 시도인 호연이 흥행에 성공한다면 단번에 2025 이후의 신작들에 대한 기대감까지 끌어올릴 수 있을 것이다. 아래는 NC소프트의 SWOT 분석이다.

• **그림 8** 엔씨소프트 SWOT 분석

• **그림 9** 2024 엔씨소프트 주가 추이

자료: 한국거래소

NC소프트의 주가는 상기 그림에서 보는 바와 같이 2022년도 말에 448,000원을 기록한 이후 2023년도 말에는 24만 원을, 본 SWOT 분석이 되는 즈음에는 16만 원을 기록, 연초 대비 33%가 감소하였고 그래프상 최저가('25.4.18)는 138,500원으로 42%가 감소하였다. 2021년 8월 25일에는 830,000원이었던 것과 비교하면 낙폭(83.3%)은 크다.

그러나 창의성이 높은 기업 문화상 이런 추세를 유지할 것으로는 보기 어렵다. 2025년도에 와서는 상당한 회복을 하고 있다.

• **표 2** 엔씨소프트 분기별 영업이익 추이(단위: 억원)

분기	매출액	영업이익	현금	자본	총자산
2025. 03	3,603	52	4.64	30,192	38,821
2024. 12	4,094	-1,294	12,604	30,636	39,539
2024. 09	4,019	-143	9.49	31,157	40,037
2024. 06	3,689	88	2,550	32,158	41,671
2024. 03	3,979	257	2,338	32,652	42,956
2024. 12(1년)	15,781	-1,092	12,604	30,636	39,539
2023. 12(1년)	17,798	1,372	3,652	32,530	43,938

자료: 분기/중간/기말보고서(전자공시시스템)

회사의 분기별 매출액은 약간의 증가가 있었으나 영업이익은 대폭 감소했다. 결손이 크게 발생한 2024년 12월 말에 현금이 크게 증가하였다. 이는 개별 재무제표에 10,135억 원(개별재무제표 기준)이 계상된 것으로 보아 그룹 전체에 현금이 증가한 것을 알 수 있다.

한편, 영업측면의 부진을 겪고 있는 회사의 이를 만회하기 위한 게임 출시 관련 계획은 다음과 같다.

• **표 3** 엔씨소프트 출시 예정 신작

게임명	출시 예정시기
호연	2024년 8월 28일
TL(글로벌)	2024년 9월 17일
블레이드 앤 소울2(중국)	연내
리니지 2M(동남아)	연내
프로젝트 G(택탄: 나이츠 오브 더 가즈)	2025년 상반기
아이온 2	2025년 하반기
LLL	2025년 4분기
글로벌 IP 기반 신규 MMORPG	2026년

comments: 어려워도 관계자들에게 2025, 2026년 SWOT 분석표를 제시하고 목표 달성을 위해 노력하며 미달성시 원인 분석 결과를 제시해야 신뢰성을 확보할 수 있다.[1)]

이 기간중 K 게임의 매출은 다음과 같다.

3N(넥슨, 넷마블, 엔씨소프트)은 올해 상반기 해외시장에서 2조원이 훌쩍 넘는 매출을 합작했다. 넥슨과 넷마블은 각각 1조 원을 초과하였으며, 엔씨소프트만 부진을 면치 못하고 있다.

• **표 4** 3N 해외매출 현황

회사명	2023년 상반기	2024년 상반기
넥슨	8,743억원(42%)	1조 1,043억원(54%)
넷마블	1조 234억원(85%)	1조 989억원(78%)
엔씨소프트	3,302억원(37%)	267억원(36%)

이들 게임사들의 주요 IP는 다음과 같다.

• **표 5** 3N의 주요 IP(2024. 2분기)

회사명	주요 IP
넥슨	던전앤파이터 모바일: 전 세계 모바일 게임매출 1위 던전앤파이터, 메이플스토리, FC IP: 매출 57% 증가
넷마블	나혼자레벨업 출시 한달만에 누적매출 7,000만 달러 일곱 개의 대죄 키우기 - 8월 13일 글로벌 출시
엔씨소프트	RPG 신작 '호연' 8월 28일 일본·대만 출시 아마존 게임스와 9월 17일 'TL' 글로벌 출시

엔씨소프트는 걱정스러운 가운데 야심차게 수집형 역할수행게임(RPG) '호연'을 계획대로 출시하였다. 그러나 초반부터 기대에 미치지 못하고 9월 10일 기준 구글 플레이스토어 매출 25위 애플 앱스토어 매출 38위를 기록했다. 플레이스토에서는 9월 1일 30위→9월 5~6일 18위→7일 22위이다. 대만에서는 38위, 일본에서는 100위권 밖이다. 2일~8일간의 사용자 수 순위는 68위이다. 매출은 1분기에 3,979억 원(전년 동기대비 16.9% 하락), 2분기에는 3,689억 원(전년 동기대비 16% 감소) 및 영업이익 88억 원(전년 동기대비 75% 감소)을 기록했다.

---

1) 아시아경제, 2024.8.7. 8면

한국항공우주 SWOT 분석

한국항공우주(KAI)는 항공기, 우주선, 위성체, 발사체를 비롯, 관련 부품에 대한 설계, 제조, 판매, 정비 등의 사업을 수행하고 있다. 회사는 현대로템이나 한화에어로스페이스, LIG 넥스원 등의 방산주 주가가 K2전차, K9자주포, 청룡 등 무기체계 수출에 힘입어 큰 폭으로 오르는 동안 소외되어 있었다. 그러나 이 회사는 여러 제품들의 실적 개선중인 회사의 SWOT 분석 내역을 보면 다음과 같다.

• **그림 10** 한국항공우주 SWOT 분석

• **표 6** 회사의 재무 상황

회사의 부채비율	2023년 9월 말	2024년 9월 말
부채	5조 7,132억	5조 9,474억
자본	1조 5,215억	1조 7,296억
부채비율	375.50%	343.86%

부채비율은 좋아지고 있고 배당성향(배당액/당기순이익)도 '21년 31%였다가 '22년엔 21%로 줄었으나 '23년엔 22%로 증가 추세이며, 주가는 '23년 말부터 5만 5천원을 밑돌았으나 '24년 10월 말로 가면 6만 5천원(18% 성장)을 상회한다.

방산예산의 꾸준한 증가와 한국 전투기 사업의 확대, 트럼프 당선인의 우주산업 육성 예측(일론머스크 연계)과 뉴 스페이스 시대의 기대 등으로 미래에 대한 희망 섞인 기대를 하고 있다.

4) M.E. Proter, 5 Force Model

(1) 개요

마이클 포터(Michael E.Porter)는 산업 경제학에서 산업구조를 분석하는 기법을 처음으로 경영전략에 도입한 사람이다. 포터는 1980년 「경쟁전략(Competitive Strategy)」에서 5 Force 모델, 본원적 경쟁전략(원가 우위 전략, 차별화 전략, 집중화 전략), 가치사슬 등의 전략 구사방법을 제시하고 경쟁자를 상대로 경쟁우위를 차지하는 이론을 구축하였다.

그의 5 Force 모델에 의하면 기업은 다섯 가지 경쟁적인 세력에 의해 기업의 수익률이 결정된다. 이는 수평적 경쟁과 수직적 경쟁으로 구분할 수 있는데, 수평적 경쟁은 기존 사업자와 잠재적 진입자 및 대체재와의 경쟁이며, 수직적 경쟁은 구매자와 공급자의 교섭력이다. 이 특징을 살펴보면 다음과 같다.

- 5대 요인이 특정 산업의 경쟁 강도와 수익성을 결정한다.
- 요인 분석 후 선택할 전략은 원가 우위 전략, 차별화 전략, 집중화 전략 중 하나를 선택하여야 한다.
- 위 3개 전략(본원적 경쟁전략)의 성공을 위해서는 기업 내 가치활동의 조화를 이루어야 한다.

(2) Proter의 산업 구조분석 기본모형

포터(M. E. Porter)의 산업 구조분석 모형은 수평적·수직적 경쟁에 대하여 다음과 같이 정의하고 있다. 이 모델은 수직축으로는 공급 및 시장경쟁과 고객으로의 물적 흐름을 표시하고 수평축으로는 신규진입자(신상품)와 시장 및 대체재(현상품)의 축으로 경쟁관계를 표시한다.

• **그림 11** 포터의 산업 구조분석 모형

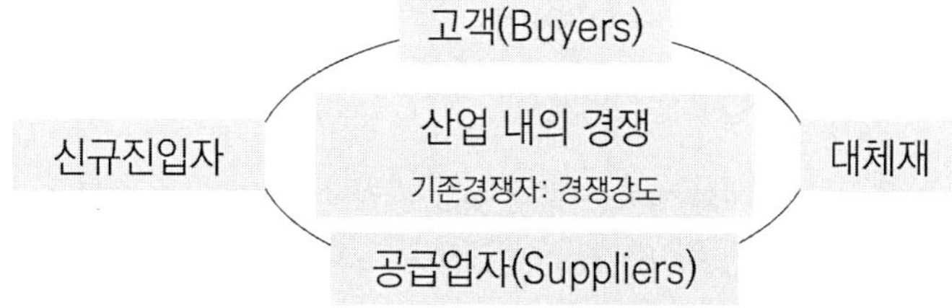

(가) 기존 기업과의 경쟁

i) 산업 집중도

산업 내의 경쟁 양상과 산업 전체의 수익률을 결정하는 핵심 요인으로 그 산업 내에서 이미 경쟁에 참여하고 있는 기업들 간의 경쟁 관계이다. 경쟁은 완전경쟁과 1사 독점 간의 사이에서 한국 공정거래위원회는 산업 집중도에 대하여 3사 집중도를 지표로 사용하는데, 상위 3개 기업이 점유하는 시장 점유율을 의미하며, 이것이 10~20%라면 이 산업은 비교적 경쟁적인 산업이라고 볼 수 있다.

ii) 경쟁기업의 동일성과 이질성

산업 내 참여자들 간 단합의 가능성은 기업들의 전략이나 목적 등 동질성이 강할수록 쉬워진다. 다른 참여자가 시장에 진입했을 경우 그의 품질이나 원가경쟁력 등에 따라 이 가능성은 낮아지나, 다수의 신규참여자가 있고 신규참여자 간의 동질성이 생성되면 시장구조가 달라질 수 있다. 이는 가격에 영향을 미치고 산업이익률을 변경시킨다.

iii) 기타의 요인

산업 내의 경쟁기업 간 시장에서 유통되는 상품이 많아 경쟁이 많지 않은 경우에는 가격 경쟁으로 산업의 수익률이 낮아진다. 반대로 제품의 차별화가 심하면 가격은 구매결정력에 큰 영향을 주지 못하므로 수익성은 높아질 수 있다.

이는 산업 내 초과설비가 증가할수록 설비 가동률을 높여 감가상각비를 회수하려 하기 때문에 생산량이 늘어나고 가격이 낮아져 산업 내 수익률은 낮아진다. 경기의 등락이 심할 경우 불황의 경우에 이런 현상이 발생할 수 있다. 진입 또는 퇴거 장벽이 높을수록 - 기본 설비비가 과다하고 전환이 안 되거나 어려운 경우 - 경기 불황에 대한 가격 탄력성이 커 불황 시 수익성이 급격히 감소할 수 있다.

산업의 비용구조도 변동비율이 높을수록 경기 민감도가 낮다. 고정비율이 높으면 대량생산 시 원가가 낮아지므로 이윤율 향상에 기여한다.

(나) 신규진입자와의 경쟁

기존의 시장제품과 동일 또는 유사한 제품을 가지고 기존 유통시장에 진입하는 기업을 신규진입자 또는 아직 진입하지 않은 상태에서는 잠재적 진입자라 한다. 당해 산업의 이익률이 높다면 다양한 형태의 시장진입자들이 생길 것이다.

신규진입자는 기존 시장에 대하여 어떠한 제품으로 진입하느냐 성능과 질, 안전도 등에서의 차별성, 가격의 차이, 시장 유통채널의 확보 여부와 특히 자본력이 경쟁의 주요 요소가 된다. 한편, 기존 시장에 대한 기존 업자들이 구축해 놓은 진입장벽, 산업 규격이나 표준 등에 의한 진입 제한이 있을 수 있으며 신규진입자는 이러한 제한 장벽을 뚫고 진입해야 한다.

진입장벽은 초기 소요되는 비용도 포함되며 초기소요비용은 퇴거장벽으로 활용되기도 한다. 이러한 진입장벽은 기존사업자들의 보복 가능성이 높으면 더 효과적이다. 보복은 신규진입자의 진입을 막기 위한 가격 인하, 광고 및 마케팅의 확대, 법적 제소 등의 방책을 쓸 수 있다.

(다) 대체재와의 경쟁

대체재의 존재는 당해 제품을 찾는 고객들이 구매 의도에 어떤 변화가 생기면 구매 대상 상품을 이전할 가능성을 가지고 있음을 의미하며 산업의 이익률을 떨어트린다. 가격은 소비자들이 지불하려는 가격(WTP: Willing To Pay) 이내에서 결정되므로 대체재의 가격이 낮아지거나 품질이 상승하는 경우 단가를 낮추어야 하므로 산업의 이익률은 감소한다. 기존 상품에 높은 충성도가 있으면 대체재로의 구매이동은 잘 일어나지 않는다. 고급·고가의 상품이 높은 소득 수준의 소비자의 경우 구매이동은 어렵다. 그러나 대체재가 신기술과 첨단기능 및 저가와 안정된 판로로 고급 소비층을 공략할 때 시장이 어렵지 않게 이동할 수도 있다.

(라) 공급자의 교섭 능력

상품을 공급하는 공급자의 교섭력이 크면, 즉 기존 상품에 특수 기능이 첨부되었거나 환경 등의 규제에 따른 이를 극복한 제품이 한정적일 경우 등에는 공급자의 교섭력이 크다고 할 수 있다. 이럴 때는 공급자가 가격을 올림으로써 자신의 이윤 폭을 높이고 산업의 이윤은 감소한다. 공급자의 카르텔도 가격을 유지 또는 인상하는 결과를 초래할 수 있고 노동조합도 단체 교섭력을 이용, 노임을 통하여 이윤을 감소시킨다.

공급자의 교섭력은 반도체 또는 AI 산업 쪽에 형성되어 있는데, 반도체 노광장비를 제조 판매하는 네덜란드의 ASML이나 AI용 프로세서인 MPU를 공급하는 엔비디아 등은 공급자의 교섭 능력으로 선택된 수요자에 대하여만 고가로 공급을 하고 있다.

(마) 고객(구매자)의 교섭능력

기업에서 생산된 제품은 소비자에게 이전되면서 결국은 그 목적을 달성한다. 구매자들은 제품의 가격과 자신이 가진 구매 교섭능력, 즉 대량구매나 결제의 단축, 현금 구매 등의 도구를 이용하여 가격을 낮출 수 있다. 물론 공급되는 제품의 차별성으로 인해 구매자보다 제품 공급자의 협상력이 더 커질 수도 있다.

구매자의 교섭력은 공급되는 제품에 대한 비용구조나 유통구조에 대한 정보 등을 알고 있을 때나 타 제품으로의 전환비용의 크기 등에 따라 가격 협상력이 달라진다.

(3) 포터 모형의 변형 적용

위에 설명한 포터의 산업 구조분석 기본모형은 공급되는 제품이 열고 있는 산업에 대한 분석으로 산업 전체에 대하여 분석하고 이익 영향력을 살핀 것이다. 경영전략이 기업을 중심으로 이윤을 포함한 기업 경쟁력을 중심으로 이론을 전개하는 것에 비해 경제 전체를 다루는 데 중심이 놓여 있다는 느낌을 지울 수 없다. 여기서 기업 부분을 발췌해야 하기 때문이다.

그러나 포터의 모형을 그대로 기업에 적용할 수 있다면 모형이 가지는 강점을 기업이 활용할 수 있다. 여기서는 포터 모형을 약간 변경하고 시간흐름을 반영시켜 기업이 최대한 활용할 수 있는 방안을 모색해 본다.

포터의 5Force Model은 현재도 전략을 수립하는 기업들에서 많이 쓰이고 있다. 그러나 이는 동태적 모델이므로 기업에 더 효율적으로 적용하기 위해서는 다음 사항의 고려가 필요하다.

1. 수직적 경쟁과 수평적 경쟁의 형태는 동일하다.
2. 산업 내의 경쟁은 시장 내 경쟁으로 교체한다.
3. 공급업자의 공급품에는 제품·상품뿐이 아니라 원재료나 용역을 포함한다.
4. 신규진입자와 대체재는 동일한 개념을 사용한다.

조정된 내용으로 시간흐름을 감안한 종합 모형을 보이면 다음과 같다.

• **그림 12** 변형된 Porter의 5 Force 모델과 BCG Matrix 결합(기업 경쟁구조 모형)

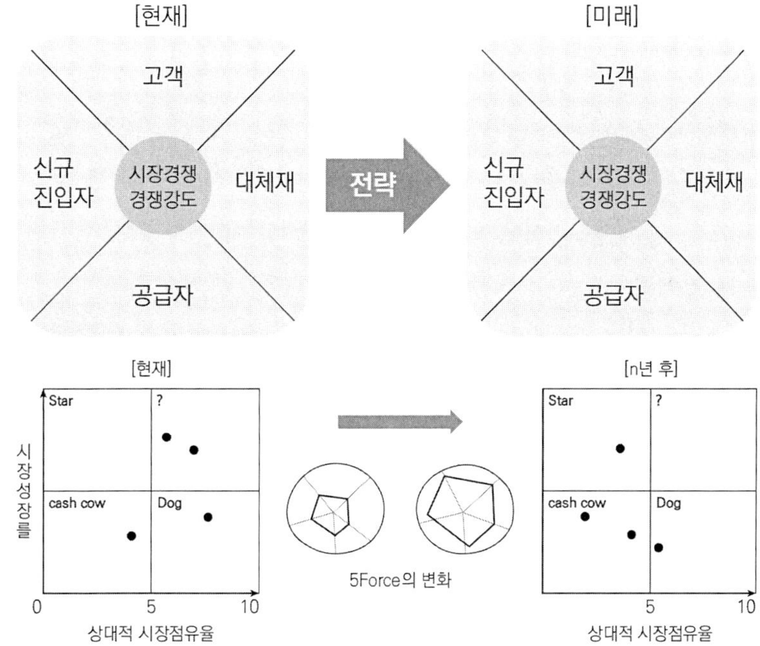

변형된 포터의 5 Force 모델은 포터의 정태적 산업 구조분석 모형을 기업에 전략을 변수로 적용하여 정태적 기업 경쟁구조로 바꾼 것으로, 현재의 기업 경쟁구조를 도출한 후 이에 타당한 기업 전략을 도출·적용하여 일정기간 전략의 효과가 발생했을 시점의 기업 경쟁 구조를 추정한 모습까지 표시한 것이다.

고객과 경쟁자를 조사 분석하면 시장 흐름도 파악되니 BCG Matrix를 어렵지 않게 도출할 수 있을 것이다. 현재와 전략이 효과를 본 이후의 BCG Matrix를 동시 표시하면 회사의 경쟁력 변화를 포트폴리오로 표시해 비교해 볼 수 있다.

포터 모형에서 산업 구조분석 후 채택할 전략은 원가 우위 전략, 차별화 전략 및 집중화 전략 중 하나를 선택하도록 하고 있으나, 여기에 국한될 필요는 없다고 생각된다. 구조조정이나 시너지가 있을 기업 간의 전략적 제휴 등을 선택하지 못할 이유는 없을 것이며, 이를 전략들의 Mix를 통하여 효과를 더 볼 수도 있을 것이다. 이에 대하여는 향후 더 논해보도록 한다.

(가) 변형된 포터 모형에서의 의미

i) 고객

변형된 포터 모형에서의 고객은 기본 모형의 산업 전체를 의미한다. 현재 회사와 거래하고 회사 제품을 구매 해주는 소비자를 포괄한다. 잘 보존해야 할 대상이다. 고객의 협상력에 따른 회사의 대응과 그에 따른 이익의 변화는 기본 모형에서 산업의 이익 변화와 차이가 없을 것이다.

ii) 공급업자

상품을 구매하여 판매만 하는 도·소매업자라면 그 상품의 메이커가 공급업자가 될 것이며, 제품을 제조하여 판매하는 제조기업이라면 원재료나 기계, 부품 등의 공급자가 될 것이다. 엔비디아나 ASML 등으로부터 반도체나 GPU 공급을 받는 경우에는 공급업자의 경쟁력과 협상력이 막강하다. 유명 화장품이나 자동차 판매상의 경우도 공급업자의 협상력은 크다.

iii) 신규진입자

시장이 완전경쟁에 가깝거나 신시장이어서 마진이 클 경우 이 틈을 노리는 자들은 많다. 기존 시장의 제품력이나 규제도 그리 문제가 되지는 않는데. 마진이 있는 시장에는 좋은 기능의 새 제품을 가지고 들어오는 신규진입자는 늘 있다고 보고 대비하여야 한다. 고객과의 각별한 애고 관계, 깊은 기대를 만족시켜 주고 개인만의 신체 특성이나 기업문화를 매치시켜 각별한 충성심을 창출해 둘 필요가 있다.

iv) 대체재

대체재는 기업이 시장에 진입할 때 이미 분석을 해 둔 것일 것이다. 제품을 제작할 때 차별성을 가지고 시장에 들어갔으나 대체재의 가격 인하나 기능과 성능을 상향시킨 대체재가 등장했을 경우는 다른 양상이 전개될 수 있다. 끊임없는 기술개발 및 철저한 고객관리로 고객의 충성도를 높이고 이동을 어렵게 하여야 할 것이다.

(4) 시장경쟁 및 경쟁 강도

제품이 시장에 출시되어 판매가 시작되면 기존 시장을 장악하고 있던 상품과 경쟁자들과의 마찰이 생긴다. 이 시장은 참여자가 얼마나 되느냐, 독과점 업자는 없느냐와 산업 집중도 및 3사 집중도 등도 대책을 세워둘 것이다. 경쟁이 심해지면 대부분 가격경쟁으로 번져 회사의 이익을 갉아먹는다. 원가경쟁력을 높이기 위한 대책도 세워둘 필요가 있다. 특별한 경우 원자재 공급업자와의 협조를 얻어 원가를 낮추는 방법, MVP의 준비 등 저가 신제품을 비밀병기로 준비해두는 방법, 대량 수요 고객을 확보하고 대량생산을 통한 공급으로 원가경쟁력을 높이는 방법 등이 준비될 수 있으면 좋다.

이렇게 보면 기본모델에서의 포터의 5 Force와 큰 차이는 없다. 그러나 시간이 경과하면서 기존 고객의 충성심은 높이고 새로운 시장 및 고객을 확보하여 새로운 차원의 경쟁력 확보를 해 나가는 과정에는 각별한 주의가 요청되는 것이다. 5 Force 어느 곳에도 방심할 구석은 없다.

(5) 이후의 관리사항

변형된 5Force 모델 등에 의한 전략의 수립 이후에 다음의 업무들이 완성됨으로 전략수립 및 경영기획 업무가 종료된다.

<table>
<tr><td>가. 혁신비용 산정
ⅰ. 목표 설정
ⅱ. 소요자원 분석
ⅲ. 원가 산정</td><td colspan="2">나. 혁신가치 분석
ⅰ. 기술성
ⅱ. 시장성
ⅲ. 권리성
iv. 사업성</td><td>다 애고관계 유지
ⅰ. 주주가치 제고 효과
ⅱ. 고객가치 제고 효과
ⅲ. 종합경쟁력 제고 효과</td></tr>
<tr><td colspan="2">라. 혁신 프로젝트 관리방안
ⅰ. 팀 편성
ⅱ. 조직관계
ⅲ. 관리규정
iv. 장애 처리 방안
v. 관리비 예산</td><td colspan="2">마. 기타사항
ⅰ. 장애요소
ⅱ. 기타</td></tr>
</table>

5) 벤치마킹

(1) 벤치마킹(BM, Bench Marking) 개념

아기들이 성장하면서 행동과 말이 늘어나는 것은 벤치마킹의 원리에 기인한다. 형이나 언니 오빠, 어른들이 하는 것을 보고 느끼며 성장하는 신체를 다른 사람들이 하는 행동에 동기화시켜가기 때문이다.

기업의 성장·발전도 마찬가지라 할 수 있다. 창조적 조직 기능과 조직문화를 만들어갈 수도 있을 것이나 이는 시간이 매우 늦다. 그래서 우선 모방으로부터 개선 후 창조적 조직문화를 만들어 가는 것이 합리적이다. 이러한 벤치마킹을 수행하는 것은 부문 등 문화를 공유하는 조직단위에서 일률적으로 추진하는 것이 좋은데, 이를 위해서는 각 부분의 타문화 학습 및 이를 내부에 확산하는 조직적 수행이 효율적이다. 따라서 이러한 벤치마킹을 전문적으로 수행하는 조직을 만들고 벤치마킹을 효율화 하는데, 이러한 조직을 학습조직이라 한다. 학습조직은 이 업무를 주관하는 조직은 물론 이를 따라가는 당해 부분 전체 학습마인드를 말한다.

지금은 우리나라의 기업문화가 상당히 선진화되어 타인 또는 타사의 업무 프로세스를 모방할 것이 많지 않고 창의적 process로 기업을 발전시켜 나가지만, 한때는 크게 유행하였던 업무개선 방법론이었다.

(2) 벤치마킹의 유형

벤치마킹(BM: Bench Marking)은 가까운 데서부터 하게 된다. 나아가서는 업종이 전혀 다르더라도 기능적 벤치마킹을 할 수 있다. 채소 판매 차량에서 대형 마트의 상품 적재 벤치마킹을 할 수 있는 것이다.

• **표 7** 벤치마킹의 유형

유형	대상	사례	장점	단점
내부 BM	• 서로 다른 위치, 부서, 사업부 지역의 유사한 활동을 하는 부서	• xerox • 사업부별 마케팅 전략 (복사기 사업부와 워크스테이션 사업부)	• 대상 조직이 내부조직 동일문화로 즉시 적용 • 다각화된 기업에 유리	• 제한된 View Point • 내부편견 가능
동업종 BM	• 같은 업종 기업의 좋은 Process를 수행하는 부문	• canon • ricoh • kodak • sharp	• 유사 업무조직 • 큰 저항 없이 채택 가능	• 데이터 수집 어려움 • 기업문화 차이 주목 필요 • 윤리문제 있음
이업종 BM	• 다른 업종의 유사/동일기능을 수행하는 조직	• 창고업(L.L. Bean) • 출하절차 • 고객서비스	• 혁신성 높음 • 유사기능이므로 전환 용이 • 전문적 네트웍	• 산업간 전환의 어려움이 있을 수 있음 • 시간 소모가 클 수 있음.

(3) 모방의 어려움 - 방어상표

한 기업이 신제품을 시장에 출시하고 이 제품이 성과를 크게 올리면 이를 모방한 제품들이 출몰한다. 유사 제품의 개발은 다음에 설명하는 역공학(reverse engineering), 성분분석 등의 방법으로 하게 된다. 시장 선점기업은 후발기업들의 이러한 추격에 대응하여야 이윤을 확보할 수 있는데, 기술이 어려워 남들이 모방할 수 없다거나 법령 등으로 보호를 받는 것이 아닐 경우는 별도 조치를 취해준다. 이때 사용하는 것이 방어상표이다.

방어상표의 예로, 롯데제과는 2016년 차세대 초콜릿 제품인 '드림카카오'를 출시하였는데, 이 제품은 출시하자마자 폭발적 대박 행진을 펼쳤다. 따라서 경쟁자인 해태나 오리온 등이 시장에 참여하였으나 성공하지 못하였다 왜냐하면 '드림카카오'의 상품 이미지가 강했고 롯데는 '드림카카오' 외에 "카카오드림"이나 "꿈의 카카오" 등을 방어용으로 상표등록을 해두었기 때문이다. 제품을 출시할 때는 이와 같이 수비전략을 수립해 두어야 한다.

6) BR, RE, PE & DT(비즈니스 리엔지니어링, 역공학, 제품 공학, 디지털 트랜스포메이션)

(1) 비즈니스 리엔지니어링(Business Re-engineering)

비즈니스리엔지니어링과 디지털트랜스포메이션(Business Re-engineering & Digital Transformation)은 현대 경영에 수시로 쓰이는 경영 혁신 기법이다. 업무 재설계 또는 비즈니스 리엔지니어링(Business Re-engineering)은 기업 내 업무활동의 기본 단위가 프로세스(process)로 구성됨에 착안하여 이 프로세스의 개선을 통하여 업무의 개선을 추진하는 방법이다. 이것은 컴퓨터가 업무에 도입되면서 컴퓨터의 속성인 연산속도와 막대한 메모리 및 동시처리 능력을 조합하여 회계나 인사·급여, 영업, 기획 등의 업무를 동시 처리하고 이들을 집계하여 일목요연한 하나의 도표로 보고할 필요가 있을 때 유효하였다. 이전에는 부서를 넘어 힘들게 수집하여야 할 자료를 한 자리에 앉아 처리가 가능하였던 것이다. 공동의 데이터베이스를 구축하고 모든 부서에서 필요한 정보를 공유하여 동시 처리함에 따라 과거보다 작업시간의 단축 및 고객에 대한 서비스의 질을 대폭 향상시켰다. 지금은 컴퓨터 시스템의 효율적 활용을 통하여 이전보다 효율적인 업무처리를 하려는 개선작업을 BPR(Business Process Re-engineering)이라는 이름으로 정보체계 개발의 목적을 수행하고 이를 기본으로 정보 전략 계획(ISP, Information Strategy Plan)을 수립하여 시스템을 개발하고 업무 효율과 효과성을 높이는 작업을 한다.

(2) 역공학(Reverse Engineering)

Business Re-engineering은 업무처리를 수행하는 과정에 대하여 그 효율성과 효과성을 높이는 방법이다. Business Process Re-engineering과 동시에 생각해 볼 것은 Reverse Engineering(역공학)이다. 역공학(逆工學), 또는 리버스 엔지니어링(Reverse Engineering)은 완성된 제품, 시스템, 또는 소프트웨어를 분해하며 조립 또는 제작의 역순으로 분석하여, 그것이 어떻게 작동하는지, 어떤 기술 원리가 적용되었는지 등을 파악하고, 이를 통해 설계 개념과 기술적 원리를 역으로 추적하는 과정이다. 제품의 구조를 분석하고 원래의 설계 내용을 추적해가는 것이다.

예를 들어보자. 북한이 미국의 누에블루로 잠수함을 나포하였다. 북한은 이 잠수함을 미국에 반환하지 않았다. 어떻게 하였을까? 아마 잠수함 기술을 누가 가르쳐주지 않았어도 기계들을 뜯어 분해해 가며 그 기술을 하나씩 조금씩 습득하였을 것이다. 아마 북한의 지금 잠수함 제조기술은 러시아로부터 배운 것도 있을 수 있으나 미 잠수함으로부터 배운 잠수함 기술이 토대가 됐다고 볼 수 있을 것이다.

북한이 미 잠수함으로부터 잠수함 기술을 배운 방법은 바로 Reverse Engineering이라고 할 수 있다. 잠수함은 수많은 기술의 집합체이므로 그냥 보기만 해서는 기술을 익힐 수 없다. 먼저 잠수함의 외형을 살펴 유선형의 곡면이 전체 함정 길이와 폭 대비 어떻게 구성되었는지 살피고 그 재질을 유념한다. 스크루, 잠망경 등 외부 연결 장치들의 모양과 기능 및 각종 방수 효과, 이들의 위치와 균형 및 모양을 살피고 사진과 그림으로 메모한다. 문을 열고 그 모양새와 본체와의 접속방법, 볼트와 너트 및 그 종류 등을 역시 메모, 내부에 들어가서도 기관실, 선장실, 승무원실 등 모양새를 살핀 뒤, 드디어는 기관의 기동과 스크류의 연결관계, 소음기술 등을 메모하되 분해할 수 있는 데까지 조립의 역순(reverse)으로 분해하여 메모한다. 데이터장치와 사격 통제장치, 하강상승장치 등도 분해 가능한 데까지 최소 소자까지 들어가 모양과 규격 및 소재 등을 파악·조사 분석한다.

이렇게 하여 결국 잠수함 전체의 사양을 기술적으로 파악하는데, 기술 파악을 제작 순서의 역순으로 종합적 접근을 한다고 하여 역공학(Reverse Engineering)이라 하였다.

역공학은 본시 순수 공학에서 쓰이는 방법론이었으나 지금은 경쟁사의 제품에 대한 기술분석 또는 기능을 보고 쓰여진 기술을 분석하는 데 쓰인다. 나아가서는 타사의 좋은 제도가 있으면 어떤 방식으로 운영하는가에 대하여도 역공학의 방법으로 원리를 파악하여 벤치마킹을 할 수 있다.

(3) 제품공학(Product Engineering) - 제품개발 기술

Product Engineering은 제품 개발에 관한 엔지니어링을 의미한다. 하루에도 수많은 제품들이 시장에 나오는데, 이러한 제품들은 특정 발명가가 고안하여 만들어 내는 것들이다. 많은 경우 기업의 개발부에서 상당기간 특정한 기능을 가진 제품을 만들어 시장에 낸다. 화장품이 그렇고 아이들의 장난감이나 공장에서 쓰는 공구들도 그러하다.

그러나 무기체계나 복잡한 제품들의 경우는 한두 사람의 아이디어로 탄생되지 않는다. 여기서는 정상적 절차에 의한 최초 제품 개발 프로세스를 살펴본다.

i) 아이디어의 수집

사람들이 생활하면서, 그것이 일반인이건 군인이나 특수직에 근무하는 사람들이건 어떤 특정한 일의 일부분을 자동화하기를 원하는 기대를 수집한다. 이런 요청들은 제품의 기능이 된다.

ii) 아이디어의 집합과 기능화

아이디어들을 집합시켜 유사한 것들을 모아놓으면 특정한 기능이 형성된다. 이것은 제품의 기초가 되어 발명가의 머리에 의해 종합되고 분석하여 일정 기능을 가진 제품으로 기존의 제품기술과 연결된다. 그러나 제품 성공은 제대로 된 기능을 갖춘 제품이 되어야 하므로 기능 융합이 이루어진다.

iii) 부족한 기술의 외부용역 수행

제품 모델이 결정되면 제품기능 중 현재기술로 개발이 불가한 부분이 나타난다. 이 기능은 기업의 연구소에서 연구·개발하여 기술능력을 갖추든가 해당 분야 최고의 지원을 받기 위해 그 기술에 대한 외부 연구를 수행하여 기술을 확보한다.

iv) 기술 통합

기존 기술과 신규로 확보된 기술을 통합하여 모델을 개발·생산할 수 있는 기술력을 확보한다.

v) 자체 개발 또는 외주 시제품 개발

통합된 기술을 활용하여 시제품을 제작한다. 이는 기업 내에서 할 수도 있고 기업 기술이 부족할 경우 외주를 쓸 수도 있다. 위 iii)의 부족한 기술의 외부 용역이나 본 시제품 개발단계는 공식으로 제안서를 받아 유능한 인재들의 협조를 얻는 것이 좋다. 제안서를 작성하는 이들은 기초 개발된 기술들과 자신들의 기술을 융합하여 제안서를 제출하게 되고 그동안의 축적된 기술과 아이디어보다 개선된 결과물이 시제품으로 나오게 된다. 제안서를 요청하는 문서를 RFP(Request For Proposal)이라 한다.

vi) 시장제품 개발 및 출시

시제품이 완성되면 이를 시뮬레이션, 각종 테스트, 소비자테스트 등을 거쳐 시장상품(특수목적의 경우 그 사용자를 위한 제품, 천무 유도탄 등의 예를 들 수 있음)으로 개발하고 시장테스트를 해가면서 제품라인(Product Line)을 구성시킨다.

(4) 디지털 트랜스포메이션(DT or DX)

최근에는 디지털 트랜스포메이션(DT: Digital Transformation)이 주목받고 있다. 이 중 Transformation을 X로 표시하여 DX라 하기도 한다. 디지털 트랜스포메이션(DT or DX)은 조직에서 비즈니스의 모든 영역에 디지털 기술을 통합하기 위해 적용하는 프로세스이다. 이 프로세스는 조직에서 고객에게 가치를 제공하는 방식을 근본적으로 변화시킨다. 기업은 혁신적인 디지털 기술을 채택하여 변화하는 고객의 요구에 보다 잘 대응할 수 있도록 문화적 및 운영적 변화를 실행한다. 기업이 모바일 애플리케이션이나 전자 상거래 플랫폼과 같은 디지털 솔루션을 구축하는 것, 기업이 온프레미스 컴퓨터 인프라[2]에서 클라우드 컴퓨팅으로 마이그레이션(Migration)하는 것, 기업이 운영 비용을 줄이기 위해 스마트 센서를 채택하는 등은 크건 적건 디지털 트랜스포메이션의 일환이다.

비즈니스 리엔지니어링이 업무 프로세스에 대한 개선을 목표로 한다면 디지털 트랜스포메이션은 사업 모형까지 바꾸어 보자는 것으로 전통적으로 업무를 수행하던 방법과 유통채널, 고객관리 등 모든 측면에서 정보통신기술을 활용한 사업모형까지 혁신을 이루어 가고 있는 것이 디지털 트랜스포매이션이다.

2) 온프레미스(On-Premises)는 기업이 자체적으로 보유한 IT 인프라(서버, 소프트웨어 등)를 직접 설치하고 운영하는 방식. 이와 반대 개념은 클라우드 컴퓨팅은 외부 서비스 제공자로부터 컴퓨팅 자원(서버, 스토리지, 소프트웨어 등)을 임차하여 사용하는 방식임.

7) 경영자원

(1) 기업역량

기업의 강점(Strengths)과 약점(Weakness) 및 기회(Opportunities)와 위기(Threats)를 가지고 경영 실패의 원인을 찾으려 했던 SWOT 분석을 체계적 모델로 바꾼 케네스 앤드류스(Kenneth Andrews)의 SWOT 모델은 한때 각광을 받았던 기업분석 방법이나, 분석가들이 확실한 근거의 제공 없이 강점 약점 기회 위기를 나누는 막연성 때문에 그 한계를 노출시켰다. 따라서 기업의 강점과 약점을 기업이 보유한 핵심역량 분석으로 근거를 찾고 경쟁사 대비 강약을 과학적으로 분석하는 핵심 역량 분석이 주요 기업 분석방법으로 대두되었다.

기업의 핵심역량은 기본적으로는 ① 현금이나 기계장치 등 유형의 자원과 ② 특허나 영업권 등의 무형자산 및 ③ 현대 경영에서 핵심 중의 핵심인 이를 운영하는 인적자원의 3 자원에서 나온다. 이 자원들은 기업의 각종 프로세스에 의해 움직이며 가치를 발휘하는데 이 프로세스의 가치는 M. Porter의 가치 사슬 분석으로 식별된다. 기업경영을 시장에서의 기업 간 전쟁으로 보면 지피(知彼)를 하였으면 지기(知己)를 하여야 하고 다양하게 펼쳐지는 위기에 대처하여야 한다. 사실은 싸움은 내 자원으로 하는 것이므로 지피보다는 지기가 먼저이고 지피를 하는 과정에서 이미 전략은 수립되는 것이다.

기업이 자신을 이해하는 방법에 대하여 논해 본다.

(2) 경영자원

(가) 역량의 근원 - 경영자원

사람의 힘이 체력과 영양에서 나듯 기업의 힘은 그 체력이라 할 수 있는 자산과 그를 운영할 수 있는 경영능력에 기인한다. 기업의 환경을 내부환경과 외부환경으로 구분한다면 이것들은 내부환경에 속한다. 내부환경 즉, 내부여건을 알기 위해서는 내부진단을 하여야 한다. 내부역량을 워너펠트(B. Wernerfelt)는 자원(resource)으로 불렀고 하멜(C.K. Prahalad & G. Hamel)은 '기업의 핵심역량(Core Competence of Corporation)'이라는 논문에서 핵심역량(Core Competencies)으로 명명했으며 이를 진단하는 과정을 내부환경분석이라 한다. 내부환경을 분석하는 이유는 나의 힘을 알고 기회가 찾아왔을 때 이를 적절히 이용하기 위함이다. 전쟁 역사가인 Liddel Hart는 전쟁에서 가장 중요한 요소를 "자신의 강점을 적의 약점에 집중하는 것"이라고 하였다.

여기서는 기업의 자원론적인 관점인 동태론 입장에서 기업의 성장 원인과 과정을 분석할 수 있는 핵심역량을 가지고 기업 내부 경영환경을 분석하는 방법을 아래와 같이 살핀다.

- 기업의 경영자원과 핵심역량이 경영전략의 모태가 된다.
- 경쟁력의 원천이 되는 경영자원과 핵심역량을 파악하고 분류하여 내재화할 것인가
- 내재화된 힘을 이윤으로, 기업성장으로 어떻게 연결시킬 것인가

(나) 경영자원 파악

기업이 보유한 경영자원이란 기업이 보유한 유·무형의 모든 자원들로 기업이 필요할 때 사용할 수 있는 자산의 총체라 할 수 있다. 여기에 기업의 재무상태표에 나타나는 유형·무형 자산과 여기 나타나지 않는 특허권, 브랜드 및 종업원들이 보유한 기술, 연구개발능력, 교섭 및 협상능력 등이 포함된다. 자원의 분류는 유형자원(Tangible resources), 무형자원(Intangible resource) 및 인적자원(Human resource)의 셋으로 구분하여 설명하는 것이 타당하다.

i) 유형자산(Tangible resources)

유형자산은 눈에 보이며 만져볼 수 있는(tangible) 자원들을 말한다. 기업의 재무상태표를 보면 가장 정확히 알 수 있는 것으로 기업이 가진 현금 등 금융자산, 재고자산 및 토지, 공장 및 설비, 기계장치나 차량, 건물과 구축물 등을 말한다. 이들은 대부분 시가평가의 기준을 적용하고 있으므로 자원의 가치로 인정할 수 있다. 유형자산의 가치는 재무상태표를 기준으로 평가하되 시가 평가의 예외적인 부분은 논할 필요가 있다.

ii) 무형자원(Intangible resource)

경영자원으로서의 무형자원은 재무상태표에 나타나는 무형자산만으로는 다 파악할 수는 없다. 자기가 형성시킨 영업권은 인정받지 못하며 산업재산권들도 현금을 지급한 부분만 인정하기 때문이다. 측정 목적이 회계와 경영전략에서 각각 다르기 때문이다. 그러나 IFRS(K-IFRS 1038)에서는 이러한 무형자산들이 시가와 차이가 있을 때는 시가로 평가하도록 하고 있어 현실과의 차이를 조금이나마 좁혀놓았다.

경영전략론에서 말하는 무형자원은 기업이 가진 브랜드나 좋은 이미지, 명성 등이 포함된다.

INTERBRAND에서 2021년 기준으로 평가한 브랜드가치 최상위 기업은 애플로 4083억 달러(500조원 상회)이며 다음이 아마존과 마이크로소프트로 2492억 달러, 2,102억 달러이다. 삼성전자는 5위로 746억 달러로 평가되었다. 이것이 2023년도의 Best Global Brands 2023(2023년 11월 발표)에서는 1위: Apple(5,026억 8,000만 달러), 2위: Microsoft(3,908억 4,100만 달러), 3위: Amazon(2,769억 2,900만 달러), 4위: Google(2,602억 6,000만 달러), 5위: Samsung(914억 700만 달러)로 MS와 아마존이 위치를 바꾸었다.

특허권이나 저작권 등 지적재산권은 법률로 보호를 받는다. 그러나 노하우는 자신만이 갖는 자산이다. 무형의 자산 중 자원을 잘 활용할 줄 아는 자신만의 자원이 가장 중요한 것 같다. 한때 벤처기업을 평가할 때 창업자의 점수를 50%를 주기도 했으며, “자본의 한계를 어떻게 극복할 것이냐”라는 평가자의 질문에 누구 것이건 소유자에 불문, 가져다 쓰면 된다는 답변으로 만점을 받는 경우도 있다. 또한, 업계에는 자신의 발명품이 가치를 모르고 활용하지 못하다가 다음 세대 다른 기업들이 이용하여 빛을 보게 된 경우도 많다. 유형의 자원이건 특허나 노하우 등 무형의 자원이나 그 용도를 잘 찾아 활용하는 힘은 중요하다. 앞에서 아이디어가 제품화되는 원리를 설명하였다.

액체용기나 커피 등을 옆으로 찢어 봉지를 여는 아이디어는 어느 부인이 매번 가위를 들어야 하는 불편을 해소하고자 발명한 특허라 한다. 아이디어를 제품화하는 창발적 능력이 무형자산의 핵심이다. 또 이런 사람은 인적자원에 해당된다.

iii) 인적자원(Human resource)

인적자원은 경영자원 중 가장 중요한 자원이라 할 수 있다. 앞에 든 벤처기업 CEO의 경우나 소프트웨어 산업에서 그 개발능력은 무려 40배의 격차가 있다 하니 산업이나 경우에 따라서 인적자원의 중요성은 두말할 필요가 없다. 삼국지에서 제갈량의 적벽대전이나 이순신의 명량대첩이 자원만의 힘으로 이긴 싸움은 아니며 엔비디아, 마이크로소프트, 디즈니 또는 델컴퓨터의 시작이나 주무왕이나 유방의 천하통일이 유형의 자원만의 힘이 아니었다는 것은 모두 아는 사실들이다.

그래서 기업은 인재를 찾고 삼성그룹 창시자인 이병철 회장께서는 사훈의 첫째를 인재 제일로 한 것으로 이해된다. 그러나 애석하게도 인적자원의 크기나 힘을 측정하기는

• **표 8** 기업 경영자원의 분류와 측정 방법

구분	자원	측정지표	내용과 특성
유형자원	금융자원	현금 보유율 부채비율·유동비율 신용등급	기업이 보유한 현금·예금 등 그 조달능력 자금 운용능력
	물적자원	토지 시가, 유형자산 가격 자본설비 생산성, 내구연수 생산능력(capa) 재고자산 비율 지식 정보력	본사 건물 및 공장과 그 생산 설비, 그 능력, 내구연수, 정밀성과 유연성 원자재 및 원자재 조달능력
무형자원	기술자원	특허의 수와 중요성 독점 라이선스 수익 연구개발 인력 비율	특허권, 저작권 보유수와 그 활용도 기업비밀, 영업비밀, 노하우 등 보유내역 연구설비와 기술인력 및 그 전문성·혁신성 등
	브랜드	브랜드 인지도, 가치 재구매율 제품품질 인지도	상품의 소비자 인지도를 통해 좋은 애고관계 확보 유지 제품에 대한 신뢰도 형성 원재료 조달능력, JIT 적응능력 등 정보획득, 전파, 활용하는 능력
	신뢰	고객에 대한 신뢰도 Stakeholders 신뢰도	오류에 대한 수용 능력 고객 지속성
인적자원	인적자원	교육 정도, 기술 수준 자격자 수 산업평균대비 임금수준 기업문화 정도 시스템화 능력	종업원 교육·훈련 보유 전문기술 종류와 수 종업원 유연성이 기업전략의 유연성을 결정 종업원의 충성도와 헌신이 경쟁 우위 구성원의 가치관, 행동양식 경영자원과 경영프로세스의 체계화 능력

힘들다. 인간이 가진 노하우, 최종 제품의 성능을 좌우하는 와셔나 스프링의 세기 등 조정은 장인의 손이 아니면 구현되지 않는데 이를 측정할 방법은 없는 것이다. 다만, 오랜 시일을 거쳐 상대적 제품의 성능과 고객에게 주었던 만족도 등을 통해 명성으로 측정될 뿐이다.

인적자원이 기업문화로 정착되는 과정에 매너, 에티켓을 중요한 한 요소로 들기도 한다. "매너가 사람을 만든다(manner makes the man)"는 말이 있듯 종업원들의 예의범절과 말의 무게는 그 기업의 품격을 나타낸다. 인적자원의 수준을 업그레이드 함에는 교육을 통해 수행하기도 한다. 교육이란 지식을 가르치고 육성하는 두 가지를 의미한다. 기술구현을 몸에 밴 습관으로까지 이르게 하는 것이다. 이러한 것은 상호 내부 벤치마킹 등을 통해 기업 전체로 파급되어 문화로 정착되면 이것은 명성이 최고 제품력과 함께 그 브랜드의 가치는 상승한다. 기업의 성과는 사람 경쟁력에 의하여 좌우되기 때문에 인적자원이 경쟁의 핵심 우위요소(제프리 페퍼, Jeffrey Pfeffer)라 한다. 디지털 트랜스포메이션 시대에 종업원의 의식 혁신과 리더들의 시대에 맞는 리더십 발휘 등이 필요하며 세계 Top 기업들의 필수 요건이다.

8) 핵심역량

Prahalad와 Hamel이 말한 핵심역량(core competence)은 나의 판단에 따른 핵심역량이 아니라, 이는 독보적인 역량으로 기업이 보유하고 있는 자원을 효율적으로 결합하고 활용하여 타 경쟁기업과 차별화할 수 있는, 즉 더 잘 할 수 있는 활동을 전제한 역량을 말한다. 명량해전에서 이순신 장군이 보유했던 전선 12척이 진정한 의미의 핵심역량인 것이다. 즉 '울돌목 험한 조류에도 배를 운항할 수 있어'가 아니라 '그런 조류에서 적은 수의 함선과 군인으로 적을 제압할 수 있어'가 핵심역량인 것이다.

(1) 핵심역량 분석

기업은 종업원들의 활동을 통하여 수익을 창출하고 이익을 시현하여 목적을 달성한다. 여러 사람이 일을 하며 그들의 행위는 각각 다르다. 기능으로 분리된 기업은 각 기능이 제대로 업무를 수행함이 요구되며 분화된 기능도 영업, 생산, 구매, 재고, 회계, 총무 등으로 각 기업의 필요에 따라 나뉜다. 핵심역량은 종업원들이 업무를 제대로 또는 탁월하게 수행할 수 있는 능력 또는 각 조직의 타사와는 차별성 있는 업무수행 능력으로 정의되는 것이다.

핵심역량은 기업의 업무 흐름을 분석함으로써 식별할 수 있다. 업무 흐름은 기업별로 큰 차이를 보인다. 선박이나 항공기, 또는 자동차 제조업과 인터넷 마켓플레이스 기업과는 큰 차이가 있고 대한통운이나 배달의 민족 같은 유통업은 인터넷 쇼핑몰과는 차이가 크며, 플랫폼 기업이나 엔비디아, IBM 등의 기업들은 또 다른 업무 흐름을 가지고 있다.

따라서 보통 핵심역량 분석 툴(Tool)은 제조업을 토대로 출현한 매킨지의 Business System 방법이나 포터의 가치사슬들인데, 이들 모델은 전통적인 제조 기업의 생산 및 운영 활동을 염두에 두고 개발된 측면이 강하다. 그러나 인터넷 마켓플레이스, 플랫폼 기업 등에는 가치사슬 등의 프레임워크를 적용하기 위해 상당한 개념적 재해석과 변형이 필요하다. 모델의 한계를 명확히 인지하고 적용 시 개별 기업과 산업의 특수성을 반드시 고려해야 한다.

핵심역량 파악에는 업종 및 기업의 업무흐름을 정확히 파악함이 필요한데 몇 가지 특수 업종의 고유 업무 흐름을 분석하여 기업의 핵심역량을 식별하는 데 도움을 주고자 한다.

(2) 도소매 유통업의 업무 흐름과 핵심역량

업무 흐름에 따라 기업의 핵심역량은 달라진다. 여기서는 유통(도소매업)과 플랫폼기업, 공장이 없는 제조기업 및 정통 제조업에 대한 업무흐름과 그들의 핵심역량을 알아본다.

도소매 유통업의 업무 흐름

도소매 유통업의 업무 흐름은 제조가 없고 대형 창고가 있으며 상품을 미리 또는 주문에 의거하여 창고에 보관하였다가 소비자(소매상)에 판매하는 형태를 가지고 있다.

• **그림 13** 유통업의 업무 흐름과 핵심역량

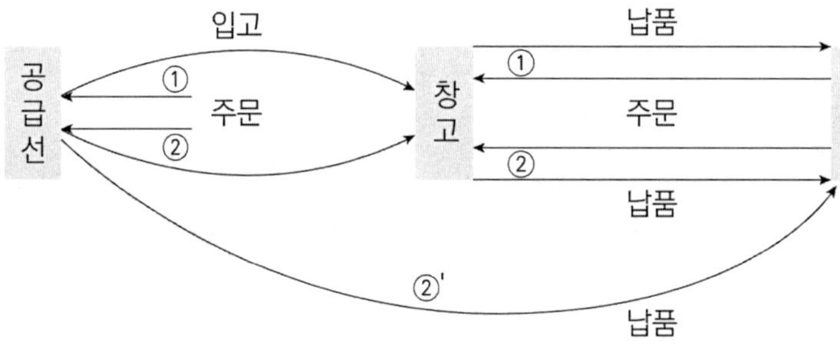

유통업의 업무는 주문 및 납품의 형태가 크게 두 가지로 나뉜다. 하나는 군소 소매상들의 소·중 규모 물량발주에 대한 경험치나 통계자료에 의거 수요를 예측하고 적절한 시점에 좋은 가격으로 구매한 상품을 창고에 보관하였다가 주문이 오면 판매하는 형태와 다른 하나는 대규모 구매나 특수 구매의 형태로 협상 등에 의하여 거래가 이루어지는 경우, 협상에 따른 거래조건에 따라 상품을 납품하되 공급선에서 직접 또는 창고에 임시 저장하였다가 납품하는 형태이다.

이 거래는 아주 단순한 거래로, 이 경우의 핵심역량은 사업주의 거래선 확보능력과 가격 협상능력, 나아가서는 미래 경기 예측능력, 창고라는 보관소 등이다. 거래선은 단가를 싸게 공급 해주는 물품 조달처와 이 상품을 저가로 공급받을 수 있는 소비처(고객)가 있다. 창고라는 유형의 자산은 여러 위험을 헤지(hedge)하고 이익의 싹을 키울 수 있는 공간이다.

(3) 플랫폼 기업의 업무 흐름과 핵심역량

플랫폼(Platform)이란 일종의 놀이터를 의미한다. 플랫폼 사업자는 특정 분야에 대한 차별적 지식을 가지고 이 분야에 관심있는 사람들이 와서 즐길 내용들을 가지고 디지털 홈페이지를 만들어 정보를 제공하며, 사람들(회원들)은 와서 즐기기도 하고 정보를 얻기도 하며 경우에 따라서는 필요한 상품을 구매하기도 하는 일종의 마켓 플레이스이기도 하다.

이 플랫폼이 커지면 대형 수익모델이 되기도 하며 이러한 연결가치를 창출하는 것을 플랫폼 경제라 한다. 플랫폼에서는 연결성, 기동성 및 편의성과 나아가서는 수익성이 있는데 이런 생태계를 구축하여 플랫폼 생태계가 존재한다.

플랫폼 기업의 업무 흐름과 핵심가치는 다음과 같다.

• **그림 14** 플랫폼 사업자의 업무 흐름과 핵심가치

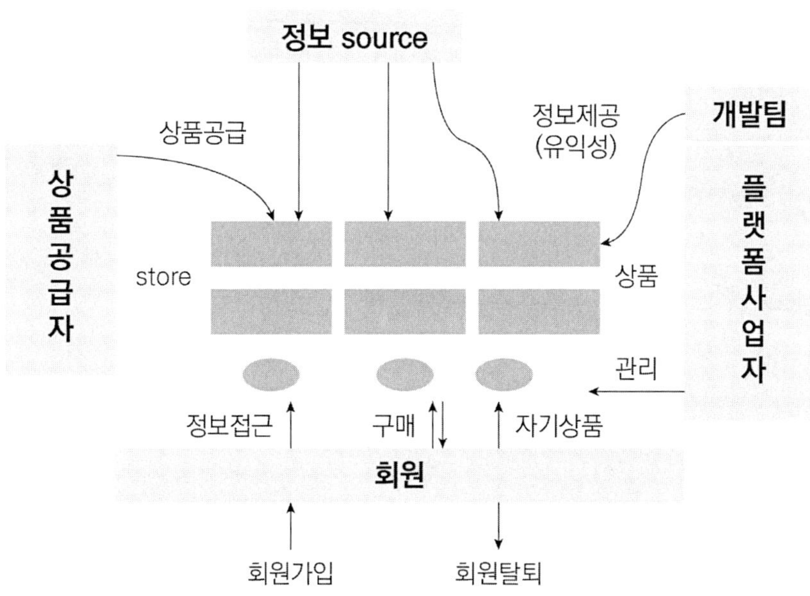

플랫폼 기업의 관계자(Stake-holder)는 크게는 넷으로 구분된다. 플랫폼을 중심으로 플랫폼을 운영하는 플랫폼 사업자와 플랫폼을 이용하는 회원 및 정보 source와 상품공급자이다. 플랫폼 사업자자 플랫폼을 만들면 그 유익성과 편리성(정보탐색, 대화방 서비스 등)

을 매개로 회원들이 들어오고 여기에 품질과 가격을 매혹적으로 갖춘 상품이 공급되고 회원으로서의 메리트 – 거래 실적에 따른 사업자의 주식 제공 등 –를 주면서 거래실적에 따른 수수료를 지급하면 피라미드 형태의 사업이 된다. 이후는 투자나 회원유치 Favor 등 여러 형태의 사업들이 내부적으로 이루어질 수 있으나 여기서는 그 이후는 더 논하지 않는다.

[그림 14]와 같은 플랫폼 사업이 있으면 회원관리나 정보제공 및 상품 공급 등에 필요한 문서가 오가든가 협약이나 내규 또는 약관 등에 의해 처리한다.

이러한 플랫폼 사업자의 경우 핵심역량은 ① 플랫폼 소프트웨어 개발 능력 ② 정보소스발굴 및 그들과의 협상 능력 ③ 상품 또는 그 공급자와의 네트워크 및 가격이나 거래조건 등 협상 능력 ④ 회원 Needs 파악능력 및 약점 공략능력 ⑤ 조직원들 장악능력 등으로 보아야 한다.

(4) 공장이 없는 제조기업의 업무 Flow와 핵심역량

제조업체는 대부분 회사 내에 제품제조를 위한 공장을 갖추고 여기서 원부자재의 조달 및 노무인력을 고용한 제조의 프로세스를 갖추고 있다. 그러나 요즈음은 공장이 없는 제조업이 늘어나는 추세이다. 이들은 타인의 공장을 이용하여 제조업무를 처리하거나 제품을 여러 부분품으로 나누어 고객에게 부분품 형태로 배달하고 조립은 조립공을 파견하여 수행하는 방식 등을 이용하기도 한다. 우리나라에서는 공장이 없이 외주에 의한 제조를 수행해도 제조업으로 인정하고 있다.

이러한 기업의 업무흐름과 핵심역량은 다음과 같다.

[그림 15]는 제조공장이 없는 제조기업의 업무흐름을 나타낸다. 이 시스템에서는 기업 A와 고객의 사이에 가상 제조기업이 있고 여기서 완성된 제품을 중간의 유통사를 통해 배송하여 주문처리를 종료하고 이 과정에서 수익을 향유하는 형태의 활동을 한다.

제조업을 공장을 보유하고 생산·제조활동을 수행하면 공장 건물이나 기계장치, 토지 등에 자금이 잠기게 되고 기업의 유동성에 문제를 일으킬 수 있다. 우리나라 제조업들은 이러한 형태의 기업활동을 통해 생산활동으로 얻는 이익을 비유동자산, 유형자산 조달을 위해 차입한 자금에 대한 이자를 지급하는 데 충당하고 어려운 기업활동을 하다 나중에 토지를 팔아 시가차액으로 보상을 받는 악성 구조를 오랫동안 이어왔다. 부동산이나 원재료의 확보로 인한 시가차액을 향유하는 사업을 하던 시대는 지나갔다. 따라서 현

• **그림 15** 제조공장이 없는 제조기업의 업무흐름

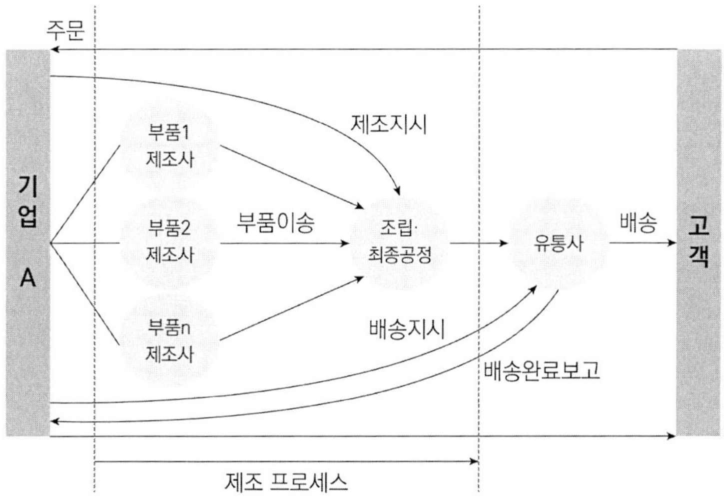

재의 사업에서 발생하는 이익을 기업이 향유하고 이를 재투자하여 이익을 확대해 나가는 것이 현명한 사업가일 것이다. 이런 경우는 공장이 없다. 잘 프로그램된 소프트웨어로 예측된 수요에 대한 제조 주문을 하고 완성된 제품들은 고객의 요구에 따라 납품하면 된다. 한 치의 오차 없이 일본 도요타 등 기업들이 효과를 보았던 JIT(Just In Time) 시스템을 적용한다. 제조 대행업체들의 마진은 재고를 보유하지 않는데 따른 절감되는 재고비용으로 대부분 충당한다. 이렇게 하면 공장 없는 대규모 제조업 – 구글 Google 같은 – 이 탄생하는 것이 어렵지 않다. 물론 상기 업무흐름에는 품질에 대한 철저한 대책과 고객의 고충처리 등에 한점 오차 없는 처리가 뒷받침되고 재무적 안정성과 탄력성이 담보되는 등의 보이지 않는 시스템 안정성 유지가 절대적이다.

이러한 공장 없는 제조기업의 핵심역량은 다음과 같다.

① 대량 수주를 받을 수 있는 고객의 확보 능력 ② 제조 지시에 따라 즉각 처리할 수 있는 제조 Full Life Cycle을 커버할 수 있는 제조처 확보 능력 ③ 배송의 여유를 가진 유통사 확보 능력 ④ 유능한 관리자와 소프트웨어 시스템, 필요시 즉시 Upgrade 할 수 있는 능력 ⑤ 제품 아이디어 뱅크 – 끊임없는 신제품으로 시장 수요 창출 능력 ⑥ 분산 품질관리 능력 ⑦ 고객 고충 대응 능력 ⑧ 위기 대응 능력 ⑨ 재무 안정성 등이다.

이상의 내용들은 유통 및 본격 제조업에 속하지 않는 기업들에 대한 업무흐름과 그들의 핵심역량을 살펴보았다. 이 핵심역량 등에는 생산이나 구매 등에 대한 핵심역량은

없다. 아래 소개하는 업무흐름과 핵심역량은 정통 제조업에 대한 것이다. 조직은 분화되면 제품을 생산하는 체계로 옮아갈 수도 있다. 이 시스템은 기업시스템 중 가장 복잡한 형태이므로 어느 업종을 영위하든 참고할 내용이 있을 것이다.

(5) 정통 제조업의 업무흐름과 핵심역량

기업의 핵심역량을 파악 하는 데는 정통 경영전략들을 M.Porter의 가치사슬을 이용하여 분석한다. 가치사슬이란 Mckinsey사에서 개발한 Business System을 Michael Porter가 발전시킨 것이다.

포터는 가치사슬에서 기업의 가치는 서로 연결된 활동에서 발생하는데, 연결된 활동 하나하나에 발생 또는 증가되는 가치가 사슬로 연결된 것 같이 기업의 최종 마진을 창출해 낸다고 하여 가치사슬이라 한 것이며, 이들 활동들을 가치활동이라 하면 가치활동사슬이 되는 것이다.

Mckinsey는 기업들의 활동 분야를 아래와 같이 분석하였다.

• **그림 16** McKinsey의 Business System

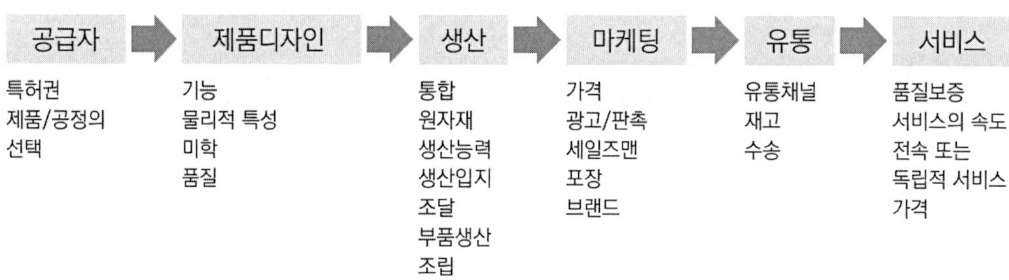

매킨지는 핵심역량의 도출을 기업의 일반적 기능분화와 각 기능들에 업무 수행 활동에서 핵심역량을 찾았다.

제조업체는 규모가 극히 적을 때는 1인이 주문받아 생산하여 납품하던 것을 주문받고 잔일처리 하던 관리기능을 분리하고 제조는 구매와 제조로, 관리는 총무, 회계, 영업으로 분화하면서 기업 특성에 따른 여러 형태의 분화를 거치게 되는데, 그중 대표적 형태를 선택한 것이다.

우리나라 제조기업의 업무흐름은 위 맥킨지 모델과는 약간 다르게 [그림 17]과 같이 표시된다. 여기 업무 특성이 가해지면 약간의 차이가 있을 것이나 Mckinley의 Business

Flow와는 크게 차이가 없다.

• **그림 17** 일반 제조기업의 업무흐름

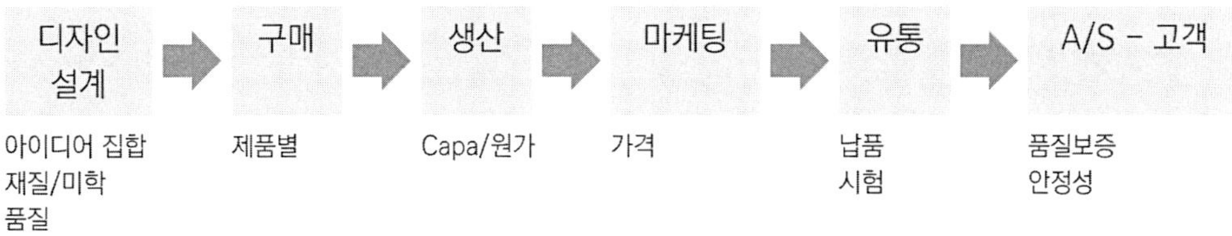

이 Flow에 따른 기능별 핵심역량을 M. Porter 가치사슬(Value Chain)에서 아래의 Value 흐름으로 표현한 것이다. 포터의 종합적 기업관리를 통한 이윤창출 포인트는 손자의 백전불태의 전략론과 상통한다. 이 두 가지를 연동시키면 [표 9]와 같다.

• **표 9** 포터의 가치사슬과 손자병법

<table>
<tr><th colspan="6">포터의 가치사슬 / 성공하는 기업</th><th>손자</th></tr>
<tr><td rowspan="4">지원 활동</td><td colspan="5">하부 구조 활동(인프라): 기획, 재무, M/S, 법률서비스</td><td rowspan="2">군대행정
재정, 제도</td></tr>
<tr><td colspan="5">인적 자원관리: 인력 개발, 고용, 직원교육, 보상시스템</td></tr>
<tr><td colspan="5">기술개발: 연구, 개발, 설계(디자인), 테스트, 재료연구, 시장조사</td><td>전략/전술연구</td></tr>
<tr><td colspan="5">조달활동: 부품, 기계설비, 광고, 서비스</td><td>병사, 무기, 식량</td></tr>
<tr><td>핵심 활동</td><td>조달물류
(inbound logistics)
• 구매
• 원자재
• 보관</td><td>생산
• 부품제작
• 조립</td><td>산출물류
(outbound logistics)
• 주문처리
• 저장
• 물류</td><td>마케팅·영업
• 영업조직
• 광고</td><td>판매 후
• 설치
• A/S</td><td>반복훈련</td></tr>
<tr><td>손자</td><td>보급:
병사&군수품</td><td>군대훈련/교육</td><td>군대의 배치
(形에 따름)</td><td>정보수집
전쟁의수행</td><td>장비수리/
전후정비</td><td>백전불태</td></tr>
</table>

이 모델 비교표는 포터의 가치사슬 모델로 회사의 Value Chain 분석을 수행할 때 참고할 수 있다. 기업의 규모나 제품, 서비스의 형태, 목표와 마진에 따라 기능을 분류하는 방법이 다르기 때문에 자기 회사의 상황에 맞추어 적용하면 된다.

여기서 핵심활동(주 활동)은 원자재 구매 → 생산 → 제품 판매 → A/S의 Flow를 거쳐 소비자의 사용으로 제품의 수명이 종료한다. 첫 생산의 경우 디자인 및 설계 공정이 추가된다. 회사의 업무흐름을 국제 관행에 맞춘다고 외국 서적의 내용을 그대로 원용하면 회사의 본질 비교가 잘 안 된다.

기업의 핵심역량 파악을 위한 절차는 다음과 같다.

① 기업의 활동을 세부활동으로 나눈다.

② 각 세부활동 분야에서 가장 뛰어난 경쟁기업과의 비교를 통하여 회사가 경쟁 우위/열위를 점수로 산출한다.

③ 평가표에서 전체 조직상의 능력을 평가한다.

④ 반성 및 행동계획을 수립한다. 조직 내 핵심역량의 벤치마킹, 내부 학습 조직화는 제대로 되어 있는가를 분석하고 활동계획으로 연계시킨다.

다음의 핵심역량 평가표를 참조한다.

• **표 10** 핵심역량 평가표

핵심역량	전략적 중요도	회사의 경쟁우위의 벤치마킹 결과	비율(%)	주요 사유
열 다루는 기술 파쇄기술 대표의 뛰어난 리더십 자금조달능력 건전한 재무구조	5 4 3 2 1	(자 · 타사 경쟁력 평가)	(가중치)	
계			×××(100%)	총평

CEO 포함 기업의 기능별 핵심역량의 요소들은 [표 11]과 같다.

• **표 11** 기능별 핵심역량의 요소

기능	핵심역량 요소		
	소프트요소	하드요소	소프트요소
경영관리	경영자의 경영철학, 환경 변화에 대한 능동적 대처능력, 유리한 입지, 차별화된 경쟁전략, 뛰어난 리더십 혁신 및 창조적인 기업문화, 기업 이미지 등	본사건물	관리규정, 관리체계, 원가계산체계
인사조직	구성원의 질과 숙련도, 임금 및 복리후생, 노사 관계, 사기 및 조직 충성심, 전문인력 보유 정도, 조직구조, 조직문화, 인사정책, 조직문화와 스타일, 가치 행동규범 등	출퇴근 시간기록기, 인사조직	인사 시스템, 인재발굴 체계
생산기술	경험곡선과 규모의 경제 효과 활용·생산설비의 효율성, 유리한 원부자재 조달능력, 체계적인 SCM 구축, 공정 혁신 능력, 신기술 및 연구 개발 능력, 첨단기술 융복합능력 등	과거의 연구실적, 연구 네트워크 (연구소, 시험원, 학회 등),	공장건물, 기계장치, 연구능력, 연구실, 연구인력 확보능력
재무	자본의 조달능력, 건전한 재무구조, 유동성, 자본비용,	회계규정, 재무관련	자금운용능력, 고정비

기능	핵심역량 요소		
	소프트요소	하드요소	소프트요소
관리	자금 운용능력, 고정비의 활용, 직·간접비의 절감능력 등	규정, 세제관련 법규,	활용능력 직간접비 절감능력
마케팅·유통	시장 점유율 확대 능력, 제품의 다양성, 시장개척 및 현지 적응능력, 첨단기술을 활용한 효율적인 물류시스템과 유통경로·브랜드 충성도·고객 서비스의 품질과 효율성·가격 정책 등	마케팅 채널, 내외 판매조직	시장점유율 확대 능력, 장개척 및 현지 적응능력

출처: 박상범, 경영전략 한경사 2024, p.128.

가치사슬을 이용한 핵심역량을 파악한 다음 V 사의 예를 보자. 이 회사는 핵심역량을 제품개발, 엔지니어링, 생산, 마케팅 등 8개 항목으로 구분하고 전략적 중요도를 판단하고 자사의 경쟁 우위를 평가하였다. 이 회사는 이 평가를 통하여 회사의 약점을 이해하고 대책을 수립하였을 것이다. 그러나 선정된 지표의 유효성과 낮게 평가된 지표를 지속적으로 관리하여 끌어올리려는 노력, 제시된 전략적 중요도와 회사 평가치 차이의 의미 등에 대한 평가가 없다.

• **표 12** 가치사슬을 이용한 핵심역량 분석표(V사)

핵심역량 종류	전략적 중요도	V사의 경쟁우위 평가결과	비고
제품개발	9	4	신제품 개발이 뒤짐
구매	7	5	인력 스카우트로 개선
엔지니어링(ENG)	7	9	전통적 강한 영역
생산	8	4	고비용 환경
재무	6	4	기법 낙후
R&D	6	4	전통적 우위분야, 최종 중요성 증가
마케팅, 판매	9	4	세계 소비자 차별성 파악 못함
대 정부 교섭능력	4	8	신시장 개척
계	56	42	75%. ENG를 7로 하면 71.4%

예로 V사의 구매라는 핵심역량 항목의 전략적 중요도는 7이고 회사의 평가는 5로 평가되었는데 평가된 5는 무슨 의미이냐, 핵심역량이 경쟁사에 비해 7:5만큼이라는 가치가 있는가, 5 정도는 아무나 조금 노력하면 금방 달성할 수 있는 것인지 구분이 되지 않는다. 그래서 구매는 핵심역량이라는 건지 아니란 건지 분명치 않다. 같은 2의 차이지만 재무와 R&D에 대한 평가는 전혀 상반되어 재무는 기법 낙후, R&D는 열세임에도 전통적 우위라고 평가되었다.

9) 바니의 VRIO 모형

(1) 개요

마이클 포터(M. Porter)의 산업구조 분석을 위한 5－Force Model은 기업을 산업 전반에 대비해 보는 관점을 제공하여, 기존의 경영전략 모델들이 가졌던 한계점을 극복하는 데 기여했다. 특히 SWOT 모델의 단순 분석이나 BCG Matrix의 다소 무미건조한 상대성 분석과 달리, 산업 내에서의 경쟁자들을 분명히 식별하고 그들과의 상대적 비교를 통해 기업이 나아갈 방향을 제시할 수 있었다는 점에서 당시 경영전략 수립 방법에 큰 파괴력을 가지고 있었다. 이 모델은 기존 경쟁자의 위협, 잠재적 진입자와 대체재의 위협 및 구매자와 공급자의 교섭력을 경쟁 대상으로 식별해 냄으로써 수익성 증대를 염두에 둔 본원적 전략(원가 우위, 차별화, 집중화)을 제시하였으므로 당시로서는 환상적인 이론이었을 것이다.

그러나 곧 포터의 5－Force 모델이 가진 한계점에 대한 인식을 드러낸다. 구체적으로 다음과 같은 의문이었다.

- 포터가 제시한 세부 주요 변수들이 기업의 경쟁력을 표현하는 데 진정 가치를 가지고 있는가?
- 그 가치는 얼마만큼이며, 변화하는 가치에 대한 적응력은 얼마나 되는가?
- 내가 가진 경쟁력을 남들이 쉽게 모방한다면 경쟁력으로서의 의미가 없지 않은가?

등의 변수에 대한 가치와 의미에 회의가 들게 되었다. 따라서 각 변수들에 대한 가치론적 차원에서 변수 자체의 가치와 변수가 가지는 설명력이나 지속 가능성 등에 대한 연구가 수행되었는데, 기업이 보유한 자원을 기반으로 자원기반관점(RBV: Resource Based View)의 핵심역량 분석을 위한 전략적 기법이 등장하게 되었다.

RBV의 핵심은 기업이 내부에 보유한 자산들을 가치(Value), 희소성(Rarity), 모방 가능성(Imitability), 조직(Organization)이라는 VRIO 요소로 분석하는 VRIO 모형이다. VRIO 모형은 바니(Jay B. Barney)에 의해 개발된 개념으로 기업 내부의 핵심역량을 분석하는 모형이다. 바니의 자원기반관점은 프라할라드(C.K. Prahalad)와 하멜(Gary Hamel)의 기업의 경쟁력은 보유자원이 원천이라는 핵심역량(core competence)을 구체화시켰다. 바니는 기업이 경쟁력을 갖기 위해서는 핵심역량을 최대한 발휘 및 활용하여 경쟁 시장에서 비교우위를 확보·유지해야 하며, VRIO 모형이 이를 담보할 수 있다고 하였다.

(2) VRIO 모형의 내용

바니는 VRIO 모형에서 기업이 보유한 자원과 역량이 대외적으로 경쟁력을 발휘할 수 있는지 아니면 약점으로 작용하는지를 분석하여 판단하게 해준다고 하였다. [그림 18]과 같은 기업가의 질문에 대한 답변을 제시한 것이다.

• **그림 18** Barney의 VRIO 모형

물음	Key Word
기업이 고객에게 제공할 가치가 있는가? 기업 보유자원은 희소성이 있는가? 경쟁자가 쉽게 모방하지 못하는가? 최상의 자원 활용력을 가지고 있는가?	Value(경영가치) Rarity(희소성) Imitability(모방가능성) Organization(조직)

⇨

목표
경쟁우위의 지속

바니의 논지는 가치를 고객에게 지속적으로 제공할 수 있도록 하고 자원의 희소성을 유지시키며 경쟁자가 모방할 수 없도록 비교우위를 유지하고 이 자원을 효율적으로 운영할 수 있도록 조직의 자원 운용능력을 극대화하면 경쟁우위를 지속적으로 유지할 수 있다고 본 것이다. 그래서 바니는 기업자원을 V·R·I·O로 구분하여 핵심자원을 기업 경쟁우위를 유지할 수 있도록 갈고 닦는 데 초점을 맞춘 것이다.

기업의 자원은 프라할라드와 하멜이 제시한 핵심역량의 세부역량들 모두를 경쟁우위로 가져갈 필요는 없다. 상대적 경쟁력을 결정하는 핵심적 역량을 우월하게 가져가면서 시장에서의 경쟁우위를 확보하는 것이 기업이 1차로 찾아야 할 위상이다. 역량을 경쟁우위로 가져가기 위해서는 원가가 들어가며 그것은 종합적인 경쟁우위에 드는 것보다 훨씬 더 많은 자원을 소비하게 될 것이며, 경쟁 시장에서 최소비용 최대효과의 개념에도 맞지 않는다. 세계적 Top 기업이 되어 미미한 경쟁력 우열에도 성과에 큰 차이가 나는 경우는 그것을 식별하여 총력을 다 해 경쟁우위를 확보하여야 한다. 특히 미래 경쟁력을 위한 결정요소라면 미리 대비를 하여야 하는 것이다.

VRIO 모형에서 설정된 역량 스트레이너(Strainer, 여과기)는 가치, 희소성, 모방 및 조직 등이며 그 내용은 다음과 같다.

• **가치(Value)**: 기업이 보유한 자원이 가치를 가진다는 의미이며, 이 가치는 소비자

나 기업 외부에 전달할 수 있는가를 말한다. 사회에 기여하는 바가 클수록 높은 가치를 가지며 경쟁력도 커지게 된다. 기업의 가치는 환경상 기회와 연계되어 효과가 나타나는데, 이는 SWOT 모델의 내부강점과 외부기회의 만남과 같다. 이러한 조합 또는 기회의 발견은 경영자의 역량에 속한다. 한편 자원의 가치는 환경변화(가치관의 변경, 산업구조 변경, 신기술의 등장, 강력한 경쟁사의 출현 등)에 따라 변화될 수 있다.

- **희소성(Rarity)**: 희소성이란 경쟁자가 확보하기 어려운, 획득 가능성이 낮은 것을 말한다. 가격이 비싸다고 희소성이 있는 것은 아니다. 고가의 기계라도 경쟁사 모두가 가지고 있다면 경쟁우위를 구가할 수는 없다. 또한 자원은 희소한 자원만 필요한 것은 아니다.
- **모방 가능성(Imitability)**: 모방 가능성은 회사가 가진 좋은 기술이나 문화를 다른 경쟁사가 얼마나 쉽게 모방하여 경쟁력 격차를 줄여 추격할 수 있느냐는 것이다. 모방은 앞서 설명한 Reverse Engineering의 기법이나 복제나 대체 등의 방법으로 이루어진다. 선두기업 또는 소비자가 선호하는 제품을 출시하였어도 쉽게 모방할 수 있으면 그렇게 큰 가치를 가진다고 보기는 어렵다.
- **조직(Organization) / 자원의 활용성**: 자원을 목적에 맞게 활용하는 것은 기업의 인력에 달려 있으며, 이는 조직구조로 표현된다. 자원의 효율적인 운용 능력은 중요한 경쟁의 핵심 요소이다.

(3) VRIO 평가

VRIO 모델은 기업의 자원과 핵심역량 차원에서 기업을 평가할 수 있도록 한다.

자원은 유형자원 무형자원 및 인적자원으로 구분하고 그 세부 지표로는 설비, 원료, 자금, 기술, 브랜드 파워, 지식 정보, 인재, 기업 문화, 시스템 등이 제시된다. 핵심역량은 경영관리, 인사조직, 생산기술, 재무, 마케팅·유통, 금융자원, 기술자원, 브랜드, 인적자원, 기술·생산, 관리 등으로 구분하며, 각 항목에 대해 더욱 세분화된 지표들이 제시되어 있다.

제시된 'VRIO 평가표'는 이러한 자원과 핵심역량을 전략적 중요도, VRIO 현재(가치, 희소성, 모방가능성, 조직화 수준), 평가 조정, 채택 등급 등의 기준으로 평가할 수 있도록 구성되어 있다. 이 표는 기업이 보유한 다양한 자산과 역량이 VRIO 프레임워크에 따라

• **표 13** VRIO 평가표

구분			세부지표	전략적 중요도	VRIO 현재	평가 조정	채택 등급	비고
자원	유형자원	설비	건물·공기구 기계, 연구설비					
		원료	좋은 원료, 최소비용 조달 능력					
		자료	조달·운용·투자능력					
		기술	고유·응용·생산·4차 산업					
	무형자산	브랜드 파워	기업이미지, 상표·평판					
		지식 정보	정보획득·공유·활용					
	인적자원	인재	종업원 노하우·능력·기술 활용, 교육					
		기업 문화	핵심가치의 공유·활동					
		시스템	경영자원을 체계화 하는 능력					
핵심역량(능력)	경영관리		경영철학·변화대처·리더십·기업문화					
	인사조직		구성원 수준, 처우, 조직문화 스타일					
	생산기술		생산설비 수준, 공정능력, 원부자재 조달, 연구개발 능력					
	재무		자본조달·운용·투자 고정비 활용능력					
	마케팅, 유통		시장개척·물류·유통 브랜드					
	금융자원		자금조달·운용·투자					
	기술자원		특허권, 저작권, 기업비밀, 노하우					
	브랜드		상품, 애고관계, 소비자 신뢰, 명성					
	인적자원		전문기술·노하우 유연성, 의사소통 충성도, 헌신도, 동기부여					
	기술·생산		부품가공, 접합용접, 정밀가공 아이디어 제품화					
	관리		MIS/ERP FMS, PMS 구매 엔지니어링 R&D 대 정부 교섭능력					
계								

어느 정도의 경쟁우위를 제공하는지 체계적으로 분석하는 도구로 활용될 수 있음을 보여준다.

(4) VRIO 모형의 유의점

바니의 VRIO 모형은 포터의 5 Force 모델이 가졌던 '경쟁 자원의 생명력 부족'이라는 취약점을 예리하게 분석하여, 기업 경쟁우위를 지속할 수 있는 이론을 개발했다는 공헌이 인정된다.

기업은 한 번 경쟁우위로 얻어진 이익을 오래 향유하려 한다. 오래된 음료인 동아제약의 박카스나 이순신 이래 해양을 점유해 온 조선산업, 반도체 시장에 대한 삼성전자의 경쟁력은 오래 지속되며 이 경쟁력은 가장 작은 경쟁요소들도 간과하지 않은 주도면밀함과 타의 추종을 불허하는 신기술 개발에서 나온다 할 수 있다.

이러한 경쟁력 유지를 위한 새로운 가치의 창출 및 고도화와 그 유지, 모방이 어렵도록 하는 기술 차별성, 희소성 및 이를 운용하는 기술과 조직 운영기술은 현대기업이 필히 갖추어야 하는 경쟁요소이다. 다만, 끊임없이 변화하는 경쟁 환경아래 경쟁우위의 상대성, 모방의 천재들이 들끓고 있는 진흙탕 속 대소 경쟁사들의 준동을 저지하며 기밀을 유지하고 자리를 보존해 나가기 위해서는 끊임없는 지속적 연구개발 및 감각 민감성으로 유지해 나가야 할 것이다. 그러나 VRIO 평가모형은 정태적 현상에 머문다.

(5) 동태적 VRIO 모형

VRIO 모형을 동태적으로 바꾸면 매우 화려한 모형이 될 수 있다. 현재의 전략적 VRIO 평가를 한 후 그 부족한 점의 극복을 위한 전략 차원 전환전략으로 설정하여 집중관리할 수 있도록 하는 '동태적 VRIO도표'이다.

'현재수준'에는 기업의 현재 경쟁력을 기록한다. 이를 토대로 현재의 '등급'을 평가하고 '차원전환 전략'을 통해 변경된 모습을 보이는 표이다. 변경 후에도 목표 달성이 미흡한 부분이 중점 관리 대상이며 경영진은 이 부분에 지원을 집중하게 된다. 이 표에서는 현재의 진솔한 평가와 그 진보를 위한 전략 및 극복할 수 없는 부분에 대한 집중 관리가 중요하다. '차원 전환 전략'이 중요하며 이는 소요 비용 측정이 가능하고 그 자체의 가치 평가도 가능하다.

• **표 14** 동태적 VRIO 평가표

	구분	현재 전략적 VRIO평가				차원전환 전략	미래평가	
		현재수준	등급 (1-5등급)	가중치	점수		점수	비고
자원	유형자원							
	무형자산							
	인적자원							
	자원소계							
핵심역량(능력)	경영관리							
	인사조직							
	생산기술							
	재무							
	마케팅, 유통							
	금융자원							
	기술자원							
	브랜드							
	인적자원							
	기술·생산							
	관리							
	핵심역량소계							
합계								
시장등급								

10) 7-S 모델 - 맥킨지 랩

(1) 일본의 재기 및 7-S 모델의 등장 배경

제2차 세계대전에서 패배한 일본은 국가 재건에 온힘을 쏟는다. 한국 전쟁 등 주변국들의 정세도 한몫 했다. 1960년대 이후 미국 기업들은 성장을 거듭하여 거대기업 수준에 이르렀으나 부실이 심화되면서 SOFT 모델 등이 등장하였다. SWOT를 거치며 산업 경제학으로부터 전이된 M. Porter의 산업분석 모델이 5－Force를 중심으로 기업 경쟁력을 분석하며 많은 영향을 미쳤다. 이후에는 Value Chain으로 기업의 핵심역량을 분석하였고 1990년대에는 바니(Jay B. Barney)에 의하여 VRIO 모형(VRIO Framework)이 소개되었다.

1970년대 성했던 일본 기업들의 선전은 매우 놀라워 미국에 대하여도 'I can say No'라고 할 수 있는 국가라는 말이 돌 만큼 세계경쟁력의 최고점을 찍었다. 학자들은 일본 기업들의 성공의 원인을 찾아 나섰으며, 파스칼(Richard Tanner Pascale, June 14, 1938-May 24, 2024)과 아토스(Anthony G. Athos)는 그 원인을 분석한 책 「일본식 경영기법(The Art of Japanese Management)」(1981)이라는 책을 발간하였다. 한편 그는 이 책에서 일본 기업의 성공 유인을 경영진에게 돌리며 경영진의 전략적 실천 의지를 끌어내었다.

• 그림 19 전 후 일본의 칸반시스템

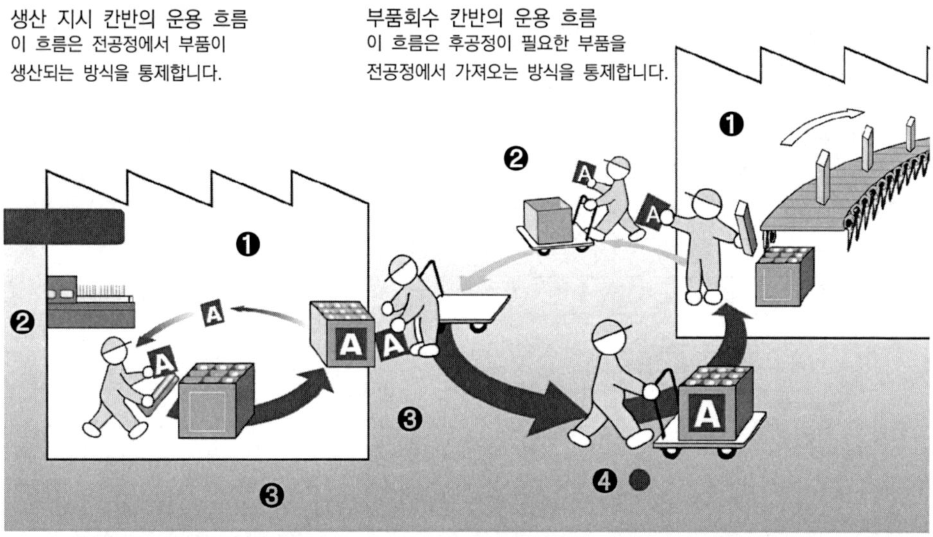

• 생산 지시 칸반의 운용 흐름
❶ 작업자가 부품을 인출할 때 생산 지시 칸반 A를 제거
❷ 칸반에 표시된 정확한 수량의 부품만 생산됨
❸ 새롭게 생산된 부품에 칸반을 부착하고, 공정 이동 준비

• 부품 회수 칸반의 운용 흐름
❶ 작업자가 부품을 사용할 때 부품 회수 칸반 A를 제거
❷ 작업자는 그 칸반을 가지고 교체 부품을 회수하러 이동
❸ 작업자는 생산 지시 칸반을 제거하고 부품 회수 칸반으로 대체
❹ 부품 회수 칸반이부착된 부품이 다음 공정(부품을 요청한 후공정)으로 운반

일본의 대표기업 토요타(Toyota)가 가진 장점은 JIT(Just In Time)나 칸반(Kanban) 시스템, 제안제도 등이다. 하나의 목표를 공장 가운데 걸린 칸반을 통해 전 직원이 하나의 목표를 공유하고 나아갈 수 있도록 하였고, 제안제도를 통하여 자기의 생각을 경영자와 나눌 수 있도록 하고 업무개선의 틀로 쓰면서 자기의 생각이 회사에서 인정받고 보상까지 받는다는 자긍심을 심어 주었고, JIT 시스템을 통하여 재고비용의 감소는 물론 자기 업무를 정해진 시간 안에 처리하지 않으면 작업 지연으로 회사에 큰 손실을 끼칠 수 있게 되어, 2차 세계대전에서 패망한 후 재기하려는 국가의 재건에 걸림돌이 될 수 없다는 애국

심까지 유발시켜 이것이 기업 성장에서 나아가 국가융성의 동인을 제공하였던 것이라고 분석한 것이다. 여기서 미국이 얻은 교훈은 많다.

(2) 7-S 모델의 내용

한편, 1980년대 초, 컨설팅 회사 맥킨지(McKinsey & Company)의 토마스 피터스(Thomas J. Peters)와 로버트 워터만(Robert H. Waterman Jr.) 등은 성공적인 기업들의 공통점을 분석하여 7-S 모델을 발표했다. 이 모델은 맥킨지 컨설턴트들이 일본 기업을 포함한 여러 기업을 연구하는 과정에서 나왔다고 보아야 한다. 파스칼과 아토스의 책도 일본 경영을 다루었으나, 7-S 모델의 직접적인 출처로 보기는 어렵다.

이들은 그 요인을 7가지 S로 시작하는 단어로 요약하여 '7-S 모델'이라고 명명하였다. 이 7가지 요소는 기업을 성공으로 이끌기 위해서 필요한 것으로 그 기저에는 기업의 공유가치(shared value)가 바탕이며, 이를 중심으로 Soft 3요소(Staff, Style, Skills)와 Hard 3요소(Strategy, Structure, System)로 구분하여 7요소의 연결관계를 정리하였다. 7가지 요소는 최고 경영층이 전략적 의지, 미션을 기반으로 모든 구성원이 일곱 요소를 체계적으로 체화시킬 때 기업은 경쟁력을 확보하고 성공한다는 원리를 찾아낸 것이다. 그러면서 이 7가지 요소가 상호 유기적 관계에서 연계하여 공유되어야 한다는 것을 강조하였다.

McKinsey의 7-S 모델은 기업의 내부 역량을 구성하는 7가지 요소에 대한 정의를 한 것으로, 기업의 7개 핵심자원을 공유가치(Shared Value), 인적자원(Staff), 관리능력(Skills), 전략(Strategy), 구조(Structure), 제도(System) 및 운영방식(Style)의 7가지로 나누고 이들의 관계를 최고경영자를 중심으로 공유가치로 하여 환경 적응에 대한 최적화 및 기업 성과를 극대화해 나가는 방식이라 볼 수 있다.

- **7-S Model의 상호 연결성**: 7-S Model에는 각각의 가치를 의미하는 7개의 노드가 있으며 모든 Node는 상호 연결되어 있어 각 노드는 자신 외의 6개 노드 모두와 연결되어 총 21개의 관계가 성립한다. 이를 그림으로 그리면 [그림 20]와 같은 모습이 된다.
- **Hard 3S와 Soft 3S의 구분**: 7-S Model은 중앙의 공유가치와 Hard 3S(구조, 전략, 프로세스/제도)와 Soft 3S(인적자원, 리더십 스타일, 관리기술)로 기업 역량을 파악하였다.
  - Hard 3S: 전략(strategy), 구조(structure), 프로세스(또는 제도)(system)

• **그림 20** 7-S 모델

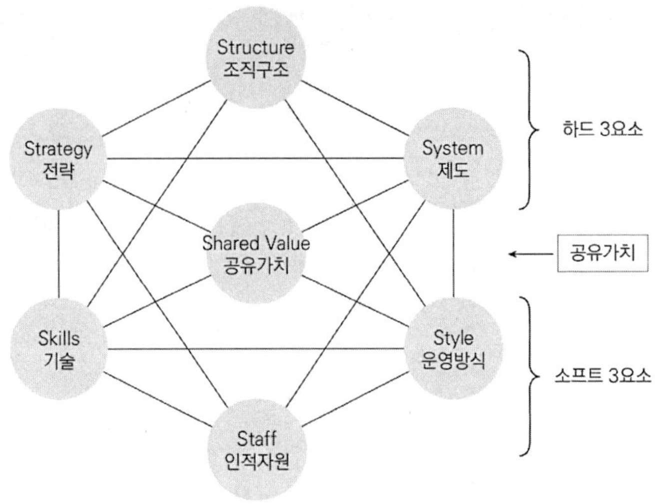

출처: 박성범. 『경영전략』. 한경사, p.142. (2024)

– Soft 3S: 인적자원(Staff), 관리기술(Skill), 리더십스타일(Style)
– 철학: 공유가치(Shared Value)

Prahalad와 Hamel이 제기한 기업의 핵심역량인 경영자원(유형자원, 무형자원, 인적자원)과 Michael Porter가 McKinsey의 Business System을 정교한 분석 Tool로 발전시킨 가치사슬(Value Chain)에서 말하는 주 활동 및 보조 활동에서 이루어지는 기능별 역량과 이들을 종합하여 활용할 수 있는 조직상의 능력(Organizational Capability)까지를 각각 3가지씩, 7가지로 정리한 것이다. 이들 7가지 S의 내용은 다음과 같다.

- **전략(strategy)**: 기업이 시장 경쟁우위를 가지도록 하는 전략 방향, 집중처, 경쟁대상, 자원 역량 및 포지셔닝 활용 방법, 전략적 우선순위 등
- **구조(structure)**: 기업 구성원들의 활동 영역을 제시하는 틀. 과업의 세분화, 전문화, 권한 분배, 각 활동 조정 및 통합을 위한 조직 구조
- **제도(system/process)**: 기업의 종업원들이 해야 할 일이나 주요 사안을 판별할 수단 또는 과정. 사업운영 프로세스, 경영시스템, 성과측정 보상, 기획 예산편성·자원할당 포함
- **인적자원(staff)**: Porter의 가치사슬 중 '주활동'의 구매, 생산, 물류, 판매, 서비스와 관련되며, 조직 구성원을 어떻게 계발하고 역량을 높일 것인지, 경영 절차, 관리

• **그림 21** 7-S 모델의 분석요소

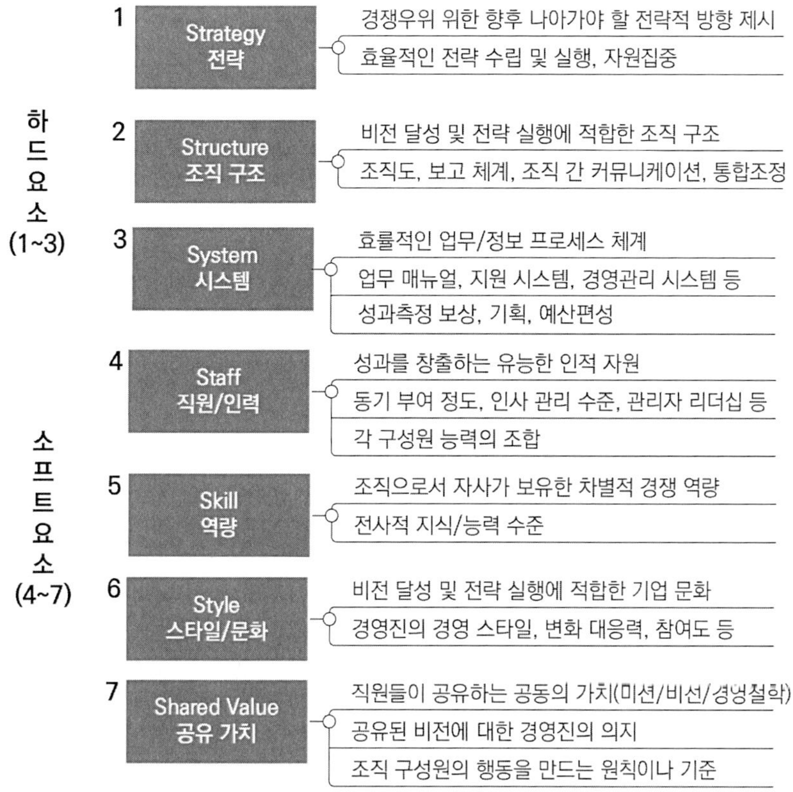

출처: 박성범. 『경영전략』. 한경사, 2024, p.142.

시스템 등 인적자원의 질 향상 지향

- **관리능력(skill)**: 최고 경영자의 리더십, 인재의 능력을 최고도로 발휘하게 하는 업무체계 또는 의사결정 방식, 경영방식, 교육 등
- **운영방식(style)**: 최고 경영자의 리더십, 조직의 운영관리방식. 각별 잘하는 비즈니스 활동, 차별화된 능력과 자원, 내규와 문화적 풍토 등
- **공유가치(shared value)**: 모든 구성원이 공유하는 가치와 문화, 회사의 방향에 대한 공유된 비전, 경영철학, 이념 등 정체성에 대한 인지. 구성원들이 공통 목적 의식을 가지도록 하며 모든 요소들 간의 공통 채널 역할을 한다.

7-S 모델과 핵심역량 및 M. Porter의 가치사슬은 밀접한 관계를 가지고 있으며 그 관계를 도표로 표시하면 [표 15]와 같다.

• **표 15** 7-S와 핵심역량 모델 비교

<table>
<tr><th colspan="2">7-S</th><th colspan="4">핵심역량/주장자</th><th>차이</th></tr>
<tr><td rowspan="3">Hard</td><td>구조(Strc)</td><td rowspan="3">자본</td><td colspan="2">유형자원</td><td rowspan="3">Prahalad
& Hamel
Barney(VRIO)</td><td>조직구조</td></tr>
<tr><td>전략(Strt)</td><td colspan="2">무형자원</td><td>자원 집중처, 경쟁처,
경쟁우위 목표</td></tr>
<tr><td>제도(Syst)</td><td colspan="2">인적자원</td><td>업무시스템, 프로세스
자원 자체 대 활용</td></tr>
<tr><td rowspan="3">Soft</td><td>인적자원(f)</td><td rowspan="4">활동</td><td rowspan="3">주활동</td><td rowspan="3">구매, 물류
생산
마케팅,영업
A/S</td><td rowspan="4">M. Porter</td><td rowspan="4">역량 향상
리더십,
조직운영
능력발휘
업무프로세스, 역량 향상,
이익 목적의식 등,
기업의 경쟁력으로
볼 수 있음</td></tr>
<tr><td>운영방식(y)</td></tr>
<tr><td>관리능력(k)</td></tr>
<tr><td colspan="2">공유가치(ShrdV)</td><td>보조
활동</td><td>조달, 관리
인적자원
기술: 개발, 디자인</td></tr>
<tr><td colspan="2">McKinsey &
Company(피터스,워터만
/파스칼,아토스)</td></tr>
</table>

[표 15]에서 보듯 7-S 모형의 지향점과 자원과 핵심역량의 최종 지향점은 기업의 경쟁력 또는 이윤 확보로 집중된다고 볼 수 있다. 다만, 포터의 산업구조 분석과 핵심역량에서는 눈에 보이는 유·무형자산 등에 초점이 맞추어 있고 구체적 활동에서 핵심역량을 찾고 있다. 7-S 모델에서는 Top-Down 방식에 따른 개별적 부분에 관심을 가지고 업무시스템 전체의 프로세스와 역량의 강화에 초점을 맞추고 있다.

11) PESTLE 모델

(1) 개요

우리나라가 산업화 과정에서 외산 물품들을 많이 사용하여 왔다. 일본 도시바나 워크맨 및 밥솥 등, 미국 GM 포드의 튼튼한 자동차와 냉장고, 독일의 신뢰성 있는 기계류, 마이크로소프트의 OS나 애플컴퓨터의 PC 등 제품의 수들은 셀 수 없이 많다. 그러나 지금은 우리나라 기업들이 국제시장에 나서 세계적 제품들을 수없이 생산해 내고 있다. 그만큼 우리나라는 발전하였으며 세계는 좁아졌고 기업 전략도 이제는 세계시장이 전제가 되지 않으면 안 되는 시대가 되었다. 한편, 시장이 세계화되면서 국지적 사건의 발생도 시장에 직접 영향을 주는 시대를 우리는 살고 있다. 국제적 금융위기, 코로나 19, 전쟁이나 글로벌 공급사슬의 붕괴 등은 국제적으로 큰 영향을 미쳤다. 이런 사태들은 기업의 경영에 큰 영향을 미치는데, 지금까지 본 전략모델에는 이러한 내용들이 포함되어 있지 아니하나 기업의 정상적 기업활동을 위해서는 국내외적 극한 상황에 대한 대책도 필요하다.

PESTLE 모델은 기업을 둘러싸고 있는 환경이 경영에 미치는 영향이 지대함을 인식하고 모델은 정치환경이나 법률환경 등을 포함하여 분석한다. 앞으로는 우주환경까지 분석에 포함하는 시대가 올지 모르겠다. PESTLE은 분석 대상의 영문자 첫 글자를 딴 것으로 정치적(P: Political), 경제적(E: Economic), 사회문화적(S: Sociocultural), 기술적(T: Technological), 법적(L: Legal), 환경적(E: Environmental) 영향을 분석하는 모델이다.

(2) PESTLE 모델

포터의 5-Force 모델은 산업환경 분석에 초점이 맞추어 있으나 외부요인에 대한 분석에 한계를 가지고 있다. 예로 국제적 금융위기, 코로나 19, 글로벌 공급사슬의 붕괴, 전쟁 등을 분석하는 툴이 부재하다.

PESTLE은 이러한 지금까지 유행하던 전략모델들의 한계를 극복하고 분석대상을 기

• **그림 22** PESTLE 모델

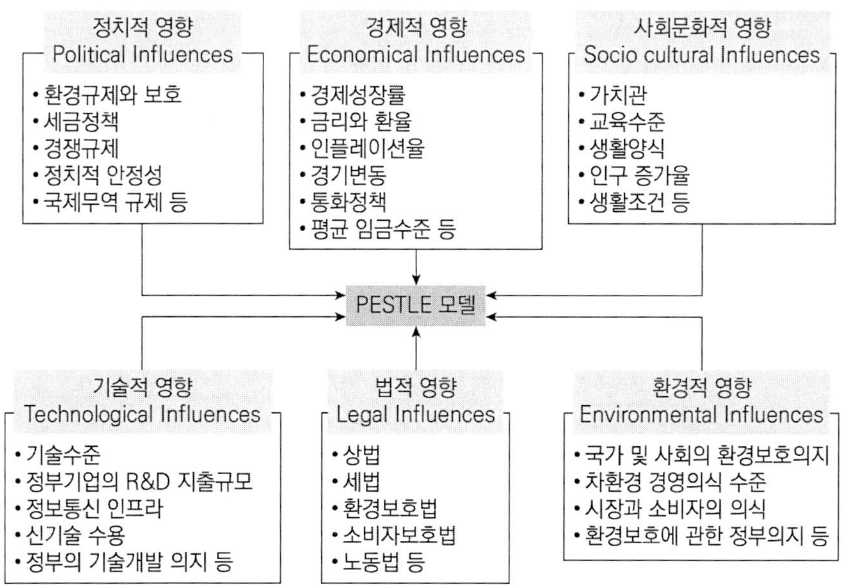

출처: 박상범 (2024) 경영전략, 한경사, p.106.

업환경 전반으로 확장하였다. 모델의 두문자 PESTLE는 Political, Economic, Social Technological, Legal, Environmental을 뜻한다. 정치적, 경제적, 사회문화적, 기술적, 법적, 환경적 영향들은 미래에 어떤 영향으로 변경될 것인지에 대하여는 현재의 영향분석에서 나타나게 된다. 즉 PESTLE 모델 자체가 현상을 분석하여 외부환경변화에 따른 잠재적 기회와 위협요소를 파악, 미래를 예측하는 동태적 모델인 것이다. 다만, 미래의 특정 시점에 대한 상황(status)을 표시하지는 않는다.

PESTLE 모델에서 LE 즉 Legal 및 Environmental을 제외시킨 PEST를 PEST 모델이라 하기도 한다. PEST 분석은 PESTLE의 전신이자 기본 형태로, 보다 간략하게 외부의 거시 환경을 분석할 때 사용된다.

🗁 사례_ 정부개입(자동차 산업)사례 - Political Influence

기업환경 중 정부(Political)가 개입한 사례를 보면 다음과 같다.

영국: 재규어, 롤스로이스, 벤틀리의 부실로 1970 이후 해외 매각하였으며 재규어는 포드(Ford)가 인수(1989)하였다가 인도 타타그룹에 인수(2008)되었다. 영국은 "영국 신사의 차" 자존심에 상처를 입었으며 노동자들은 대거 실업하였다. 롤스로이스는 독일 BMW에 인수되었으며, 벤틀리는 1998년 독일 폭스바겐 그룹에 인수되었다.

독일: 폭스바겐은 최근의 경영악화로 위험에 처해있다. 1937년에 설립한 독일 국민차이며 세계적인 자동차 회사로 1960년대 민영화하였고 1990년대 美·日 협공으로 경영 불안정을 겪어 회생절차를 밟았고 폭스바겐 특별법을 제정하기도 하였다. 벤틀리 등 10개 이상 자동차 브랜드를 보유하고 있으며, 20%를 지방정부(니더작센 주정부)가 보유하고 있다. 그 외는 카타르 투자청(Qatar Holding LLC)이 약 17.0%, 포르쉐 SE(Porsche SE)가 31.9%를 보유한다.

프랑스: 르노(Renault)는 1898년 프랑스에서 세워졌으며 현재 거느린 브랜드는 르노, 알핀, 모빌라이즈, 다치아 등이다. 1945년 나치 협력 문제로 국유화로 희생되었다가 1980년대에는 경영난으로 정부로부터 120억 프랑에 달하는 대규모 보조금을 지원, 1991년 민영화하기로 했다가 1996년에 민영화 성공하였다. 그러나 아직도 정부가 지분의 15.01% 보유하고 플로랑주법(Florange law)을 통해 의결권을 행사할 수 있다. 세계 3위권의 자동차회사이다.

*120억 프랑은, 프랑스의 유로 고정환율(1EUR=6.55957FRF)과 1980년대 이후의 물가상승률 (CPI_{2025} /CPI_{1980} =120.91/30.54≈3.96), 현재 유로 환율 1,590원을 적용하면 약 11조 원이다.

(3) PESTLE 모델의 요소별 내용

기업이 많은 영향을 받는 P, E, S, T, L, E 의 6 요소는 기업을 둘러싼 어려운 경영환경을 직시하고 현재의 위험요인을 찾아내어 이를 극복하는 방안을 제시하며 그 경쟁력을 높여가기 위한 방안을 찾아낼 수 있도록 해준다. 모델의 내용은 다음과 같다.

(가) 정치적 영향(Political)

정치가 기업을 죽이고 살리는 것은 잘 알려진 사실이다. 우리나라의 경우 대우전자나 대한생명, 국제그룹 등이 간판을 내리고, 최대기업 삼성전자 이재용 회장이 감옥에 간다. 모두 범죄로 판결 등에 의한 처벌로 인한 환난이나 일반인들에겐 느낌이 좀 달라 정치적 사안으로 받아들이는 사람들이 많다. 공산당이 정치권력을 독점하고 있는 중국과의 거래에는 미국 바이오 안보 관련 사항 및 중국 내 지식재산권 보호 수준과 환경 등으로 인한 제약이 있다. 미 트럼프의 정치적 영향력은 세계를 위협하고 있다. 위기의 극복을 고민하게 하는 요소이다. 이러한 요소들의 영향력을 본 모델은 포괄한다.

(나) 경제적 영향(Economical)

경제 상황이 기업에 영향을 미치는 경우도 매우 많다. 국내 경기의 변동이나 국제경기의 흐름, 물가상승률, 이자율과 환율 등은 기업의 손익에 직접 영향을 주고 경우에 따라서는 손실을 보기도 한다. 이러한 현상이 캐즘(일시적 불황)이라면 이겨나가야 할 것이나 장기적 현상이면 견디기 힘들다. 오일 쇼크 시나 리먼 사태, 미국이나 중국의 글로벌 공급망에 대한 개편은 기업에 큰 영향을 주었다.

(다) 사회·문화적 영향(Sociocultural)

K－Culture의 발상이며 그중 하나인 방탄소년단(BTS)의 세계적 열풍은 세계 구석구석을 뒤집어 놓았다. 그 높은 프랑스인 미국인이 한국어 노래를 뜻도 모르며 흥얼거렸다. 한국어는 세계 곳곳에서 배우고 쓰이고 있다. K 문화 열풍은 세계에 영향을 미쳤다. 한국 음식과 드라마 등은 세계를 누빈다고 한다. 한편은 코로나에 따른 비대면 문화, 사회의 노화에 따른 케어 이코노미(care economy)의 발생, 웰빙문화 등이 발달하고 있으며 요즘은 ESG 경영에 대한 관심도 높다.

(라) 기술적 영향(Technological)

최근의 기술 발달은 놀라울 정도이다. 개발기간을 혁신적으로 단축시킨 AI와 AI 그 자체의 기술발전, 이에 따르는 AI 관련 산업 팽창, AI 산업에 반도체 기술 발전의 속도는 엄청나다. 드론과 홀로그램, 로봇 등의 AIOT 산업, 4차 산업혁명의 시현, 다시 재조명되는 원자력발전이나 양자컴퓨터 등은 신기술의 개발에 대한 모니터링조차 어려울 정도이다. 모든 경영 패러다임이 바뀌고 있고 경영자들은 여기서 한 발짝이라도 멀어져서는 세계경쟁, 기업경쟁에서 도태되기 쉽다.

(마) 법적 영향(Legal)

법률이 기업에 영향을 미치는 경우는 많다. 상법과 세법, 회계감사를 정한 주식회사 외부감사에 관한 법률, 환경 관련법, 건축 규제 등에 관한 법률, 소비자보호법, 제조물 책임법, 노동 관계법, 무역 관계법, 금융 관계법 등은 기업의 발전에, 나아가서는 존속에 큰 영향을 미친다. 외국에 진출할 경우에는 그 나라의 법률을 검토하여야 한다. 그 나라의 회계법인이나 법무법인 등을 먼저 접촉하여 법률환경(Legal Environment)을 검토하는 이유이다.

(바) 환경적 영향(Environmental)

대기오염, CO_2, 쓰레기 문제 등 환경이 기업에 영향을 미치는 것은 어쩌면 인간, 특히 기업이 환경을 파괴한 대가를 받는 것이라 보아야 한다. 기업이 환경오염의 방지에 들이는 비용은 기업의 제품 제조원가에 속한다. 환경 보존을 위한 목적으로 사업을 폐기하기도 한다. 제품이 환경 친화적이라 적혀 있으면 인간 친화적이고 가족과 같은 느낌으로 다가오는 것은 환경을 생각하는 마음들이 따뜻하기 때문이다.

12) 블루오션

블루오션(blue ocean)은 레드오션(red ocean)과 상반되는 개념으로 사용되며 물 맑고 산소 풍족한 푸른 바다를 고래 혼자 헤엄치는 형상을 표현한 것이다. 이에 반해 레드오션은 바닷물이 여러 오염원의 영향을 받아 먹이가 되는 플랑크톤도 없고 산소도 적어 사는 물고기 등 생명체들이 겨우 숨 쉬면서 생존을 유지하는 형상을 말하며 시장에 경쟁자들이 이미 포화되어 상호 헐뜯고 경쟁자의 피를 빨아먹고 사는 포화된 시장상태를 말한다.

김위찬과 마보안(Renee Mauborgne)은 시장(market)과 제품(product－resources)의 관계를 정리하여 시장에서 우리 회사가 만든 제품 혼자 수영하는 형상을 블루오션이라 정의한 것이다. 경쟁이 없는 것으로 가정하는 블루오션은 새로운 가치가 창출된 제품과 경쟁자들이 아직 경쟁제품을 출시하기 전이므로 소비자를 설득하는 적극적 마케팅으로 시장창출 및 더 높은 이윤을 얻을 수 있다.

블루오션 전략은 새로운 아이디어와 신기술을 필요로 한다. 참신한 아이디어의 새 기능과 성능 대비 기존 제품보다 가격 경쟁력을 확보하여야 한다. 예로, 기존 제품들에 들어있는 부품들 여러 개를 묶어 하이브리드 형태로 하면 원가가 줄어들고 이 과정에서 기능을 추가하거나 성능을 개선하면 저가에 더 높은 가치를 소비자에게 전달할 수 있다. 참신한 아이디어는 소비자의 사용가치를 높여준다. 타 경쟁자가 이 수준에 이르기까지는 선도자는 블루오션 마켓을 향유할 수 있다.

블루오션 전략은 전략이라고 하기보다 아이디어의 발생과 기술의 진보에 따른, 시장을 선점하는 자의 이익 향유라 볼 수 있다. 현대 경영자들이 어린아이나 학생들한테 자문을 받는 것은 그들 생각의 참신성을 사기 위함이며 기술개발에 총력을 다하는 것은 시장창출로 블루오션인 신 시장을 선점하기 위함이다. 마이클 포터의 본원적 전략은 차별화와 원가 우위를 구분하여 제시했으나, 블루오션 전략은 가치 혁신을 통해 이 둘을 동시에 추구하는 새로운 관점을 제시했다. 새로운 아이디어와 기술을 앞세운 김위찬 교수와 마보안이 블루오션 전략으로 이론을 체계화한 것이다.

13) 비파괴적 혁신

경영은 외부환경에 대응하여 내부자원을 시장에 공급하는 과정이라 할 수 있다. 외부환경 변화에 적절히 대응하지 못하면 경영은 악화된다. 환경에 대응하는 것은 경영의 방법과 대응전략이라 할 수 있지만, 보유한 자원이 낙후되면 효과적 대응은 불가능하다.

1940년대에 죠지 슘페터(J. A. Schumpeter: 1883~1950)가 혁신(Innovation)의 개념을 주장하면서 창조적 파괴(creative destruction)를 얘기했을 때 산업으로 빠르게 확산되었다. 당시의 상황은 미국의 산업들이 1차, 2차 세계대전을 겪으면서 소품종 대량생산으로 크게 발전하였으나 기계·설비의 낙후와 산업인력들의 기술 낙후로 경영부실이 야기되었고 따라서 낙후 설비에 대한 교체 요구와 함께 구 체계의 파괴 논리가 기업인들에게 공감을 얻었기 때문이라 해야 할 것이다.

이는 1997년 클레이튼 크리스텐슨(C.M. Christensen, 1952~) 교수의 파괴적 혁신 주장이 「혁신기업의 딜레마(The Innovation Dilemma)」(1997)에서 기업들을 구해내며 꽃을 피웠다고 볼 수 있는데, 그는 혁신은 모든 것을 파괴했을 때 가능하다는 주장으로 산업계의 혁신을 주도하였다. 그러나 그 후 산업은 최신 기계의 도입과 직원교육을 통한 장비와 직원들의 skill up이 이루어져 이전(2000년대 초반)까지의 옛것을 버린다는 의미의 '파괴적'이라는 말을 하기가 곤란했을 것이다.

어떤 원인에 기인했던 김위찬·마보안느 교수들은 2005년 「블루오션 전략(Blue Ocean Strategy)」(2005)에서 경쟁은 피하고 새로운 가치는 창출하면서도 가격을 낮추는 전략인 블루오션 전략을 신개념으로 소개하였다. 이후 그들은 「파괴를 넘어(Beyond Disruption)」(2023)에서 비파괴적 혁신(nondisruptive innovation)을 주장하여 시대적 요구를 수용한 사고로 환영을 받았다.

김교수 등이 주장한 비파괴적 혁신의 개념은 다음과 같다. 이전의 혁신(파괴적 혁신)이 실패한 이유는 자신이 혁신의 대상으로 조직에서 물러나거나 불이익을 당하게 되는 현상에서 이들이 기존 조직에 저항하고 반대했기 때문이었다는 것이다. 따라서 이들은 혁신의 대상을 내부에서 외부로 돌리고 내부의 변화는 최소화하면서 외부의 새로운 가치를 창출하는 것을 핵심으로 한다. 이렇게 함으로써 내부의 협력은 끌어내고 자원은 업그레이드 하면서 교육훈련을 통한 종업원들의 수준 향상으로 생산성 향상 및 경쟁력 제고를 통해 기업의 수준을 한 단계 업그레이드하게 되는 것이다. 결국 비파괴적 혁신은 경쟁자와의 경쟁이나 내부의 구조를 변형시키지 않고 새로운 가치를 창출하면서 원가는 감소시키고 제품의 품질은 향상시켜서 기업 경쟁력을 증대시키는 일거양득의 전략이라 할 수 있다.

비파괴적 혁신도 기존 시장의 파괴 없이 새로운 가치를 창출해간다는 점에서 동태적인 특징을 내포하는 동태적 모델이므로 그 동태화는 불필요하다. 김위찬·마보안 교수의 비파괴 혁신 이론은 어쩌면 기존 이론가들의 비판적인 입장에서는 이를 기존의 카이젠과 같은 점진적 개선의 연장선으로 보거나, 마이클 포터의 원가 우위 및 차별화 전략의 재해석을 통해 시장을 확장하는 개념으로 평가할 수 있다. 이는 새로운 시장 창조라는 경영전략의 목표를 두고 비파괴적 혁신의 핵심 사고를 기존 전략의 이념이나 가치 안으로 회귀시켜 이해하려는 시각이 존재함을 의미한다.

📖 참고_ 초우량기업의 조건

초우량기업은 뛰어난 성과를 지속적으로 창출하며 업계의 선두를 달리는 기업을 말한다. 톰 피터스 & 로버트 워터맨은 「초 우량기업의 조건」(In search of Excellence)에서 초 우량기업의 특징을 다음과 같은 8가지 특징으로 규정지었다.

① 행동의 중시와 신속한 의사결정
② 고객과의 연락, 고객에게서 학습
③ 이노베이션을 위한 자율성과 기업가 정신
④ 사람이 중심이 되는 생산성과 품질의 향상
⑤ 가치에 바탕을 둔 실천
⑥ 핵심사업에 집중
⑦ 단순한 조직과 작은 본사
⑧ 엄격함(핵심가치)과 자율성(분권화)의 활용

초우량기업은 GE, IBM, MS 등이었다가 지금은 애플, 아마존, 구글 등 기술기반 기업이 선두에 나섰다.

14) BSC 균형성과표

균형성과표(BSC: Balanced Score Card)는 기업의 성과 측정에 있어 기존에 재무제표에 의존하면서 매출이나 이익 또는 자산규모 등에 치우쳤던 기업의 성과평가를 그 한계를 인식하고 기업의 안정적 성장 등을 추가하여 종합적 가치에 근거를 둔 균형적 성과로 평가하려는 의도의 발현이다.

여기에는 과거로부터 평가지표의 중심을 이루었던 재무적 관점(financial perspectives) 외에 비재무적 관점인 고객 관점(customer perspectives), 내부 프로세스 관점(internal business process perspectives)과 학습과 성장 관점(learning and growth perspectives)을 포함하여 4가지 관점으로 평가하여 성과평가의 균형을 유지한다.

▬ 고객관점

고객들의 주요 관심사항을 반영한 측정지표를 사용하여야 한다. 고객 관심사항은 시간, 품질, 성능, 서비스, 비용 등의 범주로 구분한다.

▬ 내부 프로세스 관점

고객 측면과 핵심역량의 측면에서 접근할 수 있다. 고객 측면에서는, 고객들의 기대에 부응하기 위하여 내부적으로 무엇을 어떻게 해야 하는가를 결정하는 것을 말한다. 즉, 균형성과표의 내부 프로세스 측정지표는 고객 만족에 가장 큰 영향을 미치는 업무 프로세스에서 나와야 한다는 것이다. 핵심역량 측면에서는 경쟁사보다 뛰어나야 하는 주요 기술과 업무 프로세스를 확인하고 그것에 대한 측정을 구체화한다.

▬ 학습, 혁신, 성장 관점

기업의 비전을 달성하기 위해 조직이 어떠한 학습을 하고 무엇을 개선해야 하는지를 측정한다.

▬ 재무 관점

재무성과 측정지표는 기업 경영이 기업의 손익개선에 기여하고 있는지를 나타내준다. 매출과 이익 등 경영의 결과이다.

새로운 경영환경에 대비하여 고객, 내부 프로세스, 학습·혁신·성장 관점에서 개발된 측정지표들과 함께 균형적으로 사용되어야 한다는 논리에서 균형성과표가 개발되었다.

15) 플랫폼 경제와 프로토콜 경제

인터넷 시대에 가상 접촉을 통하여 경제를 운영하는 방식이 나타났다. 우리는 이를 인터넷 경제라고 하는데 인터넷 경제에는 플랫폼 경제와 이 단점을 개선한 프로토콜 경제가 있다.

(1) 플랫폼 경제

플랫폼은 소비자인 회원과 공급자인 제품생산자 사이에서 대부분의 중간 상인의 손을 거치지 않고 생산자의 이윤만을 가산한 금액으로 소비자에게 공급하는 형태의 소프트웨어 시스템이라 할 수 있다. 여기서 공급자는 회원관리를 포함한 시스템 전반을 관리하며 공급자는 플랫폼을 통해 서비스를 제공한다. 회원가입과 회원에 대한 특권(구매이익, 주식지급, 회원 확보에 대한 인센티브 등)의 균형적 관리 및 상품매매에 관한 관리를 수행한다.

플랫폼 경제의 초기 도입시에는 플랫폼을 통하여 모든 참여자가 공동으로 시스템을 관리하므로 탈중앙화를 이루고 나아가 독점화를 피할 수 있다. 플랫폼 경제는 기본의 비즈니스 모델을 혁신하고 새로운 시장과 가치를 창출한다. 정보공유 및 상품매매 등을 수행하는 참여형 경제로 디지털 플랫폼을 기반으로 하며 상호작용, 협업 등을 통하여 경제적 가치를 창출한다.

온라인 쇼핑몰, 숙박공유 서비스, 교통 공유 서비스, 온라인 게임 쇼핑몰, 소셜 미디어 등은 플랫폼 경제의 예이다. 이들은 거래비용을 절감하며 시장 접근성을 확대하고 데이터 활용을 극대화할 수 있다.

그러나 플랫폼에서는 운영자가 플랫폼을 장악하고 주도하게 됨에 따라 구성원 간 정보 비대칭성, 의도된 정보의 왜곡, 나아가 개인정보 침해 및 데이터 또는 정보 격차나 시스템의 알고리즘의 편향성 등으로 부작용이 다수 발생하기도 한다. 따라서 플랫폼 경제는 프로토콜 경제로 옮아가는 추세이다.

(2) 프로토콜 경제

플랫폼 경제의 불합리성을 극복하기 위해 나타난 것이 프로토콜 경제이다. 프로토콜 경제는 블록체인 기술을 이용하여 미리 정해진 규칙, 즉 프로토콜(규약)을 통하여 참여한 자들이 중개기관 없이 직접 거래하고 가치를 공유하는 개방형, 탈중앙화, 독점화 경제 생태계이다. 특정 플랫폼에 모인 사용자들의 합의(Protocol)로 규칙을 정하기도 한다. 기존의 플랫폼 경제의 독점적인 구조와는 달리 공헌도에 따른 투명한 보상이 이루어지며 참여자들이 주도하게 된다.

16) 수명주기 이론

수명주기 이론(Product Life Cycle, PLC)은 제품, 산업, 기업 등 다양한 대상이 시간에 따라 변화하고 소멸하는 과정을 설명하는 이론이다. 각 대상은 도입기, 성장기, 성숙기, 쇠퇴기 등 일련의 단계를 거치며, 각 단계별 특징과 전략이 달라진다.

제품 수명 주기 이론(Product Life Cycle, PLC)

제품 수명 주기 이론은 제품이 시장에 출시되어 사라질 때까지의 과정을 도입기, 성장기, 성숙기, 쇠퇴기의 4단계로 구분한다.

도입기는 제품이 처음 출시되는 단계로, 시장 초기 단계에서 브랜드 인지도와 판매량이 낮고, 높은 마케팅 비용이 필요하다. 성장기에는 제품에 대한 수요가 급증하고, 경쟁이 심화되면서 규모의 경제가 발생하여 가격이 낮아지는 단계이다. 성숙기는 판매량이 정점을 찍고 성장이 둔화되는 단계로, 경쟁이 더욱 치열해지고 차별화 전략이 중요해진다. 끝으로 쇠퇴기에는 제품의 판매량이 지속적으로 감소하고, 대체재의 등장 등으로 인해 당해 제품이 시장에서 퇴출되는 단계이다.

산업 수명 주기 이론(Industry Life Cycle)

산업 수명 주기 이론은 산업 전체의 변화 과정을 단계별로 설명한다. 이 또한 제품 수명 주기 이론과 유사하게 도입기, 성장기, 조정기, 성숙기, 쇠퇴기 등의 5단계를 거친다.

도입기는 기술적 불확실성이 높고, 시장 규모가 작으며, 표준화가 이루어지지 않은 단계이며, 성장기는 기술이 발전하고, 시장 규모가 확대되며, 경쟁이 심화되는 단계이고, 조정기는 제품의 초과 공급으로 인해 경쟁이 심화되고, 일부 기업이 시장에서 퇴출되는 단계이다.

성숙기는 시장이 안정되고, 경쟁이 완화되는 단계이며, 쇠퇴기는 대체재의 등장 등으로 인해 시장 규모가 축소되는 단계이다.

기업 수명 주기 이론(Business Life Cycle)

기업 수명 주기 이론은 기업이 성장, 성숙, 쇠퇴의 단계를 거치는 과정을 설명한다. 기업의 생애 주기는 창업기, 성장기, 성숙기, 쇠퇴기 등의 4단계로 구분되며, 각 단계별로 조직 구조, 의사 결정 방식, 경영 환경, 성과 등에 차이를 보인다.

이와 같은 수명 주기 이론들은, 제품, 산업, 기업의 현 상황을 진단하고, 미래를 예측하여 효과적인 전략을 수립하는 데 도움이 된다.

17) 비시장 전략

지금까지 다른 경영전략은 기업과 이윤 창출에 직접 상관이 있는 대상들을 어떻게 경영할 것인가에 대한 것이었다. M. Porter의 5-Force Model의 경우도 거래선과 제품에 한정된다. 그러나 기업에 영향을 주는 것은 그들뿐만이 아니다. 기업들은 늘 정부 정책의 영향을 받고 있으며 두산의 합병에 영향을 미친 학계나 언론 등의 영향력은 다대하다.

이윤희 의장(마클 컨설팅 그룹)이 옥스퍼드대의 클린메이어와 데니스 노블(Denis Noble, 1936년 11월 16일 ~) 교수, 데니스 스노어 회장(글로벌 솔루션스 이니셔티브) 등과 공동 저술한 '경제와 비즈니스를 위한 생물학의 새로운 교훈: 비시장 환경에 대한 시스템적 집근'(영국 왕립학회, 2024, 10)에서는 기존 경영학이나 경영전략에서 주목하지 아니하던 '비시장 전략'에 SPA Framework(System Public Affairs Framework)으로 초점을 맞추었다. 정부와 학계, 미디어와 정치권 등은 기업에 간접적 영향을 주는 비시장적 이해 관계자들을 대상으로 하는 활동을 경영의 한 핵심 전략으로 삼아야 한다는 것이다. 비시장 전략 활동의 대상은 5-Force 등의 모델의 정의보다는 확장된 범주의 실체들로, 경제 주체를 단순히 정부·기업·가계로 하여 자기 역할만을 강조했던 산업혁명 이후 근대까지의 개념에서 벗어났다는 것이다. 미국 트럼프대통령의 MAGA(Make America Great Again) 또는 MAMGA(Make American Manufacturing Great Again) 구호에서 비롯되는 미국 우선주의(America First), 미 제품 우선 구매(Buy America) 등은 기업활동과 국제무역까지를 국회의 입법 활동과 연계시켜 좌지우지하고 있다. 기업들은 과학과 학문적 논리를 제공하는 학자, 민간 연구의 주체와 언론의 절대적 영향력하에 있으므로 이들에 대한 전략적 활동을 하지 않으면 안 된다.

논문은 「프리드먼 독트린(Friedman Doctrine)」이 기업의 목적을 '주주 이익 극대화'로 보고 기업의 사회적 책무를 이익 극대화라고 주장한 데 대해 이러한 단순 외골적 의식으로는 복잡·다기화된 현대사회의 문제들을 해결하는 데 한계가 있다고 진단한다. ESG(환경·사회적 책임·투명경영) 등에서 보듯 기업의 책임은 이윤의 범위를 넘어섰고 기업의 활

• **표 16** SPA Framework과 ESG의 비교

	SPA 프레임워크	ESG와 비교
목표	경제적 성과 & 사회적 신뢰 동시 추구	주주 등에 대한 책임으로 환경개선·투자확대
범위	정부·사회·언론계·학계 등 광범위	주주관계·투자자관계 개선
방식	기업이 능동적으로 사회실체에 접근	특정 지표와 규정에 따라 경영방침 조성

동 또한 이윤추구 및 근로자 임금 지급의 역할이나 하는 데서 ESG 등을 통한 지구 수명과 인류의 미래에까지 확장되어 있기 때문이다.

이들은 시스템·공공관계 프레임워크(SPA framework)를 다음과 같이 제시한다.

SPA 프레임워크는 SPA 전략의 목표와 그 범위 및 접근방식 등에 대하여 정의하고 기업의 역할을 비시장 분야에까지 확대하여 그들의 사회 공공적 위상까지 기업 주도적인 활동의 범위 내로 정의하였다. ESG가 기업의 목적을 이윤추구에서 환경을 복구·개선하고 그 비용을 장기적 필수원가로 보고 책임 경영구조를 정의하고 이론을 정립하여 궁극적·장기적 기업 이윤목표를 재정의하였다면 SPA는 기업활동에 영향을 미치는 이해 관계자의 범위를 복잡해진 현대사회의 발전과 현상에 맞추어 정의함으로써 사회의 불안요소를 제거하고 더 많은 생산과 이해관계자의 만족을 고려한 서비스를 통해 진정한 이익의 개념을 확인했다는 데 그 의의가 있다고 볼 것이다.

논문은, 기업이 정치계나 학계 및 미디어 등 비 시장적 영향권과의 협력이 필요하다는 점을 강조하고, 비시장 환경을 통합하는 경영전략인 SPA framework을 제시하였으며, 기업은 프리드먼 독트린인 "기업의 사회적 책임은 이익을 늘리는 것이다"(1970)에 기반한 기존 경영이론을 비판하고 단순이익 극대화 주주만의 중시 경영만으로는 기업성장의 한계가 있다는 점을 주장하였다. 실제의 기업환경에서는 비 시장 전략으로 풀어야 할 일들이 너무나 많음을 쉽게 인식할 수 있다.

트럼프 행정부의 출발과 함께 일론 머스크의 역할에 대한 검토가 필요하다. 그의 기업은 보잉이 하지 못하는 SpaceX로 우주여행의 길을 트고, 세계 최고의 전기차 기업 테슬라를 일으켰으며 루게릭 환자의 뇌에 칩을 연결하여 의식으로 컴퓨터를 조작하게 하였다. 이러한 기업활동에 더해 트럼프 유세장에서 연단에 올라 유세를 하고 "DOGE(그의 도지코인과 같다. Department Of Government Efficiency) 장관"(실제 장관은 아님. 사석에서 도지 대통령 또는 도지 장관으로 불렸음)으로서 정치에도 적극 참여하고 있다. 기업을 하는 유능한 인재가 무엇을 어디까지 할 수 있는가를 보여주는 모델이라 할 수 있다. 물론 모든 기업

인들이 그와 같이 할 수는 없으나 기업가로서 그것이 다 옳은 일은 아닐지 몰라도 SPA 전략의 한 모델로 기업의 책임 한계와 향후의 나아갈 길에 대한 상징적 사례라 할 수 있을 것이다.

18) 이전가격의 설정

기업 내부에서 부문 간 물품을 이전하는 경우 무상으로 지급하지 않고 가격을 정하여 매매의 형식을 취하고 기말이나 월말 등 상호 정산을 하게 되는데, 이때 이전하는 물품에 부과되는 단가를 이전가격이라 한다. 이전가격을 사내 대체가격 또는 단순히 대체가격이라고도 한다.

이전가격의 결정은, 당해 물품이 시중에서 거래될 경우에는 특수관계자 간에 부의 이전 문제가 발생하여 과세 문제가 따르므로 시가를 이전가격으로 보는 경우가 많으며, 그 외에 별도로 원가계산을 하여 합리적으로 계산된 원가를 대체가격으로 하기도 한다.

어떤 경우든 당사자 간 협약과 계약에 의하되 시가보다 현저히 낮은 가격으로 이전할 수도 있으나, 이때 거래된 가격이 증여세법의 평가액보다 낮으면 그 차액은 증여로 보아 증여세를 과세한다. 다음과 같은 방법으로 이전가격을 결정한다.

- **시장 가격 기준 결정방법**: 부문 간 이전되는 재화나 용역을 시장가격 기준으로 결정하는 방법이다. 관계 부문을 포함하여 공개 경쟁입찰을 붙이는 것도 좋은 방법이다. 다만 시장이 불안정하면 이를 적용함에 불합리성이 개입될 수 있다.
- **재판매 가격법(Resale Price Method, RPM)**: 제품을 판매할 때 적용되는 마진을 제외한 금액을 기준으로 가격을 결정한다. 이전가격 = 재판매가격 - 통상적인 마진으로 계산한다.
- **원가계산 기준법**: 대체되는 물품이나 용역을 원가를 계산하여 이를 이전가격으로 하는 방법이다. 이때 적용되는 원가계산 방법은 기업의 총 비용이 포함된 전부원가계산으로 하는 것이 타당하다. 변동원가를 기준으로 변동비로 계산한 원가를 이전가격으로 할 수 있으나, 이 경우는 고정비는 공헌한 부문에 배부하여야 한다. 이전가격＝원가＋통상적인 마진으로 계산한다.
- **이익분할법**: 계열사 간 기여도를 기준으로 이익을 나누어 계산하는 방법

이전가격 = 총이익×계열사간 기여도

- **거래순이익률법**: 순이익률을 기준으로 이전가격을 산출한다.

  이전가격 = 제조원가×(1+순이익률)

- **협의에 의하는 방법**: 이전가격은 부문 간 협의에 의하여 결정할 수 있다. 이 방법은 각 부문의 자율성이 보장되는 것 같으나 세법, 공정거래법, 세간의 추세 등을 감안한다. 본지사 간 해외 이전가격 문제로 가끔 언론에 노출되는 경우 등을 참조하여야 한다. 구매 부서에서는 향후의 경영 평가를 대비해서라도 시가 이상으로 구매할 이유는 없다. 이 방법은 거래가 증여세법의 평가액에 미달할 시 증여세과세 문제를 피할 수 없다.

여기서 현대적 전략모델이라 함은 그 탄생이 현대적이라는 것은 아니다. 여기서 다루는 원가우위나 차별화, 다각화, 구조조정 등은 이미 오래전부터 다양한 형태로 기업들이 필요에 따라 사용해 왔던 모델들이다. 앞에서 살펴본 모델들이 필요에 따라 가끔 쓰인다. SWOT나 BCG Matrix 및 M. Porter 모델은 수시로 소환되어 전략가들의 손 위에서 활용되고 있다. 그러나 이들의 활용은 대부분 전략을 수립할 때뿐이라는 점을 상기한다.

그러나 원가우위의 문제는 지금도 경영자들이나 전 종업원들이 마음에 담고 있는 화두이며 근래 여러 기업들이 비용 절감을 위한 출장 여비의 사용을 제한하는 조치를 취했다. 차별화는 제품을 개발하는 이들의 절대 명제이고 다각화나 수직 수평적 통합은 그룹의 계열사나 적절한 기술을 가진 외부 기업들에 대하여 수시로 활용되는 수단이다. 구조조정은 경영이 어려울 때 수시로 동원되는 개념이고 전략적 제휴는 특정 경쟁력 확보에 한 수일 수도 있다. 시장 경쟁력 및 시장의 확보를 위하여 지금까지 기업들은 해외시장을 개척해 왔다. 우리나라의 경제 성장은 박정희 대통령이 심은 수출 입국이라는 작은 나무가 이후의 여러 정치 및 경제 주체들의 노력과 국내외적으로 얻어진 경제적 기회라는 거름을 먹고 성장한 것이라 할 것이다.

여기서는 최근 화두가 되고 있는 ESG 경영을 포함한다. 지구 기온이 올라 기상 이변이 크게 일고 있는 가운데 기업의 사회적 책임이 그 어느 때보다 중요하게 다가오기 때문이다. 아울러 경영전략의 백미인 인사전략을 마지막에 간단히 다룬다.

PART 2

현대적 전략모델

CHAPTER 5

원가우위

1 개요

원가우위란 원가경쟁력 우위를 말한다. 경쟁기업보다 같은 성능의 제품을 낮은 가격에 공급할 수 있는 힘을 원가우위 또는 원가경쟁력이라 한다. 제품이 판매되는 가격과 그 제품을 제조하는 데 들어가는 원가와의 차이가 회사의 이익(이윤)이 된다. 이를 구매하는 자들은 이것을 원료 삼아 자기만의 새로운 것을 창출하여 부가가치를 올리게 된다. 그것이 최종 소비자라면 사용가치를 누린다. 사용자의 사용가치와 구매가의 차이는 사용이익이라 볼 수 있다. 이를 산식으로 표시하면 다음과 같이 매출액 - 원가가 이윤으로 표시된다. 이를 기업의 핵심 경쟁력인 기술과 사용자의 구매 행위 및 기업의 원가와의 관계를 표시하면 [그림 1]과 같다.

제품의 가치는 기업의 기술과 아이디어 및 노하우를 동원하여 제작한 제품 실체라 볼 수 있다. 기업은 제품을 판매하여 마진(이윤)을 남긴다. [그림 1]의 가치·가격·원가·이윤은 이 관계를 잘 나타내고 있으며, 이 중 (a) 이윤공식은 기업이윤의 계산을, (b) 가치구조는 기술이 함유되어 있는 제품의 가치가 제품의 최종 사용자의 사용가치와 지불의사, 판매가격(수취액), 원가(지급액) 및 원가를 구성하고 있는 재료비, 노무비, 제조경비 및 판매관리비 등의 복합적 집합임을 보여주고 있다.

• **그림 1** 가치 · 가격 · 원가 · 이윤

(a) 이윤공식

$$P = R - C$$

P: 이윤(Profit)

R: 매출(=수익: Revenue)

C: 원가(Cost)

WTP: Willing To Pay(지불 의사)

(b) 가치구조

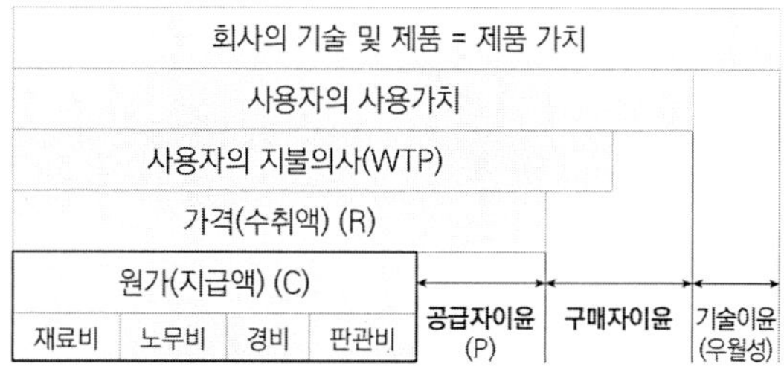

기업의 이익은 매출액에서 원가를 공제하여 산정된다. 이와 같은 이윤의 구조는 가치구조 안에 수취액과 원가로 구분되어 자리를 잡게 된다. 좀 더 설명하면, 소비자의 사용가치는 소비자가 그 제품을 구매하여 필요한 곳에 사용함으로써 얻는 욕구 충족의 가치이다. 사용자는 제품이 가지고 있는 기능을 100% 사용하기는 쉽지 않으므로 보편적으로는 제품 가치보다는 낮게 형성된다. 제품가치와 사용가치의 관계는, 사용자가 애쓰며 찾아 헤매던 제품의 경우는 제품 가치보다 사용가치가 더 높게 형성될 수도 있다. 사용자의 지불의사(WTP: Willing To Pay)는 당해 제품에 대하여 소비자가 이 정도의 값을 지급해도 되겠다고 느끼는 금액을 말한다. WTP는 사용가치보다 다소 낮게 형성된다고 볼 수 있으며 최대점이 사용가치까지이다. 물론 제품의 품귀현상으로 가격이 높게 책정되어 사용가치보다 더 높게 지불하고 구매할 수는 있다. 이때도 거래의 성립이 그리 되었을 뿐이지 지불의사가 환경을 반영한다면 가격보다 높다고 보아야 할 것이다. 원가는 당해 제품을 제작하는 데 소요된 제조원가 및 그 유통 및 관리를 위한 비용까지를 포함하며, 원가와 가격의 차이는 공급자인 기업의 이윤이 된다. 원가를 세부적으로 구분하면 원가계산

• **그림 2** 원가와 이윤(제조판매업 기준)

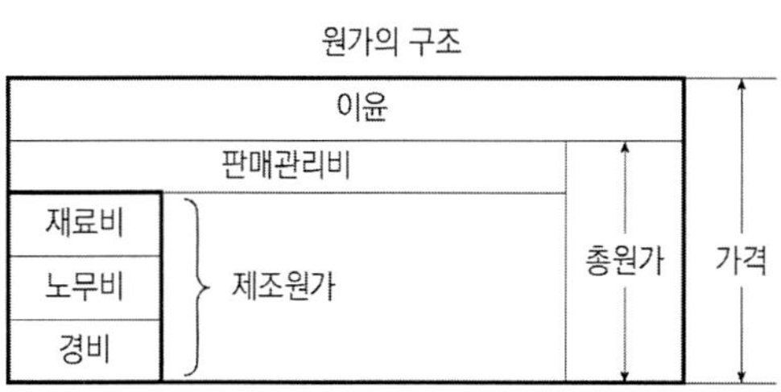

원가요소 설명

- 재료비: 원 · 부재료, 부품 등 제품의 구성요소비
- 노무비: 급료와 노임, 상여금, 퇴직급여 등 인건비
- 경비: 전력비, 수도광열비, 제반 수수료, 교통비, 접대비 등
- 판매관리비: 판매원 수당, 판매용 물품 운송비 견적비 등
- 이윤 = 가격-총원가

론에서 말하는 재료비, 노무비, 경비와 판매 및 관리를 위한 원가가 포함된다. 판매상인 경우에는 구입원가에 판매 및 관리비를 더하면 원가가 된다. 이 중 원가의 구조를 별도로 떼어 표시하면 [그림 2]가 형성된다.

2 원가우위 발생 요인

1) 원가우위를 확보하는 방법

제품의 성능이 같으면 소비자는 가격으로 구매 여부를 결정한다. 가격은 모든 판단의 기준을 뛰어넘은 구매 의사결정 요소가 되기도 한다. 그래서 산업이나 기업들은 원가를 낮추는 기술의 개발에 총력을 다한다. 경쟁사보다 낮은 원가로 생산하여 낮은 가격으로 공급하는 가격 경쟁력을 확보하는 전략을 펴는 것이다.

원가를 낮추는 방법은 원가요소의 조달 가격을 낮추는 방법과 회사 간접비의 효과를 활용하는 규모의 경제 효과를 이용하는 방법, 하나의 제품을 2회 이상 생산할 때 선행 생산에서 오는 경험 효과(학습효과)로 2회 이후 생산되는 제품에 대하여는 생산의 시간과 원가가 감소하는 경험 효과, 즉 경험 곡선 효과 등을 들 수 있다. 원가우위 확보를 위하여는 원가구조를 정확히 파악하여야 한다. [그림 2]에서 보이는 원가요소인 재료비와 노무비 및 경비의 각 항목의 구성을 분석하고 고정비와 변동비를 구분하여 고정비가 원가에 미치는 영향 및 생산시설 및 그 자동화에 따른 비용의 변동 등을 감안하여 의사결정을 하여야 한다. 여기 판매비와 관리비의 효과를 감안하고 고객에 제품 전달의 시간을 정하는 납기(time to customer)를 결정하는 물류·유통원가 등도 고려하여야 한다.

원가우위 결정 요인은 다음과 같다.

• **표 1** 원가우위 결정 요인

구분	세부요인
원가요소 관련	신소재 개발, 입지 우위 확보, 저가 구매, (공급처)대량구매, 현금구매, 공급자 교섭력, 저유통비용, 적정 임금지급, 균형적 노사 관계, 적절한 일용 근로자 고용, 적절한 외주처리, 구매 간접비, 물자절약(전기·수도, 소모 공기구 비품, 여비·교통비, 접대비 등) 표준관리

구분	세부요인
생산규모 관련	규모의 경제, 고정비 활용, 변동비 개선, 비분할성, 전문화, 분업화
생산기술 및 설비	공정 불합리 개선, 필요 시 동작연구, 표준시간 설정, Loss Time 또는 slack 관리, 공정 흐름 과학적 관리, 사상·조립 노하우 전수, 자동화, 대량 생산설비
설계기·엔지니어링	소재 선별, Loss 최소화 설계, 원자재 활용율 제고, 자재 재사용, 타사 신제품 BM & Reverse Engineering, 설계 자동화(Auto cad 등)
관리기술	생산관리(구매, 재고), JIT 유사 체계화, 표준관리 연구개발
정보기술	AI 도입, Engineering BOM 활용, ERP 도입, FMS, PMS, 인터넷 정보 활용
학습효과	경험곡선 활용, 숙련도 훈련
제품관리, 조직관리	바코드·QR코드에 의한 관리. BCR 활용, 외주 배송, 외주 설치, 공장 간, 계열사 간, 공정 간 조직 유연성 확보

2) 원가요소의 경쟁적 비용 개선

원가 절감은 기업의 이윤을 직접적으로 증대시키거나 원가 경쟁력을 강화하는 핵심 요소이다. 특히 기술 혁신은 적은 원자재와 짧은 작업 시간으로 제품을 제조할 수 있게 하므로, 원가 절감에 크게 기여한다. 기업들이 원가 절감을 위해 활용하는 주요 방법은 다음과 같다.

- **관리 체계 개선:** ERP(전사적 자원 관리) 및 MES(제조 실행 시스템) 등을 활용하여 자재 수불, 소요량 예측, 공정 관리 등을 효율화하여 불필요한 낭비를 줄인다.
- **공학적 관리 적용:** 수율 향상, 공손(생산 과정에서의 손실) 및 불량률 개선을 통해 생산 효율성을 높이고 낭비를 최소화한다.
- **과학적인 원가 관리:** 표준 원가를 설정하고 이를 기준으로 실제 원가를 관리함으로써 비용을 효과적으로 통제하고 절감한다.

제품의 원가는 제조원가가 상당히 큰 비중을 차지한다. 손익계산서 항목 중에서 매출액 다음에 표시되는 항목으로 제조업의 경우 상당 비율(예로, 매출액의 30~90%)을 차지하는 것이 매출원가이다. 매출원가는 다음과 같이 계산되며 기초와 기말 제품 재고액을 당기 제조원가에 가감하여 산정한다.

손익계산서의 예시:

매출원가＝기초제품재고액＋당기제품제조원가-기말제품재고액

• **표 2** 손익계산서

(포괄)손익계산서

xxx(주) 제x기 20x5년 1월 1일 ~ 12월 31일 (단위: 원)

계정과목	금액		매출액대비율(임의)
Ⅰ. 매출액		xxx	100%
Ⅱ. 매출원가		xxx	50~80%
1. 기초제품 재고액	xxx		
2. 당기제품 제조원가	xxx		
3. 기말제품 재고액	xxx		
Ⅲ. 매출 총이익		xxx	10~30%
Ⅳ. 판매관리비		xxx	5~10%
Ⅴ. 영업이익		xxx	20~25%
Ⅵ. 영업외 손익		xxx	5%
Ⅶ. 법인세 등		xxx	5%
Ⅷ. 당기순이익		xxx	10~15%

[표 2]의 손익계산서(상장기업 등에서는 포괄손익계산서라 함)는 각 항목들과 매출액 대비 각 항목들의 비율을 표시하고 있다. 이 표의 사례 비율은 임의로 부여한 것이다. 매출원가를 구성하고 있는 제품 제조원가에 재료비와 노무비 및 경비가 포함된다. 이 계산은 제조원가명세서로 표시된다. 제조원가명세서는 기본 재무제표는 아니다. 당기제품 제조원가는 재료비와 노무비 및 제조경비로 구성되어있으며 이들을 원가요소라 한다. 여기서는 이들 각각에 대하여 원가 경쟁력을 갖추는 방법에 대해 설명한다.

(1) 재료비의 절감

원재료는 제품의 형태를 구성하는 모든 것이라 할 것이고 원재료비는 다음 식으로 결정된다.

원재료비＝원재료 투입 수량×원재료 단가

따라서 원재료비는 투입 수량(또는 중량)이 적게 들어가거나 구입단가가 낮으면 원가 경쟁력이 생기는 것이다. 원재료의 투입량(수량 또는 중량)이나 단가는 오랫동안 생산을 해

온 제품이라면 이를 변경시키기는 쉽지 않지만, 경쟁력 확보를 위해서는 끊임없는 연구개발을 통해 혁신적인 방법을 모색해야 한다. 신소재의 개발을 통하여 제품의 성능을 개선하거나 부품을 통합(Hybrid)하는 등의 다음의 노력들이 요구된다.

- **신소재 개발:** 소재나 원재료는 구입 단가가 같다면 투입량이 적게 들어가는 것이 원가를 절감하는 것이다. 연구·개발을 통하여 보다 저렴한 소재를 찾아내고 같은 가격 조건이면 품질이나 성능이 우수한 소재를 발굴하여 더 안전하게, 더 성능이 좋게 함으로써 원가를 낮추거나 성능을 높여 경쟁력을 확보할 수 있다. 신소재 개발은 나아가 신제품 개발로 이어질 수 있다. 신소재란 기존 소재의 대체 소재를 찾아내거나 새로운 화합 비율로 신소재를 개발하는 것을 포함한다.
- **저가 구매:** 원재료의 구매 단가를 이전보다 낮추든가 경쟁사 대비 낮은 가격에 조달받을 수 있으면 원가경쟁력을 확보할 수 있다. 만약 공급자가 신제품을 개발하여 저가에 동등 원자재(공급자 입장에서는 제품)를 공급해 줄 수 있으면 좋다.

한편, 구매 입지를 유리하게 하여 단가를 낮출 수도 있다. 새로 철도가 놓인다든가 공급회사의 공장이 같은 공단으로 입주하든가 회사의 공장이 공급처 근처로 이동하는 경우 등이나 또 다른 단가 절감 방안은 저렴한 소재의 발굴이다.

또한, 대량구매의 경우 단가는 낮아지며 현금구매의 경우 금융비용만큼의 또는 그 이상의 할인 효과가 있다. 공급자에게 다른 이익을 주는 경우 교섭력이 증가한다. 저 유통비용의 기회도 구매가를 줄인다.

(2) 노무비의 절감

노무비는 생산활동에 들어가는 인건비, 즉 생산인력의 급여와 임금 등 노임을 말한다. 노무비의 계산식은 다음과 같다.

기업에서 지급하는 노무비의 형태는 생산 직원들에 대한 급료와 임금, 상여금 및 퇴직급여(충당금이 아니고 당해연도 설정하는 금액), 급여와 동시 지급하는 제수당 등이다. 산식 중 노무공수는 생산에 투입되는 인원의 작업시간을 의미하며 임률은 지급되는 모든 노무

노무비＝노무공수×임률 노무공수: 투입 인원 총 작업 시간

비 전 항목들을 통합한 단위 공수당 지급 임금, 즉 평균임률을 말한다. 노무비를 줄임으로써 원가경쟁력을 얻는 방법은 산식의 결정변수(독립변수)인 노무공수와 임률을 낮추는 것이다.

투입공수와 임률은 오랜 작업으로 전 근로자들에게 익숙한 현장과 제품을 생산하는 경우 고정되어 있어 이를 변경시키기는 쉽지 않다. 그러나 극심해지는 경쟁에서 살아남기 위한 최선의 노력은 다음과 같다.

(가) 투입공수의 절감

공수 투입량은 작업시간이며 노무비 및 경비를 가공비라 하여 다음과 같은 가치 변동 요인이 일어난다.

• **그림 3** 가공비의 힘 – 노무비의 원가우위 결정

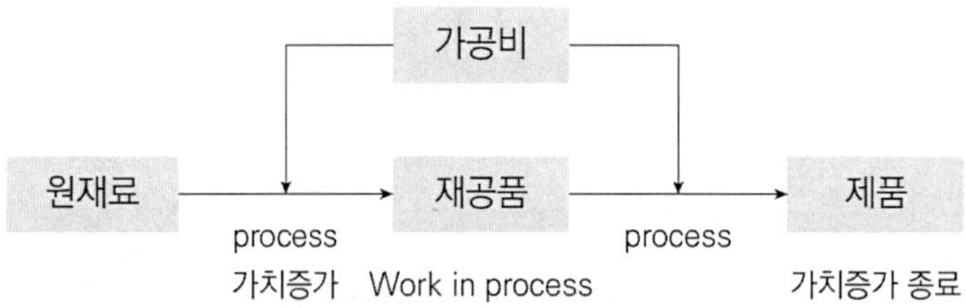

원재료에 가공비가 투입되면 원재료의 가치가 증대된다. 이때부터는 원재료가 아니라 재공품(Work in Process) – 작업 공정 중에 있는 물품 – 이라 한다. 재공품이 가공비를 더 흡수하여 해당 공장에서 더 이상 증가시킬 가치가 없으면 이 회사에서는 이것을 제품이라 하고 판매를 위하여 시장에 내놓게 된다. 제품은 팔리면서 회사 이익에 공헌한다. 이 Process는 작업을 수행하는데 작업은 사람이나 기계가 수행한다. 작업은 동작으로 이루어지며, 동작의 효율성은 투입 공수를 좌우한다. 따라서 공정(process)의 효율성은 동작이 좌우하므로 과학적 관리법에 따라 동작연구(Motion Study)가 수행되는 것이다. 동작연구에서는 비효율적인 동작들을 불필요하면 제거하고 개선 소지가 있으면 개선하여 공정 전체의 효율을 증대시킨다. 동작연구가 효과를 보면 노무 투입공수가 줄어들 수 있다. 이는 원가경쟁력으로 연결된다.

동작연구는 작업의 효율성은 투입 공수를 좌우한다. 따라서 과학적 관리법의 일환인 동작 연구(Motion Study)를 통해 비효율적인 동작을 제거하거나 개선하여 공정 전체의 효

율을 높이면 노무 투입 공수를 줄일 수 있다.

제2차 세계대전 이후 일본 기업들은 '제안제도'라는 제도 아래 제안함이라는 것을 두어 많은 공정의 개선을 이루고 이것은 생산성으로 연결되어 전후 강한 일본기업을 만들었다. 수많은 로봇이 작업을 수행하는 공장 작업장에서도 공정의 효율화는 이룰 수가 있다.

(나) 임률의 절감

임률은 작업시간에 대하여 지급하는 시간당(또는 일당) 보수이다. 이미 협상(노사 협약 포함)에 의하여 또는 임률표, 임금규정 등으로 미리 결정되어 있으므로 이를 낮추는 것은 불가능하다고 보아야 한다. 그러나 어떤 원인에 의하여 지급한 인건비가 합리적인 원인이 아닌 이유로 과다하게 지급되어 인건비율이 올라가는 것은 바람직하지 않다. 이는 인력관리의 문제일 수 있다. 노조의 파업이나 태업에 의해 생산성을 예전만큼 올리지 못하면 결국은 임률은 올라가게 된다.

한편, 작업 현장에서 A공정 작업 제품을 좀 더 미숙련된 작업자들이 작업하는 B 공정에 할당할 수 있다면 이는 노무원가의 경쟁력으로 작용한다. 이런 일은 기술에 의한 제조 기술의 단순화 또는 작업자의 교육훈련에 의해 가능하다.

(다) 노무비 관련 기타 감안할 사항

노무비는 임률이나 평균 투입공수를 줄이는 것은 동작 연구 등 특별한 근거가 마련되어야 하며 이를 상승시킬 요소들은 산재해 있어 수많은 원가상승 위험이 존재한다고 보아야 한다. 노무관리의 목적은 표준시간, 표준 임률에서 실제 작업 능률이 떨어지지 않도록 하는데 목적이 있다고 보아야 한다. 원가의 표준 설정 대비 실제 투입시간과 투입임률이 높아짐을 경계할 요소는 다음과 같다.

① 적정 임금의 지급

임금이 정상 이상 높으면 근로자들의 정신이 나태할 수 있고 낮으면 불만으로 작업효율이 나지 않게 된다. 이런 경우는 특별한 모티베이션이 필요할 것이나 무엇보다 적정 임금이 지급되는 것이 중요하다.

② 균형적 노사관계의 유지

노동조합은 노동자들의 부당한 처우를 방지하고 정당한 대우를 받게 하자는 데 목적이 있다. 그래서 정당한 기업활동에 대하여는 기업과 노조는 협력관계에서 정당한 근로를 제공하고 정당한 대우를 하면 된다. 그러나 간혹 상식에 어긋나는 노동조합의 궐기로 생산활동 등에 차질을 빚는 경우가 있다. 회사는 노조에 대한 관심과 협업의 정신으로 원만한 관계를 유지하여 태업이나 파업 등에 의한 노동력의 상실을 막아야 할 것이다. 반발은 불평등에 있는 것이다.

③ 적절한 일용 근로자의 활용

평상시 일용 근로자를 채용할 이유는 없다. 만약 작업량이 정상적 작업능력을 초월하였을 경우 이를 정규인력의 신규 채용으로 대처할 기업은 없을 것이나 추가작업이 필요할 경우 일용 근로자를 적절히 활용할 수 있다. 긴급을 요하는 작업에 인력 충당이 안되는 경우나 일정 수준 이상의 노동자가 필요할 경우에 대한 대책은 잘 세워놓아야 한다.

④ 외주처리의 활용

외주처리는 내부 직접 노무비를 줄이는 동시에, 생산량 변동에 유연하게 대응하고 특정 분야의 전문성을 활용하여 전반적인 원가 효율성을 높이는 방법이다. 업무량이 정상 업무량을 초과하였을 경우 적절한 일용 근로자를 활용하거나 필요시 외주작업을 활용하기도 한다. 외주작업처는 업무를 제대로 수행할 업체를 선정하고 품질관리를 철저히 하여야 한다. 작업량과 함께 시간이 긴박한 경우는 구매하여 납품하는 방안도 필요하다. 이럴 경우는 경쟁사의 제품을 구입하게 되는데, 경쟁사와 경쟁을 할 때는 철저히 하되 실무선에서의 이와 같은 협조는 긴급한 상황을 보완해주는 상호 협력의 관계를 유지할 수 있다.

(라) 원가표준의 설정 및 관리

제품 생산에는 재료비, 노무비, 경비가 들어간다. 원가는 관리하고 통제해야 절감할 수 있으며, 그렇지 않으면 스스로 불어나고 잘했는지 못했는지도 알 수 없다. 따라서 사전에 표준을 설정해 놓고 실제 발생 원가와 차이가 있을 경우 원가 손실을 방지해야 한다.

직접재료비는 부품 가공을 위하여 투입되는 원재료의 손실률(loss rate)을 계산하고 감손과 감리상의 손실까지 고려하여 재료비 표준을 계산하며, 직접노무비는 투입 공수에 대해 작업능률 및 작업 중 쉬는 시간, 작업 손실, 연월차, 휴가 등을 감안하여 표준 노무원가를 산정한다. 경우에 따라서는 노동쟁의로 인한 생산차질 일수까지 고려할 필요가 있다. 간접비도 과거의 경험과 간접비의 배부 관계를 합리적으로 산출하여 제품에 배부하고 제품의 표준 제조원가를 산출한다.

이렇게 산정한 표준원가도 오류가 있을 수 있으므로, 실제 원가와의 비교 시 표준과의 원가차이와 함께 표준설정에 대한 오류도 함께 검증하여야 한다. 제품의 기능과 설계까지 감안하여 추구할 목표와 개선할 점을 찾고 발생한 차이에 대해서는 책임자를 찾아 향후의 담당 업무 처리에 개선을 하도록 한다.

(3) 경비의 절감

경비란 제품의 생산에 투입되는 원가 중 재료비와 노무비에 속하지 아니하는 보조비용을 말한다. 경비에는 식대를 의미하는 복리후생비나 접대비같이 외부 사람들을 대하는 비용도 있으나 여비교통비 같이 해외 등으로 연결될 경우 총비용이 소요되거나 자문료, 고문비, 시험비, 외주연구비, 변호사비 등 발생액을 예측하기 어렵거나 외주가공비 또는 외주제작비와 같이 생산과 밀접하게 연결된 비용들도 있다. 이들에 대한 절감방안은 다음과 같다.

사례_ 대기업의 경비절감 사례[3)]

국내 주요 그룹의 긴축경영 예를 보면 다음과 같다. 국내 주요그룹의 긴축경영이 재계 전반으로 확산 중이다. 지난해에 비해 재무구조는 좋아졌는데 허리띠는 조이고 있다. 일부 계열사가 임원들은 주 6일 근무를 부활한 데 이어 기업은 호실적임에도 비용 절감을 강도 높게 추진하는 사례가 눈에 띄게 나타나고 있다. 비용 절감의 최대 타깃은 해외 출장이다.
대기업 경비절감의 주요 내용은 다음과 같다.

삼성전자
• 부사장 법인차량 제네시스 G90에서 G80으로 • 네트워크사업부 임원 해외 출장 시 이코노미석 이용 • 숙소도 평사원과 같은 동급
SK그룹
• SK슈펙스 추구 협의회 임원 월 2회 금요일 휴무 자발적 반납 • 임원 법인카드 50~70% 한도 축소 • 골프회원권 대거 회수해 매각
LG그룹
• 이사 보수 한도 감축

LS그룹 • 해외 출장 시 사장급 이상 기존 1등석에서 비즈니스석 이용 • 임원은 비즈니스에서 이코노미 이용 권고
카카오 • 임원 골프회원권 대부분 반납

📖 참고_ 표준원가 제도의 도입

■ **표준원가의 개념**

표준원가계산(Standard Costing System)은 실제 원가의 반영 이전 또는 생산이 있기 이전 원가 표준(Cost Standard)을 설정하여 사전적으로 제품의 원가를 측정하는 사전원가계산 시스템이다. 원가표준의 설정은 합리적이고 과학적으로 설정하며, 추구할 목표를 가지고 있어 생산 후 실제 발생한 원가와는 차이가 있다. 따라서 사전적으로 계산한 표준원가계산과 사후적으로 계산한 실제 원가와의 차이는 표준원가 설정 시에 가정한 내용들에 따른 의미를 가진다. 원가표준은 주로 제품 분석을 통하여 특정 제품의 직접재료비, 직접노무비 및 대부분 제조간접비까지 설정한다.

직접재료비는 부품가공을 위하여 투입되는 원재료의 손실률(loss rate)을 계산하고 감손과 감리상의 손실까지 감안하여 재료비 표준을 계산하며, 직접노무비는 투입공수에 대하여 작업능률 및 작업 중 쉬는 시간, 작업손실 등 연월차, 휴가 등까지 감안하여 표준 노무 원가를 계산한다. 경우에 따라서는 노동쟁의 일수까지 감안할 필요가 있다. 간접비도 과거의 경험과 간접비의 배부 관계를 합리적으로 산출하여 제품에 배부하고 제품의 표준 제조 원가를 산출한다.

■ **재료비 표준의 설정**

제품생산 한 단위당 표준 직접재료비는 투입 수량 표준에 가격 표준을 곱하여 결정한다.

표준직접재료원가 = 제품 단위당 표준직접재료 수량 x 재료 단위당 표준가격

■ **재료수량표준의 설정**

재료의 투입은 설계도면으로부터 도출되는데, 투입 재료 종류, 투입 유형, 투입량, 투입 원재료나 부품의 품질 수준 등이 반영되어야 한다.

신제품을 처음 시장에 출시하는 경우에는 설계에서 산출한 재료 명세서(inventory list)를 기준으로 현실적인 표준원가를 산정한다. 이 명세서에는 설정된 재질(SC 등)과 두께를 명시한 철판 규격, 주물이면 그 사양, 환봉, 육각봉 등 필요한 특수 베어링과 그 번호 등 필요한 모든 정보가 명시되어

3) 정동륜, 한예주, 이정윤, (2024. 8. 27), 아시아경제

야 한다. 이때 과거 경험을 토대로 한 손실률(Loss rate)이 감안되며, 이때 과학적, 공학적 접근법이 쓰인다. 주문제작품을 회사의 표준품으로 쓰려 하는 경우에는 공급사에 제조 물량에 따른 차별원가를 요구할 수도 있다. 기존제품의 경우는 이미 표준원가 설정의 경험이 있으면 그동안 발전된 기술 수준의 반영 및 좀 더 높은 목표를 설정하기에 노력하여야 한다. 재료 배합률, 가공정밀도, 제품의 질과 디자인의 발전 등에 초점을 맞춘다.

■ **재료가격 표준설정**

재료의 표준 소요량이 설정된 이후에는 각 부품의 가격이 설정되어야 한다. 부품이나 원재료의 단가는 품질, 사양, 규격 등에 따라 단가가 달라지고 국내제조 또는 국외 수입인가도 차이가 있다. 여기 부대비용을 가산하고 재료가격 변동의 위험, 구입처와 구입 방법, 거래처의 판매정책 등을 감안한다. 구매 대리인에 대한 통제력, 대안적 공급자, 구매의 시기에 따른 가격 변동성 등에 대한 정보들을 종합하여 현실적 최선의 가격표준을 설정한다. 필요시 견적 또는 입찰에 의해 가격을 설정할 수도 있다.

---

3) 생산규모 관련 원가절감

궁극적인 원가우위는 단순히 각 원가요소의 개별적인 절감을 넘어, 전사적인 협력과 실무 부서 간의 유기적인 소통을 통해 달성될 수 있다. 특히 원가 담당자는 이러한 협력의 중심에서 각 부서의 원가 관련 의사결정이 기업 전체의 원가 경쟁력에 미치는 영향을 이해하고 조율하는 역할을 수행해야 한다.

(1) 규모의 경제와 규모의 불경제

생산규모가 커질수록 제품의 단위당 생산원가는 낮아진다는 것이 통념이다. 변동비는 생산량에 비례하지만 고정비는 생산량의 증가에 불변하므로 고정비가 분산되는 것만큼 제품의 단위당 원가가 감소하는 것이다. 자동화 시설 등 고가의 장비를 많이 구비한 고정비가 많은 기업일수록 그 차이는 크게 나타난다. 이를 규모의 경제(economies of scale)라 한다. 따라서 기업들은 가능하면 생산량을 증가시켜 단위원가를 줄이고 판매에 대한 이윤을 더 얻던가 원가 감소분을 할인 등 판매전략으로 활용하게 된다.

그러나 생산량이 일정 수준을 넘으면 오히려 생산원가가 증가한다. 이는 현재의 생산능력의 한계에 도달했을 경우 생산시설의 추가 도입 등 대규모 고정 시설비가 발생하기 때문이다. 수요가 증가하여 시설을 늘릴 경우 이러한 수요가 지속되지 않는다면 추가시설비는 매몰원가(sunk cost)가 될 가능성이 있기 때문에 설비투자는 신중히 하여야 한다.

• **그림 4** 규모의 경제와 규모의 불경제

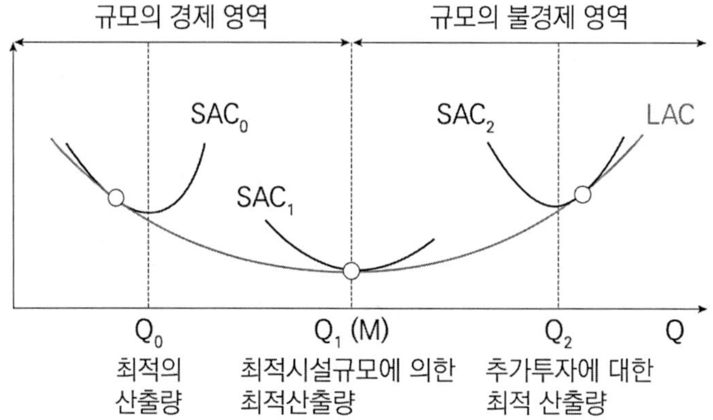

SAC: Short run Average Cost
LAC: Long run Average Cost

[그림 4]의 규모의 경제 곡선에서 초기 사업 시작시의 투자액에 대한 규모의 경제가 계산될 수 있으나 시장과 기술 등에 따른 추가 투자의 시장 흡수가능성으로 추가투자가 이루어질 수 있다. 그러나 시장이 포화상태나 기술개발의 한계에 봉착하면 투자에 대한 규모의 이익은 발생되지 않는다. 기업의 총 산업구조는 M 생산량까지는 제품의 단위당 생산원가가 감소하나 그 이후로는 증가한다. 이는 고정비 효과 때문으로 생산량이 증가할수록 단위당 생산원가는 다음과 같이 계산되어 고정비 배부 금액이 희석되는 만큼 감소한다.

$$\text{총원가} = \text{생산수량} \times \text{변동단가} + \text{고정비}$$

$$\text{단위당 원가} = \frac{\text{총원가}}{\text{생산수량}} = \text{변동단가} + \frac{\text{고정비}}{\text{생산수량}}$$

여기서 단가 산정에 산입된 고정비는 현재의 기업 또는 산업 전체로서의 시설 및 규모에서의 고정비로, 현 설비의 생산한계를 넘으면 추가적 시설 및 그 고정원가가 증가하며, 이 추가비용이 크고 회수되기 어려우므로 생산단가는 증가하는 것이다. 이때의 생산단가 계산식은 다음과 같다.

> 단위당 원가′= 단위당 변동원가′+ $\frac{\text{고정비}'}{\text{생산수량}}$
>
> 단위당변동원가 = 단위당변동원가′
>
> 고정비 < 고정비′
>
> 생산수량=판매수량. 시장 한계로 판매수량이 늘어나지 않는다.
>
> 여기서 "비용′"의 "′"는 변동 후의 해당 원가를 말한다.

① 변동원가: 변동원가는 직접원가로 다음과 같이 산정된다.

> 변동원가 = 직접재료비×생산수량+직접노무비×생산수량
>
> = 생산 수량×단위당 변동원가(직접재료비+직접노무비)

이때는 공장의 생산능력을 초과하므로 직접비의 투입금액이 달라지며,

㉠ 직접재료비는 제품 수요가 공장 생산능력을 초과하므로 추가 설비 도입 또는 타회사 생산 여력을 활용해야 한다. 따라서 추가비용 발생 및 상대회사에 마진을 제공해야 한다.

㉡ 직접노무비는 공장 생산능력을 초과하는 분만큼 추가 인력에 대한 정상 비용 외의 비용이 발생한다.

② 고정원가: 고정원가는 조업도의 변동에 따라 변하지 않는 시설 감가상각비나 고정인력의 인건비 기계수선비 등이다. 고정비는 대부분 준고정비이다. 따라서 일정 규모를 초과하는 생산량에 대해서는 새로운 시설비가 추가됨에 따른 고정비 증가로 인해 제품의 '단위당 원가′ 역시 증가하게 된다. 이제는 생산량의 더 큰 증가가 필요하다.

변동원가의 ㉠, ㉡이 증가되면 단위당 변동원가는 큰 증가율을 보일 수 있으며, 타사의 가공 시설을 이용하는 경우에는 이윤을 지급해야 한다. 따라서 일정 규모를 초과하는 생산량에 대여는 자가 시설을 확장하여 생산하건 타인 시설을 이용하건 제품의 단위당 원가′는 증가하게 되는 것이다.

이러한 내용들은 엄밀한 원가계산을 하지 않으면 정확히 파악할 수 없다. 이럴 때

활동기준원가계산(ABC) 등이 쓰인다.

(2) 규모의 경제 확장

현재의 공장 생산능력을 초과하는 경우 규모의 불경제가 발생하는 것을 살펴보았다. 단위당 원가 산식을 다시 한 번 소환하면, 다음 산식과 같다.

$$단위당\ 원가 = 단위당\ 변동원가 + \frac{고정비}{생산수량}$$

여기서, 설비나 자동화 시설이 도입되면 직접인건비가 감소하면서 고정비는 증가한다. 자동화 시설의 도입은 보통 인건비의 대폭 감소를 가져오므로 이 산식은 다음과 같이 해석된다.

$$단위당\ 원가' = 단위당\ 변동원가' + \frac{고정비'}{생산수량}$$

단위당변동원가 > 단위당변동원가'

고정비 < 고정비'

해설

단위당 변동원가↓ 최대 효율점↑
손익분기점↑ 이익률의 각도는 가팔라짐
따라서, BEP 후의 이익은 급격히 상승함

변동원가의 노무비 단가는 신 시설의 인건비 대체효과만큼 감소하고 고정비는 증설비용에 대한 감가상각비만큼 증가하되 보통은 정상조업도에서의 변동비 감소효과는 고정비 증가효과보다 훨씬 크므로 시설 증설의 효과가 크게 된다. 더구나 신 시설은 생산능력이 큰 설비가 도입되므로 규모의 경제효과는 더 커져 생산량이 많을수록 단위당 원가는 더 감소하게 된다. 고정비의 증가에 따라 최대 효율점 M은 대부분 증가한다.

물론 조업도(생산량 또는 판매량)가 설비 고정비의 인건비 대체 효과점에 이르지 못하면 오히려 단위당 원가는 증가하게 된다. 이러한 사항들은 대량 생산에 특화된 투자를 하므로 더 큰 시장을 목표로 하는 경우 채택하는 설비 증설 및 자동화 시설 투자효과이다. 고가의 설비나 연구개발비의 감가상각비는 고정비에 해당한다. 또한, 구매 물품을 소단위로 구매할 수 없다는 투입요소의 비분할성(indivisibility)으로 인하여 일정 규모 이상의 구매 단위를 확보하지 못하는 소규모 기업에는 규모의 경제가 어울리지 않는다.

(3) 규모의 경제 활용과 제약 조건

위에서 광고비나 개발비 및 생산설비 측면에서의 규모의 경제를 설명하였다. 전문적 특수기계와 설비는 노동의 전문화를 이루며 전문 기술자 채용에 따른 인건비는 일부 증가한다. Numerical Control Machine이나 컴퓨터 베이스의 자동화 시설은 고급 노동자를 요하기 때문이다. 한편, 이때 지급되는 증분 노임은 기계의 생산성에 따른 타 분야의 인건비를 저감시키며 또한 생산량 증가로 인한 규모의 경제로 총괄적으로는 기업의 이익은 증가한다.

2차 세계대전과 포드시스템

포드시스템은 모든 작업을 단순화·분업화하고 작업속도를 평준화함으로써 생산단가를 현저히 낮출 수 있었던 사례(2,100달러의 자동차를 825달러로 낮춤)가 있다. 2차 세계대전 당시에는 생산공정은 자동화된 방산물자 공장으로 개편하여 27톤의 무기를 탑재할 수 있는 B-24 폭격기를 63분마다 한 대씩 만들어 냈고(이를 월스트리트 저널은 기적이라 표현했다), 크라이슬러는 탱크 양산 시스템으로 미국의 셔먼 전차를 독일의 티거 전차 1대 만드는 시간에 37대를 생산하였다. 크라이슬러 공장 하나에서 만든 전차는 전쟁 전 기간 동안 독일이 만든 전차보다 많았다.

미국의 다른 항공기 생산 자동화 시스템은, 1942년 미국이 매년 항공기를 6만대 생산하겠다고 발표하자 히틀러는 비웃었는데, 미국의 1940년 한 해 동안 6019대였기 때문이다. 그러나 순식간에 생산 라인을 만든 미국은 1940년부터 1945년 8월까지 무려 30만 1584대를 생산한다. 이는 독일과 일본 등 추축국이 생산한 항공기를 모두 합친 것보다 훨씬 많을 뿐 아니라 연합군 항공기 생산의 절반에 해당한다.[4]

대규모 광고비 등

큰 비용이 들어가는 TV나 신문광고를 하는 경우에도 규모의 경제를 생각할 수 있다.

4) 민태기의 사이언스토리, (2025. 6. 23), 조선일보 A33.

이 광고비는 고정비가 될 것이며 생산된 제품의 수량에 분담된 광고비를 매출증가로 감당할 수 있어야 한다. 충분한 생산량과 판매량이 단위당 비용 저감효과를 발생시키는 대신 광고효과에 의한 판매 증가가 광고비를 회수하는 것이다. 신제품 개발비가 클 경우에도 개발비는 고정비이니 동일한 논리가 적용된다.

기업의 제품 차별화 정도가 크면 한 가지 제품을 대량 생산하기 어려우므로 규모의 경제에 의한 원가를 낮출 수 있는 기회는 줄어든다. 수요의 변화가 크고 소비자의 선호도가 큰 변화를 보이는 경우가 이러한 경우인데, 규모 경제를 위한 품목당 대량생산을 하기가 어려우므로 대량 생산 및 규모의 경제 효과는 한계를 가지게 된다. 대량 생산은 대기업이 생산의 규모상 시행할 수 있는데 대기업들은 관료주의가 강하므로 생산시스템을 갱신하여 효율화하는데 내부 저항 등으로 그 시도가 어려울 수 있다.

4) 생산기술 및 설비를 활용한 원가 개선

생산기술이란 제조현장에서 제품을 제조하는 데 소요되는 기술, 즉 공정기술을 말한다. 일반 기계제조업에서는 준비작업 부품의 가공, 사상{조립을 위한 드릴링 및 태핑(tapping) 등} 및 조립, 시험을 포함하며, 컨베이어 시스템의 경우에는 준비작업 및 컨베이어 시스템의 회전 속도에 맞춘 조립작업의 기술을 말한다. 자동차 등의 자동 조립라인의 경우는 작업점(work point)마다의 작업준비와 로봇 등의 작업기술을 뜻하기도 한다.

제품은 연구개발 및 설계에 이어 작업명령서(Job Order)에 의해 공정작업으로 옮아가는데 원자재의 조달기술에는 JIT(Just In Time) 등의 기술로 재고비용을 줄이는 한편 생산관리는 이들 원재료를 다루는 절차(Process)에 관한 기술이다. 생산기술은 원자재 조달기술, 작업 준비기술, 가공기술, 사상 및 조립기술 및 시험기술로 나뉜다. 여기에 포장기술이 포함될 수 있다. 이들 각 기술에 대한 원가절감 및 원가경쟁력 확보 방안을 살펴보면 다음과 같다.

(1) 먼저 원자재 조달기술을 본다.

선입선출

원자재 조달기술은 구매 → 창고보관 → 생산을 위한 반출의 절차를 담당하는 기술이다. 원재료 구매는 앞에서 언급했듯 수량×단가의 금액이 외부로 유출되니 그만한 원가 우위를 갖도록 노력할 것이며, 창고보관은 생산을 위한 출하의 효율성과 시간을 두고 손상이 되는 원재료나 기능의 저하, 녹슬음 등에 따른 기능의 손실을 막기 위한 선입선출(FIFO: First In First Out)의 기술, 재고의 보유량에 따른 금융비용 등이 있다.

정리정돈

생산을 위한 출하기술은 원재료의 보관 및 정리정돈(예로 4C - 정리·정돈·청소·청결)을 잘하여 반출 요청이 있을 때 망설임 없이 즉시 반출할 수 있는 정돈기술과 재고 실사 시 어떤 부품·원재료가 몇 개 있는지 쉽게 파악할 수 있도록 하는 기술을 말한다. 반출은 반출 요청 시 즉시 해야 한다. 작업반에서는 대부분 작업에 임박하여 반출(불출) 요청을 하기 때문이다. 재고 정돈이 잘 안 되어 있으면 불출 요청 품목이 어디 있는지 잘 모르고 불출에 시간이 걸릴 수 있으며 이는 생산 차질로 이어져 원가경쟁력을 저해하는 요소가 되기도 한다.

재고 실사를 위해서도 정리·정돈은 필수이다. 보유한 재고는 장부상 계속 기록을 통하여 현재(대부분 결산 기말 또는 분기나 반기 등 결산을 수행할 때) 보유 재고수량을 파악하는데, 원재료는 항상 멸실이나 감모 또는 작업 오류, 절도의 위험(고가 원재료의 경우는 절도 위험이 더 높다), 나아가서는 기록 오류도 간혹 발생하므로 결산기에 결산서(재무제표: 재무상태표, 손익계산서, 자본변동표, 현금흐름표 및 주석)를 대외 공시할 때는 자료의 신뢰성을 위하여 실제 재고의 수량과 금액을 정확히 파악하여 보고하여야 한다. 생산 관리자의 입장에서는 원재료가 있는 것으로 파악되어 작업지시를 하였는데 그중 하나의 원재료가 부족하여 작업이 중단된다면 그만한 낭패가 없다. 현재의 실제 보유 재고를 수시로 정확히 파악해주는 것은 경영자의 의무이며 이때 실사를 어렵게 하는 상황, 즉 있기는 있었는데 어디 두었는지 잘 모르겠다고 해서는 안 되는 것이다. 실사 시간에 대한 비용의 발생과 작업 공정 정리에 대한 기회 손실은 원가경쟁력을 저하시킨다.

창고와 안전재고 및 JIT

재고의 보관은 꼭 창고에만 보관할 것은 아니다. 사이즈가 작은 원재료의 경우(볼트·너트·와셔, 저항, 캐퍼시티 등)은 작업장에 보관함을 만들어 현장에서 보관하게 할 수도 있다. 이때는 보관함 앞에 현재 수량을 기록해두게 함으로써 안전재고 이하로 떨어지는 것을 방지하여야 한다. 이 태그(Tag)에는 현재 재고 수량과 안전재고량을 함께 기입하여 두고 안전재고 이하로 떨어지면 즉시 발주한다.

재고의 보관은 생산을 위한 것이므로 생산 일정에 맞춘 원재료의 조달은 원재료 관리 중 가장 중요한 것이다. 생산 작업지시에 따른 즉각 차질 없는 조달을 위해 원재료의 확보 및 정리정돈을 하고 현재 보유수량을 정확하게 파악하는 것이다. 창고의 규모를 줄이고 재고의 보관기간을 줄이며 가능하면 재료의 투입 시점에 창고에서 불출하여 생산에 투입하듯 자재 조달처에서 시간에 맞추어 공급하는 시스템(예로 JIT시스템)을 갖출 수 있으면 좋다. 현재는 통신이 자유롭고 기업 간에도 VAN(Value Added Network) 등을 통한 직접 업무 소통이 가능하므로 작업지시서(Job Order)를 원자재·부품 공급자와 공유하여 시간을 맞추게 할 수(timing)도 있을 것이다. 이는 개별 생산 오더나 계획 생산에 따른 표준품 등의 생산 오더에 공통으로 적용된다.

재고의 보유는 금융비용을 발생시킨다. 원재료의 구매는 보통 외상으로 하지만 외상매입금은 부채로 기업 부채비율에 영향을 주며 이는 차입금의 증가효과와 같아서 차입금 이자 비용만큼의 기회비용이 되며 이 부채가 아니었으면 이 자금으로 다른 용도에 사용했을 수도 있다는 기회 손실로 해석되기도 한다. 이와 관련한 회계상의 분개처리는 다음과 같다. 이때, 외상매입금을 지급하기 위한 자금이 소요되기 때문이다.

원재료 외상매입 시의 분개:	
(차변) 원재료 xxx	(대변) 외상매입금 xxx

(2) 작업준비 기술

위에서 지속적으로 작업준비에 대하여 언급하였다. 작업준비는 공장의 생산공정이 정상적으로 가동하게 하기 위한 준비작업을 말한다. 준비라는 말 자체가 출발을 알리는 총소리를 기다리는 달리기 선수의 대기 상태를 의미하므로 공장에서는 생산활동이 차질 없이 수행되도록 하기 위한 준비이다.

작업준비에는 세 가지가 필요하다. 하나는 당해 공정에 쓰여질 원재료·부품이고 또 하나는 그 작업(work)을 수행할 작업자이며 다른 하나는 그 작업자가 작업을 수행할 때 사용할, 필요로 하는 작업용 공구·기구들이다. 이들을 3작업요소라 한다. 자동차 로봇 조립공정의 경우, 그 공정에서 작업될 문짝이나 엔진, 차대 등과 이를 작업할 로봇암(robot arm) 및 용접봉이나 필요한 망치, 드라이버, 몽키스패너 등이 준비되어야 하는 것이다. 자동화 라인이라 하여도 원부자재·부품의 조달 및 소요 수량, 품질 조건 등이 충족되는지는 사람이 눈으로 확인할 사항들이 많다.

조달·준비된 원부재료의 사양(specification)과 특별 요청 시 당해 부품의 제조자(maker)를 지정한 경우 조달 원부자재의 제조자를 확인하여야 하며 준비된 공구와 측정기도 차질이 없는지 확인한다. 작업준비가 끝나면 작업을 시작하면 된다. 이후는 생산활동으로 연결된다. 모든 작업은 전체 작업 진도에 맞출 필요가 있다. 생산관리자가 확인할 가장 중요한 것이 작업 준비상황이다. 준비가 잘못되면 즉시 생산 차질로, 원가 상승으로 이어진다.

(3) 가공기술

가공기술은 원재료를 최종 제품의 부속으로 만드는 작업 중 그 첫 단계인 형태를 만들어 내는 기술을 말한다. 우리가 사용하는 제품들을 보면 전체 모양새는 금형 등의 틀로 찍어낸 것이지만 부품들 간의 접합 부위를 보면 원형으로 가공된 암·수 양 부품이 결합되도록 되어 있거나, 평평하게 가공된 두 부품의 면이 접합되어 볼트로 조이도록 되어 있다. 접합부는 대부분 가공이 필요하다.

• **그림 5** 파스와 선반가공

측정의 원리	수동가공	자동화 가공
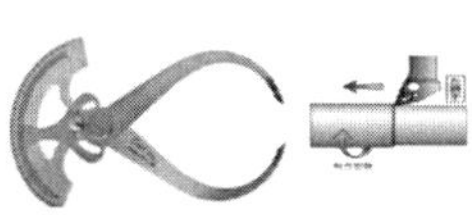		
가공대상의 가공정밀도 측정 방법	수작업, 아이(eye) 측정(파스등 사용)	CNC 기계/전자적 측정
가공의 정밀도(숙련자)	±0.01mm 이하	±0.005mm 이하
정밀도 달성방법	캘리퍼스, 마이크로미터, 다이얼게이지 및 미세 진동, 소리, 칩의 상태변화 등 감안	기계의 반복 정밀도, 프로그램밍 정확성

숙련된 가공자(선반씨－선반기술자)는 가공대상의 가공된 두께를 파스(캘리퍼스:caliper)alc.및 눈대중 등으로 측정하면서 가공을 한다. CNC 머신을 사용하면 훨씬 정밀한 가공을 할 수 있다.

정밀기계일수록 가공의 정밀도는 높아진다. 숙달된 선반씨(선반 기술자)들은 ±0.01~0.02mm의 정밀도를 파스(두께를 재는 기구, 측정치를 표시하지 못한다)로 가공해 낸다.

고도의 정밀도를 요할 때는 버니어 캘리퍼스(Vernier Calipers, 옛 노기스)나 마이크로미터를 사용하여 가공의 정밀도를 측정하여 부품의 가공 합격 여부를 판단한다. 평면을 가공할 때는 두께의 정밀도가 문제인데 세이퍼나 연마기 등을 사용한다. 가공기술의 원가는 당해 작업에 사용되는 기계의 감가상각비와 공장 사용면적에 대한 임차료(환산액) 및 가공자의 인건비·후생비 등이 관여된다. 이러한 원가는 대부분 직접비로 구분하여 관리가 될 것이고, 작업 생산성은 작업량 및 원가에 직접 영향을 준다. 따라서 어떻게 하면 생산성을 높일 것인가가 관건인데, 이는 숙련도의 문제이므로(자기 업무에 대한 열정 포함) 쉽게 해결될 수 있는 문제가 아니다. 따라서 꼭 필요할 경우 숙달된 우수인력을 외부에서 스카웃하기도 한다. 정밀 자동화기기를 도입했을 때는 이를 사용할 줄 아는 전문인력이 있어야 한다.

컨베이어 시스템으로 이루어진 공정의 가공기술은 컨베이어가 돌아가면서 작업대상 물품이 자기 앞에 왔을 때 자신이 수행해야 할 작업에 대한 완성을 의미한다. 품질에 문제가 생기지 않도록 하면 된다.

슬랙(slack)의 활용

슬랙은 생산 작업공정에서 병렬로 여러 작업이 동시에 진행될 때 특정 공정에 대한 표준시간 대비 다음 공정 개시시간까지에 다른 공정이 여유가 있을 때, 이 여유를 일컫는 말이다.

• **그림 6** PERT/CPM과 Slack 도표

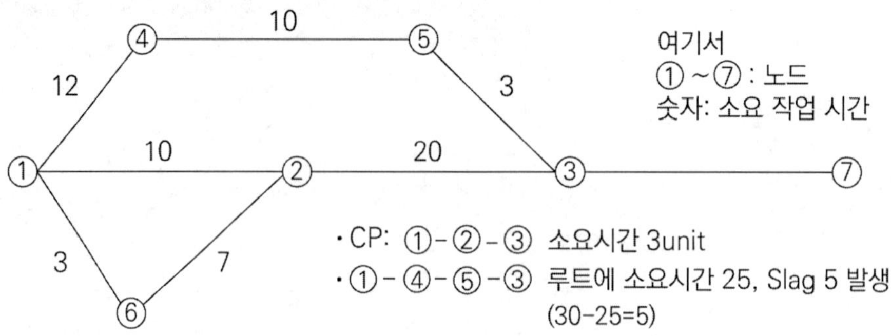

[그림 6]의 PERT/CPM 도표는 간단한 공정도이다. 생산 노드(Node)는 7개, 공정은 8개로 CP(Critical Path)는 ① → ② → ③ → ⑦ 경로이다. 왜냐하면, 이 경로가 가장 긴 시간이 걸리기 때문이다. 그런데 ① → ⑥ → ②의 공정은 10의 소요시간이 걸리므로 ① → ②의 공정 작업시간과 일치되어 여유 없이 연속 작업을 할 수 있다. 그러나 ① → ④ → ⑤의 공정은 총 25시간이 소요되며, 이 공정과 Critical Path(CP)가 만나는 Node ③의 시작시간은 30시간이다. 따라서 이 공정에는 30 − 25 = 5시간의 여유가 존재하는데, 이를 슬랙(Slack)이라고 한다. 이 슬랙은 해당 공정 작업자들이 기다리는 시간으로 간단한 다른 작업에 활용될 수 있으며, 이를 효율적으로 재활용함으로써 원가 절감을 이룰 수 있다. 예를 들어, 이 여유 시간 동안 다른 공정의 준비 작업이나 종료 작업의 일부를 수행하게 할 수 있다. 물론, 이렇게 하기 위해서는 기존 작업 관행, 작업 장소의 원근, 작업의 이질성과 동질성, 작업의 난이도와 연계성 등을 종합적으로 고려해야 할 것이다.

(4) 사상 및 조립기술

사상

사상이란 가공된 제품의 부품들이 조립될 수 있도록 준비하는 작업이다. 부품들의 조립은 대부분 가공된 부품들을 볼트로 조이거나 조작하여 정치 될 수 있도록 하는데, 볼트를 조일 수 있도록 하려면 가공된 면에 구멍을 내서(이때는 드릴을 사용) 여기 Tap을 내는 Tapping 작업을 해야 한다. 이러한 일들을 사상이라 한다. 사상이란 조립할 물품의 조립을 위한 사전 모든 작업이라 할 수 있다.

조립

사상이 완료된 부품은 조립공정으로 들어간다. 사상작업과 조립작업은 같은 사람이 하기도 한다. 조립작업은 고도의 기술이 요하는 경우가 많다. 제품의 성능과 품질에 직접적인 영향을 주기 때문이다. 같은 작업을 하여도 A 작업자가 작업한 모터는 200KW가 나오는데 B 작업자가 작업한 모터는 180KW 밖에 안 나올 수가 있다. 같은 논리로 C 작업자가 조립한 Pump는 양정(물이 솟구치는 높이)이 20m가 나오는데 D 작업자의 조립 Pump는 18m밖에 안 나올 수 있다. 이것은 그만의 노하우일 수 있으며 관리자는 이를 평준화 시킬 필요가 있다.

사상 및 가공공정은 표준화하기 어려우나 과거 데이터를 잘 가공하여 표준치를 설정하여 관리할 수 있을 것이다. 한편, 모션 연구 등을 통해 표준을 설정할 필요가 있다. 조립 및 사상공정은 연속 생산에 대한 작업이 많은 것으로 보인다. 동일한 작업이 반복될 경우는 경험곡선 효과가 적용된다.

(5) 시험기술

생산 과정의 조립공정이 완성되면 당해 제품이 목적한 성능이 나오는지를 시험하여 출하 가능성을 확인하여야 한다. 같은 전력이 입력되어도 제품의 성능은 꼭 같지는 않다. 발생된 오차는 허용치 안에 들어와야 한다. 생산량이 많을 때는 Sampling 기법을 써서 해야 하며, 주스나 음료, 술 등과 같이 파손하여야 하는 경우 등 이론적으로 정립된 통계적 기법에 의한 시험 방법으로 검사 합격 여부 및 출하를 결정한다.

어떤 제품은 최종 완료 후가 아닌 공정이 50% 또는 80%가 종료되었을 때 시험을 하기도 한다. 낙농이나 원유제품 등 연산품의 경우는 제품의 질에 확신을 가질 수 있다면 시험의 시기를 조정할 수 있을 것이다.

시험결과가 한계치에 걸려있는 제품이 있을 수 있다. 이는 재생산 과정을 다시 거치는 것이 좋을 것이나 여러 방법을 써도 한계치에 머무는 경우 이를 출하했다면, 향후에 문제를 더 크게 일으킬 소지가 많아 시험데이터를 잘 보관하여야 한다. 결함 관리비용은 제품이 고객 손을 넘어간 다음 발생되면 훨씬 더 많이 들기 때문이며 이때 내부시험 데이터는 중요한 역할을 한다.

(6) 설계기술 및 엔지니어링에 의한 원가개선

엔지니어링은 일정한 부품들이 조립되면 목표로 하는 기능이 나오는가, 특정한 원료를 총합하여 첨가제 혼합 등 일정 공정을 거치면 원하는 특성의 물질이 만들어지는가에 대하여 모형을 제작하거나 시제품을 만들거나 하여 제품화의 가능성을 확보하는 공학적 방법론이다.

설계

설계는 엔지니어링의 결과이건 연구개발의 결과이건 제품화의 가능성이 확정되고 시장 생산(간혹은 시제품 생산도 포함)을 위하여 그동안의 연구결과 등을 제품으로 정하는 과정이다. 설계 시에는 사용 재질에 대한 검토나 제품의 모서리를 어떻게 하여야 사용상 안전한지, 볼트나 너트, 베어링의 규모 등 여러 가지를 감안하여 자기 공장의 생산 라인, 판매할 대상인 고객, 제품의 판매에 따른 수익성 등까지 감안하여 설계를 한다.

기존 출하되는 제품의 기능 개선을 위한 설계도 있으나 어떤 경우든 신규 기능 개선이나 디자인의 변경 등 부가가치 창출을 목표로 한다. 설계 및 엔지니어링을 이용한 원가 경쟁력을 확보하는 방법은 여러 가지가 있다. 설계를 수작업으로 하였다면 이를 자동화하는 방법으로 업무 Process를 개선(Auto Cad 등 자동화 툴의 사용)할 수 있고, 특정 업무에 특화된 CAD 시스템(카티아 등)을 채택할 수 있다. 설계 시 적절한 저렴한 신소재를 발굴하여 원가를 낮출 수도 있다. 철판이 원재료인 경우 설계를 효율화하고 큰 제품 생산 시 원형이나 사각형을 오려 사용하고 남은 것을 다른 적은 제품을 생산하는 데 사용하게 한다.

CE와 RE

여러 팀들의 공동 노력으로 제품을 개발 및 설계할 때는 동시공학(CE: Concurrent Engineering)을 활용한다.

타사의 제품을 모방할 때는 Reverse Engineering 기법을 사용한다. 대상 제품을 분해하였다 분해한 역순으로 조립하면서 부품의 형태와 부품 연계와 기능의 발휘, 재질과 패킹, 베어링 등의 사용 등에 대한 적용 기술 등에 대한 지식의 습득과 응용을 통한 유사 제품의 모방 개발 및 제품 재설계 및 생산을 수행할 수 있는 것이다.

새 아이디어는 신제품 설계 시 개선책이다. 설계 후 원재료 재질을 연계시키되 다회의 접촉이 요구되는 릴레이 등의 신뢰성을 시스템에서 할 수 있으며 이 테스트 결과를 받아 볼 수 있다(이전에는 시제품을 만들어 접촉을 시도해 보았어야 했음). 엔지니어링 팀에서는 이를 보고 가능성을 확인하면 내부통신을 이용, 설계에 통보하고 지적 사항들을 반영한 설계를 다시 연구개발로 또는 양산 파트로 연계시키는 신속개발의 형태를 갖출 수 있다.

한편, 최근은 AI를 이용한 최신 자료의 조사나 재질에 따른 복잡한 계산을 가미한 설계도까지 생성되는 시대이므로 AI를 도입하여 설계 및 엔지니어링 과정을 거쳐 업무의 효율성을 기하고 원가의 절감을 기할 수 있다.

(7) 경험곡선에 따른 자연 절감

새로운 제품을 처음 제작하는 것과 반복 작업하는 것은 생산성에 차이가 있다.

• **그림 7** 학습곡선

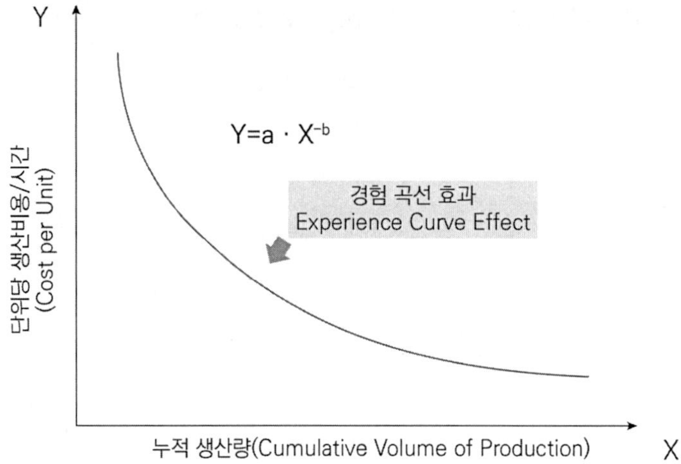

$y = a \cdot x^{-b}$ 학습곡선
y: 단위당 누적 평균시간 또는 원가
a: 첫 번째 단위의 생산시간
x: 누적 생산량
b: 학습지수($0 < b < 1$): 학습곡선의 기울기

이는 작업자가 학습이 되어 작업시간이 줄고 Lost Time도 줄어들기 때문이다. 이러한 경우 제품의 수주 시 생산성 증가 효과를 가격 할인을 통해 영업 도구로 활용할 수 있다. 누적 생산량이 증가할 때마다 소요되는 단위당 생산시간은 줄어드는데, 이를 학습효과라 하고 그 관계를 보이면 [그림7]과 같다.

이 학습곡선을 도출하려면 ① 첫 번째 제품을 생산하는 데 소요되는 시간 a, ② 학습곡선의 기울기를 나타내는 학습지수 b를 알아야 한다. 학습지수는 학습률과 누적생산량의 관계로 도출되며 그 과정은 다음과 같다.

$$\text{학습률}(k) = \frac{\text{누적생산량의 두 배일 때}(2X)\text{의 단위당 누적평균시간}}{\text{누적생산량의 한 배}(1k)\text{일 때의 단위당 평균시간}}$$

$$k = \frac{a \cdot (2x)^{-b}}{a \cdot x^{-b}} = 2^{-b} \rightarrow \log k = -b \log 2$$

$$\therefore \text{학습지수}(b) = -\frac{\log k}{\log 2}$$

학습곡선에 의한 단위당 누적 평균시간(y)에 누적 생산량(x)를 곱하면 제품생산에 소요되는 총 누적시간을 계산할 수 있다. 또한, 산출된 누적 시간에 의거 원가를 계산할 수 있다.

총 누적시간=단위당 누적 평균시간×누적 생산량

$y \times x = (a \times x^{-b}) \times x = a \times x^{1-b}$

• 총 노무비 = 총 누적시간×임률

5) 연구개발에 의한 원가절감

연구개발은 제품을 제작하여 판매하는 기업에서는 가장 중요하게 생각하는 경쟁력 우위의 핵심 요소이며 기업의 사활이 걸린 것으로 인식하고 최선을 다하고 있는 분야이다. 현재의 기술은 물론 다가올 미래의 기술을 선점하려는 노력도 함께 한다.

한편, 회계적 차원에서의 원가절감 방법이 있다. 신제품 개발에 들어가는 원가는 개발비라는 비용계정으로 들어간다. 시험연구비는 미래 핵심 제품 개발과 관련된 비용으로 그 금액이 매출이나 자산 규모에 비해 상당하므로 이를 전부 당기에 비용으로 계상하면 결손을 내기가 쉽다. 일상적으론 매년 당연히 지출되는 개발비는 경상연구개발비라 하여 당기의 비용으로 처리하여 손익을 계산하나 미래 세대 핵심적 제품 개발에 있어서는 매출이나 자산에 대하여도 상당한 금액이기 때문에 이러한 비용은 개발비라는 계정으로 구분하여 이연하여 처리하고 수년에 걸쳐 비용을 나눌 수 있다. 그 기간 동안 판매하여 이를 회복하면 되는 것이다. 이 비용을 이연시키기 위해서는 몇 가지 요건이 있다.

개발비(무형자산) 인식요건(회계상 인정요건)

① 무형자산을 사용 또는 판매하기 위해 그 자산을 완성시킬 수 있는 기술적 실현 가능성을 제시할 수 있다.

② 무형자산을 완성해 그것을 사용하거나 판매하려는 기업의 의도가 있다.

③ 완성된 무형자산을 사용하거나 판매할 수 있는 기업의 능력을 제시할 수 있다.

④ 무형자산이 어떻게 미래 경제적 효익을 창출할 것인가를 보여줄 수 있다.

⑤ 무형자산의 개발을 완료하고 그것을 판매 또는 사용하는 데 필요한 기술적, 금전적

자원을 충분히 확보하고 있다는 사실을 제시할 수 있다.

⑥ 개발단계에서 발생한 무형자산 관련 지출을 신뢰성 있게 구분하여 측정할 수 있다.

기업이 혼신의 힘을 다해 개발하는 신제품이라면 상기 모든 항목을 당연히 충족하게 된다.

연구개발은 원가 절감을 이끌어낼 수 있는 핵심적인 분야이다. 신소재 개발, 공정 효율화, 제품의 재설계(Value Engineering) 등을 통해 직접적인 원가 절감을 이끌어낼 수 있다. 제품의 기능과 성능을 향상시켜 경쟁력을 높임으로써 판매량을 증대시키고, 이는 규모의 경제를 통해 단위당 원가를 낮추는 간접적인 효과도 가져온다. 타사보다 0.01%라도 앞서나갈 수 있다면 이를 따라야 한다.

6) 관리기술에 의한 원가절감

관리기술에 의한 원가절감 방안은 여러 가지가 있다.

(1) 제품관리

제품을 다량 제조 판매하는 경우, 또 다품종의 제품을 생산 판매하는 경우는 판매수량의 관리에도 노력이 많이 들어간다. 이때 제품에 바코드나 QR코드를 부착하여 이를 BCR(Barcode Reader)로 읽어서 처리한다면 노력을 줄일 수 있다. 적절한 외주 배송 기관을 활용하고 지방 배송의 경우 저렴한 운송수단을 활용하거나 제품이 설치 시험 조건의 경우 설치를 적절히 외주업체와 연계하는 것도 하나의 방책이다.

(2) 생산 및 공정관리

생산 및 공정관리는 많은 업체들이 ERP, MES, FMS 등을 활용한다. ERP(Enterprise Resource Planning)는 자사적 자원관리라는 명칭에서 나타나는 대로 회사의 자원을 종합적으로 관리하는 것이다. 정부에서 ERP 도입기업에 지원을 해 주기도 한다.

MES(Manufacturing Execution System)는 생산 공정관리를 하는 프로그램으로, 공정을 움직이는 재고의 입·출고 지시 및 공정 효율관리 품질관리 등을 수행한다. 또한, 재공품을 수불 기장하기는 어려운데 재고 수불 및 원가 Roll up까지 수행하는 프로그램이다.

7) 원가 우위 관련 기타 이슈들

(1) 가치사슬에서 측정되는 원가

가치사슬 분석을 통하여 원가를 효율화 할 수 있다. 각각의 사슬로 연결된 가치들의 조합을 여기 함유된 원가를 측정하여 대비한다. 이를 통해 원가 절감 잠재력이 있는 가치사슬 단계를 식별하고, 효과적인 원가 절감 방안을 모색할 수 있다. 그 절차는, 기업 활동의 모든 부분을 가치사슬로 분석하고 이를 경쟁사와 비교하여 원가 절감 요소를 찾아낸다. 이후, 원가 우위를 확보하기 위한 대안들을 검토하여 실행 가능한 행동 계획(action plan)을 수립하고 실행한다.

(2) VRIO 모형으로 검토

VRIO 모형은 기업의 핵심 자원과 역량이 경쟁 우위의 원천이 될 수 있는지 평가하는 프레임워크이다. 가치(Value), 희소성(Rarity), 모방 가능성(Imitability), 조직(Organization)이라는 네 가지 기준을 통해 원가 요소들을 분석하여, 지속 가능한 원가우위를 확보할 수 있는 항목들을 찾아 실효성 있는 절감 전략을 구사할 수 있다.

VRIO를 효율적으로 작동하게 하기 위해서는 이를 지원·유지하는 견고한 조직이 필요하다. 고정비와 변동비의 개념 파악 및 기업 내 발생원가를 정확히 분류하고 효율적으로 적용하여 투자와 생산량 조정 등 효율적 관리통제가 필요하다.

(3) 5-Force 모델

원가우위를 포터의 5-Force 모델을 활용하여 경쟁우위를 확보하는 전략을 구사할 수 있다.

(가) 기존 경쟁자

기존 시장과 기존 경쟁자에 대한 원가우위전략은 상대적 비용·가격 경쟁력 우위를 유지하기가 쉽다. 남보다 앞서 제품을 개발하고 시장을 리드하기 때문이다. 원가우위를 바탕으로 디자인 개선이나 포장 변경 등을 통해 새로운 브랜드 이미지를 창출하는 등 차별화 전략을 동시에 고려할 수 있다.

(나) 고객

고객의 요구는 품질, 서비스, 브랜드 등 다양하나 1차적 요구 중 하나는 가격이라고 할 것이다. 단가는 기업의 이익에 직접 영향을 주고 장·단기적 수익성 영향을 미치므로 원가절감을 통한 여유를 포장 개선이나 샘플 제공, 선불 또는 서비스품 제공 등으로 유연하게 대처한다.

(다) 공급자

공급자가 공급품의 품질이나 기능의 개선, 원가상승 등 여러 형태로 가격 인상을 압박해 와도 원가경쟁력을 확보하고 있으면 두려울 것이 없다. 공급자의 원가인상 요구를 공급자의 다른 물품의 임시 구매나 공동으로 추진할 프로젝트의 발굴, 신시장의 공동 개척 등으로 대응해 나갈 수도 있다. 한번 인상된 가격을 되돌리기가 어렵기 때문이기에 사전에 대응하는 것이 중요하다. 타 관계 기업의 활용 등 가진 다른 역량의 동원도 고려한다.

(라) 신규진입자

시장 상품의 낮은 가격은 신규진입자의 시장 진입을 어렵게 한다. 신규 진입자는 신제품 개발 및 시장 진입을 위한 광고/홍보 등에 막대한 초기 비용을 지출하여 상대적으로 높은 원가 구조를 가질 수 있다.

이런 경우 기존기업은 신규진입자의 시장 진입 시도를 막기 위한 전략으로 다양한 가격 전략을 펼 수도 있다. 이때는 ① 초기부터 일부러 낮은 가격을 책정하여 진입장벽을 높이는 방법 ② 신규진입자의 진입 초기에는 정상 가격을 유지하고 진입이 본격화되면 즉시 가격을 인하하는 방법 ③ 현재의 높은 이윤을 향유하면서 신규 진입을 용인하되 다른 경쟁우위 요소를 강화하는 전략을 구사할 수 있다. 신규진입자의 약점을 분석하고 공격 포인트를 잡아 적절히 공세에 대비 또는 반격을 하며 다른 서비스나 사은품 등으로 경쟁우위를 유지할 수도 있다. 단가 인하는 최후의 방책으로 가장 하책이므로 신중하게 접근해야 한다.

(마) 대체재

대체재는 기업 상품의 시장에서 항상 일부를 점유한다. 대체재는 기업 제품의 시장

점유율에 영향을 미치지만, 동시에 해당 제품의 가치를 시장이 인정하고 있다는 반증이기도 하다.

이러한 대체품이 본 시장 공략을 위해 기능이나 성능을 향상시키고 단가 인하, 서비스 확대, 광고·홍보의 수단을 동원하여 공략해 온다면 대응하지 않을 수 없다. 이럴 경우는 타깃이 된 제품의 성능과 광고 등 경쟁력을 분석하고 더 우월한 제품의 기능과 성능으로 대응하여야 한다. 이럴 경우 연구개발 부문이 동원되고 추가 비용이 투입될 수 있지만, 기존 다른 경쟁자와의 경쟁력 확보, 추가 시장확대 등의 효과를 분석하여 적절한 대응전략을 수립해야 한다. 역시 가격 인하는 하책이므로 마지막 수단이다.

8) 원가계산

원가우위를 확보하는 원가우위 전략의 효과는 결과적으로 원가계산에 의해 결과가

• 표 3 원가계산에 의한 원가차이 분석 및 경쟁력 요소

변동원가계산	표준원가계산
□ 원가절감 노력 전의 원가 • 총원가 = 변동원가 + 고정원가 • 변동원가= 변동재료비 + 변동노무비 • 변동재료비=직접재료비 • 변동노무비=직접노무비 • 고정원가= 고정제조간접비+고정판매관리비 • 고정제조간접비=간접재료비+간접노무비 +고정경비 □ 원가절감 노력 이후의 원가 • 총원가′ = 변동원가′ + 고정원가′ • 변동원가′ = 변동재료비′ + 변동노무비′ • 고정원가′ = 경비′ + 제조간접비′ □ 원가절감액 • 원가절감액 = 총원가 - 총원가′ □ 비용계산 방법 원가절감 노력 전후 요소별 원가 비교 -재료원가 감소분: 구매 단가 인하, 생산성 향상, 자동화 및 대량 생산 설비 도입 -노무원가 감소분: 임률 변화, 생산성/숙련도 향상	□ 원가절감 노력 이전 원가 • 표준원가에 의한 원가계산 • 총원가 = 표준변동원가 + 표준고정원가 • 표준변동원가 = 표준변동재료비 + 표준변동노무비 • 표준고정원가 = 표준 고정 제조간접비 (+표준 고정 판매관리비) □ 원가절감 노력 이후의 표준율, 수준 상승: 표준이 조정되지 않는다면 원가절감 노력 전후의 표준원가는 동일하지만 불리한 차이가 감소하거나 유리한 차이 발생. 표준 조정 후 재시행한다. □ 실제 원가에 대한 원가 차이 • 재료비 차이: 수량차이, 가격차이 • 노무비 차이: 능률차이, 임률차이 • 변동제조간접비차이: 소비차이+능률차이(+조업도차이) • 고정제조간접비차이: 예산(소비)차이+조업도차이 □ 원가절감액 원가절감액 분석 시, 수량차이 및 능률차이는 투입 효율성 개선에 기인하며, 가격차이 및 임률차이는 투입 단가 변동에 기인한다. 이러한 각 차이의 원인을 분석하여 원가 절감의 구체적인 요인을 규명한다.

확인된다. 원가는 재료비·노무비·경비로 구성(요소별 원가계산)된다. 기업의 원가절감 노력의 영향을 분석하기 위해서는 다음의 변동원가계산이나 표준원가계산방식을 이용한다. 변동원가계산에 의하면 공헌이익을 측정하므로 고정비를 구성하는 자동화 설비 등의 효율성을 측정할 수 있고, 표준원가 제도를 활용하면 표준과 실제의 차이분석을 통해 유불리 차이를 산정하여 그 변화로 개선 대상을 식별하고 개선할 수 있다. 원가계산은 세부항목까지 정확한 계산 결과를 도출하므로 원가절감 노력에 의한 차이 분석을 위해서는 절감효익에 대한 가장 정확한 분석을 할 수 있다. 변동원가계산이나 표준원가계산방식을 이용한 방법에 대하여는 [표 3]을 참조한다.

CHAPTER 6

차별화 전략

1 개요

차별화 전략이란 기업이 고객에게 독특한 가치를 제공하기 위해 고유한 제품이나 서비스를 개발하는 마케팅 전략으로 고객에게 제공하는 제품이나 서비스를 타사의 그것과 전략적 차이를 가지게 하여 제공하는 것이다. 차별성에는 제공하는 제품의 기능이나 성능, 품질, 안전성 등 제품의 고유 특성에서부터, 제품의 디자인, 형태, 촉감, 소비자 호감도 등 감성적·정신적 차별성까지 포함한다. 일반적으로 차별화 전략은 광범위한 고객층을 대상으로 할 때 더욱 강력한 효과를 발휘한다.

제품이나 서비스는 판매의 형태에 따라 소비자에게 전달되는 방식이 다르다. 용역의 수주에 의한 상황이나 소매상 판매인가, 백화점 판매인가, 아니면 생산자가 중간 유통과정을 거치지 않고 직접 판매하는 직판, 또는 인터넷을 통한 플랫폼 또는 프로토콜 판매 형태인가, 입찰 방식이 있기도 하며, 제품의 내용을 어떻게 소비자에게 알리느냐의 홍보나 광고 등의 방법 등 제품이 소비자에게 전달되는 과정에 대한 차별성까지도 의미한다.

차별성은 마이클 포터(M. Porter)의 경쟁우위(competitive advantage) 개념과 유사하며, 경쟁자 또는 경쟁 제품보다 고객에게 더 큰 편의성(convenience)이나 가치(value)를 제공하여 얻는 상대적 우월성을 의미한다.

경쟁에서 이기려면 나와 경쟁자를 차별화시켜야 한다. 내가 상대방보다 경쟁적 우위에 서지 않으면 안 된다. 이것은 제품이나 서비스가 소비자의 손에 전달되는 과정의 모든 분야에 해당되며, 따라서 모든 기업들은 경쟁사에 비해 더욱 차별화된 경쟁 우위를 제공하고자 총력을 기울이고 있다. 기업이 자신만의 고객에게 색다른 서비스 제공을 위해 특징 있는 방법을 찾는 것을 차별화 전략(differentiation strategy)이라 한다.

차별화 전략을 수행하려면 준비가 되어있어야 하는데, 차별화 전략을 성공적으로 수행하기 위해서는 기업 내부의 자원, 기술, 조직 역량 등 외형적 준비와 더불어 이러한 자원을 효과적으로 활용할 수 있는 핵심 역량이 필수적이다. 이는 조직 내부 역량 강화뿐만 아니라 외부 환경 요건까지도 자신에게 유리하도록 유도하고 조정하는 것을 포함한다.

2 차별화의 유형

차별화의 궁극적인 대상은 제품이다. 제품을 중심으로 차별화의 역사와 함께 차별화의 종류를 보면 다음과 같다.

1) 차별화를 통한 기업 성장의 역사

(1) 초기 차별화 개념 형성(1950~1970년대)

경제학적 기초로 차별화 전략의 뿌리는 산업조직론에 있다. 이론적으로는 에드워드 체임벌린(Edward Chamberlin)의 독점적 경쟁 이론에서 시작되었다. 그는 기업이 제품의 특성과 마케팅을 통해 경쟁에서 차별화할 수 있음을 강조했다. 포드와 GM이 각각 대량 생산(포드)과 디자인 및 모델 다양화(GM)를 통해 경쟁우위를 확보했다. 구체적으로는 포드는 '모델 T'의 표준화와 대량 생산을 통한 가격 차별화(저가) 전략으로 시장을 장악했고, GM은 다양한 모델과 디자인, 연식 변경을 통한 제품 차별화 전략으로 포드에 대항했다.

이 시기 기업들은 주로 품질과 기능을 개선하여 경쟁우위를 확보하려 했다. 이때, 포드와 GM이 각각 대량 생산(포드)과 디자인 차별화(GM)로 경합했다.

(2) 전략적 차별화의 구체화(1980년대)

1980년대 초, 마이클 포터는 그의 저서 "경쟁 전략(Competitive Strategy)"에서 차별화 전략을 원가우위, 집중화 전략과 함께 전략 3분법으로 주요 경쟁 전략으로 정의했다. 그는 차별화를 통해 가격 민감도를 낮추고 브랜드 충성도를 높이는 효과를 강조했다. 이 시기에는 브랜드 이미지와 정체성이 차별화의 핵심 요소로 부상했다. 대표적으로 코카콜라와 펩시의 광고 경쟁이 이를 잘 보여준다.

(3) 글로벌화와 정보화 시대(1990년대~2000년대 초반)

이 시기에는 다국적 기업들이 글로벌 시장에 진출하면서, 각 지역에 맞춘 현지화 전략과 차별화가 중요해졌다. 맥도날드는 각 나라의 문화에 맞춘 메뉴를 개발하며 차별화를 꾀했으며, 기술 혁신은 IT와 인터넷의 발전으로 사용자 경험(UX)과 디지털 서비스 차별화가 새로운 경쟁 요소로 떠올랐다. 아마존은 고객 중심의 서비스(예: 원클릭 구매 시스템)로 차별화에 성공했다.

(4) 현대의 차별화 전략(2010년대 이후)

현대는 단순히 제품이나 서비스가 아닌, 고객이 느끼는 경험을 차별화의 핵심으로 삼는 경향이 강해졌다. 스타벅스는 커피뿐만 아니라 매장 분위기와 고객 경험을 통해 경쟁사와 차별화하였으며, 환경 보호와 윤리적 경영이 새로운 차별화 요소로 부상하였다. 패션 브랜드 파타고니아는 친환경 소재와 윤리적 생산을 강조하며 차별화하였고, AI와 데이터 활용으로 맞춤형 서비스를 제공하였는데, 넷플릭스는 추천 알고리즘을 통해 개인화된 콘텐츠 경험을 제공하였다.

(5) 차별화의 미래 전망

과거에는 좋은 옷을 입고 밖에 나가 같은 옷을 입은 사람을 보면 "역시 이 옷은..." 했다. 그러나 지금은 이런 경우 '에이, 이따위가...' 한다. 기호의 개인화에 따라 향후의 소비형태는 AI와 자동화와 함께 AI를 활용한 초개인화 서비스가 차별화의 핵심이 될 가능성이 크다. 지속 가능한 혁신을 통한 친환경 제품과 지속 가능한 경영이 점점 더 중요한 차별화 요소로 자리 잡을 것이다.

제품 차별화는 제품의 기능, 성능, 안전성, 내구성 등 물리적 특성에 초점을 맞추는 것이 그 하나로 이를 위해서는 기업 연구개발(R&D) 부서의 적극적인 참여와 설계 및 엔지니어링 부문의 긴밀한 협조가 필수적이다. 예로 자동차의 안전성 문제로 리콜사태가 발생했거나 아니면 사전에 불량의 징후가 발생된 경우, 또는 기능의 차별화를 AI 장착을 목표로 한다고 할 때 어쩌면 천문학적 비용이 발생할 수도 있다. 또 하나는 소비의 개인화에 따른 감성적 차원의 차별화가 필요하다. 여기에는 디자인, 색상, 소재 및 촉감 등이 중요해질 것이며 경영자의 민감도와 함께 감성이 경쟁력으로 작용할 가능성이 높다. 이런 경우에는 상당한 비용이 들어갈 수 있다.

2) 초점별 차별화

(1) 제품에 초점을 맞춘 차별화

삼성전자가 메모리 반도체의 경쟁력을 넘어 비메모리 분야나 HBM(고대역폭 메모리) 시장 장악, 또는 HBM 분야 경쟁력 회복을 목표로 할 경우, 상당한 투자가 필요하게 될 것이다.

한편, 비누나 세제 등 일상생활용품은 제품 자체의 실질적인 차별성이 크지 않을 수 있으나, 향료 추가나 변경 등을 통해 차별화를 이룰 수 있다. 이는 제품의 화학적 특성뿐 아니라 광고나 홍보 등 마케팅 수단에 의해서도 충분히 차별화가 가능하다는 것이 일반적인 견해이다. 때로는 제품의 복잡성 자체가 제품 차별화에 중요한 요소가 될 경우도 있다. 장난감 로봇의 경우 복잡한 기능이나 구조를 선호하는 로봇 수집가들에게는 복잡성이 중요한 구매 요인이 될 수 있기 때문이다.

소비자가 원하는 시점을 잘 선정하여 출하하는 것도 좋은 차별화 방법이다. 아이폰(iPhone) 출시 직전에 삼성전자의 AI 스마트폰이 출시되고, 아이폰에는 AI가 탑재되지 않는다는 소식이 전해진다면, 이러한 적절한 출시 시점 전략은 시장 점유율에 상당한 파괴력을 미치며 큰 영향을 줄 수 있다.

입지 선정의 문제도 적지 않다. 네이버나 구글이 데이터센터를 구축한다고 할 때 엄청난 전력을 소비하는 데이터센터의 입지는 전력 공급망을 고려하여야 할 것이며 동해안에 3개 발전소가 송전선이 없어 발전을 못 하고 있음을 알고 삼척이나 강릉지역에 데이터센터를 구축한다고 하면 이는 입지의 중요성이 의사결정을 주도하는 경우가 될 것이다. 한편, 평택의 삼성전자 평택 반도체 공장 전기 공급을 위해 건립비 3,900억 원 전액을 부담하였으면서도 송전선이 10년간이나 건립되지 않아 공장 가동을 못 하는 것은 전력 공급망 입지에 대한 반대의 경우가 된다.

성공적 차별화 전략의 기본은 소비자의 수요 특성을 정확히 이해하는 것이다. 수요특성은 소비자의 선호체계와 제품 특성의 관계 및 제품 간의 경쟁관계로 다음의 분석방법이 사용되고 있다.

- **다차원 척도법(MDS)**: 소비자들이 여러 제품(대상) 간의 유사성/비유사성을 어떻게 인식하는지 파악하여, 이들을 다차원 공간에 시각적으로 배치하는 분석 방법이다. 주로 제품 간의 상대적인 위치나 경쟁 관계를 파악하는 데 유용하다.
- **컨조인트 분석(Conjoint Analysis)**: 소비자가 제품의 여러 속성(예: 가격, 디자인, 성능) 조합에 대해 부여하는 상대적 중요도를 측정하여, 어떤 속성 조합이 소비자에게 가장 선호되는지 파악하는 데 사용된다. 즉, 소비자 선호 체계와 제품 특성 간의 상관관계 파악에 적합하다.

(2) 고객에게 초점을 맞춘 차별화

경쟁자에 초점을 맞추면 2등을 하고 고객에게 초점을 맞추면 1등을 한다. 제품이나 상품의 최종 사용자는 소비자, 즉 고객이다. 소비자의 제품 구매는 제품의 성능이나 기능만으로 결정되지 않는다. 기본적인 품질은 전제되지만, 특정 제품이나 브랜드에 대한 선호도, 디자인, 가격, 심지어 생산 국가 등에 따라 구매 의사결정이 달라지기도 한다. 이러한 소비자의 선호는 컨조인트 분석 등을 통해 파악할 수 있으며, 이를 바탕으로 소비자의 선호 체계와 제품 특성 간의 상관관계를 이해하여 효과적인 제품 차별화 전략을 수립할 수 있다.

맞춤 생산

특정 특성의 제품을 선호하는 집단이 식별되면, 해당 집단의 니즈에 맞는 맞춤형 제품을 생산하여 공급할 수 있다. 자동차의 경우는 특정 가격대에 대한 제품의 공급이나

SUV를 선호하는 소비층을 대상으로 한 특징 있는 제품의 생산과 집중적 홍보, 랜드로버 선호족이나 대형 승용차 선호군 등에 대한 맞춤 생산에 집중할 수 있다.

위상 재정립

위상 재정립(re-positioning) 전략은 고객이 제품이나 브랜드에 대해 부정적인 인식을 갖게 되거나 외면할 때, 고객의 인식을 긍정적으로 전환시키기 위해 사용되는 전략이다. 이는 제품 출시 후 실질적인 품질 대비 인기가 없거나 시장 반응이 좋지 않아 제품 철수까지 고려해야 하는 상황에서 유용한 전략이다.

환경이나 건강 등의 사유로 정부의 규제를 받아 생산이 중단되었다가 규제가 풀린 경우에도 제품의 위상을 재정립하여야 한다. 디자인과 포장 등을 변경하고 케이스를 바꿔 제품의 외관과 형태를 바꾸고 광고를 통하여 소비자의 인식을 바꾸어 마음에 안정되고 좋은 제품의 이미지로 고객에게 다가가야 한다. 기존의 좋은 인상은 여기 한몫하여 제품의 안정적 시장 안착을 시킬 수 있다. 소비자들이 제품의 변화 원인이나 과거의 부정적인 인식을 떠올리지 않고, 새롭게 재정립된 제품 이미지를 긍정적으로 받아들이도록 유도하는 것이 중요하다. 이 과정에서 온라인 커뮤니티 등에서 부정적인 대화가 오갈 수도 있으므로 따라서 위상 재정립 전략을 구사할 때는 각별히 신중을 기하고, 확실한 차별성을 통해 승부해야 한다.

동아제약의 예

위상 재정립의 예를 들면, 동아제약은 1961년 박카스를 출시하였고 '솟구치는 힘 왕성한 활동력'의 광고 등을 통해 종합 자양강장제로 소비자에게 크게 어필하였다. 그러나 정부가 1976년 드링크제가 약물의 오남용을 부추긴다는 이유로 의약품의 대중매체 광고를 금지시켰고 박카스는 약물 오남용의 대명사로 협의를 뒤집어쓰며 회사는 위기를 맞았다. 그러나 1990년대 규제가 풀리면서 박카스는 새로운 포지셔닝 전략으로 '지킬 것은 지킨다', '젊은 날의 박카스', '건강한 젊음을 응원한다' 등의 적극 광고를 통해 의약품 이미지를 달리하고 젊은이의 감성을 자극, 피로회복 음료 이미지로 재탄생하여 성공하였다. 결국 박카스는 제품의 속성은 전혀 바뀌지 않았지만, 성공적인 이미지 전환 리포지셔닝으로 업계 선두 자리를 지키고 있다.

동아제약은 가치관이 변하는 시대에 맞는 광고 카피로 유명하다. 2024년 동아제약의 광고 카피는 '건강한 일상을 지켜갑니다(Safeguards your everyday life!)'이다.

의약품 광고 변천사를 대표하는 박카스의 카피 일부;

- 1961년: 첫광고문구: 젊음과 활력을! – 한국전쟁 후 최악의 건강 지킴이
- 1964년: 음주 전후 간 건강에 박카스 드링크 – 산업화 시대 샐러리맨 애환, 전성기 맞음
- 1976년: 자양강장 드링크류 대중광고 금지 조치 – 1993년까지 18년간 광고 못함
- 1993년 이후 '새 한국인 시리즈'로 버스종점편, 환경미화원편, 노사화합편 등 13종
- 2003년: 젊은 날의 선택 박카스 – 2003 올해의 광고상, TV부문 우수상 수상
- 2009년: 우리는 누군가의 박카스다
- 2010년: 진짜 피로회복제는 약국에 있습니다

기타의 유명 카피로는 그 날의 피로는 그날에 푼다, 지킬 것은 지킨다, 피로회복엔 박카스 등이 있었다.

3) 가치사슬에 의한 차별화 우위 분석

앞서 설명한 바와 같이 가치사슬 모형으로 기업이 전략적으로 추진하는 차별화 우위를 어떻게 확보하는지 판단할 수 있다. 포터(Porter)의 가치사슬 모형은 기업 활동을 주 활동(Primary Activities)과 보조 활동(Support Activities)으로 구분한다. 주 활동은 제품의 물적 흐름과 직접적인 가치 창출에 기여하며, 보조 활동은 이러한 주 활동을 지원하며 간접적으로 가치를 창출한다. 차별화는 가치사슬의 다양한 주 활동(예: 구매, 생산, 판매, A/S 등 물적 흐름)과 이들을 지원하는 보조 활동(예: 기획, MIS, 재무, 법무, 연구개발, 디자인, 인적 자원 관리 등)에서 발생할 수 있다. 기업은 이러한 각 활동에서 어떻게 차별적 요소를 도입하고 이를 통해 원가 우위 또는 독특한 가치를 창출하여 경쟁자가 모방하기 어려운 경쟁력을 확보할 수 있는지 분석해야 한다.

청우기업

중소기업인 청우기업은 회사에서 만드는 모터를 주문 생산 해왔으나 주문 생산품의

특징을 분석한 결과 개별적으로 판매되는 모터 중 10HP 이하인 제품들의 특징은 주문자들의 요구 사양이 큰 차이가 나지 않는 것을 보고 이를 제품의 성능을 용량별로 1HP, 2HP, 5HP, 7.5HP 및 10HP을 표준품으로 설계하여 신규로 주문하는 기업이나 또는 모터를 필요로 하는 기업들에 표준품을 광고 또는 권고하여 판매량을 크게 늘린 바 있다.

인켈

오디오 기기를 판매하던 인켈은 회사의 관리체제가 부실하여 Overhead가 많이 발생하는 것을 깨닫고는 재고관리 전산 시스템의 국내 소개 초기에 미국 MRP(Material Requirement Plan) 및 CRP(Capacity Requirement Plan)을 도입하여 복잡한 생산공정의 여러 부문과 재고 원부재료 주문 및 관리를 자동화하였다. 이를 통해 회사는 재고 구매 및 생산관리와 나아가 제품관리 및 납품과 채권관리까지 차별적 경쟁력을 확보한 바 있다.

코리아 디스카운트 대책

코리아 디스카운트(Korea Discount)가 아직도 우리나라 기업들의 국제적 경쟁에서 발목을 잡는 경우가 왕왕 있다. 코리아 디스카운트는 한국 상장기업 주식의 가치평가 수준이 유사한 외국 상장기업에 비해 낮게 형성되는 현상을 말하는 것으로 2000년대 초부터 관찰되기 시작하여 현재까지 해소되지 않고 있는 것으로 평가된다. 이것은 기업들의 국제 경쟁력 저하뿐만 아니라, 대외적 신뢰도 하락으로 인해 발생하는 현상이다. 신뢰도 부족은 국제적으로 10대 경제 강국에 해당되면서도 아직 분단된 국가로 밖으로는 핵으로까지 위협하고 있는 북한에 의한 위협과 안으로는 주주 환원 문제와 재무적 특성이 주를 이루고(두 요인의 합이 75%) 재무제표의 신뢰성 부족[1]은 크지 않다. 이 중 전자는 어쩔 수 없다 하더라도 후자의 경우는 국가에서 국제 회계기준(K-IFRS)을 도입하고 공정한 보고를 위하여 노력을 기하면서 다소 상승하는 경향을 보이고 있는 것이다. 기업 활동은 회계 투명성뿐만 아니라 모든 대외 활동에서 거래의 신뢰성을 확보함으로써 차별적 경쟁력을 갖추고 안정적으로 수행될 수 있다.

1) 자본시장연구원의 코리아 디스카운트 원인분석을 보면, 그 원인으로 주주환원 37%, 재무적 특성 36%, 거시경제 13%, 기업지배구조 7%, 회계투명성 4%, 기타 6%로 분석되었다. 김준석·강소현, 코리아 디스카운트 원인 분석, 자본시장연구원, Issue Report 23-05.

기업차별화 외주 예

앞에 언급한 바와 같이 용량 차이가 있는 모터를 표준품으로 대량 생산하는 경우 이들 제품은 같은 경우가 많다. 예를 들어, 1HP와 2HP 모터는 케이스가 동일하여 전선 등의 차별화를 통해 다른 제품이 생산되므로, 일정 수준까지는 동일한 공정에서 처리하고 전선 및 조립 공정에서만 차별화함으로써 경쟁력을 높일 수 있었다. 이는 3HP와 5HP의 경우도 같고 7.5HP와 10HP의 경우도 케이스의 규격에나 가공공정 및 사상공정까지는 동일하므로 동일한 논리가 적용된다.

동아제약의 경우 오랜 기간 박카스를 경쟁우위를 가지고 cash cow로서 역할을 수행하여 왔는바, 동일 메이커에서 제작한 기계장치에 의하여 동일한 원료와 동일한 공정을 거친 음료를 이름만 바꾸어 판매하는 사례를 볼 수 있다.

반도체 산업의 경우도 삼성전자의 HBM3E(8단)와 HBM4(12단)는 물리적인 적층 단계에서 차이가 있지만, 핵심 공정 자체의 차이는 크지 않을 수 있다. 그러나 제품의 성능(속도, 용량)에서 큰 차이를 보이며, 이는 단가와 세계 시장 점유율에 엄청난 영향을 미쳐 기업의 매출액, 영업이익, 대외 신인도에 결정적인 차이를 유발한다.

자동차의 경우 현대의 소나타와 그랜저는 동일한 샤시를 가지고 내외장을 달리하므로 최종 제품이 달라진다. 삼성전자의 액정패널, 반도체, 스마트폰 조립공정 등에서 동일공정을 도입하고 있으며, LG전자도 세탁, 냉장고 등 가전제품에서 공통 생산공정을 가지고 있다. 제품의 제조과정에서 동일한 공정을 거쳐 90% 내외까지 완성시켜 두고 소비자의 욕구에 따라 내외부 디자인의 변경, 기능의 차별화 및 부품의 차별화를 통하여 부가가치를 창출하는 경우도 많이 있다. 이는 부품의 조달과 가공도 동일한 공정에 의하여 처리함으로써 제작 일수를 줄이고 원가경쟁력은 확보할 수 있다는 장점이 있다. 이러한 차별화는 산업 여러 분야에서 발견할 수 있는 기업의 부가가치 창출의 수단으로 활용되는 것을 볼 수 있다. 이와 같은 가치사슬에 의거한 기업의 활동 요소들을 차별화를 통해 경쟁력을 확보할 수 있다.

4) 제품 믹스·광고와 유통의 차별화 유지

제품 믹스

제품 믹스(Product Mix)는 소비자들의 미묘한 욕구 변화에 대응하여, 다양한 종류의 개별화된 제품으로 시장을 공략하는 전략이다. 이는 신기술 적용, 디자인 변경, 또는 광고를 통해 차별화를 구현할 수 있다. 소비자 욕구는 약간의 기능 차이나 디자인 변경만으로도 충족될 수 있으며, 전시 판매 등을 통해 소비를 촉진시키기도 한다.

기존 제품들이 마트나 소매점 또는 할인점 등을 통하여 판매·제공되었다면 마켓컬리나 쿠팡 등은 기존 유통 경로를 혁신하여 유통의 패러다임을 바꾸었다. 당일 채취한 야채를 냉장 보관하여 익일 새벽에 배송함으로써, 신선한 상태로 아침 식탁에 올릴 수 있게 한 것은 유통의 혁명이라 할 수 있다.

광고

광고에 의한 차별화는 기능이나 디자인 차별화와는 차이가 있다. 광고는 심지어 질병이나 민감 사항 등을 검색한 후 개인에게 관련 광고가 쏟아지는 것, 금융기관등의 노출 전화번호로 수없는 스팸이 날아오는 것 등의 사적 영역까지 진입하여 있으며, 경우에 따라서는 개인 프라이버시 침해성 광고를 통하여 성공하는 경우를 보기도 한다. 광고는 의약품에서 큰 차이를 나타낸다. 전혀 알지 못하는 의약품에 대한 광고를 통해 제약회사의 기존 명성과 함께 소비자(환자)에게 다가가는 것을 볼 수 있다. 건강 기능식품이나 라면 등의 식품, 비누·샴푸나 냉장고, 김치냉장고, TV, 자동차 등은 광고가 그 성패를 좌우한다고 할 수 있다. 물론 광고의 선전 내용은 기술력으로 뒷받침되어야 한다.

광고는 TV, 신문이나 라디오, 잡지 안에 국한되지 않는다. 최근은 인터넷 광고로 네이버나 카카오 등을 통한 광고는 이들보다 훨씬 높은 광고비가 지출된다. 최근 광고비 추이는 [표 1]과 같다.

온라인 광고는 점차 증가해 왔으며 향후도 증가할 것을 보인다. 대신 방송광고나 인쇄광고는 감소추세이다. 그러나 인쇄매체 광고가 언젠가 다시 인간의 감성을 자극하여 심장을 파고들 수도 있다.

• **표 1** 2023-24 매체별 광고비

구분	2023 광고비	비율	2024 광고비	구성비	전년대비증감율
온라인광고	8조 7,062억	52.7%	10조 6,480억	61.8%	24.6%
방송광고	4조 212억	24.3%	3조 3,898억	19.3%	-15.7%
인쇄광고	2조 1,277억	12.9%	2조 246억	11.5%	-4.8%
옥외광고	1조 693억	6.5%	1조 2,804억	7.3%	17.5%

출처: 한국방송광고공사(KOBACO)와 정보통신부 발표

품질보증 광고

광고와 연계하여 품질보증에 대한 광고의 효과성을 자동차 산업에서 볼 수 있다. 일본이 LEXUS(Luxury Export to United States 또는 Let's Export to US)류의 자동차를 미국에 수출할 때 무상 수리 기간을 3년으로 연장하였다. 무상 수리 기간은 수리에 대한 A/S 비용이 적게 든다는 것을 의미하며, 제품 품질의 안전성을 확인시켜 소비자에게 제품 신뢰성을 심어주는 효과를 가져왔다. 이때 일본기업들의 미국 자동차 판매 실적은 폭발적으로 성장하였다. 한편, 현대자동차는 이 기간을 10년으로 늘렸고 세계 3위의 자동차 메이커 위상을 확보하게 되었다.

샘플과 재판매 가격 유지

샘플을 제공하는 것도 좋은 광고 전략이다. 희망 소비자 가격을 제품에 명시하여 판매하는 것은 재판매가격 유지행위(Resale Price Maintenance)에 해당할 수 있다. 이는 제조사가 유통업체에 판매 가격을 강제하여 소비자의 가격 선택권을 제한할 수 있으므로, 공정거래법에서 불공정거래 행위로 규제하고 있다. 또한, 경쟁 사업자들 간에 가격을 담합하는 행위 역시 공정거래법상 불공정거래 행위로 엄격히 규제된다. 또한, 끼워팔기 전략도 불공정거래 행위로 규제하므로 유의하여야 한다.

3 SWOT 모델과 차별화 전략

차별화 전략을 SWOT 모델에 비추어 보면 [그림 1]로 볼 수 있는데, 차별화 전략의

수행을 강점(Strength)으로 보면 외부환경에서 기회가 주어지면 그 효과를 극대화할 수 있다. 반면 외부환경이 위기상태가 되어 경영에 타격을 받을 환경요건이라 하여도 차별화 전략은 주효할 수 있으며 기업이 속해있는 사분면에서 적절한 전략을 구사하여야 한다. 새 시장에 진입하는 기업은 신속한 시장 안정화로 자리를 잡아가야 한다.

1) SWOT 모델의 차별화 전략

SWOT 모델과 차별화 전략은 SWOT 분석을 통해 도출된 강점과 기회를 활용하여 차별화된 가치를 창출하고, 약점을 보완하여 위협에 대응하는 전략을 수립하는 것이 핵심이다. 차별화 전략은 SO, ST, WO 및 WT 각각에 대해 구사한다.

• **그림 1** 차별화 전략과 SWOT

	Strength	Weekness
Opportunity	차별화전략 SO	차별화전략 WO
Threat	차별화전략 ST	차별화전략 WT

SWOT 분석 결과를 바탕으로 기업은 다음과 같은 차별화 전략을 수립할 수 있다.

(a) SO 상태에서의 차별화 전략(강점을 활용하여 기회를 포착)

SO는 SWOT 모델에서 기업의 내부 강점은 최고이고 외부 환경은 최고의 기회를 제공하는 상태로, 강점을 활용하여 시장 기회를 최대한 활용하는 전략을 꾸릴 때이다. 예를 들어, 기술력이 뛰어난 기업이 시장이 크게 요구하는 새로운 기술 개발을 통해 시장을 선도하는 경우가 이에 해당한다.

(b) ST 상태에서의 차별화 전략(강점을 활용하여 위협을 극복)

회사가 가진 강점을 활용하여 경쟁 심화나 경기 침체와 같은 위협에 대응하는 전략이다. 브랜드 인지도가 높은 기업이 저가 경쟁을 피하고 프리미엄 전략을 통해 위협에 대응하는 경우가 이에 해당한다.

(c) WO 상태에서의 차별화 전략(약점을 보완하여 기회를 포착)

회사의 애환인 약점을 보완하여 시장 기회를 포착하는 전략이다. 예를 들어, 자금력이 부족한 기업이 외부 투자를 유치하여 사업 확장을 하는 경우 등이다.

(d) WT 상태에서의 차별화 WT 전략(약점을 보완하여 위협을 극복)

기업은 약하고 환경도 우호적이지 않을 경우 회사가 가진 약점을 보완하여 위협에 대응하는 전략이다. 생산 효율성이 낮은 기업은 생산 공정 개선을 통해 원가 경쟁력을 확보하는 경우가 이에 해당한다. 경쟁력 확보가 어렵다고 느껴질 때에는 시장 철수를 고려하게 된다.

2) 차별화 전략 수립 시 고려 사항

차별화 전략을 수립할 경우에는 다음 사항을 고려하여야 한다.

- 고객 가치 창출: 차별화 전략은 고객에게 실질적인 가치를 제공해야 한다.
- 독창성: 경쟁사와의 차별성을 명확하게 정의해야 한다.
- 지속 가능성: 경쟁우위를 장기간 유지할 수 있는 전략을 수립해야 한다.
- 실행 가능성: 현실적으로 실행 가능한 전략을 수립해야 한다.

SWOT 차별화 전략은 기업이 자신의 강점과 약점을 정확히 파악하고, 외부 환경의 기회와 위협을 분석하여 경쟁우위를 확보하기 위한 필수적인 전략이다. SWOT 분석 결과를 토대로 고객 가치를 창출하고, 독창적이며 지속 가능한 차별화 전략을 수립하는 것이 중요하다.

4 차별화 전략의 유효성

차별화 전략은 그 자체가 유효성이 있어야 한다. 차별화 전략은 그 자체의 유효성뿐 아니라 경쟁사보다 우월한 우위 요소를 가능한 장기적으로 확보하여야 한다. 이를 확인하기 위해서는 전략의 발전과정에서 언급한 포터의 5-Force 모델로 점검을 하고 1년 또는 상당한 기간 후의 경쟁력까지 분석해보고 그 변동성을 관리통제의 도구로 활용하는 것이 좋다.

공급자에 대해서는 시장의 안정성을 기반으로 지속적인 공급 관계를 유지하여, 제품 수익성 감소로 인한 공급가격 인상 등 불리한 위험에 노출되지 않도록 관리해야 한다. 산업 내 경쟁자와의 관계에서는 품질우위나 원가우위를 통해 지속적인 경쟁우위를 확보해야 한다. 수요자 또는 소비자에게는 지속적인 충성도를 유발하여 구매 이탈을 방지하고, 품질이나 디자인 등의 꾸준한 변화와 혁신을 통해 제품 경쟁력을 유지하여야 한다. 또한, 대체재의 동향을 지속적으로 파악하고 적절한 전략을 구사하여 매출 감소를 방지해야 한다. 나아가 VRIO 모델(가치 Value, 희소성 Rareness, 모방 가능성 Imitability, 조직 Organization)을 통해 기업의 내부 자원 및 역량이 지속적인 경쟁우위를 창출할 수 있는지 분석해야 한다.

차별화 전략의 유효성에 대하여는 포터의 가치사슬 모형에 의하여도 평가할 수 있는데, 가치사슬에 언급하는 주 활동과 보조 활동으로 차별화가 유발하는 이윤(마진)을 분석하고 그 요소별 유효성을 판단하여 전략으로 활용할 수 있다.

M. Porter의 5-Force 모형에서는 현재의 5-Force의 경쟁력과 차별화 전략을 수행한 후의 결과치를 분석 및 비교하여 전략의 유효성 및 경쟁자와의 경쟁우위를 분석할 수 있으며, VRIO 모형에서는 선택된 요소의 유효성이 지속될 것인지에 대하여 분석할 수 있다. 이러한 분석의 결과는 본서에서 지적한 5-Force Model과 BCG Matrix 융합모델에 현재와 미래에 대한 cash cow 등 경쟁력의 변동에 대하여 기록해보면 기업의 미래 위상을 상당히 정확히 파악할 수 있을 것이다.

5 차별화 전략의 유의점

1) 차별화 유의사항

시장에서 제품의 경쟁이 심해질 때, 블루오션이었던 시장 상황이 타사의 경쟁 제품들의 출시와 그들의 경쟁력이 높아짐에 자사 제품의 경쟁력은 낮아지고 시장은 레드오션으로 변한다. 이럴 때 기업이 취할 수 있는 전략이 차별화 전략이나 제품 기능에 약간의 변화를 주거나 디자인을 바꾸고 광고를 하거나 판촉의 일환으로 선물의 제공 등을 통하여 위기를 모면한다. 한편, 높은 경쟁력 하에서의 차별화는 제품에 대한 로열티를 증가시키며 매출을 증대하여 회사의 이익은 확대시키고 잠재적 경쟁사에게는 높은 진입장벽을 가지게 하고 대체재에 대하여는 경쟁력과 선택력을 증가시킨다.

반면, 차별화가 지나치게 커서 기존 제품의 매력도를 희석시키거나, 과도한 원가 투입으로 인해 매출 증대 효과를 상쇄한다면 차별화의 목적에 부합하지 않게 된다. 또한, 신규 진입자나 대체품의 움직임을 주시하여 자사 제품과의 차별성을 유지하고 중복을 피해야 한다.

2) 우리나라 기업의 밸류업

(1) 밸류업과 PBR

한국거래소 주최로 기업 밸류업을 위한 10대 그룹 간담회가 열렸다. 밸류업이라는 주제로 모인 것이다. 10대 그룹 중 현대차를 제외하고 삼성, SK, LG, 포스코, 롯데, 한화, GS, HD현대, 신세계 소속인 이들은 그룹 차원의 주주·기업가치를 높일 수 있는 방안 모색을 위하여 모인 것이다. 밸류업은 기업의 실질가치, 예로 PBR 계산에 쓰이는 순자산 등에 비해 주가를 충분히 올리라는 것이다.[2)]

PBR = 주가 ÷ 1주당 순자산가치 1주당 순자산가치(ROE) = 순자산 ÷ 발행주식수

PBR이 1보다 적다는 것은 그 회사의 주식을 팔아서 보유 순자산을 사지 못한다는 것, 즉 기업의 주가가 운영가치는커녕 자산가치만큼도 형성되지 못하고 있다는 것이다. 표에서 보듯 10대 그룹 중 PBR이 1 이상인 그룹은 HD현대, 삼성, LG 3그룹만이다. 특히 GS, 롯데 및 신세계는 PBR이 0.5가 안 된다. 이는 코리아 디스카운트와도 연결된 우리나

2) 이경은, (2024. 8. 27), 조선일보, B6.

라 기업 주가의 저평가와 연계된다. 2024년 6월 열린 일본 상장사들의 주주총회는 PBR 총회나 다름없었다. "왜 PBR이 1배도 안 되는 건지 설명해주세요"(일본제철 소액주주 B씨)라는 항의에 경영진은 해명하느라 진땀을 흘렸다.

PBR 1배 이내라는 화두는 올해 일본 증시를 역대 최대 강세장으로 이끈 일등공신이었다. 도쿄 증권거래소는 지난해 PBR 1배 미만 회사는 주식 열등생이라고 알리면서 PBR 1배 이상으로 끌어올릴 계획을 공시하라고 각 상장사에 요청했다. 당시 일본증시는 500개 주요 상장사 중 PBR 1배 미만인 기업이 전체의 43%에 달했다. 저 PBR의 늪에서 고민하고 실천한 기업의 주가는 상승세였다. 지난해 3월 기 결산보고서에서 낮은 PBR 개선의지를 언급한 상장사는 모두 44곳으로 자진 상장폐지한 1개사를 제외한 43개사의 주가는 29% 상승했다. 올해 일본 주주총회 풍경은 내년에 열릴 한국 상장사들의 주총 미리보기판일 것이다.

• **표 2** 우리나라 10대 그룹의 PBR 등

기업명	PBR	ROE	배당성향	시가총액
HD현대	1.27배	2.38%	37.73%	60.9조원
삼성	1.26	4.97	47.37	673.6
LG	1.09	2.16	42.32	157.7
SK	0.99	-4.36	-22.22	210.7
포스코	0.87	3.61	38.64	61.6
현대차	0.60	11.31	23.08	141.8
한화	0.53	3.31	17.26	40.0
GS	0.42	3.47	29.63	12.3
롯데	0.31	1.18	91.65	16.2
신세계	0.19	0.47	123.13	4.3

주) 시가총액은 2024.8.22, 기타는 2023 사업보고서 기준

(2) 삼성전자의 저평가

재미있는 현상이 있다. 위의 기업 Value-up 관련 주요 기업별 PBR을 공개한 지 얼마 지나지 않아 트럼프가 미국 대통령으로 선출되고 한국 증시가 곤두박질치고 있을 때 삼성전자를 TSMC와 PBR로 대비한 분석 기사가 등장했다.

"삼성전자, TSMC보다 7분의 1 저평가"란 제목으로 작성된 기사는, [그림 1]에서 [표] 삼성전자의 PBR을 0.97배로, TSMC의 PBR을 6.73배로 하여 7분의 1 저평가로 분석

• **그림 1** 삼성전자의 저평가

삼성전자 주가차트

삼성전자와 TSMC의 PBR 비교			
구분	삼성전자	TSMC	배수(T/S)
3분기매출	79.1조원	32.7조원	0.41
순이익	10조	14조	1.4
시가총액	319조	1155조	3.6
PBR	0.97배	6.73배	6.94
PER	11.35배	30.21배	2.68
매출은 삼성전자가 2배 이상 당기순이익은 삼성전자가 40% 많음 주주가치(시총)은 TSMC가 1.4배 PBR은 TSMC가 6.94배 높음 PER은 TSMC가 2.68배 높음			

삼성전자와 TSMC의 PBR 비교

한 것이다. 옆에는, 8만 전자(7월 10일 시가 8만 7,800원)에서 4개월 만에 4만 전자(11월 14일 시가 4만 9,900원)로 굴욕당한 삼성전자 주가 그래프가 동시 게재되었다.

물론 PBR만이 회사의 평가를 좌우하는 것은 아니다. 도표에 나와 있는 대로 매출은 삼성전자가 TSMC보다 훨씬 높아 순이익이 반영된 PER 배수에서는 그리 큰 차이를 보이지 않는다. 이는 일반적으로 코리아 디스카운트에 해당된다고 볼 수 있다. 매출액은 그대로 국제수지와 외화가득에 공헌하므로 좋은 평가를 줄 수도 있다. 그러나 PBR은 현재 보유한 현금, 소위 청산가치에도 주가가 못 미친다는 것이니, 그것도 TSMC의 그것 대비 7배 가까이 차이가 난다니 분석론자들의 입에 오르내리는 것이다. 몇 달 만에 한국 최고의 PBR 주가매수를 보였던 삼성전자의 지수변동은 4만 전자를 어떻게 해석할 것인가의 의문점과 함께 시사하는 바가 크다.

(3) 힘 못 쓰는 K-밸류업

우리나라의 기업 밸류업에는 마가 낀 것 같다. 2024년 초 한국거래소, 금감원 등부터 강력한 드라이브를 걸면서 주요 기업들이 주주 친화적 정책을 발표하였으나 주가는 제자리걸음을 하거나 뒷걸음을 쳤다.

자사주 매입·소각

주로 우리나라 기업들이 선택한 방법은 자사주 매입 및 소각이었는데, 이는 외국의 주요 기업들이 선택하는 방법이기도 하다. 하지만, 외국인 투자자들로부터 이런 움직임이 지속성이나 신실성을 인정받지 못하고 있으며, 트럼프 발 한국경제에 대한 미래 불확실성이 걷히지 아니하고 실질적 기업가치 상승의 핵심인 기술개발이나 진보를 위한 새로운 연구인력의 확보나 세계적 선도 및 안정 기업이라 인정되는 빅테크들과의 기술·업무 제휴 등이 없고 계엄선포에 따른 악재가 겹치기도 했다. 기존부터 언급되어 온 남북 분단과 김정은의 핵 위협, 회계 제도의 한계 등은 변화가 없다.

오히려 2024. 12. 3 계엄사태로 인한 한미일 공조체제에 금이 가지 않나 하는 우려가 늘었고 트럼프나 머스크의 언행이 미치는 한국에 대한 부정적 영향이 더 크게 보이기 때문일 수 있다. 참고로 자사주를 매입·소각하는 기업들의 소각 규모와 주가 추이를 보면 다음과 같다.

• **표 3** 주요기업 주주환원 정책과 주가 추이

상 호	발표일 주가	최근 주가('24.12.6)	주요 내용(2024년도)
KB금융	93,200	85,300(-8.5%)	자사주 연평균 1천만 주 매입 소각 목표(10.24)
삼성전자	53,500	54,100(+1.1%)	10조원 규모 자사주 매입(11.15)
㈜LG	76,600	75,800(-1.3%)	5,000억원 규모 자사주 소각(11.22)
롯데지주	20,400	20,400(0%)	주주환원율 35% 이상(11.26)
현대자동차	221,000	203,500(-7.9%)	1조원 규모 자사주 매입(11.27)

자사주 매입 및 소각은 '돈을 허공에 날린다'는 평가를 받는다. 일반적으로 주주환원 정책의 일환으로 주가 부양에 긍정적인 영향을 미치지만, 근본적인 기업 가치 개선 없이는 한계가 있다는 것이다.

삼성전자의 실패

삼성전자는 2014년 2.4조 원, 2015년 11.3조 원, 2017년 9.3조 원 및 2024년 10조 원의 자사주 매입 카드에도 근본적인 체질 개선에 실패하였다는 지적을 받는다. 반도체, 이차전지, 철강 등 주력 산업이 위기에 빠져있고 뚜렷한 미래 성장동력이 될 업종이 보이지 않는다. 부동산으로, 또는 해외 금융시장으로 자금 쏠림이 있으며 낮은 기관투자자 비중, 과다한 상장사 수와 그들의 걸핏하면 꺼내드는 유상증자 카드 등의 구조적 문제가 내재하고 있다고 보아야 한다. 근본적인 대책은 기업 수익성이며, 이는 재무적 경영이 아닌 기술경영에서 비롯된다. 의대로 몰리는 인재의 쏠림현상, 고급인력의 유출, 인구감소 등은 근본 문제에 속한다.

법제

한편, 상속·증여세율을 조정(상속세 최고세율 50% → 40%로, 현재는 OECD 최고 실제 최고세율 60%=세율표상 최고세율 50%+최대주주주식할증평가 10%)하는 것도 주가 상승을 견인하는 현실적 대안이라는 지적도 있다. 그러나 국정과 국회는 단통법(이동통신 단말장치 유통구조 개선에 관한 법률: 이 법은 2025년 1월 21일 폐지가 공시되어 같은 해 7월 22일부터 시행된다) 폐지나 조세특례법과 반도체 특별법, 종부세 폐지법, 정부 조직법 등의 산업발전을 위한 법 및 고준위 방사성폐기물 관리 특별법 등의 긴급 법률도 처리를 못 하고 있다. 다만 늦은 감이 있지만 고준위 방사성폐기물 관리 특별법은 2025년 2월 19일 국가기간전력망확충특별법, 해상풍력특별법과 함께 에너지 3법의 명목으로 국회 산업통상자원중소벤처기업위원회를 통과하였고, 고준위 방사성폐기물 관리 특별법은 고준위 방사성 폐기물의 안전한 관리와 처분을 위한 법적 근거를 제공하며, 2025년 3월 25일 제정되었다.

IPO 주가

한편, 근래 기업 Value-up이 잘 안되고 IPO 공모가 대비 주가가 하락한 기업이 다수 나타남에 따라 공모가 부풀리기 논란과 함께 까다로워진 IPO 심사로 인하여 상장을 미루는 기업들이 나타나고 있다. 2024년 12월의 현황은 다음과 같다.

• **표 4** IPO 실사 미루는 기업들(예비 상장사)

회사명	기존 수요 예측일정	변경 수요 예측일정	희망 기업가치
데이원컴퍼니	2024년 12월 6~12일	2025년 1월 6~10일	3,069억 ~ 3,725억 원
모티브링크	12월 5~11일	1월 31일 ~ 2월 6일	694억 ~ 793억 원
아스테라시스	11월 25~29일	1월 6 ~ 10일	1,460억 ~ 1,679억 원
삼양엔씨켐	12월 5~11일	1월 6 ~ 10일	1,732억 ~ 1,949억 원

이들이 신고서를 정정하여 IPO를 미루는 표면상 이유는 재무적 투자자(FI: Financial Investor) 지분율 오기로 인한 증권신고서 정정이다. 그러나 실제는 최근의 우리나라 시장의 불안정이 급격히 확대되면서 불확실성이 증가한 데 원인이 있다고 보아야 할 것이다. 위의 예시 예비 상장사는 주로 계엄 선포(2024.12.3.)와 관련이 있다. 기업가치에 심각한 영향이 있다고 본 것이다.

모티브링크는 상장 직전 주주들의 지분 거래 내용을 구체화하여 기록하였고 아스테라시스는 실적과 공모가 산정 배경을 대거 보완하였는데, 최근 3년간의 영업이익률 하락에 대해서는 높은 연구 개발비와 판촉비 지출 영향이라고 명시하였다.

CHAPTER 7

다각화 전략

1 다각화의 역사: 글로벌 흐름과 한국의 특수성

1) 세계의 다각화 흐름

기업의 다각화(Diversification)는 기존 사업 범주를 넘어 새로운 제품, 서비스, 또는 시장으로 사업 영역을 확장하는 전략이다. 이는 기업이 발전 방향을 모색하거나, 위기 타개, 위험 분산, 그리고 궁극적으로 성장 기회를 확보하기 위해 시행된다.

(1) 다각화의 시대적 형태

초기(19세기~1930년대) 형태

다각화의 초기에는, 19세기 말 산업 혁명으로 대규모 생산과 유통이 가능해지면서 기업들이 새로운 시장과 제품으로 확장하기 시작하던 때이다.

이 시기 미국의 제너럴 일렉트릭(GE)은 초기 전기 관련 제품군에서 시작하여 점차 사업 분야를 확장하는 다각화를 추진했다. 처음에는 수직통합 전략이어서 철강업체가 광산과 철도 사업을 운영하는 형태였다. GE는 1892년 에디슨 전기회사와 톰슨-휴스턴 전기회사의 합병으로 탄생했다. 당시 다각화는 주로 수직통합 형태로 나타나기도 했는데,

예를 들어 철강업체가 광산과 철도 사업을 직접 운영하는 방식이었다.

2차 세계대전 이후 대량 생산 시대(1940~1960년대)

2차 세계대전 이후 세계는 대량 생산 시대를 맞이하는데, 경제가 급성장하며 기업들은 새로운 산업과 제품군에 투자하였으며 시장 점유율 확대와 위험 분산의 목적으로 포드와 GM을 비교할 때, 포드 자동차는 생산에 집중했지만 GM은 다양한 차종과 가격대를 선보이며 다각화 전략을 구사하였다. 자동차 산업 내에서 다양한 세그먼트로 확장하는 '관련 다각화'의 한 형태라 할 수 있다.

1970~1980년대

1970~1980년대에는 다국적 기업이 등장하여 세계 시장이 연결되었고 IT와 전자산업의 발전으로 새로운 기회가 열렸으며, 이 시기 삼성은 전자제품에서 시작해 반도체, 금융, 건설 등으로 사업을 다각화하였다. 이 시기 비관련 다각화를 하여 실패한 사례로는 1970년대 후반 코카콜라가 와인 사업에 진출했다가 철수하였다.

1990년대 이후 현재까지

1990년대 이후 현재까지는 통신이 발전하여 초연결 시대가 되었으며, 디지털 혁명과 AI 기술로 새로운 서비스와 비즈니스 모델이 등장하고 있다.

아마존은 로봇을 100만개 이상 도입하여 전자상거래 분야에서 세계 최대의 위상(미국 전자상거래 점유율의 약 40% 점유)을 지속하고 있으며, 클라우드 컴퓨팅(AWS: Amazon Web Services),[1] 미디어(Prime Video)[2] 등으로 다각화하고 있다. 아마존의 사례는 플랫폼 기반 다각화의 좋은 예시이다.

다각화는 기업의 생존과 성장을 위한 중요한 전략이지만, 신중한 분석과 계획이 필요하다. 다각화에는 관련 다각화와 비관련 다각화가 있다. 각 유형은 기업의 특성과 전략

---

1) AWS(Amazon Elastic Transcoder)는 클라우드에서의 미디어 트랜스코딩. 개발자와 기업이 소스 형식의 미디어 파일을 스마트폰 easy−to−use, 태블릿, PC와 같은 디바이스에서 재생할 수 있는 버전으로 변환(또는 트랜스코딩) 할 수 있는 대화형 비디오 경험을 생성하는 데 이상적인 관리형 라이브 스트리밍 솔루션

2) 프라임 비디오 − Prime Video 아마존 제공의 영화 및 TV 프로그램을 언제, 어디서든 시청할 수 있는 Video Program

적 목표에 따라 다르게 적용된다.

2) 일제 강점기와 대한민국 기업의 다각화

우리나라 기업의 다각화 역사는 일제 강점기의 특수성에서 그 뿌리를 찾아볼 수 있다. 일본의 패망 이후 한국인이 인수한 일본기업들(적산기업, 敵産企業)이 발전하며 주요 부분에서 다각화하였다고 볼 수 있다. 敵産이란 적의 재산이란 뜻이다.

(1) 일제 강점기의 산업기반 구축

일본 강점기는 제1기 무단통치기(1910~1919), 제2기 문화통치기(1920~1930) 및 제3기 민족말살통치기(1931~1945)의 3단계로 나뉜다. 일제 강점기와 그 이후 기업의 형성 및 산업별 현황을 살펴본다. 이는 당시의 사회적, 경제적 상황, 이런 상황에서의 산업기반 구축의 과정으로 볼 수 있다.

시설 - 철도, 전기 통신

일제는 이 시대에 조선의 토지조사 사업, 임야조사사업 및 광업령 제정 등을 수행했고, 조선철도주식회사는 일본의 자본과 기술로 철도 등의 사업을 일구었다. 철도망 사업은 1900년대 초반부터 시작하였으며 한국의 자원을 효율적으로 수송하고 군사적 통제를 위하여 경인선(서울－인천, 1897년 3월 22일 착공, 1899년 9월 18일 개통), 경부선(서울－부산, 1901년 8월 20일 착공 - 1904년 12월 27일 개통) 및 호남선(익산－목포, 1911년 3월 착공－1912년 3월 6일 개통 김제－이리는 1911년 12월 착공 - 1912년 10월 1일 개통) 등을 건설하였다. 이후 경부선은 한국의 대륙과 항구를 연결하는 중요한 동맥이 되었다.

전기 및 통신 인프라 부분에서 활동한 일본기업은 조선 내 전력생산 및 경성지역의 전기공급과 배급을 담당한 회사인 조선전기주식회사, 전신 및 전화 통신 서비스를 제공하며 한일 통신망을 확충했던 조선전선주식회사 등이 있다.

농업 · 광업 · 인쇄

농업관련기관으로는 석탄과 금속 자원 등 다양한 광물자원의 개발 및 채굴과 수출 등을 담당한 조선철광주식회사 및 조선광업주식회사 등이 있고, 제조업에 있어서는 출판 및 인쇄를 담당, 경성지역의 인쇄업을 담당하였던 조선인쇄주식회사, 경공업문야인 면직물 생산 공장을 운영한 조선면직물주식회사 등이 있다. 도로건설 및 도로망 확장 및 관리를 담당한 기업은 조선도로주식회사이다.

(2) 일제 강점기의 자금 흐름

기반시설자금의 원천

일제에 의하여 설립된 기업들은 초기에는 일본 본토의 자본과 기술이 투입되어 설립 및 운영되었으며, 한국의 자원과 인력을 착취하여 일본 경제 기여를 목적으로 하였다. 한편은 한국의 산업화와 인프라 구축에 일정 부분 영향을 미치기도 하였다.

일본은 막대한 기반 시설을 자기 자본과 기술로 1차 구성하였으나 전후 조선 측에 부채로 이전되었다. 어느 점령국가나 마찬가지겠지만, 대한제국의 산업화는 그들의 식민지배전략의 일환이었으며, 그 다음은 이들을 이용한 조선 내에서의 일본 상공인들의 경제활동 활성화를 목적으로 하였다. 이를 위해 일본은 산업화에 박차를 가하였다. 반면 대한제국은 일본이 동원한 자금을 떠맡아 부채가 누적되었으며 이를 갚기 위해 1907년 대한제국(1897.10.12.~1910.8.29.)이 일본의 압박으로 4,000만 원의 국채를 발행하게 된다. 이 자금은 일본 자본가들과 일본 정부의 자금으로 인수되었으며, 대부분은 한국 내 기간산업 등 시설비로 지출되었고 극히 일부는 대한제국 정부의 자금으로 유입되기도 하였다.

민간의 국채보상운동

이후 국채 보상에 어려움을 겪은 정부는 더욱 일본 의존적이 될 수밖에 없었고, 일본의 한국경제에 대한 영향력과 통제력을 더욱 강화시켜주었다. 이러한 정치적 압박에 경제적 압박과 착취까지 심해지자 대구 지역의 민족 지도자들은 저항을 결의하였는데, 1907년 2월 21일 대구 지역 민족 지도자들인 대구 광문사 사장 김광제와 부사장 서상돈이 주도하여 국권회복 운동을 하였으며, 국채 1,300만원을 갚지 못하면 나라가 망할 위기에 처할 수 있다고 주장하였다. 이 운동은 일본의 방해와 통감부의 탄압을 받았으며 1910년 한일병합으로 일제에 의해 강제 중단되었다. 이때 모금한 돈은 20만 원~40만 원으로 알려져 있다.

1920년대 초에는 물산장려운동이 본격화하였다. 1920년대 초에는 일본의 강제적 침투가 본격화하면서 조선의 경제적 자립을 위한 노력이 필요해졌다. 이에 따라 조선의 민족자본을 육성하고 국산품 애용을 촉진하기 위한 물산장려운동이 전개되었다. 이때 이를 주도한 지도자들은 조만식, 김성수, 이광수, 염태진 등이다.

대한제국이 발행한 국채 4,000만 원은 한일합방 후 조선 총독부에 넘어갔으며 일본이 관리하다가 1945년 패전 후 전쟁물자 처리 등 하나의 항목으로 처리되었을 것이다. 이 내용은 아직 나타나지 않은 것 같으며 별도 연구될 부분이다. 맥아더는 일본인의 한국에서의 자원 반출을 금지하였는데 이때 이 채권도 동결되었을 가능성이 있다.

(3) 자산의 흐름

일본의 조선 사업과 전 후 적산 불하

일본 국내 및 조선으로부터 자금을 모집한 일본은 조선 내부에 많은 시설과 산물들을 남긴다. 어느 자금이었던 1945년 해방 시 그들이 축재한 재산은 가져가지 못하고(일반인 1,000원, 장교 500원 병사 200원만 지참 허용) 모두 조선에 남기게 되었다. 이 재산이 아까워서인지 마지막 총독 아베 노부유키는 이 재산과 강토 및 통치를 위하여 100년 후 찾으러 오겠다고 공언했다고 한다. 이 재산들을 적산(敵産: 적의 재산이라는 뜻) 또는 귀속재산이라고 불렀다. 미군정에서 불하 후 남은 재산은 이승만 정권에서 한국인 민간에 불하하였다. 물론 이 작업은 미 군정이 먼저 시작을 하였었다.[3)]

📖 참고_ 마지막 조선 총독 아베 노부유키의 소름끼친 예언(연설문)

1945년 9월 12일, 조선총독부 폐지 후 일본으로 떠나면서 발표했던 마지막 연설문

日本は敗れたが、朝鮮が勝利したわけではない。大言壮語ハゴンデ朝鮮が第我に返ってきらびやかで偉大な昔の朝鮮の栄光を取り戻すには、100年という歳月がはるかにかかるだろう。私たち日本は、朝鮮国民に銃と大砲よりも恐ろしいの植民地教育を植えて置いた。結局、朝鮮人たちはお互いに仲違いし、奴隷的な生活を送るのだ。

見よ！実に朝鮮は偉大した絢爛だったが、現在の朝鮮は結局日本の植民地教育の奴隷に転落した。そして、私の阿部は再度もどって来る

3) 정재형, (2009. 12. 17), "적산불하와 농지개혁", 한경신문.

〈해석〉

"우리 일본은 패했지만 조선은 승리한 것이 아니다.
장담하건데 조선인이 제정신을 차리고 찬란하고 위대했던 옛조선의 영광을 되찾으려면 100년이라는 세월이 훨씬 더 걸릴 것이다. 우리 일본은 조선인에게 총과 대포보다 더 무서운 식민교육을 심어놓았다. 결국 서로 이간질하고 다투며 식민교육의 노예적인 삶을 살 것이다.
보라! 실로 조선은 위대했고 찬란했지만 현재 조선은 결국 식민교육의 노예로 전락할 것이다. 그리고 나 아베 노부유키는 조선에 다시 돌아온다."

조선의 마지막 총독 아베 노부유키(阿部信行, 1875~1953)는 미국이 우리나라에 들어오자 총독부에서 마지막으로 항복문서에 서명하고 한반도를 뜨게 되는데, 그때 그가 남긴 말.

2023-08-26 서울의 소리

이 글에서 아베 노부유키는 일본의 패배를 인정하면서도 조선(한국)의 '승리'를 부정하고, 일본이 심어놓은 식민지 교육의 영향(식민사관)으로 한국 사회가 오랜 기간 분열하고 외세에 예속될 것이라는 극도로 부정적이고 우월주의적인 관점을 담고 있다. 일제강점기에 대한 침략자로서의 반성은 없고 100년 안에 일본이 다시 돌아올 것이라는 의지와 함께 일본의 재기를 예고하고 있다. 그러나 이 글은 본시 존재하지 않는다는 설도 다수 있다. 이종학 동양대 교수는 아베 노부유키는 아베 신조와는 무관하며 이러한 문헌을 여러 교수에게 물었고 일역에 한글이 나오는 등 근거가 없다고 한다. 그러나 다른 의견은 그가 만 12세 이상 40세 미만의 여성에게 정신근무령서를 발부까지 하는 등 평소의 그의 성품으로 보아 그러한 말을 충분히 할 수 있는 인물이며 발표한 장소까지도 제시하고 있다. 강단사학자들의 주장에 대해서도 일본이 왜곡해놓은 내용을 이병도의 한국사대관이 계승했다거나 식민사관, 추정사학 등의 비판이 있어 이종학교수가 확인했다는 교수들과 그 내용 질문의 방법 등에 대해서도 확인은 되지 않아 실질적인 자세한 연구가 필요하다.

해방 후 조선의 재산

해방 후 조선이 가진 재원은 일제 잔재인 적산, 미국 원조물자, 그리고 자기 자리를 지키고 있던 토지 등이 다였다. 일본이 남긴 재산에는 가옥도 포함된다. 미군정은 일본인이 남긴 일본인 재산은 모두 미군정 소유로 귀속시킨다고 선포했다. 이것은 재산의 일본인들의 소유권을 부정한 것이며, 당시 활발하게 진행되던 노동자들의 자주 관리에 의한 소유권 주장도 부정하는 것이었다.

적산 재산 관리인

적산재산은 미군정에 의해 위임 관리되었는데, 이때 위임받은 관리인은 주주, 관련 상인, 상공업자, 기술자, 미 군정 관리, 일제 관리 등 다양했다.

중소기업은 주로 일본인과 연을 맺었었던 연고자가 관리를 주로 담당했고, 대기업은 외부에서 관리자가 선임되는 경우가 많았다.

귀속사업체 불하

대한제국 귀속 사업체 불하는 1947년부터 시작되었다. 미 군정이 포고한 원칙에는, 불하대상 업체의 자산평가는 1945년 6월 장부에 표시된 가격을 기준으로 하였고, 불하방식은 일반 경매나 비공개방식을 통해 진행되었으며, 1인 1개 이상 불하받을 수 없었다. 이때 미군정하에서 불하된 사업체는 중소규모 이하였고 그 수도 그리 많지 않았으며 대부분은 대기업과 함께 대한민국 정부 이관 후에 이루어졌다.

사업체 불하조건은 매각대금의 최소 20%를 계약금으로 납부하고 잔액은 연리 7%로 10년간 분할 상환하는 방식이었는데, 해방 후의 엄청난 인플레이션을 감안하면 실질적으로 매우 유리한 조건이었다. 불하 대상자는 관리인이나 주주 등이 우선 선정되었고, 대규모 귀속 사업을 불하받기 위해서는 담당 관료나 정치가들과의 유착이 있어야 했다. 우리나라 고질병인 정경유착은 일제 강점기의 친일 재산가들에게로 거슬러 올라갈 수 있으며, 이때부터 본격화하였다고 볼 수 있다.

(4) 우리나라 초기 재벌의 성장

불하받은 기업들

해방 후 민간에게 불하된 기업의 수는 총 2,700여 개였으나 지금까지 남아있는 기업은 40~50개에 불과하다. 그 내용은 다음과 같다.

SK그룹(최종건): 선경직물 인수

한화그룹(김종희): 조선유지 인천공장 인수

두산그룹(박두병): 소화기린맥주

쌍용그룹(김성곤): 동경방직, 조선직물 인수

해태그룹(민후식 등): 영강제과 인수
동양그룹(이양구): 소야전시멘트 삼척공장 인수 등이다.

은행 주식의 민간 불하도 1956년 마지막으로 실시됐다.
삼성물산의 이병철 회장은 우리은행(옛 흥업은행) 주식 85%와 조흥은행(2003년 신한은행에 인수됨) 주식 50%를 확보했다.
제일은행(옛 조선저축은행)은 삼호방직 정재호에게 불하됐고,
대한양회 이정림은 1959년 서울은행 설립 준비 위원회 구성 후 1962년에 시중은행으로 인가받아 출범했다.

우리나라 초기 재벌

우리나라 재벌의 성장사를 보면 해방 및 6.25 사변 이후 5.16 혁명과 1970년대를 넘어 1980년대에 이르러서는 삼성, 대우, 현대, 국제 대한생명, LG, 금호그룹 등이 크게 발전하여 상장하고 재력을 갖추기 시작했다. 이 시기는 기업들이 수익성이 높은 새로운 사업기회를 '먹이를 찾는 독수리의 눈'으로 탐색하던 때였다.

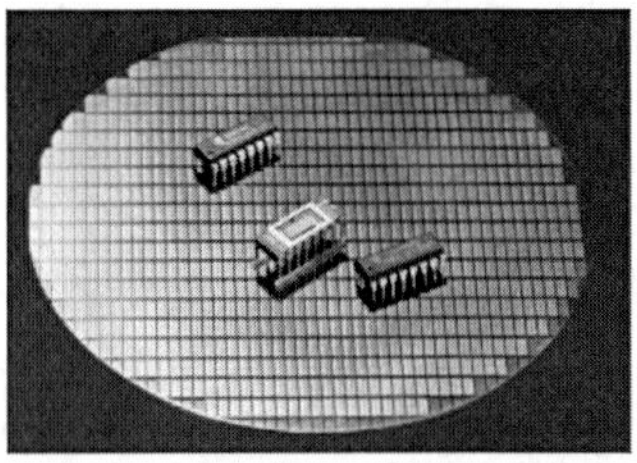
1983년 12월1일 삼성반도체통신이 개발한 64K D램 VLSI모듈
이 시기 삼성반도체통신 회계감사인들에 제시된 VLSI

- **삼성전자의 반도체 사업 탄생**: 이 시기는 삼성전자 반도체 사업이 탄생한 결정적인 시점이기도 하다. 삼성전자는 1983년 12월 1일, 세계최초로 64K DRAM VLSI를 개발하며 대한민국 산업 역사에 한 획을 그었다.
- **기업들의 성장 및 다각화**: 당시 한국 기업들은 신경을 더 많이 써야 하는 수직계열화나 제품의 소규모 고부가가치화보다는 '그물만 담그면 고기가 떼로 몰리는' 새 어장을 찾아 과감히 투자를 하였다. 이 시기에 한국 기업들은 산업과 업종을 불문, 과감한 다각화와 투자를 통해 빠르게 성장하며 많은 이익을 창출하기도 했으나, 특히 혜안이 있어 큰 성공을 거둔 기업들은 재벌을 형성하여 다른 성공한 기업들과 함께 현재까지 2세대 3세대 경영인으로 명성을 떨치고 있다. 그러나 이 과정에서 적산기업의 분양이나 운영상 일부 비효율적인 투자도 발생했다.

3) 미국의 다각화

미국 기업의 다각화는 20세기 중반부터 활발하게 진행되었으며, 이는 경제 환경 변화와 기업 전략의 진화가 복합적으로 작용한 결과이다. 단순히 제품 다각화에 그치지 않고, 수직적 통합, 지리적 확장, 그리고 다양한 자원 배분적 다각화 형태로 발전해 왔다.

초기 다각화: 지리적 확장과 수직적 통합

미국 기업 다각화의 초기 단계는 주로 단일 제품 생산 기업들을 중심으로 이루어졌다. 광대한 국토를 가진 미국이라는 특성상, 생산된 제품을 전국 각지로 효율적으로 운송하는 것이 중요한 과제였다. 이에 따라 기업들은 다음과 같은 방식으로 다각화를 추진하였다.

- **원거리 배송 다각화**: 생산 거점 외의 지역으로 제품을 효과적으로 공급하기 위해 자체적인 배송 체계를 구축하거나, 전문 배송업체와의 협력을 통해 지리적 다각화를 이루었다.
- **수직적 통합**: 배송의 효율성과 안정성을 높이기 위해 기존 배송업체를 인수하거나 자체적인 운송 회사를 설립하는 등 수직적 통합을 통한 다각화를 추진하였다. 이는 단순히 물류 비용 절감을 넘어, 공급망 전체에 대한 통제력을 강화하는 전략적 의미를 지녔다. 이 과정에서 계열사 설립, 연합, 제휴 등의 다양한 협력 모델이 나타났다.
- **자원 배분적 다각화**: 운송 시스템 구축 및 확장을 통해 확보된 자원을 기반으로 다른 사업 기회를 모색하는 자원 배분적 다각화가 이루어졌다. 물류 노하우를 바탕으로 창고업이나 유통업으로 진출하는 예가 있다.

1차, 2차 세계대전 이후의 성장과 다각화

미국 기업들은 제1, 2차 세계대전을 거치며 막대한 특수와 함께 막대한 자금을 축적할 수 있었다. 특히 1950년대에서 1960년대에 이르러서는 축적된 자본을 바탕으로 왕성하게 성장하며, 높은 수익성을 기대할 수 있는 다양한 사업 분야로 진출하는 수익성 지향적 다각화가 활발하게 이루어졌다. 이 시기에는 대기업의 경영 효율성을 측정하고 부실을 진단하기 위한 다양한 경영 분석 도구들이 등장하기도 했다. 이는 다각화된 사업 포트폴리오를 효과적으로 관리하고 통제할 필요성이 증대되었기 때문이었다.

제품 다각화와 시장 확장의 시대

초기 단계의 다각화가 지리적 확장과 수직적 통합에 초점을 맞췄다면, 이후에는 새로운 시장과 제품에 대한 수요를 포착하여 제품 다각화를 이루는 단계로 나아갔다. 기업들은 기존의 핵심 역량을 활용하거나, 신기술 개발 및 인수합병을 통해 다양한 제품군을 출시하며 시장 지배력을 확대했다. 이는 기업의 성장 동력을 다변화하고, 특정 시장의 변동성에 대한 위험을 분산시키는 중요한 전략이었다.

세계의 대자본들은 기업의 확장 발전을 염두에 두고 존속 유지를 최우선으로 하며 그 방편의 하나로 다각화를 추진한다. 이러한 기업의 다각화는 시대별로 그 양상이 변화하며 끊임없이 진화해 왔다. 이들은 디지털 전환(DT), 글로벌 경쟁 심화 등 새로운 환경 변화에 맞춰 또 다른 형태의 다각화를 모색하고 있다.

2 다각화 전략의 형태: 개념과 유형

기업의 다각화(Diversification)는 단순히 여러 사업을 영위하는 것을 넘어, 기업의 성장과 생존을 위한 전략적 선택이다. 다각화는 현재 사업과의 관련성을 기준으로 크게 관련 다각화와 비관련 다각화로 나눌 수 있으며, 이는 기업의 역량 활용 방식과 위험 수준에 큰 영향을 미친다. 기업가들은 기존 시장의 한계를 느끼거나 새로운 기회를 포착했을 때 다각화를 통해 사업 영역을 지키거나 확장한다.

1) 다각화의 개념: Rumelt와 Ansoff의 관점

기업가는 기존 시장의 한계를 느끼거나 새로운 기회를 포착했을 때 다각화를 추진한다. 이때 기존 사업과의 관련성을 기준으로 유사한 사업 분야로 확장하는 것을 관련 다각화, 전혀 다른 사업 분야로 진출하는 것을 비관련 다각화라고 정의할 수 있다.

루멜트(Richard Post Rumelt: 1942.11.12.~)의 분류

루멜트는 기업 형태를 다각화 수준과 관련성에 따라 다섯 가지로 분류했다. 이는 기업이 성장하며 사업 포트폴리오를 어떻게 확장해 나가는지를 잘 보여준다.

- **단일사업기업(single Business)**: 주력사업 내에서 매출의 95% 이상을 창출하는 기업
- **수직적 통합기업(Vertically integrated firm)**: 수직적으로 통합된 사업 내에서 매출의 70% 이상을 획득하는 기업
- **주력사업 중심기업(Dominant Business Firm)**: 주력사업 내에서 70~95%의 매출을 얻으면서 일부 다른 사업을 영위하는 기업
- **관련 다각화 기업(related diversifier)**: 관련 사업에서 70% 이상의 매출을 획득하는 기업(예: 핵심역량, 기술, 시장 등이 서로 연관된 사업 확장), 관련 다각화 기업은 'Related Business Firm'과 'Related－Constrained/Related－Linked'로 더 세분화 된다.
- **비관련 다각화 기업(Unrelated Business Firm)**: 기존 사업과 연관성이 낮은 새로운 분야로 진출하여 관련 사업에서 70% 미만의 매출을 획득하는 기업(기존 사업과 연관성이 낮은 새로운 분야로 진출)

이러한 논리는 다각화되는 기업의 형태를 잘 분류하고 있다고 보여진다. 이와 관련하여 앤소프(H.I. Ansoff: 1918~2002)는 자신의 성장 매트릭스(Growth Matrix)에서 기업의 전략은 시장 침투전략 → 제품 개발전략 → 시장 개척전략 → 다각화 전략의 기업 성장 4단계로 제시하였다.

• **그림 1** 앤소프의 성장 매트릭스(Ansoff's Growth Matrix)

		시장: 기존	시장: 신규
제품	기존	① 시장 침투전략	③ 시장 개척전략
제품	신규	② 제품 개발전략	④ 다각화 전략

① market penetration strategy
② product development strategy
③ market development strategy
④ diversification strategy

앤소프의 매트릭스에서 다각화 전략은 새로운 시장에 새로운 제품을 출시하는 것을 의미하며, Rumelt의 분류에서 관련 다각화와 비관련 다각화로 세분화될 수 있다. 두 이론 모두 기업이 기존 사업과의 연관성 또는 시장/제품의 신규성에 따라 어떻게 성장 전략을 수립하고 사업 영역을 확장하는지를 설명한다.

(1) Ansoff의 다각화와 관련 다각화의 내용

기업가가 다각화를 시도할 때 가장 먼저 고려하는 것은 기존 제품과 유사한 시장으로의 확장이다. 예를 들어, 일반적인 용수 공급 펌프를 제작하던 기업이라면, 고압·고사양의 소방용 펌프, 수조 내 설치가 가능한 수중 펌프, 또는 오물 처리용 오수 펌프 등 유사한 기술 기반의 제품으로 사업 영역을 확장하는 기회를 발견할 수 있을 것이다.

기업가는 모터로 임페라를 돌려 유체를 이동시키는 수중펌프나 오수펌프 등 여러 종류의 펌프를 제작하여 공급하게 되는데, 이것을 다각화라 하고 같은 펌프 생산라인을 추가한 것이므로 관련 다각화(related diversification)라 하는 것이다.

이 경우는 그동안의 노하우가 축적되어 있고 원재료도 손에 잡힌다. 수중펌프의 경우 물속에 모터가 들어가야 하므로 방수의 문제가 있고 오수펌프라면 유체 특성상 임페라의 재질을 고려하여야 할 것이다. 기술 난이도를 감안하여 생산원가 대비 판매가가 높아질 수도 있으며, 관련 다각화는 기존 사업에서 축적된 노하우, 기술 및 원가 경쟁력을 활용하여 성공 가능성이 높은 편이다. 관련 기술을 활용한 신제품 시장에 경쟁 제품이 없거나, 있더라도 충분한 경쟁 우위를 확보할 수 있기 때문이다.

만약 이 펌프 사업가가 에어컨 생산에 진출했다면 이는 관련 다각화로 보기 어렵다. 에어컨에 사용되는 압축 펌프는 일반 펌프와 근본적으로 다르며, 컴프레서나 냉매 등은 전혀 다른 기술 및 생산 영역이므로, 이는 비관련 다각화로 분류될 수 있다.

비관련 다각화는 기업이 기존 노하우를 직접 활용하기 어렵고, 새로운 시장, 새로운 경쟁 제품, 그리고 새로운 경쟁자와의 경쟁에 직면해야 하기 때문이다. 오수펌프의 시장과 에어컨의 시장은 다르기 때문이다. 이러한 분야에 진출하는 것은 새로운 시장의 성장 가능성이나 기술의 미래가치가 매력적으로 보이기 때문이다. 다만, 진출하는 새로운 시장에서 법적 규제, 노사 문제 등에 대한 경험이 부족하므로, 새로운 기업 문화와 비전을 구축해야 할 필요가 있다.

관련 다각화의 예 - 비타500

동아제약의 박카스에 도전장을 내민 광동제약의 비타500은 대단한 도전이다. 광동제약은 처음 비타500을 만들어 동아제약 박카스의 아성에 도전했다. 박카스의 40년 아성에 도전한 비타500은 2001년 출시 이후 매출이 급격히 성장하였으며, 2004년 10월에는 판매 수량에서 박카스를 앞질렀고 2005년 4월부터는 매출액에서도 앞질렀다. 비타500의 개발은 광동제약 최수부 회장의 끈질긴 노력에 기인했다고 한다. 초등학교도 제대로 졸업하지 못한 그는 비타500 개발에 50번이나 개발 거절을 당한 후 성취한 결실이라서 더욱 의미가 깊다. 이 결과는 그동안 박카스의 아성에 지친 소비자들의 반발도 있었을 것이고 비타민이 피로 회복용이었다면 비타500은 비타민C를 섭취할 수 있고 흡연이나 스트레스에 노출된 사람들에게 비타민C로서의 효용이 있는 것으로 차별화를 이루었다. 비타500은 광동제약이 기존의 제품들과 관련성이 없는 비관련 다각화 같으나 이미 엔(N)비타라는 비타민C 제품이 나와 있었기 때문에 성격의 상이성으로 보아 비관련 다각화 같으나 관련 다각화로 보는 것이다.

(2) 비관련 다각화

비관련 다각화(Unrelated Diversification)는 기업이 기존 사업과는 연관성이 거의 없는 새로운 시장에 진출하거나 새로운 제품을 생산하는 것을 의미한다. 이는 새로운 성장 동력을 확보하고 특정 산업의 위험을 분산시킬 수 있는 잠재력을 가진다. 그러나 기존 사업의 노하우나 자원을 직접적으로 활용하기 어렵기 때문에 위험성이 매우 높다.

해태제과의 전자산업 도전

해태제과가 전자산업에 도전한 것은 세인의 관심을 크게 받았다. 해태제과는 1945년 적산기업 처분시 박병규, 민후식, 신덕발, 한달성 등 4명이 적산기업 나가오카(永岡)제과 용산공장(당시 박병규는 이 회사 경리직원)을 인수해 세운 '해태제과합명회사'가 시초이다. 1960년 해태제과공업(주)로 명칭 변경 및 해태산업(주) 흡수합병, 1972년 상장, 1973년부터 본격 사업 다각화에 나서 네도골드코리아(해태유업), 한국산토리(해태식품), 감귤냉장판매(해태농수산)를 인수하고 1978년에는 무역회사 해태상사를 설립하여 제과 수출에 힘썼다. 신격호회장이 세운 롯데제과와 경쟁관계였다. 2세 경영에 들어선 해태는 해태유업,

해태관광이 분리되었고, 해태제과, 해태음료, 해태산업 등 식품 계열사 6개와 해태상사, 신방전자, 해태타이거즈 등 4개의 비식품 계열사를 갖게 된다. 1996년 말 해태그룹은 재계 24위로 자산 3조 3,900억 원, 매출액 2조 7,100억 원이었다. 그러나 1988년 신방전자를 해태전자로 개명하고 1994년에는 인켈을 인수합병, 1995년에는 나우정밀을 인수합병하였으며, 미진공업사를 해태중공업으로 개명하고 전자와 중공업에 정성을 기울였다. 그러나 전자와 중공업에서 발생한 적자와 이에 불구 회장의 보이스카우트연맹 부총재, 대한 역도연맹 회장, 보이스카우트 연맹 총재, 세계 보이스카우트연맹 이사 등을 역임하며 다소 엉뚱한 행보를 보였던 것이 화근이 되었는지, 1997년 11월 어음 196억 원을 결제하지 못하여 해태제과 등 3개 계열사가 부도처리 되었다.

삼성과 에디슨 전기의 자동차 산업 진출

삼성이 1990년대 중반 삼성자동차라는 이름으로 자동차 산업에 진출한 것은 대표적인 비관련 다각화 사례이다. 1990년대 후반 외환위기로 어려움을 겪었으며, 2000년 프랑스 르노그룹에 인수되어 현재는 르노삼성자동차로 분리되었지만, 이는 전환기의 삼성이 새로운 성장 동력을 찾기 위한 비관련 다각화 시도였다. 항공과 타이어, 고속버스 사업을 영위하던 금호산업이 건설산업에 뛰어들어 대우건설을 인수한 사건도 있었다.

미국 에디슨 전기도 10년 전 전기 자동차 산업에 뛰어들었다. 그러나 배터리 기술이 아직 미성숙해 짧은 주행거리와 긴 충전시간 등은 대중화에 장애가 되었고 결국 상업적 성공을 거두지는 못하여 시장은 포드의 내연기관이 주도하는 방향으로 흘러갔다. 이는 비관련 다각화 시 기술의 성숙도와 시장의 수용 가능성을 간과했을 때의 위험을 보여준다.

비관련 다각화의 특징

위험성이 높아 기존 사업의 노하우를 활용하기 어렵고, 새로운 시장의 경쟁 환경, 법적 규제, 노사 문제 등 예측 불가능한 변수에 직면할 가능성이 높다. 기존과는 다른 사업 특성상 새로운 기업 문화와 비전을 구축해야 할 필요성도 있다. 성공 시 기업에 새로운 성장 동력을 제공하고 위기 분산 효과를 가져올 수 있지만, 실패 시 기업 전체의 존립을 위태롭게 할 수도 있다. 대부분의 연구 결과에 따르면, 관련 다각화가 비관련 다각화보다 효율성이 높고 성공 가능성이 크다고 평가한다. 이는 관련 다각화가 기존 자원과 역량을 효과적으로 활용하여 시너지를 창출할 수 있기 때문이다. 그러나 기업이 관련 다각화를 추진할 만한 자원이 부족하거나 기존 시장이 침체되어 있을 때는 신중한 분석을 통해 비관련 다각화의 기회를 모색할 필요도 있다. 이 경우, 기업이 보유한 무형 자산(브랜드, 지식, 네트워크 등)이나 기술적으로 달성 가능한 영역을 명확히 파악하고 타당성을 분석하는 것이 중요하다.

3 다각화의 목적

1) 새로운 사업기회의 포착

(1) 새 기업의 창설

기업은 태생적으로 이윤을 추구한다. 기업의 최초 태동 자체가 모험가(Entrepreneur)의 이윤 의도에서 시작된 것이라 보아야 할 것이고, 기업가는 이윤을 얻을 기회가 왔을 때 이를 도외시해서는 안 되는 의무를 가지고 있다고 보아야 한다. 자신이 도전할 새로운 시장과 적절한 제품이 발견되었으면 기업가는 과감히 도전할 것이다.

삼성전자가 한국 반도체연구소를 인수하여 삼성반도체통신을 설립하고, 막대한 자금을 투자하여 64K DRAM을 개발하며 반도체 사업에 진출한 것은 새로운 사업 기회를 포착하고 '사업보국'의 신념으로 그룹의 명운을 걸었던 이병철 회장의 선구적인 기업가 정신을 보여주는 사례이다. 삼성전자의 국세 납부액은 2023년도에 4조 7,642억 원이었으며, 당해연도 국가 총예산은 638.7조 원이었다. 2022년도의 삼성전자의 납세액은 9조 원, 총예산은 607.7조 원(단일기업으로 1.5%)이었다.

(2) 불황의 극복 및 위험분산

기존 시장이 레드 오션(Red Ocean)이 되어 치열한 경쟁 속에서 어려움을 겪을 때, 다각화는 기업이 생존하고 성장할 수 있는 효과적인 해결책이 될 수 있다. 새로운 기술을 통한 신제품 출시나 새로운 시장 틈새를 공략하는 것이 이에 해당한다.

틈새시장

CEO가 오랜 기간 숙고해오던 사업을 신기술과 자금을 투입하여 시작함으로써 기존 시장의 불황을 돌파하고 기업을 정상화할 수 있다.

계절성 제품

계절성 제품을 취급할 때는 보완적 제품을 출시할 수도 있다. 겨울 방한화 장사가 여름 장화나 운동화를 제작하여 파는 경우이다. 겨울철에 여름 제품을 판매하기도 한다. 제품 포트폴리오를 적절히 구성하고 관리하는 대책을 세운다. 이러한 전략은 기업 경영의 계획적, 주기적 부정형성을 줄여주어 모든 이해관계자의 위험을 분산하여 준다고 생각된다.

위험분산

다각화는 기업 경영의 계획적, 주기적 불확실성을 줄여주어 모든 이해관계자(주주, 종업원, 공급자 등)의 위험을 분산시켜 준다. 다각화는 기업 경영의 계획적, 주기적 불확실성을 줄여 모든 이해관계자(주주, 종업원, 공급자 등)의 위험을 분산시키는 효과가 있다. 물론 일부에서는 기업의 다각화가 투자자 개인이 포트폴리오를 구성하여 위험을 분산하는 것보다 비효율적일 수 있다고 주장하기도 하지만, 주기성 사업의 불경기를 보완하고 경영 안정성을 가져온다면 이는 장기적으로 모든 이해관계자에게 긍정적인 영향을 미친다.

2) 시너지의 창출

(1) 자원 활용의 효율성

유형자원 및 생산자원 활용의 효율성

자원 활용의 효율성은 다각화를 통해 시너지 효과(synergy effect)를 창출하는 대표적인 방식으로, 이는 범위의 경제(economies of scope)와도 밀접하게 관련된다. 이는 한 기업이 두 가지 이상의 제품을 생산할 때 소요되는 총비용이 두 개의 제품을 각각 다른 두 기업이 생산하는 것보다 낮은 현상을 의미하며, 주로 공통 생산요소의 활용에서 기인한다.

예로 대형 송풍기(Fan)을 주문생산하는 기업이 소형 Fan을 표준품으로 생산한다면 대형 Fan 생산을 위해 4×8 Feet 철판을 원형으로 잘라 쓰고 남은 철판은 다른 제품이나 작은 송풍기의 제작에 용도가 생겨 손실(loss)이 줄어들며 이를 운반 및 가공하던 작업원들도 계속 작업으로 공임 절감도 할 수 있을 것이기 때문이다.

무형자원 활용의 효율성

과거 기능 경시대회에서 입상자를 다수 배출했던 금성의 기술력을 잘 아는 사람들은 지금의 LG의 경쟁력과 함께 그 이미지로 신뢰감을 주어 'LG가 만들었다면..'이나 '삼성이 만들었다면..'이라는 신뢰를 부여하게 될 것이다.

인사 및 조직관리 효율성

삼성의 인사관리·조직관리 능력은 탁월한 것으로 알려져 있으며 삼성 출신들은 정치권에 입문도 하고 공공기관에 취업도 하며 타 대기업 총수로 임명되기도 한다. 한편 중견기업들의 임원이나 CEO로 그 역할을 하고 있음은 무형자원의 효과에서 실질 능력으로 전파되는 경우라 할 수 있다. 조직의 합리적 운영이나 업무에의 집중과 업무처리 능력 등이 우수하며, 조직의 시너지 창출에 탁월하기 때문일 것이다.

(2) 시장 지배력 강화와 그 부작용

다각화가 극심해지면 그 목적이 자기 기업의 신사업 분야 확장이나 위험 감소 또는 자원의 활동 등의 범위를 넘어 산업 전체에 대한 지배력을 키우려는 의도들이 나타난다. 기업의 자산이 많고 매출이 큰 경우 그 기업의 시장 영향력은 커지기 마련이다. 그러면 기업가는 경쟁을 배제한 전체 시장의 장악에 관심을 가지게 된다.

우리나라에서는 기업 순위를 1위부터 100위나 500위 기업을 예전에는 총자산 순위로 발표하였다가 매출액 순위로 바꾸어 발표하기도 했다. 그러나 총자산이나 매출액의 기업·주주 영향력이 이익만 못하므로 얼마 전부터 영업이익을 기준으로 순위를 발표한다. 재벌들은 이 순위에 민감하다. 이러한 초대형 기업, 즉 콩글로머리트(Conglomerate)는 시장 지배력 강화라는 긍정적 측면과 함께, 산업 생태계에 부정적인 영향을 미치거나 불공정 행위를 유발할 수 있어 각국 정부의 규제와 감시 대상이 되기도 한다. 우리나라의 경우 공정거래위원회의 대기업집단 지정은 여전히 자산총액 기준이다.

기업이 다각화를 통해 규모가 커지면서 부가가치 생산성까지 증가하면 바람직하다. 그러나 생산성 증가 없이 주로 금융 차입금으로 타 회사를 합병하고, 영업이익으로 이를 상환하지 못한다면 자산은 증가하지만 부채비율이 높아진다. 또한, 이러한 투자의 내부 수익률(IRR)이 기존 기업의 수익률에도 미치지 못한다면 다각화의 실질적인 효과는 없다고 보아야 한다.

이 경우는 순전히 업계 위상만을 위해 팽창시킨 경우로 보아야 하며, 이런 기업들이 업계에 미치는 악영향은 많아서 타 업체에 부당한 영향력을 행사하거나 자기 방계나 가족 기업에게 이익 빼돌리기 등 부정적 행위를 할 수도 있다. 유의할 것은 이러한 기업은 부채 레버리지로 불황이 닥치면 무너지기 쉽다는 위험도 크다. 이런 기업이 독과점의 위력을 행사한다면 상당히 좋지 않은 영향을 미칠 것이다.

심한 확장 전략의 폐단 - 티메프 사태

2024년 중반 발생한 '티메프(티몬·위메프) 사태'는 무리한 사업 확장과 복잡한 자금 흐름 속에서 발생할 수 있는 문제점을 보여주는 사례로 볼 수 있다. 티메프는 사고 초기에 행방을 모르는 돈이 상당하였으며 1조원이나 되었다. 위메프의 미정산 금액의 규모도 수천억에 이르렀다. 티메프 측(티몬 대표이사 류광진, 위메프 대표이사 류회현)은 남은 돈은 없다고 했다. 그런데 200억 원을 갚는다 했는데, 그 돈은 인수한 회사에서 가져올 것이라고 했다. 여기서는 사고의 금액보다 내부 자금거래에 초점을 모아본다. 티몬 대표가 인수한 회사에서 200억 원을 가져온다고 언급한 것은, 인수를 통해 사업 다각화를 시도했으며, 이 과정에서 다각화된 기업 간 자금 이동, 즉 내부 금융 제공이 이루어지고 있음을 시사한다.[4)]

회생법원을 인용한 보도에 따르면 '24.8.2일 서울회생법원에 따르면 위메프의 채권자 수는 약 6만 3000명, 티몬의 채권자 수는 약 4만 7,000명으로 총 11만 명에 이른다.[5)]

내부 자본시장

내부 자본시장(internal capital market)이란 다각화된 기업들 간(내부)에 자본이 옮아가

4) 박은서, (2024. 8. 10), 서울신문.
5) 서한샘, 노선웅, (2024. 8. 2), 뉴스1.

는 것을 말한다. 두산밥캣과 두산로보틱스간의 리밸런싱도 밥캣의 여유자금을 장기 결손 상태인 로보틱스에서 활용하려는 목적도 있다고 볼 수 있을 것이다. 콩글로머리트(Conglomerate)의 폐단은 위기가 오면 사회에 큰 악영향을 끼치고 도산해버리면 그 주체들은 해당 법적 책임을 지겠지만 여기 관여된 다중은 큰 피해를 입는다는 것이다.

관련 다각화의 효율성

티몬 대표가 인수한 회사에서 200억 원을 가져온다고 언급한 것은, 인수를 통해 사업 다각화를 시도했으며, 이 과정에서 다각화된 기업 간 자금 이동, 즉 내부 금융 제공이 이루어지고 있음을 시사한다. 그러나 비관련 다각화가 항상 부정적인 것만은 아니다. 기업이 관련 다각화를 추진할 자원이 부족하거나 기존 시장이 침체되어 있을 때는, 기업이 보유한 노하우나 무형 자산, 그리고 기술적으로 달성 가능한 영역(기존 사업과 다른 영역일지라도)을 명확히 파악하고 그 타당성을 신중하게 분석하여 판단할 필요가 있다.

4 다각화 전략의 타당성 평가

1) 개요

다각화 전략은 기업이 번창해갈 때나 위기를 만났을 때 모두 선택 가능한 전략이다. 큰 자금이 들어갈 수도 있기 때문에 경우에 따라서는 장기간의 계획 및 철저한 사전 분석이 수반되어야 할 필요성이 있다. 큰 비용의 투입과 함께 회사의 명운이 걸려있을 수 있다. 따라서 다각화의 내용과 규모에 따라 위에서 본 해태제과나 르노, 에디슨 전기 등의 사태에 비추어 사업의 전환이나 신기술의 개발이나 도입 등으로 신규 시장에의 진출에는 그 타당성을 충분히 검토 후 시행하여야 한다. 특히 실패 시 회사의 명운이 걸린 사업의 경우에는 가장 보수적으로 평가할 것이 권고된다.

• **그림 2** 다각화의 절차

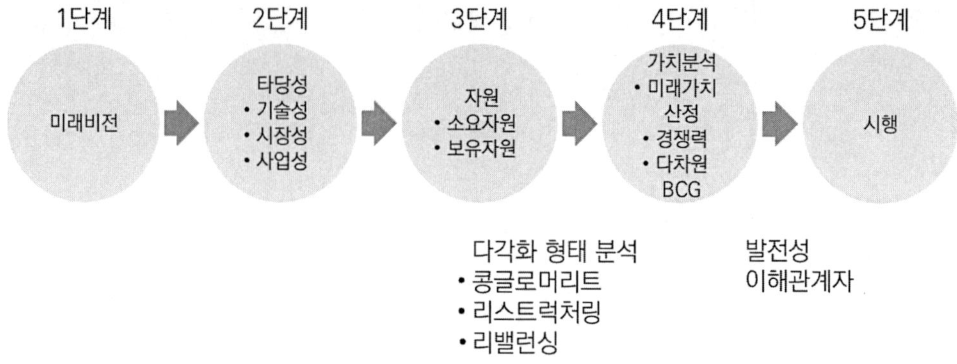

다각화의 타당성 분석은 [그림 2]에서와 같이 5단계로 이루어진다. 1단계는 기업의 미래비전을 설정하면서 전략을 다각화로 잡으면 다각화에 대한 타당성 분석을 한다. 타당성 분석은 기술성 시장성 사업성을 분석한다. 3단계는 자원분석으로 총 소요자원의 계량해보고 보유자원 대비 추가 조달 자원과 부족자금의 조달계획을 수립한다. 다음은 가치분석과 함께 다양화의 방법론과 최종 형태를 정하고 기업의 향후 발전성과 이해관계자들의 요구 및 그 만족 수준을 정립한다.

2) 다각화의 타당성 분석 5단계

(1) 1단계: 미래 비전

미래에 대한 비전은 무슨 사업을 하던 우선하는 것이다. 다각화의 첫 단계도 CEO 또는 기업가의 시장을 보는 눈과 기술의 발전 방향 등을 감안하여 미래 비전을 그리는 일이다. 이 과정은 기업가가 가진 기업 설립 이전부터 해 나온 생각이 있을 것이다. 현재 상황에 입각하여 미래비전을 담아 신사업에 나서 회사를 다각화함에는 합리적이고, 실행 가능하며, 구체적인 비전을 제시하는 것은 필수적이다. 이 비전은 당장은 기업 전체의 비전이 되지 않아도 된다. 비타500의 개발과 같이 선도적 감각을 가진 사람들 눈에 띄면 좋고 새로 추진하는 사업에 대하여는 때를 맞추어 전체에 공표하고 기업 전체 비전은 재조정하여도 좋다.

(2) 2단계: 타당성 평가

나아갈 미래 방향이 설정되었다면, 그 방향이 올바른지 검증하는 단계이다.

(가) 기술성 평가

다각화 대상이 제품이면 그 제품을 개발·제작할 기술이 확보되거나 조달할 수 있어야 한다. 기술성 분석은 그 기술의 구현 가능성은 물론이고 기술의 독창성과 사업성도 동시에 평가하며 다른 회사에서 이미 사업화한 기술은 아닌지, 특허는 어떻게 되었는지를 검토하여 학문적으로 기술의 내용과 구성은 물론 당해 기술의 첨단성, 타인의 모방 가능성, 구현한 제품의 경쟁력 등을 분석하고 사업화 여부를 기술 측면에서 판단한다. 변리사의 도움을 받을 수 있으면 특허의 중복성, 유사 특허, 복제 가능성 등 권리성을 분석하기 용이하다.

(나) 시장성

승부를 볼 기술이 정해지고 목표 제품이 정해지면 이 제품을 판매할 시장을 결정 및 검증한다. 시장에서 판매되고 있는 동일 또는 유사제품의 판매 상황, 그들에 대한 소비자 반응, 충성도, 기대하는 제품의 기능이나 성능, 안전성 등을 조사하여 대체재를 포함 기술과 시장의 동기화(synchronize)를 통해 시장이 필요로 하는 제품의 형태와 디자인, 포장, 시장 도착 시점 등을 결정한다.

시장에서 당해 제품의 매출액을 추정한다. 이 경우는 공식 통계기관의 통계자료가 유효하며 특수한 제품의 경우는 일반 통계에는 잡히지 않으므로 해당 협회나 가장 근접한 전문가 등 자료가 축적된 곳을 찾아야 한다. 시장 규모와 회사의 자원(조달가능성 포함)으로 생산시설을 갖추어 공급 가능한 양을 향후 월, 분기, 혹은 몇 년간 등으로 구분하여 매출액을 추정한다.

(다) 사업성

사업성은 당해 목적한 제품을 생산하여 판매할 경우 이익이 남느냐 안 남느냐 하는 것으로, 매출이 대략 추정되었으므로 소요될 원가를 세밀히 추정 계산하여 수익성을 판단한다. 생산할 제품이 정해지면 이에 합당한 원가계산 방식으로 원가를 계산할 수 있다.

이익은 매출액에서 필요원가를 차감하여 구하는데, 사업은 이익을 목적으로 하는 것이므로 사업성이 없으면 특정 목적이 있지 않은 한 사업을 수행할 수 없다고 보아야 한다. 만약 초기 수익성이 없음에도 추진하겠다면 분명한 이유와 사후 대책이 수립되어야 한다. 편견이 없는 정확한 근거에 의한 추정이어야 하며, 전문가의 협조가 필요하나 최종 판단은 기업 CEO의 몫이다.

사업의 규모가 산업 전반으로 확대되는 경우, 본서에서 외부 환경분석 M. Porter의 5-Force 모델이나 PESTLE 모델을 채택하여 분석할 수도 있다. 5-Force 모델은 경쟁 위주로 경쟁자를 기존 시장 및 그 경쟁강도와 공급자, 수요자(고객), 신규진입자 및 대체재의 5으로 구분하여 경쟁관계와 협상법 및 대처법을 설명하고 나아가서는 가치분석을 통해 기업이윤이 기업의 어떤 기능 또는 활동으로부터 나오는지를 분석한다.

PESTLE 모델은 기업을 둘러싸고 있는 거시환경을 P(Political: 정치적), E(Economical: 경제적), S(Sociocultural: 사회문화적), T(Technological: 기술적), L(Legal: 법적·제도적) 및 E(Environmental: 환경적)의 6개의 요인을 분석하는 방법이다. PESTLE 모델은 국가 간 전쟁이나 법적 분쟁 또는 코로나-19 같은 팬데믹 상황까지 분석할 수 있도록 하고 있다. 이러한 모델을 활용하여 분석한 결과를 본 모형에 적용한다.

(3) 3단계: 자원 분석

자원은 기업이 다각화라는 전략을 선택해 놓고 시장이라는 전장에 나가 싸울 무기이므로 매우 중요하다. 창업자나 대표라고 자기 회사를 다 아는 것이 아니므로 기업의 내부 상황을 과학적으로 분석하여 잘 이해하고 대책을 세울 필요가 있다.

기업의 내부에 가지고 있는 자원은 자산 등의 경영자원과 그것을 운용할 수 있는 인적 또는 무형의 능력으로 구분된다. 경영자원에는 유형자원, 무형자원 및 인적자원이 있으며 유형자원에는 공장 등 시설과 기계장치, 원재료와 부품, 자금 및 자금 조달능력, 기술 및 기술 개발능력 등으로 구분할 수 있으며, 무형자원에는 특허나 저작권, 업무상 노하우나 네트워크 등의 관계, 브랜드와 지식으로, 인적자원에는 인재(사람), 조직을 움직이는 시스템과 기업문화 등으로 구분해 볼 수 있다.

경영자원을 운용할 수 있는 능력은 광범위하게는 경영능력을 일컬으며, 경영능력은 상황 변화에 대한 대처능력 및 위기 대응능력 등의 경영자의 능력과, 경영을 세부적으로 구분하여 STAFF 등이 담당하게 되는 재무관리 능력, 인사관리 능력, 연구개발 능력, 마케팅 능력, 구매관리 능력, 재고관리 능력, 생산관리 능력 및 고객관리 능력 등으로 구분할 수 있다.

자원분석 단계에서 유의할 점은, 회사가 보유한 자원이나 경영능력 등을 단순히 나열하는 것은 바람직하지 않고 다각화를 하려는 사업 또는 프로젝트에 직접 힘을 쓸 자원을 구별하여 그 적합성을 파악하는 것이다. 그 외 필요한 자원이 있으면 그 조달방안까지 확인하여야 한다. 진입하는 시장에서 충분한 경쟁력을 발휘할 수 있도록 함이 중요하다.

이 단계에서는 소유 자원의 수행 가능성만 분석할 것은 아니다. 사업에 타당성이 있다면 단순 다각화로 이번만 다각화하고 말 것인가 다음 단계를 추진해 나갈 것인가, 그 종착역은 콩글로머리트(Conglomerate)인가 등도 판단하여야 한다. 만약 경영에 불황이 온다던가 순탄하게 기업이 성장하여 일정 수준에 이르러 경영 및 경쟁력을 위한 조직 대혁신인 리스트럭처링 또는 리밸런싱의 가능성도 검토해 두어야 할 것이다. 퇴로를 열어둘 필요가 있다.

자원분석이 완료되면 당해 다각화 사업에 소요될 자원을 식별하여야 한다. 공장과 시설들은 신축 또는 임차의 필요성이 있는가, 기계장치나 시험용 원료·재료들의 필요성은 어떤가, 시험용 초기시설과 본 시설의 구분은 어떻게 할 것인가, 이들의 구매는 가능한가, 한편 내부에서 별도의 라인 하나를 증설하여 처리할 수 있는 것은 아닌가 등을 판단하며, 이에 필요한 예산의 수립과 함께 제품원가를 산정한다.

원가산정은 직접원가로 직접재료비와 직접노무비 및 직접제조간접비를 계산하는데 시장에 생산할 제품의 조달 물량만큼 산정한다. 시설이나 기계장치 등의 유형자산은 감가상각비를 계산하여 특허권 등을 구매하였으면 역시 감모상각하고 소요비용을 산정하여 합산하고 생산원가를 계산한다. 사업 종료 후 남는 시설 등은 정해진 후속 용도가 정해지지 않았으면 전액 비용으로 처리한다.

(4) 4단계: 가치분석

사업의 방향과 목표가 설정되면 이제 '정말 이 사업은 할 만한 가치가 있는가'를 검토하는 단계이다. 일종의 아름다운 미래를 전제한 회고성 검토를 수행하는 것이다. 이 단계의 핵심은 사업 가치분석이며, 가치가 있으면 해볼 만한 사업이고 가치가 없으면 할 필요가 없는 사업이다. 기업가치는 미래 발생할 수익(매출)과 역시 미래 발생할 비용들을 감안하여 계산되는 순이익을 현가로 할인한 것이니, 사업에 필요한 모든 요소들이 감안된 추정 순이익의 가치를 계산하는 것이다.

이때 감안해야 할 것은 기존 사업에 대한 수익률(IRR: Internal Rate of Return)로, 신사업이 기존 사업만큼의 수익률이 나오지 않는다면 재고해 봐야 한다. 자금 여유가 충분한 경우 쉽게 결정할 수 있는데 경계하여야 할 부분이다. 특별한 투자 대안이 없고 자금 활용 분야가 없을 시는 차선을 선택할 수 있다.

가치분석의 절차

가치분석의 절차는 다음과 같다.

1. 평가 대상 사업 개요 파악: 사업 종류, 기술 능력, 시장 상황, 경쟁자, 투자 규모, 공장 소요 면적, 목적 제품, 시장 요청 출하 시기, 예상 수익 등을 파악한다.
2. 매출 추정 자료 입수: 신뢰할 수 있는 자료를 바탕으로 예상 매출액을 추정한다.
3. 원가 자료 파악 및 소요 원가 계산: 재료비, 인건비, 제경비, 재고 계획, 순운전자본 계획, 현금 흐름, 할인율 등을 포함한 모든 소요 원가를 계산한다.
4. 추정 재무제표 작성: 손익계산서, 대차대조표 등 예상 재무제표를 작성한다.
5. 순현금흐름(Net Cash Flow) 및 잔존 가치(Terminal Value) 산정: 사업 기간 동안의 예상 현금 흐름과 사업 종료 시의 잔존 가치를 계산한다. 손익계산서로부터 현금유출·유입관계와 법인세비용, 순운전자본 소요액 등을 감안한다. 잔존가치는 영구성장률이 영향을 미친다.
6. 현재 가치 산정 및 보고서 작성: 현재가치를 산정하고 보고서를 완료한다. 기업가치 및 기술가치를 구분하여 판단하고 평가방법의 선택이 적절하였는지, 다른 평가방법으로 평가했을 경우 어느 정도의 가치가 산정되는지 등도 검토한다.
7. 기술사업의 경우: 기술성, 권리성, 시장성, 사업성 등을 종합하여 평가한다.
8. 결과 검토 및 의사결정: 산정된 현재가치(기업가치)는 기업 내 타 사업의 수익률과 비교하고, 손익 추정치와 목표 이익 규모를 확인한다. 아울러 사업의 안전성과 파급효과 등을 검토하여 최종 투자여부를 결정한다. 신사업의 가치가 충분하고 수익률도 충분하다고 판단이 되었다면 이 사업으로 인한 이해관계자들에 대한 고려를 한다. 종업원들의 고용관계나 복지, 기존 고객들이나 원자재 공급체에 미치는 영향, 특히 주가변동에 따른 주주, 그중에서도 소액주주들에 미치는 영향을 면밀히 검토하여야 한다. 시너지가 발생하고 비전이 창출되는 기업 간의 성공적인 다각화는 미래를 기약할 수 있고

주가 상승도 가져올 것이다.

(5) 5단계: 시행

모든 준비가 완료되면 CEO에게 요구되는 것은 결단력과 빈틈없는 시행이라 할 것이다.

M. Porter는 다각화가 기업의 목적 달성에 도움이 되는가를 평가하는 방법으로 사업다각화에 대한 전반적 타당성을 다음과 같이 검증하는 방법을 제시하였다.

① 산업의 매력도 테스트(attractiveness test): 진입하기로 한 그 산업이 구조적으로 유리한 조건에 있으며 앞으로의 전망이 밝다.

② 진입비용 테스트(cost of entry test): 진입비용이 진입 후 얻을 수 있는 수익보다 높으면 이런 사업은 손해를 본다. 이는 매력도 테스트를 통과했어도 마찬가지다. 초기 진입비용이 상대적으로 부담이 될 경우는 성공 가능성과 함께 더 주의를 필요로 한다. 원자력발전소나 양자컴퓨터 등에 대한 투자 등이 그 류에 속한다.

③ 개선도 테스트(better off test): 새로 진입한 사업 분야에서 그 기업의 다른 사업 분야와도 시너지를 내야 한다.

수평적 결합인 다각화는 보통 유사한 사업을 하는 기업간에 이루어지는 반면, 수직적 결합은 물적 흐름의 연계 기업 간 통합으로 관리상의 시너지를 가질 수 있다. 이업종(異業種) 통합에 수반되는 관습과 문화적 불일치를 조정하는 원가는 크고, 한 지붕 여러 가족 살림을 할 때는 각각의 개성을 화학적 결합으로 승화시키지 못한 경우 합병의 실패를 가져올 수도 있다. 외국에서는 이업종 다각화의 사례를 찾아보기 힘들다. 관리상 종업원들의 관계상 시너지를 찾기 어렵기 때문이다. 그러나 우리나라에서는 두산이나 SK 등의 사례에서와 같이 사업 시너지보다는 관리 편의성이 의사결정에 주로 감안되는 인상이다. 물론 나름의 논리는 존재한다.

📖 참고_ 비즈니스 또는 제품 테스트

비즈니스나 제품의 타당성을 평가하기 위한 테스트는 다음의 과정으로 수행할 수 있다. 다른 제품과의 비교테스트를 벤치마크테스트라 하며 눈을 가리고 제작자와의 관계는 단절한 채 만져보거나 맛을 보아 우월성을 테스트하는 것을 블라인드테스트라 한다.

- 시장테스트: 제품이나 서비스의 시장 수용도, 고객 설문 조사나 시제품 출시를 통해 시장 반응을 점검해 볼 수 있다.
- 제품/서비스 테스트: 제품이나 서비스의 질적 품질 수준, 성능, 안전성 등을 평가. 내부 품질 테스트, 벤치마킹 테스트, 사용자 피드백 수집, 경쟁 제품과의 비교 테스트로 점검한다.
- 재무테스트: 사업, 제품의 수익성과 재정적 안정성 유발 효과를 테스트. 수익성 분석(ROI), 영업이익률, IRR(내부수익률) 비교, 비용구조 분석, FCF(자유현금 흐름) 시뮬레이션 등을 동원할 수 있다.
- 운영테스트: 운영단계에서의 프로세스 효율성을 평가. 생산성 분석, 공급망(supply chain) 테스트, 내부 시스템 점검 등의 방법을 사용할 수 있다.
- 법률 및 규제 테스트: 사업의 법적 규제, 공해나 사회 범죄적·병적 요소 야기 여부 등 테스트. 라이선스, 인증, 규제 준수성, 건강과 사회적 문화적 영향 검토

5 다각화와 포트폴리오 관리

기업의 다각화는 기업의 변화 - 성장이나 발전 또는 도태 포함 - 과정의 일환이다. 이미 언급하였듯 사업가는 자기가 가진 지식과 아이디어 및 자원의 범위 내에서 사업을 시작하나 국내 시장은 물론 세계시장까지 장악하겠다는 생각을 대부분 가지고 제한된 물적·인적 자원하에 Start-up을 창업하는 것이며, 요행히 - 2년 안에 문 닫는 창업기업이 80% 이상임 - 자리를 잡게 되어 적은 확률이지만 크게 발전하는 사업은 외부 자원과 인재를 끌어들이고 남는 여력을 이용하여 관련 산업 또는 비관련 산업에 다각화를 하게 된다.

이 과정에서도 '아는 짓을 해야지'라는 우리 옛말처럼 대표가 잘 모르거나 시류에 맞추지 못하고 시장 상황이나 기술의 변화에 적절히 대응하지 못한 사업 부문은 쇠락하게 되는 사태가 발생하기도 하며, 일부 성공하는 사업들은 지속적으로 운영하며 다음 단계를 준비하게 된다. 사업가에겐 가슴 아픈 일일 것이나 흥망성쇠는 자연의 이치이기도 하다. 다만, 사업가는 자기의 양떼를 지키는데 먼저 부지런함을 보여야 한다. 사업의 지속은 항상 다음의 등식이 성립하여야 존속할 수 있다.

살아있는 사업의 이익 ≥ 죽은(쇠락하는) 사업으로부터의 손실

살아있는 사업으로부터 오는 이익이 쇠락중이거나 폐쇄되는 사업에서 발생하는 손실을 커버하지 못하면 기업은 부족해지는 자금을 외부에서 충당하여 조달하지 않으면 안 된다. 그렇게 되면 기업은 외부환경이나 관계자들로부터 시달리게 되고 몸집이 커진 기업이 파산·회생 신청을 하거나 남에게 인수를 당하는 사태가 오게 된다. 한편은 한때의 손실은 일시적일 수가 많음을 이해하여야 한다.

우리는 삼성전자의 성공신화를 보고 기업은 저렇게 하는 거야 하고 박수를 치고 있으나, 삼성전자 수장인 이재용 회장의 긴 시간 옥고의 고통을 벌써 잊었으며, 삼성전자의 그동안 겪어 온 수많은 타기업 인수·합병의 역사를 모른다. 긴 세월 풍파를 이겨낸 것은 그 기업에게 고난을 견딜 수 있는 강인한 허리가 있었음이며 파고드는 낙숫물의 칼질에 한겹 더 나이테를 만들 수 있는 창의력과 능력을 보유하고 있었기 때문이다.

변화해 가는 기업환경에 기업은 변화하지 않을 수 없고 그 변화는 진화되어야 하며 기업의 진화는 조직의 적응으로 나타난다. 2024년 말 겪고 있는 고난도 결국은 잘 극복할 것이다. 관리방식은 기업의 성장과 발전의 역사를 써 내려간 비서실 또는 기획조정실의 역사이며 신사업 투자도 하고 사양 사업 폐쇄도 하며 내부 사업부 조직, 계열사, 방계사 또는 협력사 등의 형태로 관리해 왔다. 이 중 기업의 다각화에 따른 성장의 정점에 있는 기업을 우리는 콩글로머리트(Conglomerate)라 부르고, 그 영욕의 역사 속에 공익적 관점에서 이를 관리하여야 한다. 다각화를 통한 기업의 관리 과정에서 당연히 나타나는 것은 기업의 부실을 털어내는 리스트럭처링과 사업 재편, 흡수합병 등이 있으며 체인에 묶인 예하 사업을 관리하는 방식은 리밸런싱, 구조조정, 포트폴리오 관리기법 등이다. 경영전략론에서는 기업의 호황과 위기를 맞닥들이는 과정은 해석으로나 가능하고 직접 경험은 할 수는 없되 처한 상황에 대한 문제점 진단 및 대안을 이전 기업들의 경험이나 추정 또는 예측으로 다음과 같이 간략히 소개한다.

1) 리밸런싱

경기나 기술 진보 또는 행운에 의하여 연관 또는 비연관 사업으로 다각화 확장을 한 기업이 성장할 때는 눈앞의 이익을 보고 사업을 시작하였고 기회를 만나 성장시켜놓으니 경영자가 관리하는 여러 기업 간, 기존 Cash cow 역할을 하는 기업이나 Red ocean에 깊이 뿌리가 박혀있는 기업, 미래 먹거리로 발전시켜야 할 사업임에 지금은 밑 모를 적자를 내고 있는 기업 등 간의 전체적 균형이 맞지 않아 현행 사업들 간의 균형을 조정하는 방법으로 리밸런싱을 든다.

이는 기존의 구조조정이 기업 단위 하나에 국한되고 내부 조직 조정에 초점이 맞추어져 있었다면, 리밸런싱은 (상장되어 있을 수도 있는) 기업들이 낮은 구석을 스스로 찾아 움직여 한쪽이 부족한 것을 다른 쪽에서 보완, 균형을 맞추는 밸런싱 작업이라는 차이가 있다. 구조조정은 기업 내에서 수행되어 외부 이해관계자에 대한 영향이 크지 않으나 리밸런싱은 설령 관계사 간이라 하더라도 많이 다른 이질적 문화를 가진 둘 이상의 기업이 한 지붕으로 들어와(예로 CIC, Company In Company를 들 수 있음) 살아야 하므로 이 갈등을 해소하여야 하는 과제가 있으며, 기업의 합병 과정에서 주식 변화도 있어 합병 대상회사 간의 주식 병합비율로 인한 주가변동으로 단기적 주주 이익이 상충되어 소액주주의 경우 반드시 손실을 보는 쪽이 생기고 이들은 합병비율 산정 방식을 놓고 불만을 제기하는 사태는 막을 수 없기도 하다. 물론 합병에 불만이 있는 주주들은 자기 주식을 회사에서 사 달라는 주식 매수 청구권을 행사할 수도 있다. 그러나 주식매수청구권 범위 안에서 모든 것이 처리되면 되지만 그리 안될 수도 있고, 그보다는 더 큰 이득을 원하므로 금감원의 시비나 법정 공방으로 갈 수도 있어 주주 달래기에도 많은 노력이 들어간다. 주식이 변하므로 기업 거버넌스에 분명 변동이 생기는 점도 감안하여야 한다. 어느 대기업 합병 회사를 경영했던 분의 말로는, 합병 당시의 직원들이 모두 퇴사한 후에야 겨우 한 회사가 되었다는 조언은 새겨들어야 하는 말이다.

2) 구조조정

회사의 성장 과정에서는 일이 있는 곳에 조직이 만들어진다. 일은 늘 생기고 많은 손을 필요로 한다. 설립된 조직은 기업이 더 성장하면서 생산 흐름이나 업무 흐름이 바뀌게 되고 처음 정의되었던 업무의 본질이 바뀌기도 한다. 자금의 흐름도 변화가 무상해서, 초기 수행하였던 프로젝트와 다른 프로젝트의 등장으로 프로젝트 간 흡수 또는 통합되어 조정되기도 하는데, 이때는 투자중심점의 변경 및 자금 흐름을 수정할 필요가 생긴다. 이렇게 한 조직의 시스템이나 체계를 새로운 형태로 환경의 변화에 대응하여 변경시키는 것을 구조조정이라 한다.

구조조정 시에는 사업의 수행구조를 변경하고 사업 포트폴리오를 조정한다. 업무 효율성과 안정성 및 발전성이 전제가 된다. 재무적 투자 효율성 향상을 위하여 부실화된 프로젝트에 대한 부채를 상환하고 기업에 유리한 새로운 자본을 발굴하여 자본 구조나 부채구조를 바꾸고 부실자산을 처분하여 현금을 확보, 악성 부채(이율이 높거나 초단기성 차입금 등)는 상환한다.

이러한 구조조정은 점진적으로 이루어지기 어렵다. 기일이 길어지면 조정 후 불리한 영향을 받는 측의 반발이 거세져 조정에 장애가 되기 때문이다. 리먼 사태나 국제 금융위기 등의 국제적 큰 충격이 순식간에 닥쳐오기도 한다. 이를 설명하기 위하여 카오스 이론(chaos theory), 복잡계 이론(complexity theory)이 등장하고, 전쟁이나 국제적 분쟁 또는 코로나-19, 법률 환경의 변화 예측 같은 팬데믹 사태, 트럼프 대통령의 리스크 자체, 나아가 그의 이후 예측 불허의 언행과 정치과정 등은 대처하기 어렵다. 이를 예측하기 위한 전략 수립방법의 하나인 PESTLE 모델 등이 개발되고 발전하였다.

3) 포트폴리오 관리 기법

사업을 확장하면서 확장기법을 다각화로 선택하면 사업체 수가 늘어난다. 계열 기업들이 늘어난다는 말이다. 이들 각 사업체는 기업의 사업 포트폴리오로 구성되어 회사 기획실은 이들을 포트폴리오 그룹에 넣고 관리한다.

포트폴리오는 각 구성되는 사업별 평가가 이루어지고 잘한 것은 기대고 잘못된 것은 지적하고 상호 벤치마킹하여 우수한 경영관리 기술은 공유하여 효율은 높이고 좋은 문화는 공유하여 하나의 기업 정신 아래 융합시킬 필요가 있다. 각 사업부의 위상은 BCG Matrix에 의하여 평가된다. BCG Matrix는 당해 기업의 시장 점유율과 해당 Market의 성장성을 X, Y 축으로 한 사분면에 경쟁력을 표시하여 사분면에 구분된 cash cow, star, dog와 QM(?: Question mark)의 4가지로 표시하여 사업 간 또는 포트폴리오 관리대상 간의 경쟁력을 상대적으로 비교하여 표시할 수 있다.

• **그림 3** BCG Matrix

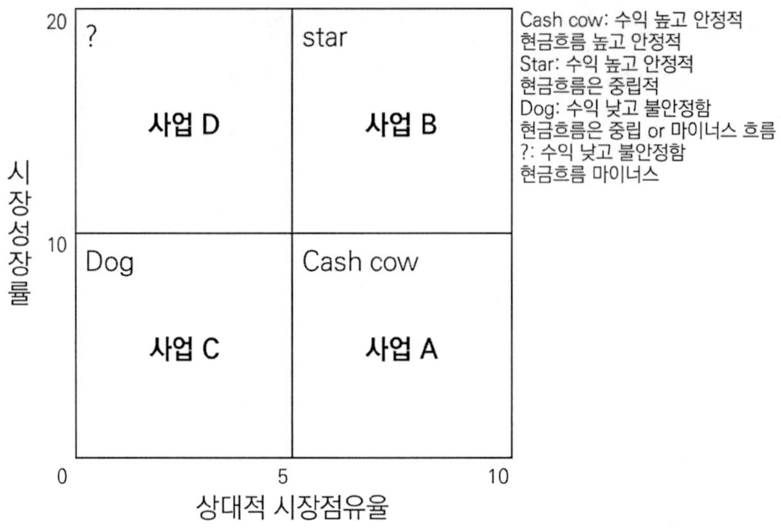

[그림 3]의 BCG Matrix는 Cash cow, Star, Dog 및 ?(물음표), 별 상대적 시장 점유율과 시장 성장률에 따른 도표 설명과 같은 특징을 가지고 있다. 사업 A, B, C, D는 각 사분면에 하나씩 있다. 2024년 7월경 추진했던 두산의 리밸런싱 작업에서 두산로보틱스는 사업 D로, 두산밥캣은 사업 A로 표시될 수 있을 것이다. 이와 같은 사업별 또는 대리점이나 관계사 간의 상대적 경쟁력을 분석해놓고, Cash cow의 경우에는 현상 유지전략으로 star의 경우에는 시장 점유율이 높고 시장은 성장이 받쳐주고 있으므로 성장을 위한 투자로 시장 성장을 Lead 해야 할 것으로, '?'의 경우에는 시장을 적극 공략하여 점유를 높임으로써 star 영역으로 옮겨가도록 하거나 실기하여 시장 성장률까지 낮아지면 Dog로 이동하거나, Dog의 경우에는 이미 Red Ocean이 깊어졌으면 철수를 고려한다. 이 경우는 원가산정을 정확히 점검하여 매출 이익이 있음에도 원가산정이 잘못되어 계산 오류로 시장에서 제품을 폐기하는 일이 없어야 할 것이기 때문이다. 신제품의 개발과 출시는 매우 어렵다. 시장 반응이 좋지 않은 제품은 신기술의 접합이나 펄(pearl)을 붙여 회생을 먼저 강구하여야 할 것이다.

BCG Matrix 활용 시 유의할 점은, 현재 시장과 경쟁 제품들의 경쟁력을 조사하여 Matrix를 완성했다고 하여 그것으로 결론을 내리고 마는 오류를 범하지 않는 것이다. 시장은 끊임없이 변화하며 점유율도 변화한다. 회사가 전략을 세우고 자원을 투입하는 것은 이 구조에 변화를 주기 위함이다. 따라서 전략과 자원 투입의 효과가 일어나는 것을 보아야 하지 않겠는가? 따라서 본 BCG Matrix 작성을 위하여 자료를 조사할 때, 자기 회사의 미래 추정과 함께 경쟁사들의 경쟁력 변동도 추정하여 미래의 경쟁력을 비교해 보는 것을 잊지 말아야 한다.

우리는 2024년 7월 두산이 자산이 많고 영업이익이 충분한 굴착기 등을 제작하는(연 영업이익 1.3조 원) 두산밥캣을 두산에너빌리티에서 떼어내 자산도 적고 영업손실(적자 158억 원)인 두산로보틱스와의 합병 발표(합병비율 1 : 0.63)와 그 후 두산이 합병을 성공시키기 위해 안간힘을 쓰다 결국 취하하면서 겪은 시련은 당시의 언론에 잘 노출되어 있다. 두산밥캣의 소액주주들한테, 시장 공정기구나 여론으로부터 지탄을 받고 이들을 달래기 위한 여러 조치를 취하였으나, 결국은 합병비율을 법규 내의 비율인 처음 세운 1:0.63을 고수한 입장(2024.9.17. 보도 등) 등을 알게 되었다. 다만, 첫 산정된 비율은 자본시장법 시행령 제176조의 5에 따른 합법적 계산방법이었으므로 위법사항이 없다는 항변이었기는 하나, 과거 여러 사례들에서는 합병비율 계산에 자산 기준이 첨가되었었다는 사실과 소수 주주들이 손실을 보상하고 주가를 받쳐줄 대책을 내놓으라는 요구를 결국은 받아들이지 아니한 것이다. 이제까지의 합병 결렬 사태가 회사와 주주들 간의 매수청구권이나 주총에서의 반대 때문이 아니고 정부에서 간섭하여 결렬된 사례를 남겼다.

주주들이 주식을 매매 또는 교환하는 것은 양 주식이 증권시장에서 거래되는 상장주식이니 교환 후의 시가가 교환 전 주식의 시가 대비 얼마라도 이익을 줄 수 있으면 주주 손실은 발생하지 않는다. 이런 논리로 규정(자본시장법시행령 176조의 5)이 제정된 것인데 법률보다도 주주가치를 내세우는 한국거버넌스포럼 등의 논리가 강하게 반영되었고, 이러한 상태 발생 불과 며칠 만에 금융감독위원회에서는 이 규정이 문제가 있다고 시행령을 즉시 개정하겠다 하였으며, 증권신고서는 정정 요청 되었고 그 결과는 합병 철회(합병 임시주총 철회)와 시행령의 개정(2024.11.26.)[6]으로 나타났다. 당시 자신들의 지분을 위한 두산로보틱스의 주가를 띄우기 위한 노력이 있었는가에 대하여는 사실확인이 되지 않았고 자산기준 평가를 하여 합병 성공을 한 다른 사례도 있고 하여 고려하지 않았다. 두산

---

6) 제176조의5(합병의 요건·방법 등) ① 주권상장법인(기업인수목적회사는 제외한다)이 그 계열회사(계열회사가 아닌 법인 중 합병을 위한 이사회 결의일부터 최근 1년 이내에 계열회사의 관계에 있었던 법인을 포함한다. 이하 이 조에서 같다)와 합병하려는 경우 또는 주권상장법인인 기업인수목적회사가 다른 법인과 합병하려는 경우에는 다음 각 호의 방법에 따라 산정한 합병가액에 따라야 한다. 이 경우 주권상장법인이 제1호 또는 제2호 가목 본문에 따른 가격을 산정할 수 없는 경우에는 제2호 나목에 따른 가격으로 하여야 한다. <개정 2009. 12. 21., 2012. 6. 29., 2013. 6. 21., 2013. 8. 27., 2014. 12. 9., 2024. 11. 26.>

에너빌리티 주주들은 100주를 보유하고 있을 경우 3주에 불과한 두산로보틱스 주식을 받을 수 있다는 점도 발목을 잡았다. 오너의 지배권이 확대되는 정도가 크다.

4) 리스트럭처링

The Japan That Can Say No (As Excerpted From the Congressional Record) Paperback – January 1, 1990

1950년 이후 성장 발전을 거듭해 온 미국 대기업들은 1970년을 넘어서면서 극심한 글로벌 경쟁을 겪게 되는데, 이때 일본기업들의 미국 진출이 두드러졌다. 1980년대에 이르러는 일본이 타임지("TIME") 표지기사 "The Japan that can say NO"라는 캐치 프레이즈와 함께 위기를 인식한 미국 기업들은 그동안 조성해 온 기업풍토와 경쟁력을 잃은 콩글로머리트(Conglomerate)들에 대한 비판적 시각이 주를 이루었다. 아이러니하게 30년 후인 2010년대 들어서는 중국이 경제대국으로 등극하며 역시 "We can say NO" 하면서 미국의 집중 견제를 받았으며 2024년도 이후에도 트럼프의 관세 등 견제에 시달리고 있다.

이 경쟁의 혼란 속에서 미국 기업들은 사업의 방향과 조직·전략 및 경영관리 시스템 등을 새로운 환경에 적응할 수 있도록 하고 기업은 '망할 수 있다'라는 의식하에 부실기업은 아무리 오랜 정이 들었어도 청산할 수 있는 용기를 얻었다. 부채비율이 높은 위험성이 높은 사업들은 식별하여 조정한 것이다. 주력사업은 강화하거나 변경·조정하고 수익성을 향상시키는 데 총력을 다했다. 생산 및 재고관리의 획기적 시스템으로 현재 ERP의 모태가 된 MRP나 CRP 및 infor XA[7]가 나온 것도 이 무렵이다.

기업들은 미래지향적이며 경쟁력 있는 사업구조로 변화되었다. 제한된 기업자원의 재분배를 통해 효율성을 극대화하였다. 국내외 경영환경 변화에 여유 자원과 관리·경영 능력으로 충분히 대응할 수 있는 힘을 얻었다. 고객의 욕구 변화를 잘 추적하였으며 국내외 경쟁에 능동적으로 대처할 수 있게 되었다.

---

7) 'infor XA'는 ERP 시스템의 이름임(commercial ERP software). 그 이전의 이름이 MAPICS였으며 IBM이 개발하면서 이름을 변경하였다.

이와 같이 기술의 변화와 소비자의 변화 등에 발맞춰 기술혁신과 사업의 대수술을 통하여 현재의 전략이나 방향성을 초기화하여 혁신과 성장을 추구 및 변화하는 것을 리스트럭처링이라 한다. 리스트럭처링은 구조조정이나 사업 재구축이라는 말과도 혼용하여 쓰기도 한다. 리스트럭처링을 수행할 때는 불필요한 비용 절감을 위하여 경쟁력 없는 사업라인이나 유휴시설은 과감히 폐쇄하고 경쟁우위를 갖지 못한 사업 부분은 정리한다. 조직구조는 단순화 개편 불필요한 인원도 조정하여 강하고 단단한 조직으로 만든다. 업무시스템을 자동화하여 업무 생산성을 높이고 외주, 유통 등의 경쟁력 있는 요소들을 도입한다. 즉, 성장 지향적이고 단순 슬림화된 조직과 신기술로 무장한 사업 단위들과 방향을 가지고 불확실성을 타파하고 미래를 향해 전진하는 것이다.

리스트럭처링이 필요한 경우

기업들의 난제는 매출감소 및 이익감소에 있다. 그 원인은 다양하다. 이 경우 다음 상황이 발생하며 리스트럭처링이 필요하다고 판단할 수 있다.

- 재무적 어려움: 수익 감소, 부채 증가 등으로 재무적 어려움이 가중된다.
- 시장변화: 제품이 잘 안 팔리고 경쟁사의 기승으로 영업이 어려워지며 기존의 비즈니스모델도 위협을 받고 있다.
- 기업 운영이 비효율적으로 되고 있다. 생산성이 떨어진다.
- 전략적 방향전환이 필요하다. 새로운 사업 기회를 추구하거나 기존 사업을 축소, 폐지할 필요가 생겼다.

이를 위한 조직문제의 진단방법

문제가 생긴 조직에 대하여는 그 원인의 규명 및 환부는 도려낸다는 심정으로 철저히 조직을 진단하고 대안을 마련해야 한다. 조직문제의 진단방법은 다음과 같다.

- 설문조사 및 인터뷰: 구성원의 인식과 의견을 수렴하여 조직의 문제점을 파악한다.
- 문서 분석: 회사의 운영 정책, 업무 프로세스 검토, 재무보고서의 정밀 분석 등을 통해 문제를 분별한다.
- 직접 관찰: 직원들의 업무 활동성을 직접 관찰한다. 현장이나 사무실 등에서 할 수 있다.

- 워크숍 또는 포커스 그룹 미팅, TF 구성: 구성원 전체 또는 관련 조직원 일부의 워크숍, 일종의 포커스 그룹을 조직하여 이들의 의견을 모으는 방법, 또는 이를 위한 TF를 조직할 수도 있다. 그러나 리스트럭처링은 기밀사항이므로 공개적인 처리보다는 은밀히 진행하여야 한다.

리스트럭처링의 문제점과 대응방안

리스트럭처링은 직원들을 동요하게 한다. 그 문제점 및 대응방안은 다음과 같다.

- 저항 및 불안 초래: 변화에 대한 두려움이나 불안이다. 종업원들과의 명확한 커뮤니케이션과 참여를 통해 구성원들의 이해와 지지를 확보한다.
- 생산성 저하: 자연적 현상으로 업무 효율은 떨어진다. 경우에 따라서는 노조의 조직적 저항이 생길 수 있다. 이런 경우, 체계적인 계획과 단계별 실행을 통한 혼란의 최소화를 한다. 법률문제가 있을 수 있으며 법규는 엄격하게 지켜야 한다.

리스트럭처링의 추진 절차

리스트럭처링의 추진 절차는 다음과 같다. 위에서 조직의 문제점이 밝혀지고 리스트럭처링이 필요하다고 판단이 되면 다음의 절차에 따라 리스트럭처링 계획을 세우고 실행한다.

- 목표 설정: 구조조정의 목적을 명확히 한다. 목적은 비용절감, 조직 효율성 증대, 경쟁력 확보 또는 회복을 위한 조직 재편 포함
- 계획수립: 기업 현황을 분석하고 목표를 설정하였으면 문제점이 도출되었다. 문제해결을 위한 대안을 수립하고 필요한 자원(인적, 물적) 조달방안과 수행계획을 수립한다. 나중의 법적 행정적 대응을 위해 문서화한다.
- 전략수립: 목표에 포함된 사항들을 수행하기 위한 전략을 수립한다. 비용절감이면 그 구체적 방안, 인력 재배치이면 조직 구조 개편 방향과 목표, 자산 매각이면 매각 자산의특정 및 공경매 등 절차의 명확화. 이때 당해 업무 관련 이해관계자들과의 소통방안을 명확히 한다.
- 성과평가: 리스트럭처링의 결과 특정 포지션에 달했을 경우를 가정하여 그 가치를 평가한다. 평가결과 및 가치평가 과정에서 야기되는 문제점들로 이 과정은 재정리 또는 조정될 수 있다.
- 결과의 파급: 좋은 방향으로 홍보 및 광고를 하고 조직을 정비한다.

최근 두산의 합병 무산 사례는 기업의 다각화 전략, 특히 '리밸런싱' 과정에서 미래 비전 제시와 주주 소통의 중요성을 여실히 보여줍니다. 당시 두산의 합병 계획 발표와 관련하여 몇 가지 아쉬운 점을 짚어보고, 효과적인 전략 소통 방안을 모색해 본다.

1) 미래 비전 제시의 부족: BCG Matrix 활용 제안

두산의 당시를 소환해보면, 이하 당시 상황에 대한 추정으로, 1) 두산은 합병계획 및 합병비율을 발표할 때 미래 비전에 대한 입장을 분명히 밝혔으면 좋았을 것이다. 특히 BCG Matrix(보스턴 컨설팅 그룹 매트릭스)를 활용하여 사업 포트폴리오의 현재와 미래를 시각적으로 제시하는 것은 강력한 설득 도구가 될 수 있다.

현재 포트폴리오 분석

발표 당시 두산로보틱스(성장성 높고 시장점유율 낮은 Star 또는 Question Mark)와 두산밥캣(성장성은 낮지만 시장점유율 높은 Cash Cow)을 BCG Matrix상에 명확히 구분하여 표시할 수 있었다. Star 영역에 표시된 두산로보틱스와 Cash cow에 표시된 두산밥캣을 확연히 분별할 수 있었을 것이다.

미래 비전 포트폴리오 제시

나아가 합병 1년 후, 3년 후, 5년 후의 두 사업 부문이 BCG Matrix상에서 어떻게 변화하고 성장할 것인지 추정치를 제시했다면 어땠을까? 두산로보틱스가 Star를 넘어 Dominant Star로 성장하는 과정, 그리고 두산밥캣이 지속적인 Cash Cow로서 그룹의 성장을 지원하는 모습을 보여주며 사업의 미래 비전과 경쟁력 강화 효과를 경쟁력 차원으로 설명이 부가되었을 것이다.

두산밥캣과 두산로보틱스의 변동 BCG(추정)

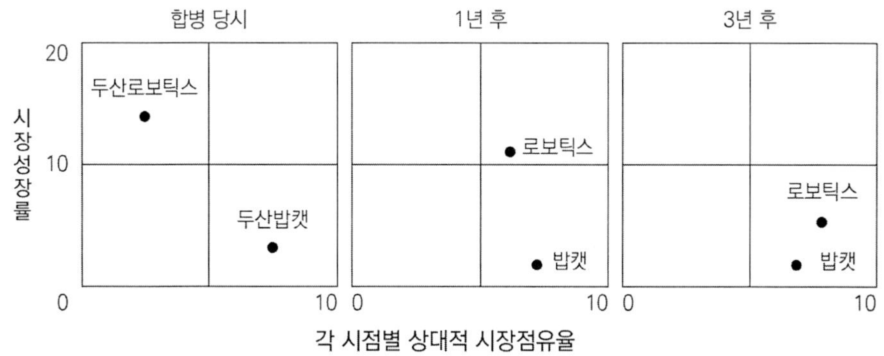

[그림]은 두산밥캣과 두산로보틱스 사업 포트폴리오를 현재와 1년 후 및 3년 후까지를 추정하여 BCG Matrix로 표시해 본 것이다. 그림의 힘은 크다. 고객이나 주주 및 관계자들한테 공개할 정보

는 필요에 따라 공개하여야 한다.

주주 소통과 주주 가치 증대 방안의 미흡

합병 발표 후 주가 관리는 물론 소액주주 보호에 관한 조치가 좀 더 강력하게 있었어야 하며, 향후 이어지는 주주가치 증대를 위한 대책이 포함되었어야 한다. 두산밥캣과 로보틱스는 물론, 에너빌리티를 포함한 대응이 필요했다. 그랬다면 본 합병과 평가는 적법한 절차로 이루어졌고, 주주에게 장·단기 이익이 있으며, 회사의 미래가치가 크게 상승하는 두산로보틱스에 대한 논란은 다소 수그러들었을 수도 있었을 것으로 보인다. 로보틱스의 미래와 밥캣의 우직함은 공유될 수 있고 시너지도 클 것으로 보인다. 이 합병 무산 후 이 두 회사의 합병을 위한 지속적 노력은 불필요한 예산을 낭비하여 큰 기회비용을 만들어 내고 있다.

2. 비판과 해석

BCG Matrix나 Mckinsey Matrix에 대하여 몇 가지 비판이 있다. BCG Matrix는 사업 성격을 시장 성장률과 시장 점유율로만 표현하므로 사업의 복합성 표현에 한계가 있다든가 시장 점유율의 경쟁우위 표현성에 한계가 있고 시장에 대한 정의에 따라 시장 점유율과 성장률이 달라지고 시장 점유율과 핵심역량 보유 사업단위는 다르고 작용도 다르게 하기 때문이라는 것이다. 그러나 현상의 표현이 단순함은 큰 장점이므로 본서는 이를 그대로 사용하며 시계열적 BCG 분석을 실시하였다. 한편, 시장점유율의 영향성에 대하여는 BCG Matrix를 입체로 표현해 본다거나 3차원에 의한 도해를 한다면 다소 해소될 수 있을 것이다. 그러나 본서는 이러한 시도는 하지 않는다. 다만, 현재의 사업단위 내지 사업부를 기반으로 한 지금까지의 분석 대비 기업의 핵심역량을 활용하여 BCG Matrix를 표현해 본다거나 그 미래까지 점쳐볼 수 있다면 기업의 발전 방향을 가늠하고 그 발전성을 추정해 볼 수 있는 좋은 자료가 될 것이다. 이때는 현시점의 제품 경쟁력이 아니라 경쟁우위를 구축하기 위한 기업 내부의 핵심역량이 될 것이므로 기업의 내적 힘을 표시한다고 보아야 할 것이며, 이것은 위에 표시한 1년 또는 적절한 미래 경쟁력으로 나타나야 할 것이다. 기 제시한 5Force Model과 BCG의 혼합 모델을 고려해 볼 수 있다.

이러한 평가를 할 때 주의할 것은 나한테만 변동성이나 가점을 주고 남을 인색하게 평가하지 않는 것이다. 경쟁자 정보는 부족하니 최고점을 주고 내 정보는 많으니 최저점을 주는 겸허함이 필요하다. 그리하여 공정한 평가자의 입장을 견지하여야 한다. 자료조사는 초기 조사시점에서 현재와 미래 추정치를 동시 조사하는 것이 정확성과 신뢰성이 높아지고 측정자는 자신의 측정치에 더 큰 확신을 가질 수 있다.

CHAPTER 8

수직적 통합과 아웃소싱

1 수직적 통합

1) 개요

기업을 창업하여 제품을 생산하게 되면 제품을 생산하는 절차와 만들어진 제품을 판매하는 절차 및 이들을 관리하는 절차가 필요하다. 이러한 절차들은 담당자 또는 팀이나 부·과 등의 작업 단위에서 수행된다. 기업활동이 정상화 되면 기업의 마진이 보이는 한편 업무 프로세스상의 비효율성이나 상호 협력 부족으로 업무의 지연이나 꼬임 현상이 발생하는 것이 눈에 띄게 된다. 원재료를 납품하는 절차나 판매하는 절차에서 한두 가지의 꼬임으로 업무가 지연되면 CEO는 갑갑하게 된다. 전·후방에 연결된 협력 회사들과의 관계가 원활하지 않거나, 장기간 거래해 온 협력사의 거래 조건이 불리하게 변경될 때 더욱 두드러진다. 기업 활동이 커지고 고도화될수록, 작은 충돌이 전체 거래에 미치는 영향은 커지기 때문에 통합의 필요성이 절실해진다. 이는 가치 사슬의 불완전성에 대한 대안으로, 업무 연관성이 높은 기업 간의 통합, 즉 수직적 통합(Vertical Integration)을 고려하게 되는 배경이다. 이때 발생하는 비용을 '불편 비용'이라 하는데, 이는 상대방의 거래 이윤을 포함하여 회사에 발생하는 다양한 형태의 비용을 의미한다.

2) 수직적 통합의 형태

수직적 통합은 물류 흐름 단계를 따라가므로 제조를 주업으로 하는 회사라면 원재료를 공급하는 라인 쪽으로의 통합을 하게 되는데, 이를 어떻게 할 것인가와 통합의 정도는 어떻게, 강하게 또는 약하게 하느냐의 통제의 강도로 나누어 생각해 볼 수 있다.

(1) 재고 흐름에 따른 통합(통합의 폭)

생산라인은 원재료나 부품을 조달받아 생산계획에 딸 목적된 제품을 생산하고 이렇게 생산된 제품은 지사나 대리점 또는 유통센터나 판매점 등을 통해 최종 소비자에게 전달된다. 재고 흐름에 따른 수직 통합은 이러한 제품 또는 상품이나 원재료 등의 흐름 과정에 있는 기업을 통합하는 것이다. 원재료 제조업체, 유통업체, 외주가공업체, R&D 업체 등이 포함된다.

서비스 및 건설업의 경우

서비스 기업의 경우 용역 발주자로부터의 주문, 용역의 시행, 설계, 검수와 감리, A/S 등의 계열이 성립하는데, 설계와 감리업체는 대부분 한 회사에서 수행한다. 건설 서비스의 경우는 원자재 공급업체와 중간재 제조업체, 시공사와 시행사 등의 흐름을 가지고 있으므로 이를 통합한다.

원료·재료 통합의 어려움

원재료의 경우는 원료와 재료로 구분되며 원료는 주로 화학제품이므로 원료를 수직적으로 통합하려면 화학 플랜트 공장을 통합한다. 재료의 경우는 부품으로 제작되는 것과 볼트·너트 등이 있고 철판이나 환봉 각봉 등이 있으며 그 재질에 따라 제조업체와 유통 경로가 다르다. 철재의 경우 포스코, 현대제철 및 동국제강, 외국의 경우 중국의 허베이강철, 바우오 제철, 일본의 일본제철 등의 초대형 철강회사에서 생산되므로 통합하기 어렵다. 알루미늄 제조기업의 경우 외국에서 수입되는 알루미늄 인고트나 면허가 있는 고물상에서 공급되는 알루미늄 폐자재 등 처리업체도 계열화하기는 쉽지 않다.

거래비용 이론

원자재 공급라인의 통합 여부는 원자재를 시장에서 구매하는 비용과 이를 통합하여 공급할 때 발생하는 내부 비용을 비교하여 결정한다. 후자에서 발생되는 비용이 적을 때 통합을 추진하며 이것을 거래비용이론이라고 한다. 거래비용이론은 수직통합을 시행함에 있어 기업조직과 시장의 상대적인 효율성을 살펴보고 통합대상 기업의 범위를 결정한다는 이론이다. 이를 통합의 폭이라 한다. 이에 따라 통합을 할 것인가 시장 구매를 지속할 것인가, 원재료도 그 종류에 따라 특정 일부만 할 것인가의 폭도 결정된다. 이는 판매조직에까지 연결된다. 판매처의 통합은 판매점은 물론 쿠팡이나 마켓컬리와 같은 최종 배송수단에까지 이른다. 현대적 신속 배송시스템에서 쿠팡과 같은 기능을 수행하기는 원가와 서비스의 질면에서 어려울 것이다.

(2) 통합의 강도

수직적 통합이 강도는 통제의 필요성에 따라 잘라지며, 해당 원재료의 일반 시장구매의 단계에서부터 100% 지분 확보단계까지 필요에 따라 통합의 강도를 조정한다. 100%에 가까울수록 통합의 강도가 세다고 한다.

제품을 시장에 처음 출시하며 특별한 이해관계나 통제의 필요성이 없을 때는 일반 구매품의 경우와 같다. 생산 및 구매의 규모에 따라 유의적 관심이 있을 정도일 것이다. 그러나 납기나 단가 등 보는 시각에 따라 의견의 불일치가 생기고 더 나은 서비스를 위한다고 생각될 경우에는 통제의 필요성이 증가하게 된다. 이런 경우 장기공급계약과 품질유지계약 등을 체결하여 중장기적 원부자재 품질과 물량 확보를 통해 서비스의 안정화를 꾀하게 된다. 그러나 신제품을 개발하기 위한 원부자재의 필요 및 제품 특성에 맞는 부품이나 소재의 개발이 필요해지고 신시장의 공동개척 등의 필요가 생기면 상호 투자 또는 파트너십의 형태로 관계를 개선시키게 된다.

[그림 1]의 통합의 형태에서 수직적 통합의 형태는 처음에는 일반적 거래형태로 거래의 유연성이 높아 거래조건에 맞으면 구매를 하고 맞지 않으면 다른 구매선을 찾는 관계에서 시작한다.

• **그림 1** 통합의 형태

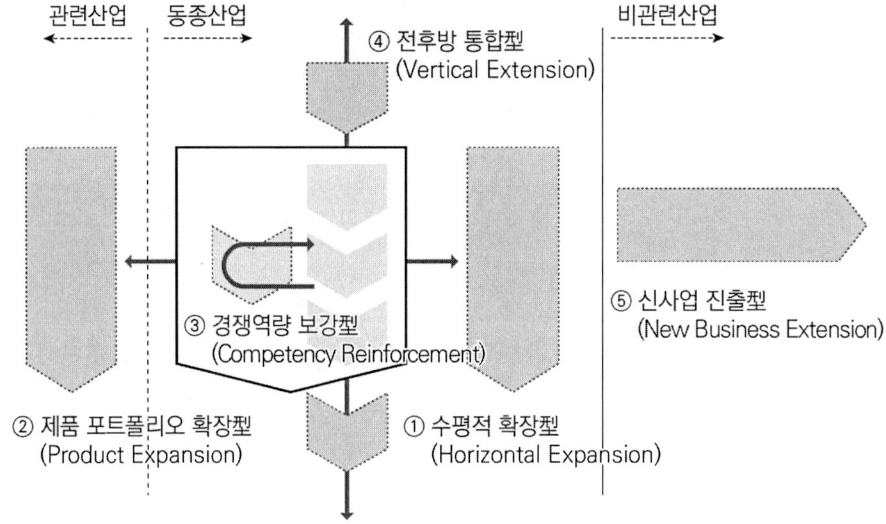

통합의 강도에 따라 다음과 같이 도식화할 수 있다.

통제강도	거래형태	특징
낮음	일반거래	- 유연성이 높음. - 불만족 시 다른 구매처나 판매처를 쉽게 찾음. - 특별한 통제 필요성 없음.
	장기 공급 계약	- 납기, 단가 등 의견 불일치 발생 시 통제 필요성 증가. - 중장기적 원부자재 공급 안정 및 서비스 안정화 목적. - 품질 유지 계약 동반. - 도요타의 JIT(Just In Time) 시스템: 공급선의 생산 라인 접근 허용, 불량 검수 인원 파견 또는 공신력 있는 시험 성적표 요구. - 공급자 시장일 경우 공급자의 신뢰성에 따라 납품 계획 확인 등으로 간소화.
	지분 소유 (소수 지분)	- 단순 물적 거래에서 자본적 관계로 발전. - 지분 소유를 통해 주주총회 발언권 확보(예: 5% 이상 소액 주주 권한) - 경영 간섭이 아닌 경우, 회사 내 역할을 하는 직원 파견 가능. - 결합 관계 및 통제 강도 상승.
	파트너십 관계	- 업무 관계를 넘어 공동 대응(새 시장, 신기술 공동 연구 등). - 상호 신뢰 관계가 절정. - 세계 유수 기업 간 투자 관계 또는 파트너십 동시 관계 다수. - 독립적 연구 또는 공동 연구를 통해 부품 조합 및 개발.
높음	합작 투자 (50% 초과 지분)	- 완전 수직 통합 단계. - 지분율 50% 초과 또는 간접투자 포함 시 계열화 성립. 연결기준 설립. - 자재 조달 문제는 논외. - 신사업 추진 및 기업 가치 증대를 통한 주주 이익 확대가 주 목표. - 주의: 독과점 혐의 심사 대상이 될 수 있음.

통제강도	거래형태	특징
	100% 지분 소유	- 자신이 설립한 기업이 아닌 타인의 회사를 투자로 100% 지분 확보하는 경우는 드묾. - 일반적으로 50% 이상 지분으로 지배력을 확보하며, 나머지 지분은 다른 투자처를 찾거나 기존 주주에게 남기는 경우가 많음. - 100% 소유 기업은 목적 사업 수행 후 리밸런싱(Rebalancing) 등의 방법으로 조정될 확률이 높음.

수직적 통합의 형태는 처음에는 유연성이 높은 일반적 거래에서 시작하여, 신뢰가 쌓이고 통제의 필요성이 증대됨에 따라 장기 공급 계약, 지분 소유, 파트너십, 합작 투자, 100% 지분 소유 등으로 통제 강도를 높여가는 과정을 거친다. 각 단계는 기업의 전략적 목표와 상황에 따라 조정될 수 있다.

3) 수직적 통합의 장단점

기업을 수직적으로 통합함으로써 발생하는 여러 가지 장점과 단점은 다음과 같다.

장점

① 통제력 확보: 전방 또는 후방 기업에 대한 통제력을 가질 수 있어 원재료/부품 조달 및 판매 가격의 안정성을 확보할 수 있다.

② 안정적 공급/판매: 주요 부품 등의 안정적인 공급을 통해 생산 차질을 줄이고, 제품 판매 채널을 직접 통제하여 시장 대응력을 높일 수 있다.

③ 규모의 경제: 생산량 증대로 인한 규모의 경제를 실현하여 비용을 절감하고, 이윤을 증대하며 설비 가동률을 높여 효율적인 경영을 할 수 있다.

④ 품질 및 기술 향상: 생산 전반에 걸쳐 품질을 향상시키고 기술 개발 및 발전에 기여할 수 있다.

⑤ 진입 장벽 구축: 전·후방 통합은 철수 비용을 증대시켜 잠재적 경쟁자의 시장 진입 장벽을 높일 수 있다. M. Porter의 5－Force 모델에 따르면, 이는 구매자와의 협상력을 증가시키고 이윤을 늘리는 효과가 있다.

단점

① 과다한 통합 비용: 공장 설비 구축, 지분권 획득을 위한 투자 등으로 인해 통합 비용이 크게 발생할 수 있다. 이는 일시적인 자금 경색을 초래할 수 있다.

② 유연성 저하: 몸집이 커지고 공동 연구까지 수행함에 따라 방향이 잘못될 경우 큰 손실로 이어질 수 있다. 또한, 사업의 종료나 전환이 어려워져 경기 변화에 대한 적응 능력이 떨어진다.

③ 철수 장벽 증가: 과다한 투자는 해당 산업이 위축될 때 매각의 어려움 등으로 인해 철수 장벽을 높일 수 있다.

④ 원가 경쟁력 하락 위험(하방 통합): 하방 통합(후방 통합)의 경우, 시장에서 원자재를 구매하는 것보다 자체 생산 원가가 더 높아질 수 있어 원가 경쟁력이 떨어질 위험이 있다. 이는 시장이 레드 오션화되는 전조일 수 있으며, 급격한 경기 위축으로 이어질 수 있으므로 각별히 유의해야 한다.

⑤ 생산량 불균형: 통합 생산하는 각 단계별 제품의 생산량을 시장 수요에 정확히 맞추기 어렵다는 단점이 있다. 예를 들어, 모기업이 100만 대의 제품을 만드는데 자회사가 300만 대 분을 생산한다면, 200만 대에 해당하는 잉여 생산량의 처분 방안이 어려워질 수 있다. 이는 경기 변동 예측의 어려움과 통합 대상 기업의 상황에 따라 최적화하기 쉽지 않은 문제이다.

수직적 통합은 산업 혁명 이후 생산이 폭증하면서 생겨난 기업 확장 전략으로, 초기에는 규모의 경제를 통한 비용 절감에 초점을 맞추었으나, 점차 주요 부품 등의 안정적인 공급을 주된 목적으로 하게 되었다. 현재도 이러한 수직적 통합의 목적은 유효하며, 효율적인 경영과 시장 지배력 강화를 추구하지만, 동시에 과도한 통합으로 인한 단점 또한 명확히 인지하고 신중하게 접근해야 한다. 거래비용이론[1]*에 따르면 이러한 과정에서도 경제적 비효율성이 발생할 수 있다.

1) 거래비용이론: 시장에서의 경제적 거래에 수반되는 탐색, 협상, 계약, 이행 등 생산비 이외의 비용을 최소화하기 위해 조직이 형성된다고 설명하는 이론

📖 참고_ 1,000년 기업

에노키안협회[2)]에 따르면 2018년 기준 전 세계에 창립 1,000년이 넘은 '초 (超)장수 기업'은 16곳이다. 이 가운데 11곳이 여관이나 술집, 음식료품점이다. 오래 살아남으려면 불황이나 호황에 관계없이 언제나 잘 팔리는 의식주 관련 기업이 유리하다는 얘기다. 국내에서 가장 오래된 기업으로 꼽히는 두산도 1896년 문을 연 옷감을 팔던 포목상 박승직 상점이 모태다.

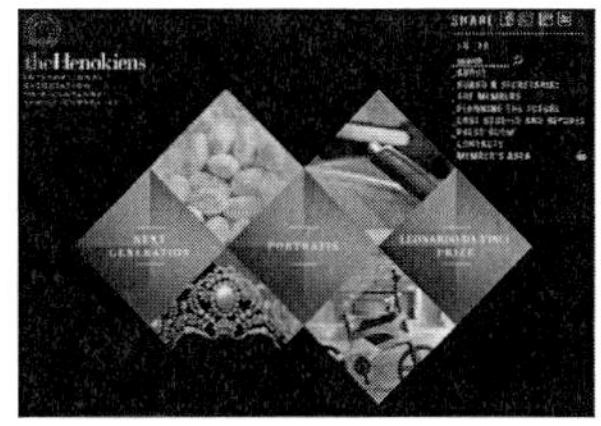
에노키안협회 홈페이지

1,000년 기업 곤고구미

1,500년 기업 곤고구미(金剛組)는 578년 설립된 기업으로 세계에서 가장 오래된 기업이다. 그해 비다쓰 덴노[3)]가 백제로부터 여러 장인들을 대거 받아들였고 쇼토쿠 태자(聖德太子)가 시텐노지를 건축하게 하여 593년에 완성한다. 곤고구미 창립자 류중광(柳重光, 金剛重光)은 이때 백제 위덕왕이 일본 쇼토쿠 태자의 요청으로 파견한 사공(寺工, 절 짓는 인부)으로 백제인 전주 류씨 가문이다. 이후 607년에 이들은 한국에도 잘 알려진 호류지(法隆寺)를 지었다. 여기 참여한 목수 중 류중광이 금강중광(金剛重光: 곤고 시게미츠)이라는 이름으로 일본에 남아 대대손손 시텐노지의 증축과 유지 보수를 담당한 것이 곤고구미의 개사(概史)이다. 곤고구미는 이후 중요된 관사(官寺) 시텐노지 재건 보수 중심으로 역할을 수행하여 왔다.

곤고구미의 상징인 오사카 시텐노지

㈜사업의 연속성을 기준으로 하면 연혁이 공인된 곳으로는 기네스 세계 기록에서 가족 사업(Oldest family business)으로 등재된 온천여관 게이운칸(慶雲館, 705년 창업)이 있다. 두 번째로 오래된 기업이라고 기재되어 있던 이케노보 화도회(池坊華道会)는 587년 설립되었다는 주장이 있다. 그러나 이들은 그 연혁이 증명되지 않았고, 꽃꽂이 명인 가문과 관련된 비영리 단체라서 기업이라고 하기에는 애매한 감이 있다.

일본에는 "곤고구미가 흔들리면 일본이 흔들린다."는 말이 있을 정도로 곤고구미는 일본인들에게는 신앙화되어 있다. 곤고구미의 기업마인드는,

문을 활짝 열어놓지 마라
사장은 현장의 귀신이 되어라
보이지 않는 곳에 비싼 자재를 써라
능력 이상의 일감을 받지 마라

일본 장수기업의 조건 7가지는 신(信) · 성(誠) · 속(續) · 심(心) · 진(眞) · 화(和) · 변(變)으로 다음을 의미한다(일본경제 연구소).

첫 번째 신(信): 신이란 고객이 자기 자신의 가게나 기업을 믿어주는 마음이다. 두 번째 성(誠): 성이란 언제나 정성을 다하는 것이다. 세 번째 속(續): 장사는 백년이든 천년이든 이어져야 한다는 것, 네 번째 심(心): 물건을 만들 때 먼저 깊이 생각해보고 그 물건을 어떻게 만들어야 소비자가 납득할 수 있는가를 생각한다. 다섯 번째 진(眞): 자기가 만들어 파는 상품에 진심을 담아 판매하고 이익을 먼저 추구하지 않는다. 여섯 번째 화(和): 기업 일과 무관해도 이웃과 사이좋게 지내라는 것이다. 일곱 번째 변(變): 변이란 이노베이션으로 '매일 혁신하라'는 말이다.

📖 참고_ 한국은행 장수기업 통계 등

2011년 한국은행 자료에 따르면 200년 이상 된 기업 수는 전 세계에 7,212개(다른 자료에는 5,586개)로 나타난다. 이 중 일본에 3,113개, 독일에 1,563개, 프랑스에 331개가 분포되어 있다. 보도자료로는 일본에 2019년 기준으로는 1,340개, 2020년 기준으로는 3,000개 이상이다.

100년 이상 기업으로는 세계에 약 8만여 개로, 일본 45,284, 미국 21,822, 독일 5,290, 영국 1,984, 이탈리아 1,182, 한국 16 등이다(동경상공리서치를 인용한 카나금융 연구소 "100년 기업의 조건", 2025.1.17.).

업종별 장수기업 수

1,000년 이상 기업으로 1300년 이전에 설립된 기업들을 업종별로 구분해보면 다음과 같다. 호텔과 음식업종(총 33/49=67%)이 많은 것은 생활과 연계되어 있기 때문인 것으로 분석된다.

총 49개 기업

업종	기업수	업종	기업수	업종	기업수
호텔여관	10	주화제조	2	소금광산	3
건설	2	종교용품	2	기타	3
음식, 음료	23	교회종	1		
제분/수력발전	1	제철금속가공	2	계	49

2) 1981년 프랑스 파리에 본부를 두고 발족한 에노키안협회(Les Héokiens)는 200년 이상 명맥(命脈)을 유지한 장수 가족 기업 48곳이 모인 단체로, 미국 증권시장에 이름을 올리고 있는 상위 500대 회사 평균수명이 17년에 불과한 시대에, 질서를 유지하면서 변화를 받아들여 장기 번영을 구가하고 있다. 에노키안은 성서에 나오는 '에속'에서 유래했다.

3) 일본의 제30대 천황. '오사다 덴노'(他田天皇)라는 별칭이 있었다. 비다쓰 덴노는 자신도 불법을 믿지 않고, 문학과 사학을 애호했다는 평가가 있다.

4) 수직적 통합상태 지속 요인

상대적으로 많은 비용이 들어가는 수직적 통합에 대해 통합 후 그 상태를 오래 지속하기 위해서는 몇 가지 고려요소가 있다.

첫째는 수직적 통합의 목적은 경쟁력의 강화이지 통제력 상승은 제일 목적이 아니다. 통합 후 통합 조직이나 제품·부품 간 시너지가 상승되고 사업 역량이 강화되어 경쟁력을 종합적으로 향상시키는 데 목적이 있으므로 그 선후를 잊으면 안 된다.

둘째는 소요되는 비용의 효율성에 대한 디테일한 분석을 통해 빈틈없는 비용 집행이 이루어져야 한다. 또한, 조달자금의 안정성이 담보되어야 하고 부채비율이 안전도를 넘지 않아야 한다. 가능하면 자기자본에 의한 조달이 좋다. 왜냐하면 수직적 통합으로 취득되는 자원들은 자본재에 해당하기 때문이다.

시너지는 전략적 시너지와 관리적 시너지로 구분된다. 전략적 시너지는 핵심사업의 브랜드가치를 높여주거나 공동자산을 활용하여 원가우위를 확보하는 것을, 관리적 시너지는 자산이나 인력 또는 유통구조의 융합·합리화를 통하여 발휘되는 시너지를 말한다. 수직적 통합은 조직의 유연성을 떨어트린다. 통합 상태 이후에도 유연성 확보 및 떨어트리지 않기 위한 노력을 기울여야 한다. 조직 유연성은 상황 변화에 유연히 대처하기 위한 필수 요소이다.

수직적 통합의 한 형태로 SPA(Specialty retailer of Private label Apparel)는 제품의 제조에서 판매까지 하나의 업체가 직접 운영하는 형태를 말한다. 소비품이나 일상용품의 경우 유행의 변화에 대응하여 빠른 시장 적응력을 가진다.

2 아웃소싱

1) 개요

기업 경쟁력의 확보는 모든 제조활동을 자기 기업 내부에서 실행하는 데서만 나오지 않는다. 기업 경쟁력의 요소는 원가경쟁력, 제품 차별화, 공급자나 구매자(고객)에 대한 협상력, 기술 및 기술 개발능력 등으로 여러 측면에서 나온다. 기업의 경영과정 중 이러한 경쟁력은 필요한 작업을 외부에서 수행하는 아웃소싱(outsourcing)에 의하여 여러 가지의 도움을 얻을 수 있다.

- 외주(outsourcing)업체의 생산성이 자사의 그것보다 훨씬 높은 경우 외주업체에 가공 마진을 주고도 생산성 차이만큼의 비용절감으로 원가경쟁력을 높일 수 있다.
- 제품에 들어가는 특정한 부품의 제조기술이 부족할 경우 그 부분을 외주업체에 위탁하여 완전한 부품을 장착하므로 제품의 성능을 향상시킬 수 있다.
- 외주기술의 도입으로 벤치마킹 등을 통하여 자사의 기술력을 향상시킬 기회를 가질 수 있다.
- 좋은 기술을 가진 부품 외주업체에 대한 수직적 통합의 기회를 가질 수 있다.
- 외주업체와의 공동 부품기술 연구를 통해 신제품 제작을 시도할 수 있다. 이 경우는 제품에 대한 아이디어만 필요하게 된다.
- 외주업체와의 새로운 제품으로 새 시장 개척에 도전할 수 있다.
- 경쟁업체들에 대한 경쟁력을 확보할 수 있다.

아웃소싱을 이용하는 국제적·국내적 유망기업들은 많다. 델 컴퓨터의 제조 및 컴퓨터 설치와 UA(United Airline)에 직원을 파견한 사례는 유명하다. 현대자동차는 전체의 생산 Line을 수직적 통합을 하였지만, 통합 이전에는 Outsourcing을 하고 있었고, 웬만한 기업들의 제품 틀(mold) 열처리 기술의 한계로 인해 외주를 활용한다. 정부나 정부 출연기관들의 응용 소프트웨어는 100% 외주에 의하고 있다.

지금도 ERP나 MES 등 업무용 SW는 정부 지원을 등에 업기도 하지만 매년 수천의 기업들이 Outsourcing에 의하여 자동화 SW를 도입하여 설치하고 그 효과를 보고 있다. Outsourcing은 이와 같이 우리 산업현장에 깊이 침투되어 있으며, Outsourcing으로 인한 산업의 경쟁력도 한층 증가되었다고 볼 수 있다.

2) 아웃소싱의 유의점

아웃소싱을 이용하면 주 생산활동의 전문성이 깊어져 제품이나 서비스의 품질향상 및 가치를 높일 수 있다. 외주 전문업체의 기술력은 회사에 내재화되어 기업 기술 경쟁력을 높여준다. 외주업체의 기술력과 생산성은 자사의 인력 절감 및 고정 자산 등의 과대 투자를 방지하여 고정비 감소를 가져와 비용의 절감 및 잉여 인력의 다른 핵심 업무에 투입하므로 이것이 회사 생산성과 제품력 및 생산능력 향상으로 연결된다. 아울러 생산 시간 및 유통시간을 단축할 수 있다. 아웃소싱의 이와 같은 유리한 점에 대하여 유의할 점은 다음과 같다.

첫째는 아웃소싱은 주로 핵심기술을 외부에 의뢰하므로 기술의 유출로 인한 손실을 초래할 수 있다. 이는 외주업체의 의도에 따라 사업에 결정적 영향을 미칠 수 있는 위험성이 있다. 이러한 위험은 기업에 치명적인데, Outsourcing을 전문으로 하는 Tesla의 경우는 전기자동차의 대부분을 외주에 의한 생산으로 조달하나 핵심부품인 구동 모터와 배터리 셀과 팩은 전부 자체 생산하고 있다. Apple은 기술 진보가 빠른 iphone이나 ipad 같은 제품에 대하여 하청업체에 의존하고 있으나 주요 생산설비는 Apple이 직접 소유하고 제조 대행업체인 Foxconn에 임대하는 형식으로 주 부품 생산에 대한 통제력을 확보하고 있다. Nike의 경우도 핵심부품은 직접 생산한다.

둘째는, 아웃소싱 기업이 노사 문제에 따른 파업에도 영향을 받는다. 자사의 파업은 어차피 유휴되어야 하는 시간이나 Outsourcing 업체의 파업은 대비책이 없으면 직접 타격으로 다가올 수 있다. 지진이나 화재 또는 전산망의 안정성도 공급의 안정성에 영향을 미친다.

인력의 아웃소싱도 할 수 있다 건설업계에서는 현장 근로자를 Outsourcing 하기도 하고 특정 분야에 대하여는 교육·훈련을 Outsourcing 하기도 한다. 해외 자재의 경우는 자재 구매를 Outsourcing 하기도 한다. 티몬과 위매프는 인수 후 재무팀을 해산시켰다 한다. 이 사례도 결과는 안 좋았지만, 관리기능의 Outsourcing을 통하여 이루어진 것이라 보아야 할 것이다.

결국 아웃소싱은 비용을 절감할 수 있다고 하는 목표는 그리 중요하지 않다. 또, 상황의 변화에 대한 분명한 반성이 있는 것도 아니다. 아웃소싱을 전문적으로 하여 Nike같이 품질관리 요원을 전문적으로 움직여 품질에 대한 확신과 원가경쟁력까지 확보하는 체계가 아니면 아웃소싱에 대한 시도를 할 때 충분히 검토하고 시행하여야 한다.

따라서 아웃소싱은

① 아웃소싱 업체와의 상호 신뢰가 기반이 되어야 한다. 양사의 보안의식과 추구하는 방향이 일치하고 상대방의 강점을 인정하고 협력하는 자세를 가져야 한다.

② 필요한 전문성을 확보하고 발현시켜야 한다. 상호 협력기업 간 자기 전문성을 잃으면 짠맛을 잃은 소금과 같아 버려지게 된다.

③ 아웃소싱하는 양 기업 간의 거리도 매우 중요하다. 많은 물품이 움직여야 하기 때문이다. 양사 간에는 철도 등 교통망으로 가깝게 연결된 경우도 좋은 입지조건으로 본다. 목적지 도착시간(Time to destination)이 정확한 것이 좋다.

④ 아웃소싱 기업 간에는 상호 신뢰가 기반이 되어야 한다. 상호 이해하고 상대방의 입장에서 생각하고 배려하는 마음이 있어야 안정적인 거래 관계를 가질 수 있다. 작은 실수를 크게 탓하고 상대를 이용하려고 하면 거래의 안정성에 흠이 가게 된다.

거래 기업 간에는 각자의 자기 분야 기술능력, 인적자원의 우수성, 생산 및 공정기술의 우수성, 서비스의 질 유연성 및 기동력 등의 기본 요건을 갖춘 협력관계로 향후 상호 출자 관계 또는 파트너십 관계로 발전시켜야 한다.

📖 참고_ Teslafication

Teslafication은 전기차 제조업체 테슬라(Tesla)가 보여주는 철저한 수직 통합(Vertical Integration) 행보를 일컫는 말이다.

Tesla는 전기차 생산 초기에는 배터리 셀을 한, 중, 일의 LG에너지솔루션, CATL 및 Panasonic 등으로부터 조달했었다. 그러나 신형 배터리 '4680'은 자체 개발 및 생산·조달하고 있다. '4680'은 기존의 배터리 셀 보다 용량을 5배 증가시켰다. 또 기가프레스(gigapress)를 제작하여 차체를 직접 주물 생산하고 구동 모터도 직접 생산한다. 배터리 원료인 리튬과 코발트 조달을 위해 해당 광산과 계약이 되어있으며, 소프트웨어도 직접 설계·개발, 반도체는 자체 설계 및 주문 생산을 하고 있다. 판매점도 기존 자동차 딜러들을 통하지 않고 자체 매장에서 직접 소비자에게 판매한다. Tesla는 Elon Musk가 엔지니어였던 Maltin Eberhard와 2003년 공동 창업한 사실, CEO가 된 것은 2007년이며 이후 막대한 개발비를 들여 전기차 Model S를 출시한 사실과 이후 Model X와 Model 3를 개발하였고, 2016년에는 Nevada주에 Gigafactory를 지어 생산의 혁신을 이룬 것은 잘 알려진 사실이다. Tesla와 같이 수직 통합적 행보를 철저하게 수행하는 것을 Teslafication 이라 하며, 기업 보안과 안전성 면에서 산업 전반적으로 분업되고 있는 실정이다.

CHAPTER 9

전략적 제휴, 합작투자, M&A

1 개요

기업(企業)은 살아있는 실체이다. 법에서는 기업에게 인격(人格)을 부여하여 행위능력을 인정하고 사람을 자연인(自然人)이라 하는데 대하여 이를 법인(法人)이라 하였다. 법인으로서의 기업은 스스로 행위를 할 수 있으며 한편은 자신의 행위에 대한 책임(행위책임)을 부담한다. 인간과 인간의 관계가 미묘하듯 기업도 그 탄생에서 성장 및 소멸에 이르기까지 여러 가지 삶의 경로를 통해 우여곡절을 겪는다. 국가 통계포털에서 2022년 12월 22일 업데이트 한 자료에는 1~7년까지의 생존율로 1년: 64.8%, 2년: 53.6%, 3년: 44.3%, 4년: 38.5%, 5년: 33.8%로 나와 있어 설립 후 5년 내에 66.2%가 문을 닫는 것으로 조사되었다. OECD 평균은 55.6%이다. 이후 살아남은 기업들은 경제의 삼 주체(정부, 가계, 기업) 중 한 축으로서 인간의 복리후생 증진과 먹거리 조달에 기여한다.

시장 지배기업의 수난

이 중에 세계 Top을 달리는 기업들이 있다. 2024년도 하반기 일부 발표는 마이크로소프트, 엔비디아, 테슬라, 아마존, 우리나라의 삼성전자, 대만의 TSMC, 자동차업계에서는 판매량을 기준으로 도요타, 폭스바겐, BYD, 현대자동차 등이 상위권에 있다. 이들 빅테크 기업들이 이 자리에 있기까지 많은 난관을 겪어왔을 것이며 그 자리를 지켜가기 위한 노력도 비상할 것이다. 얼마 안 있어 중국의 BYD나 지린 등의 자동차 업체들이 전기차를 앞세워 세계를 지배할 것이라는 예측인데, 그 강력하다는 독일의 자동차 폭스바겐 독일공장은 이미 중국 기업들이 인수하려는 움직임을 보이고 있다.

다른 빅테크들이 편안한 것은 아니다. 현재 세계 주가를 출렁이게 한 엔비디아는 반독점법을 무기로 한 미연방거래위원회(FTC: Federal Trade Commission)의 조사를 받는 중이다. 엔비디아는 인공지능(AI) 가속기 시장의 90% 이상을 차지하고 있으며, 이러한 독점적 지위를 활용하여 자사의 여러 제품을 구매하도록 압력을 가했는지와 경쟁사인 AMD(4.2% 점유) 등의 제품을 산 고객들에게 더 높은 비용을 청구했는가 등에 대한 혐의이다.

2 셔먼법의 발톱

1) 셔먼법의 태동

셔먼법은 1890년에 당시 상원의원이던 존 셔먼 주도로 제정된 미국 최초의 독점 금지법이다. 130년 이상을 초대형 기업들의 독점적 활동을 규제하며 자유 시장 경제와 시민의 자유를 보호하는 데 기여해 왔다. 미국과 나아가 세계 자유시장 경제를 지켜온 뼈대가 된 것이다. 셔먼법 제1조는 '거래를 제한하는 모든 계약, 결합 공모'를 금지하고 있다. 기업 간 어떤 형태의 연합도 불법이며 어떤 독점도 허용할 수 없다는 철학이 기반이 되어 있다. 시장지배적 기업들의 힘의 남용, 경쟁 제한 금지, 우월적 지위 남용이라는 경쟁사들의 부당 신고가 접수되었고, 이에 따라 경쟁 제한 기소 가능성이 제기되며 압도적인 시장 영향력으로 인해 경쟁당국의 감사 압박이 커지고 있다. 지위 남용의 금지를 골자로 한다. FTC 등이 기업의 독점으로 인한 불공정한 행위를 규제할 수 있는 법적 근거이다. 사업의 매각 또는 기업의 강제 분할을 하게하여 재계를 흔들었던 반독점 셔먼법의 손톱이 할퀸 흔적은 다음과 같다.

2) 셔먼법의 제재를 받은 기업들

(1) 스탠더드 오일

존 데이비슨 록펠러(John Davison Rockefeller)가 1870년도 창업한 스탠더드 오일은 미 정부의 반독점 대표 소송 사례로 꼽힌다. 스탠더드 오일은 1900년을 넘으며 여러 기업을 거느렸고 1904년에는 미국 석유 시장 점유율 90%를 차지했다. 미 대법원은 1911년에 이를 독점으로 보고 지역의 사업 거점 34곳으로 분할하도록 명령했다. 1개 회사가 갑자기 34개 회사가 된 것이다. 이 34개 석유 기업들은 이후 인수·합병 등 여러 과정을 거쳐 현재는 엑손모빌(ExxonMobil), 셰브론(Chevron) 등 주요 에너지 기업으로 통합되었다.

(2) 아메리칸 타바코

아메리칸 타바코는 담배 기업으로 1890년 창업한 이래 경쟁사를 대거 인수하며 담배 시장을 장악하였다. 아메리칸 타바코 역시 아메리칸 토바코 컴퍼니(American Tobacco Company)로 분할되었고, 이 과정에서 현재의 R. J. 레이놀즈, 로릴라드, 아메리칸 브랜즈 등이 생겨났다.

(3) NBC

방송사 NBC도 시장 독점적 위치가 확인되어 1942년 NBC와 ABC로 분할되었다.

(4) AT&T

AT&T도 독점을 인정받고 1982년 판결로 7개의 '베이비 벨(Baby Bells)'로 분할되었다. 모기업인 AT&T는 장거리전화 시장을 담당하고, 당시 떨어져나간 아메리테크, 벨애틀랜틱, 벨사우스, 니넥스, 퍼시픽텔레시스, 사우스웨스트벨(SBC), 유에스웨스트 등은 미국 지역 전화 시장을 분할 점령하였다.[1)]

(5) IBM

20세기에 들어서면서 산업은 중심이 디지털 산업으로 전환되었다. 미 법무부는 당시

---

1) 코노미21, http://www.economy21.co.kr

시장을 석권하던 IBM을 겨누었다. 컴퓨터 시장의 70%를 차지하는 독점 기업이라는 이유로 1969년 미 법무부는 IBM을 상대로 반독점 소송을 제기했다. 소송은 13년간 이어졌으며 900명이 넘는 증인이 소환됐다. 1982년에 와서 법무부는 IBM의 시장 지배력이 약해졌다며 소송을 취하했다. 그러나 하드웨어에 끼워팔던 소프트웨어를 외주 기업에 맡기는 전제였다.

(6) 마이크로소프트

IBM이 하드웨어에 끼워팔던 소프트웨어를 외주사에 맡기기로 한 것은 소프트웨어 신산업의 혁신적 성장을 가져왔다. 그 가장 큰 수혜자는 IBM의 소프트웨어 부문을 맡아하던 마이크로소프트이다. IBM이 회사 폐쇄의 단계까지 갔을 때 마이크로소프트는 전성기를 누렸다. 그러나 세계적 기업으로 우뚝 솟은 마이크로소프트도 반독점 칼날을 피하지 못하였다. PC 운영체제(OS: Operating System) 시장의 90%를 차지한 MS는 미국 정부의 반독점 소송에 휘말렸으며, 1998년에 시작되어 2001년에 합의로 마무리되었다. 당국은 OS인 윈도우에 인터넷 익스플로러를 끼워팔아 경쟁을 저해했다고 본 것이다. 당국은 MS를 분할시키려 하였으나 CEO였던 빌 게이츠는 자신이 경영 일선에서 물러나는 것을 택했다. 한편, 윈도와 연동된 소프트웨어를 개발할 수 있도록 윈도 소스코드 일부를 공개하였다.

마이크로소프트는 이후에도 AI로 사업을 전환하면서 AI 개발 스타트업인 인플렉션에 6억 5,000만 달러를 투자하였으며 MS가 주도하여 신규 투자를 유치하고 파트너십 관계를 맺었다. FTC는 이 관계에 대해 조사 중이라 하며 영국 정부는 이를 MS가 반독점 규제를 피하기 위한 편법 인수라 보고 조사에 들어갔다 한다.

(7) 구글

마이크로소프트가 윈도 소스코드를 공개함에 따라 많은 부가 사업자들이 생겨났는데, 이 혜택을 본 것이 구글이다. 구글의 전 세계 검색엔진 시장 점유율은 2024년 7월 기준(스탯 카운터－1999년에 시작된 웹 트래픽 분석 웹 사이트) 91.04%이다.

미국 법원은 2024년 8월 5일 구글의 이러한 검색시장 장악을 '불법적인 독점'이라고 판결하였다. 구글을 '독점 기업'이라고 판시한 아미트 메흐타 워싱턴 DC 연방법원 판사는 "구글이 스마트폰 웹 브라우저에서 자사의 검색 엔진을 기본값으로 설정하기 위해 비용을 지불하는 것은 미국 독점 금지법을 위반한 것"이라며 조만간 구글의 불법적인 검색 시장 독점을 막기 위한 방안을 결정하여 명령할 것이다. 이 판결의 근거는, 구글은 스마트폰 웹 브라우저에 구글 검색엔진을 기본값으로 설정하는 조건으로 2022년에만 애플에 200억 달러, 삼성전자에는 4년에 걸쳐 80억 달러를 지급했기 때문이며, "260억 달러는 다른 경쟁업체가 시장에서 성공하는 것을 효과적으로 차단했다."

"구글은 시장 지배력을 불법적으로 남용하고 경쟁을 제한했다."고 판시한 것이다. 이 외에도 구글은 2023년 1월 디지털 광고시장 독점 혐의로 추가 소송에 제소된 바 있다.

(8) 인텔의 부침

인텔은 1990년대 개인용 PC의 CPU(중앙 처리장치)에서 시장 점유율 90%를 차지하고 PC마다 'Intel Inside' 로고를 새기게 한 굴지의 세계 리더 기업이다. 겔 싱어는 18세인 1979년 인텔에 엔지니어로 입사하여 2009년 CTO로 인텔을 물러났다가 아이폰·모바일 시장 변화에 대응을 못해 위기에 빠진 인텔을 구하라는 특명을 받고 2021년 2월 CEO로 복귀한 상태다.

그러나 수천억 달러를 투자한 파운드리(반도체 위탁생산)에서 삼성전자나 TSMC를 극복하지 못했고 AI 열풍에서도 기회를 잡지 못했다. 여러 기업의 인수설, 삼성전자나 TSMC의 지원설이 나오기도 했다. 기존의 경쟁력에 안주했던 인텔, 4년에 가까운 격동의 세월을 보낸 겔싱어(2024년 12월 3일 사임)와 함께 인텔의 해가 넘어가고 있다.

(9) 기타의 제재

미국에서 대기업들의 수난은 지속되고 있다. 진행중인 미국 정부의 빅테크를 상대로 한 반독점 규제의 조사 및 소송전 때문이다. 그 내용은 다음과 같다.

- 애플: 미 법무부는 2024년 3월 뉴저지 연방법원에 15개 주와 컬럼비아 특별구와 함께 애플(Apple)을 상대로 반독점법 소송을 냈다. 애플이 스마트폰인 아이폰을 중심으로 노트북, 태블릿 PC, 스마트워치를 통해 폐쇄적으로 구축해 온 '애플 생태계'가 타깃이 되었다. 애플 기기에서만 사용할 수 있는 결제 서비스인 '애플페이'와 경쟁사의 스마트워치가 호환되지 않는다는 점 등이 그 이유이다. 애플이 독점적 지위를 이용해 경쟁사의 혁신을 억제한다는 이유에서이다.

- 아마존: 아마존(Amazon)은 FTC와 소송 중이다. 2023년 9월 FTC는 4년간의 조사 끝에 세계 최대 전자상거래 기업 아마존을 상대로 반독점 소송을 시작했다. 아마존은 미국 온라인 시장의 40%를 차지하며 미국 성인의 3분의 2가 아마존의 구독 서비스 '프라임'에 가입한 것으로 알려졌다. 아마존은 자사 플랫폼에 입점한 판매자가 다른 전자상거래 플랫폼에서 더 낮은 가격으로 판매하는 것을 막는 방법으로 소비자에게 피해를 준 것으로 보고 있다.
- 메타(페이스북): 2020년 12월에는 FTC는 현재 사명을 '메타'로 바꾼 페이스북을 고소했다. 페이스북이 인스타그램(instagram)과 WhatsApp을 인수해 소셜미디어를 독점했다는 이유에서다.
- 틱톡: 유럽 연합(EU: European Union)은 중국 동영상 플랫폼 '틱톡'의 포인트 보상 프로그램을 중단시켰다. 틱톡 라이트는 이용자가 영상을 보거나 '좋아요'를 누르면 포인트를 적립해주는 보상 프로그램을 운영했다. 이 포인트는 다른 상품권 등으로 교환할 수 있으며, EU는 이런 서비스가 중독성 위험을 높일 수 있다고 보았다.

📖 참고_ 대기업 회한

위에서 IBM, 인텔, 구글의 기업 역사에 얽힌 법인(法人)의 흥망성쇠는 컴퓨터를 하나로 보고 기업을 운영하던 IBM이 컴퓨터 하드웨어와 소프트웨어를 구분함으로써 인텔을 창출해냈고 인텔은 소프트웨어에서 검색용 프로그램 인터넷 익스플로러를 분리하여 구글을 탄생시켰다. 1950년대 초반부터 '컴퓨터=IBM'이라 했던 **IBM**은 1980년~1990년 간에는 지구상 최고의 이익을 구가한 기업이었다. 그러나 리더들은 점차 거만해지고 자기 중심적으로 변해갔으며 개인용컴퓨터(PC)의 트렌드를 읽지 못하고 메인프레임에만 집착하다 1993년에는 무려 80억 달러의 적자가 발생했고 11만 7,000명을 해고하였다. 1994년에는 세계 PC 시장 1위를 컴팩(compaq) 컴퓨터에 넘겨주고는 쇠퇴의 길을 걸었다. 이때, 구원투수로 당시 구조조정의 최고 전문가로 알려진 루이스 거스너(Louis Gerstner)는 IBM의 위기를 극복하기 위해 뼈를 깎는 구조조정을 단행하여 회사를 다시 위대한 기업으로 탈바꿈시켰다. 그는 자신의 경험을 담은 자서전 "코끼리를 춤추게 하라" "Who Says Elephants Can't Dance?"(2002년 출간)에서 IBM을 변화시킨 과정과 리더십 철학을 상세히 설명했다. 거스너는 매력적인 비전과 영감, 행동을 내세운 변화적 리더십으로 IBM을 살려낸 것이다. 다음 타자가 **인텔**인데 인텔은 PC 시장의 최강자로 1991년 5월 "Intel Inside" 운동을 전개하여 인텔의 프로세서가 탑재된 제품임을 나타내는 마케팅 슬로건을 내걸고 세계의 PC 앞에 'Intel Inside'를 PC, 노트북 등 다양한 제품에 첨부하게 하였다. 이 로고는 세계의 어느 소기업이 생산한 인텔 프로세서가 탑재된 제품에 붙여졌기 때문에 기업의 세계적 영향력을 잘 보여주고 있었다. 그러나 IBM이 관료적 관행의 태동으로 시대의 흐름을 읽지 못했던 것과 마찬가지로 인텔의 리더들도 이러한 세계 변화추이를 읽지 못했다. 엔비디아 투자기회를 놓쳤고, 미래 공정기술개발의 실패, 파운드리 사업 부진, 인공지능시장에 뒤처지면서 서버용 PC, PC용 CPU 시장에서도 뒤처지게 되었다. 이러한 시장 실패의 원인은 인텔의 관료화에 연관된다고 판단된다. 공룡화된 기업이 현재에 안주하는 전형적 오류이다. 다우존스30산업평균지수에서 인텔은 빠지고 엔비디아로 대체되었다.

다음은 **구글**이다. 컴퓨터의 구성요소인 소프트웨어를 내놓고 폐허를 일군 IBM과 소프트웨어의 기능의 하나인 검색엔진을 내놓고 헤매고 있는 Intel, 이들은 그들이 내놓은 제품의 일부 기능 - 이들이 내놓은 기능들은 당시 자기 기업으로 봐서는 그리 크지 않고 이를 제외하고도 충분한 사업의 영역이 펼쳐 있다고 생각했고 수많은 충성도 높은 기업들이 변심하리라고는 추호도 의심하지 않았을 것 - 이 문제가 아니라 이로부터 나타나는 작은 변화에 대한 의식이 없었기 때문이지 미 연방법원을 원망할 이유가 없다. 국제 경쟁의 한가운데서 밀리는 양상을 보이는 삼성전자는 어떤 길을 가게 될 것인지, 인텔이 2013년 CEO로 영입한 사람은 재무통 출신인 브라이언 크르자니크(Brian Krzanich)'이며, 이는 사고가 급증하고 있는 보잉사의 재무통 CEO들의 모습과 함께, 2025년 인사에 올드보이와 재무통들을 전방에 세운 삼성전자, 그들이 잘 해주어야 할 것이다. 마지막 기회가 넘어가지 않았기를 희망한다.

---

3 전략적 제휴

1) 개요

전략적 제휴는 경쟁관계에 있는 기업들이 사업의 일부 또는 기능에서 일시적인 협업관계를 맺는 것으로, 경쟁을 위한 협력이지만 경쟁과 협력이라는 측면에서 양면성을 가진다. 전략적 제휴는 기업전략(corporate strategy)이나 사업전략(business strategy)의 양측면에서 모두 중요하다. AI, 생명공학, 신소재, 항공, 자동차, 화학, ICT 등의 첨단산업, 빅데크, 대규모 장치산업 등에서 자주 나타난다. 전략적 제휴를 하더라도 셔먼법을 피해갈 수는 없다. 제휴가 가격 담합이나 시장 분할 등 시장에서 경쟁을 억제하거나 독점적 지위를 강화한다면 제재를 받을 수 있다.

전략적 제휴를 위해서는 파트너 간 상호 이익을 위해 상호성의 원리에 입각한 조직적 접근 방식이 필요하다. 상호성(Reciprocity)의 원리란 경영자원의 공유, 교환, 통합을 하는 것과 같다. 지분 참여도와 긴밀한 관계의 기준에서 강도의 순서는 인수합병(M&A) > 합작투자(전략적 제휴) > 기능별 제휴(전략적 제휴)라 볼 수 있다.

2) 수직적 통합과 전략적 제휴의 동인

사업의 확장과정에서 물류 흐름의 적은 프로세스 저해 사태가 수직적 통합의 동인을 제공하게 된다. 전략적 제휴를 하면 주저함 없이 신속하게 신규 시장/사업에도 진출할 수 있다. 독자적으로 개발해도 신제품을 개발하고 시장에 진입할 수 있겠지만 속도전에서 밀릴 수 있다. 기존에 내가 가지고 있는 역량으로 성공하기 어려운 시장에서는 독자적 개발에 막대한 시간/비용이 소모되기 때문에 전략적 제휴가 유리하다.

한편, 수직적 통합은 업무를 원활하게 하여 분명히 효율성을 증가시키게 된다. 충분한 자금 조달이 가능하고 공급 및 수요의 균형을 맞출 수 있다면, 그리고 공급 및 수요에도 균형을 맞출 수 있다면 수직적 통합은 대단히 훌륭한 대안이 될 수 있는 것이다. 수직적 통합을 활용한 기업 간 관계발전 여정은 아래와 같다.

• **그림 1** 수직적 통합의 발전과정

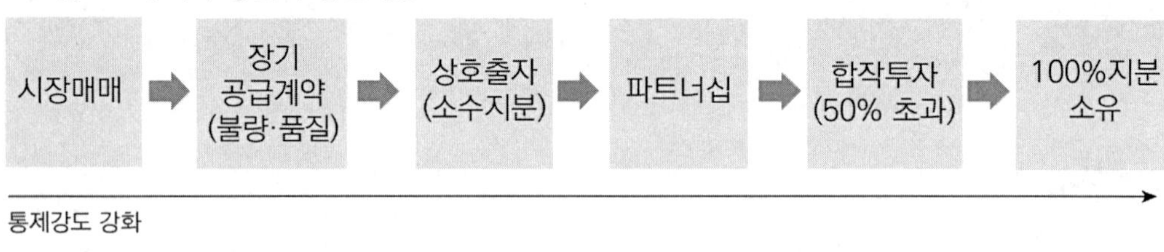

수직적 통합은 물류흐름에 따른 전후방 통합을 통해 업무 프로세스 장애요소를 제거하여 효율성을 높임으로 성과를 개선하고 기업을 성장시킨다. 수직적 통합이나 다각화는 현재의 업무나 거래 관계에서 출발하여 연관 기업 간 합작 투자나 인수합병을 통하여 기

업을 성장시키는 기업 성장 전략이다. 그러나 기업의 운영과정에서 특별한 목적을 가지고 전략적으로 협업하는 방식의 발전전략이 전략적 제휴이다. 기존의 수직적 업무 협력 관계 강화뿐만 아니라, 새로운 시장 진입, 신소재 및 신제품 개발, 나아가 투자 및 신용공여 등 시너지를 창출할 수 있는 모든 분야를 포함한다.

전략적 제휴에 따른 기업 간 관계발전 과정은 다음과 같다.

• **그림 2** 전략적 제휴에 따른 기업의 발전 과정

특정분야의 연구개발 의뢰 등으로 시작한 두 기업 간의 제휴관계는 지분관계를 맺다가 M&A 또는 복석사업을 가지고 기업을 설립할 수 있다. 이 절자는 관계발전을 기순으로 본 것이나 기업 간의 제휴는 다양한 형태로 이루어진다. 장세진 교수가 인용한 J. Bleeke and D. Ernst의 전략적 제휴의 유형을 보면 지분 참여도와 긴밀한 관계의 정도 차이는 인수·합병과 전략적 제휴로 구분되며 전략적 제휴는 합작투자와 기능별 제휴로 지분 참여도와 긴밀한 관계를 기준(이상 Y축)으로, ① 신제품 개발, ② 생산위험 경감, ③ 새로운 생산기술 개발, ④ 개발비용 절감, ⑤ 기초시설의 활용도 증가, ⑥ 규모의 경제 이용, ⑦ 제품 라인 갭을 줄임, ⑧ 새로운 지역에 진입 등의 8가지(이상 X축)로 구분하여 각각의 매치 형태별 전략적 제휴의 유형을 그림으로 표시하였다.

현실에서의 업무 제휴는 특수가공이나 금형 제작 특수연마 등의 타사 시설과 기술을 이용하는 기초적 작업단위에서, 원재료·부품의 공동구매 등이 유통, 생산기술이나 공정기술의 개발, 신제품 개발, 생산성 높은 기업의 생산시설 활용, 신시장의 침투 또는 방어 등에 대한 제휴 수준별 대응, 협업 대상이 된다.

3) 전략적 제휴의 목적

기업은 태생부터 부족함 속에서 출발한다. 갖추어야 할 기술이 부족하고 제품을 만드는 제품제조기술, 공정관리 능력이 부족하며 시장 관리 능력도 부족하다. 그러나 창업자는 무언가의 한두 가지 믿는 힘이 있어 창업을 하고 기업을 성장시켜 나간다. 그러는 과정에서 급격한 현대의 환경 변화는 혼자 따라가기 어렵다는 것을 깨닫고 보완적인 기술이나 제품, 시장과 유통망, 생산기술, 나아가 감성적 고객서비스 기술 등까지도 이를 가지고 잘 활용하는 다른 기업들과의 협업을 고려하게 된다.

(1) 자신의 부족한 점의 보완

기계제작을 하는 기업은 필요한 금형을 자기가 만들지는 않는다. 특수 열처리 등의 업무는 그 전문가의 도움을 받는다. 전략 제휴의 첫 번째 이유는 사업을 시작하면서 자신이 부족한 부분을 외부 전문가에 의존하여 업무 수행의 안정성을 확보하는 일이다.

(2) 위험의 분산

현대의 사업은 진입장벽이 높고 신제품 개발에 막대한 비용이 투입된다. 마이크로소프트는 AI 개발 스타트업인 인플렉션에 6억 5,000만 달러를 투자했다. AI 개발에는 그 이상의 돈이 들어간다는 것으로 자신이 부족한 인플렉션의 개발 능력을 사고 파트너십을 맺은 것이다. 이 거래에는 엔비디아도 엮여 있다.

(3) 제휴 또는 투자를 하지 않음(부작위: 不作爲)에 따른 손실

일각에서는 인텔(Intel)이 7년 전 오픈 AI에 투자할 기회를 놓친 것이 AI 시장 경쟁력 약화에 영향을 미쳤다고 평가하기도 한다. 인텔은 지금은 삼성전자의 4분의 1 규모로 쪼그라들었다. 2024년 8월 4일 인텔의 시총은 1,000억 달러 이하로 쪼그라들었고 삼성전자의 그것은 3,875억 달러를 기록했다.

(4) 성장의 기회 발견

인텔과는 반대로 GANMAN(GANMA+N) 기업들은 상호 출자 및 전략적 제휴를 통해 오늘날의 빅테크 기업을 형성하고 있다. 개발비용이 천문학적으로 들어가는 미래 사업에 대하여 상위 수준에 있는 동병상련하는 기업들의 기술력을 초빙하여 활용하고 한편은 다른 기업들은 그들이 쳐놓은 그물 안으로 들어오지 못하도록 하는 방어전략까지 동시에 구사한다. GANMAN＝GANMA＋N이란 AI계 빅테크 기업인 Google, Amazon, Microsoft, Meta 및 Apple과 신입 회원격인 Nvidia를 그들의 두문자를 연결시켜 부르는 조합어이다.

(5) 금융의 지원

마이크로소프트와 엔비디아는 AI 개발기업 인플렉션의 증자 13억 달러에 직접 관여하여 성공시켰다. 다만, 인플렉션은 사업을 종료하고 구조조정을 단행했다. 개인용 AI 프로그램을 내놨지만, 매출을 거의 올리지 못한 것이다. 오픈 AI 대항마로 꼽히는 앤트로픽은 연간 20억 달러를 쓰는데 매출은 2억 달러에 불과하다.

(6) 자원의 공여

상대방의 잉여 생산능력을 활용할 수 있고, 한쪽의 생산성이 높은 경우 전체적인 생산원가를 줄여 원가경쟁력은 확보할 수 있다. 카카오는 대화형 AI 서비스 앱을 2024년 하반기 출시하겠다 하면서 “자체 거대 언어모델(LLM)에 투자를 집중하기보다는 ~ AI 서비스 출시를 빠르게 진행”할 것이라 하여 이 부분에 대한 전략적 제휴계획을 암시했다.

(7) 국경을 넘어 새 국제 정치문화를 조성

빅테크 기업들은 국가별 다소 장애가 있어도 시장을 보고 집입하여 기존의 정치지형에 새로운 국제관계의 패러다임을 조성해낸다. 그러나 매출규모가 커져 독점의 문제가 생기면 이는 철저히 응징한다. 이들은 미국, 영국, 프랑스, 한국 등 진입에는 장애를 느끼지 아니하나, MS, Nvidia 등에 대하여는 그들의 시장지배력 및 독점 협의에 대해 영국과 미국에서 동시 조사를 벌이고 있다.

(8) 새로운 비즈니스 모델의 구축

삼성전자는 증강현실 엔진인 XR을 개발하였다. 이는 제휴업체인 엔비디아 등을 통하여 새로운 영역의 비즈니스로 이어질 것이다. 근래의 HBM 신모델에 대한 기대가 크며 이들은 새로운 시장을 창출하고 새 비즈니스모델을 구축해간다. 이 단계에서는 그동안의 업종에 연연하지 않고 새 회사를 창설할 수 있다.

(9) 산업표준의 선도

특정 산업분야에서 제품, 서비스, 프로세스 등의 품질, 성능, 안전 등을 보장하기 위해 제정된 국가 또는 국제표준규격을 산업표준이라 한다. 이 산업표준을 기업이 중심이 되어 설정하면 그 기업은 시장 장악력이 매우 커진다. 반대로 산업표준에 포함되지 못한 경쟁기업의 경우는 큰 타격을 받을 수 있다. 비디오 테이프 시장에서 Sony가 자사가 기술적 우위에 있었던 베타 방식이 VHS 방식에 밀린 산업표준 실패 사례는 유명하다. 최근에는 일시적이지만 본사 빌딩을 헐고 공원을 만들기도 하는 등 사업 재편을 하였다.

(10) 사업 철수 용이성 (철수장벽)

특정 산업진입에 자본이 많이 투입되어 있으면 철수 장벽이 높아진다. 반대로 협력하는 공동 투자사가 있으면 투자 규모도 줄고 철수를 결정할 때 협력사에 잔여 사업을 인수시킬 수도 있다. 철수 위험 등을 분담하기 위한 전략적 제휴를 하는 경우도 있다.

4) 전략적 제휴 추진 유의사항

전략적 제휴의 목적은 ① 자신이 부족한 부분에 대한 협력 획득 ② 위험의 분산 및 성장의 기회를 잃지 아니함 ③ 금융이나 자원의 공여 ④ 국경을 초월한 비즈니스의 전개 등으로 요약할 수 있을 것이다. 이러한 광범위한 전략적 제휴를 추진함에 있어서는,

첫째, 전략적 제휴의 필요성을 인식하고 목적을 분명히 한다. 목적의 범위는 가능한 한 좁히는 것을 권한다. 집중력이 없으면 하나도 되지 않을 수 있다.

둘째, 염두에 둔 전략적 파트너에 대한 검증을 실시한다. 평소에 좋은 사람 또는 동반자라 생각하였어도 가까이서 업무를 같이하는 것은 다르기 때문이다. 대상기업의 기업문화, 업무 스타일, 종업원들의 신실성, 회사의 신용등급이나 사회적 평판, 재무보고서의 검토, 노조 및 종업원들의 회사 평가, 특히 정부 제재를 받은 것이 없는지 등을 조사 및 검토한다.

셋째, 오퍼 단계인데, 상대 회사에 업무 제휴 오더를 함에는 처음에는 가벼우나 거부할 수 없는 사안부터 시작하여 고난이도로 진행하는 것이 좋다. 이것은 협상이며 설득임을 잊으면 안 된다. 전략적 제휴는 단기적인 것이고, 장기적으로는 인수합병으로 가는 것

이 좋다.

🗁 사례_ 나락으로 떨어지는 인텔 이야기

AI 투자기회를 잃고 나락으로 떨어지는 인텔 이야기를 좀 더 한다. 인텔은 2017~2018년에 걸쳐 오픈 AI 지분 15%를 10억 달러, 오픈 AI가 사용할 AI 칩을 원가로 제공하는데 지분 15%를 인수하는 방안을 협의하였고, 오픈 AI는 엔비디아 칩 의존도를 낮추고 자체 인프라를 구축할 수 있다는 점에서 '인텔의 투자에 적극적'이었다. 그러나 인텔의 당시 최고경영자(CEO) 밥 스완이 생성형 AI가 머지않은 미래에 출시될 것이라는 오픈 AI 측의 주장에 회의적이었고, 인텔의 데이터센터 부서도 오픈 AI에 제품을 원가로 제공하는 데 부정적 입장을 취하였다. 이 거래의 불발 이후 2019년 오픈 AI는 마이크로소프트와 파트너십을 맺고 130억 달러를 투자받았다. 그로부터 2년 후 2021년 11월 챗 GPT가 출시되었다. 1990~2000년대 PC 칩의 선두주자였으나 오픈 AI 투자 실패는 인텔이 AI 시대에 뒤처지게 된 대표적 전략적 실패라고 평가된다.

인텔은 핵심사업인 PC CPU의 시장 점유율은 AMD에 빼앗기고 AI GPU 부문에서는 엔비디아와 AMD에 형편없이 밀리는 등 큰 위기를 맞고 있다. 2024년 2분기 매출은 128억 3,000만 달러, 순손실 16억 1,000만 달러를 기록했으며 모두 시장 예상치를 하회한다. 이 실적발표 후 인텔의 주가는 8월 2일 하루 동안 26% 넘게 폭락하였으며, 시총은 30년 만에 처음으로 1,000억 달러 이하인 810억 달러 수준으로 떨어졌다. 주가는 계속 내림새로 한달 전 34.59달러 대비 19.79달러로 42% 하락하였다.[2)]

인텔의 사례는 CEO의 전략적 의사결정이 얼마나 중요한지를 보여주는 사례이다. 인텔의 향후 반격이 기대된다. 한편, 2024년 9월 열릴 예정이던 연례 최대 행사 "인텔 이노베이션 2024"를 취소했다. 이날 무디스는 인텔의 선순위 무담보채권 등급을 A3에서 BaaI로 하향 조정하고 등급 전망도 '안정'에서 '부정적'으로 변경했다.

전략적 제휴는 그 기회를 놓쳐서는 안 된다.

2) 정혜진, (2024. 8. 8), 서울신문.

4 전략적 제휴의 형태

전략적 제휴의 형태는 제휴하는 기업 간 지분 교환 관계가 있느냐 없느냐로 크게 구분된다. 빅테크 등 대기업들의 제휴 관계에서는 지분의 투자가 이루어지고 특정 프로젝트에 대하여 파트너십 관계를 맺을 수도 있다. 상호 투자의 경우는 기존 사업에 외부자본이 들어오는 형식이므로 사업의 목적이나 방향성이 흩어질 수 있다. 이런 혼란을 방지하기 위해서 별도 법인을 신설하기도 한다. 이렇게 설립하는 회사를 조인트 벤처(joint venture)라 한다.

1) 지분투자

거래되는 기업 간 전략적 제휴의 중요성과 가치를 인정하고 그 발생 시너지를 더 크게 활용할 필요를 느낀다면 합작투자를 고려할 수 있다. 제휴는 주로 기능별로 추진되므로 이에서 벗어나 상호 일정한 지분을 가진 법률적으로 독립된 기업체를 설립하는 것이다. 합작투자는 포괄성이 있으나 생산, 판매, 연구개발 등 일부의 업무에 국한시킬 수도 있다. 이렇게 설립되는 법인을 보통 조인트 벤처라 한다.

조인트 벤처의 운영과 위험의 부담은 조인트 벤처 스스로 부담하고 자율성을 가지게 된다. 독과점 기업 등 법적으로 합병이 제한된 경우에도 효과적으로 설립하여 운영할 수 있다. 양사가 완전한 통합을 원하지 않고 서로 다른 점에서의 활용성이 있을 때 조인트 벤처를 설립할 수 있다. 조인트 벤처는 설립 당사자의 사업이 기반이 되나 운영의 독립성이 유지되어야 하므로 당사자 간 불화가 생길 때 기술 유출이나 수익성을 상실할 수도 있다.

지분을 한 쪽에서 100%를 소유하는 경우도 있다. 이 경우는 제휴된 기업의 독립성이 인정되나 상대방은 피고용인과 같은 형태를 가질 수 있다. 자본이 없고 특정한 능력이 있을 경우 이런 형태를 취할 수 있다. 이런 경우는 그 능력의 미래가치를 산정하여 일정 지분을 인정하는 것이 일반적이라 볼 수 있다. 경우에 따라서는 투자회사에 들어와 업무를 수행하기도 한다. 조인트 벤처 또는 100% 지분 소유의 경우 외에는 일방 또는 양방이 일부씩 투자하는 형태의 제휴가 이루어진다. 이를 지분제휴(equity alliance)라 하는데, 지분투자가 병행된 전략적 제휴는 투자지분만큼의 발언권 증대로 이어진다. 다음 내용을 참조한다.

- 인수합병이나 핵심사업의 합작투자의 경우는 상대방 시설의 활용이나 새로운 생산기술의 개발, 규모의 경제 활용, 개발비용 절감 또는 신시장의 진입 등에 유용하다.
- 판매 합작투자의 경우는 제품 라인 갭을 줄이는데 생산 합작투자의 경우는 규모의 경제 활용에 유용하여 시설 활용도의 증가 또는 신 생산기술의 개발, 개발비용 절감 등에 유용하다.
- 연구개발 합작투자의 경우는 제품기술, 생산기술 등의 혁신적 발달을 가져온다.

2) 비지분 투자

지분투자의 제휴는 향후 이 기업을 M&A하여 기업을 확장하겠다는 의도가 있다고 볼 수 있다. 그러나 비지분 투자 형태는 순수 업무처리 관계로, 기능별, 업무별 관계를 맺게 된다. 비지분 투자는 기능별 제휴가 이루어진다. 기술제휴나 연구개발 컨소시엄이 구성되는 경우는 신제품 개발로, 생산기술 개발이나 생산위험을 경감시키게 된다.

판매 제휴(제품 스왑)의 경우는 제품 갭을 줄이며 새로운 생산기술을 도입할 수 있고 규모의 경제를 활용하거나 개발 비용을 절감할 수 있다. 라이선스를 활용하는 경우에는 그 라이선스의 내용과 허용의 범위에 따라 라이선스를 사용하는 측의 활용 효과가 있고 그 가치의 범위 내에서 대가를 지급하게 된다. 라이선스는 상호 라이선스를 이용하는 교차 라이선스를 활용하기로 한다.

좋은 전략적 제휴 파트너 선정 방법

좋은 전략적 제휴 파트너를 선정하기 위해서는 다음 사항을 유의한다.

① 제휴에 참여하는 기업 간 전략의 일치성이 있어야 한다. 이는 파트너의 거래 상대방 중 우리와 경쟁자가 있는가의 문제이다.

② 기업 문화의 차이는 극복할 수 있는 정도인지 확인한다.

③ ERP 등 경영관리시스템이 호환적이면 좋다.

④ 파트너가 가진 경영자원과 핵심역량이 우리의 그것과 보완적이면 좋다.

⑤ 본 제휴가 상대방에게도 우리에게와 마찬가지로 중요하여 이 제휴의 성사를 위

하여 혼신의 노력을 경주하여야 한다.

⑥ 제휴 관리를 잘하여야 한다.

㉠ 전략적 제휴는 경쟁 관계에 있는 기업 간의 구체적 목표를 가진 단기적 협력이라는 점을 명확히 함. 합작투자의 경우 그 기간을 3~5년 정도로 봄.

㉡ 제휴가 끝난 후 어찌할 것인가의 대책을 마련, 대부분 한쪽이 상대방의 지분을 인수하는 경우가 많음.

㉢ 제휴기간 동안 파트너로부터 철저히 배우고 더 강하게 하여 독립할 준비를 마쳐야 함. 상대방도 그리 할 것임.

㉣ 조직 레벨별 상호 간 긴밀한 관계로 조직 전체로서의 역량을 키워야 함, 특히 해외 기업과의 제휴일 경우 국제적 안목을 키우는 것이 중요함.

5 M&A

1) 개요

두 개 이상의 조직이 합병(merger)이나 인수(acquisition)하는 것을 합하여 인수합병(M&A)이라 한다. 전략적 제휴를 통하여 기업이 다른 기업들로부터 필요한 것은 취하면서 상대 기업의 지배가 필요할 경우 M&A를 한다. 기업 성장방법의 하나이나 기업의 창업에 많은 위험이 있으며, 경영이 부실화된 기업은 기술은 살아있고 적자 누적으로 인하여 소요자원은 상대적으로 적을 수 있고 자사의 경쟁력에 피인수합병 기업의 기술이 합해질 때 큰 시너지가 발생할 수도 있다.

한편, 적절한 M&A 대상기업을 찾기가 어렵고 좋은 대상을 찾아 합병하였어도 문화적 차이로 화학적 결합까지는 지난한 과정을 거쳐야 할 수 있다. 그러한 어려운 과정들도 우리나라의 현재 상위를 점하는 재벌이나 대기업들은 수많은 M&A의 역사를 가지고 있다. 여러 기업이 쌓아온 핵심역량을 합하고 소화하여 성장해 온 것이다.

M&A와 유사하게 사용되는 개념 중에 M&D(Merger and Development)가 있다. 합병 후 신제품이나 신기술의 개발을 의미하는 것으로 핵심적 중요하고 미래를 개척할 기술을

가지고 있는 기업을 합병한 후 연구진들이 공동으로 새 제품을 개발하는 것을 말한다. 피합병 대상 기업 수준의 기술을 자체적으로 축적하는 데 드는 비용과 시간적 제약을 고려할 때, 합병을 통해 필요한 기술을 확보하고 시간을 단축하는 것이 효과적일 수 있다. M&D에 따라 기업가치가 상승하므로 필요자금은 자본주의 투자를 유치할 수 있을 것이다.

2) M&A의 역사

기업을 성장시키고 발전시켜 이익을 얻어야겠다는 마음은 산업혁명을 거슬러 올라가 로마와 그리스 시대로, 우리나라에서도 개성상인과 신라 장보고의 상단에 이른다. 인간의 이윤동기는 시대를 불문하고 경쟁 사업을 자신의 사업에 편입시켜 유 입지를 확보하려는 욕구는 흡수라는 절차로 이어졌다. 현대적 의미의 M&A는 19세기 말 시장 확장과 생산 효율성 증대를 위한 철강, 광업, 석유 등의 산업에서 시작되었다고 보는 것이 의미가 있을 것이다. 실제로 US. Steel은 카네기 스틸 및 8개의 주요 철강회사들을 합병하여 탄생한다. 기업의 흥망성쇠가 있었고 한계이론도 정립되기 시작했다.

사업간 결합의 초기에는 기업의 성장과 함께 몇몇의 동종 또는 유사기업이 시장의 독점적 지배를 위해 법률적·경제적 독립성을 유지하는 가운데 협정을 맺어 경쟁을 제한

• **표 1** M&A 목적 및 특징 변화 모델

구분	형태/시기	주요 동기/목표	특징 및 용어
M&A 물결	1차 물결 (19세기 말~20세기 초)	시장 지배력 확보 및 독점 추구	수평적 결합, 독과점, 트러스트 형성, 규모의 경제
	2차 물결(1920년대)	일괄 생산 체제 확보, 안정적인 공급망 구축	수직적 결합, 공급망 효율화, 산업 통합
	3차 물결(1960년대)	사업 다각화, 위험 분산	복합 결합(Conglomerate), 비관련 분야 인수
	4차 물결(1980년대)	재무적 차익 실현, 기업 구조 조정	재무적 M&A, 적대적 M&A, LBO, 매매 차익 중시
	5차 물결 (1990년대~2000년대 초)	핵심 역량 집중, 글로벌 경쟁력 확보	전략적 M&A, 글로벌화, 시너지 강조
	6차 물결 (2000년대 후반~현재)	디지털 전환(DX), 신성장 동력 확보	융·복합적 M&A, 첨단기술 중심, 산업 경계 파괴

주) 전략적(Strategic): 장기적인 성장/경쟁 우위 확보 목적. 시너지, 핵심 역량 강화에 초점을 둠
재무적(Financial): 단기적인 수익성/매매 차익 극대화 목적. LBO, 자산 매각을 통한 수익 창출에 초점
우호적(Friendly): 시너지를 위한 협력적 인수 목적, 대상 기업 경영진의 동의 필요
적대적(Hostile): 지배권 확보를 위한 강제 인수 목적, 대상 기업 경영진의 반대(ex. 공개 매수)

하고 이윤 극대화로 연합하는 일종의 독점형태인 카르텔 등 담합의 전략을 구사하기 시작하였으며, 시장 장악 노력은 대자본이 동종·유사 제품의 타 생산업체에 출연을 통한 복합기업 형태로 법률적 독립성을 상실하고 상호 결합하는 형태인 트러스트를 거친다.

이후 M&A는 우호적 성격을 벗어나 M&A 당하기 싫어하는 기업을 강제적으로 흡수하는 적대적 M&A도 등장하였다. 시대적 M&A의 양상변화는 [표 1]과 같다.

3) M&A의 목적

현대의 기술 진보는 매우 빠르다. 빅테크 기업들이 주도하고 있는 AI나 챗 GPT의 경우, 그 복잡성으로 보아 한 기업에서 MPU(AI가속기)를 개발하고 HBM과 데이터 고속도로인 NVLink LLM 및 챗 GPT를 개발하려 한다면 10년도 모자랄 것이다. 비용도 수천억 달러가 들어간다. 그러나 이 기술들은 몇 년 안에 답이 나와야 하는 것들로 엔비디아에서는 MPU와 NVLink를, 삼성전자, 하이닉스, TSMC 등의 협업 역할로 HBM을, 챗 GPT는 오픈 AI가, LLM은 LLM 전문회사가 분담하여 개발을 하므로 소비자의 욕구를 충족시킬 수가 있다.

이 예는 파트너십과 투자의 예이지만, 독과점 문제로 M&A를 못함으로써 엮이는 관계일 뿐이다.

M&A를 행하는 목적은 다음과 같다.

① 새로운 분야에 진출하는 기업은 시장 진입시간(time to market)을 단축시킨다. 인수대상 기업의 기술 수준만큼의 연구개발 시간을 단축하게 된다.

② 같은 업종의 M&A일 경우 생산능력의 향상으로 규모의 경제 효과를 피인수기업이 가진 시장과 생산능력 등을 통해 달성할 수 있다.

③ 인수대상 기업이 비능률적인 콩글로머리트(Conglomerate)일 경우 인수 후 리스트럭처링 등을 통해 자원 이득을 볼 수 있다.

④ 좋은 문화는 배우고 규모도 커지므로 업계 위상의 상승에 따른 더 성숙된 기업의 모습을 확립할 수 있다.

⑤ 해외시장이나 신시장 진출을 수월히 할 수 있다.

4) M&A의 방법

인수합병(M&A)를 M&A와 M&D로 나누어보면 M&A는 다시 인수와 합병으로 구분되어 다음과 같이 구분된다.

(1) M&D

인수 후 개발대상 제품이 있는 경우 거기 정통한 기업을 인수하여 그 기업의 연구인력들과 함께 개발한다. 이때 유의할 점은 인수 시 연구 핵심인력이 탈락되지 않게 하는 일이다. 핵심 연구인력을 확보하지 못하면 M&D는 실패한다.

(2) 인수

인수에는 다음의 종류가 있다.

(가) 자산 또는 순자산 인수

피인수 대상기업이 보유한 자산 또는 자산과 부채를 인수하는 것이다.

자산인수를 할 경우는 유형자산은 실사하고 무형자산은 특허권 등 증서를 확인하고 필요 시 발행·발급처에 조회한다.

순자산 인수의 경우에는 부채의 실사가 어려운데, 부채는 모두 채권자에게 조회하고 할인하며 부외부채는 부외부채 조사요령으로 확인 검증하되 부외부채의 부존재에 관한 확인서 및 각서를 공증하여 첨부한다.

(나) 주식 인수

계약 당사자가 실질 주주인가를 확인(주권, 신분증, 주식 보관증 등)하고 주식 양수도 계약서를 작성한다. 1주당 가치는 회계법인 등에 평가를 받아두는 것이 좋다. 지급할 총 가격과 지급방법 등을 결정한다. 주식인수(매수)는 우호적 인수나 비우호적(적대적) 인수가 있다.

(다) 영업 양수

인수 대상기업이 가진 제품 판매권 등 영업의 일부 또는 전부를 양수하는 것으로 양수의 범위는 협의하여 정한다.

(3) 합병

둘 이상의 기업이 결합하여 법률적으로 하나의 실체로 법인격을 갖는 것을 합병이라 한다. 합병하는 하나의 당사자가 다른 기업들을 흡수하여 흡수한 회사만 남는 것을 흡수합병이라 하고, 합병 당사자들은 모두 해산하고 회사를 하나 설립하는 것을 신설합병이라 한다.

유사한 제품이나 동일 제품을 생산 판매하는 기업 간의 합병을 수평적 합병이라 하고 생산자 판매의 흐름선 상의 기업들이 합병하는 것을 수직적 합병이라 한다. 업종과 성격이 다른 기업 간 또는 수평과 수직적 혼합 형태의 합병을 혼합적 합병이라 한다.

5) M&A 공방

K기업의 창업자이며 경영 쇄신 위원장인 K씨가 2024년 8월 8일 SM엔터테인먼트 인수를 위해 시세 조종을 했다는 혐의로 구속 기소되었다. 이 사건은 우리나라 재계에 적잖은 충격을 주었다. 여기서는 인수 또는 합병이라는 단어에 초점을 맞춘 것이다. 카카오 그룹은 하이브의 SM엔터테인먼트 인수를 방해하기 위하여 몰래 시세 조종을 했다고 한다. K씨의 수사 대상 사건은 다음과 같다.

- K 엔터테인먼트 드라마 제작사 고가 인수 의혹: K 엔터테인먼트가 드라마 제작사 바람픽처스를 인수하는 과정에서 김xx 당시 대표와 이xx 당시 투자전략 부문장이 바람픽처스에 시세차익을 몰아줄 목적으로 비싸게 사들이고 200억 원을 증자해 회사에 손실을 입혔다.
- 카카오 모빌리티가 알고리즘을 조작해 '카카오 T 블루'에 승객 호출을 선점할 수 있게 만들었다는 콜 몰아주기를 했다.
- 블록체인 플랫폼 클레이튼 관계자 임원들의 횡령·배임 의혹이 있다(이상 신문보도 내용 요약).

이는 하나의 예로 K씨의 혐의는 수사와 재판을 통해 증명되겠지만, 타 기업을 지배하기 위하여는 늘 생기는 유혹이다. 일종의 M&A 전쟁인 적대적 M&A에 해당한다. 그러나 우호적으로 바뀌기도 한다. M&A의 공방(攻防) 방법들을 살피면 다음과 같다.

(1) M&A 공격

M&A를 하려는 대상기업이 이에 응하지 않을 경우 주식 매수 등을 통해 회사를 인수하는 방법으로 공개매수 청구, 그린메일, 파킹, 흑기사 및 곰의 포옹이 있다.

① 공개매수: 주식 공개매수란 특정 기업을 인수함에 시장에서 공개적으로 그 회사 주식을 매수하겠다는 의사를 표시하고 주식을 매수하는 방법이다. 당연히 상장법인에 해당되며, 시가보다 높은 가격으로 매수한다. 주식 매수를 발행주식의 5%를 초과하면 금감원에 신고해야 하므로 최대한 매수한 후 금감원 신고 및 공개매수 청구 후 작업에 들어간다. 위에 예를 든 카카오의 사례와 같이 방어자들과 복잡한 공방이 예상된다. 성사가 된다면 짧은 시간에 확실하게 결론을 볼 수 있다.

② 그린메일: 그린메일이란 인수하려는 자가 인수 대상기업의 주식을 가능한 최대한 매집한 후 기존의 대주주에게 M&A를 포기하는 조건을 세워 매집한 주식을 높은 가격으로 매수하도록 요구하는 서신 발송 행위이다. 이 방법은 목적을 경영권 탈취에 두지 않고 자금을 활용한 주식 매매 차익을 얻으려는 데 있다.

③ 파킹: 기업의 매수를 위한 주식 취득을 우호적인 3자를 통해 하도록 하는 것이다. 법적 음성적 매수 한도 5%의 제한이 있으므로 은밀한 중에 주식을 확보하여 경영권을 탈취할 수 있다.

④ 흑기사: 경영권 탈취를 돕는 공식적 제3세력을 말한다. 흑기사는 자신의 이익을 위하여 활동하므로 파킹과는 다르다.

⑤ 곰의 포옹: 곰의 포옹이란 적대적 M&A를 시도하는 세력이 인수 대상기업의 경영진에게 매수조건이나 가격 등을 제시한 서신 등을 보내 경영권을 빠른 시일 안에 넘기도록 권유·협박하는 방법이다. 대주주 지분에는 경영권이 붙어있으므로 시중에 형성되는 주가에 경영권 프리미엄을 얹어 주어야 한다. 대부분의 경영권을 가진 주주는 창업자일 가능성이 높고 자신이 만들고 애지중지 키워온 기업의 경영권을 뺏기지 않으려 하기 때문에 큰 다툼이 생길 수 있다. 따라서 곰의 포옹을 하는 경우는 인수 대상회사의 대주주가 거부할 수 없는 조건을 찾아내는 것이 중요하다.

(2) M&A 방어

강제적으로 기업을 탈취하려는 적대적 M&A 시도가 오면 기업을 넘길 의사가 없으면 이 공격을 방어하게 된다. 방어기법은 다음과 같다.

① 황금 낙하산: 기업의 최고경영자(CEO)가 적대적 M&A 공격에 대비하는 수단으로 회사에 가진 채권, 즉 퇴직금, 스톡옵션 등을 고용계약에 기재하여 경영의 안정성을 확보하는 방법으로 적대적 M&A 공격을 받을 경우 인수비용을 높일 수 있다. 주석 낙하산(Tin Parachute)이란 일반 직원에게 대량 해고 시 퇴직 보상금을 지급하여 인수자의 재정 부담을 가중시켜 M&A 공격을 피하는 방법이다.

② 팩맨: 특정기업의 M&A 공격이 개시되면 오히려 공격하는 기업에 대한 매수계획을 세워 역 공개매수를 하는 방법이다.

③ 백기사: M&A 공격을 받았을 때 방어에 부족한 자금을 지원해주는 제3세력을 말한다.

④ 저가인수권: 이사회의 결정으로 기존 주주에게 신주를 저가에 인수할 수 있는 권리를 부여한 일종의 신주 저가인수권, 기존 주주에게 유리하며 M&A 공격자에 대한 지분 비율을 희석시키므로 방어수단이 된다.

⑤ 황금주: 1주의 주식에 주요 경영상항에 대한 거부권을 부여한 주식이다.

⑥ 차등의결권: 일부 주식에 많은 의결권을 부여하여 주총 의결에 영향을 주는 것이다. 구글의 창업자 브린(Sergey Brin)과 페이지(Larry Page)는 주당 10표의 차등 의결권주를 가지고 있다. 워렌버핏도 200매의 차등 의결권주를 보유하고 있다.

⑦ 왕관의 보석: 합병 대상 기업의 핵심 자산을 매도하여 인수 가치를 떨어트리는 행위를 말한다. 인수 세력은 가치가 감소한 대상 기업을 보고 인수의도를 철회할 수 있다.

⑧ 초 다수 결의제: 주총은 출석 주주의 다수결로 결정한다. 그러나 결의 비율을 조정하여 결의하도록 할 수 있다. 보통 과반수, 3분의 2 등이나 90% 등으로 할 수 있다.

6) M&A의 함정

M&A는 기업을 성장시키는 궁극적 최선의 방책일 것이다. 나의 부족을 남의 강점으로 보충할 수 있는 방법, 발전된 다른 기술과 문화를 내 것으로 만드는 최고의 수단이다. 시장지배력을 강화하고 재무 위험을 분산시키고 생산원가·유통원가를 절감하여 경쟁력을 강화시킨다. 고급인력을 짧은 시간에 확보하고 네트워크를 넓힌다.

(1) M&A의 실패

M&A는 밝은 면 외에 실패사례도 있다. 금호아시아나의 대우건설 인수로 발단이 된 금호그룹의 해체는 M&A의 저주(실패사례)를 보여주는 예로 꼽힌다. 2006년 금호아시아나는 건설업계에서 매물로 나와 있는 대우건설을 인수한다. 당시 인수 주식가는 29,980원이었는데, 시장가는 14,000원 정도로 인수가를 2배 이상을 지불하였다. 박삼구 회장의 건설을 통한 기업위상을 항공과 타이어 등에서 건설로 기반으로 삼아 제대로 키워보자는 의욕에 기반한 것이었다. 그러나 이는 과욕으로 결론이 났고 자금난으로 인수 3년 만에 엄청난 손실 및 그룹 해체 수준에까지 이르며 대우건설을 놓을 수밖에 없었다. 이와 같이 M&A는 성공을 하였어도 자금계획을 제대로 세우지 못하면 밀려드는 자금부담의 쓰나미로 회사의 존속에 문제가 발생하기도 한다. M&A를 통해 독과점적 지위는 확보할 수 있을지라도 관리통제의 불비나 원가상승으로 소비자에게 품질이나 가격 등의 불이익을 줄 수 있다.

해태제과는 1979년 신방전자를, 1994년에는 오디오전문회사 인켈을 인수합병하였다. 1996년에는 재계 24위에 올랐다. 그러나 1997년 11월 7일 196억원을 막지 못하여 부도처리되었다.

두산의 두산밥캣과 두산로보틱스의 결합 과정, SK의 SK E&S와 SK이노베이션, SK온 및 SK트레이딩인터내셔널, SK센텀 등의 합병 사례는 같은 그룹 내 기업 간에도 경영 방식과 문화의 차이가 존재함을 보여주었다. 그 결과가 어떻게 나타날지는 관심사로 남아있다. 한편, 이 합병에는 소수 주주 보호에 대한 문제도 걸려있고 한국기업거버넌스 포럼이 합병비율이 부당하다고 지적하고 나섰으며 금감원도 합병 계획서의 정정을 요청했고, 자본시장법 시행령까지 개정하는 사태에 이르렀던 것이다.

🗁 사례_ 합병의 실패

셀트리온 합병, 결국 무산[3)]

셀트리온과 셀트리온제약의 합병 추진이 불발됐다. 셀트리온 주주가 합병에 찬성하지 않는다는 설문조사가 나오는 등 주주들의 반발이 거세지면서 합병 일정을 연기하는 쪽으로 결론을 내렸다.

16일(2024년 8월) 셀트리온 그룹은 셀트리온과 셀트리온제약 양사 합병과 관련, '합병 추진 여부 검토 1단계 특별위원회' 결과를 토대로 양사 이사회가 최종적으로 현시점에서는 합병을 추진하지 않는 것으로 결론지었다고 밝혔다. 이날 이사회에 앞서 특별위는 지난달 31일부터 이달 14일까지 양사 합병에 대해 주주들의 의견을 확인하는 '주주 설문조사'를 비롯해 회계법인의 외부평가, 글로벌 컨설팅사가 참여한 내부평가를 진행했다.

주주 설문조사에서는 다수의 셀트리온 주주들은 반대를, 셀트리온제약 주주 다수는 찬성 입장을 밝혔다. 셀트리온 주주들은 합병 찬성 8.7%, 반대 36.2%, 기권 55.1%를, 이 중 반대의사 표시 주주 중 58%는 현재의 양사 합병 비율의 불만족을, 21%는 자회사로 합병시 실익이 부족하다고 판단했다. 반면 셀트리온제약 주주 설문에서는 찬성 67.7%, 반대 9.8%, 기권 22.6%로, 합병 주주들은 합병 시 종합 생명공학연구 기업으로 성장할 수 있다는 의견과 신약 개발 시너지가 날 것이라는 기대감을 찬성 사유로 꼽았다. 대주주인 서정진 회장 등은 중립적 입장을 취하여 다수 주주 의견 비율에 보유지분을 산입하는 방식으로 주주들 의중에 힘을 실었다.

회계법인 외부평가에서는, 셀트리온제약이 항체의약품 판매, 위탁생산(CDMO), 항체-약물 접합체(ADC) 개발 등 향후 성장 잠재력을 보유하고 있지만, 성과가 구체화 돼야 주가 적정성이 설명될 것이라는 의견이 제시됐다. 양사 간 합병이 미루어지면서 오전 10시 현재 전장 대비 셀트리온 주가는 2.56%, 셀트리온제약 주가는 0.65% 상승하여 거래되었다.

M&A는 쉽지만은 않다. 어느 날 갑자기 셀트리온과 셀트리온제약이 합병을 결의할 수도 있지만, 대주주들의 의사는 배제한 채 소수주주들의 의견을 들어 합병을 무산시킨 셀트리온 경영자의 판단은 옳았다고 볼 수 있다. 소수주주들의 뜻을 파악했으니 외부 의견 등을 감안하여 각 관련자들(stockholders)이 윈윈할 수 있도록 하면 시너지가 발생하는 합병을 할 수 있을 것이다.

🗁 사례_ M&A와 회계 부정[4)]

국내 중소기업 인수합병 시장이 활기를 띠어가고 있다. 정부에서도 M&A를 혁신의 하나로 보고 적극 지원한 결과이기도 하다. 우리나라 M&A 전문업체 브릿지 코드에 따르면 기업 매각지분 규모는 2023년 말 1,000억 원 수준에서 당시 2024년 8월에는 8,000억 원 수준으로 증가하였으며 업종별로는 제조업 33%, 도소매업 18%, 정보통신업 13% 및 음식·숙박업과 금융 및 보험업 등이다.

3) 문화일보, (2024. 8. 26), 16면.

4) 매일경제, (2024. 8. 23)

(2) M&A 관련 ISSUE

회계감사를 받지 아니하는 기업의 M&A 방법이나 기타 관련 ISSUE를 보면 다음과 같다.

M&A 대상기업의 요구 조건

최근 2년간 M&A 성공사례를 보면 게임사가 배달플랫폼을 인수하거나 대기업이 여행플랫폼을 인수하는 등의 인수합병이 있었다. 그러나 M&A 성사율은 아직 낮다. 중소기업을 인수하는 주체는 많은 경우 중견기업 오너, 이들이 요구하는 M&A 대상기업의 조건은 다음과 같다.

① 성장하고 있는 기업

② 대표자가 없어도 돌아가는 비즈니스 구조

③ 독점적 기술력 혹은 시장 지배력을 가진 비즈니스를 주로 원한다. 그러나 여기 딱 맞는 조건의 기업은 많지 않다.

M&A가 실패하는 경우로는,

① 기업가치를 과대평가하는 기업

② 비밀유지 실패

③ 준비 및 역량부족 등이다.

일본의 M&A

일본에서는 연간 3,000~4,000건의 중소기업 M&A가 성사될 정도로 M&A 시장이 활성화되어 있다. 일본 정부는 수년 전부터 M&A 활성화를 위해 노력해 왔다. 고령화로 인해 폐업 위기에 처한 후계자 부재의 흑자기업이 60만 개에 달하는 등 가업승계가 사회적 문제로 부상했다. 예시된 M&A 실패 사유들은 양 당사자들이 성실하게 M&A 거래에 임하면 해결될 것으로 본다. 이외 M&A를 위한 두 가지 제도적 요건이 있다. 그것은 회계투명성과 정책적 세제지원이다.

회계 투명성과 M&A

회계 투명성은 거래하려는 기업의 재무제표 신뢰성에 대한 문제로, 재무제표에 계상된 자산의 적정성과 부외 부채의 존재여부 및 이익계상의 적정성에 관한 것이다.

세제지원은 일본의 경우 M&A 관련 비용의 70%를 세액공제 해주는 데 비해 우리나라는 50%를 세액공제 해 준다. 또 전국 60곳에서 사업승계 지원센터를 운영하고 있다. 니혼 M&A센터, M&A 종합 연구소 등이다.

회계감사를 받지 아니하는 기업

M&A에서 다루는 중소기업은 보통 기업가치 500억 원 이하를 말하는데 자산가치는 그보다 훨씬 적게 재무제표에 표기된다. 이런 기업들은 회계감사를 받지 않고 임의로 작성한 재무제표를 국세청에 신고하고 있다. 이렇게 신고자의 편의성에 맞추어 신고한 재무제표의 신뢰성은 보장할 수 없다고 보아야 하며, 특히 사업을 운영하면서 개인적으로 차용한 자금은 대부분 재무상태표에 반영하지 않는다. M&A의 가장 큰 걸림돌이라 할 수 있다.

회계감사를 받는 기업의 문제

회계감사를 받는 기업도 문제를 가지고 있다. 2000년대 미국은 세계를 뒤흔들 정도로 회계의 위기를 겪는데, 엔론·타이코·아델리아·월드콤 등의 거래기업들이 대규모 회계 부정을 저질렀고 이를 개선하기 위해 2002년 샤베인스-옥슬리법(sarbanes-oxley act)을 제정·발효시킨다. 이 법에서는 회계의 감독을 담당하는 감리업무를 회계감독 위원회(PCAOB: Public Company Accounting Oversight Board)가 담당하도록 하면서 회계법인의 독립성 강화 및 재무정보 공시 강화 등에 대한 강력한 회계제도 개선을 실시한다.

헝다그룹과 PwC

그러나 이런 법이 있음에도 최근 중국의 부동산 개발업체 헝다그룹(에버그란데)을 감사한 프라이스 워터하우스 쿠퍼스(PwC)가 부실감사를 했다는 이유로 '6개월 영업금지'라는 중징계를 내렸다. PwC는 세계 최대의 회계법인이고 6개월 영업정지는 매우 큰 징계 수준이다.

이번 조치는 2023년 3월 헝다그룹이 2021년 파산하기 전 2년간 매출을 780억 달러(약 104조 1,140억 원)가량 과대 계산한 것이 드러나면서 중국 당론이 PwC를 조사한 결과다. PwC는 회계부정이 이루어진 2년을 포함하여 10년 이상 헝다그룹의 회계감사를 담당해 왔다. PwC는 고객들에게 해당 기간에 직원들이 계속 일 할 것이며, 내년 3월 영업금지가 해제되면 2024년 연례 보고서에 대한 감사의견을 낼 수 있을 것이라고 보장했다.

이와 같이 회계감사가 있어도 회계의 투명성을 보장하기 어려우며 특히 회계감사를 받지 않는 기업들의 재무제표 자체의 신뢰성을 보장하기 어렵다. 다만 M&A시 M&A 실사 등을 통하여 인수대상 자산의 실상과 영업의 실상을 파악하여야 한다.

CHAPTER 10

구조조정

1 개요

기업 구조조정은 그동안 진행해 오던 기업의 운영에 어떤 문제가 발생하여 그 사업과 재무적 형태 및 조직구조를 조정하는 것이다. 조직구조조정 중 중요한 것은 CEO 교체로 이는 구조조정의 핵심적인 부분 중 하나가 될 수 있으며, 이는 기업 지배구조의 문제와도 연관된다. 기업의 성과부진, 위기봉착, 리더십 변화 필요성 등은 CEO 교체의 원인이 된다.

기업지배구조(corporate governance system)란 경영자가 합리적 경영을 위해 지켜야 할 책무를 감독하고 통제할 제도적 장치로, 주주와 전문경영자 간에 맺어진 계약을 말한다. 이때 주주 측은 이사회가 대변 한다. 이사회는 그 구성 멤버가 어찌됐던 기업이 존속하는 한 기업 실체의 의사결정자 역할을 한다. 따라서 회사에 문제가 생겼을 때는 이사회가 나서 대표이사 CEO를 교체하는 것이다. 이때는 엄격하게 처리하여야 한다.

손무가 합려의 애첩 둘을 베었다는 이야기는 많이 알고 있는 유명한 이야기다. 이를 기업으로 치면 왕은 주주나 궁극적인 지배자를, 손무와 애첩들은 전문경영인 또는 CEO라 할 수 있다. 손무의 얘기에서와 같이 기업의 구조조정은 CEO(또는 그 상징)의 교체로부터 시작하는 것이 일반적이다.

2 구조조정의 방법

1) 기업 구조조정

구조조정이란 기업의 시스템이나 조직을 이전과 다른 새 형태로 변경시키는 것을 말한다. 손자는 그의 손자병법 군형편(軍形篇)에서 군의 형세에 대하여 다음과 같이 말했다.[1)]

> 손자가 이르기를, 옛부터 전쟁을 잘하는 자는 먼저 적이 나를 이길 수 없도록 만들고 내가 적을 이길 수 있기를 기다린다. 이길 수 없게 하는 것은 나에게 있고, 이길 수 있게 하는 것은 적에게 있다
> 不可勝者 守也 可勝者 攻也 守則不足 攻則有餘

기업의 구조란 서있는 자세를 말하며 구조조정이란 싸움에서 지게 되어있는 형상을 지지 않는 형상으로 바꾸는 것이라 할 수 있다. 경쟁자의 형세와 힘을 살피고 이를 이길 수 있는 세력으로 만드는 것, 유리한 쪽의 이점을 최대한 활용하고 재무의 힘이 잘 갖추어진 조직력을 이용하여 승리하는 것이다.

구조조정에는 기존 구성원들의 희생이 따른다. 새로운 체제에 적응하기 위한 스트레스가 쌓이게 된다. 따라서 기존 조직원들은 변화를 배척하고 기존 체계를 고수하려는 관성이 있다. 손무의 예에서와 같이 미인들이 그들의 본성인 웃고 애교를 부리며 관습에 젖어 변화를 거부했던 것과 같다. 또한, 조직은 항상 문제가 내재되어 있고 폭발 일보 직전이라고 볼 수 있다. 사람이 모인 조직 내에서는 항상 비공식 조직이 존재하고 따돌림 현상은 늘 있으며, 품질이 항상 목표를 달성하지 못하여 목표 미달에 불안을 느끼고 있다. 이럴 때 기업 거버넌스 체계를 통해 CEO의 교체가 이루어지고 구조조정이 시행되는 것이다.

구조조정의 첫 번째 단계는 사업구조조정이다. 사업구조조정(business portfolio restructuring)은 기업의 사업 포트폴리오의 변화를 의미하여 주로 기존의 수익성이 없는 부문의 자산을 처분하고 경쟁력 있는 부문을 존속 또는 보완하는 것을 의미한다. 그리하

1) 박일봉(2014), 손자병법, 육문사.

여 사업의 새로운 포트폴리오가 구성된다.

그다음 수행하는 것은 재무구조조정(financial restructuring)이다. 재무구조조정은 허약한 재무구조를 보강하여 강한 체질로 변경시키는 것으로, 높은 이자의 악성 부채는 상환하거나 낮은 이율의 차입금으로 차환하고 부채비율을 낮추며(대개 200% 이하), 유동자산을 확보하여 유동비율은 높이고 수익성을 개선하여 영업이익률도 높이는 것을 말한다. 부실사업의 청산과 그 분야 자산의 매각 대금을 활용하고 사업 포트폴리오 조정을 통해 영업이익률 구성을 조정할 수 있다.

사업구조조정과 재무구조조정, 이는 해야 할 일과 여기 쓰여질 무기의 정비를 말한다. 그 다음 해야 할 일은 이 업무를 수행할 사람에 대한 조정으로 조직구조조정을 하게 된다. 조직구조조정의 목표는 조직의 슬림화 단순화에 있다고 할 수 있다. 의사소통의 단계를 과감히 축소(말단 직원부터 CEO까지 3~4단계)하고 의사결정구조를 단순화한다. 여러 사업부들은 통폐합하고 권한 이양을 통하여 상급자들의 부담을 줄여준다.

구조조정의 대표적 사례는 위기의 GE를 새로운 GE로 개혁하여 GE의 세대를 연 Jack Welch라 할 수 있다. 토마스 에디슨은 1878년 에디슨 전기조명회사를 설립했고, 이 회사가 여러 회사들과 합병하여 1892년에 제너럴 일렉트릭(General Electric)이 되었다. 1890년대 직류/교류 전환점에서 교류를 주장한 조지 웨스팅하우스에 밀린 후 전문경영인을 채용하면서 에디슨은 경영에서 손을 떼고 상호도 제너럴일렉트릭으로 변경되었다. 1970년대 극심한 위기에 빠졌던 GE는 1981년 당시 44세였던 Jack Welch를 회장으로 선임하여 위기에 빠진 세계 최대 덩치 GE를 맡긴다. 이사회의 작심결단의 결과물이다. 그의 재직기간중 GE의 기업가치는 140억 달러에서 4,500억 달러까지 뛰었다. 그는 재임기간 중 아래 그림과 같은 변혁을 이루어낸다.

• **그림 1** GE의 구조조정 추진 과정

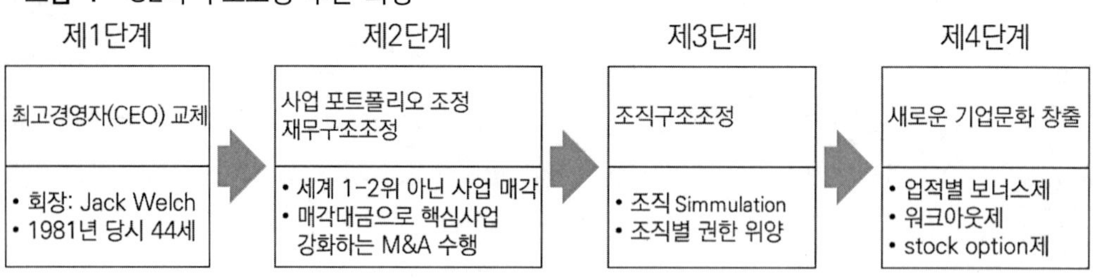

GE의 구조조정은 손무의 전광석화같은 단호한 결단을 통해 불필요한 요소를 제거한 전략을 연상하게 한다. 먼저 CEO를 교체하여 이전의 관습이 발목을 잡지 못하도록 하였고 이길 수 없는 사업들(세계 1~2위가 아닌 사업들)을 정리하여 이미 이긴 싸움을 하였고 축적된 자금력으로 보너스 제도나 워크아웃 및 Stock－Option 제도를 시행할 수 있었다.

GE의 워크아웃제도는 종업원들로 하여금 2~3일 간의 토의 후 자신들이 속한 현장의 문제를 상급자의 개입 없이 해결하도록 권한을 부여하고, 즉각적인 의사결정을 유도하는 제도였다. Jack Welch의 구조조정의 최종 목표는 새로운 기업문화의 창출이라고 보아야 한다. 정치에만 의존하던 의존적 기업문화를 업적별 큰 보너스 지급을 통해 자신감을 불러 넣었고 단순함과 속도, 성과는 회사와의 새로운 계약관계가 성립되게 하였다. GE의 제8대 회장이었던 Jack Welch 시대의 기업가치는 크게 성장하였지만, 장기적인 관점에서 비판도 존재한다.

웰치 이후의 구조조정은, 제9대 회장인 Jeffrey Immelt에 의해 수행되었다. 그는 철저한 검증을 거친 준비된 CEO였으나 9.11사태에 의한 주가 폭락, 엔론 파산 이후 경영투명성 강화 요구, 나아가 21년(1981~2001)을 봉직한 잭 웰치 회장의 퇴직 특전에 따른 여론 악화 등 거듭된 악재를 겪었다. 경영투명성 및 핵심역량 강화에 집중하였으나 그의 재임 기간 중 GE는 성장통을 겪었고, 웰치 시대의 그림자를 벗어나지 못했다는 평가가 많다. 특히 금융 부문의 비중이 커지면서 위기를 겪었고, 결국 시장의 기대를 충족시키지 못했다. 2004년 10월 신경영전략을 제시, 신사업 육성, 매출 증대 등을 제시하였으며, 에너지와 기술 인프라 사업으로 사업구조를 바꾸어 갔고 제품개발 및 GE디지털을 이머징 마켓 특성에 맞추어 조정하였으나 그의 디지털 비전과 Predix 투자라는 긍정적 측면에 비해 조직문화 및 리더십 스타일의 부적응, 이에 따른 내부 저항과 시장변화에 대한 대응 실패로 결론지어졌다.

후임은 John Flannery와 Lawrence Culp로 넘어온다. 플래너리는 14개월을 채 넘기지 못한 채 물러났는데, 이는 놀라울 정도로 형편없는 실적 탓으로 자신과 팀이 빠른 시일 내에 더 나은 결과를 낼 수 있다는 믿음을 이사회에 심어주지 못했기 때문이다. 컬프는 GE Capital의 악성부채 조정 및 철도차량 등의 부실화 사업을 정리하고 GE를 세계의 독립적인 사업 단위로 분사화를 추진하는 등 사업들을 통폐합하여 과거의 위대함을 찾기 위해 필사적으로 발버둥치고 있다는 것이 사실로 나타나 있다.

2) 사업구조조정과 재무구조조정

사업구조조정은 기업이 현재 구성되어 있는 사업 포트폴리오에 불합리한 면이 있어 그 합리화나 효율화를 위하여 이 사업 포트폴리오를 재조정해 가는 과정이다. 포트폴리오를 구성하고 있는 각 사업들에 대하여 회사의 사업과 경쟁력을 분석하여 열위의 경쟁력 사업에 대하여는 자금의 재배정 등 적절한 조치를 취하여 경쟁력을 끌어올리는 것이다.

• **그림 2** 사업구조조정을 위한 BCG Matrix 분석

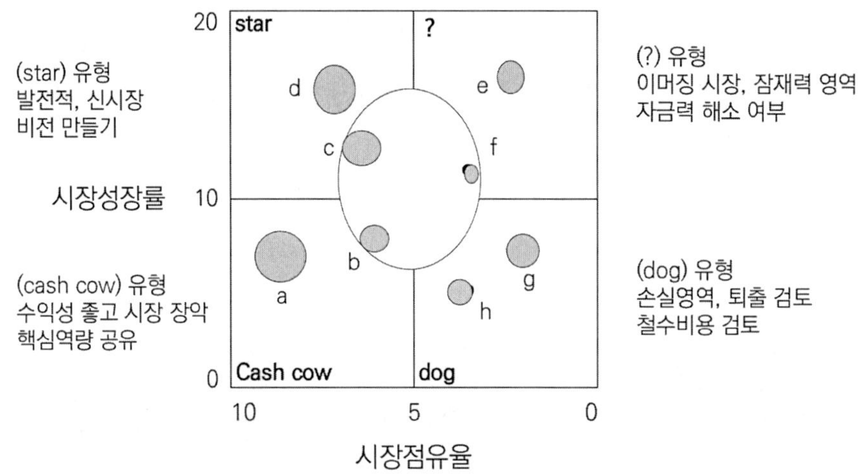

예로 BCG Matrix로 표시한 A사의 사업 포트폴리오를 보면, [그림 2]의 현재 사업에 대한 BCG Matrix를 보면 각 사분면에 예시로 두 개씩의 사업이 소속되어 있는 것으로 가정하였다. 이 중 (dog) 영역은 시장 성장률이나 시장 점유율이 모두 낮아 처리 대상 영역으로, 이 분석의 관점에서 해당 사업을 지속하기 어렵다고 볼 수 있다. 사업 비전이 그리 보이지 않는다. (Cash cow) 영역은 시장 성장성은 그리 크지 않으나 시장 점유율이 높으며 경쟁자의 진입도 많지 않고 시장에서 제품이 많이 팔리니 회사입장에서는 주 현금수입원 역할을 하고 있다. 마치 두산그룹의 두산밥캣과 같다. 영업이익이 크게 발생하며 자산규모도 크다. (star) 유형 사업은 시장 성장성도 크고 시장 점유율도 크므로 미래 성장 가능성이 기대되는 사업이다. (?) 유형은 회사의 사업이 성장을 못 했으나 시장 성장률은 높은 산업으로 시장확대의 필요성이 있으며 그 향배가 관심이며 빨리 (star) 쪽으로 이전을 하여야 하는 사업이다. 두산밥캣과 두산로보틱스 합병 사례에서는 두산로보틱

스의 위치라 할 수 있을 것이다. 이 상황에서의 사업구조조정 전략은 g나 h를 양도(원매자는 h가 유력할 것)하면 나한테 돈이 되는 사업이므로 어렵지 않게 자금을 조성할 수 있을 것이다. 내가 아끼는 것을 남도 아끼기 때문이다. 시장 점유율을 확대할 수 있는 원매자라면 g를 원할 수도 있다. 그렇지 않으면 사업자금 부족으로 포기할 수도 있다.

중요한 점은 우리 회사의 본 4분면 평가가 다른 기업들도 동일한 것이 아니라는 것이다. 우리의 시장점유율이 작은 것은 상대방 회사로 보면 클 수도 있다. 시장 성장률도 우리 회사가 보기에는 가파른 것 같이 보여도 다른 기업 입장에서는 완만할 수도 그 반대일 수도 있다. 본 BCG 매트릭스를 작성하거나 사업을 시장에 내놓을 때는 이런 면이 감안되어야 한다.

구조조정 중 부실 사업의 매각에 대해 보면, 사업이 매각되고 포트폴리오 정리 후에는 재무구조를 살핀다. 불량채무(고이율, 초단기성)는 상환하고 낮은 이율의 차입금으로 차환한다. 유동성을 위하여 유동비율을 조정한다. 또한 사업구조 상 영업이익률을 맞추어 본다. 생산율이 높으면 자동화 등 고정비를 높이는 것이 유리하다.

이러한 사업구조조정 성공사례들을 정리하면 다음과 같다.

① 사업이 되는 상대적으로 우량기업을 매각한다. 나의 부실기업은 타인의 눈에도 부실이며 구매하려는 자가 없기 때문이다.

② 성격이 유사한 사업들은 과감히 통폐합한다. 다각화 목적으로 방만하게 확장했던 사업들을 정리할 필요가 있으며 단순화한다.

③ 자본 리쇼어링을 검토한다.

④ 사업구조조정으로 확보된 재원으로 재무구조조정을 하며 건전·우량자금을 확보하여 새롭게 등장하는 경쟁력 있는 핵심 사업 부문에 투자한다.

항상 사고방식은 핵심역량의 확보와 경쟁우위라는 것을 명심하여야 한다. 현금확보를 위해 우량기업을 매각할 때에는 핵심역량을 잃는 것이 아닌가 검토하여야 한다. 매각대상사업이 타인에게 넘어가서는 안 될 경우에는 합작투자 형식을 하거나 지분매각 등의 방법을 검토하여야 한다.

자본 리쇼어링이란, 해외법인 자금의 국내 유입을 뜻한다. 정부는 '해외 진출 기업의 국내 복귀를 지원하는 법률'(통상 '유턴 기업 지원법' 등으로 불림)을 개정하여 리쇼어링 기업에도 보조금을 지급할 수 있도록 지원 제도 개편을 검토하고 있다. 정부는 일반 유턴기업 및 외국인 투자기업과의 형평성을 고려하되 자본 리쇼어링과 국내 투자 간 선순환구조를 촉진토록 하게 될 것이다. 해외법인이 배당금을 국내 재투자할 경우도 적용 대상이 될 것이다. 구조조정 등에 이와 같은 자본의 유동성 등을 동시 검토하여야 한다.

3) 조직 구조조정

(1) 조직 구조조정의 내용

손자는 "이길 수 있는 사람은 공격하라"고 하였다. 이는 공격의 태세를 갖추고 승리를 확인하라는 말이다. 공격태세는 공격할 무기가 있고 공격을 준비할 진지가 있으며, 이를 운용할 정비된 부대가 있어야 한다. 사업구조조정과 재무구조조정을 통하여 싸울 무기가 준비되었으며 싸울 대상이 있다면 이젠 사업 조직을 정비한다.

사업의 단위는 사업부이다. 사업부제는 원가 중심점(Cost Center), 투자 중심점(Investment Center)으로 운영된다. 원가중심점은 비용 집행에 대해서 재량과 책임이 있는 조직 형태이며, 투자중심점은 당해 사업부에서 판단한 사업에 투자도 하고 그에 대한 수익에도 책임을 지는 형태로 이익률은 IRR(Internal Rate of Return: 내부수익률)이 평가의 기본이 된다. 이를 독립채산제라고도 한다.

사업부제가 발전하면 사업부를 분사하여 독립적인 회사를 설립하여 사업자등록을 내어 활동할 수 있다. 매년 독립된 재무제표를 작성·보고해야 하며 세금도 별도로 내야 한다. 그러나 본사가 가지는 한계점, 총체적 비용의 증대, 창의적 신규사업 추진의 한계, 자원과 소통의 문제가 있어 두산밥캣과 두산로보틱스, SK이노베이션과 SK E&S 등과 같이 리밸런싱 과정에서 크고 작은 문제를 야기할 수 있다.

한편, 분사화 되면 각 분사들과 본사의 관계는 지주·종속회사 관계를 가질 수 있으며, 본사(지주회사)에서 자본금을 투자하여 각 사를 운영하고 연말에 자금 이체에 대한 회계처리 결과에 따라 배당금이나 이자를 수취하는 형식을 취할 수 있다. Jack Welch는 사업부제의 단점을 타파하기 위하여 그 경계를 허물기 위해 많은 노력을 하였다. 사업부제는 사업부 간의 연계에 의한 새로운 미래 사업을 창출하는 데 핵심역량을 모을 수 있어야 한다.

(2) 조직 단순화

앞서 언급했듯, 기업의 최하위 직원으로부터 최상위층까지 보고 단계는 3단계, 많아도 4단계를 넘으면 안 된다. 그러기 위해서는 조직이 중첩되어서도 안 된다. 조직이 커지면 직원들은 관료주의화 되고 의사결정 할 품의서들이 drawer(서랍) 속에 들어가게 된다. 이러한 시간의 지연은 중소기업이 가지는 강점인 의사결정의 신속성이라는 장점에 뒤처지게 된다. 대기업이 중소기업의 강점을 가지려 했던 것이 Jack Welch이다. 대기업에 중간관리층이 사라지는 대신 팀조직으로, 각자 대표식의 의사결정 구조가 나타나는 것은 바람직한 현상이다.

외주(Outsourcing)

한편, 회사에서 수행하는 업무를 꼭 내 손으로 하지 않고 잘하는 사람의 손에 맡기는 추세도 늘고 있다. 직원들의 손으로 처리하는 것보다 훨씬 시간 경제적일 수가 있는 것이다. 과거에는 적은 기업들이 회계와 세무업무를 회계 사무실에 의뢰하는 정도의 관리 업무의 일부 외주처리를 하였으나 최근에는 주요 관리업무를 외주로 하는 대기업들도 늘고 있다.

아웃소싱은 조직의 군살을 빼는 역할을 하기도 하고 업무의 전문성과 효율성을 증대시키기도 한다. 조직은 팀제화 되면서 수평적 균형조직으로 진화한다. 과거의 과부장제도에서는 조직체계가 결재라인이었으나 팀제에서는 모두 동일한 의결, 발언권을 가지고 팀이 운영되며 팀 간에도 동일한 균형을 가지고 있고 팀장은 즉시 CEO에 보고하는 체계를 갖는다. 따라서 신속한 의사소통이 이루어진다.

BPR과 DT

경영 핵심기법 중 하나가 비즈니스 프로세스 리엔지니어링(BPR)이었다. 기존의 업무방식을 과학적으로 재분석·설계하여 효율을 높이려는 노력이다. IT분야에서는 BPR(Business Process Reengineering)이라고 하여 정보화 과정의 업무 개선 추진과정 중 하나로 시행되고 있기도 하다.

최근에는 디지털 트랜스포메이션(digital transformation)이 주목받고 있다. 비즈니스 엔지니어링이 업무 프로세스에 대한 개선을 목표로 한다면 사업 모형까지 바꾸어 보자는 것으로 전통적으로 업무를 수행하던 방법과 유통채널, 고객관리 등 모든 측면에서 정보통신기술을 활용한 사업모형까지 혁신을 이루어가고 있다는 것이다.

3 기업문화화와 학습조직화

기업구조조정과 경영 혁신운동이 다 성공하는 것은 아니다. 많은 기업이 구조조정을 하다가 성공하지 못하고 중간에 성공하지 못하고 중도에 좌초되는 경우가 많다. 그 이유는 좋은 것이라도 기업 내부에 체질화, 습관화해두지 아니하면 체화단계에서 중단되기 쉽기 때문이다. 이를 해소하는 방법이 학습조직화 이론이다. 이는 지식경영에서도 지식을 문서로 표현 가능한 형식지(explicit knowledge)와 암묵지(tacit knowledge)로 구분하여 개인이 가진 암묵지를 형식지로 전달하는 과정을 개인 간, 개인과 조직간 및 조직 간의 교류를 통하여 지식의 보편화를 이룰 수 있고 기업의 지적 재산 증대가 된다고 한다. 이 지식은 보편화되고 내재화되어 그것이 암묵지화되어 습관화된다.

이것은 학습조직에도 동일하게 적용되어 종업원의 의식에 영향을 주고 이는 문화로 정착되어 기업의 조직역량으로 승화된다. 한편, 조직은 개인에게 지식을 창출하고 활용하는 내재적 좋은 습관의 제공으로 개인 자아실현과 함께 조직의 목적 달성에도 도움을 받을 수 있으며 이는 기업문화로 정착될 수 있는 것이다.

벤치마킹

상호간 지식을 주고받는 유형중의 하나가 벤치마킹이다. 타인이 하는 말과 행동을 보고 좋은 점은 내 것으로 만드는 것을 뜻한다. 벤치마킹은 조직학습의 기본적 방법 또는 절차라 할 수 있다. 벤치마킹은 같은 회사와 조직 내에서 타인의 활동으로부터 획득하는 정보에 의한 벤치마킹(모방)인 내부 벤치마킹 - 이는 상호 다른 위치나 부서, 사업부 및 지역 등을 포함한다. — 경쟁 상대자가 수행하는 활동을 보고 하는 벤치마킹인 경쟁자 벤치마킹 및 이업종 벤치마킹(기능적 벤치마킹이라고도 한다)이 있다.

글로벌 혁신 네트워크

다국적 기업들은 종전에는 본사에서 신제품을 개발 및 생산하여 해외의 자회사로 이송하므로 수출을 하였다. 그 후에는 본사에서 개발된 제품을 해외 지사에서 생산하도록 하였다. 그러나 최근의 추세는 지사나 출자기업 등 현지의 아이디어를 모아 제품을 개발하거나 공동으로 아이디어를 모아 신제품을 개발하는 형식의 개발력 향상 활동이 확산되고 있다. 이것은 국내외를 막론한다.

참고_ 연구개발비의 이연 방안

연구개발비에는 발생 형태별로 다음과 같이 구분한다. 상황에 따른 인식 및 처리방식은 다음과 같다. 경영전략에서 신경 쓸 것은 회사의 비용 이연 관련 개발단계 활동 비용의 무형자산 인식 방법이다. 이는 기업 이익을 조정할 수 있는 합리적인 방법이다.

1. 연구단계 활동

연구단계 활동은 그 비용을 모두 당기 비용으로 처리한다.

① 새로운 지식을 얻고자 하는 활동
② 연구결과 또는 기타 지식을 탐색·평가·최종 선택 및 응답 활동
③ 기술·재료·장치·제품·공정·시스템 등에 대한 여러 가지 대체안을 탐색하는 활동
④ 새롭거나 개선된 사안에 대한 대체안의 제안·설계·평가 등을 연구 또는 선택하는 활동

특정 사업을 위한 연구단계에서는 수많은 불확실성과 위험성이 존재하기 때문에 이 단계에서 발생한 비용을 무형자산으로 인식하기는 어렵다.

2. 개발단계 활동

개발단계에서 발생한 지출은 다음의 요건을 충족하는 경우 무형자산으로 인식한다.

- 개발비(무형자산) 인식 요건

① 무형자산을 사용 또는 판매하기 위해 그 자산을 완성시킬 수 있는 기술적 실현 가능성을 제시할 수 있다.
② 무형자산을 완성해 그것을 사용하거나 판매하려는 기업의 의도가 있다.
③ 완성된 무형자산을 사용하거나 판매할 수 있는 기업의 능력을 제시할 수 있다.
④ 무형자산이 어떻게 미래 경제적 효익을 창출할 것인가를 보여줄 수 있다.
⑤ 무형자산의 개발을 완료하고 그것을 판매 또는 사용하는 데 필요한 기술적·금전적 지원을 충분히 확보하고 있다는 사실을 제시할 수 있다.

⑥ 개발단계에서 발생한 무형자산 관련 지출을 신뢰성 있게 구분하여 측정할 수 있다. 개발단계는 연구단계보다 목적 제품에 훨씬 더 진전되어 있는 상태이기 때문에 이 단계에서는 무형자산을 식별하고 그 미래 경제적 효익을 창출할 것임을 입증할 수 있다. 시작품과 모형의 설계, 제작 및 시험 활동이나 금형 설계, 소규모의 시험공장 설계, 건설, 기동, 새롭거나 개선된 제품·공정·시스템 등에 대하여 최종안의 설계·제작·시험하는 활동 등은 개발비 인식에 합당한 활동이라 할 수 있다.

3. 무형자산으로 인식된 개발비의 금액

무형자산으로 인식되는 개발비는 인식기준을 최초로 충족한 이후에 발생하는 지출액으로 한다. 이 지출액은 그 자산의 창출, 제조, 사용준비에 직접 관련된 지출로 타 사업에서 합리적이고 일관성 있게 배분된 직·간접의 지출 등을 모두 포함한다.

※ 무형자산의 취득 또는 완성 후의 자본적 지출

무형자산의 취득 또는 완성 후 지출로서 다음의 요건을 충족하는 경우 이를 자본적 지출로, 그러지 않은 경우 당기 손익으로 처리한다.

① 관련 지출이 미래 경제적 효익을 실질적으로 증가시킬 가능성이 매우 높다.

② 지출금액이 신뢰성 있게 측정할 수 있으며 당해 무형자산과 직접 관련된다.

응당 관련 지출이 계상된 무형자산의 성능 수준을 유지하기 위한 것이라면 비용으로 인식한다.

CHAPTER 11

해외시장 전략

1 개요

최근의 시장 상황은 국내시장과 해외시장의 구분이 불명확해지고 있다. 제품 아이디어가 있고 제작된 제품이 소비될 지역이면 국내건 국외건 구분 없이 시장에 낼 수 있을 정도이다. 특히 마켓플레이스를 통한 인터넷 판매는 중국의 한국시장 공략에 이르러서는 정점을 이룬다. 시장 정보가 공개되기도 했고 마케팅도 인터넷을 통한 직구 형태의 판매 방식까지 등장하였다. 우리나라 국민들의 정보가 금융기관이나 공공 정보까지 해킹되거나 시스템적으로 넘어가는 구조로 되어있어 나(我)는 정보 유출의 위험성이 크며 SKT나 KT의 정보유출을 보면 국민의 반 이상의 개인 정보가 넘어가 있을 수 있다. 이러한 환경에서 중국의 저가 상품들은 인터넷 마켓플레이스와 직구 형태의 판매 방식을 통해 한국 소비자들에게 쉽게 파고들고 있다.

그러나 보통 수출은 [그림 1]과 같이 다른 기업의 수출 채널을 활용하여 간접 수출을 하다가 직접 수출로 전환하고 합작투자의 단계를 거쳐 단독 투자로 진출한다. 협약을 통한 해외시장 진출의 방식이나 판매를 위한 자회사의 설립도 과정상 기회일 수 있다.

여기서 관심을 가질 부분은 삼성전자나 SK하이닉스의 엔비디아에 대한 HBM(High Bandwidth Memory) 납품과 같이 외국기업이 필요로 하는 원재료(부품)를 개발하고 그들의

• **그림 1** 해외시장 진출방법의 진화과정

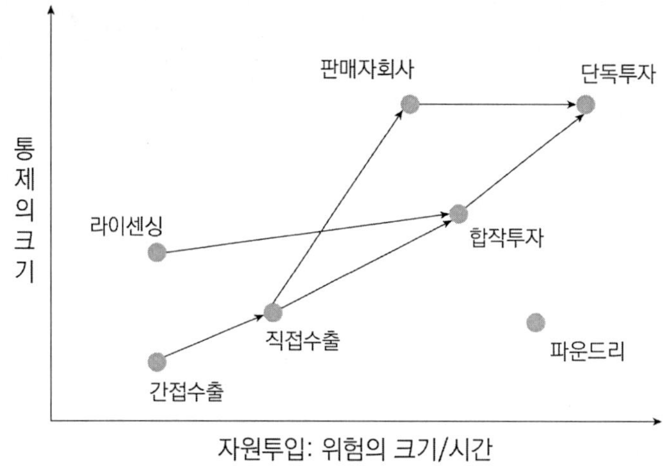

출처: Frankin R., Root, Foreign Market Strategy, 1982.

기술요구와 수요를 파악하여 사양에 맞추어 개발하고 생산하여 수요처의 품질검사를 거쳐 수출 납품하는 색다른 파운드리 형태의 수출도 있다는 점이다. 파운드리는 반도체 산업에서 외부 업체가 설계한 반도체 제품을 위탁받아 생산 및 공급하는, 공장을 가진 '반도체 위탁생산업체'를 지칭한다.

제품의 해외시장 진출은 기업의 자원 및 역량이 있고 이를 바탕으로 생산하는 제품이 있으며, 이 제품의 특성이 진출 대상국가의 시장에서 받아들여지고 경제와 정치, 문화 측면에서 크게 저촉되지 아니하면 수출할 수 있다. 처음에는 타인을 활용한 간접수출로, 시장 분위기가 맞으면 간접수출의 단계를 벗어나 점차 직접 계약에 의한 수출이나 프랜차이즈 등을 할 수 있고, 매출이 어느 정도 발생하고 기반이 조성되면 합작이나 관련 기업 인수 또는 회사를 판매나 생산을 위한 형태로 설립할 수도 있다.

삼성전자나 TSMC가 미 텍사스 등에 반도체 공장을 설립하는 것은 파운드리 형태의 매출 경험으로 인한 일정 수준의 특정 제품(반도체 등)을 생산하면 판매를 할 수 있다는 확신이 있기 때문이다.

대규모 공장을 미국에 짓는 것은 향후 10년 후를 보면 미국 지역의 생산 기지화를 통해 한국 내 생산기지의 피폐화 가능성을 우려할 수 있지만, 미국 정부의 대규모 지원을 외면할 수 없고, 이 기회를 놓치면 TSMC나 마이크론 등과의 경쟁에서 도태될 수 있다.

한편, 국내의 반기업적 정서로 인한 전력 공급이나 공장 건설의 어려움 등의 제약 조건들도 영향을 미쳤기 때문이다. 트럼프 정부의 고관세 정책으로 인해 이러한 (기존의) 글로벌 공급망 정책이 흔들리고 있음은 이후의 변화에 대한 큰 불확실성으로 기업이 지는 위험이 크다는 것을 의미한다.

2 글로벌 전략

기업이 성장하여 자기 나라의 울타리를 뚫고 나가면서 글로벌화가 된다. 세계화, 글로벌화(globalization: 세계화)를 국제화(internationalization)와 다르게 표현하기도 한다. 국내에서 수행하던 생산과 판매, 제도와 문물, 문화와 제품 등이 국경을 넘어 외국으로 진출하거나 외국의 문물이 유입되는, 기업이나 국가의 외부 노출의 의미를 가진 것으로 해석할 수 있다.

글로벌 전략이란 제품의 생산 및 판매를 세계화하는 것으로 내수 위주의 기업은 이들과 경쟁이 어렵다. 지역별 원재료 조달 가격에 큰 차이가 있고 시장과의 거리에서 유통비용에 차이가 있다. 생산거점의 선택에 따른 인건비의 차이를 포함 원가경쟁력의 차이는 비교하기 어려워 국제 경영능력에 따라 세계화는 큰 경쟁력으로 작용할 수 있다. 물품과 서비스의 교환은 물론 문화와 환경의 교류, 조화로운 상호 발전, 그리고 공존과 평화를 함께 추구하는 공존·공영의 관계를 의미한다고 할 수 있다.

1863년 세계 최초로 석탄에서 염료를 추출하는 기술을 발명하면서 탄생한 독일의 화학기업 회흐스트(Hoechst)는 1863년 프랑크푸르트에서 설립되었다. DNA를 염색하는데 사용되는 일련의 청색 형광 염료로 제약, 플라스틱, 인조섬유 및 농약 등으로 세계시장에 진출하였으며 미국으로 기술의 이전이 이루어졌다. Dupont은 이를 바탕으로 발명한 나일론을 통해 플라스틱 분야의 선구자가 되며 국제적 대형회사로 발전한다.

현대 정주형 회장의 정주영 공법으로 유명한 아산만 방조제 구축 사업은 이미 세계가 다 아는 사업이며, 달러가 부족했던 1970년대 사우디아라비아에 사업을 펼쳐 오일머니로 부족한 달러를 공급하였던 사건 또한 사업의 세계화의 아름다운 이야기들이다. 1970년대 동아건설의 사우디아라비아 대수로 건설도 세계화 사업의 일환이라 할 것이다.

한편, 아메리카 신대륙의 발견이나 강대국의 세계 식민지 정책도 일방적 힘의 확장이었으나 어떤 면에서는 세계화라 볼 수 있고, 나아가 경제와 금융 중심의 자본주의 팽창은 경제는 물론 정치와 사회, 문화(한국의 경우는 역사왜곡까지) 등 다방면에 걸쳐 강제적 세계화가 이루어졌다. 그러나 진정한 의미의 세계화는 GATT(General Agreement on Tariffs and Trade, 관세 및 무역에 관한 일반협정 1947, 세계무역기구 WTO, World Trade Organization, 1995)가 출범하면서 본격화되었다고 볼 수 있다.

일부 논자들은 이때의 본격 세계화 유인을 WTO의 창립도 있지만 신자유주의 사상의 대두, 동·서 냉전의 종식, 사회주의 국가의 시장 개방 및 정보통신기술(IT: Information Technology)의 발달로 들기도 한다.

신자유주의 사상을 기반으로 한 신자유주의 경제정책은 레이거노믹스, 대처리즘으로 대표된다. 미·소 중심의 동서 냉전 종식에 따른 소비에트 연방의 붕괴와 독일의 통일, 중국 등 사회주의 국가의 개방이 이루어졌다. 이후의 세계 경제 개방 및 세계화는 눈부시다. 그러나 미 트럼프 대통령의 America First 정책 등은 다소 폐쇄적 및 보수화를 이끌고 있다.

글로벌 기업의 기업활동 통제 수준은 상황에 따라 다르다. 고도의 글로벌 전략을 구사해 나가는 기업이 있는가 하면 거의 통제력을 행사하지 않고 기업의 자발적 독립적 운영을 유지하게 하는 경우가 있다. 전자는 여러 국가에 설립한 자회사의 통일적 운영을 목표로 강력한 통제를 하는 형태이고 후자는 지역적으로 집중화되어 지사 등의 활동이 비교적 자유로운, 수출을 중심으로 한 마케팅 위주의 기업에 적용된다. 또한, 힐튼이나 쉐라톤 등 전 세계에 동일한 서비스를 제공해야 하는 형태도 있다.

이러한 세계화에 대하여 '제품·서비스·자본뿐만 아니라 정보·아이디어·인적자원의 세계적인 교류'라 정의한 세계은행의 정의는 교역의 범위를 극대화한 것으로 20세기 후반 이후 해외 직접투자와 전략적 제휴 등의 제반 경제활동들까지 포괄한 핵심이라 할 수 있다.

세계화는 다양한 기술의 혜택, 자원 배분의 합리화, 자유무역 등을 통한 일자리 창출 및 생활 수준의 향상을 통한 폭넓은 이웃 국가 많은 국민들과의 교류로, 문화와 이해의 향상을 수반한 인간애를 키울 수 있다는 장점 외에, 강대국의 힘의 논리가 양극화의 심화로 갈등을 조장하는 불합리를 만들어 피해를 입힐 수 있다는 부정적 측면도 존재한다.

팽창하는 세계화 속에 미국의 MAGA(Make America Great Again) 사상 등 자국 보호정책 및 자원의 무기화 등 자국 이기주의가 틀을 잡아가고 있다. 국제적 안정을 위한 많은 노력이 필요할 때이다.

3 세계화 추진 방법

1947년 설립한 대동(전 대동공업, 설립시 대동공업사)은 농슬라(농기계의 테슬라)를 꿈꾸며 세계화를 선언했다. 북미시장에서 3위, 유럽 시장에서도 점차 점유율을 높여나가고 있는 글로벌 회사 대동은 트랙터, 콤바인, 이양기 등을 제작 공급하면서 자율주행 로봇과 인공지능 역량확보에 올인하며 세계화를 천명했다. "한국보다 땅덩어리가 훨씬 작은 네덜란드의 농업 수출액이 연간 146조 원(2021년 기준)에 육박하는데, 한국도 개인 소작농 수준의 농업에서 벗어나 네덜란드처럼 AI 로봇을 통해 농업의 대형화시설화를 이룩하고, 한국 농업의 세계화를 이끄는 선두주자가 될 수 있을 것"이라고 하였다. 세계화 및 사업 비전을 동시 선포한 것이며 세계화의 표준적 절차이다.

1) 시장 참여 및 계약

시장 참여란 자사의 제품을 수출하거나 수입하는 것을 말한다. 수출입은 간접수출과 직접수출로 수출입 업자, 수출입 조합 또는 종합 무역상사 등을 통해 거래를 하는 것을 간접 수출입이라 하고, 기업 자체가 하는 수출입을 직접 수출이라 한다.

간접수출은 수출을 위한 별도의 시설이나 조직 정비가 불요하므로 수출입 불발 시 철수비용이 최소화되나 수출입에 대한 수수료의 지급이 필요하다. 국제화 업무에 대한 경험도 많이 축적되지 않는다. 반면, 자체 수출 전담부서를 활용하거나 현지 판매법인을 통하여 수출하는 방식을 직접수출이라 한다. 직접수출은 수출에 필요한 인적·물적 조직의 정비에 상당한 비용이 들어가고 그 운영유지에 관리비가 들어가나, 현지의 수입선이나 소비자를 직접 접촉하므로 해외 시장에 대한 노하우를 축적할 수 있고, 판매활동의 직접 통제가 가능하며, 우리 직원 명함을 가지고 움직이므로 기업의 신뢰도를 높이며, 중간 수수료를 지급하지 않아도 된다.

2) 계약·협약에 의한 방법

계약·협약은 당사자 간 대등한 관계에서 체결되므로 해외 진출하려는 기업이 지적 재산권이나 기술적 또는 경영적 노하우 등이 있을 때 현지기업과의 약정에 의해 대외 무역을 수행하는 방법이다. 여기에는 라이선스, 프랜차이즈, 생산계약 등이 있다.

(1) 라이선싱

라이선싱(licensing)이란 특허권을 가진 라이센서(licensor)가 라이선시(licensee)에게 라이센싱을 실시하면서 그 대가로 로열티를 받고 자사의 제품을 제조·공급하거나 자신의 상호, 상표, 특허, 저작권, 기술, 자산 등의 사용권을 허용하는 것을 말한다.

라이선싱은 진출 대상국에 수출이나 직접투자에 제한이 있는 경우 이를 극복할 수 있는 방안이기도 하다. 한편, 상품을 이동시키는 비용이 과다할 경우 사용할 수 있는 방법이다. 해외 진출을 위한 PESTLE 모델로 분석했을 때 정치적, 법률적 진입이 어려운 것으로 나타났다거나 이전이 어려운 기술의 경우도 라이선싱이 대안이 될 수 있다. 그러나 라이선싱은 해외에 정식 진출하는 것보다는 이익이 적다. 경우에 따라서는 라이센시가 유사 특허를 출원한다거나 생산력으로 라이센서를 위협할 수도 있다.

(2) 프랜차이징

프랜차이징(franchising)은 프랜차이즈권(franchise right)을 가진 프랜차이저(franchiser) 또는 모기업이 프랜차이지(franchisee) 또는 가맹점에 제품을 공급해 주거나, 자사의 상호, 상표, 로고, 영업 방식 등을 사용할 수 있는 권리를 주고 그 대가로 사용료나 수익의 일정한 비율을 제공받는 영업의 형태이다. 프랜차이징은 일종의 라이선싱이나 훨씬 강한 통제력이 있으며 상품력이 있으면 해외시장을 진입할 때 쉽게 활용할 수 있는 방법이다.

우리나라에 들어와 있는 McDonalds나 KFC, Pizza Hut, Starbucks 등과 Sheraton, Hilton, InterContinental, Hyatt 호텔 등은 프랜차이즈 형태로 움직인다. 프랜차이즈 점포의 소유권은 사업주가 가지지만 그 점포에서 사용하는 로고나 간판, 실내외 장식들은 프랜차이저가 프랜차이즈 보증금이나 가입금을 받는 대신 일괄 공급하는 것이 일반적이다. 따라서 사업 확장이 쉽다. 경우에 따라서는 입지까지 검토하여 승인을 하기도 한다.

운영방법은 Paris Baguette의 경우 본사에서 일부의 빵과 바게트(프랑스의 빵) 등을 공급하고 나머지는 가맹점에서 제작하여 판매하고 일정 수수료를 본사에 지불한다. 호텔의 경우는 호텔 명칭을 쓸 수 있으며, 세계의 호텔 체인점에서 예약을 해 준다. 본사에서 관리자를 파견하여 이름에 어울리는 서비스를 제공하는지 감독하고 지도비 또는 교육비 등의 명목으로 수입의 일정률이나 일정 금액을 수취해 간다.

프랜차이즈는 프랜차이저 명성에 맞는 국제 수준의 품질 높은 상품이나 서비스를 국제 수준으로 제공할 수 있으며 자부심 속에 해외시장 확대를 할 수 있다. 그러나 통제가 어려울 수 있고 프랜차이저와 프랜차이지의 간에 경쟁 관계가 성립될 수도 있으며 프랜차이지는 프랜차이저의 전반적 통제가 불편할 수도 있다. 한편, 비싼 시설과 장비를 갖추어야 함에 매출이 받쳐주지 않을 때는 불편해지고 광고비의 별도 부담이나 로열티, 수수료, 교육비 및 운영규정의 준수 등의 부담이 영업이익 대비 과다할 수도 있다.

해외 진출을 시도할 경우는, 문화의 차이가 있으며 언어의 차이, 정치적 차이, 시장 관행과 명시적 묵시적 제한 등에 익숙하지 못하으로 이에 대한 조정이 원활히 되어야 한다. 최근의 프랜차이즈는 식품·서비스 등 커피, 치킨, 피자, 분식 및 교육, 세탁, 미용 등의 영역과 이와는 다른 IT나 온라인 통신 업종인 구글, MS 국제 교육기관 등의 프랜차이즈도 독창적이고 차별화된 서비스를 토대로 활발한 해외 확대 진출을 추진하고 있다.

(3) 기타의 계약에 의한 해외진출

위탁생산

생산형태에는 위탁생산(contract manufacturing) 방식이 있다. 해외 기업에 일정한 방식으로 제품의 품질과 수량을 생산하여 판매하도록 허용하는 방식으로, 위탁자의 명성에 흠이 가지 않게 하여야 한다. 일종의 하청 생산방식이며 위탁 생산업자에게 생산기술 및 품질에 관한 기술을 이전하여야 한다. 위탁생산은 직접 기업 경영 또는 공장을 운영하지 않고 신속하게 해외 시장 진입이 가능하며 시장 환경이 불리하면 쉽게 철수할 수 있는 방법이다.

위탁경영

위탁경영(contract management)은 해외에 기업을 설치해 놓고 전문경영자를 진출한 국가에서 선임하여 회사 경영을 하게 하도록 하는 해외 진출 방식이다. 기업이 처음 해외 또는 진출 대상국에 진출하면서 그 국가의 정치적 관점이나 시장 상황 또는 문화에 대한 이해가 부족한 것을 보완하는 의미가 있다. 회사에 일정한 역량이 채워지면 직영으로 나갈 수 있다.

국제도급

국제도급은 원사업자(principal)와 수급 기업(subcontractor) 간의 약정에 의하여 수급 기업이 원사업자의 요청에 따라 제품 또는 부품을 생산 공급하는 일종의 위탁 계약 형태를 말한다. 국제 도급계약의 도급자는 원사업자의 주문에 따라 목적 제품의 생산기능만을 담당하게 되며 마케팅 기능은 담당하지 않는다.

서비스 계약

서비스 계약은 공급자가 수행할 특정한 서비스에 대하여 그 부분만을 진출 대상국의 일정 업체에 의뢰하는 계약이다. 마이크로소프트의 OS에 대한 유지보수를 한국의 IT 업체(한국소프트웨어서비스)에 의뢰하였거나 시게이트(한국지사 없음. 유통사 또는 고객센터에서 서비스 수행)의 하드디스크 유지보수를 의뢰한 경우, 또는 항공사의 기내 음식물 공급을 의뢰한 경우 등이 서비스 계약에 해당한다.

턴키공사

턴키공사는 플랜트 공사에 있어 대상이 되는 건물이나 공장 등을 일괄계약으로 발주자의 간섭 없이 완성된 건축물의 key를 건네받는 수준까지 완성하여 인도하는 공사 방식이다. 우리나라의 개발 초기 공사능력이 부족할 경우는 삼성 등 건물 공사 시 외국 건설업자들에게 턴키 방식의 공사 발주를 하기도 하였다.

4 해외 직접투자

1) 개요

해외 직접투자는 대상국에서 활동하는 기업의 지분을 확보하는 것이므로 지분 비율만큼의 주총 발언권 및 통제력을 갖는다. 일반적으로 해외직접투자(FDI)는 외국환거래법상 외국법인의 발행주식 총수 또는 출자총액의 10% 이상을 직접투자라 한다. 경영 참여를 목적으로 하는 투자를 의미한다.

우리나라의 해외 직접투자는 1980년에 시작되었다고 볼 수 있으며 이후 계속 증가하여 신규 법인 수는 2007년에 최다를 이루었고, 2023년도 해외 직접투자액은 633.8억 달러, 이 중 미국 투자액은 277억 달러에 이르며, 투자 총액은 계속 늘어가고 있다(2025년 7월 기준). 지역적으로도 북·남미와 아시아·중동·아프리카·대양주 및 유럽에 골고루 진출하고 있다. 이 중 북미나 유럽에 투자하는 산업이 기술집약적이고 자본집약적인 산업이 많다.

기업이 해외에 진출하기 위해서는 언어와 문화에 대한 차이, 부족한 경험으로부터 오는 실패비용, 대상국의 유통망 접근 비용, 법률과 관습의 차이와 대 정부 접촉 비용 등이 발생한다. 그러나 직접투자 없이 해외시장에 접근하기 위해서는 상품의 국경이동에 따른 환율의 장벽 및 관세를 부담하여야 하고 대행하는 agency 등에 지불하는 수수료나 그들이 취하는 이윤 등의 거래비용이 있으며 이런 비용은 상대적으로 크다.

그래서 제품의 상대적 시장 장악력이 있고 기업의 국제시장 경쟁력이 있으면, 초기에는 종합상사나 대리인 등을 통한 간접수출로 시장 타진을 해 본 뒤 비용분석과 시장 및 매출 추정을 해보고 이에 따른 직접 진출의 미래가치를 판단해 본 뒤 타당성이 있으면 직접 진출하는 것이 일반적이다. 물론 시장을 알며 그 나라에서의 활동 경험이 있거나 대상국 시장에 정통한 인사를 스카우트하거나 하여 직접 해외 기업의 인수나 설립 등으로 진출할 수도 있다.

2) 해외 직접투자의 유형

해외 직접투자

해외 직접투자의 방법은 합작투자, 신설투자 및 인수합병의 3가지로 나눌 수 있다. 합작투자는 진출 상대국의 공동사업자와 일정 지분 비율의 공동투자를 통해 해외에 기업을 설립하여 사업을 해외에서 수행하는 형태로, 대표는 현지인이 맡는 경우도 많으며 생산·제조기술은 해외에 진출하는 자가 부담한다. 응당 현지 상황에 대한 파악이 빠르고 현지 사회와 문화 적응 및 정치와 법률에 대한 적응을 빨리 할 수 있다. 그러나 공동사업자 간 의견의 불일치가 있을 경우 그 조정이 어렵고 경쟁자를 키우는 것이 될 수 있다는 위험이 있다.

해외법인 신설투자

신설투자의 경우는 자본의 합자에 의한 신설이 아닌 100% 단독투자 설립을 의미하며, 진출국의 변호사나 회계사 등의 도움으로 법인 설립, 인력 확보, 조직 구성 등을 직접 추진한다. 설비의 확충 및 공정의 운영도 독자적으로 진행한다. 한편, 관리자나 운영자를 현지인으로 채용할 수 있다. 따라서 해외사업에 대한 위험을 단독으로 부담하므로 위험 부담이 크다.

인수합병

또 하나의 해외 진출방법인 인수합병의 경우는 인수 대상기업이 기존 동종 영업을 수행하던 기업일 것이다. 따라서 현지 정치·법률의 문제나 시장 및 문화 적응은 되어있는 것으로 볼 수 있다. 그러므로 진출기업은 그러한 진출국 영업기반 위에 사업을 수행하는 것이므로 목표로 하는 생산·판매의 규모를 조정하고 조직을 맞추며 제품의 생산 및 공급 등을 수행하면 된다. 그러나 해외기업 인수의 경우 현지 변호사나 회계사의 도움을 받는다 하여도 인수회사의 부외 부채, 부실 회계 등으로 인한 분쟁이 있을 수 있다. 시장조사가 잘못될 경우 시설의 과잉이 발생할 수도 있다. 양도자의 방해도 예상 가능하다. 인수기업이 현지에서 사업을 실패한 경우, 이를 회복시키는 데 예상 외의 비용과 노력이 들어갈 수도 있다. 인수한 기업을 통합하고 직원들을 흡수할 경우에는 별도의 주의가 필요하다. 기존의 노조나 그 국가의 노사 문화, 작업 환경, 분위기 및 스윙 컨트리(주요 강대국 사이에서 외교적, 경제적 균형추 역할을 하는 국가들) 등 개도국의 경우 인건비 상승률 등도 파악하여야 한다. 현지 기업 인수 시 발생할 수 있는 여러 불합리한 요소들을 현장에 맞추어 분석하고 적절한 대응을 하여야 한다.

해외 진출의 순서

해외에 진출하는 순서는 초기 철수비용이 없는 간접수출로 시작할 것이며 초기에는 자국과 문화나 정치적 환경, 시장여건 등을 고려 공통점이 있는 국가를 선택하여 진입하면서 확대해 나갈 것이다.

실제, 시장은 한국의 국내 시장보다는 해외 시장이 크다. 미국이나 유럽, 중국이나 인도 등 훨씬 클 수 있다. 세계화를 향한 안정 위주의 첫 진입 후 시장 확신이 들 때 확대하는 순차적 진입전략이 필요하다.

5 해외 진입 및 다국적 기업

기업이 국내시장이라는 울타리를 벗어나 해외시장으로 진출할 때는 국내시장에서 충분한 경험과 노하우를 축적한 후 진출하는 것이 옳다 할 것이나 상황에 따라 그러하지 않을 경우도 있다. 보통은 국내 기업 경영을 통하여 재무·회계·인사·마케팅 등의 세부 기능과 직원들의 인적 단합을 충분히 훈련 및 연습한 다음 시장을 넓혀 해외시장을 공략한다. 수출의 단계는 기업 성장을 전제로 하고 이윤을 높이려는 것인데 국내시장이 사양화될 때 해외에서 활로를 열 수 있다. 기업이 해외에 진출하여 다수의 국가에 현지 법인을 가지고 각각 독립적 의사결정을 통하여 인력의 채용과 운영, 생산과 판매 등이 이루어지게 되면 현지 지향기업 단계가 된다. 이때부터는 모든 경영의 활동은 모기업의 영향력을 배제하고 의사결정 권한을 해외 현지 법인에 위임하는 현지 분권화 전략을 감안하여야 한다.

현대와 같이 초고속 세계화 환경하의 기업은 빠르게 세계화된다. 인터넷 마케팅 등에 의해 무역장벽이 낮아지고 트럼프의 자국이익 중심의 경제가 있으나 장기적으로 그 영향은 제한적일 수 있으며, WTO 등에 의해 관세가 줄어들고 세계가 단일 경제 블록화 현상은 다시 시도되고 지속될 가능성도 있다. 통신의 발달과 함께 경제적으로 국경이 사라지고 운송수단이 발달하여 국내 한정된 시장을 벗어나 통합된 세계시장으로 나가게 될 것이다.

1) 해외 진출방법

해외 진출 시 기업들이 고려하여야 할 사항은 진출하고자 하는 국가에 대한 분석과 진입방법 및 확장 가능성과 그 수단을 검토하여야 한다. 해외 진출하는 기업을 둘러싸고 있는 거시환경을 분석하는 모델은 본서에서 제시한 PESTLE 모델이다. Political, Economic, Socio-cultural, Technological, Legal and Environmental influences의 두 문자로 표시한 것이고 각각의 영향력을 분석하는 것이다.

PESTLE이 제시한 내용은 다음과 같다.

P: 정치적 영향: 환경 규제와 보호, 세금정책, 경쟁 규제, 정치적 안전성, 국제 무역 규제 등

E: 경제적 영향: 경제성장률, 금리와 환율, 인플레이션율, 경기 변동, 통화정책, 평균 임금 수준 등

S: 사회문화적 영향: 가치관, 교육 수준, 생활 양식, 인구 증가율, 생활조건 등

T: 기술적 영향: 기술 수준, 정부와 기업의 R&D 지출규모, 정보통신 인프라, 신기술 수용, 정부의 기술개발 의지 등

L: 법적 영향: 상법, 세법, 환경보호법, 소비자보호법, 노동법 등

E: 환경적 영향: 국가 및 사회의 환경보호 의지, 친환경 경영의식 수준, 시장과 소비자의 인식, 환경보호에 관한 정부 의지 등

해외 진출에는 외부영향요인과 내부영향요인을 검토하여야 하는데, 내부영향 요인은 자회사가 해외진출의 여건과 시기가 성숙하였는가를 분석하는 일과, 이에 대한 자원이 충분하고 전략을 수립하며 이 전략의 오차 범위 내의 지원이 가능한가에 대한 검토가 타당하다는 판단이 되어야 해외 진출을 할 수 있으며, 또한 해외 진출 대상국의 환경 준비가 되어야 하는바, 물리적, 사회적 및 정치적 요인 또는 시장 상황 등 경쟁요인이 진출할 여건이

• **그림 2** 해외시장 진입방법 결정요인

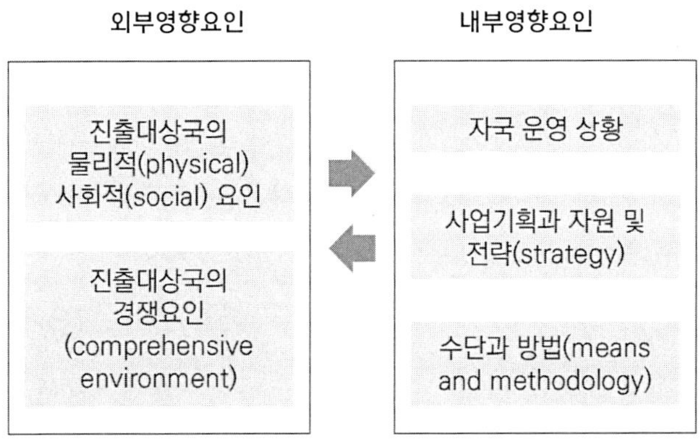

조성되어야 할 수 있는 것이다. 해외시장 진입방법(Entry Mode)에는 러그만(Alan Rugman) 모델, 허쉬(S.Hirsh)모델 및 플랭클린 루트(Franklin Root)의 점진적 과정 모델이 있다.

(1) 러그만 모델

러그만(A.Rugman)은 진입방법의 결정을 무역장벽과 기술 유출 위험요인을 평가 기준으로 하여 무역장벽이 없을 경우는 수출로, 기술유출위험이 있을 경우에는 해외직접투자로, 아니면 라이선싱으로 하라고 하였다. 적은 자원과 적은 위험부담의 수출로 해외시장을 공략한 후 무역장벽과 기술 유출 위험을 고려하여 판단하라는 것이다. 이 모델은 다른 모델에 비해 단순하고 빠른 의사결정을 할 수 있으나 관리나 통제 등 다양한 요소를 충분히 반영할 수는 없다.

• **그림 3** 러그만의 해외시장 진입방법 결정 모델

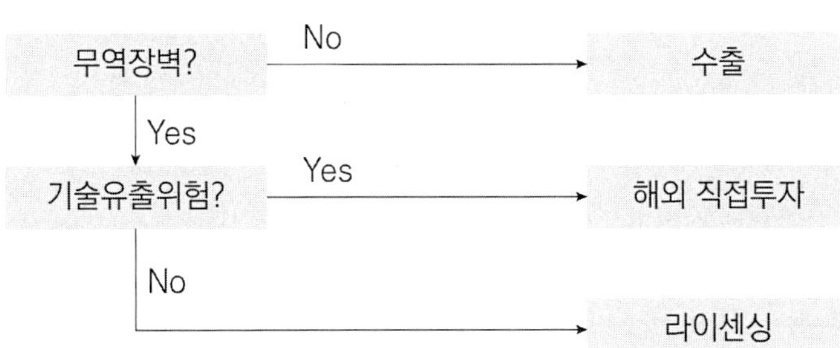

(2) 허쉬의 최소비용 모델

허쉬는 해외시장 진입에 소요되는 비용을 기준으로 삼았다. 해외 진출에 대한 수출, 라이선싱 및 해외 직접투자 방법에 대한 소요비용을 분석하여 그 예상액에 대한 최적의 방법을 간단한 수식으로 판단하여 비용이 가장 낮은 진출방법을 선택한다.

이 비용들의 최초크기는 $M < F < K$의 순서일 것이다. 한편 조업도의 증가에 따른 비용 감소효과도 동일할 것이다. 따라서 최적의 해외진입방식은 [그림 4]의 t_1까지는 수출을, t_2까지는 해외직접투자를, 그 후는 라이선싱을 선택한다는 것이다. 이 시점 등은 별도의 비용, 수익, 위험 등의 정보가 있어야 하며 계산이 필요하다.

한편, 해외시장 진입방식의 변화는 [그림 4]에서 보는 바와 같이 처음은 간접수출을 하면서 점차 현지 대리점을 통한 수출 및 합작제조법인 및 단독 출자법인으로 그 순서를 옮겨갈 수 있다.

라이선싱으로 인한 기술적 우위의 잠식 관련 비용과 선택기준

– 수출 ($P_d + M$) 선택

$$P_d + M < P_f + F \;\&\; P_d + M < P_f + K$$

– 라이선싱 ($P_f + K$) 선택

$$P_f + K < P_d + M \;\&\; P_f + K < P_f + F$$

– 해외직접투자($P_f + F$) 선택

$$P_f + F < P_d + M \;\&\; P_f + F < P_f + K$$

여기서,

P_d: 본국으로부터의 생산비

P_f: 현지국에서의 생산비

M: 수출 마케팅 비용

F: 외국기업으로서 현지생산활동을 하게 됨에 따른 추가 소요 비용(cost of foreignness)

K: 라이선싱으로 인한 기술적 우위의 잠식과 관련된 비용

• **그림 4** 동태적 해외진입방식 결정모형

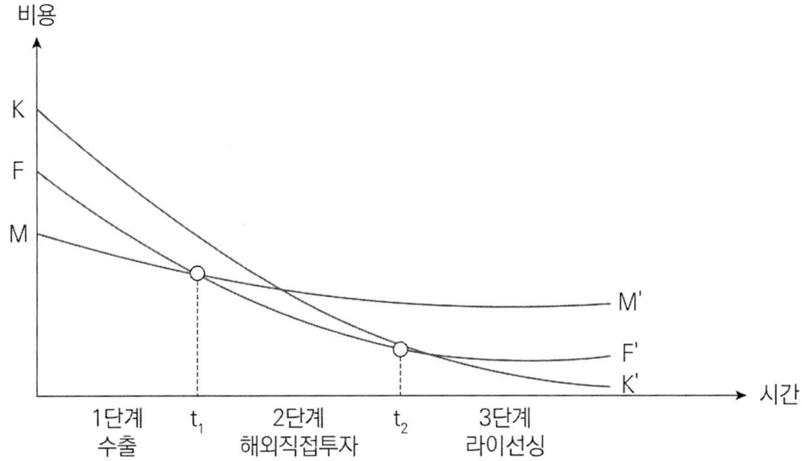

(3) 루트의 점진적 학습과정 모델

루트는 시간의 흐름에 따른 통제와 위험부담에 대한 기업의 태도와 변화에 초점을 맞추어 상황의 변화와 그에 대한 학습에 따른 단계별 의사결정으로 진입방법을 결정하는 방법을 고안하였다. 높은 위험이 수반되는 경우에는 더 깊은 해외시장에 대한 더 깊은 이해가 필요하다는 것이다. [그림 5]는 위험도와 기업의 해외 활동 통제 정도에 따른 해외시장 진입방식을 보여준다.

• **그림 5** 해외시장 진입 방식의 변화과정

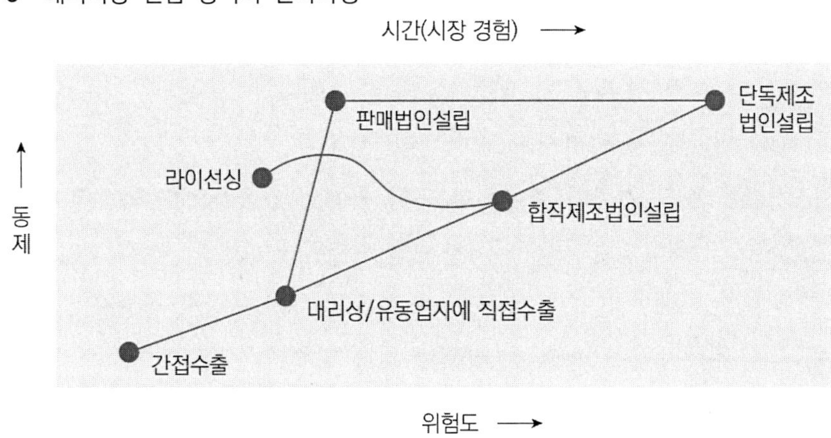

(4) Dunning의 OLI 모형-절충이론

전통적 해외 직접 투자 이론

더닝(J. H. Dunning)에 의하면 해외 직접 투자의 타당성을 설명하기 위한 필요 충분 조건은 다음의 세 가지 문제에 대하여 답을 하여야 한다고 한다.

① 다국적 기업이 외국 기업으로서의 불리함(cost of foreignness)에도 불구하고 현지 기업들과 경쟁에서 이길 수 있는 요인은 무엇인가?

② 해외 진출 방식으로 해외 직접 투자, 라이선싱, 수출 등의 다양한 방식이 있는데 왜 직접투자를 선호하나?

③ 해외 시장 진출 시 수많은 해외시장 중에서 그 국가, 그 지역을 선택한 이유는 무엇인가?

독점적 우위 이론은 주로 기업의 독점적 지위나 우위를 바탕으로 해외 직접 투자를 설명하는 이론(①에 대한 설명)이며, 내부화 이론은 시장 실패를 극복하기 위해 기업이 시장 기능을 내부화하는 것을 통해 해외 직접 투자를 설명하는 이론(②에 대한 설명)이다. 하지만 이 두 이론 모두 기업의 해외 진출 시 특정 국가나 지역을 선택하는 이유에 대한 설명(③에 대한)을 제공하지는 못한다.

더닝은 이러한 현실에서 절충이론(eclectic theory)에서 이 한계 극복을 위하여 Hymer와 Kindleberger의 독점적 우위 이론과 Buckley와 Casson의 내부화 이론의 토대 위에 생산입지 이론을 절충하여 포괄적인 해외 직접 투자이론을 제시하였다. 이 이론을 OLI 모델이라 하는데, 이는 해외 투자 활동을 소유 특유의 우위(ownership−specific advantage), 현지 장소 특유의 우위(location−specific advantage), 내부화 특유의 우위(internalization−specific advantage)의 두문자를 따서 명명한 것이다.

다국적 기업은 현지 기업이 소유하지 못한 특유의 자산을 보유하는데, 특허, 상표, 기업이미지, 기술 및 영업기밀 등의 지적자산도 포함된다. 내부화 특유 우위는 국제사업을 내부화함에 따른 거래비용 관련 우위, 장소 특유의 우위는 타지역 투자비 우위로 관세나 쿼터 등 각종 무역장벽을 피할 수 있는 우위를 말한다.

이러한 기업 소유 특유 우위와 내부화 특유의 우위는 현지국의 장소 특유 우위와 함께 기업들로 하여금 해외시장으로 나가게 하는 촉진제로 작용한다. 이러한 우위의 크기에 따라 해외 특정 장소에 대한 100% 지분투자의 유혹이 커진다. 이를 나타낸 도표는 아래와 같다.

• **표 1** 다국적 기업의 우위요소와 국제사업 형태

우위요소 / 형태	소유특유의 우위	장소특유의 우위	내부화의 우위
라이선싱	○	×	×
수출	○	○	×
해외직접투자	○	○	○

2) 다국적기업

해외에 진출한 기업이 많아지고 각 기업마다 진출국에 따라 적용 법규가 다르며 추진 전략도 운영도 다르게 되면 이제 다국적 기업(multinational enterprise)이 탄생하게 된다. 다국적 기업의 탄생이 된 후 이 다국적 기업을 어떻게 관리하는가에 따라, 본국에서 주도권을 쥐고 있으면 본국 중심주의, 기업이 속해있는 국가를 중심으로 하면 현지 중심주의, 기업들을 본사와 자회사로 구분하고 본사와 자회사 간 관계로 관리하면 세계 중심주의라 한다. 이 세 가지 형태의 다국적 기업 관리 방식은 조직 구조와 의사 결정 방법, 국가에 대한 개념에서 차이가 있다.

본국 중심주의의 경우 인사관리나 정보 전달체계를 본사 중심으로 관리하며 경영성과 평가나 포상·징계도 본사 중심, 본사 기준이 될 수밖에 없다. 현지 중심주의는 본사의 통제를 받지 않고 독자적으로 결정하는 것을 원칙으로 하게 된다. 응당 현지국의 법령 문화 체계에 맞는 관리 방식과 의사 결정을 하게 된다. 세계 중심주의는 본·지사 간의 협업이 잘 이루어지고 정보교환 등 상위 부분에 대한 경청을 잘하며 상호 존중 속에 업무가 이루어진다. 따라서 본·지사라 해도 상하 개념을 크게 두지 않는다. 초국적으론 운영되는 세계 중심주의적 관리 방식을 가진 경영이 바람직하다 할 것이다.

3) 세계화 진입에 대한 평가

세계화란 기업 집단이 이익을 내며 잘 돌아가면 세계화를 잘한 것이고, 해외에 진출한 기업마다 병에 걸리어 애로를 겪고 있으면 세계화를 좋게 평가할 수 없다. 특정 산업

에 진출하기 위하여 해당 원자재가 있는 국가에 진출하였으나 일시적 산업의 캐즘(chasm)에 빠져 애로를 겪고 있는 경우는 그 불황의 터널을 과연 잘 버틸 수 있을 것인가가 문제가 된다. 추가적인 자금의 조달이 원만할 것인지에 대한 판단이 되어야 한다.

📖 참고_ '세계 무역 질서의 재편 – 저무는 WTO

1. WTO의 공헌

세계의 무역 질서는 이 책이 쓰인 시점인 2024년 말 ~ 2025년 5월에는 트럼프의 정책 기조에 너무나 큰 영향을 받고 있다. 그러나 이는 곧 회복될 것이고 WTO의 체제가 다시 오게 될 것이다. 그리하여 약간의 변화가 있을 수는 있으나 WTO(World Trade Organization) 체제하에서 움직이게 될 것이다. 세계무역기구 WTO는 글로벌 자유무역을 보장하기 위해 1995년 설립된 국제기구로 현재의 회원 수는 한국을 포함 166개국이다. 이 기구는 무역과 관련한 규칙 수립, 국가 간 협상 증진 및 무역분쟁과 관련한 판정을 내리는 '법원' 역할도 한다. 그러나 트럼프 대통령 첫 임기인 2019년 국가 간 분쟁 해결의 최종심 역할을 하던 상소기구 위원 선임에 반대하면서 상소기구는 가동이 중지되었다. 이에 따라 분쟁 해결 기능이 위축되고 국제적 위상이 낮아졌다는 평가를 받고 있다.

자유무역의 효과

WTO가 설립된 1995년 이후 중·저소득 국가의 1인당 소득은 당시 대비 거의 3배로 증가했다. 지난 30년간(1995~현재) 개발도상국 간 무역은 연평균 9.7% 성장하였으며 국제무역의 10%를 담당하였다가 2022년에는 약 25%를 차지하여 6조 1,000억 달러 규모로 성장했다. 국가 간 협력이 긴밀해지면서 관세·비관세 장벽으로 인한 불필요한 비용도 많이 줄었다. 이러한 자유무역의 효과는 국가 간 경제 격차 축소를 이끌어 낸 요인의 3분의 1 정도가 된다는 평가이다. 반면 1995년 국제무역의 50% 이상을 차지했던 선진국 사이의 무역은 2022년에는 39%까지 감소했다. WTO의 효과는 선진국보다는 개도국이 자유무역의 순풍을 타고 오른 결과로 보인다. 최근의 국제무역 환경은 개도국과 신흥국의 역할이 모두 중요해졌으며 과거의 냉전시기 같이 각 진영의 맹주가 무역흐름을 좌지우지할 수 없는 상황이 되었다.

WTO 질서 파괴와 탈 세계화

트럼프 대통령의 2019년 상소기가 위원 불선임에 따라 축소된 WTO의 역할은 2024년 말 트럼프 제2기에 와서 그 역할이 더 낮아질 것으로의 예측과 함께 지금까지의 세계적 추세였던 세계화에 역행할 탈 세계화에 대한 논의가 되고 있다. 아직은 그에 대한 징후는 관측되지 않고 세계적인 경제성장과 속도를 맞춰나가고 있다. GDP 대비 교역규모는 2019년 56%에서 2022년 63%로 증가 또는 안정을 유지해왔다. 그러나 미국과 중국 간 무역갈등이 심화하기 시작한 2018년 이후 양 강대국 간 무역량은 타국과의 거래량 대비 30%가량 느리게 성장해 왔으며 이러한 현상은 양국 간 경제적 분열을 가속화시키는 명확한 징후를 보여주고 있으며, 2기 트럼프의 관세폭탄 60%는 그를 더 촉진할 것으로 예측된다.
이러한 심각한 무역 분절화는 WTO 연구에 따르면 전 세계 실질소득의 5%가 감소하는 결과로 이어질 수 있다고 한다.

지구과제와 국제자유무역

자유무역의 힘은 인류가 당면한 주요 과제를 해결할 때도 큰 힘을 발휘한다. 기후변화 대응 정책 효과를 극대화하는 증폭기이다. 각국이 환경 차원의 비교우위를 가진 분야에 집중하면 효율적 기후변화 대응이 가능하다. 자기가 강한 것과 약한 것에 따라 무역을 통해 비용을 최소화할 수 있기 때문이다. 여러 환경제품이 저가화되어 환경대응이 쉬워진 것이 그 예로 태양광 패널의 저가화를 들 수 있다. 이러한 상황은 인공지능이나 로봇 등의 첨단산업에 있어서도 마찬가지이다.
AI 반도체의 경우 설계는 미 실리콘밸리(현재의 실리콘밸리는 높은 생활비, 대규모 해고사태 등으로 텍사스나 마이애미 등으로 이동하고 있다) 기업들이, 반도체의 생산은 한국과 대만 등 아시아 기업들이, 장비는 네덜란드의 ASML이, 최종 제품은 엔비디아 등에서 생산하여 국제적 비용을 최소화하는 것은 무역의 힘이다. 관세 등 기타의 비용을 감안하여 니어쇼어링을 하는 것도 무역의 힘이다. 국가 간 데이터의 이동도 AI 기술 발전의 중요한 역할을 한다. 다양한 방식의 데이터이동과 그에 따른 제품의 품질향상이 담보될 수 있다. 이러한 무역은 한편은 경쟁의 효과이다. 너무나 큰 기술의 일각에 대한 자기 특기를 발휘하는 것이다. 경쟁은 최상의 기술로 협업된다. 그러나 이는 다시 합종 연횡됨은 엔비디아 기술을 애플과 AMD에서 경쟁적 칩을 개발하여 시장을 분할한다. 이는 또 다른 지역 간 무역을 유발하게 될 것이다.
코로나같은 팬데믹 시대에도 백신을 제조하여 공급하는 자와 기타 마스크 등의 공급자들이 분업 및 무역을 통해 - 여긴 국제적 정보통신 및 소통의 기술이 뒷 받침 되어있지만 - 3분기 만에 회복할 수 있었다. 이 시기 의료용품 교역은 16%, 마스크 수출입은 80% 정도 증가하였다. 나라 간 무역이 경제 안보를 지켜준 좋은 사례인 것이다.

2. 저무는 WTO - 세계화는 지나?

"세계 GDP의 약 절반에 육박하는 미·중이 서로 협력하지 않고 디커플링 하면 거시서 이미 세계화는 깨진 것이라고 봐야 한다." 김종훈 전 통상교섭 본부장의 일성이다. 그는 1974년 제8회 외무고시에 합격하여 외무부에 입부하였고 노무현 전 대통령에 의해 2006년 한때 FTA 한국 측 수석대표를, 2007년에는 장관급의 통상교섭 본부장(외교통상부 통상교섭 본부장)이었다. 그의 본부장 근무 시절에 한-EU FTA도 이루어졌다. 2012년에는 당시 강남을에서 새누리당 소속으로 19대 국회의원 배지를 달았다.

한때 세계 경제의 상식으로 받아들여지던 국제자유무역 구조가 변하고 있다. 수년 전부터 전조현상이 있던 것이나 트럼프의 제2기를 앞두고 세계무역시장의 블록화는 더욱 뚜렷해질 것으로 예상한다. 우리나라를 비롯하여 수출로 먹고사는 국가들, 멕시코와 캐나다를 비롯하여 걱정이 크다. 세계화 바람을 타고 각국이 경제적 이해관계를 따라 수출·수입 및 투자에 의한 생산거점을 설립하기도 하면서 활발한 무역을 하였으나 이제는 세계화의 종말이라는 지적이 나오기까지 하면서 어려움을 예감하고 있다.

미국 트럼프는 중국에 대하여 2000년에 부여한 항구적 정상 무역 관계(PNTR), 또는 최혜국 대우(MFN)를 철회할 가능성이 크다. 미국이 중국에 PNTR 지위를 부여한 것은 중국이 WTO에 들어오면서이다. 트럼프 1기 때 중국 관세를 핀셋처럼 물리고 중국은 보복했는데, 그것은 MFN 관계에서는 일반적으로 일어나기 어려운 일이다. 나중에 다시 합의했지만, 이것이 다시 소환될 수 있다. 60% 관세는 그 충분한 힘을 가지고 있다. 이미 이것을 기정사실화하고 있으며 더 이상 세계화를 주장하는 사람도 이제 잘 없고 그런 사조도 물건너 갔다. 세계가 국익 우선, 각자도생이라는 시대 사조가 도래하고 편만해졌다.

참고로, MFN(Most-Favored Nation)은 특정 국가에 부여하는 가장 낮은 관세율 및 최상의 무역 조건을 모든 WTO 회원국에 동등하게 적용한다는 원칙이다. 하지만 이는 일반적인 관세율에 대한 원칙이지, 모든 형태의 무역 조치를 금지하는 것은 아니다. WTO 협정은 불공정 무역 행위(덤핑, 보조금 지급 등)로부터 자국 산업을 보호하기 위한 반덤핑 관세, 상계 관세 등의 조치를 허용하고 있다. 또한, 긴급 수입 제한 조치(세이프가드)나 국가 안보를 이유로 한 조치 등도 예외적으로 허용될 수 있다. 트럼프 행정부의 대중국 관세는 종종 '국가 안보' 또는 '지식재산권 침해' 등을 명분으로 한 섹션 301 조치와 같은 형태로 부과되었다. 이러한 조치들은 MFN 원칙의 예외 조항을 근거로 하거나, 아예 WTO 체제의 테두리 밖에서 이루어진다는 비판을 받기도 했다.

중국과의 관계에서는 중국의 철학이 호혜평등 원칙을 표방했지만, 사드(THAAD)사태 때 중국이 그 원칙에 맞지 않는 관광 등 제한조치를 하였으므로 이 원칙하에 중국과의 관계를 설정해 나갈 수 있을 것으로 본다. 북한과 중·러와의 관계에서 한·미의 관계가 저해될 이유도 없다고 보아야 할 것이다. 미·중 디커플링 상황에서도 호혜평등의 원칙을 바탕으로 해결책을 모색할 수 있을 것이다. 만약 상호 보복관세를 야기하여 글로벌 관세 전쟁으로 확대된다면 세계 경제는 수십년 후퇴할 것이며 경제 및 정치적으로도 파동이 생길 것이다. 무력 충돌이나 전쟁의 위험이 예상되나 거기까지 가면 안 된다. 미국이 책임을 가지고 있으며 그렇게 가지는 않을 것이다.

트럼프 2기 행정부는 4년 후 연임을 염두에 둘 필요가 없으므로 강력한 정책 드라이브를 펼칠 것으로 예상할 수 있는데, 취임 초기 2년간, 2년 후의 중간 선거 격인 하원의원 선거까지는 넘치는 자신감과 속도로 정책을 추진할 것으로, 시장을 막겠다는 의지를 수행한다면 국경 차단조치와 무역 전쟁 관세로 볼 것이다. 마찰이 고조되면 미국 경제도 악화될 것이므로 책임관리자가 선택할 정책은 아닐 것이나 다만, 관세조치는 국가와 품목을 목표화(targeting)하여 무역적자가 큰 중국, 멕시코, 일본, 베트남 등이 조치 대상이 될 것이고 한국이 1번이 되기는 쉽지 않다.

또 하나는 자국 내 산업보호정책으로 칩스액트(바이든 행정부의 반도체 지원법), 및 인플레이션 감축법(IRA) 축소나 취소가 있다. 그 시행에 대해서 관심있게 지켜볼 일이다. 트럼프 2기 및 이러한 정책의 수행은 한미 통상 현안뿐 아니라 글로벌 자유무역 체제가 악화하고 보호무역주의와 경제 블록화는 더 심해질 것이다. 한국으로서는 큰 악재일 수 있다. 그러나 힘 있는 사람이 질서를 만들어 가는 것이 국제사회이므로 적응을 해갈 수밖에 없으나 기간적으로 짧으면 2년 길면 4년인 것으로, 정치는 트럼프 1인 혼자 하는 것이 아니라 정당이 있고 국민이 있으므로 책임감이 있다고 보아야 한다. 합리적이고 지혜로운 미국이 세계 경제를 몇 십년 후퇴시키는 그런 정책으로 세계 경제후퇴의 책임을 부담하지는 않을 것으로 보인다.

앞으로 있을 협상이건 사적 대화건 방위나 경제에 있어 호혜적 상황을 설정하고 상호 이익에 대하여, 미국의 세대적 책임에 대하여, 역사적 책무에 대하여 또는 선전 관계에 대하여 강조하고 주지시키며 우군을 확보해 나가야 한다.[1)]

3. 바이든 행정부와 비교

도널트 트럼프 2기 행정부가 공식 출범하기도 전에 싸움은 이미 시작되었다. 미국은 12월 2일 인공지능(AI) 개발을 위한 핵심부품인 고대역폭메모리(HBM: High Bandwidth Memory)에 대한 한국의 대중국 수출을 통제하였다. 이 제재 조치는 조 바이든 정부의 대중국 마지막 제재로 생각되있다. 제재의 건수를 바이든 행정부와 트럼프 1기와 비교하면, 바이든 행정부의 초기 3년간 제재 건수는 6,000건으로 트럼프 행정부 1기 동안 시행한 제재 건수 3,900건을 훨씬 넘어선다.

제재 전쟁은 트럼프 1기 때 본격적으로 시작됐다. 트럼프 직전 버락 오바마 행정부 8년간 2,300여 건이던 제재는 트럼프 1기 4년간 3,900여 건에 달했다. 이후 조 바이든 행정부에서는 우크라이나 전쟁 여파로 제재가 6,000여 건으로 폭증했다.[2)]

공화와 민주 정파를 떠나 이 같은 기조는 트럼프 2기에서도 이어질 가능성이 높다. 더구나 4년 단임이므로 맘껏 칼을 휘두를 것으로 추정되며, 여러 전쟁이 지친 미국이 패권을 유지하기 위한 새로운 방식으로 피흘리지 않는 전쟁을 택했다는 진단이다. 즉, 제재라는 제사상에 여러 가지 제물이 올라갈 것으로 추정된다.

---

1) 백동현, 박준희, (2024. 12. 6), 문화일보.

2) 주용석, (2024. 11. 29), 한국경제.

새로운 경영환경은 기업의 최적화와 세계화로 함축할 수 있다. 여기에 지금까지 다루지 않았던 환경분야와 ESG를 포함한다. 끝으로 전략의 최종분야인 인사전략을 다룬다.

PART 3

새로운 경영환경

CHAPTER 12

리밸런싱

리밸런싱은 기업이 취할 수 있는 마지막 단계의 개선 절차라 할 수 있다. 개별적으로 성장해 온 기업은 독립적인 기업에서 수직/수평적 다각화나 차별화, 타 기업과의 업무 제휴, M&A 등을 거쳐 일정 규모에 이르면 더 이상 물러설 곳이 없는 한계에 직면할 수 있다. 합리적인 노력을 다했음에도 성장의 한계에 부딪혀 가치와 시너지 창출에 어려움을 겪을 때, 계열사들 간의 업무 재조정을 통해 원가경쟁력을 강화하고 기술 개발을 촉진시켜 미래 경쟁력을 확보하는 근본적인 조치가 필요하다. 우린 이러한 균형 조정 상태를 밸런싱 상태라 하며 밸런싱에 이르는 작업을 가리켜 리밸런싱이라 한다. 리밸런싱은 아직 개념적으로 명확히 정립되지 않았으나, 기업이 활용할 수 있는 종합적 마지막 전략이라고 정의할 수 있을 것이다.

1 개요

기업이 자기 사업을 영위하여 일정 수준에 오르면 집중화, 다각화 또는 필요한 M&A 등의 방법을 모두 사용하여 성장시키고 이제는 세계 동종 산업의 주도자(Main player)로서의 위상을 확고히 하려 한다. 오히려 반대로, 이제 세계의 Top을 지향하여 발전하지 않으면 점점 치열해지는 경쟁과 후발주자들의 압력 및 선도자들의 압력에 의해 도산의 위험에 노출되게 되며, 따라서 이는 생존하기 위한 단말마적 총력전이라 할 수 있다.

우리나라 기업들도 반도체 산업이나 조선산업, 자동차 산업 등 각 업계에서 애쓴 이들의 노력에 힘입어 세계 정상을 구가하고 K-Contents도 세계 곳곳에서 얼굴을 내밀고 있다. 이미 주식 시장에서의 시가총액도 코스피, 코스닥, 코넥스를 합쳐 2025년 3월 기준 2,240조 원 규모로 추정된다.

우리나라가 연간 버는 돈이 이익기준으로 얼마나 될까?

우리나라 기업의 PBR 수준이 1이 안 되는 0.9정도, 순자산 규모는 2,000조 원 정도로 추정되며, 부채비율은 110~114%로 보면 총부채는 2,200조 원, 따라서 총자산 규모는 4,200조 원 안쪽일 것으로, 매출은 총자산 회전율이 0.7~0.9 정도이니 0.8로 하면 총수익은 3,360조 원, 영업이익률은 5~7% 정도이니 6%를 잡으면 200조 원으로 추정된다. 우리나라 총예산이 673.3조 원이니 이 중 30% 정도는 영업이익에서 충당하고 있다. 대한민국호가 지금 큰 위기를 맞고 있다. 진정 리밸런싱의 수혈이 필요할 때이다.

지금은 해체작업이 진행중인 우리나라 제1호 고리 원자력발전소로부터 험한 길을 거쳐 온 K-원전은 해외 수출의 길을 열고 있으며, 웨스탕하우스와의 굴욕협정으로 문제가 되어 있는 체코 수출은 1차 계약액만도 25조 원을 구가하고 있다. 우리가 더 유념해야 할 것은 세계산업의 흐름이며 자신이 소속되어 있는 산업 또는 새로운 흐름의 선두에서 이니셔티브를 누가 잡겠느냐에 있다. 현재와 미래의 경쟁자들을 이기거나 공존의 수단을 찾지 않으면 안 된다. 그 방안은 사실은 단순한 데 있다. 이 경쟁자들보다 월등한 기술을 개발하여 경쟁력을 월등하게 하거나 기업의 규모를 적정수준으로 조정하여 원가경쟁력을 높이는 것이다. 여기에는 시장 변화에 대한 대응 및 기술 경쟁력이 뒷받침되어야 한다. 쉽지만은 않은 분야이다.

위기 상황에 이른 기업들은 그룹 중심 기업을 위주로 그룹 기업 간 내부 합종 연횡을 통한 경쟁력의 확보에 관심을 가진다. 그동안 독립적으로 독립된 제품을 제조 판매한 기업들은 새로운 시장을 향한 신제품을 목표로 하거나 커뮤니케이션 비용 및 내부 관리 비용의 절감을 통한 원가경쟁력 확보 전략이 필요해진다.

이때 소요되는 그룹 기업의 전략이 리밸런싱이다. 시장에 맞추어 경쟁력 기준으로 기업조직의 균형추를 조정한다는 의미를 내포하고 있다. 우리나라는 2024년도 중반에 SK그룹과 두산 및 한화 등이 리밸런싱을 추진하였으며 아마도 시작의 때는 이때여도 영원히 끝나지 않는 숙제일 가능성이 높다, 리밸런싱 추진의 중간 결과 SK그룹은 1차는 성공했으며 아직 진행중이고, 두산그룹은 1년여에 걸친 중간 점검에서 대역사가 실패라고 보는 것이 타당할 것이며, 한화그룹은 그 추진과정에서 한화시스템과 한화오션 등의 MSCI 편입 및 자금유입 가능성, 시총 2배 이상 증가 등 도움을 받은 것으로 되어 있다.

2 리밸런싱의 목적과 방법

리밸런싱은 어찌 보면 그룹 기업으로서는 내부적으로 경쟁력을 확보할 수 있는 마지막 수단일 수 있다. 그동안 독자적으로 성장해 온 계열 기업들을 성장의 한계점에서 그룹이 추진할 수 있는 방안이기 때문이다. 리밸런싱의 목적은 다양하다. 두 개 이상의 계열 기업을 합병하여 제품이나 시장 또는 유통 등에서 경쟁력을 확보하고, 규모의 경제를 실현하여 커뮤니케이션 손실, 물류 효율성 저해 등의 물적 흐름상 손실을 최소화하여 원가 우위를 확보하는 목적을 두기도 한다. 특정 계열사가 가진 불필요한 사업을 떼어내기도 한다. 개별 기업의 연구개발 능력을 합쳐 시제품을 개발, 신시장을 창출하는 목적이나, 재무구조의 결함을 보완하기 위하여 재무구조가 튼튼하고 자금조달능력이 풍부한 기존 사업(레드오션)의 기업과 미래가 촉망되는 신사업 기반을 결합하여 미래 유망사업에 자금을 수혈하는 방안도 있다.

리밸런싱의 방법으로는 현재의 그룹 내에 존재하는 결점의 인지에서 시작하여 이를 해결할 대안을 도출하고 필요한 자본과 기술 등을 조달하여 미래가치를 기반으로 추진된다.

• **그림 1** 리밸런싱 추진 방법

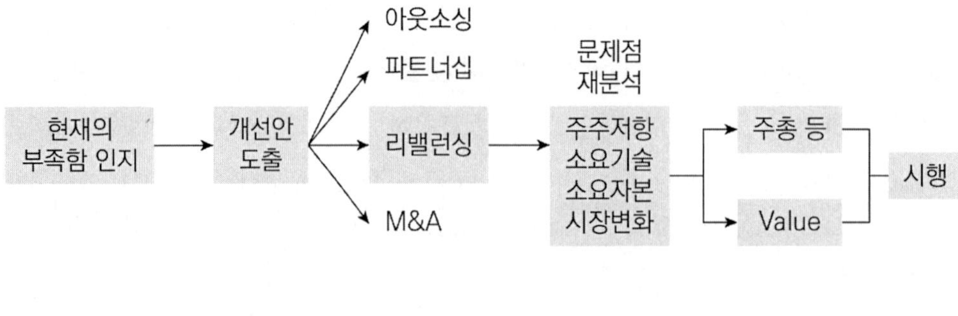

리밸런싱의 성공 요인은 다음과 같다.

① CEO의 강력한 의지

② 미래 시장을 리드하겠다는 내부합의 또는 전 임직원의 합의

③ 어떤 난관도 극복하겠다는 용기

④ 소요기술과 자본의 조달 능력

⑤ 시장 지배력 또는 경쟁우위

리밸런싱을 성공하기 위해서는 추진팀이 결성되어야 하며 이 팀은 이론과 실무를 동시 아우르게 된다.

리밸런싱 팀에는 책임 경영자, 핵심 기술자, 회계, 원가, 가치분석 전문가가 전략가와 함께 참여하는 것이 바람직하다. 리밸런싱 추진이 확정되면 추진 사유와 성취할 목적, 조정의 범위, 주주 이득을 포함한 기업 미래와 비전 또는 미션의 성취, 관계자들과 종업원 혜택의 범위 등을 공표하고 추진해야 한다. 이는 기업의 사활이 걸린 중대한 과정이므로, 투명하게 모든 이해관계자에게 공개되어야 함을 의미한다.

위에 예로 든 리밸런싱 추진 기업들은 현재 소조~수십조의 가치 기업들을 그룹 내부 조정을 통한 경쟁력 확보에 나선 것이다. 이들은 미래에 기업가치가 영 또는 음수가 될 것인지, 수십배 또는 그 이상 성공한 기업이 될 것인지, 아니면 오랜 시간 겨우 명맥만 유지할 것인지의 기로에 서있는 것이다. 다만 이들의 리밸런싱 노력 성공 여부는 본서 집필일 현재 진행형이거나 아직 최종적으로 판단하기 어렵다. 일반적으로는 외부 기업 M&A보다 계열사 간 합병/병합이 더 어렵다고 평가되기도 한다.

3 리밸런싱 추진 기업들의 현황

2024년도 중반에 구조재편, 리밸런싱을 추진하는 기업들은 SK그룹, 두산그룹 및 한화그룹 등이다.

1) SK그룹

우리나라에서 2024년도에 추진되는 리밸런싱은 실상 SK그룹에 초점이 맞추어진다. SK그룹 최태원 회장은 2024년 6월 22일부터 18일간 미국 현지 사업장 방문 및 세계 빅테크 기업인 오픈AI, 마이크로소프트, 아마존, 인텔 등의 최고경영자(CEO)들을 만나 이들과의 협력 방안을 협의하고 그룹의 청사진을 발표하며, SK는 혁신의 최전선에 서 있으며 생명과학부터 AI까지 선도할 것임을 밝혔다.

국내에서는 계열사들의 리밸런싱을 통해 국제 경쟁력 향상 및 업계에서의 세계적 이니셔티브 확보에 들어갔다. 이 리밸런싱에 관여된 그룹 계열사는 SK이노베이션, SK E&S, SK온, SK에코플랜트, SK트레이딩인터내셔널, SK엔텀, SK머티리얼즈에이플러스, 에센코어 등으로 이중 상장법인은 SK이노베이션, SK E&S 및 SK머티리얼즈에이플러스인데, SK머티리얼즈에이플러스는 CIC로 운영되고 있으며 2021년 이후 공시 내용은 없다. SK머티리얼즈는 공시기업으로 검색은 되지만 공시자료는 없다.

SK그룹의 리밸런싱을 목적으로 하는 내부합병은 3단계에 걸쳐 계획하고 있다.

첫 번째는 SK이노베이션과 SK E&S 간의 합병으로, 이 합병으로 SK는 자산규모 100조원대의 에너지 공룡기업을 탄생시켰다. 두 번째는 SK온의 재무적 자생력을 키우기 위한 SK온과 SK트레이딩인터내셔널, SK엔텀을 합병한다. 셋째는 SK에코플랜트 IPO를 위해 SK머티리얼즈에어플러스를 합병하고 반도체 유통·가공 회사인 에센코어를 자회사로 편입할 계획이다. 이와 아울러 주력이 아닌 사업의 매각도 추진된다. SK그룹 지주사 SK(주)가 100% 지분을 보유한 자회사 SK스페셜티를 사모펀드 운용사 한앤코에 지분 80%를 2조 8000억원에 매각하였으며, SK넥실리스 박막사업부 매각도 추진했다. 이 결과 안정적인 여유 자금이 창출되고 재무 안정성이 높아졌다.

SK이노베이션, SK E&S 및 리밸런싱에 관여된 그룹 계열사는 다음과 같다.

• **표 1** SK그룹의 리밸런싱 대상 계열사 현황

2023년 12월 31일 기준(연결기준) (단위: 억원)

그룹사명	자산총액	자본총액	매출액	영업이익	비고
SK이노베이션	808,355	300,200	772,885	19,039	리밸런싱 대상 SK그룹사의 공시자료로 확인
SK E&S	182,377	75,080	11,197	1,170	

그룹사명	자산총액	자본총액	매출액	영업이익	비고
SK온	332,507	114,665	128,972	△ 5,878	가능한 재무자료
SK에코플랜트	149,160	44,292	89,251	1,745	
SK트레이딩인터내셔널	59,520	11,278	489,630	5,746	
SK엔텀	공시 없음				24년1월1일 SK에너지에서 인적분할설립
SK머티리얼즈에어플러스	공시 없음				2021년 12월 1일 설립
에센코어	공시 없음				반도체 가공유 등

※ 상기 SK 계열사들이 합병 등 리밸런싱 대상이나 SK엔텀은 2024년 1월 1일 인적분할 설립되었고, SK머티리얼즈와 에센코어는 공시자료를 찾을 수 없음

2) 두산그룹

두산은 미래 로봇산업의 시장 확장을 통해 동 산업에서의 경쟁력 향상을 위하여 북미 소프트웨어 업체와 M&A를 추진하고 있으며 두산밥캣과의 M&A를 추진중이고 산업로봇을 제조하는 두산로보틱스의 활성화를 위하여 힘을 쏟고 있다. 리밸런싱과 관련한 두산의 일부 기업들 현황은 다음과 같다.

- **표 2 두산그룹의 내부합병 대상 계열사 현황**

기준: 2023년 12월 31일 (단위: 억원)

그룹사명	자산총액	자본총액	매출액	영업이익	비 고
두산에너빌리티	246,408	108,415	176,000	14,600	
두산밥캣	103,717	59,548	96,392	13,728	기말기준율: 1$=1,289.40
	$8,044mil	$4,618mil	$7,474mil	$1,065mil	
두산로보틱스	4,564	4,388	530	△ 192	
밥캣/로보배율	22.7	13.6	181.9		양사 간 배수

환산: 두산밥캣의 연결재무제표는 금액표시단위가 천USD임. 표의 표시금액은 회사 공시재무제표상 2023년 기말의 매매기준율 1usd=1,289.40원으로 환산한 금액임
2023년도 말 두산밥캣은 두산에너빌리티의 자회사로 두산에너빌리티의 재무 금액에는 두산밥캣의 재무 성과들이 포함되어 있다.

• **표 3** 두산그룹의 내부합병 대상 계열사 현황(2024 연결재무제표 기준)

(단위: 10억원)

그룹사명	자산총액	자본총액	매출액	영업이익	비고
두산에너빌리티	26,314	11,661	16,123	1,018	연결
두산밥캣	12,009	6,894	9,215	939	연결/환산(주)
두산로보틱스	422	403	47	△ 41	연결
로보/밥캣	28	17	196		

환산: 두산밥캣의 연결재무제표는 금액표시단위가 천USD임. 표시금액은 2024년 회사 공시재무제표 상 기말의 매매기준율 1USD=1,470.00으로 환산한 금액임. 표시한 금액단위가 2023년과 달리 10억 원임에 유의할 것

2023년도 [표 3]에서 보는 바와 같이 두산이 역점을 두고 있는 로봇산업과 그 앞장을 서고 있는 두산로보틱스는 2023년도 말 기준 자산총액이 4,564억 원, 매출액이 530억 원이며 영업이익은 △192억 원으로, 두산밥캣의 각 103,717, 59,548, 96,392 및 13,728에 비해 각각 22.7배, 13.6배, 181.9배의 차이가 있어 양사를 직접 비교하기 어렵다. 또한 로보틱스 결손 누적으로 재무구조가 열악하다.

따라서 재무구조가 탄탄한 두산밥캣을 에너빌리티에서 떼어 두산로보틱스의 자회사로 만들어 기업 경영에 융통성을 부여하겠다는 것이다. 경영자입장에서는 밥캣에는 자금이 있으나 쓸 용도가 마땅치 않기도 하고 로보틱스는 자금에 허덕이니 그 자금을 끌어 쓸 수 있으면 로보틱스 사업에 단물이 될 것임을 모르지 않을 것이다. 한편, 로보틱스의 영업손실은 밥캣의 영업이익으로 충분한 보상이 이루어진다. 밥캣은 텔레핸들러, 콤팩트 트랙터, 유틸리티 차량, 툴캣, 미니트랙로더, 소형 굴절식 로더, 콤팩트 휠로더, 제로턴모어 등의 제품을 제작 보유하며, 미국, 유럽, 중국, 인도 등의 성장하는 시장에 진출하고 있다. 그렇다면 원자력 사업을 수행하는 에너빌리티보다는 같은 기계를 다루는 로보틱스에 합병시켜 사업을 함께 하게 한다면 여러 가지 시너지가 생길 것을 예상할 수 있다. 체코 원전을 수주한 두산에너빌리티의 역할은 또 다른 변수로 등장할 가능성이 있다.

이러한 비전하에 추진한 두산의 리밸런싱은 12.3 계엄사태로 인해 좌초되었다. 원전 주가 일제히 급락하면서 두산에너빌리티와 로보틱스의 주식매수청구원이 부담이 커진 것이다. 매수청구가격으로 에너빌리티는 2만 890원을, 로보틱스는 8만 472원을 제시하였으나 시장 주가가 받쳐주지 못하면서 예상보다 큰 주식매수 비용부담을 안게 된 두산그룹은 분할합병을 하더라도 실익이 없다고 본 것이다. 두산밥캣과 두산로보틱스의 합병계획은 전격 취소됐다.

3) 한화그룹

한화그룹의 리밸런싱 전략은 단순하다. 그동안 한화는 종사하던 방산 부문에서의 재편 작업을 마무리하고 나서 내부 지분구조조정에 나섰다. 방산 재편작업은 그룹의 경쟁력 강화를 위하여 수행된 것이며, 한화에어로스페이스를 중심으로 ㈜한화의 방산부문과 한화디펜스를 흡수합병하였고, 대우조선해양(현 한화오션) 인수를 통해 해양방산분야를 그룹 내 핵심 사업으로 육성, 방산 관련 사업들을 결합하여 육해공 통합방산 시스템을 구축하는 등의 방산사업을 통합하면서 추진된 것으로, 한화에너지의 주식은 오너 3세가 100% 지분을 확보하고 있는데 한화에너지에 대한 ㈜한화 지분을 증가시키겠다는 것이다.

• **표 4** 한화그룹의 리밸런싱 대상 계열사 현황

기준: 2023년 12월 31일(연결기준) (단위: 억원)

그룹사명	자산총액	자본총액	매출액	영업이익	비고
㈜한화	209,065	33,199	53,135	2,411	
한화에너지	11,605	4,891	4,711	215	

[표 4]에서 보는 바와 같이 ㈜한화는 자산총액 20조 9,700억 원, 자본 3조 3,200억 원, 매출액은 5조 3,100원 영업이익 2,400억 원이며, 한화에너지는 총자산 1조 1,600억 원, 매출액 4,711억 원, 영업이익 205억 원이다. 한화는 자본구조 재조정을 통하여 친정체제를 갖추겠다는 의도이다.

4) HS효성

2024년 3월, 고(故) 조석래 회장이 89세의 나이로 타계하면서 효성그룹은 2개 지주사 체제로 전환을 추진했다. 2024년 7월 1일부로 조현상 부회장이 이끄는 HS효성이 공식 출범했다. 그룹 분할로 조현준 회장은 기존 지주사인 ㈜효성과 효성티엔씨, 효성중공업, 효성화학을 맡게 되었다. HS효성 출범을 계기로 그동안 형제 경영으로 그룹을 이끌어 온 조현준 회장과 조현상 부회장은 각각 독립경영에 나서게 되었다. 사실상의 계열 분리 수순이다. 리밸런싱 수준까지 간다고 볼 수는 없다.

5) 대한항공

대한항공은 아시아나항공 인수를 통해 대한항공 조원태 회장의 세계화 작업이 시작되었다. 그동안 아시아나 노른자 사업으로 평가받는 화물운송 사업 매각, 주요 노선과 슬롯 포기 등의 우여곡절을 겪어오면서도 조원태 회장의 결단으로 아시아나 항공의 제3자 배정 유상증자에 참여해 아시아나의 최대주주가 된 것이다. 아시아나 항공 결합의 가장 큰 걸림돌이었던 EU 경쟁당국(EC: European Commission)의 선결요건이 모두 충족되었다는 것이다. 미국만 남아있으나 걸림돌은 없는 것으로 평가한다. 대한항공은 향후 2년간의 별도 운영 후 2026년 말 양사를 하나로 합쳐 그룹의 빅플랜을 시현한다는 계획이다.

4 Success Factor

리밸런싱을 성공으로 이끄는 데는 리밸런싱의 목표를 세우고 기업의 미래 생존과 성공을 위하여 전 임직원이 일심단결하여 매진하는 것이 최상이라 할 수 있다. 이러한 합심을 통해 단결력과 시너지가 발생하고 도중에 발생하는 문제점이나 난관들을 합심하여 극복해 내어야 성공으로 이끌 수 있다. 리밸런싱에는 그룹사 간 이합집단이 포함되는 바, 계열사 간 M&A가 이루어지게 되는데, 관련자 간의 이해관계가 얽혀 있으며 합병비율이 합병의 성패를 좌우한다.

1) 리밸런싱의 향방을 가르는 분기점 - 합병비율 및 매수 가격

리밸런싱은 그룹 내 계열사 간의 조정이 주를 이루므로 그룹사의 지분 변동 및 기업 간 합병이 큰 이슈로 등장한다. 그러나 합병은 기업 지분의 이동에는 많은 이해관계자들이 버티고 있어 실패하는 경우도 많다. 앞서 언급한 바와 같이 삼성중공업과 삼성엔지니어링의 합병의 목적은 종합 플랜트회사를 설립하는 것으로 취지는 좋았으나, 합병으로 인한 주주 이익 침해를 우려하는 주주들의 강한 반발로 무산되었다.

SK그룹의 경우 SK이노베이션과 SK E&S 간의 합병비율은 미래가치를 감안하여 1:2

로 예상되었으나, 최종적으로 세법에서 정한 상속재산 평가방법(자산가치와 수익가치를 2:3 비율로 융합)을 적용하여 계산한 결과인 1:1.1917414로 공시되었다. SK이노베이션의 주식 가치는 자본시장법 시행령에 따라 1개월 및 1주일간의 거래량 가중 산술평균 주가와 평가일 전일 종가 등 3가격을 평균한 가격으로 산정된 11만 2,396원의 기준 시가로 계산되었고, SK E&S는 비상장기업이므로 상속세 및 증여세법상 비상장기업 평가방법으로 평가한 13만 3,947원으로 계산되어 이 비율이 제시된 것이다. 이에 대해서도 일각에서는 타당하다고 평가하였으나 일부의 소액 주주들은 이노베이션의 가치를 자산가치로 하여야 한다고 주장하여 논란이 생겼다.

가치평가 방법

가치평가는 본질적으로 미래가치를 의미한다. 평가된 가치의 사용자는 투자자이며 지금의 투자자는 미래의 이익을 향유할 것이므로 미래가치가 되는 것이 옳다. 그러나 미래가치는 현재 나타난 현상들에 의하여 추정할 수밖에 없으므로 이렇게 계산한 것이 양사의 기준 시가이다.

한편 정통적인 가치평가 방법으로 ① 거래 사례법 ② 배수법 ③ 수익 환원법 등의 세 가지가 있다.

첫째의 거래 사례법은 이번 거래와 동일 또는 유사한 거래실적이 있는 경우 이를 기반으로 평가를 한다는 것이나 SK그룹의 금번 사례와 같은 거래 예는 없을 것이므로 적용하기 어렵다.

둘째의 배수법(multiple method)은 비상장법인과 유사한 상장기업을 분석하여 EBIT 또는 EBITDA 등을 도출하고 그 비율에 의하여 비상장기업의 가치를 산정하는 방법으로 SK E&S가 도시가스, 액화 천연가스(LNG) 발전 등의 사업을 수행하므로 유사 상장기업을 선택하여 주가를 추정할 수 있었을 것이다. 다만, 이 방법은 SK이노베이션의 주가 평가에 대한 아래 문제적 분석에서와 같이 몇 가지 문제점을 내포하고 있다.

셋째의 수익 환원법은 미래의 경제 상황을 분석, 추정하여 미래가치를 분석하는 방법인데, 가치평가 방법으로 평가자들은 누구나 채택하고 있는 방법이다. 수익 환원법은 대상기업의 기술성을 분석하고 특허의 보존력을 기존 또는 유사 특허 등에 의하여 특허 침해나 분쟁 등의 가능성을 분석하며, 이 기술의 시장에서의 파급·확장력 – 시장성 –을 분석하고 결과적으로 어느 정도의 사업화로 이어질 것인가의 회계 수치로 미래가치를 평가하는 방법으로 상당히 합리적인 방법이다. 그러나 수익 환원법에서 쓰이는 요소들은 여전히 추상성과 자의성을 가진다. 따라서 상속·증여세법에서는 현재의 확실성이 있는 자산가치와 수익가치를 제출·공시된 재무상태표와 손익계산서를 기초로 평가하여 논란을 방지하는 방식을 쓰고 있다. 그러나 자산가치는 가시적인 것이고 수익가치는 보이지 않으면 변동성이 있으며, 최대주주의 할증평가, 주가 저평가 유도 및 미래가치 미반영이 있다는 한계가 있다.

SK이노베이션의 거래 기준 시가를 평가한 주식 가치(기준주가)의 한계

SK이노베이션의 거래기준 시가를 평가한 주식가치(기준주가)는 시장에서 이해관계자들의 거래 내역이니 신뢰성이 있다고 볼 수는 있다. 기준일 전 1개월간의 거래를 평균하거나 1주일간의 거래를 평균한 것은 기준주가에 객관성을 주기 위한 것이나 일자별 주가 변동이 특별히 큰 경우 또는 그 기간이 1개월 이내라는 짧은 기간임에 따른 의도된 외부적 영향력이 행사될 수 있다는 점에서 이러한 방법의 기준 산정은 거래가 결정에 상당한 문제가 야기될 수도 있음을 유념하여야 한다.

2) 주식 매수청구권

주식 매수청구권은 주주의 권리를 보호하기 위한 최후의 보루라고 할 수 있다. 주식 매수청구권은 주주 이익에 영향을 주는 기업의 특정 결정에 반대하는 주주들이 불이익을 피하기 위하여 자기 소유 주식을 회사에 매수해 달라고 청구할 수 있는 권리이다. 자기자본의 투자자로 실질적 회사의 주인인 주주는 기업이 커지고 주권은 세분화되어 절대적인 주주층이 소액 주주로 전환되면서 회사의 주인은 경영권을 가진 대주주로 넘어간 지 오래다. 그래서 회사의 의사결정에 소액 주주들은 따라갈 수밖에 없는데, 이들을 보호하기 위한 법적 구제책으로 고안된 것의 하나가 주식매수청구권이다. 2014년도 삼성중공업과 삼성엔지니어링의 합병 시에는 주식 매수 청구 규모가 예정 한도를 초과하여 합병이 무산된 바 있다.

📖 참고_ 주식 매수청구권 행사로 합병이 불발된 사례

2014년 삼성그룹은 핵심플랜트에 강한 삼성중공업과 설계 분야에 강한 삼성엔지니어링의 합병을 추진했으나 실패했다. 삼성중공업이 신주를 발행하여 삼성엔지니어링 주식 1주당 2.36주를 주기로 하였다. 2개월 뒤 합병에 반대하는 주주들이 행사한 주식 매수청구권 규모가 합병계약상 예정된 한도를 초과한 것이다.

- **주주 이해관계 – 합병비율과 매수청구권**

SK

SK이노베이션과 SK E&S의 합병 사례로 주식 합병비율과 주식 매수청구권의 관계를 설명하면 다음과 같다. SK이노베이션과 SK E&S가 합병하면 E&S는 주식 상장기업에 흡수되어 재무적으로 통합된 회사로 주식거래가 된다. 비상장 기업의 즉시 상장 효과가 생기기도 하는 것이다. 이때 주식 가격은 SK이노베이션의 그간 거래했던 주가와 SK E&S의 실질 가치 및 증가된 주식 수에 따라 거래가가 형성되되, SK이노베이션의 SK E&S에 지급한 가액이 SK E&S의 실질 가치보다 낮으면 주가는 상승하게 되고 반대로 높으면 주가는 떨어지게 된다.

$$\text{합병 후 주가} = \frac{\text{SK이노베이션 시가총액} + \text{SK E\&S 실질가치}}{\text{SK이노베이션 발행주식총수} + \text{SK E\&S합병으로 인한 신주발행 주식수}}$$

(단, 이는 이론적 계산이며, 실제 시장 주가는 더 다양한 요인이 영향을 미침)

SK이노베이션의 대주주는 이 기업 합병이 미래 기업가치 상승을 전제로 하며 주가의 일시 상승/하락에 일희일비하지 않고, 결국에는 상승할 가치에 관심을 가지나, 소액 주주의 경우는 단기 주식 매매 목적의 단기투자자이므로 주가의 단기적 상승 또는 하락에 영향을 받는다. 합병비율이 소액 주주에게 유리하여 주식을 조금이라도 더 받으면 시가의 변동은 주주에게 불리해도 합병비율에 의한 이익에 못 미치므로 그 차액만큼은 단기 이익이 발생한다. 물론 손실이 나타날 수도 있다. 따라서 SK이노베이션의 소액 주주는 양사의 합병비율에 큰 관심을 가지는 것이다. 초기 양사의 합병비율을 1:1.1917417(보통 1:1.2라 함)으로 SK이노베이션의 주가는 112,396원, SK E&S의 주가는 133,947원으로 평가되었다, SK이노베이션은 상장기업으로 기준주가로 SK E&S는 본질가치로 평가하였음)로 언급했을 때 증권가에서는 SK E&S의 최대 주주인 SK(주)의 지분 희석을 방지할 수 있어(자기 주식을 비싸게 파는 것이므로) 경영권 유지에 도움이 된다는 평가가 있었다.
또한 SK E&S의 상환전환우선주(RCPS: Redeemable Convertible Preferred Share)를 보유하고 있는 글로벌 사모펀드 운용사 콜버그 크래버스로버츠(KKR)도 설득하기 쉬워질 가능성이 높아진다고 하였다가, 이런 경우는 SK이노베이션이 높은 가액으로 SK E&S를 매수하는 경우이므로 매수

후의 주가 하락이나 불변 등이 생겨 소액 주주들에게는 유리하지 않으므로 손해에서 자유로워지려는 SK이노베이션 소액 주주들의 반발을 불러와 주식매수청구권이 과다하게 몰려 합병 성사에 부정적 영향을 미칠 것이라는 예측을 한 바 있다. 그러나 SK는 이러한 비판에도 불구하고 처음 공시한 이 비율로 합병을 성사시켰다.

두산

두산그룹의 경우는 다음과 같다.

두산밥캣은 2023년 기준으로 매출 9.8조 원 영업이익 1.4조 원 총자산 10조 4,612억 원, 자기자본 6조 57억 원을 기록했으나, 두산로보틱스는 매출 530억 원, 영업손실 △192억 원, 총자산 4,564억 원(두산밥캣 대비 4.36%), 자기자본 4,388억 원(두산밥캣 대비 7.31%)에 불과했다. 그럼에도 주식 시가에 따라 양사의 가치가 시가총액 기준 밥캣이 5조 7,000억 원, 로보틱스가 5조 1,900억 원으로 거의 동일하게 평가되었고, 교환 비율은 주식 교환가치 50,612원:80,114원을 반영하여, 두산로보틱스 1주에 두산밥캣 0.63주로 결정 공시하였다. 당시의 이사회 전일 각사의 종가 각 50,612원과 80,114원이었다. 두산로보틱스 1주당 두산밥캣 0.6358485주를 교환하는 방식으로 추진된 것으로 두산로보틱스가 신주를 발행하여 두산밥캣 주주들한테 교부하는 형태였다.

이 발표가 나오자 SK이노베이션의 소액 주주들의 입장과 같이 두산에너빌리티와 두산밥캣 주주들의 큰 반발로 주가가 요동치기도 했다. 당시 두산은 양사의 합병을 신속히 처리하겠다는 입장이었으나 결국은 여러 원인들로 인해 무산되고 말았다. 두산에너빌리티와 두산밥캣 소액 주주들이 주식매수청구권을 다수 행사하거나 합병 주주총회에서 합병 반대쪽에 표를 던지므로 합병이 어려워진 것은 아니다.

한화

한화그룹의 경우는 한화에너지의 주식 매수방식이므로 그 적법성에 대한 논란과 소액 주주 등의 이익을 침해할 가능성이 있다. 적법성에 대한 논란은, 한화에너지 이사회가 독자적으로 의사결정했다고 하지만, 일각에서는 이사회의 독립성이 부족하며, 내부거래에 해당될 수 있다는 지적과 함께, 한국기업거버넌스포럼은 ㈜한화가 장기간 극히 낮은 가격(PBR 0.26배 정도)의 일반 주주가 피해를 입었다고 주장하였다.

한국기업거버넌스포럼

11일 한국기업거버넌스포럼은 논평을 통해 "한화에너지의 한화 지분 공개매수는 공정성이 결여됐다"고 지적했다. 포럼은 "한화그룹 3형제 개인 회사인 한화에너지가 공개매수 이유로 책임경영 강화를 통한 기업가치 제고를 제시했지만, 장기간 극히 낮은 주가 성과로 피해를 입은 ㈜한화 일반주주를 설득하기 위해서는 구체적인 기업가치 제고 계획이 필요하다"고 지적했다.

일반주주 이익 침해 소지

㈜한화의 주가와 밸류에이션 추이를 보면 책임경영을 통한 기업가치 제고라는 공개매수 명분도 힘을 잃는다는 게 포럼 주장이다. 포럼은 "㈜한화 보통주 주주 입장에서 총주주수익률(TSR)은 지난 3, 5, 10년 간 각각 연 0%, 1%, 3%에 불과하다"며 "그동안 ㈜한화 이사회가 회사의 합리적 자본배치와 기업가치 훼손 해결책을 진지하게 논의했는지 궁금하다"고 했다.[3]

📖 참고_ 주주들의 반대로 합병비율이 조정된 사례

주주들의 반대로 합병비율이 조정된 다른 사례로는, 2023년 포스코인터내셔널(상장)과 포스코에너지(비상장) 합병 당시 소액 주주의 반발을 수용하여 조정하였고, 그 외에 2022년 동원산업과 동원엔터프라이즈, 2020년 이테크건설, 군장에너지 등의 평가 및 조정 사례가 있다.

동원산업과 동원엔터프라이즈

동원산업(상장사)과 동원엔터프라이즈(비상장사)의 2022년 11월 2일 합병으로 동원산업이 동원그룹의 지주회사로 출범하게 되었다. 합병비율은 초기 동원산업 대 동원엔터프라이즈의 합병비율을 1:3.8385530(동원산업 1주당 동원엔터프라이즈 3.8385530주)으로 발표하였으나 동원산업 소액주주들의 항변으로 1:2.7023475로 변경(동원산업 주주에게 약 30% 유리하게 조정)하였다. 양사의 평가는 적법하게 동원산업은 기준주가를 산정하여 적용하였고 동원엔터프라이즈는 본질가치로 산정하였다. 이에 대하여 동원엔터프라이즈의 평가액이 과다하다는 소액주주들의 반발이 작용하여, 합병비율 조정 과정에서 동원산업의 가치가 상대적으로 상향 평가된 결과로 볼 수 있다.

삼광글라스와 이테크건설 및 군장에너지

삼광글라스는 2020년 이테크건설, 군장에너지와 합병하여 SGC에너지로 사명을 변경하였다. 이 합병은 삼광글라스의 투자부문, 이테크건설의 투자부문 및 군장에너지가 통합되는 방식이었으며, 합병 후 SGC에너지는 그룹의 사업 지주회사 역할을 수행하였다. 이 합병의 초기 합병비율은 삼광글라스와 이테크건설 투자부문의 합병비율은 1:8.9237944, 군장에너지와의 합병비율은 1:2.5373016이었으나 당시 코로나19의 영향으로 주가가 하락되어 합병가액이 저평가되었다는 지적과 소액주주들의 반발이 있었고, 이에 따라 합병비율을 1:3.22 및 1:2.14로 변경하였다가 1:2.58 및 1:1.7로 변경하여 합병을 완료하였다(삼광글라스와 이테크건설 투자부문의 합병비율은 1:8.92에서 1:3.22로, 이후 1:2.58로 변경, 삼광글라스와 군장에너지의 합병비율은 1:2.53에서 1:2.14로, 이후 1:1.7로 변경).

주식 평가 기준은 기준 시가(3가격 평균법: 기준일 직전일 종가, 직전 1주일 평균 주가, 직전 1개

3) 남지현, (2024. 7. 11), "한화그룹의 경우 한화에너지의 주식 매수 문제점", 한겨레신문.

월 평균 주가의 평균)로 하였으며 발행주식수, 자산가치, 부채비율 및 기준주가에 10%를 가감하는 방법으로 비율을 산정하였다.
합병 비율 조정은 코로나19의 장기화 등 예상하지 못했던 부분을 법적으로 허용 가능한 범위 내에서 반영하였으며, 주식 시장에서 거래되어 형성된 시가도 활용하였다. 자본시장과 금융투자업에 관한 법률에서는 기준시가가 자산가치보다 낮을 경우 자산가치를 사용할 수 있도록 하고 있다.

포스코에너지와 포스코인터내셔널의 합병

포스코인터내셔널(상장)이 포스코에너지(비상장)를 흡수 합병하여 포스코인터내셔널로 통합 출범하였다. 포스코는 이를 통해 재무구조 개선 및 글로벌 사업을 확대할 수 있게 되었다. 이들의 합병 비율 평가는 기준주가와 본질가치를 기준으로 산정하였으며, 주식매수청구권 외에 합병 신주 가격의 상하한가를 제한하여 소액주주들의 손실을 최소화하는 노력을 기울였다. 특히 보수적인 가치평가방식을 적용, 한국ESG평가원으로부터 "ESG평가 긍정적"이라는 평가를 받았다. 이는 포스코 합병에 긍정적 영향을 준 것으로 보이며 합병 발표 후 주가는 22%까지 급등하였다. 포스코인터내셔널은 2022년 11월 4일 이사회를 통해 합병을 결의하고, 합병 주총 기일은 2023년 1월 1일, 합병 등기일은 2023년 1월 2일에 합병을 완료하였다. 초기 공시한 합병 비율은 1:1.162692로 결정되었으며(2022.08.12. 이사회), 결정비율도 처음 공시와 변동이 없다. 합병 후 존속 회사는 포스코인터내셔널이다.

---

5 가치평가와 BCG Matrix 및 주주 손익

1) 가치평가와 BCG Matrix

기업가치평가는 특정 기술에 대한 가치평가인 기술가치평가와는 다르다. 기업은 기술적 요소뿐 아니라 인적요소, 경영적 요소, 대 고객 관계나 시장 영향력 및 하나의 기술이 명멸하더라도 새로운 기술을 개발하는 신기술 개발력 및 제품 등에 관한 기업활동과 세계경기의 변화까지 반영한 총체적 평가이므로 기업 자체의 미래 활동에 대한 것이다. 현재 보유한 자산만을 기준으로 평가하는 것은 기업가치평가의 본질에는 부합하지 않는다.

기업가치평가는 미래 개발될 기술에 대한 평가는 하지 않는다. 다만 기술의 개발 능력을 기업의 계속성에 넣어 계속기업(going concern)을 전제로 평가하는 것이다. 기술가치평가는 특정 기술의 개발이 완료되었을 때 평가한다. 완성 전에 평가하는 경우는 그 완성도를 산정하여야 하며 후속연구의 성공 여부 및 제품화와 그 제품의 시장성에 대하여도 평가가 수행되어야 한다. 개발된 기술이 평가일 이후 시장에서 얼마만큼의 영향력을 발휘할 것인지, 특허가 등록되었으면 그 특허의 효력까지 특허가치를 평가할 수 있다.

이런 기업가치평가는 기술 분야는 기술전문가, 그 분야 교수나 기술사 또는 그 기술에 특화된 기업의 기술연구소장 등이 개입하여 평가를 수행하고, 특허는 해당 분야를 잘 아는 변리사가 특허 분석을 실시하여 권리성을 판단하며, 시장성은 해당 분야 시장전문가가 참여한다. 회계적 재무 추정부문에 대하여는 공인회계사 등이 사업성을 평가한다. 따라서 기업가치평가 보고서는 나름 당해 기업의 미래가치를 전문가입장에서 적절히 보이고 있다고 볼 수 있다.

앞에 설명했듯 가치평가 방법에는 거래 사례법, 배수법 및 수익가치 접근법이 있으나 대부분 수익 접근법(현금흐름할인모형, DCF: Discounted Cash Flow)을 쓴다. 다만 IPO를 수행하는 경우는 PER의 배수 등을 이용한 배수법을 선호한다. 객관성이 중요하므로 시가가 형성되어 있는 기존 상장사 등 비교기업을 활용하여 배율방법으로 하는 배수법이 더 많이 쓰인다. DCF 방식은 주관성이 강하기 때문이다.

상속세 및 증여세법(상증법)에서 자산가치와 수익가치를 가지고 평가하는 비상장주식에 대한 본질가치 평가 방법은 과거 3년간의 재무제표를 사용하므로 이머징 마켓에서는 적은 평가액이 나온다. 수익가치와 자산가치를 3:2로 가중평균하여 계산된 금액을 평가액으로 하는 것이다. 수익가치가 없을 때는 자산가치만으로 평가할 수 있다. 상증법에서도 자산가치가 본질가치 전체의 80% 이상일 경우에는 자산가치만으로 평가하도록 하고 있다. 상장주식은 평가기준일 전후 2개월간의 종가평균으로 평가한다.

동원산업 등의 평가에서 자산가치에 의한 평가로 합병비율을 결정한 것은 이론에는 맞지 않는다. 실제로 2022년 합병 당시 동원산업은 기준시가로 합병가액을 산정하려 했으나, 소액주주들의 반발로 자산가치 기준으로 변경했다. 자본시장과 금융투자업에 관한 법률 시행령상 상장사는 기준시가가 자산가치보다 낮으면 자산가치를 합병가액으로 정할 수 있다. 소액 주주들이 주식 매수청구권으로 또 주주권 행사와 여론으로 압력을 가하니 기업은 다소의 손해를 감수하더라도 기업의 장래를 위하여 합병이나 통합을 하는 것이다.

• **그림 2** 다단계의 연차적 BCG Matrix

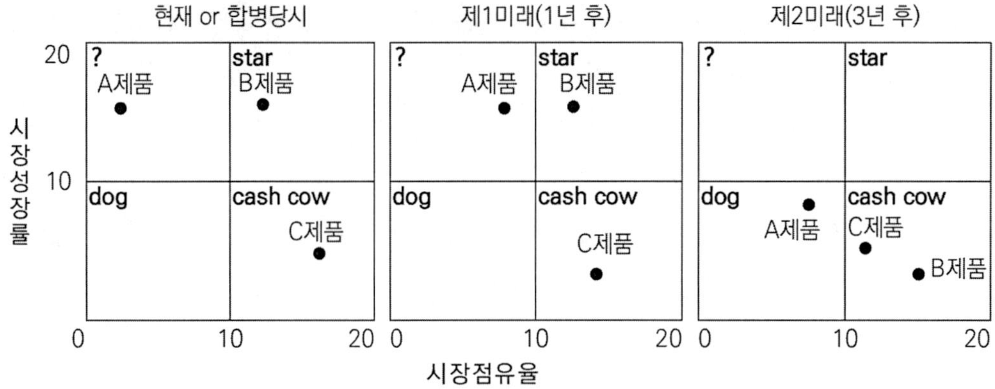

※ 1년 후, n년 후는 가시적 성과가 나타나는 시점을 정해 표시하면 된다.

결국은 합병이 유리하므로, 또 자본력이 뒷받침되므로 이를 수용한 것이라 보아야 한다.

여기서 기업의 사업 포트폴리오를 평가하는 BCG Matrix를 도입하여 대비 분석을 해 볼 필요가 있다. BCG는 기업이 가지고 있는 사업들이 타 경쟁사들과 비교하여 상대적 시장 점유율을 분석하는 기법이다. [그림 2]와 같이 X−Y축 그래프를 시장 성장률과 시장 점유율을 놓고 상대성을 분석하는 것이다. 아래 BCG Matrix는 '현재'부분의 4분면이 하나의 Matrix 도표이고 1년 후 및 n년 후가 각각의 다른 Matrix이다. 대규모 합병이나 리밸런싱을 하는 경우 당장의 경쟁력은 물론 향후의 경쟁력도 분석하여 목표의 설정 및 목표를 향한 경쟁력의 변화를 보아야 하므로 다단계 BCG Matrix로 도모하는 것이다. 물론 현재의 BCG Matrix만 작성해도 된다. 기본적으로 McKinsey에서는 현재의 Matrix만 제시하였다.

[그림 2]의 다단계로 구성된 연차적 BCG Matrix에 경쟁기업의 상황 등과 비교하여 특정 기간 경쟁력을 분석해 보면 특별한 전략을 채택하고 그 전략이 주효했을 때 현재의 사업 또는 신규 사업의 해당 사분면에서 변화를 읽을 수 있다. 이것은 전문가들이 평가한 기업가치평가 보고서를 토대로 작성이 가능하다. 예시는 A제품은 이머징마켓에 출시하여 점차 시장점유율을 높이다 그 한계를 맞았고, B제품은 성장률과 점유율 모두 높은 상태였다가 성장률은 한계를 맞았고 cash cow로 자리 잡을 것으로 유추되며, C제품은 cash cow의 자리를 지키고 있음을 보여준다. 여기서 최선의 목표에 따라 전략 수립이 용이해진다.

가치평가보고서에는 기술성 및 사업성과 시장성이 검토된다. 연차적 손익 추정이 있고 투자와 판매될 제품과 자산 및 부채 등이 정의되어 있다. 따라서 현재 시점에 비교 대상이 된 경쟁사들의 미래 경쟁력과 함께 그 변화를 특정 도구(TOOL)를 이용하여 추정하면 미래의 BCG Matrix를 작성하고 미래 우리 회사의 경쟁력을 분석할 수 있다. 이때에는 BCG의 Position을 엑셀 산식을 이용하여 추정할 수도 있다.

특정 전략을 채택하고 그 전략의 성공을 위한 노력을 하며 자원을 사용하는 것은 이 미래 상대적 경쟁력을 확보하기 위함이니 경쟁회사들에 대해서는 그들도 총력을 다 할 것을 전제로 분석해야 한다. 예로, SK하이닉스가 HBM 반도체를 만들고 평가하면서 다른 기업들, 삼성전자나 마이크론이 준비가 거의 된 줄 알았는데 준비가 안 되었다. SK하이닉스는 경쟁기업들을 최선의 준비를 하는 것으로 보고 기술 개발에 전력을 다 했던 것이다. 이를 사전에 추정하여 BCG Matrix를 그려보는 것이다. 그랬다면 겸손한 경쟁력 우위 도표가 나타났을 것이다. 포터의 가치사슬이나 5 Force 모델로 현 상황을 분석해 놓고 전략을 수립했다면 '모두 다 잘해' 하고 CEO는 종업원들에게 열심만 강조할 것이다. 그러나 이렇게 미래 그림을 경쟁 상대 회사까지 넣어서 비전을 담아 그림을 그려 놓으면 그날그날의 경영 활동이 명확한 목표를 향해 가고 있는지 비교할 대상이 생긴 것으로 성과를 확인하게 된다. '목적이 이끄는 삶'이라는 훌륭한 저서가 있다. 정말 많은 사람들이 영향을 받은 책인데, 기업들, 기업을 구성하는 전 직원들이 익히면 '목적이 이끄는 회사생활'을 하게 될 것이며, 그 성과는 말로 표현할 수 없을 만큼 큰 성공을 가져올 것이다.

첨단을 달리는 기업일수록, 세계 선두를 노리는 기업일수록 세계적 기업을 대상으로 하고 전략을 수립할 때, 특히 삼성이나 SK, 두산, 한화 등은 3년 내지 5년 이후의 본 동태적 BCG Matrix에 의하여 경쟁력을 증진하며 가치평가 보고서(이것은 미래 보고서이다)와 대비해 보고, CEO는 기업의 매일 매일이 자신의 마음구상과 맞게 가고 있는지 진실로 마음에 닿는지 반성해가며 경영을 할 때의 성과가 이 그림에 나타나 있다. 3년 후 BIG Matrix를 작성해보면 당해 연도의 매트릭스는 많이 달라져 있을 것이다.

2) 합병 추진(리밸런싱)

(1) SK의 합병

SK E&S는 세간의 비판을 물리치고 자신의 주장을 관철하였다. 결과는 주주 모두에게 윈윈한 게임을 한 것으로 볼 수 있다. 합병일인 2024년 8월 1일 이전인 7월 29일의 SK이노베이션의 주가는 105,000원이었다. 이것이 기말인 12월 30일의 주가는 112,000원이었고 2025년 3월 13일에는 139,200원까지 치솟아 합병 시 대비 32.6% 상승률을 보였다(이후는 일시 하향). 이러한 주가 추세는 SK E&S의 합병을 통한 상장이 무사히 이루어졌음과 성공적이었음을 시사하고 있다. 합병 당시 양사의 합병비율은 1:1.1917417(보통 1:1.19라 표시)이었다.

주식매수청구권 신청 규모가 절반도 되지 않은 건 매수 예정가(11만 1,943원)와 13일 SK이노베이션의 종가(11만 700원)의 차이가 크지 않기 때문이며, 주가가 추가 상승한다는 기대감도 반영됐을 것으로 보인다. '주주가치 훼손'을 이유로 반대 의사를 표명했던 국민연금이 주식매수청구권을 행사하지 않은 점 등이 그 이유였다.

SK이노베이션과 SK E&S의 통합에 대하여는, 초기 합병비율을 1:1.19로 한 것은 다음의 가치평가 방법에 의하여 계산된 기준 주식가치에 의한 것이다. 그러나 자산가치를 기준으로 하는 1:0.55는 E&S의 사업 범위와 미래 사업성을 고려할 때는 상당히 무리가 있는 것으로 보인다.

(2) 두산의 합병 실패

두산그룹의 밥캣과 로보틱스의 합병에는 자산가치와 수익성 모두 엄청난 차이가 있으나, 상장 주식이므로 증권시장에서 거래되는 주가가 기업의 가치를 반영하니, 이에 따른 미래산업의 성장성과 미래 경쟁력에 대한 평가를 시장 평가 가치인 주가로 반영하려 하는 것은 그리 잘못된 것은 아니다. 동원 등 합병에 성공한 기업들에 대하여 합병비율이 변경되고 난 후 합병 및 상장을 통해 소액주주들이 얼마나 이익을 얻었을지 분석한 자료는 보이지 않는다. 그러나 합병비율이 50% 가량 조정된 것으로 보고된 사례가 있는 것으로 보아, 소액주주는 말 그대로 소액주주이고 그 합병 거래가 주식의 시장가치에 합병비율 정도의 영향을 미쳤다면(안 미칠 수 없다. 기존의 시가가 크게 변동되었다면 기존의 본질가치 평가의 오류로 볼 수도 있다) 소액주주들은 그 변화된 비율만큼의 추가 이익을 얻었을 것으로 봄이 타당할 것이다. 이 결과는 소액주주 및 어느 정도의 큰 주주에게도 같은 영향을 미쳤을 것이고 합병비율의 변화는 형평성에는 어긋남을 인정하지 않을 수 없다.

주가의 중요성

합병 비율로 나타나는 소액주주의 손익을 분석하고 그 희비를 이해하였지만, 주가는 소액 주주에게는 매우 중요하다. 대주주는 지배력이 있으므로 주가가 경기 변화에 다소 흔들린다 하더라도 지배력에 문제가 없고, 경기가 좋아져 주가가 오르면 재산 가치 또한 회복되므로 아무런 문제가 없다. 반대로 주가의 상승과 하락은 소액 주주들에게는 매우 중요하여, 그들의 경험에 따라 합병비율에 따른 불만을 그대로 표출하는 것이며, 대주주 또는 오너 입장에서 이를 방치한다면 세계를 경영하는 기업인으로서는 무책임하다고 할 것이다.

그러나 두산은 소액주주의 불만과 증권감독원 권고, 한국거버넌스포럼의 비판에 의거 합병을 하지 못했고 합병이 최선이라 생각하는 경영진은 그 후도 오랜 기간 이를 성취시키기 위한 노력을 많이 기울였던 것이다.

가치평가 3방법

가치평가 방법은 사용 목적에 따라 크게 세 가지 방식으로 구분될 수 있다. 사업자에게 동기를 부여하고 격려하기 위해서는 평가되는 가치가 커도 된다. 사업 양수도(M&A)의 경우에는 일방의 손해를 강요할 수 없으니 공정한 중간적 평가를 한다. 담보용으로 평가한다면 이는 여러 가지의 리스크들을 반영하여 보수적으로 평가할 수밖에 없다.

2024년 중반(7월), SK그룹과 두산그룹 및 한화그룹은 대규모 리밸런싱(구조재편) 작업에 들어갔다. 이는 그동안 개별 기업별로 발전해 오던 기업들이 성장에 제동이 걸리고 여기저기 이상신호가 감지되었기 때문이었다.

3) 리밸런싱 상세 분석

기업의 '리밸런싱(Rebalancing)'은 급변하는 경영 환경에 대응하여 사업 포트폴리오를 재조정하고 체질을 개선하는 전략적 구조조정을 포함한다. 이는 단순히 부실 사업을 정리하는 것을 넘어, 미래 성장 동력을 확보하고 핵심 역량을 강화하기 위한 적극적인 변화 관리의 일환이다. 2024년도 거의 동시 추진된 SK그룹, 두산그룹 및 한화그룹의 사례는 나름의 성공도 실패도 미완성의 성공도 보여주며, 이러한 리밸런싱이 어떻게 추진되고,

어떤 과정을 겪으며 그러한 결과를 나타냈는지, 한국의 초대형 최초 리밸런싱의 사례에서 그 교훈을 얻어본다.

SK

SK그룹의 경우는 설립 이래 확장 정책으로 2024년 말 계열사가 219개(공정거래위원회 발표)[4]나 된다. 이는 설립 이후 22년 만에 3.7배의 확장을 이룬 것이다. 한편, 종속회사 수는 667개(SK그룹의 2024 상반기 사업보고서 기준)이다. 기업이 성장하면서 세계 최상기업들과의 경쟁이 치열해졌고, 이를 돌파하면서 인수 합병 및 전략적 투자 등을 통하여 성장의 수단으로 사용하였다. 그러나 이제는 세계적인 초경쟁 환경과 급변하는 시장 변화 속에서 약점이 드러났고 '군살 빼기'와 '체질 개선'의 필요성을 절감했다. 특히 경기 둔화와 배터리, 친환경 등 미래 산업의 일시적 캐즘(Chasm, 일시적 수요 정체)은 일부 부실 계열사의 재무 부담을 심화시켜 대대적인 리밸런싱을 추진하는 계기가 되었다.

리밸런싱 추진 내용

1. SK이노베이션과 SK E&S 합병(초대형 에너지기업 탄생)

- **목적**: 총자산 100조 원이 넘는 초대형 에너지기업 탄생을 통한 시너지 극대화 및 그룹 변혁의 신호탄. 정유, 트레이딩 등 화석 연료 사업부터 전기차 배터리, 신재생에너지 등 포괄적 에너지 사업군 확보.
- **내용**: 양사는 2024년 7월 17일 각각 이사회를 열고 합병안을 통과시켰다. 이종 산업 간의 합병으로, 합병 후 회사 운영은 CIC(Corporate in Corporate, 사내 독립 기업) 형태로 유지하고 기존 조직과 인력을 그대로 유지함으로써 유기적·화학적 결합의 난관을 최소화하려는 전략이다. SK이노베이션의 액침냉각 기술과 SK E&S의 에너지 저장 장치(ESS) 솔루션을 결합하는 등 토탈 에너지 솔루션 기획을 통해 시너지를 구체화할 계획이다. 민간 에너지기업으로서는 아시아·태평양 지역 최대 규모다.
- **성공 요인**: 국민연금의 반대에도 불구하고 SK이노베이션 주주총회에서 80%가 넘는 찬

4) 공정위 인용 연합뉴스(2024.6.25.) 카카오 128개(2위), 삼성 63개, 현대차 70개, LG 60개, 포스코 47개, 롯데 96개, 한화 108개, HD현대 29개, GS 99개, 농협 54개

성으로 합병 결의안이 통과되었으며, SK E&S는 비상장 법인이자 SK(주)가 90% 이상의 지분을 보유하고 있어 합병이 순조롭게 진행되었다. 이는 SK그룹의 리밸런싱에 대한 시장의 긍정적인 평가와 신뢰를 보여준다.

- **시사점**: 이종 산업 간 합병 시 화학적 결합의 어려움을 인지하고 '따로 또 같이' 전략을 통해 유연한 통합을 시도한 점이 주목할 만하다.

2. SK이노베이션의 자회사 SK온, SK트레이딩인터내셔널, SK엔텀의 합병

- **목적**: 배터리 사업 후발주자인 SK온의 자금난 해소 및 경쟁력 확보. SK트레이딩인터내셔널(2023년 영업이익 5,746억 원)과 SK엔텀(2,576억 원)의 안정적인 수익을 SK온의 적자 상쇄에 활용하고, SK트레이딩인터내셔널의 포트폴리오를 석유에서 배터리 원재료 소싱으로 확대하는 것을 기대한다.
- **배경**: SK온은 최근 몇 년 동안 공격적인 투자를 이어왔으나, 전기차 시장의 주춤으로 캐즘에 빠지며 10개 분기 연속 적자를 기록 중이다. 2026년까지 약 15조 원의 추가 투자가 예정되어 있어 자금난이 심화된 상황이다.
- **의의**: 재무적으로 어려운 SK온에 안정적인 수익원을 제공함으로써 그룹 차원의 시너지를 창출하려는 전략이다. SK측은 "글로벌 경기 침체 장기화, 에너지·화학 사업의 불확실성 증대, 전기차 시장 캐즘 등 급변하는 외부 경영 환경 변화에 능동적으로 대응하고 미래 에너지 사업 분야에 대한 경쟁력을 확보하기 위해 합병을 추진했다"고 설명했다.

3. SK에코플랜트의 에센코어 및 SK머티리얼즈에어플러스 자회사 편입

- **목적**: 최근 2~3년간 확대한 친환경 분야 투자가 대부분 실패한 SK에코플랜트의 자금난 해소 및 재무구조 개선하고 우량 계열사 편입을 통해 매출액 10조 원을 웃도는 대규모 친환경 기업을 추구한다.
- **배경**: SK에코플랜트의 계속된 인수합병 및 투자로 인한 재무 부담으로 2024년 3월 말 부채비율은 위험 수준인 200%를 넘어 245.3%를 기록했다. 반면, 에센코어와 SK머티리얼즈에어플러스의 2023년 영업이익이 증가했다.
- **의의**: 재무 부담이 큰 계열사에 우량 계열사의 수익성을 연결하여 그룹 전체의 재무 건전성을 높이려는 시도다.

4. 문어발식 투자 조정 및 부진한 투자회사 정리:

• **목적**: 자회사를 200개 종속회사를 600개까지 거느린 '방만한 투자'라는 비판에 대응하고, 늘어난 사업 영역 대비 부실한 성과를 개선한다. 투자 전문회사를 표방했던 SK스퀘어의 포트폴리오를 반도체 투자 전문회사로서 정보통신기술(ICT) 분야 중심으로 재편한다.

• **배경**: SK스퀘어는 크래프톤, 코빗, 원스토어 등 20여 개 회사에 투자했지만, 이 중 16개사에서 손실을 기록했다. 이는 전문 투자자로서의 예리함이 발휘되지 못했다는 비판으로 이어졌다.

• **향후 계획**: 최근 대표이사 교체에 이어 몇 차례 매각이 무산됐던 11번가 등 부진한 투자회사를 정리하고 고강도 구조조정을 단행할 것으로 예상된다. 이는 비핵심/부진 사업을 정리하고 핵심 사업에 집중하여 투자 효율성을 높이는 '선택과 집중' 전략이다. 향후 커브아웃(Carve Out) 등 추가적인 사업 재편으로 이어질 수 있다(참고: SK그룹의 리밸런싱 대상 계열사 현황 표 참조).

5. 반도체·통신 분야에서 인공지능(AI) 분야 투자 주력

• **목적**: 그룹 주력 사업의 미래 성장 동력을 AI 분야에서 확보한다.

• **내용**: SK텔레콤은 미국 AI 데이터센터 기업 스마트글로벌 홀딩스(SGH)에 2억 달러(약 2,800억 원)를 전환 우선주 투자계약 체결 후 향후 보통주 전환을 통해 SGH 지분 약 10%를 확보할 예정이다. 또한 엔트로픽, 퍼블릭시티 등 AI 개발사 및 람다, 마이크로 등 데이터센터 관련 업체와도 협력 중이다.

• SK하이닉스는 2028년까지 총 10조 원을 투자할 계획이며 그중 8.2조 원을 고대역폭 메모리(HBM) 등 AI 관련 사업에 투입할 계획이다.

• **의의**: 미래 고성장 산업으로의 전략적 전환을 통해 그룹 전체의 경쟁력을 강화하려는 장기적인 비전 제시이다.

6. SK의 CIC(Corporate in Corporate) 운영 방식 분석

SK이노베이션과 SK E&S의 합병에서 제시된 CIC 운영 방식은 대규모 이종 기업 간의 합병 시 발생하는 화학적 결합의 어려움을 인지한 유연한 전략이다.

• **개념**: 사내 독립 기업(CIC)은 하나의 사업자등록 하의 기업 내부에 법적으로 독립적인 사업자는 아니지만, 실질적으로는 모기업의 통제를 받지 않고 독립적인 경영활동으로

제품과 서비스를 생산하여 판매하는 형태의 기업을 말한다. 대외적으로는 세금계산서 발행이나 관공서 대응은 모기업 명의로 하되, 실질적인 구매, 생산, 판매 활동은 독자적으로 수행하며 관련 전표와 증빙을 모기업에 전달한다. 주로 모기업에 필요한 부품 제작이나 용역 제공이 주목적이며, 기술 특이성과 관리상의 필요에 의해 사내 기업으로 운영된다.

- **배경**: SK이노베이션(매출 77조, 영업이익 2조)과 SK E&S(매출 11.2조, 영업이익 1.3조)는 이미 거대 기업이며, SK의 기업 문화상 내부 결집력이 강할 것이므로 이 두 회사를 즉각적으로 유기적·화학적 결합으로 유도하기에는 많은 난관이 있다. 기존의 대기업 합병 사례에서 화학적 결합은 "독립적으로 운영되던 기업에서 근무하던 사람들이 모두 퇴임한 후에야 이루어지더라"는 말이 있을 정도로 어렵다.
- **목표**: SK그룹은 이렇게 통합되는 두 회사의 운영 체계를 CIC 형태로 '한 지붕 두 가족' 체제로 운영하며, 다만 유기적 통합을 가능한 한 유연한 가운데 속히 이룰 방책으로 양 조직을 통합한 프로젝트를 양측 인력이 공동 참여하는 형태로 업무를 수행하고 상호 상대방의 기능이나 특성을 활용하는 방안을 모색할 것이다. 이를 통제할 조직은 유연 결합 TFT(태스크포스팀)로 운영할 계획이다. 이는 양사의 목적 사업이 다르므로 유기적·화학적 통합을 서두르는 경우 조직 이기주의와 불협화음, 노사 문제, 사업 수행 비효율성 등 통합 역작용이 발생하여 경쟁력 약화가 초래될 수 있다는 판단에서다.
- **장점**: 합병 초기에 발생할 수 있는 조직 이기주의, 불협화음, 노사 문제, 비효율성 등을 최소화하고, 각 사업의 전문성을 유지하며 점진적으로 시너지를 찾아갈 수 있다.
- **고려사항**: '한 지붕 두 가족' 체제를 가져간다 해도 모든 문제가 해소되는 것은 아니다. 독립 기업으로서의 양사를 비교할 때, SK E&S는 도시가스, 액화천연가스(LNG) 및 발전 등 수익성 높은 사업을 영위하고 있으며 2023년 매출액 영업이익률(11.5%)이 SK이노베이션(2.5%)보다 훨씬 높다. SK이노베이션이 SK E&S의 자금 여력을 활용하게 될 것이므로 내부적인 불균형이 발생할 수 있다. 급여 체계, 직원 상여금 규정, 근무 체계, 복리 후생 제도 등에서 차이가 있을 수 있으며, 대부분 상향 조정되더라도 당분간의 혼란은 피할 수 없다. 마케팅 체계, 구매 체계, 인센티브 체계 등도 다를 수 있으며, 노사 문제는 양사 노조가 합쳐지면 더 강력한 협상력으로 도전할 가능성도 있다. 상호 사업적 이해도가 낮은 부분도 문제 소지가 있으며, 합병의 시너지를 찾기까지 기대보다 상당한 시일이 걸릴 수 있다. 독립성이 보장된다 하더라도 합동된 조직 문화나 시스템(업

무 체계 및 전산 시스템 포함) 통합 측면의 어려움이 예상된다.

- **SK그룹의 전략:** SK그룹은 "따로 또 같이"라는 전략을 구사한다. 유동성이 풍부할 때는 유망한 사업에 독립적으로 투자하여 빠른 의사결정으로 사업을 키우고, 지금처럼 경기가 둔화되어 미래 산업에 캐즘이 생겨 생존을 위한 뭉침이 필요할 때는 전략적으로 계열사 간 리밸런싱을 추진하는 것이다.
- **향후 과제:** 세간의 지적처럼 양 조직을 관통하는 밸류체인을 조속히 발견하고 각 사업들을 단계적으로 연결하여 공동 목적을 향한 공동 노력에 의한 합동 부가가치 창출을 조속히 발굴해야 한다. 양 조직이 화학적으로 융합되어 하나로 움직이는 "화집(和集)"을 속히 이루어야 할 것이다.

SK그룹은 몇 단계의 리밸런싱 작업에 들어갔는데, 그 첫 단계로, 에너지 전문 계열사 SK이노베이션과 SK E&S의 합병이다. 이는 총자산 100조 원이 넘는 초대형 에너지기업의 탄생과 함께 이를 시작으로 SK그룹의 변혁을 알리는 신호탄이 된다.

SK의 CIC

사내 독립기업(CIC: Corporate in Corporate)은 하나의 사업자등록 하의 기업 내부에 법적으로 독립적인 사업자는 아니지만, 실질적으로는 등록상 기업의 통제를 받지 않고 독립적인 경영활동으로 제품과 서비스를 생산하여 판매하는 형태의 기업을 말한다. 대외적으로는 세금계산서의 발행이나 관공서 대응은 모기업의 명의로 하고 실질로는 구매나 생산 및 판매활동을 독자적으로 하며 관련 전표와 증빙을 모기업에 전달한다. 대부분 모기업에 필요한 부품의 제작이나 필요한 용역제공이 주이며, 기술의 특이성과 관리상의 필요에 의해 사내기업으로 운영한다.

CIC는 SK의 SK이노베이션과 SK E&S의 합병(리밸런싱) 과정에서 한 지붕 안에 둥지를 튼 두 실체에 대한 경영을 CIC 형태로 하겠다는 발표에 따라 돌출된 개념이나 그 형태는 오래전부터 있어 왔다. SK이노베이션은 매출이 77조 영업이익이 2조에 이르고 SK E&S는 각각 11.2조와 1.3조 원으로 이미 맘모스 기업이며 SK 기업문화상 내부 강한 결집을 형성하고 있을 것이기 때문에 이 두 회사를 유기적·화학적 결합으로 유도하기는 많은 난관이 있다. 그동안의 우리나라 대기업의 합병으로 형성된 기업의 화학적 결합은 '독립적으로 운영되던 기업에서 근무하던 사람들이 모두 퇴임한 후에 이루어지더라'는 말과 같이 SK그룹의 금번 대규모 합병 기업들을 하나로 일사분란한 체계로 만들기는 쉽지 않을 것이다.

그래서 SK그룹은 이렇게 통합되는 두 회사의 운영체계를 CIC 형태로 한 지붕 두 가족 체제로 운영하며, 다만 유기적 통합을 가능한 한 유연한 가운데 속히 이룰 방책으로 양 조직을 통합한 프로젝트를 양측 인력이 공동 참여하는 형태의 업무 수행이나 상호 상대방의 기능이나 특성을 활용하는 방안을 모색할 것이며 이를 통제할 조직을 유연 결합 TFT로 운영하겠다는 것이다. 혹이나 양사의 목적사업이 다르니 유기적·화학적 통합을 서두르는 경우 구 조직 이기주의와 불협화음으로 이어져 노사의 예기치 않은 문제 발생, 사업 수행의 비효율성 발생 등에 따른 통합 역작용이 생겨 반발로 인한 경쟁력 약화가 초래될 수도 있다고 본 것이다.

물론, 한 지붕 두 가족 체제를 가져간다 해서 문제가 다 해소되는 것은 아니다. 독립기업에서의 양사를 비교하면, SK E&S는 기존의 도시가스, 액화 천연가스(LNG) 및 발전 등의 수익성 높은 사업을 영위하고 있으며, 2023년도 매출액 영업이익률(11.5%)이 SK이노베이션의 매출액 영업이익률(2.5%)보다 훨씬 높고 내부적으로도 SK E&S의 자금 여력을 SK이노베이션이 활용하게 될 것이다. 급여체계나 직원 상여금 규정, 출퇴근 등 근무체계, 휴일 수당 및 그 운영 형태 차이가 있을 수 있다. 복리 후생 제도, 여비 출장비 등의 규정 등에 대부분 상향 조정되겠지만 당분간의 혼란은 피할 수 없다.

마케팅 체계나 구매체계, 여기에 대한 인센티브 체계 등도 다를 것이다. 노사문제는 양사의 노조가 합치므로 더 강력한 협상력으로 도전할지 모른다. 자동화 장비의 차별성도, 또 그룹 회장이나 통합된 회사의 대표가 양 조직에 주는 사랑의 정도도 똑같을 수는 없고 같다 해도 당사자들은 자격지심 등이 발동하여 차별을 느낄 수 있다.

상호 사업적 이해도가 낮은 부분도 문제 소지가 있다. 합병의 시너지를 찾기까지 기대보다 상당한 시일이 걸릴 수 있기 때문이다. 합병된 회사들의 독립성이 보장된다 하더라도 합동된 조직문화나 시스템(업무체계 및 전산시스템 포함) 통합 측면의 어려움이 느껴지기도 한다.

"따로 또 같이"라는 전략을 구사하는 SK그룹은 세간의 지적처럼 양 조직을 관통하는 밸류체인을 조속히 발견하고 계열사별 사업들을 단계적으로 연결하여 공통 목적을 향한 공동 노력에 의한 합동 부가가치 창출을 조속히 발굴하여야 한다. 양 조직이 화학적으로 융합되어 하나로 움직이는 주무왕(武王)이 기자(箕子)에게서 찾았던 화집(和集)을 속히 이루어야 할 것이다.

🗁 사례_ SK그룹의 리밸런싱 성공 사례

- SK그룹은 국민연금의 반대에 불구 SK이노베이션의 주주 총회에서 합병 결의안이 80%가 넘는 찬성으로 통과되었다.
- SK E&S는 비상장법인이고 SK(주)가 90% 이상의 지분을 가지고 있으므로 익일 임시 주주총회에서 역시 합병안이 무난히 통과되었다.
- 이래서 SK 리밸런싱의 큰 줄기가 잡혔고 이다음 추진할 일은 그동안 누적되어 온 부채구조조정일 것이다. SK그룹은 수년간의 M&A로 지주회사인 SK(주)의 상반기 총부채 규모는 12조 4천억 원에 달한다. SK가 시장에 매물로 내놓은 기업은 SK엔펄스, SK스페셜티, SK아이이테크놀로지 등이며 향후 매각 리스트에 기업들이 추가될 것이다. 이들은 리밸런싱(사업구조조정) 2단계로 커브아웃㈜을 통해 진행된다.
- SK 그룹은 작년 9월까지 리밸런싱을 마무리 한 것으로 평가된다. 부채비율은 목표치 100%에 근접하고 연말까지 8조원의 자본조달안이 정해졌다.

㈜ 카브아웃(Carve Out)과 스핀오프(Spin Off)

- 카브아웃(Carve Out): 기업이 자신의 특정한 부분이나 자산을 분리하여 독립된 회사로 만들지만 이 새로운 회사의 지분 일부는 여전히 보유하는 전략. 이는 주로 자본을 확보하거나 비핵심 사업을 분리하여 핵심 사업에 집중하기 위하여 사용된다.
- 스핀오프(spin off)는 기업이 자신의 일부분이나 자회사를 완전히 독립된 회사로 만드는 것이다.

두산

두산 그룹의 리밸런싱 사례는 추진하던 과정에서 계획이 무산되고 금감원과의 의견 불일치, 한국기업 거버넌스포럼의 강한 이의제기에 부딛혀 합병이 무산되기까지 복잡한 과정을 거친다. 따라서 두산사례는 본당 리밸런싱 끝 부분에서 포괄적으로 다룬다.

🗁 사례_ **두산의 리밸런싱 실패사례**
- 리밸런싱, 구조조정, 기업의 외부영향력(EPG), 합병, 평가

1. 두산 합병계획 철회

두산그룹은 야심차게 추진하였던 두산밥캣과 두산로보틱스간의 합병 계획을 한 달 반 만에 철회[5]하였다.

5) 2024.8.30. 뉴스. 조선일보 등. 실제 철회한 것은 합병을 위한 임시주총을 철회한 날로 보아야 한다.

- 배경: 두산그룹이 그룹 리밸런싱의 과정에서 중요한 첫 번째 단추인 두산밥캣과 두산로보틱스를 통합 시키는 합병계획을 2024년 8월 29일 철회하기로 했다. 소액주주들의 반발과 금융당국의 압박에 의한 결정이다. 7월 11일 두산그룹이 '에너지·스마트머니·첨단소재를 3대 축으로 하는 사업구조 개편안을 발표한 지 한 달 반 만이다. 특별한 위법 요인이 없는 국내 기업의 사업 개편이 금융당국의 압박 때문에 제동이 걸린 것은 이번이 처음이다.
- 쟁점: 그룹이 발표한 양사 간 합병비율에 대하여 그 평가과정 및 관련 법규까지 한국 거버넌스 포럼의 강한 반발과 주주 단체가 강하게 비판하고 나선 뒤 일부 주주들이 동조하고 금융감독원까지 나서 두산을 압박하자 사업구조 개선안을 크게 수정하였다, 그러나 이 또한 미흡하게 보였고 결국은 합병계획을 철회한 것이다.
- 두산 측 입장: 양사는 대표이사의 주주 서한에서는 "사업구조개편 방향이 긍정적일 것으로 예상이 되더라도 주주분들과 시장의 충분한 지지를 얻지 못하면 추진되기 어렵다고 생각한다"고 하여 적법하게 추진된 평가와 계획이지만 주장을 고집하지 않겠다는 의사를 표명 했다. 두산그룹은 합병비율에 대하여는 "시가대로 합병 비율을 산정하는 자본시장법을 따랐다"고 주장했다. 이 말은 맞는 말이다. 자본시장법시행령 176조의 5에 의하면 상장주식은 합병 시 당시의 시가에 의한다고 하였다.

• 주주 및 외부 비판

두산밥캣의 우수한 자산 및 매출과 이익, 잉여금 등 우수한 재무적 상황 대비 로보틱스의 장기 적자에 따른 열악한 상황에 불구 로보틱스의 주가가 더 높게 형성되어 있었다. 이는 두산 로보틱스가 국내 협동로봇 시장 1위로 미래가치가 높다는 이유로 투자자가 몰린 결과였다.
두산그룹은 "시가대로 합병비율을 산정하는 자본시장법을 따랐다"고 했으나 밥캣 일부 주주들과 한국기업 거버넌스 포럼은 평가의 적법성에 대해 "법을 최대한 악용한 사례"라고 비판했으며, "현행 자본시장법의 합병비율 산정기준에 문제가 있다"는 세미나를 열었고, 밥캣 주주인 외국인 투자자가 나와 "화가나서 주식을 대거 매도했다." "미국에선 시가총액이 아니라 공정가치㈜로 따진다."고 지적했다.[6]
*K-IFRS제1113호에 의하면 공정가치는 시장기반의 측정이며 기업 특유의 가치가 아닌 시장가치라 하였음

• 주주 불만 표출:

소액주주들은 이 합병비율로 인한 자신들의 불이익에 대하여 항의하였으며, 이에 따라 밥캣 소액주주들은 물론 두산에너빌리티의 주주들까지 나서 두산의 사업구조 개편에 반대하며 합병 중단을 요구하는 시위를 벌이기도 하였다.
이러한 실력행사는 증권신고서가 두 번째 제출된 10월 말에도 이어져 두산밥캣을 두산로보틱스의 자회사로 편입하는 방식의 사업구조 재편을 다시 추진하자 소액주주들이 반발하여, 두산밥캣을 자회사로 둔 두산에너빌리티 주주연대는 24일 두산밥캣과 두산로보틱스 꼼수 합병 중단을 요구하며 트럭 시위에 나서기도 했다. 주주연대는 두산의 사업구조 재편 방식에 대해 "주주들의 의사에 반하는 불공정한 분할 합병"이

6) 공정가치는 시가이다

라며 "금융감독원에 두산그룹이 제출한 정정 증권신고서를 다시 반려할 것을 요청할 것"이라고 밝혔다.

• 금감원의 역할

금감원은 두산로보틱스의 정정 증권신고서를 두 번 반려했으며, 이 과정에서 "증권신고서에 부족함이 있다면 횟수 제한 없이 정정을 요구하겠다."고 했다. 두산의 합병비율을 산정한 근거는 법률이며 신고서 제출은 준법행위이다. 그런데 국가 기관인 금감원에서 합법적인 행위에 대해 '부족함'을 이유로 합병에 제동을 걸었다. 결국, 두산은 두 번째 증권신고서 반려 이틀 후 이사회를 소집해 주주들의 반발이 집중된 '주식 교환 방식의 합병' 계획을 철회하기로 했다. 금감원은 법을 준수한 행위들에 대하여 준법 행위가 잘못이라는 판단의 사례를 제공했다. 이해관계자들의 반발에 무릎을 꿇은 모양새이다.

• 합병 무산과 그 영향

두산그룹은 두산밥캣과 로보틱스를 완전히 통합시켜 건설기계 무인화와 협동로봇 판로 확대 등 시너지를 기대했으나 무산되었다. 두산그룹은 "추후 시장과 소통하고, 합병비율 산정 관련 제도 개선 등을 지켜보며 양사 간 시너지를 위한 방안을 계속 찾을 것"이라고 했다.

합병이 무산되면서 공정거래법상 'M&A 대상기업의 지분 100% 보유조건㈜'이 걸린 밥캣의 족쇄가 풀리지 않음으로 활동에 제약을 받은 밥캣은, 미국 캐터필러와 존 디어 등 글로벌 건설기계업체들이 일찌감치 공격적 M&A로 사업을 넓히고 고도화하는 가운데, 시장 경쟁력 확보에 어려움을 겪게 될 것으로 보인다.[7)]

• 합병 철회에 대한 반성

금번 정부와 학계의 조치는 기업활동을 위축시킨 결과가 되었다는 비판이 있다. 두산은 리밸런싱 추진이라는 최적의 시기를 잃었을 수도 있다. 첫 안대로 추진됐다면 두산 오너가의 자본이득은 과한 것으로 보인다. 그러나 추진 불발로 인한 기회 일실은 매우 크다. 회사는 적법한 행위에 대한 비난 여론 등으로 기회를 잃었다면 그 비용은 어디서 보상받을 수 있는가? 두산에너빌리티는 밥캣 분할을 통해 원전사업확대를 위해 1조원의 현금을 확보하고자 한 계획이 무산되어 계획에 차질을 빚었다. 만약 두산의 계획대로 추진되었다면 어느 주주가 얼마만큼의 손실을 입었을까? 비영리단체들의 간섭은 어디까지일까? 그러지 않아도 규제가 많은 우리나라 기업 현실에서 두산과 관련자들의 지혜가 필요한 시점이다.

---

7) 일반지주회사의 손자회사가 국내 계열회사의 주식을 소유하는 경우에 작용한다. 두산밥캣은 지주회사의 손자회사이기 때문에, 두산그룹 최상위 지주사인 ㈜두산의 (두산에너빌리티가 父회사) 손자회사로서 공정거래법상 M&A 대상 기업의 지분을 100% 보유해야 하는 규제를 받는다. 이 규제 때문에 두산밥캣은 AI·무인화 기술기업 등 경쟁력을 강화할 수 있는 M&A 추진에 어려움을 겪고 있으며, 최근 두산로보틱스와의 합병 계획이 무산되면서 이러한 제약에서 벗어나지 못하고 있다(근거: 공정거래법 제8조의2 제1항 2호: 지주회사의 손자회사에 대한 의무 - 손자회사는 M&A시 인수대상 기업의 지분을 100% 소유해야 한다). 그래서 회사는 밥캣의 첫 행보로 최종목표인 로보틱스와의 합병을 추진한 것이다.

2. 두산 리밸런싱 계획

소비재로 사업을 시작한 두산그룹은 2000년대 초 한국 중공업을 인수하여 사업구조를 중공업 중심 그룹으로 변신하였다. 2010년 중·후반 들어 로봇, 반도체 사업 등 여러 새로운 분야에 발을 디디면서 사업 포트폴리오를 적절히 구성하여 경쟁력을 강화하려는 계획을 가졌다. 이후 2020년에는 고강도 재무구조 개선을 하였다. 당시는 생존에 초점을 맞춘 처절한 노력을 기울인 것이다.

기업 간 합종연횡(合從連橫)

기업 간의 합종연횡(合從連橫)에는 수직·수평적 통합과 앞에 설명한 다각화, 업무 제휴 및 리밸런싱 등이 있다. 이 중 중요 핵심은 대부분 시너지를 기반한 계열사 간 합병의 형태로 이루어지며 합병을 위한 자본거래는 기업의 거버넌스, 즉 의사결정 구조와 주주 간 이해관계를 변형함과 동시 기술과 시장을 통폐합하면서 빠르게 사업을 성장시키며, 일종의 대규모 회사 구조조정 방식이다. 다만, 우리나라의 경우는 한 명의 동일인(同一人)이 사실상 모든 계열회사의 의사결정을 하기 때문에 합병 또는 분할을 해도 거버넌스 변경은 일어나지 않고 지배주주의 지분율만 변경되어 주로 지배력 강화에 이용되는 경향이 있어 왔다.

두산그룹의 사업 재편 및 재무구조 개선 노력

두산의 박정원 그룹 회장 등 특수관계인인 대주주들은 두산퓨어셀 지분 전량(당시 23%, 5,470억 원 규모)을 두산에너빌리티에 증여하였다. 이는 두산퓨어셀의 수소연료전지 기술과 두산중공업의 친환경에너지 사업 역량을 결합하기 위한 목적이었다. 이후 두산은 두산타워, 두산인프라코어 및 두산건설을 매각하여 2022년 2월 28일 채무 전량 상환을 마무리하였다. 2년 후인 2024년도에는 기업을 쇄신하여 그룹 지배구조를 재편하고 사업 시너지를 극대화하여 주주 가치를 높이는 두 마리 토끼를 잡겠다는 계획을 발표했다. 2024년 7월 11일, 사업 포트폴리오를 클린에너지, 스마트머신, 반도체·첨단소재의 삼각 축으로 재편했다고 공시했다. 같은 날 두산에너빌리티(이하 본 사례에서 에너빌리리티)와 두산밥캣(이하 본 사례에서 밥캣) 및 두산로보틱스(이하 본 사례에서 로보틱스) 등 3개 회사가 각 이사회에서 이 내용이 포함된 기업 인적분할과 합병, 포괄적 주식 교환 등을 결정했다.

(1) 사업부문별 재편 계획

• 클린에너지 부문:

클린에너지 부문은 두산에너빌리티와 자회사인 두산퓨어셀이 주축이 되어 원전 등의 사업을 이끌고 간다.

• 스마트 머신 부문

스마트 머신 부문은 두산밥캣을 합병하여 시너지를 갖춘 두산로보틱스가 주도한다. 두산밥캣은 현재 모회사인 두산에너빌리티에서 인적분할㈜8)을 하고 두산로보틱스와 합병, 포괄적 주식교환을 거쳐 두산로보틱

---

8) 인적분할: 기업을 둘 이상의 기업으로 나눈 후 분할된 회사의 주식을 기존의 주주들이 기존의 지분비율대로 소유하는 형태의 분할이어 주주구조에 변동이 없는 분할 방식이다. 신규 회사 설립 시 설립되는 기업의 주식은 모기업이 보유하는 신규 설립과 대비된다.

스의 자회사로 들어가 사업을 수행한다. 이 과정에서 밥캣은 당연 상장 폐지되고 로보틱스의 100% 자회사로 들어간다. 현재 밥캣지분은 에너빌리티가 46%, 로보틱스지분은 두산이 68%를 보유하고 있다. 밥캣과 로보틱스 양사의 시가총액은 비슷하고 합병비율이 1:0.63이며 전액 로보틱스 신주를 발행하여 지급할 것이므로, 합병 회사에 대한 에너빌리티의 지분은 약 17.78%(46%x63%/163%), 두산의 합병회사 지분은 약 41.7% (68%x100%/163%)가 된다. 두산이 자본금도 작은 로보틱스를 설립해놓고 상당한 자본이득을 올린다는 것도 주주 불만의 한 원인이었다.

• 반도체·첨단소재 부문

반도체·첨단소재 부문은 기존을 유지하여 두산테스나를 중심으로 사업을 수행한다.

(2) 합병 일정

초기 계획된 두산의 합병일정은 다음과 같다.

두산그룹 사업재편 일정

2024.7.11	인적분할 합병 이사회 결의
7.22	양사 주가 밥캣 48,850 로보틱스 79,700
9.25	주주총회
9.25~10.15	주식 매수청구권 행사 기간
10.29	분할합병 등기일(에너빌리티 주주 로보틱스 주식 교부)
11.05	주식교환일(밥캣 주주에게 로보틱스 주식 교부)
11.25	신주 상장 예정일

이 일정이 나온 2024년 7월 11일은 아직 주식 매수청구권 행사 기일이 많이 남아있고 그동안의 주가 향배를 알 수 없으므로 주총의 결과가 실현된다는 예단을 할 수 없다. 소액 주주들은 이미 이런 내부합병의 경우 자산가치가 병용된 평가로 주식 교환 비율을 결정했던 여러 사례들을 알고 있다. 만약 두산밥캣과 두산로보틱스를 자산가치로 평가한다면 결과는 큰 차이가 있다. 그래서 두산은 7월 23일자로 두산밥캣의 매입주식을 소각시키겠다고 발표하였다. 밸류업의 일환이며 소액주주들에게 이익을 주겠다는 것이다. 그러나 주식회사의 합병 등에 늘 등장하는 주주 보호책임을 다하였는지는 자문해 보아야 한다.

(3) 아이러니한 두산 대주주의 이익

이 리밸런싱의 일환인 구조조정에 의한 두산 및 두산 오너가의 자본이득을 간단히 계산 해보면(회사의 계산과 다를 수 있음) 다음과 같다.

계산 과정	계수 결과
1. 두산의 로보틱스 투자액 계산 로보틱스 자본금(2023FY 기준): 324억원, 이 중 두산 투자액은 220억원(324x68%, 개별=연결) 자본 잉여금이 있으나 증자에 의한 것으로 판단됨, 순자산 2,984억원(4388x68%, 자본잉여금 등 포함 두산분).	• 로보틱스자본금: 324억 (두산: 68%) (순자산: 2,984억) • 합병 전 로보틱스 순자산: 2,984억

2. 합병 전 양사의 순자산 합병 성립 전 로보틱스 순자산: 2,984억원, 밥캣의 순자산(연결기준): 59,779억 원, 합계 62,763억원 (밥캣의 순자산 산정: 달러표시 순자산 4,618,281,799us$ → x1,294.40('23기발환율) = 59,779억원) 3, 합병 후 두산의 순자산 변동 합병 성립 후 두산의 순자산 = 26,172억원(62,763x41.7%=26,172) 4. 두산의 이득 두산의 자본이득: 25,952억원(26,172-220억=25,952), 대비율: 118배 (25,952/220억=118) 로보틱스 순자산 증가액: 22,968억원(25,952-2,984=22,968), 대비율= 8.7배 (25,952/2,984=8.7)	• 합병 전 밥캣 순자산: 59,779억 로보+밥캣: 62,763억 • 합병 후 두산 순자산: 26,172억 • 두산의 이득 자산증가: 25,952억 초기투자대비율: 118배 • 로보틱스 이득 순자산증가액: 22,698억 초기투자대비율: 8.7배

3. 두산 주가 변동 검토

(1) 평가논란 및 주주 반발

- 밥캣과 로보틱스는 합병비율이 문제가 됐다. 주주는 주식수와 주가로 평가된다. 이후 주가의 변동 등으로 통해 합병비율이 타당했었는지에 대해 간접적으로 점검해본다.
- 합병 발표 시는 두산밥캣의 이익과 잉여금 상황 및 로보틱스의 장기 적자에 불구 로보틱스의 주가가 더 높은 상황이었다. 이는 2025년에도 지속되고 있다. 국내 협동로봇시장 1위로 미래가치가 높다는 이유로 투자가 몰린 결과였다.
- 주식 교환비율은 1:0.63으로 두산밥캣 100주로 두산로보틱스 63주를 받는다. 처음 계획시의 주가는 각각 53,300원 106,100원으로 1:0.5 수준까지 되었으나 이는 점점 조정되어 2025년 중순에는 거의 1:0.8의 비율이 될 정도로 로보틱스의 주가가 떨어졌다.
- 평가 결과 의견들이 부딪힌 지점은 회사의 "시가대로 합병비율을 산정하는 자본시장법을 따랐다"와 국내 학술단체 및 밥캣 일부 주주들의 "법을 최대한 악용한 사례"라는 교차점이다.
- 두산밥캣은 단순 재무상태로 보면 매출 9.7조 원 영업이익 1.3조 원의 알짜회사인 반면, 두산로보틱스는 매출 530억 원(밥캣 대비 0.55%), 영업손실 192억 원인데 이들의 주가를 주식가치로 평가한 기업가치는 5조 원(밥캣 대 로보틱스 = 5조 700억 원 : 5조 1,900억 원)으로 동일하게 평가되었기 때문에 알짜배기 기업 두산밥캣의 주주들은 속이 빈 로보틱스를 바라보면서 허탄한 마음을 가질 수 있다. 당연히 밥캣 주주들의 반발(주로 소액주주)이 있었다.
- 주식 매수청구권의 가격은 주당 50,459원으로 책정되어 있으며 합병계획 발표 후 주가는 지속적으로 떨어져서 곤란을 겪었다. 이와 같은 이유로 주식 매수청구자가 많을 수 있고, 그 수가 너무 많으면 합병이 무산될 수 있다.

(2) 양사 교환가치의 문제

양사의 교환가치 산정 예(상장기업간의 합병)

주가구분	두산밥캣			두산로보틱스		
	주당평가액	평가금액	비고	주당평가액	평가금액	비고
A.1개월가중평균주가	50,543		6.11~7.10	82,859		6.11~7.10
B.1주일 가중평균주가	50,292		7.4~7.10	77,482		7.4~7.10
C.이사회 전일 종가	51,000		7.10	80,000		7.10
주당교환가치	50,612	5.07조	기준시가	80,114	5.19조	기준시가

교환비율	두산밥캣	두산로보
주당교환가치	50,612	80,114
주당교환비율	0.6317462	1
시가총액	5조 700억원	5조1900억

• 오너 일가의 지배력 강화

본 합병이 성립될 경우 두산그룹의 오너 일가는 별도의 자본조달 없이 두산밥캣 지분 약 16%에 대한 간접적인 영향력을 갖는다. 두산은 박회장이 7.64%, 친인척이 총 36.91%를 가지고 있다. ㈜두산 → 두산에너빌리티(30%) → 두산밥캣(46%)(→13.8%)'으로 이어지던 거버넌스 구조는 이번 개편으로 '㈜두산 → 두산로보틱스(42%) → 두산밥캣(100%)(42%)'의 구조로 변경된다. 이에 따라 ㈜두산의 두산밥캣에 대한 간접 지분율은 기존의 13.8%에서 41.7%로 대폭 증가하게 된다.

두산은 신설회사 두산로보틱스를 이용하여 두산의 지배구조를 크게 변화시키려 하였으며 이는 현행의 법규를 준수하면서 나온 기획된 합병의 결과이다.

한편, 두산 오너가의 합병 후 두산로보틱스의 자산가치는 25,952억 원이 증가하게 되며, 이는 투자액의 118배에 해당한다. 두산로보틱스의 입장에서도 합병 후 밥캣의 순자산 26,172억 원이 자본금 324억 원 대비 204(324x63%=204)억 원의 주식을 발행하여 총자본금은 528(324+204=528)억 원이 되고 순자산은 26,172억 원이 증가하며 자본잉여금은 25,968(26,172-204=25,968)억 원이 증가하게 된다.

간단히 말해서 자본금 528억 원인데 자본잉여금은 30,032((25,968+(4388-324))=30,032)억 원이 되는, 다소 기형적 현상(자본잉여금이 자본금의 56.9배(30,032/528=56.878)이 발생하는 것이다.

• 비난

소수 주주들의 반발: 실적 대비 주가가 높게 형성된 두산로보틱스가 합병의 주체가 되고, 우량한 두산밥캣이 그 자회사로 편입되는 구조에 대해 두산밥캣의 소액 주주들이 강하게 반발했다.

- 주식 매수청구권 가격이 50,459원으로 책정되었으며, 매수청구자가 많을 경우 합병이 무산될 수 있다는 우려가 제기되었다.

(3) 한국기업거버넌스포럼의 비난

• 2024년 7월 11일 있었던 두산의 리밸런싱을 위한 합병 계획 등 자본거래 공시 내용이 자본시장법 시행령의 상장 주식 평가 방법을 그대로 따랐음(적법행위)에도 불구하고 본 포럼은 '법을 최대한 악용한 사례'라고 크게 비난하였다.

① '공정 가치' 부재: '공정 가치' 명시 없이 상장법인의 평가기준일 직전 한 달의 시가 외에 다른 방식을 허용하지 않는 경직된 방식으로 인해 기업 평가에 관한 자본시장의 건전한 감시 시스템이 전혀 성장하지 못하고 있다고 지적했다. 합병 관행으로 보아 다른 평가방법을 참조하는 것은 가능하다. 다른 합병 사례에서 여러 다른 방법들이 동원되어 성공한 사례가 있기 때문이다. 그러나 이 비판은 사실과 다르다. K-IFRS에서도 주식 활성시장의 시가는 공정가치로 인정하고 있기 때문이다.

② 외부 전문가 평가 부재: 같은 기업 집단 내 계열회사 간 합병이라도 각자 외부 전문가들로부터 '공정 가치'에 관한 평가를 받고 명확히 공시해야 주주를 비롯한 다양한 이해관계자들과 자본시장 전문가와 참여자들의 감시를 받을 수 있다고 강조했다. 여기에 대하여도 법은 그렇지 않다는 점을 이해해야 한다. 자본시장법령 176조의5는 당 포럼의 강한 지적 이후 2024년 11월 26일 개정되어 '주권상장법인이 그 계열회사와 합병하려는 경우'라 하여 이 조항에 이전에 없던 계열이라는 단어가 들어갔다. 외부평가기관의 평가를 받아야 한다는 동조 제8항도 같이 개정하여 강제화하였다.

③ 법적 적법성과 시장 인식의 괴리: 두산은 IFRS(국제회계기준) 기준으로 회계감사를 받는 기업이며, 합병 비율 산정을 위해 외부 전문가의 자문을 받았을 가능성이 높다. 당시 법규가 상장법인의 경우 '시가'로 평가하도록 하고 있었고, IFRS상 공정 가치도 시가로 되어 있었다. 또한, 기업 가치는 미래 가치를 반영하는 관행상 주가가 이를 반영하고 있을 수 있으며, 실제 두산밥캣과 두산로보틱스의 업종 특성상 미래 산업인 로봇 산업에 무게가 더 있을 것으로 볼 가능성이 있어 두산이나 자문 전문가들이 이 결과에 동조했을 수 있다. 이 부분은 논조가 불명확하다. K-IFRS 기준의 감사를 받는~ 보아 이를 기준으로 회계처리를 한다는 것이 먼저 나오는 것이 순서일 것이며, K-IFRS상 공정가치는 응당 시가이고, 외부 전문가의 동조가 회사의 결정에 별 의미가 없고, 감사인이나 기타 전문가의 도움을 받았다면 그게 무슨 문제되지 않는다. 또한 무엇보다 법률상 적법한 평가라는 데 전문가는 말을 아꼈을 것이다.

④ 이후 밝혀진 사실: 나중에 두산은 증권신고서 내에서 협동로봇 시장의 성장성이 높지 않음을 명확히 고지했다. 이러한 중대한 문제가 사전에 발견되고 치유되었더라면 금융감독원까지 나서서 일벌백계식의 질타를 하지 않아도 되었을지 모른다. 포럼은 두산의 공익적 절차에 대하여 공식적으로는 법적 절차인 금융감독원의 증권신고서 심사에 대한 주의를 요구할 수밖에 없었을 것이며, 포럼이나 기고 등을 통해 이론적 뒷받침을 한 것은 거버넌스의 가치중심 행동으로 타당한 행동이라 할 수 있을 것이다.

(4) 해외 투자자의 비판

션 브라운(Sean Brown) 테톤캐피탈 이사는 이 사례를 '날강도'에 비유하며, 두산 측이 시가총액을 기준으로 제시한 51:49가 아니라 미국의 경우라면 96:4(두산밥캣의 가치 15조 원, 두산로보틱스의 가치 7,000억 원)의 비율일 것이라고 주장하며 주주들의 이익보다는 그룹 전체의 이익을 우선했다고 비판했고, 코리아 디스카운트의 사례로 낙인했다. 션브라운 이사는 한국의 법규를 알 텐데, 아울러 과거의 관행도 알 수 있다. 그 비유를 단지 미국만 빗댄 것은 한국을 너무 무시(?)한 태도가 아닐지... 그 입장을 먼저 존중하고 언급이 있었으면 좋을 뻔 했다. 그런데, 15조 원대 7,000억 원은 21:1이고 96:4가 아니라 84:4이다. 12는 어디 갔는가?

(5) 금융감독원의 압박

금감원은 두산로보틱스의 정정 증권신고서를 두 번 반려했으며, 이 과정에서 "증권신고서에 부족함이 있다면 횟수 제한 없이 정정을 요구하겠다"고 강하게 압박했다. 감독기관으로서 예전에 없던 다소 무리함이 있었다고 보인다. 학계의 강한 반발에 동조한 결과가 되어버렸다. 그 결과 금감원이 행한 법규 정비는 자본시장법 시행령에 계열이라는 단어 하나 넣은 것이 전부라 할 수 있다

결국, 두산은 두 번째 증권신고서 반려 이틀 후 이사회를 소집해 주주들의 반발이 집중된 '주식 교환 방식의 합병' 계획을 철회하기로 했다.

4. 두산의 합병 철회 및 주주 손익 분석

(1) 합병 철회

- **합병 공시 후 주가 변화:** 합병 공시 후 주가는 양사가 등락을 거듭했으나, 저자가 점검해 본 7월 22일의 종가 기준 두산밥캣은 48,850원, 로보틱스는 79,700원으로 비율은 1:0.6129였다. 이는 최초 공시 교환비율(1:0.63)보다 두산밥캣 주주가 미미하게(약 1.5%) 이득을 보는 상황이었다. 이러한 추세가 유지된다면 주식 매수청구권 행사 비율이 다소 완화될 수 있다는 관측도 있었다.
- **두산의 대응 노력:** 두산은 7월 23일자로 두산밥캣의 매입 주식을 소각하겠다고 발표했다. 언론은 이 조치가 양사의 합병에 긍정적 영향을 미칠 것이라면서도 주식 가치 증대를 위한 추가적 조치를 주문했다. 두산은 추가적인 조치는 취하지 않았다.
- **합병 철회:** 그러나 소액 주주들의 강한 반발, 한국기업거버넌스포럼 등의 비판, 그리고 금융감독원의 압박이 지속되면서, 두산은 결국 두 번째 증권신고서 반려 이틀 후인 2024년 8월 29일이사회를 소집해 합병 계획을 철회하기로 했다. 이로써 2024년 7월 11일 발표된 사업구조 개편안은 한 달 반 만에 무산되었다. 두산은 대표이사의 주주 서한에서 "사업구조 개편 방향이 긍정적일 것으로 예상이 되더라도 주주분들과 시장의 충분한 지지를 얻지 못하면 추진되기 어렵다고 생각한다"고 밝혔다.
  - **외부의 압력과 시장의 역할 수행:** 한국기업거버넌스포럼과 같은 주주 단체의 적극적인 이의 제기, 해외 투자자의 비판, 그리고 금융감독원의 강력한 개입이 두산의 합병 철회에 결정적인 영향을 미쳤다. 이는 우리나라 자본시장에서 소액 주주 권리 보호와 기업 거버넌스 개선에 대한 요구가 증대되고 있음을 보여 준다.

(2) 합병 무산의 영향

- **합병 무산의 영향:** 두산밥캣과 로보틱스를 완전히 통합시켜 건설기계 무인화와 협동로봇 판로 확대 등 시너지를 기대했던 두산그룹은 “추후 시장과 소통하고, 합병비율 산정 관련 제도 개선 등을 지켜보며 양사 간 시너지를 위한 방안을 계속 찾을 것”이라고 말하며 물러섰다. 공정거래법상 M&A 대상 기업의 지분 100% 보유 조건이 걸린 두산밥캣의 족쇄가 풀리지 않음으로 활동에 제약을 받은 두산밥캣은, 미국 캐터필러와 존 디어 등 글로벌 건설기계 업체들이 공격적 M&A로 사업을 확장하는 가운데 시장 경쟁력 확보에 어려움을 겪게 될 것으로 보인다. 크고 작은 외부와의 협업이 필요한 이 사업에는 투자관계가 성립되며 응당 지분이 관여되나 100% 지분확보라는 조건이 발목을 잡는 것이다. 타사와의 협업 과정은 초기 적은 투자로 시작하여 50% 정도 투자를 하며, 100% 지분확보는 실질적으로 없다고 보아야 한다. 50%를 넘기는 경우도 이례적인 것이다. 이번 정부와 학계의 행동에 의한 기업의 유도된 의사결정은 기업 활동을 위축시킨 결과가 되었다는 비판이 제기되는 것은 이런 이유에서이다.

- **시사점**
  - **법적 적법성과 시장/주주 수용성 간의 괴리:** 자본시장법 시행령에 따른 시가 기준 평가는 법적으로 적법했으나, 이 비율이 실질적인 기업가치를 반영하지 못한다는 주주들의 피해 의식이 컸다.
    이는 '법적 타당성'과 '시장/주주 수용성' 간의 괴리를 보여주는 대표적인 사례이며, 법적 최소 요건 충족만으로는 중요한 기업 의사결정의 성공을 보장할 수 없음을 인식시켜준 하나의 경영계의 큰 사건이다.
  - **지배구조 개편의 투명성 및 주주 이익 보호:** 본 합병 추진은 지배주주의 지배력 강화를 위한 합병이라는 비판이 제기되면서, 기업의 지배구조 개편 시 소액 주주 이익 보호와 투명한 소통의 중요성이 부각되었다. 특히 가족 기업 중심의 지배 구조에서 발생하는 특수 관계자 간 거래 시 객관적인 공정가치 평가의 필요성과 공정가치의 개념에 대한 회의를 일으켰다.
  - **지배주주의 이익 배분:** 두산은 이 과정을 통해 지배주주에게 큰 이득을 남겨준다. 지배주주는 이를 다 자기 것으로 할 권리가 없다. 이를 어떻게 분배할 것인가에 대하여 적절한 의견을 내 놓았어야 한다. 마치 유방과의 경쟁에서 전리품을 나누어주지 않아 결국은 지고 마는 항우와 같은 모습이다.
  - **사업 비전 제시의 중요성:** 두산은 합병의 목적을 미래 성장 동력 확보라고 설명했으나, 밥캣의 사업 한계와 로봇 사업의 시너지를 구체적인 도구(예로 미래 BCG 매트릭스 등)로 제시하지 못하여 주주들을 설득하는 데 실패했다. 기업은 단순히 '무엇을 할 것인가'를 넘어 '왜 그렇게 해야 하며, 이를 통해 주주 가치가 어떻게 증대될 것인가'를 명확히 설명할 수 있어야 한다. 미래는 불확실해도 나를 향하는 눈들은 확실한 답을 요한다.
  - **소통 부재와 부작위:** 주식 매수청구권 행사 가능성, 매수 한도액 소진 시의 영향, 당해 합병을 통한 단기 비전 등에 대한 불확실성하에 주주들에게 손에 쥐어지는 답을 제공하지 못하고 어정쩡한 태도를 보인 것이 악재로 작용했다. 기업은 리스크 상황에서 적극적인 소통과 명확한 의사표명으로 시장

의 불확실성을 최소화해야 한다. 그 결과는 경영자의 몫이다. 이는 기대 이상일 수도 이하일 수도 있다. 경영자는 불확실성을 먹고 사는 종이다.

- **합병 무산의 손실:** 합병 무산으로 인해 두산은 재무적 손실뿐만 아니라, 두산밥캣의 경영 활동 제약(필요한 M&A 제한 등) 및 시장 경쟁력 확보 어려움 등 사업적 불이익 해소방안을 끝내 얻지 못하는 불리한 과거 회귀성을 보였다.

4. 두산의 주가 변동 검토

두산의 지배구조 개편을 위한 리밸런싱은 결국 실패하였다.[9]

두산로보틱스를 기준으로 두산밥캣을 합병하여 그룹의 새 체제를 재정립하는 리밸런싱을 추진했던 두산의 큰 발자국이 6개월간이나 내디딜 발 자리를 찾다가 결국 철회로 가닥을 잡는 형상이다. 합병 임시 주주총회를 목전에 두고 윤석열 대통령이 선포 및 철회한 계엄령 사태로 대표 원전주(株)인 두산에너빌리티 주가가 급락하며 그룹의 계획과 기대와 전혀 다른 양상이 초래되었다.

소액 주주들과 학계 및 금감원의 제동은 1차 제약 조건이 됐고 계엄령 사태로 인한 한국 증시의 폭락 현상, 캐스팅 보트로 예상한 국민연금이 표결에서 기권할 것으로 예상됨에 따른 주가의 폭락으로 두산에너빌리티가 주식 매수청구권 행사에 대한 매수 한도 6,000억 원을 훨씬 넘을 것으로 예상됨은 합병계획이 불리하게 진행되는 근거를 제공하였다. 두산이 합병계획을 철회한 원인은 앞서 언급한 금감원이나 기업거버넌스포럼의 지적만은 아니다. 경제 논리로 보아 그 합병 추진이 불이익함을 간파한 경제적 의사결정이었던 것이다.

(1) 정상적 합병 시

정상 합병이 되었다고 보면 이때의 두산의 지분 구조 변경(두산의 계획) 상황은 다음과 같다.

주식교환가치 산정 및 합병 효과

두산의 합병 추진 내역			합병효과
교환비율	두산밥캣	두산로보틱스	무산
합병기준일 주가	48,850	79,700	
주당교환가치	50,612	80,114	두산주주: 박회장 7.64%, 친인척 36.91%
주당교환비율	0.631746	1	현재: ㈜두산 → 두산에너빌리티(30%) → 두산밥캣(46%)
시가총액	5조 700억 원	5조 1,900억 원	합병 후: ㈜두산→두산로보틱스(42%) → 두산밥캣(100%)
전기) 매출	9조 7,600억 원	530억 원	180배
전기) 영업이익	1조 4,000억 원	-192억 원	적자

9) 매경 2024.12.10. A17면 김제림 등 기자

두산그룹의 오너 일가는 위의 계산에 의한 합병으로 별도의 자본조달 없이도 두산밥캣 지분 약 46%에 대한 간접적인 영향력을 갖는다.

두산은 박정원회장이 7.64%, 친인척이 총 36.91%의 지분을 가지고 있다. 두산은 이 합병 거래를 통해 '㈜두산 → 두산에너빌리티(30%) → 두산밥캣(46%)'으로 이어지던 거버넌스 구조가 이번 개편으로 '㈜두산 → 두산로보틱스(42%) → 두산밥캣(100%)'의 구조로 변경된다. 이에 따라 ㈜두산의 두산밥캣에 대한 간접 지분율은 기존의 13.8%(에너빌리티 30%x밥캣 46%)에서 42%(로보틱스 42%x밥캣 100%) 로 대폭 증가하게 된다.

대신 두산밥캣 소액주주들은 캐시 카우이며 자산과 수익력이 튼실한 밥캣의 주식 1주에 마른 들소 같은 로보틱스 주식 0.63조를 받으니 주가는 멀리 있고 무언가 잔뜩 털렸다는 느낌을 받지 않을 수 없다.

시점별 주가 분석

알려진 바와 같이 이 합병은 무산되었으며 그 원인 분석을 위하여 당시의 주요 시점의 주가변동 등을 보면 다음과 같다.

두산 지배구조 개편 계획 관련 주가 변동 (단위:원, %)

구분	두산밥캣	에너빌리티	로보틱스	비고
① 리밸런싱안 발표 시㈜	53,300	21,100	106,100	24.7.10, 교환비율 1 : 0.6
② 2024.12.3.(계엄당일)	43,360	21,150	65,200	1:0.66
③ 2024.12.9.(비교기준일)	42,500	17,380	57,400	1:0.74
④ 주가하락률 ① 대비	-20.26%	-17.63%	-45.90%	리밸런싱 발표 대비
② 대비	-5.8%	-15.8%	-12.1%	계엄 선포일 대비
⑤ 주식 매수청구권 금액	50,459	20,890	80,472	
⑥ 소액 주주 비율	340%	63%	25%	
⑦ 시가 대비(12.9)	-18.9%	-20.2%	-20.2%	

㈜ 이때의 주가비율은 1:0.50236으로 계산됨. 두산은 이후 1:0.63으로 변경

표에서 교환비율을 좀 더 얘기하면 두산의 합병은 12.3 계엄사태로 인하여 가장 큰 피해를 보았다고 하는데, 12.3 사태 어근의 주가를 보면 계엄당일 1:0.66의 비율이 형성되었고 그 1주일 후인 비교기준일 1:0.74가 형성되어있다. 상장기업은 기준주가에서 30%(계열사 간에는 10%)를 가감하여 기준시가로 제시할 수 있음을 상기하면 이는 충분히 그 범위 안에 들어옴을 알 수 있다.

주식 매수청구권 행사

[표]에 보는 바로 두산밥캣과 에너빌리티 및 로보틱스의 주식 매수청구권 행사가는 시가 대비 각 18.9%, 20.2% 및 20.2% 높다. 따라서 3사의 주식 매수청구권 행사가는 천문학적 금액일 것으로 추정될 수 있다. 주식 매수청구권이 청구되는 주식 규모가 한도를 넘어서면 주식 매수 한도를 상향시키겠는가의 결정은 이사회에서 맡는다. 그러나 시가가 낮으면 주식 매수 청구 주식수가 증가할 것이고 이는 회사의 자금 수요를 증가시키며, 추가로 소요되는 자본을 조달할 수 없어 매수 중단 및 합병 중단이 되거나 합병 후

과도한 재무부담으로 회사경영에 부정적 영향을 미칠 수 있기 때문에 시행하기 어렵다.

외부주주(국민연금) 표결권

두산에너빌리티의 국민연금 보유 주식은 6.58%이고 주총결의 요건은 전체 주주 3분의 1 출석 및 출석 주주 3분의 2 찬성인바 소액 주주가 63%인 회사 주총의 성립 요건 충족 자체가 어려울 수 있다. 국민연금 기금 수탁자 책임 전문위원회는 합병 반대 의사 통지 마감일 전일(12.10, 주주총회일: 12.12) 기준 주식 매수 예정가가 주식 매수 예정가액인 두산에너빌리티는 20,980원, 두산로보틱스는 80,472원보다 높은 경우를 조건으로 표결을 행사하겠다 하여 사실상 기권 의사를 밝힌 것이다. 따라서 두산은 2014년 삼성중공업과 삼성엔지니어링의 합병 무산사례(당시도 주가 하락으로 주식 매수청구권 한도 초과)의 전철을 밟게 되었다. 셀트리온과 셀트리온 헬스케어도 합병을 추진하였으나 소액 주주의 반대로 무산된 바 있다. 이때는 주식 매수청구권의 문제가 아니라 소액 주주 등이 반대하는 합병을 하지 않겠다고 철회하였다.

랜덤일자 주가조사 결과

분석의 범위를 더 넓혀 2025년도까지 연장하여보면, 2025년 4월 현재는 랜덤일자 분석표에서 주가 교환비율 차이가 1:0.71로 형성되어 12%의 차이임을 나타내고 있다.

랜덤일자 주가조사 결과 분석

일자	두산밥캣	두산로보틱스	주가차이	차이비율	주가비율	
합병기준시가	50,612	80,114	29,502	36.83%	0.6317469	1
2024.07.10	51,000	80,000	29,000	36.25%	0.6375000	1
2024.11.14	37,000	60,800	23,800	39.14%	0.6085526	1
2024.11.30	38,800	64,800	26,000	40.12%	0.5987654	1
2024.12.04	43,350	63,300	19,950	31.52%	0.6848341	1
2024.12.17	41,550	52,200	10,650	20.40%	0.7959770	1
2024.12.30	41,900	52,300	10,400	19.89%	0.8011472	1
2025.02.28	47,000	63,100	16,100	25.52%	0.7448494	1
2025.04.24	46,050	51,000	4,950	9.71%	0.9029412	1
평균	43,331	60,938	17,606	28.89%	0.7110769	1
상승/하락률	-9.71%	-36.25%		평균	0.71(12%)	

2025년 9월 30일 기준 주가 분석

2025년 9월 30일 기준 주가 분석을 하여보면 1:0.89를 보여 30% 이상 넘어(<41.3%) 다소 멀어졌다.

두산밥캣				두산로보틱스			
시세정보		종목정보		시세정보		종목정보	
시가	54,900	시총	5조 3,140억	시가	67,500	시총	4조 3,040억
1년 최고	73,900	거래량	93,368	1년 최고	78,200	거래량	107,645
1년 최저	36,100	PER	12.91	1년 최저	39,550	PER	N/A

두산밥캣				두산로보틱스			
단순평균	55,000	시가평균	54,967	단순평균	58,875	시가평균	61,750
주가비율	단순평균	1:0.93	시가평균	1:0.89			

밥캣: EPS 4,291 BPS 69,985 PER 12.79 업종PER 91.20 PBR 0.78 현금배당수익률 2.91%
로보틱스: EPS -864 BPS 5,816 PER N/A 업종PER 91.20 PBR 11.47, 로보틱스는 적자로 EPS가 음수이며 PER과 배당수익률 산출이 불가하다.

종합주가지수에 의한 검증

한편, 종합주가지수로 분석을 해보면 아래 표와 같이 당해 합병 개시시점보다 주가는 20% 정도 상승했는데, 주가는 오히려 떨어져 50,612:80,114 이었던 것이 54,900:67500로 되어 0.63:0.81로 29%의 차이가 생긴 것이 밥캣의 주가가 50,612에서 54,900(+8.5%)인 데 비해 로보틱스 주가는 80,114에서 67,500원이 되어 16% 하락, 67,500/(80,114x1.2)=30%의 차이가 발생한 것이다. 여기에는 로보틱스의 결손이 PER에 작용하였을 수 있으며, 한편은 합병의 후유증이 작용하였을 가능성도 있다.

두산의 주가 변동 추이

종합주가지수 변동 추이

일자	코스피	비율	코스닥	비율	밸류업	비율	건설	비율	비고
2024/06	2797	100%	840	100%			638	100%	기준
2024/09	2593	-7%	764	-9%	992	100%	620	-3%	
2024/12	2390	-15%	678	-19%	948	0%	548	-14%	
2025/03	2481	-11%	673	-20%	990	-4%	606	-5%	
2025/06	3071	10%	782	-7%	1239	0%	884	39%	
2025/09	3424	22%	842	0%	1397	25%	768	20%	

이 결과를 두산이 양사 간 합병계획 발표 시 교환비율로 제시한 1:0.63에 비교해본 것이다. 이 기간들은 두산의 합병 논의와 독립적인 일자들이라고 보아야 할 것이다. 이 분석에서는 상당한 차이가 난다. 계열사 간의 합병 시 허용되는 10%를 내세우면 많이 차이가 난다. 다만, 비상장사간의 합병 시 허용되는 30%를 대비하면 어느 정도 근접한다. 따라서 당시의 교환비율은 정상적 시장 상황을 반영하는데 다소 실패하였다고 볼 수도 있다. 시총도 두산밥캣이 많다. 합병계획 발표 시에는 근소하게 두산보로틱스가 많았다. 그러나 1년 후는 로보틱스는 또다시 결손이 발생하였고 이는 주가에 반영되었을 것이다. 로보틱스의 거래량은 밥캣을 초과한다.

한편, 두산밥캣의 주가가 장기간 불변하여 전형적인 베타가 안정적인(8%<20%, β<1) 수준임을 나타내고 있으며, 순수 CASH COW 형이라서 여기 퍼(Pearl)가 필요하다면 역으로 두산 로보틱스가 그 역할을 할 수도 있을 것이다. 로보틱스는 신기술 산업이며 밥캣의 기계장치에 AI 및 로봇 기술의 도입을 중요하게 볼 수도 있기 때문이다. 이는 양사 간에 시너지가 생길 수도 있다는 말이다. 이런 점으로 볼 때, 당시

양사의 합병이 성공하였다면 시장에서 움직이는 주가에 얼마나 큰 악 영향을 끼쳤을지에 대하여는 부정적 영향이 혹 있다 하여도 재무적 투자자가 보는 앵글값이 그리 크지는 않았을 것으로 분석된다. 가치평가를 한다면 양사의 각 사업별 메출 및 미래가치를 별도로 추정할 것이고 통합할인률에 이러한 상황들이 반영 될 것이다. 즉 시장을 반영하는 현재 주가 범주에서 큰 변수는 없다고 보여진다. 또한 악용하였다던 법률은 악용을 피하기 위해 변한 것이 없다. 외부평가기관이 평가를 한다고 해서 그 평가가 시장을 적대시 하지는 않을 것이다.

합병 무산을 통해 회사가 입은 손실은 얼마인가. 각 기회비용들이 포함되어야 할 것이다. 그 후에도 두산이 꾸준히 이 둘의 결합을 위하여 다각적으로 노력한 두산이 기회의 일실로 입은 손실은 누가 보상할 것인가? 이상 살펴본 지표들에 의하면 두산은 양사의 합병이 성공하였을 경우, 밥캣의 소형 장비기술에 로보틱스의 AI 및 SW를 융합한 협동로봇 기술의 접합으로 기술 협동 및 시장 고도화 및 신시장 창출하려 하고 있으며, 지역적으로도 북미와 유럽이라는 활동 영역 특성상 현 활동 영역인 북미를 비롯, 유럽 및 동남아에까지 확대를 목적으로 하고 있는바, 이는 양사의 주주들에게 이득을 주는 것으로 보인다.

그러면 외부에서의 간섭의 결과는 어떤 이득을 준 적인가? 정의가 세워져 법규가 개정되었는가, 금감원이 쇄신되었는가, 소수주주들의 이익이 현저히 증가하였는가, 당할 손실이 크게 감소하였는가, 현 시점의 리스크가 감소하였는가, 현 상태로의 미래 수익력이 증가할 가능성이라도 있어 미래가치는 상승한다고 볼 수 있는가?

5. 교훈

두산밥캣과 두산로보틱스의 통합(리밸런싱)사례는 우리에게 많은 것을 시사한다. 2024년 말 현재 두산밥캣의 매출과 상대적 주가는 극히 상반된 추세를 보이고 있다. 두산은 이에 대하여 상장규정 상 합병비율 산정을 자본시장법시행령 제176조의5제1항제1호㈜에 의거 산출하고 이를 공시하여 합병비율을 1:0.63으로 하겠다 하였다. 이에 대하여 밥캣의 소액주주들이 반발하였고 한국거버넌스포럼 등에서는 이것을 자본시장법의 조항을 '최대한 악용한' 사례 또는 '약탈적 자본거래'라 하였으며, 두산의 지배구조 개편안은 '10년 내에 가장 악랄한 분할 합병 시도'라는 비판을 받았다. 테톤캐피탈의 션 브라운(Sean Brown) 이사는 이 사례를 '날강도'에 비유했고 두산측이 시가총액을 기준으로 제시한 51:49가 아니라 미국의 경우라면 96:4(밥캣의 15조 원, 로보틱스 7,000억 원으로 24배)의 비율일 것이라는 선언과 함께 주주들의 이익보다는 그룹 전체의 이익을 우선했다고 비판했으며, 코리아 디스카운트의 사례로 치부하였다. 이에 대하여 두산에서는 기존 자기 주식 및 주식 매수청구권으로 회수되는 주식(1조 5,000억 한도) 전량의 소각을 약속하기도 하였다. 언론은 이 조치가 양사의 합병에 긍정적 영향을 미칠 것이라 하면서도 주식가치 증대를 위한 추가적 조치를 주문하였다. 이에 대한 회사의 반응은 없던 것으로 안다.

두산의 두산밥캣과 두산로보틱스 합병을 통한 리밸런싱은 회사의 설명대로 두산밥캣의 미래 비전이 부족함에 따라 미래산업인 로봇산업을 접목하여 미래 성장동력을 부여하겠다는 것이며, 결손이 누적된 로보틱스에는 밥캣의 자금을 수혈하겠다는 것인데 이를 성공하기 위해서는 다음의 조치가 필요했다고 보여진다.

1. 밥캣의 사업은 '소형 건설 장비와 포터블 발전장비, 각종 어태치먼트와 유틸리티 장비를 비롯한 사

업 분야'이고 로보틱스의 사업은 '산업용 로봇, 서비스 로봇 및 협동로봇'이다. 이런 사업구조에서 밥캣의 사업이 가지는 한계를 피력하고 로봇사업이 이 분야에 진출함에 따른 기업의 미래가치에 대한 시너지로부터 오는 밝은 청사진을 미래 예측 도표(예로 동태적 BCG Matrix) 등으로 현재와 비교한 미래 비전을 보여주었어야 한다.

2. 다음은 주주가치 상승을 위한 조치를 취하는 것이다. 그리하였다면 문제의 발생 소지는 줄었을 것이다. 양사의 합병비율이 1:0.63인데 비해 분석된 합병결의 이사회 며칠 후의 주가비율은 1:0.619 정도로 밥캣의 주주들이 미미하지만 약간의 교환이익(1.5%)이 났으며, 이러한 추세와 함께 기준주가는 10%의 가감을 할 수 있으니 합병 실패로부터 오는 많은 어려움들을 이를 활용한 조정하여 해소할 필요성이 있었다. 실제로 주식 교환에서 주가로부터 오는 현실이 손실이 아니므로 합병에 대한 시장의 반응은 긍정적이라고 볼 수 있는 것이다. 또한 시장은 앞으로 나가겠다고 애쓰는 기업의 발목을 잡지는 않는다고 보아야 한다. SK의 합병 승인 주총이 그것을 입증하고 있다.
3. 주식매수청구권 행사에 의한 주주가치에 대한 영향도 구체적으로 제시했어야 한다. 매수 한도금액인 1.5조 전체가 매수청구 될 것인지 극히 일부분이 청구될 것인지에 대한 불확실성 하의 분명한 의사표시를 하여 이것이 주가에 미치는 영향을 주주들이 판단할 수 있도록 했어야 한다.
4. 보유주식 등에 대한 주식 소각 외 이후의 주식가치 상승을 위한 노력들도 제시했음이 타당하다. 회사의 이와 같은 어정쩡한 부작위 태도들은 향후 회사의 경영에 악재로 작용할 것이다. 합병을 위한 주총은 결국 취소되어 합병은 무산되었으므로 그동안 수행한 절차들을 귀감으로 이런 상황에 대한 대처능력을 높이는 지혜를 더하게 될 것이다. 또한, 그동안 합병을 추진하면서 입은 손실에 대한 발전적 인식이 필요하다.

합병비율 산정의 융통성 부족, 대 내외 반대 세력들에 대한 대응 부족, 실질적인 주주이익 조장에 대한 무대책 등이 본 사업 실태의 원인일 것이다. 정부의 적법한 불편함에 대한 대응도 살펴보았다. 비영리단체들의 기업에 대한 영향력이 어느 정도인지 파악할 수 있었다. 기업의 경영에는 자원만이 관리대상이 아니다. 살아있는 기업의 생존을 위한 노력은 그만큼 방대하다.
큰 목소리로 정의를 외치는 자의 음성은 항상 옳은가

---

4) 분석방법

주주가치나 대외 소액주주를 보호하기 위한 회사의 주식 등 분석방법은 다음과 같다.

(1) 외부환경분석

기업이 통제할 수 없는 외부 요인들을 분석하여 기회와 위협을 식별한다.

(가) PESTEL 분석(Political, Economic, Social, Technological, Environmental, Legal)

- **설명**: 기업에 영향을 미치는 거시적인 외부 환경 요인을 종합적으로 분석하는 프레임워크이다. 각 요소는 다음과 같다.
- P(Political, **정치적**): 정부 정책, 세금, 무역 정책, 정치적 안정성, 규제 변화 등.
- E(Economic, **경제적**): 경제 성장률, 환율, 인플레이션, 금리, 소득 수준, 소비 지출 경향 등.
- S(Social, **사회적**): 인구 통계 변화, 문화적 트렌드, 라이프스타일, 가치관, 교육 수준, 건강 의식 등.
- T(Technological, **기술적**): 신기술 개발, 기술 혁신 속도, R&D 투자, 자동화, 디지털 전환 등.
- E(Environmental, **환경적**): 기후 변화, 친환경 규제, 자원 고갈, 지속 가능성 인식, 자연재해 등.
- L(Legal, **법률적**): 노동법, 소비자 보호법, 산업 안전 규제, 지적 재산권, 경쟁법 등.
- **활용**: 거시적인 트렌드와 변화가 기업의 장기적인 전략 방향, 투자 결정, 리스크 관리에 어떤 영향을 미칠지 예측하는 데 사용된다. 예를 들어, 특정 기술 발전이 새로운 시장 기회를 만들거나(T), 강화된 환경 규제가 생산 방식의 변화(E)를 요구할 때 전략적 대응 방안을 모색한다.

(나) 5가지 경쟁 세력 모형(Porter's Five Forces)

- **설명**: 마이클 포터가 제시한 이 분석틀은 산업의 매력도(수익성)와 경쟁의 본질을 이해하는 데 중점을 두며, 다음 다섯 가지 요소가 산업 내 경쟁 강도를 결정한다.
  1. 신규 진입자의 위협: 새로운 기업이 시장에 진입하기 쉬운가 어려운가(진입 장벽).
  2. 대체재의 위협: 유사한 기능을 수행하는 다른 제품이나 서비스가 얼마나 쉽게 소비자의 선택을 받을 수 있는가.
  3. 구매자의 교섭력: 고객이 제품 가격을 낮추거나 더 나은 서비스를 요구할 수 있는 힘.
  4. 공급자의 교섭력: 공급업체가 원자재 가격을 올리거나 서비스 조건을 불리하게

바꿀 수 있는 힘.

5. 기존 경쟁자 간의 경쟁 강도: 산업 내 기존 기업들 간의 경쟁이 얼마나 치열한가(가격 경쟁, 광고, 제품 차별화 등).

Five Forces Model은 특정 산업의 수익 구조와 경쟁 우위를 분석하여, 해당 산업에 진입할지, 아니면 어떤 방식으로 경쟁하여 이길지 결정하는 데 사용된다. 예를 들어, 구매자의 교섭력이 강하다면 고객 충성도를 높이는 전략이 중요해진다.

(2) 내부역량분석

기업이 통제할 수 있는 내부 요인들을 분석하여 강점과 약점을 식별한다.

(가) 가치 사슬 분석(Value Chain Analysis)

- 마이클 포터가 제시한 가치 사슬은 기업이 제품이나 서비스를 생산하고 고객에게 전달하는 모든 활동을 '가치 창출 활동'으로 보고, 이 활동들을 주 활동(Primary Activities)과 지원 활동(Support Activities)으로 분류한다.
- 주 활동은 물류 투입, 생산/운영, 물류 산출, 마케팅/판매, 서비스.
- 지원 활동은 인프라, 인적자원관리, 기술 개발, 구매.

가치사슬분석은 기업의 각 활동에서 어떻게 가치를 창출하고 비용을 발생시키는지를 분석한다. 이를 통해 경쟁사 대비 비용 우위를 확보하거나, 차별화된 가치를 제공할 수 있는 핵심 역량을 파악하고, 비효율적인 부분을 개선하는 데 사용된다. 예를 들어, 생산 과정의 특정 단계에서 혁신적인 기술을 도입하여 비용을 절감하거나, 고객 서비스 활동을 강화하여 차별화된 가치를 제공하는 방안을 모색한다.

(나) VRIO 분석(Value, Rarity, Imitability, Organization)

기업의 자원(Resources)과 역량(Capabilities)이 지속 가능한 경쟁 우위의 원천이 될 수 있는지를 평가하는 프레임워크이다. 다음 네 가지 기준을 만족할수록 강력한 경쟁우위가 되는 것으로 알려져 있다.

- V(Value, 가치): 그 자원/역량이 기업에게 경제적 가치를 창출하는가?(기회 활용 또

는 위협 증화)

- R(Rarity, 희소성):경쟁사들이 쉽게 모방하거나 획득할 수 없는 희소한 자원/역량인가?
- I(Imitability, 모방 불가능성): 경쟁사가 그 자원/역량을 쉽게 모방하거나 대체할 수 없는가?(복제 비용, 시간, 복잡성 등)
- O(Organization, 조직화): 기업이 그 자원/역량을 효과적으로 활용할 수 있도록 조직화되어 있는가?

VRIO 모델은 기업이 진정으로 가진 강점이 무엇이며, 그것이 얼마나 지속 가능한 경쟁 우위를 제공할 수 있는지를 분석한다. 이를 통해 기업의 핵심 역량을 강화하고, 경쟁사에게 모방당하기 어려운 독자적인 강점을 구축하는 전략을 수립한다.

(3) 통합분석

내부 역량과 외부 환경 분석 결과를 종합하여 전략적 방향을 도출한다.

(가) SWOT 분석(Strengths, Weaknesses, Opportunities, Threats)

SWOT 모델은 가장 널리 알려진 전략 분석 기법이다. 내부 요인인 강점(Strengths)과 약점(Weaknesses), 그리고 외부 요인인 기회(Opportunities)와 위협(Threats)을 식별하고 이를 교차 분석하여 전략을 수립한다.

- 강점(S): 내부적으로 기업이 잘하는 것, 경쟁 우위를 가지는 요소(예: 강력한 브랜드, 우수한 기술, 숙련된 인력).
- 약점(W): 내부적으로 부족하거나 개선이 필요한 요소(예: 노후화된 설비, 비효율적인 프로세스, 낮은 인지도).
- 기회(O): 외부 환경에서 기업에게 유리하게 작용할 수 있는 요소(예: 새로운 시장 개방, 기술 발전, 정부 지원).
- 위협(T): 외부 환경에서 기업에게 불리하게 작용할 수 있는 요소(예: 경쟁사 등장, 경기 침체, 규제 강화).

(나) SWOT Matrix를 통한 전략 도출(SWOT-TOWS Matrix)

- SO 전략(강점-기회): 강점을 활용하여 기회를 포착하는 공격적인 전략.
- ST 전략(강점-위협): 강점을 활용하여 외부 위협을 회피하거나 최소화하는 전략.
- WO 전략(약점-기회): 약점을 보완하면서 외부 기회를 활용하는 전략.
- WT 전략(약점-위협): 약점을 최소화하고 외부 위협을 피하는 방어적인 전략.
- 활용: 기업의 현재 상황을 한눈에 파악하고, 이를 바탕으로 가장 적합한 전략 방향(공격, 방어, 전환, 보완 등)을 도출하는 데 유용하다. PESTEL, 5 Forces, 가치 사슬 등의 분석 결과를 SWOT의 각 요소에 반영하여 더욱 풍부한 분석을 할 수 있다.

(4) 포트폴리오 분석

다각화된 사업을 영위하는 기업이 사업 단위(Business Unit)나 제품 라인의 전략적 위치를 평가하고 자원을 배분하는 데 사용된다.

(가) BCG 매트릭스(Boston Consulting Group Matrix)

기업의 사업 단위나 제품을 시장 성장률(Market Growth Rate)과 상대적 시장 점유율(Relative Market Share) 두 축을 기준으로 네 가지 유형으로 분류한다.

- Star(별): 높은 시장 성장률 & 높은 시장 점유율. 많은 투자가 필요하지만, 미래 성장을 이끌 핵심 사업.
- Cash Cow(현금 젖소): 낮은 시장 성장률 & 높은 시장 점유율. 안정적으로 많은 현금을 창출하여 다른 사업 투자의 원천이 됨.
- Question Mark(문제아): 높은 시장 성장률 & 낮은 시장 점유율. 높은 성장 잠재력이 있으나, 점유율 확대를 위한 과감한 투자가 필요. 실패할 수도 있음.
- Dog(개): 낮은 시장 성장률 & 낮은 시장 점유율. 수익성이 낮거나 손실을 발생시켜 철수나 축소를 고려해야 함.

BCG Matrix는 다각화된 기업이 한정된 자원을 각 사업 단위에 어떻게 배분할지 결정하는 데 도움을 준다. '현금 젖소'에서 번 돈을 '별'이나 '문제아'에 투자하여 성장시키고, '개'는 정리하는 식의 포트폴리오 전략을 수립할 수 있다.

(나) GE-맥킨지 매트릭스(GE-McKinsey Matrix/GE 9-Box Matrix)

- BCG 매트릭스의 한계를 보완하기 위해 개발된 9칸 매트릭스이다. '산업 매력도(Industry Attractiveness)'와 '사업 단위 강점(Business Unit Strength)'을 여러 지표(예: 시장 규모, 성장률, 경쟁 강도, 시장 점유율, 브랜드 강점, 기술 역량 등)로 평가하여 사업 단위의 전략적 위치를 더욱 세밀하게 분석한다.

• **그림 3** GE Mckinsey Matrix

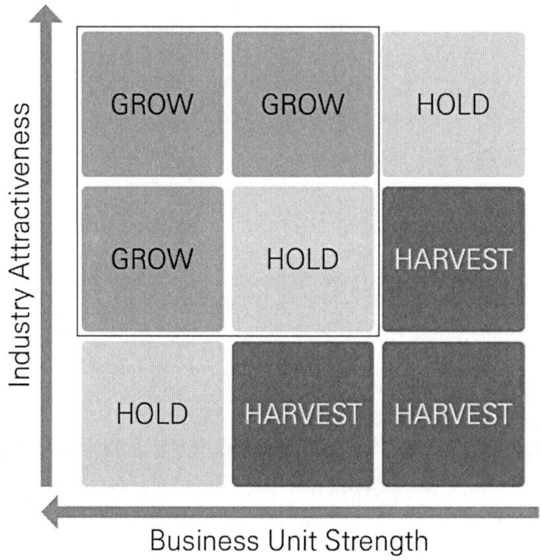

- BCG 매트릭스보다 더 다차원적인 분석을 통해 각 사업 단위의 잠재력과 리스크를 평가하고, 투자(Invest/Grow), 유지(Hold), 철수(Harvest/Divest) 등의 전략적 결정을 내리는 데 사용된다. 그러나 이 분석도 현재에 머물고 있으며 매래의 변화와 그 전략의 표시는 할 수 없다.

분석을 행함에는 분석의 목적이 있어야 한다. 장·단기적 구분 및 M&A나 리밸런싱 등까지 필요한지 판단한다. 분석이 정확하게 수행되고 결과가 효과를 발휘할 수 있기 위해서는 목적이 단순하고 질의 내용이 명확하여야 한다. 분석에 사용하는 데이터는 유용한 객관적 데이터를 도출함이 필요하고 분석의 결과가 목적에 맞지 않으면 분석의 반복이나 새로운 데이터의 조사·수집 및 입력이 필요하다. 특히 요즘은 AI에 의한 분석이 유행하며 AI는 질문에 따른 답변을 하게 되므로 정확한 질문이 엄선되어야 한다.

[그림 3]의 GE Mckinsey Matrix는 기업을 분석하여 산업 매력도와 비즈니스 단위 강도를 각 3단계로 평가하여 당해 사업을 어떻게 할 것인가를 평가하는 도표이다. 경계에 있는 경우는 별도의 고려를 필요로 한다.

6 리밸런싱의 단점

리밸런싱은 자산 배분 비율을 원래 목표대로 유지하는 전략인바, 동종 계열사 간에도 수행하나 이종 계열사 간에도 수행하는 방법이다. 기업의 합병은 다른 특성의 종업원 그룹이 한 지붕 아래 근무하는 것이므로 유기적·화학적 결합에 실패하면 합병한 양측 다 경쟁력을 잃을 수 있다.

리밸런싱의 과정에서 계열사 간의 합병 전략이 개입되는 경우는 합병의 법리가 적용되어 합병에 관한 법의 적용을 받는다. 상장법인의 경우에는 소수 주주의 보호에 대한 규정이 적용되고 외부의 영향에 민감하게 반응할 수 있다. 2024년도에 두산밥캣과 두산로보틱스의 합병에 대하여 양 법인이 상장법인이어서 자본시장법 시행령 제176조의 5에서 정하는 대로 평가하여 합병비율을 제시하였으나 금융감독원과 한국기업 거버넌스 포럼의 평가에 대한 반대로 실패하였다. 한편, 유사한 시기에 리밸런싱 개념으로 합병한 SK에너빌리티(상장법인)와 SK E&S(비상장법인) 간의 합병은 성공하였다.

합병을 성공한 SK그룹의 경우는 양사의 화학적 결합을 위하여 CIC로 1사 2원화 체제(한 지붕 두 가족)를 유지하는 등 내적 결합에는 적지 않은 노력이 들어간다. 아마 양사의 합병 시 구성원들이 모두 퇴직한 후에야 완전한 화학적 결합이 될지도 모른다. 상호 무관한 기업 간의 M&A는 매수 방식에 의해 합병하고 피매수기업은 해체 수준으로 재편하는 것이 나을 수도 있을지 모른다.

이러한 리밸런싱은 두산의 경우 불리한 결과를 가져왔다. 이와 같이 리밸런싱은 불필요한 비용을 발생시키거나 심리적 스트레스를 유발하는 등 다음과 같은 부정적인 측면이 있다.

- **시장 변동성 부재:** 설정된 로드맵을 따르므로 급격한 시장변동에 대한 대처능력이

떨어진다. 경기 하락 시 상승하는 자산을 처분할 수 있고 반대의 경우도 발생할 수도 있다.

- **높은 거래비용**: SK와 두산 한화의 리밸런싱을 보아왔지만, 상당한 시간과 비용이 들어간다. 각종 수수료와 세금, 조단위의 주식매수청구권행사에 따른 처리비용, 주주변동에 따른 비용 등이다.
- **심리적 부담**: 두산의 사태에서 본 바와 같이 리밸런싱이 실패하거나 그 시기를 놓쳐버리면 이것이 오히려 악재가 될 수 있다. 이번 사태는 리밸런싱을 추진하려는 이들에게 좋은 교훈이 되었다.
- **과도한 리밸런싱은 수익률 감소 유발**: 뱅가드 연구보고서에 따르면 과도한 리밸런싱은 거래비용의 증가와 시장상황에 대한 과민반응을 유발할 수 있다고 한다.
- **실패시의 충격**: 리밸런싱은 추진의 규모가 크고 전사적이다. 따라서 리밸런싱 실패 시 회사의 재정적, 그룹 내 시너지의 왜곡현상 및 종업원에게 심적인 부정적 영향을 미칠 수 있다.

📖 참고_ 상장법인 간 합병 시 대상기업의 평가

자본시장과 금융투자업에 관한 법률 시행령 제176조의 5에 의거 다음과 같이 계산 한다.

자본시장법시행령 제176조의5 제1항제1호(상장법인간 합병)

1. 주권상장법인 간 합병의 경우에는 합병을 위한 이사회 결의일과 합병계약을 체결한 날 중 앞서는 날의 전일을 기산일로 한 다음 각 목의 종가(증권시장에서 성립된 최종가격을 말한다. 이하 이 항에서 같다)를 산술평균한 가액(이하 이 조에서 "기준시가"라 한다)을 기준으로 100분의 30(계열회사 간 합병의 경우에는 100분의 10)의 범위에서 할인 또는 할증한 가액. 이 경우 가목 및 나목의 평균종가는 종가를 거래량으로 가중산술평균하여 산정한다.

가. 최근 1개월간 평균종가. 다만, 산정대상기간 중에 배당락 또는 권리락이 있는 경우로서 배당락 또는 권리락이 있은 날부터 기산일까지의 기간이 7일 이상인 경우에는 그 기간의 평균종가로 한다.

나. 최근 1주일간 평균종가

다. 최근 일의 종가

7 프랜드쇼어링, 리쇼어링과 리니어링

1) 프렌드쇼어링(Friend-shoring)

친구를 의미하는 프렌드(friend)와 기업의 생산시설을 의미하는 쇼어링(shoring)의 합성어이다. 미국을 중심으로 동맹국들끼리 핵심 기술의 공유 및 공급망을 구축하려는 움직임을 이르는 말로, 동맹국간 안정적인 공급망을 구축하기 위한 경제적, 정치적 행위를 총칭하는 용어이다. 코로나19 팬데믹과 중국의 도시 봉쇄, 러시아-우크라이나 사태 등으로 글로벌 공급망이 위기를 겪으면서 등장한 개념이다.

2) 리쇼어링(Re-shoring)

기업의 다각화나 합병 또는 해외 투자로 인해 해외에 나가 있던 기업들이 해외 경영 여건상 또는 국내에서 지원 등 좋은 여건을 제공하거나 충분한 경쟁력을 가지고 다시 자국에 들어가는 것을 리쇼어링이라 한다. 각 국가별로 해외 유출자본의 유입, 외국의 기술의 필요성, 고용문제 등으로 외국의 자국기업을 유치하는 경우가 많다. 리쇼어링의 규모(연간 몇 억 달러 등)나 건수로 통계를 작성하여 발표하기도 한다.

우리나라는 리쇼어링 규모가 100억 원 이상이면 정부 보조금을 받을 수 있다. "해외진출기업 복귀법"이 개정되면 일반 유턴 기업 및 외투기업과의 형평성과 리쇼어링과 국내 투자 간 선순환구조를 촉진할 수 있도록 하여 그 인정 기준을 ① 유턴 기업 신청 직전 3년간 유턴 투자금액 100억 원 이상 ② 별도 관리계좌로 투자 ③ 유턴 기업 선정일로부터 3년 내 국내 기업체 신·증설 등이다. 해외 사업장 청산·양도·축소 요건(25%)은 면제받을 수 있다.

일반 유턴 기업에는 수도권 200억 원, 지방 400억 원까지 보조금이 지원된다. 리쇼어링에 대한 보조금 지급은 일반 유턴과는 다소 차이가 있을 수 있다.

3) 리니어링(Re-nearing)

해외에 수출을 하던 기업(예로 미국에 수출을 하는 삼성전자나 LG, 현대자동차 등)이 수출 대상국가에 대한 운송비나 원자재 또는 관세 등의 이유로 수출 대상국의 인근 국가(위 예에서는 멕시코와 캐나다)로 생산거점을 이전하는 것을 말한다.

멕시코나 캐나다로 리니어링 했던 우리나라 기업들은 트럼프가 재집권하면서 25%의 관세부과를 선언함에 따라 상당한 애로를 겪고 있다. 캐나다와 멕시코의 대 미국 관계가 나빠졌고, 우리나라 기업들은 그 해소를 위해 노력중이다.

📖 참고_ 합병의 절차

일방적인 M&A나 리밸런싱에 의한 계열사 통합의 경우 모두 독립적 기업(法人 - 법률로 인정한 인격체)들 간의 합일이므로 어느 경우든 독립된 법적 실체들 둘 이상이 하나로 합치되는 것이므로 법 인격이 달라짐에 따른 법적 절차가 복잡하다.
특히 법인들이 합병함에 따라 개별 법인들에 사업성을 기대하고 투자한 자본주들, 채권자(특히 금융권)와 주주들이 동반하여 움직이는데 합병에 따라 자신이 판단하여 투자 결정한 기업의 아닌 다른 기업에 투자가 형성됨에 따라 이해관계가 얽히므로 이를 잘 처리하여야 한다.

1. 합병의 종류

1) 흡수합병: 한 회사가 다른 회사를 흡수하여 존속하고, 소멸하는 회사의 권리/의무가 존속회사에 승계한다.
2) 신설합병: 두 개 이상의 회사가 모두 소멸하고, 새로운 회사를 설립하여 소멸회사의 권리/의무를 신설회사에 승계한다.

2. 일반적인 합병 절차

1) 합병 계획 수립 및 사전 검토

합병의 목적 (시장 점유율 확대, 신기술 도입, 비용 절감 등)과 전략을 설정한다.
합병 대상 기업에 대한 조사(Due Diligence)를 진행하고, 합병 형태, 합병 비율, 합병 일정 등을 당사 회사 간에 협의한다.
변호사/법무사, 회계사, 감정평가사 등 전문가의 도움을 받아 합병 비율의 적정성 등을 검토한다.
주권상장법인의 경우 외부기관의 평가를 받아야 한다. (자본시장법령제176조의5제8항)

2) 이사회 승인, 합병계약 체결

각 회사의 이사회 승인 후 합병계약서를 작성하고 체결한다.

합병계약서에는 합병비율을 포함하여 상법에서 규정하는 필수 기재 사항이 모두 포함되어야 한다.

합병계약서는 주주총회 소집 2주 전부터 합병 완료 후 6개월이 경과할 때까지 회사의 본점에 비치한다.

3) 주주총회 승인

합병계약 체결 후, 각 회사는 주주총회를 열어 합병계약서 승인 결의. 이는 주주총회 특별결의 사항이다.

소규모 합병이나 간이 합병(주)의 경우에는 이사회 결의로 주주총회 승인을 갈음할 수도 있다. 이 경우에도 주주들에게 합병 사실을 통지해야 한다.

4) 주식매수청구권 행사 등 채권자 보호 절차

주주총회에서 합병계약을 승인한 후 2주 이내에 1개월 이상의 기간 동안 회사 채권자들에게 합병에 이의가 있으면 제기하라는 공고를 한다. 이때 합병으로 인해 소멸되는 회사 주주들은 주식 매수청구권을 행사할 수 있다. 이는 합병 과정에서 채권자의 이익을 보호하기 위한 중요한 단계이다.

5) 합병 실행 및 보고총회

채권자 보호 절차가 완료되면 합병이 실행된다.

흡수합병의 경우 존속회사는 합병 보고총회를 개최하여 합병에 관한 사항을 보고해야 한다.

소규모 합병의 경우 이사회 결의로 보고총회를 갈음할 수 있으며, 합병 종료 보고 공고를 진행해야 한다. 신설합병의 경우 창립총회를 개최한다.

6) 합병 등기 및 신주발행

합병이 완료되면 존속회사는 변경등기를, 소멸회사는 해산등기를, 신설회사는 설립등기를 해야 한다. 등기가 완료되어야 합병의 효력이 발생한다. 신주를 발행하여 합병 절차를 마무리하면 주주명부가 확정된다.

3. 고려사항

1) 주식매수청구권: 합병에 반대하는 주주는 주식매수청구권을 행사하여 자신의 주식을 회사에 매수해 줄 것을 요청할 수 있다.
2) 소요 기간: 합병 절차는 상황에 따라 다르지만, 일반적으로 최소 1개월 이상 소요되며, 상장법인의 경우 더 길어질 수 있다.
3) 전문가 자문: 변호사, 회계사 등의 전문가 자문을 받는 것이 중요하다.

📖 참고_ 소규모 합병과 간이 합병

회사의 합병은 특정 요건을 충족하면 절차를 간소화할 수 있도록 상법에서 예외를 두고 있다.

1. 간이합병 (簡易合併) - 상법제527조의2(간이합병)

1) 내용: 소멸회사(합병으로 사라지는 회사)의 절차를 간소화하는 제도로, 소멸회사의 주주들에게 합병으로 인한 중대한 영향이 없거나, 이미 합병에 동의하고 있는 상황일 때 활용된다.

2) 주요 요건: 소멸회사의 총 주주 동의 또는 합병 후 존속하는 회사가 소멸회사의 발행주식총수 90% 이상을 이미 소유하고 있는 경우 (모자회사 관계).

3) 간소화되는 절차: 소멸회사의 주주총회 승인 생략: 소멸회사는 주주총회 특별결의 대신 이사회 결의로 합병을 승인할 수 있다.

4) 특징: 주로 지배관계에 있는 회사 간의 합병이나, 소수 주주가 남아있는 회사를 완전히 흡수할 때 사용된다.

소멸회사의 주주들에게 합병에 반대할 기회를 주지 않아도 되는 예외적인 상황에서 적용된다.

2. 소규모합병 (小規模合併) - 상법제527조의3(소규모합병)

1) 내용: 소규모합병은 주로 존속회사(합병 후 남는 회사)의 절차를 간소화하는 제도이다. 합병 대상이 되는 회사가 존속회사 입장에서 볼 때 "소규모"여서, 합병이 존속회사 주주들에게 미치는 영향이 크지 않을 때 활용된다.

2) 주요 요건: 신주 발행 및 자기주식 이전 총액이 10% 이하 또는 존속회사가 합병으로 인해 발행하는 신주와 이전하는 자기주식의 총수가 존속회사의 발행주식총수의 10%를 초과하지 않는 경우

3) 교부하는 금전 등의 가액에 따른 규정: 합병으로 소멸하는 회사의 주주에게 제공할 금전이나 기타 재산의 가액이 존속회사의 최종 대차대조표상 현존하는 순자산액의 5%를 초과하지 않는 경우에도 소규모합병으로 인정될 수 있다(다만, 발행주식총수 10% 이하 요건과 함께 충족되어야 한다).

4) 간소화되는 절차: 존속회사의 주주총회 승인 생략(주주총회 특별결의 대신 이사회 결의로 합병을 승인할 수 있다)

5) 특징: 주식매수청구권이 존속회사의 주주에게는 인정되지 않는다. 이는 소규모합병의 핵심적인 간소화 요인 중 하나이다.

6) 제한: 존속회사의 발행주식총수의 20% 이상을 소유한 주주가 합병에 반대하는 의사를 통지한 경우에는 주주총회 승인 절차를 생략할 수 없고 일반 합병 절차로 돌아가야 한다.

3. 간이합병과 소규모합병의 공통점 및 차이점

구분	간이합병	소규모합병
절차 간소화 대상	주로 소멸회사의 주주총회 승인 생략	주로 존속회사의 주주총회 승인 생략
요건의 기준	소멸회사의 주주 동의 여부 또는 존속회사의 지분율	존속회사가 발행하는 신주 및 이전 자기주식의 규모
주식매수청구권	소멸회사 주주에게는 원칙적으로 인정 (총 주주 동의 시 제외)	존속회사 주주에게는 인정되지 않음
채권자 보호	원칙적으로 필요 (총 주주 동의 시 제외될 수 있음)	원칙적으로 필요

※ 두 제도 모두 합병 절차의 신속성과 효율성을 높이기 위한 목적이지만, 각각 다른 회사의(소멸회사 vs 존속회사) 주주총회 절차를 간소화하고, 그 요건과 주식매수청구권 인정 여부 등에서 차이가 있다.

CHAPTER 13

비즈니스 세계대전

1 비즈니스 세계대전의 개념과 함의

세계는 생산초과로 물품이 남아돌고 있다. 아직도 아프리카나 소말리아 등 지구의 곳곳에서는 물품부족으로 가난과 기근이 많은 사람을 괴롭히고 있음은 아이러니이다. 지구의 불균형이며 해결해야 할 과제이다. 그럼에도 비즈니스의 세계는 시장을 장악하기 위한 초경쟁 상태로 전쟁을 방불케 한다. 기업의 경쟁력은 급변하는 비즈니스 환경에서 생존하고 성장하기 위한 핵심 요소이다. 계열화나 다각화 또는 M&A 등을 통하여 성장한 기업들 앞에는 세계화라는 고지가 눈앞에 놓이게 된다. 이제는 세계를 대상으로 경쟁을 하여야 하게 되는 것이다. 경쟁요인에 대하여는 포터의 경쟁모델과 VRIO 모델 등으로 분석할 수 있으며 국제화에 대한 기업 활동의 제약이 되는 국제적 독점금지법과 그 함의를 살펴보면 다음과 같다.

1) 개념

'비즈니스 세계대전'이라는 용어가 공식적인 학술 용어는 아니나 세계의 기업 간 경쟁이 심하니 이런 용어를 다음과 같은 의미로 사용하고 세계 비즈니스 경쟁의 치열·잔혹

함을 에둘러 표현해 보는 단어이다.

- **치열한 시장 경쟁**: 기업들은 생존과 성장을 위해 마치 전쟁처럼 시장에서 치열하게 경쟁한다. 특정 산업군에서 선두를 차지하기 위한 기업 간의 막대한 투자, 기술 개발 경쟁, 인수 합병, 인재 유치 전쟁 등을 포함한다.
- **글로벌 경제 패권 경쟁**: 국가 또는 거대 경제 블록 간의 경제적 영향력 확대를 위한 경쟁은 무역 분쟁, 환율 전쟁, 핵심 기술 확보 경쟁 등으로 치열해졌다.
- **급변하는 비즈니스 환경**: DT(디지털 전환), 팬데믹, 기후 변화 등 예상치 못한 거대한 환경의 변화가 비즈니스에 미치는 영향과 그에 따른 기업들의 생존 노력은 처절하다.

이와 같은 현대의 국제 비즈니스 환경에서 기업과 개인이 주목해야 할 몇 가지 중요한 함의는 다음과 같이 요약할 수 있다.

- **혁신과 민첩성**: 끊임없이 변화하는 시장에서 생존을 위한 새로운 기술과 비즈니스 모델을 빠르게 도입하고, 급변하는 상황에 민첩하게 대응하는 능력이 필수적이다.
- **글로벌 시야**: 국내 시장을 넘어 전 세계적인 경쟁 구도를 이해하고, 글로벌 시장에서의 기회를 포착하며, 위험에 대비해야 한다.
- **인재 확보와 육성**: 경쟁 우위를 확보하기 위한 핵심은 결국 우수한 인재에 있다. 이는 인사전략의 일환이며 인재를 유치하고 이들이 잠재력을 최대한 발휘할 수 있도록 지원하는 것이 중요하다.
- **지속 가능한 성장**: 기업은 단기적인 성과뿐만 아니라 환경, 사회, 지배구조(ESG)를 고려한 지속 가능한 경영 전략이 장기적인 성공을 위한 필수 요소가 되고 있다.

2) 국제 경쟁력 분석모델

국제경쟁력은 원가우위와 제품 차별화 우위, 집중화, 혁신, 속도 및 서비스를 들 수 있다.

- **원가 우위(Cost Leadership)**: 경쟁사보다 낮은 비용으로 제품이나 서비스를 생산하여 낮은 가격으로 판매하거나, 동일한 가격으로 더 높은 마진을 확보하는 능력이다(예: 다이소, 코스트코, 이마트 트레이더스).

- **차별화 우위(Differentiation)**: 독특하고 가치 있는 제품이나 서비스를 제공하여 고객에게 특별한 인식을 심어주고, 이를 통해 경쟁사와 차별화된 가치를 창출하는 능력이다(예: 애플의 디자인 및 사용자 경험, 스타벅스의 브랜드 가치).
- **집중화(Focus)**: 특정 고객층, 제품 라인, 지역 시장 등에 집중하여 해당 분야에서 원가우위 또는 차별화 우위를 달성하는 전략이다(예: 고가 명품 브랜드, 특정 산업에 특화된 소프트웨어 기업).
- **혁신(Innovation)**: 새로운 기술, 제품, 서비스, 비즈니스 모델 등을 개발하여 시장을 선도하고 경쟁우위를 확보하는 능력이다(예: 테슬라의 전기차 및 자율주행 기술, 넷플릭스의 스트리밍 서비스).
- **속도(Speed)**: 시장 변화에 빠르게 반응하고, 신제품을 신속하게 출시하며, 고객 요구사항을 빠르게 충족시키는 능력이다(예: 패스트 패션 브랜드, IT 스타트업).
- **서비스(Service)**: 고객에게 우수한 서비스 경험을 제공하여 고객 만족도를 높이고 충성도를 확보하는 능력이다(예: 아마존의 고객 서비스, 호텔 업계의 맞춤형 서비스).

3) VRIO 모델(내부 역량 분석)

VRIO 모델은 기업 내부의 자원과 역량이 지속 가능한 경쟁 우위의 원천이 될 수 있는지 분석하는 프레임워크이다. Jay Barney가 제안한 이 모델은 다음 네 가지 질문을 통해 기업의 자원(Resources)과 역량(Capabilities)을 평가한다.

(1) 가치는 있는가(Valuable)?

- 해당 자원이나 역량이 기업이 기회를 활용하거나 위협을 회피하는 데 도움이 되는가?
- 고객에게 가치를 제공하고 경쟁우위를 창출할 수 있는가?
- 예: 강력한 브랜드 평판, 효율적인 생산 시스템, 핵심 기술 특허

(2) 희소한가(Rare)?

- 경쟁사들이 해당 자원이나 역량을 가지고 있지 않은가?
- 쉽게 얻을 수 없는 독점적인 것인가?

• 예: 소수의 전문가만이 가진 숙련된 기술, 특정 지역의 독점적인 광물 채굴권

(3) 모방하기 어려운가(Inimitable)?

• 경쟁사들이 해당 자원이나 역량을 복제하거나 모방하기 어려운가?
• 역사적 상황, 불확실한 인과 관계, 사회적 복잡성 등 때문에 모방이 어려운가?
• 예: 오랜 기간 축적된 기업 문화, 복잡하게 얽힌 공급망 네트워크, 핵심 인력 간의 암묵적 지식

(4) 조직화되어 있는가(Organized)?

• 기업이 해당 자원이나 역량을 활용하여 경쟁 우위를 실제로 달성할 수 있도록 조직 구조, 시스템, 프로세스 등이 잘 갖추어져 있는가?
• 예: 혁신적인 기술을 효과적으로 제품화할 수 있는 R&D 조직, 효율적인 고객 대응 시스템

VRIO 모델은 이 네 가지 질문에 모두 "예"라고 답할 수 있는 자원과 역량은 기업에게 지속 가능한 경쟁우위(Sustainable Competitive Advantage)를 제공한다고 볼 수 있다는 논리이다. 그렇지 않은 경우는 일시적인 경쟁 우위, 경쟁 동등성, 또는 경쟁 열위에 해당한다. VRIO 모델은 M. Porter의 기업경쟁에 영향을 미치는 5요인의 정태성에 동태적 관점을 제공한다.

4) 포터의 5가지 경쟁요인 모델(외부 환경 분석)

마이클 포터의 5가지 경쟁요인 모델은 특정 산업의 수익성과 매력도를 결정하는 외부 환경 요인을 분석하는 도구이다. VRIO 모델이 기업 내부 역량에 집중한다면, 포터 모델은 산업의 구조적 특성이 기업의 경쟁력에 미치는 영향을 분석한다.

1. 기존 경쟁자 간 경쟁 강도: 산업 내 경쟁이 얼마나 치열한가? (경쟁사의 수, 시장 성장률, 제품 차별화 정도, 퇴출 장벽 등)
2. 신규 진입자의 위협: 새로운 기업이 시장에 진입하기 쉬운가, 어려운가? (진입 장벽: 규모의 경제, 자본 필요량, 정부 정책, 브랜드 충성도 등)

3. 대체재의 위협: 기존 제품이나 서비스를 대체할 수 있는 다른 제품이나 서비스가 얼마나 쉽게 등장할 수 있는가? (대체재의 성능-가격 비율, 전환 비용 등)
4. 구매자의 교섭력: 구매자들이 가격을 낮추거나 품질을 높일 것을 요구할 수 있는 힘이 얼마나 강한가? (구매자 집중도, 구매량, 정보력, 전환 비용 등)
5. 공급자의 교섭력: 공급자들이 원자재 가격을 인상하거나 공급을 제한할 수 있는 힘이 얼마나 강한가? (공급자 집중도, 대체 공급자의 존재 여부, 공급 품목의 중요성 등)

기업의 경쟁력은 급변하는 비즈니스 환경에서 생존하고 성장하기 위한 핵심 요소이다.

5) VRIO 모델과 포터 모델의 상호 보완성

이 두 모델은 상호 보완적이다.

- 포터의 5가지 경쟁요인 모델을 통해 기업은 자신들이 속한 산업의 매력도와 구조적 압력을 이해하고, 어떤 외부 요인이 자사의 수익성에 영향을 미치는지 파악할 수 있다.
- 이후 VRIO 모델을 통해 그러한 외부 압력 속에서 자사가 보유한 자원과 역량 중 어떤 것이 경쟁우위를 창출하고 지속 가능하게 할 수 있는지 구체적으로 분석할 수 있다.
- 즉, 외부 환경(Porter)을 파악하여 기회와 위협을 인식하고, 내부 역량(VRIO)을 분석하여 강점과 약점을 파악함으로써, 기업은 더욱 효과적인 경쟁 전략을 수립할 수 있습니다. 예를 들어, 포터 모델 분석 결과 신규 진입 위협이 높다면, VRIO 분석을 통해 모방하기 어려운 핵심 역량을 강화하는 전략을 세울 수 있다.

2 국제화의 규제요소 - 독과점 금지법

1) 국제 독과점 금지법

기업들이 글로벌 시장에서 경쟁력을 강화하고 성장하는 과정에서 반드시 고려해야 할 중요한 법적 제약이 바로 국제적 독점금지법(International Antitrust Law)이다. 이는 각국이 자국 시장에서의 공정한 경쟁을 저해하는 행위를 규제하기 위해 마련한 법규이며, 기업 활동이 국경을 넘어설 때 복합적인 영향을 미치게 된다.

(1) 주요 국가의 독점금지법(사례)

전 세계 경쟁법의 기반을 이루는 가장 영향력 있는 독과점 금지법의 두 축은 미국의 반독점법과 유럽연합의 경쟁법이다.

(가) 미국

미국은 다양한 독과점에 대한 규제 경험을 가지고 있다. 따라서 이를 규제하는 법규 또한 다양하고 철저하다. 셔먼법(Sherman Act), 클레이턴법(Clayton Act), 연방거래위원회법(Federal Trade Commission Act) 등 강력한 반독점 법규를 유지하고 있다. 이 법들은 담합 등 카르텔 행위에 대해 엄격하게 처벌하며, 형사처벌 및 막대한 과징금을 부과한다. 미국의 법규체계는 다음과 같다.

- 셔먼법(Sherman Act, 1890): 카르텔(담합) 금지 및 독점화 시도 금지(가장 기본이 되는 형사 및 민사 규정)
- 클레이튼 법(Clayton Act, 1914): 가격 차별, 끼워팔기 등 반경쟁적 행위 및 경쟁을 저해하는 기업결합(M&A) 규제(셔먼법의 추상성 보완)
- 연방거래위원회 법(Federal Trade Commission Act, 1914): 불공정 경쟁 행위 규제 및 FTC(연방거래위원회) 설립

적용사례

- 마이크로소프트(Microsoft): 1990년대 인터넷 익스플로러를 윈도우에 끼워팔아 시

장 지배적 지위를 남용했다는 혐의로 소송을 당했다.

- 구글(Google): 검색 엔진 시장 지배력을 남용하여 자사 쇼핑 서비스에 부당한 이익을 제공하고 경쟁사의 혁신을 저해했다는 혐의로 여러 국가에서 조사를 받고 있다(미국 법무부 및 EU 등).
- 퀄컴(Qualcomm): 휴대폰 모뎀 칩 시장에서 지배적 지위를 남용하여 부당한 라이선스 계약을 체결했다는 이유로 한국, 미국, EU 등 여러 국가에서 막대한 과징금을 부과받았다(한국 공정거래위원회로부터 약 1조원 과징금 부과 및 소송 진행).
- 글로벌 반도체 카르텔: 2000년대 중반 삼성전자, 하이닉스 등 주요 메모리 반도체 제조사들이 D램 가격을 담합한 혐의로 미국, EU 등에서 거액의 과징금을 부과받았다.

(나) 유럽 연합(EU)

EU는 기능조약(TFEU: Treaty on the Functioning of the European Union) 제101조(담합 금지) 및 제102조(시장 지배적 지위 남용 금지)를 통해 강력한 경쟁 정책을 펼치고 있다. 어떤 경우는 미국보다 시장 지배적 지위 남용에 대한 규제가 더욱 엄격한 경향이 있다.

- **TFEU(유럽연합 기능 조약) 제101조:** 기업 간의 자유로운 거래와 경쟁을 제한하는 합의 및 카르텔 금지.
- **TFEU 제102조:** 시장지배적 지위의 남용 금지(예: 약탈 가격, 끼워팔기, 부당한 거래 거절 등).
- **기업결합 규제:** 역내 경쟁에 심각한 영향을 미치는 대규모 M&A 심사 및 통제.

적용사례

- 구글(Google): 안드로이드 운영체제를 이용하여 시장 지배적 지위를 남용하고 경쟁사를 부당하게 배제했다는 이유로 EU 집행위원회로부터 43억 4천만 유로(약 5조 8천억 원)라는 사상 최대 규모의 과징금을 부과받았다.
- 아마존(Amazon): 판매자 데이터를 자사 리테일 비즈니스에 활용하여 경쟁 우위를 확보했다는 혐의로 EU의 조사를 받았다.

(2) 국제 독점금지법의 주요 내용

특정 기업의 시장독점을 규제하는 법률을 반독점법이라 한다. M&A나 투자 등 시장 독점을 강화하는 것을 규제하는 국제 독점금지법은 크게 다음 세 가지 행위를 규제한다.

(가) 카르텔(Cartel) 및 부당한 공동행위

- 경쟁 기업들이 담합하여 가격을 결정하거나, 생산량을 제한하거나, 시장을 분할하거나, 입찰에 담합하는 등 경쟁을 인위적으로 제한하는 행위를 금지한다.
- 이는 가장 심각하게 제재받는 독점금지법 위반 행위 중 하나이다.

(나) 시장 지배적 지위 남용

- 특정 시장에서 압도적인 지배력을 가진 기업이 그 지위를 이용하여 경쟁을 저해하는 행위를 규제한다.
- 예: 경쟁사 배제, 끼워팔기, 부당한 가격 책정, 공급 거절 등

(다) 기업 결합(M&A) 제한

- 기업 간의 합병, 인수, 주식 취득 등이 특정 시장에서 경쟁을 실질적으로 제한할 우려가 있을 경우 이를 금지하거나 일정한 조건을 부과한다.
- 이는 시장의 독과점을 방지하고 경쟁적인 시장 구조를 유지하기 위함이다.

(3) 국제 독점금지법의 역외 적용(Extraterritorial Application)

국제 독과점금지법의 가장 중요한 특징 중 하나는 역외 적용이다. 특정 국가의 독점금지법이 자국 내에서 발생한 행위뿐만 아니라, 다른 국가에서 발생했더라도 자국 시장에서의 경쟁 제한적 효과를 미친 행위에도 적용될 수 있다는 원칙이다. 이는 다국적 기업의 글로벌 전략 수립 시 매우 중요한 고려 사항이다.

2) 우리나라의 독점 규제

(1) 관련 법률

우리나라 독점규제 및 공정거래에 관한 법률은 사업자의 시장 지배적 지위의 남용과 과도한 경제력의 집중을 방지하고, 부당한 공동행위 및 불공정거래행위를 규제하기 위하여 제정된 법률이다. 이 법은 사업자의 독점·불공정 행위를 규제하며 공정하고 자유로운 경쟁을 촉진함으로써 기업활동을 조장하고 소비자를 보호함과 아울러 국민경제의 균형 있는 발전의 도모를 목적으로 한다. 부당한 가격 결정이나 출고 조절, 가격 동조적 인상 등의 경쟁 제한 행위, 기업 결합, 부당 차별 등의 불공정거래행위를 금지한다.

(가) 주요 규제 대상

- 사업자가 시장에서 지배적인 지위 남용(예: 부당한 가격을 결정하거나 출고 조절하는 행위 등을 금지)
- 기업 결합 제한: 회사 합병 등 기업 결합을 제한하고, 대규모 기업집단의 출자 등을 규제하여 경제력의 집중을 막는다.
- 부당한 공동행위: 사업자 간의 가격 담합, 시장 분할, 거래 거부 등 부당한 공동행위를 금지한다.
- 불공정거래행위: 부당 차별, 강제 거래, 배타적 조건 부가, 이익 배제, 불공정 약정, 특정 관계자 우대, 형편없는 대우 등 다양한 불공정거래행위를 규제한다.

(나) 집행기관

공정거래위원회는 이 법을 시행하고 있으며, 불공정거래행위와 관련하여 신고를 접수하고 조사 및 제재를 한다.

(2) 적용사례

- 퀄컴(Qualcomm): 상기 언급된 바와 같이 불공정한 라이선스 계약으로 막대한 과징금을 부과받았다.
- 해외 게임사들의 부당 공동행위: 스팀, 에픽게임즈 등 글로벌 게임 유통 플랫폼이

국내 게임 유통사에 수수료 인하 압력을 가했다는 혐의로 공정위 조사를 받은 사례가 있다.

3) 기업 경영 시의 유의점

글로벌 비즈니스를 영위하는 기업들은 국제 독점금지법과 관련하여 다음과 같은 점들을 유의해야 한다.

1. 다중 관할권의 위험(Multiple Jurisdictions): 하나의 행위가 여러 국가의 독점금지법을 동시에 위반할 수 있으며, 이 경우 각국으로부터 독립적인 조사와 제재를 받을 수 있다. 각국의 법적 기준과 절차가 다를 수 있으므로 복잡성이 가중된다.
2. 높은 법적 리스크: 독점금지법 위반 시 기업에게는 막대한 과징금, 손해배상 소송, 기업 이미지 실추, 심지어 경영진의 형사처벌까지 이어질 수 있는 심각한 법적, 재정적 리스크가 따른다.
3. 사전 예방 및 준법 경영
    - 정기적인 법률 교육: 임직원들이 독점금지법의 중요성을 인식하고 위반 행위를 사전에 방지할 수 있도록 정기적인 교육을 실시한다.
    - 내부 컴플라이언스 시스템 구축: 기업 내부에 독점금지법 준수를 위한 명확한 정책과 절차를 수립하고, 이를 감독할 수 있는 시스템을 구축한다.
    - 경쟁사와의 접촉 주의: 경쟁사와는 불필요한 정보 교환이나 민감한 사업 논의를 피하고, 불가피한 접촉 시에는 반드시 법률 전문가의 자문을 구한다.
    - M&A 및 제휴 시 심사: 다른 기업과의 합병, 인수, 조인트 벤처 등 기업 결합 시에는 반드시 사전에 각국의 독점금지법 전문가와 상의하여 법적 리스크를 검토하고 필요한 경우 사전 승인 절차를 거쳐야 한다.
    - 시장 지배력 남용 방지: 특히 시장 지배적 위치에 있는 기업은 자사 행동이 경쟁을 제한하는 것으로 오해받지 않도록 신중하게 사업 활동을 계획하고 실행한다.

4) 독과점 제재 사례

(1) 엔비디아의 사례

미 법무부, 엔비디아 반독점 조사 착수[1)]

“우월적 지위 남용” 경쟁사 부당신고 접수돼, 경쟁 제한 기소가능성, 압도적 시장 영향력에 경쟁당국 감사 압박 커져.

미국 정부가 인공지능(AI)칩 선두주자 엔비디아의 반독점 위반 협의에 대한 조사를 진행중인 것으로 알려졌다. 미국 법무부가 AI 칩을 판매하는 과정에서 부당한 압력을 행사했다는 경쟁업체들의 신고를 접수하고 사실을 확인중 이라고 보도했다. [그림 1]과 같이 엔비디아 칩은 데이터센터용 GPU 시장에서만 90% 이상의 절대적 위치를 점하고 있으며 시장점유율은 94%로 경쟁자인 AMD(4.2%)를 압도한다. ‘보복성 신고’를 주장한 업체는 AMD 등인 것으로 알려졌다.

• **그림 1** 엔비디아 관련 자료

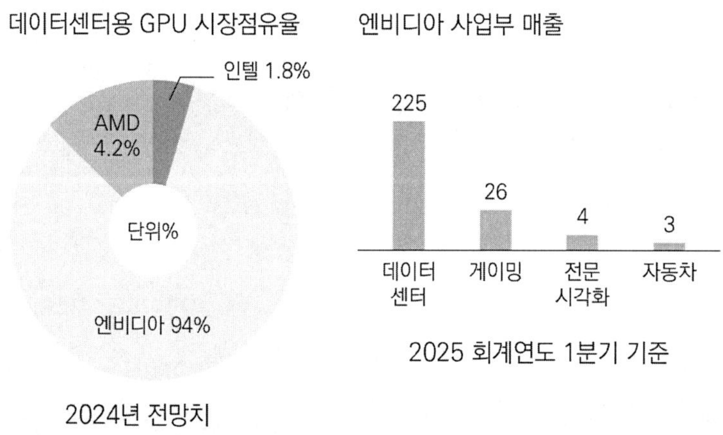

엔비디아는 2020년에도 ARM 인수를 추진하다가 영국 규제 당국의 반대로 포기하였으며, 미 연방거래위원회(FTC)도 이를 저지하기 위해 소송을 제기하였다. “대형 반도체 회사 두 곳이 결합하면 시장 질서를 교란할 수 있다.”는 이유에서였다. 당시 소장에서는 “엔비디아가 ARM을 합병하면 회사의 기술을 통제하기 시작해 경쟁자를 약화시킬 것”이

1) 이재철, (2024. 8. 3), 매일경제.

며, "궁극적으로 제품 품질이 떨어지고 혁신은 위축되며, 고객의 선택권은 줄어들고 가격은 인상될 수 있다."고 명시 했다.

엔비디아의 SW스타트업 런에이아이(Run:ai) 인수도 반독점법 위반 가능성이 있다고 보고 조사를 진행 중이라 했다(폴리티코). 이 회사는 복수의 AI 칩이 필요한 연산을 더 적은 칩으로 가능하게 하는 SW 기술개발 업체다. 엔비디아는 "우리는 수십년 간의 투자와 혁신을 기반으로 경쟁해 왔고 모든 법을 준수했다", "고객들에게 어떤 업체 제품이라도 자유롭게 구입할 수 있도록 했다", "당국이 필요한 자료가 있다면 무엇이든 협조할 것"이라며 반독점법 위반 의혹을 일축했다.

프랑스는 엔비디아가 반 경쟁적 행위를 한 혐의를 포착하고 조만간 기소할 것이라는 보도가 나왔다(로이터). "경쟁 당국은 2023.9 엔비디아 그래픽 카드 부문 압수수색 후 엔비디아의 시장 경쟁 제한 여부를 집중 조사", "반독점법은 위반기업에 전세계 연 매출의 10%에 달하는 벌금 부과." 엔비디아 AI 칩은 단가 3~4만 달러(4,120~5,500만 원)에 달하고 공급은 부족하며, 챗GPT 개발사 오픈 AI와 MS 등은 AI 모델 훈련을 위해 엔비디아 칩을 사용한다. 그러나 애플 등 일부 기업들은 구글이 설계한 칩 등 엔비디아의 대안을 찾고 있다.

해외 기업들과의 경쟁이나 시장 지배를 위해서는 이와 같은 미·영·불 등의 반독점 제도와 법률의 검토가 필요하다.

(2) 시세 조종 - 김범수 카카오 회장

김범수 카카오 창업자(경영 쇄신 위원장)가 SM엔터테인먼트 인수를 위해 시세 조종을 했다는 혐의로 구속 기소된 사건이 있다. 서울 남부지검 금융조사 2부(강대규 부장)는 김 위원장을 자본시장법 위반 혐의로 구속상태로 재판에 넘겼으며, 홍은택 전 카카오 대표와 김성주 전 카카오 엔터 대표는 불구속기소했다. 이때 김 위원장에게 적용한 주요 위법 사항은 다음과 같다.

① 카카오 엔터 드라마 제작사 고가 인수 의혹

② 카카오 모빌리티 '콜 몰아주기' 의혹

③ 블록체인 플랫폼 클레이튼 임원 횡령·배임 등이다.

보도에 나타난 김위원장의 조사 내용을 보면 김 위원장 등 경영진과 사모펀드 운용사인 원 아시아 파트너스는 SM엔터 주식을 상당 금액을 사들여 공개 매수가(당시 12만 원)보다 높게 사들여 시세 조종을 했다는 것, 여기 투입자금은 1,100억 원에 달한다. 또, 홍 전 카카오 대표와 김 전 카카오 엔터 대표 등과 공모하여 카카오와 카카오 엔터 명의로 190회에 걸쳐 1,300억 원 규모의 SM엔터 주식을 매수하였다. 이들은 보유지분 5% 이상을 취득한 후에도 대량 보유상황을 공시하지 않았다. 이는 카카오 그룹이 하이브의 SM엔터 인수를 방해하고 카카오 엔터와 무리하게 합병을 추진한 것으로 해석된다. 시세 조종을 한 것은 전 SM엔터 총괄 프로듀서와의 법정 다툼이 직접적 원인이 됐다는 것이다.[2)]

(3) 가맹법 위반 - BBQ

공정거래위원회가 가맹 사업자들이 가맹점 협의회를 결성한 이유로 계약 갱신 거절, 반성 각서 등을 요구한 BBQ에 대한 시정명령과 과징금 17억 6,000만 원을 부과하였다. BBQ는 2018년 12월 가맹점주 4명에게 가맹계약에 대한 입장차이, 조건 미수락 등을 이유로 계약 갱신 거절을 통보하였다. 12~15년간 가맹점을 운영했던 이들은 협의회를 구성하였고 회사는 이에 대한 징계를 한 것이다. 일부 가맹점주는 BBQ를 비방하거나 다른 가맹점주를 선동할 시 계약을 종료하고 이의를 제기하지 않겠다는 내용과 단체 활동을 사과하는 각서 등을 작성한 것으로 알려졌다. BBQ는 가맹점에 홍보 전단지 강제 구매 부담도 안겼다.

이 가맹법 위반 과징금 부과에 대하여 BBQ는 공정위의 처분 사유와 과징금 액수가 과도하다며 취소를 구하는 소송을 냈고, 재판과정에서 1심과 2심의 판결은 공정위의 판결을 상당부분 인정하였으나 대법원에서 BBQ는 처분의 타당성을 인정받았다. 대법원 3부(주심 오석준 대법관)는 “원심의 이 부분 불이익 제공 행위에 관한 판단은 가맹사업법 제14조의2 제5항의 해석 적용에 관한 법리를 오해해 필요한 심리를 다하지 않아 판결에 영향을 미친 잘못이 있다”고 이를 파기하고 서울고법에 사건을 돌려보냈다.

2) 박호현, (2024. 8. 9), 서울경제.

3 세계화의 형태 - 파트너십

기업의 세계화는 여러 형태로 전개된다. 다국적기업의 세계화전략은 크게 표준화전략과 현지화전략으로 나뉜다. 전자는 전 세계적으로 동일한 제품이나 서비스를 제공하여 원가절감과 서비스의 신속성과 안정성을 갖춘 규모의 경제를 추구하는 반면, 후자는 각 국가나 지역의 문화, 언어, 법률 등을 고려하여 맞춤형으로 접근하는 방법이다. 이들 두 가지를 결합하여 한차원 높은 경쟁력을 확보하는 방법을 글로컬라이제이션(glocalization)이라 한다. 본 글에서는 현지 파트너들과의 관계를 중심으로 협력 방식인 파트너십에 대하여 설명한다.

파트너십은 기업의 세계화 수행의 한 형태이다. 기업이 회사 내에 기술이나 인력이 부족할 때 취할 수 있는 전략은 법적으로나 절차적으로 복잡한 M&A를 제외하고는 아웃소싱이나 가상통합, 상호 출자 또는 좀 더 범위를 넓히면 수직적 통합 등의 방법을 쓸 수 있으나 이들보다 더 간단한 방법이 파트너십 방식이다. M&A의 경우는 기존 대기업은 주주의 지배권과 독과점법 등 규정 적합성에 대한 엄격한 심사를 거쳐야 하므로 시간과 비용이 많이 소요된다. 반면, 독과점 범위에 들지 않는 수준의 투자와 상호 기술 및 인적 자원 교류를 통해 필요한 요소를 손쉽게 확보할 수 있다.

1) 파트너십 수립 방법

파트너십은 근본적으로는 업무 협력 및 공동 업무 수행을 의미한다. 그러나 파트너십 당사자는 특정 대기업과 스타트업 또는 특정 기업의 일부 기술 부문 등 관련 업무만을 공동으로 수행하며, 기업 전체의 운명을 공유하지는 않는다. 이들을 파트너십 시행자(기술 등을 도입하려는 기업)와 파트너십 참여자(기술 등을 제공하려는 기업 또는 개인)라고 한다면 파트너십 참여자는 자기의 기술이나 노하우를 제공하는 입장에 있으므로 자기의 기술 등의 유출 가능성이 있으므로, 파트너십 시행자가 이를 보증하거나 담보하기 위해 일정 수준의 투자를 하고, 고용계약이나 용역계약을 통해 약정금과 지속 기간을 명시하여 보상을 받는 계약관계를 맺는다.

파트너십의 절차는 다음과 같다.

파트너십 절차는 일반적으로 파트너십 협약(Partnership Agreement) 체결, 설립 신고, 사업 운영 등으로 구성된다. 파트너십 협약은 파트너십의 목적, 자본 기여, 이익 분배, 의사 결정 등을 명확히 한다. 필요에 따라 출구 전략을 준비하여야 한다.

1. 파트너십 협약 체결

- 목적 및 범위: 파트너십의 사업 목적, 운영 범위 등을 명시한다.
- 자본 기여: 각 파트너의 초기 자본금 출자 및 추가 자본금 조달 방법을 정한다.
- 이익 및 손실 분배: 파트너십 수익과 손실을 어떻게 분배할지 결정한다.
- 운영 및 의사 결정: 파트너십 운영 방식, 의사 결정 절차, 파트너의 역할 등을 규정한다.
- 파트너의 추가/탈퇴: 새로운 파트너 합류 조건, 기존 파트너의 탈퇴 조건 및 절차를 명시한다.
- 출구 전략: 파트너십 종료 시 자산 처리, 채무 관계, 이익 분배 등을 명시한다.

2. 파트너십 설립 신고

- 미국의 경우 주정부 또는 카운티에 파트너십 설립 신고를 한다.
- 파트너십 이름을 등록한다.

3. 사업 운영

설립 신고 후, 파트너십 사업을 시작한다. 파트너십 협약에 따라 사업을 운영하고, 이익이 났을 경우 이익을 분배한다. 정기적으로 파트너십 운영 현황을 점검하고, 필요에 따라 협약을 수정한다.

4. 출구 전략

파트너십 종료 시 파트너십 해산 절차를 진행한다. 채무 관계 정리, 자산 분배 등을 포함한 출구 전략을 실행한다.

2) 운영 방법 및 유리한 점

파트너십 운영 당사자 간에는 파트너십 시행자가 필요한 부분에 대하여 파트너십 참여자가 관련 전문가를 파견하여 기술을 전수하거나 파트너십 시행 회사의 직원의 역할을 직접 수행하는 방식으로 파트너십 관계를 운영하게 된다. 경우에 따라서는 스타트업이 특정 기술을 필요로 할 경우 파트너십 시행자는 해당 기술의 개발자와 관련 직원을 고용하는 형식으로 약정을 하고 일정 직책을 준 다음 상당 기간이 경과하고 보상이 충분히 이루어졌다고 인정되면 참여자는 파트너십 시행자의 직원 또는 임원으로 활동할 수도 있다. 이때 참여 회사는 폐업하거나 양도 또는 필요에 따라 시행자와 M&A를 하기도 한다.

파트너십은 대형 테크기업들에서는 이미 보편화된 업무 협력 방법이다. 빅테크 기업들은 대부분 AI 서비스를 제공하고 있는데, 이들의 특징은 플랫폼 기업들로 이미 전 세계에 많은 소비자를 확보하고 있고 축적된 데이터 또한 방대하다. 신기술의 개발도 급격히 일어나고 있어 기술을 스스로 개발하기보다 투자자 파트너십 방법으로 빠른 시간 안에 내재화 해버리는 것이다. 이런 방법으로 그들만의 AI 생태계를 강화하고 있는 것이다.

파트너십은 M&A나 지분을 50% 이상 취득하지 않는다. 여러 기업을 중복 파트너십이나 투자를 하기도 한다. 파트너십을 통해 경쟁자들 간의 관계에서 우월적 경쟁력을 나타내고 나아가서는 업계 표준을 이끌어내려는 의도도 있다.

3) 파트너십 대상 3국

인도-올라그룹 등

반도체 불모지였던 인도가 2018년부터 본격화된 미중 갈등으로 변화의 중심에 서게 됐다. 인도 서쪽 꼭짓점에 자리한 구자라트 주(州)는 인도가 품어온 '반도체의 꿈'을 실현시켜줄 약속의 땅이다. 인도 정부가 반도체 자립을 위해 100억 달러의 보조금을 풀어 유치한 대형 프로젝트 4개 중 3개가 이곳에 발을 디뎠다.

AI 산업을 보면 2024년 1월 인도에서 최초로 탄생한 AI 분야 유니콘 기업(기업가치 10억 달러 이상 스타트업)이 탄생했다. 이름은 크루트림(Krutrim), 창립 1년에 10억 달러 규모의 투자를 유치했다. 이 회사는 인도의 IT 기업 올라(Ola)의 창업자 바비시 아가트왈이 출자하였고 Ola와 특수관계 법인이다. Ola 그룹은 크루트림을 앞세워 최초로 AI 반도체 설계를 개시했다. 이 칩은 2026년에 출시될 예정이다.

Ola 그룹의 모태는 인도 최초의 차량 공유 서비스기업 '올라켑스'이며, 올라켑스는 2020년 현지 시장점유율 50%, 매출은 266억 3,000만 루피(4,234억 원)에 이를 정도로 급

성장했다. 올라캡스는 아트가왈이 IT 인재 사관학교로 불리는 인도 공대(IIT)를 졸업한 뒤 2010년 같은 대학 출신인 인컴 바티와 함께 창업했다. 사업은 전기차·전기 스쿠터 제조, 배터리 설계, 모바일 금융결제, 배달 플랫폼 서비스 등으로 다각화하였고 중견화하였다. 인도는 미중 무역 갈등으로 단절된 공급망을 잇는 '스윙 컨트리'다. 현대차 그룹은 2019년 3억 달러를 투자했다. 스윙 컨트리에서 부상하는 기업들을 전략적 파트너로 삼아 해외 공급망과 시장 개척에 적극 나서야 한다.

스윙 컨트리 등과의 파트너십

글로벌 공급망이 급속도로 재편되는 과정에서 기회를 포착한 나라는 인도 외 인도네시아, 베트남, 싱가포르, 말레이시아, 태국 등 동남아시아 국가들로 이들도 전기차, 배터리, 데이터센터 등으로 영토를 넓히며 중국이 독점했다가 미중 불협화음으로 공백이 생기고 있는 공급망 지분을 넘겨받고 있다. 이러한 흐름은 수치로 증명된다. 언론들은 중국의 대미 수출이 2018~2023년 1,112억 달러(약 153조 원) 줄어드는 동안 인도태평양 주요 5개국의 대미 수출은 1,399억 달러(약 192조 원) 증가했다. 분명한 공급망 대체효과라 볼 수 있다.

미중 갈등이 지속되는 한 이들 국가의 경제성장세는 당분간 지속될 것으로 전망된다. 미중 무역 전쟁이 종료되어도 새로 구축한 공급망이 하루아침에 파괴되지는 않을 것이다.

동남아와 인도양의 이들 국가들은 중국의 글로벌 공급망이 단절되면서 중국 근교에서 그 사이를 메꿔주는 아시아 국가들이 '스윙 컨트리(swing country)'로 급부상하였다. 미국과 중국이 자국 중심으로 글로벌 공급망을 재편하면서 이들 국가의 몸값은 갈수록 높아지고 있다. 세계 공급망에서 차지하는 위상이 높은 국가들은 독자 노선'을 꾀할 수 있는 힘을 갖고 있으며 미중 사이의 큰 변화가 예측되고 있으며, 세계는 이 국가들의 움직임에 예의 주시하여야 할 것이다.

4) 파트너십의 문제점

파트너십은 법제도적 문제점과 운영의 문제점으로 나누어 볼 수 있다. 전자는 독과점 관련으로, 파트너십이라 하여 반독점법에서 완전히 자유로운 것은 아니다. 마이크로소프트는 2023년도 AI 부서를 신설하면서 인플렉션 AI 직원 대부분을 이 부서에서 일하도록 했다. 인플렉션은 미국의 AI 기업으로 챗 GPT 등에 비해 더 감성적 대화를 지향한다. 리더이며 창업자인 슐레이만은 딥마인드의 공동 창업자이자 구글 인공지능 부서장을 거쳤다. 마이크로소프트는 인플렉션에 6억 5천만 달러를 주었다고 한다. 인플렉션은 이어(2023.6) 13억 달러의 신규 투자를 유치하였으며, 이 투자를 주관한 이가 마이크로소프트와 파트너십 관계를 맺고 있는 엔비디아였다.

영국 경쟁시장국(CMA)은 마이크로소프트와 인플렉션의 이 거래의 밀접성으로 보아 마이크로소프트에 의한 인플렉션의 인수합병과 다르지 않다고 보고 반독점 수사에 들어갔다. 빅테크 기업이 인수·합병할 때는 반독점 심사를 거쳐야 한다. 마이크로소프트는 이를 피하려고 파트너십이라는 수단을 동원한 것이라고 본 것이다.[3)]

CMA는 이미 IT 분야의 독점을 강화하고 있는 빅테크 기업들에 의해 AI 분야까지 주도되어서는 안 된다고 본다. 하나의 AI 서비스에서 다른 서비스로 바꾸려 할 때 걸림돌이 없어야 한다는 것이다. 이러한 현상은 표준이 특정 기업의 전속 표준을 사용할 경우 문제가 될 수 있으며, 이를 개별 기업에 맡길 수는 없다. 이러한 표준의 개인 기업 의존도가 클 경우 문제가 생기면 그 피해 규모는 걷잡을 수 없을 정도로 커진다.

예로, '블루스크린 쇼크'(PC 화면이 파랗게 변하며 먹통이 되는 현상) 사고를 보면, 이 사고는 2024년 7월 20일자 각 일간지의 1면 5단 톱을 장식한 사건으로 모 일간지 기사 제목은 'MS 클라우드 먹통, 세계 항공·금융·통신 대란'이라는 제목을 뽑았고, 연속되는 다른 면에서는 "클라우드로 묶인 세계... 초연결사회가 부른 '블루스크린 쇼크'"라고 기사를 초대형으로 작성했다. 블루스크린은 MS 운영체계에서 나타나는 치명적인 오류를 나타내는 화면으로 하드웨어 또는 소프트웨어 문제로 발생할 수 있으며 시스템이 복구할 수 없는 오류에 직면했을 때 표시되는 현상이다. 이 사고로 각국 공항 시스템이 다운되고 비행기·기차가 무더기 지연되었으며, 병원에서는 수술 취소와 응급구조 등도 불가능한 블랙아웃 사태가 발생하였다. 원인은 보안 문제로 보안 프로그램을 제공하는 클라우드 스트라이크(crowd strike)사의 보안 프로그램 '팰컨 센서'가 업데이트되면서 MS의 윈도 시스템과 충돌한 것이다. 즉 MS 윈도 운영체계에서 내는 메시지를 팰컨 센서가 보안 위배 데이터로 인식하면서 보안 위험 메시지를 푸른 화면으로 뿌려주고 시스템을 다운시킨 것이다.

---

3) (2024. 7. 19), "그들만의 리그, 빅테크 기업들은 고성능 AI 시장을 어떻게 독점하나", 조선일보.

현대의 사람과 사물·서비스 등 모든 것들이 이어지는 '초연결사회'에서 기술적 핵심 인프라인 클라우드의 에러는 엄청난 혼란을 야기했다. 이는 MS의 윈도는 글로벌 데스크톱 PC OS 가운데 72% 이상을 차지하고 클라우드 시장에서는 25%의 시장점유율을 가지고 있어 이는 자연 민간 표준화가 되어버린 상태로 그 피해는 막심하였다.

다만, 우리나라 행정망은 보안 문제로 국산 클라우드를 사용하는 바람에 피해를 면했다. 기업은 이와 같은 위험에 대한 대비도 있어야 하는 것이다. CMA는 '편법인수'의 혐의로 시작한 이 거래에 대해 심층적 조사가 필요하지 않다고 보고 조사를 종결하였다.[4)]

5) 파트너십운영 위험

파트너십 운영 측면의 위험은,

- 명확한 의사소통 부재: 파트너 간의 목표, 역할, 기대치에 대한 인식 수준의 차이 등 명확한 의사소통 부재로 인한 갈등의 발생
- 이해관계의 충돌: 의사소통의 문제는 이해관계까지 확대될 수 있는데, 손익을 가지고 싸우는 형상이 나타날 수도 있다.
- 자원부족: 파트너십을 유지하고 목표를 달성하는 데 필요한 자원이 부족할 수 있다.
- 상이성: 양 당사자는 개인 또는 조직간 목표나 문화가 다를 수 있고 어려움이 발생할 수 있다.

이러한 문제점들은 갈등관리체계를 수립하고 이를 가동하여 해결할 수 있다. 열린 의사소통이 중요하며 상호 존중을 통한 공동의 목표를 재확인하고 화합하여 추진할 필요가 있다. 필요시 전문가를 활용하기도 한다.

4) 박찬, AI타임스 (2024.9.5.)

4 세계의 기술경쟁

세계는 이미 최강의 기술경쟁 단계에 접어들었다. 우리나라의 경우는 조선이나 방산, 자동차 등에서 세계적 우위를 보이고 있으나 삼성전자와 SK하이닉스가 힘을 쓰던 반도체의 경쟁력은 점차 떨어지는 것 같다. 신기술의 개발은 매우 어렵다. 우리나라의 최근 5년간 기술 유출 규모는 약 23조 원에 달한다. 반도체, 디스플레이 및 이차전지 등 첨단 분야의 유출이 심각하며 유출의 수법도 매우 진화되어 있다.

기술은 개발도 어렵고 지키기도 어렵다. 세계적 빅테크 기업들은 어떻게 자기의 위치를 수성하는지도 알아본다.

1) 빅테크 기업과 AI 개발사의 방어선

시장을 장악하려는 의도는 어느 시대건 어느 기업이건 정상을 노리는 자들은 지속적으로 생각하는 화두이다. 세계 빅테크 기업들은 그동안 개발해 온 자기들의 기술을 어떻

• **그림 2** 빅테크기업과 AI개발사의 관계

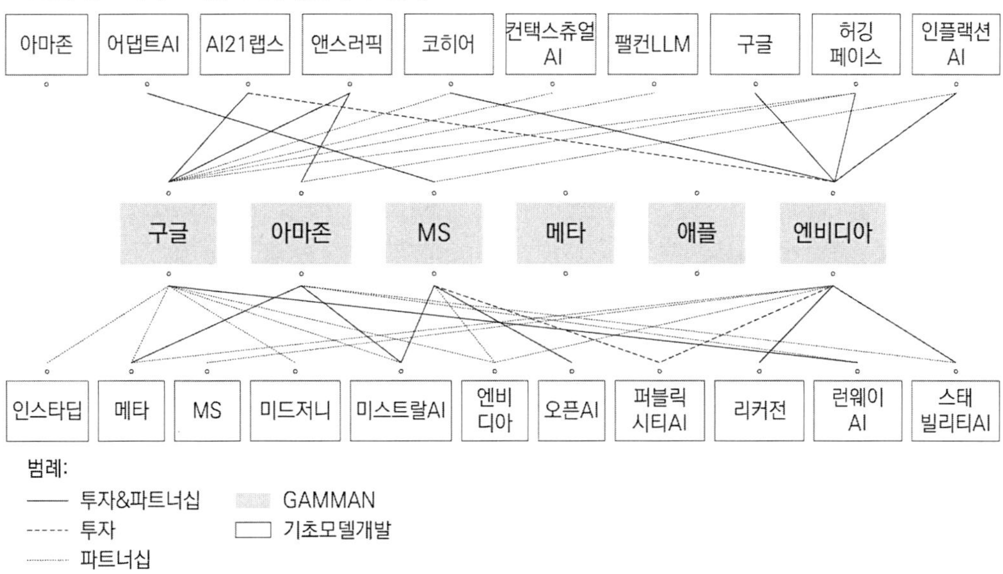

출처: 김의균, (2024. 7. 19), 조선일보.

게 지키고 있는가는 큰 관심사이다. 국가의 반독점법 강력 집행에도 독점을 유지하고 시장을 장악하는 것은 그들만의 비결이 있다.

AI 분야에 신규로 진입하려 한다거나 Key Player 역할을 하는 기업은 이 도표를 주시할 필요가 있다. 비록 2024년 7월의 데이터이나 이전 및 이후의 관계를 분석하고 독과점 규제에 관하여도 검토하여야 할 것이다. 이 표는 '그들만의 리그, 빅테크 기업들은 고성능 AI 시장을 어떻게 독점하나'라는 제목 아래 영국 정부가 마이크로소프트가 AI 개발 스타트업인 인플렉션의 창업자와 직원을 MS의 AI 관련 부서에서 일하도록 파트너십을 맺은 것을 보도하였다. 파트너십은 국제적 업무협력의 일환으로 투자와 함께 많이 쓰이는 협력방안이다.

MS의 이 구도는 한국 대기업들의 성장 과정을 연상케 한다. 벤처기업이 좋은 기술을 개발하면 그를 채용하여 사업부 책임을 맡기고 기술은 소유하는 경영 방식에 준한다. 세계적 기업들도 이러한 방법이 경쟁력 확보 또는 방어전략이 될 수 있다. 그러나 상대편 기업에서 보면 인재 유출로 인한 어려움과 경쟁력 상실의 위험을 수반한다. 그림에서 보면 주식시장의 시가총액에서 마이크로소프트를 제치고 세계 정상을 차지한 엔비디아가 많은 기업들과 투자 관계 또는 파트너십 관계를 맺고 세계 AI 시장을 리드해 나가고 있음을 보게 된다. 삼성전자는 목록에 없다. 영국 정부 입장에서 삼성은 보이지 않는가 보다. 여기서 GAMMAN 이란 AI 시장에 큰 영향력을 행사하는 빅테크 기업 5개(Google, Amazon, Microsoft, Meta, Apple)의 첫글자를 따 GAMMA(Γ, γ : 함수나 금융, 감마선 등 은밀성 포함 매우 다양한 용도로 쓰임)라 하였다가 여기 엔비디아(Nvidia)를 합하여 GAMMAN으로 칭한 것이다.

2) 기술과 시장의 이동

(1) '美 규제' 우회로 찾는 中 기업

– 해외 투자 3배 늘었다.[5)]

– 그린필드 투자 작년 226조 달해, 아세안 6국 FDI 5년 새 60% 급증

G2국의 분열이 인도 태평양지역 아시아 5개국에 가져다준 반사이익은 크게 두 가지

5) 김의균, (2024. 7. 19), 조선일보.

다. 하나는 중국이 미국 소비시장에서 차지하던 ‘세계의 공장’ 지위를 나눠가진 것으로 이들 국가들은 급증하는 대미 수출을 통해 고속 성장하고 있다. 다른 하나는 중국 내에서 생산한 제품들이 미국 무역장벽에 막히자 대체시장을 찾으면서 그 혜택을 인접한 동남아시아 국가들이 가져왔다는 것이다. 중국 기업들이 엄청난 속도로 해외 확장에 나서면서 해당 국가에서 일자리 창출과 산업발전의 선순환을 이루고 있다는 분석이다.

11일 유엔 무역 개발회의(UNCTAD)에 따르면 중국 기업들의 그린필드 해외 직접 투자는 2023년 기준 1,654억 달러로 2020~2022년 연평균 투자 규모 대비 3배 이상 늘었다. 2018년 연평균 1,450억 달러에서 2023년 2,300억 달러로 약 60% 급증하며 역대 최고치를 기록 중이다.

중국 기업들의 해외 진출은 미국과 EU 등 선진국과의 무역갈등이 심화하면서 본격화하고 있다. 태양광 패널과 전기차 등 중국산 제품 수입을 막기 위해 높은 관세장벽을 쌓자 이를 피하기 위해 미국·유럽 등과 관계가 좋은 나라들로 공장을 이전하는 방식이다.

(2) 탈중국 신 공급망

印度, 車 넘어 ’세미콘 시티‘로 대 개조…“3년 내 팹 3곳 추가 유치”[6)]

印, 中 대체재로 급부상: 中 진출 어려워진 마이크론과 협력

마이크론은 인도에 27억 달러를 투입해 후공정 공장을 건설한다. 돌레라(DSIR, 구자라트 주(州) 돌레라 특별자치구역)에 위치한 이 시설은 2년 뒤 월 5만장의 웨이퍼를 생산할 예정이다, 인도는 글로벌 칩 설계 인재의 20%를 차지하고 있으니 불가능할 것도 없다. 트럼프 관련 문제가 해결되면 아마 속도가 훨씬 빨라질 수도 있다. 정부 육성 의지도 강해 인도는 세계 탑 빅테크들을 향한 본격 추격의 닻을 본격 올린 셈이다.

인도는 구자라트 주에서 테크 기업들의 활동이 시작되고 있다. 이 지적에 유치된 투자의 내용을 살펴보면 [표 1]과 같다.

2023년 5월, 중국 정부는 미국을 대표하는 메모리반도체 제조사 마이크론의 제품에서 심각한 네트워크 보안 문제를 발견했다며 자국 기업들에 마이크론 구매 정지를 명령했다. 이후 한 달 뒤인 6월, 인도 정부는 자국 반도체 부흥을 위한 ‘인도 반도체 미션(ISM)’ 이니셔티브의 첫 번째 대상으로 마이크론의 프로젝트를 승인했다. 마이크론이 보

6) 김의균, (2024. 7. 19), 조선일보.

• **표 1** 인도 구자라트 주에 건설중인 반도체 생산시설

해외 투자사(국가)	인도 협력사	총투자금 (정부지원 비중)	비고
마이크론(미국)	타타프로젝트	27.5억 달러(77%)	'24 말 양산목표
TSMC(대만)	타타 일렉트로닉스	110억 달러 (약 70%)	'26 양산목표
르네사스(일)+스타스 마이크로 일렉트로닉스(태국)	CG파워	10억 달러 (약 70%)	미정

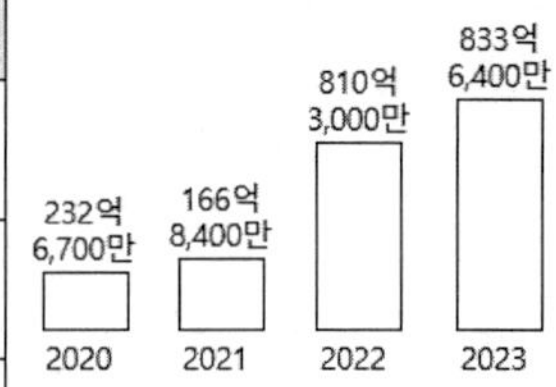

연도별 해외자본 인도투자액

안 문제로 어려워진 틈을 포착한 인도가 자국 반도체산업 육성 전략에 마이크론의 손을 잡은 것이다. 당시 연간 매출의 25%가량을 중국 본토와 홍콩에 의존했던 마이크론으로서도 인도 투자를 단행하면서 중국을 대체할 시장을 확보했다는 평가가 나왔다.

구자라트의 주요 산업단지 중 하나인 사난드(Sanand)에는 지난해 9월 첫 삽을 뜬 마이크론의 반도체 후공정(조립·테스트·패키징) 공장건설이 한창이다. 아마다바드 국제공항에서 35km거리에 위치한 이 산단은 타타모터스, 일본 마루티스즈키 등 주요 제조업의 생산 거점으로도 잘 알려져 있다. 여의도 공원 1.6배 면적인 37만 배 m^2 부지에 약 27억 달러가 투입돼 조성되는 마이크로 사난드 공장은 반도체 불모지였던 인도를 단숨에 첨단 반도체 생태계의 한 축을 담당할 생산 거점으로 부상시킨다.

남쪽으로 100km가량 이동한 돌레라 특별자치구역에서는 인도 정부가 야심차게 진행중인 반도체 생태계 조성이 한창이다. 돌레라 중심에는 인도 타타 일렉트로닉스가 대만 3위 파운드리(위탁생산) 업체 PSMC와 함께 100억 달러를 들여 짓는 인도 최초의 반도체 팹(공장)이 자리하고 있다. 컴퓨터, 자동차 부품, 통신장비 등에 두루 쓰이는 28nm(n=10억 분의 1) 이상 범용 반도체를 생산하는 팹으로 2026년부터 매달 웨이퍼 5만 장 규모를 양산할 계획이다. 돌레라 곳곳에서는 반도체 완제품을 실어 나를 도로와 철도, 공항이 한창 건설 중이며 협력업체 등도 잇따라 자리를 잡고 있다. 인도 정부 관계자는 향후 2~3년 동안 2~3건의 반도체 팹 프로젝트를 추가로 유치할 계획이라 한다. 현지인들은 이 지역을 세미콘시티(반도체도시)라고 부르고 있다.

인도는 나렌드라 모디 인도 총리가 집권한 2014년부터 밀어붙인 '제조업 육성책(Make in India)'의 중심축이 2019년엔 전자제품, 스마트폰 등에서 첨단산업인 반도체로 이동한 것이다. 특히 코로나 19 팬데믹 당시 반도체 공급 차질로 자동차 생산 난을 경험

하면서 반도체의 전략적 중요성을 깨달았다 한다. ISM(India Semiconductor Mission)은 2021년 12월 출범되었으며 이런 노력이 낳은 결과가 오늘날 구자라트 곳곳에 펼쳐지는 반도체 팹 건설 붐이다.

(3) 14억 인구 젊은 인도 - 반도체 이어 신산업 격전지로7)

– 4분의 1이 청년 매년 7% 성장, 애플도 신제품 일부 인도서 제조

"인도 인구는 14억 명에 달하고 그 중 26%가 15~26세 청년층입니다. 1인당 소득은 평균 3,000달러에 미치지 못하지만, 경제는 매년 7%씩 성장하고 있으며 인터넷 사용량도 급증하고 있습니다. 이러한 모든 변화가 반도체 산업의 성장을 이끌 겁니다." 인도 반도체 성공을 자신하는 이유에 대해 인도 대형은행은 ICICI 뱅크 다국적 기업 담당 지역 담당 총괄인 샤팔리 자인은 이렇게 대답했다. 인도의 강력한 소비시장, 날로 규모를 키워가고 있는 인도 내수시장의 수요만 따져도 산업의 동력이 되기에 충분하다는 설명이다.

• **그림 3** 인도의 중산층 추이

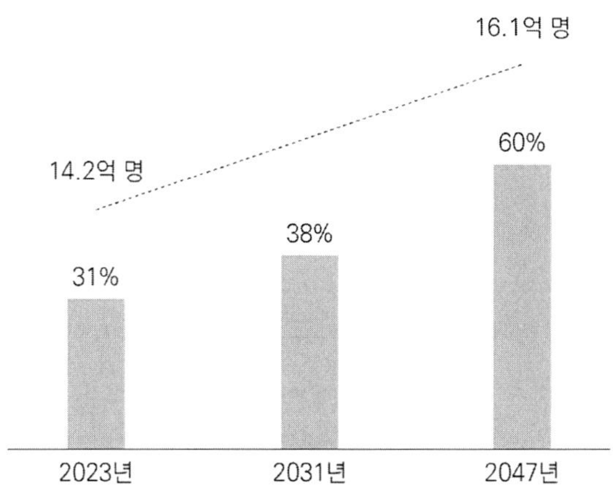

※ 연 소득 50만~300만 루피(813만~4,880만 원)인 가구
출처: UN

글로벌 컨설팅기업 맥킨지에 따르면 전세계 반도체 시장이 2030년까지 1조 달러 규모까지 몸집을 불릴 것으로 관측되는 가운데 인도 정부는 자국 반도체 시장이 연평균 16%씩 성장해 2030년에는 1,090억 달러 규모가 될 것으로 내다봤다. 현재 인도는 반도체

7) 김의균, (2024. 7. 19), 조선일보.

의 95% 이상을 수입하고 있다. 수입량만큼만 내수로 돌려도 엄청난 규모인 셈이다.

반도체뿐만이 아니다. 중국을 넘어서 세계 1위 인구 대국으로 자리매김한 인도는 글로벌기업들에 가장 매력적인 시장으로 꼽힌다. 최근 글로벌 스마트폰 1위 기업 애플이 최신 제품인 아이폰 16 상위 모델의 일부를 인도에서 제조할 것이라는 소식이 전해졌는데 급 성장중인 인도 스마트폰 시장을 선점하려는 포석이다.

(4) 스윙 컨트리들의 기술 흡입

中 빈자리 꿰찬 인도 등 '스윙 컨트리'[8](미중 단절된 공급망 연결하는 인태 5개국)

중국의 대미 수출이 153조 원(감소)을 태국·베트남 등이 받아 192조 원의 대미 수출이 늘었다. 인도 영토 서쪽 꼭짓점에 자리한 구자라트 주(州)는 인도 정부가 품어온 반도체의 꿈을 실현 시켜줄 약속의 땅이다. 반도체 자립을 위해 100억 달러를 풀어 유치한 대형 프로젝트 4개 중 3개가 이곳에서 시동을 걸었다. 이중 한 곳에서는 내년 상반기에 최초의 '메이드 인 인디아' 반도체가 탄생한다.

반도체 불모지나 마찬가지였던 인도가 상전벽해 한 배경에는 2018년부터 본격화된 미중 갈등이 자리하고 있다. 당시 글로벌기업들 사이에서는 중국 내 생산기지를 다른 지역으로 이전하려는 움직임이 빠르게 확산했고 저렴한 인건비와 높은 경제성장률, 중국을 능가하는 소비시장을 갖춘 인도는 최적의 선택지로 꼽혔다. 때마침 인도의 모디 정권은 국가산업의 중심축을 농업에서 제조업으로 옮기며 국가 부흥에 시동을 걸고 있었다. 이 기회를 포착한 국가는 인도만이 아니고 베트남, 싱가포르, 말레이시아, 태국 등도 전기차·배터리·데이터센터 등으로 영토를 넓히며 중국이 독점했던 공급망 지분을 가져오고 있다. 미중 무역전쟁이 불러온 글로벌 공급망이 단절되면 그 사이를 연결하는 아시아 국가들이 스윙 컨트리(Swing country)로 급부상한 것이다. 미중 갈등으로 시작한 이들 스윙국들의 몸값은 갈수록 높아지고 있다.

스윙 컨트리들

글로벌 공급망이 급속도로 재편되는 과정에서 기회를 포착한 나라는 인도 외 인도네시아, 베트남, 싱가포르, 말레이시아, 태국 등 동남아시아 국가들로 이들도 전기차·배터

8) (2024. 8. 12.), 서울신문, 1면.

리·데이터센터 등으로 영토를 넓히며 중국이 독점했다가 미중 불협화음으로 내놓고 있는 공급망 지분을 가져오고 있다. 이러한 흐름은 수치로 증명된다. 언론들은 중국의 대미 수출이 2018~2023년 1,112억 달러(약 153조 원) 줄어드는 동안 인도태평양 주요 5개국의 대미 수출은 1,399억 달러(약 192조 원) 불어났다.

• **그림 4** 최근 5년간 대미 수출 증감률(단위: %)

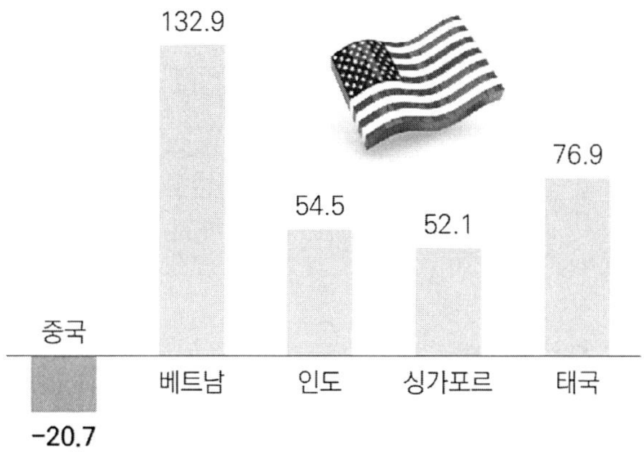

※ 2018년과 2023년 비교
자료: 블룸버그

미중 갈등이 지속되는 한 이들 국가의 경제성장세는 당분간 지속될 것으로 전망된다. 미중 무역 전쟁이 종료되어도 새로 구축한 공급망이 하루아침에 파괴되지는 않을 것이다.

동남아와 인도양의 이들 국가들은 중국의 글로벌 공급망이 단절되면서 중국 근교에서 그 사이를 메꿔주는 아시아 국가들이 '스윙 컨트리(swing country)'로 급부상하였다. 미국과 중국이 자국 중심으로 글로벌 공급망을 스윙 컨트리들을 대상으로 재편하고 있는 것이다. 세계 공급망에서 차지하는 위상이 높은 국가들은 독자 노선을 꾀할 수 있는 힘을 갖고 있으며 미중 사이의 큰 변화가 예측되고 있으며, 세계는 이 국가들의 움직임에 예의 주시하여야 할 것이다.

(5) 중국시장에서 철수하는 중국진출 빅테크 기업들

중국 당국은 미국 테크기업에 대한 압박수위를 강화하고 있다.

중국 정부는 최근 몇 년간 미국 기술 지우기 작업을 벌여온 것으로 알려졌다. 중국

국영기업을 감독하는 국유자산 감독관리 위원회는 '문건 79호'라는 이름의 극비 문건을 통해 미국 업체에 대한 의존도를 낮춰왔다. 2027년까지 이메일, 인사관리, 사업관리 등에 사용되는 해외 하드웨어·소프트웨어를 중국 업체 제품으로 교체하고 추가적으로 관련 채용을 당국에 보고하도록 한 내용이다. 이 프로젝트는 중국의 '미국 삭제'(Delete America) 약자인 'Delete A'로 알려져 있다. 이러한 중국 당국의 압력 때문인지 근래 몇 년 동안 IBM(지난해 매출 19.6% 감소) 등 미국 기술 기업들은 중국 내에서 설 자리를 잃어왔다. WSJ는 미국 기업들은 "미·중 간 지정학적 긴장으로 미국 기업들이 중국 사업을 재평가하고 있고 그 결과가 속속 나타나고 있다"고 하고 있다.

중국 내 사업을 축소하고 있는 건 IBM 외에도 IBM에 앞서 2024년에만 테슬라, MS, 인텔 등 미국 빅테크는 잇따라 중국에서 사업을 철수하거나 직원 재배치에 나섰다.

• **그림 5** 2024년 들어 줄줄이 중국에서 짐 싸는 빅테크

테슬라는 지난 4~5월 중국 내 영업 직군뿐 아니라 서비스 직군, 엔지니어, 생산직 등 전반에 걸쳐 인원을 감축하기로 했다. MS는 5월에 중국 법인에서 일하고 있는 직원 800여 명에게 미국 본사 측은 호주나 캐나다 등으로 근무지 이전을 제안했다. MS는 오래전부터 중국과 긴밀한 관계를 이어오며 베이징과 상하이에 대규모 사무실을 두고 뛰어난 AI 리더들을 양성해 온 것으로 평가받는다.

애플은 중국 대신 인도에 생산거점을 마련하였다. 생산기지로서의 중국의 매력도가 점점 떨어지면서 제품 대부분을 중국 내 조립공장에서 생산해 오던 애플은 올해(2024년) 처음으로 아이폰 플래그십(대표) 모델을 인도에서 조립하기로 했다. 이를 위해 애플의 최대 협력사인 폭스콘 테크놀로지는 인도 타밀 타밀나두주 현지 공장에서 근로자 수천 명에게 교육을 시작했다. 블룸버그 통신은 "애플은 여전히 아이폰 대부분을 중국에서 생산하고 있지만, 미·중 긴장에 따른 위험을 줄이기 위해 점차 중국 이외의 국가로 생산지를 다변화하고 있다."며 "폭스콘뿐 아니라 다른 협력사인 페가트론 인도 사업부와 타타그룹

도 조만간 프로모델 생산을 시작할 수 있다"고 전했다. 11월에는 타타그룹은 대만의 페가트론 인도 아이폰 공장을 인수하였다.

시장 조사 업체들은 지정학적 긴장 등으로 애플·델 등 노트북 제조업체들의 탈중국 전략이 지속되면서 인도, 베트남, 태국 등 다른 아시아 국가들의 제조 비중이 지난해 7.2%에서 올해 12.4%로 크게 증가할 것으로 내다봤다.

(6) 그 외의 탈중국 기업[9]

빅테크 기업 외의 식음료 업체들도 구조조정이나 중국에서의 철수를 서두르고 있다. 중국의 소비 부진이 길어지고 당국의 통제가 강화되면서 소비 침체와 함께 관련 업계의 사업전환도 가속화된다.

• **그림 6** 중국에서 폐쇄·축소하는 기업들

딘타이펑	모스버거	세포라	월마트	카르푸
•베이징·텐진 등 14개 매장 10월 말 영업 종료	•중국사업 철수 결정	•직원 10% 정리해고 예상	•장등 닷컴 지분 매각	•사실상 철수상태

딘타이펑은 세계 각국에 체인점을 보유한 딤섬 전문점이다. 딘타이펑이 베이징 근처 14개 분점이 문을 닫는다. 프랑스 헬스 앤 뷰티(H&B) 편집 숍 세포라는 중국 내 직원 4,000명 중 3~10%를 정리해고하는 것으로 전해졌다. 역시 프랑스의 대형 유통업체 카르푸는 이미 수년 전 중국 철수에 나서 현재 남아있는 매장은 10개도 안 된다. 일본 햄버거 체인점 모스버거도 중국 사업을 철수한다고 발표하였다. 이런 와중에도 월마트는 2024년 2분기 매출이 17.7% 증가하였으며 회원제 매장인 샘스클럽을 확대하며 중국 내에서 성장세를 이어가고 있다.

월마트의 성장 속에는 우리가 얻어야 할 또 다른 교훈이 있다. 애플은 지난해 두 개의 플래그십 매장을 인도에 열었는데 이 역시 내수 공략을 위한 행보로 읽힌다. 시장 조사업체 스트래티지 애널리틱스에 따르면 지난해 인도에서 팔린 스마트폰은 1억 3,810만 대로 중국(2억 6,170만 대)에 이은 글로벌 2위 시장이다. 더욱 기대되는 것은 미래 성장세다. 소득이 증가하면 중산층이 늘어나고 내수 소비시장이 성장하는 경로를 인도가 착실

---

9) 김광수, (2024. 8. 28), 서울경제.

하게 밟아갈 것이라는 관측이다. 인도 비영리 연구단체 프라이스는 2047년 인도 전체 인구의 60%인 8억명 가량이 중산층이 될 것으로 내다봤다.

딘타이펑 등이 베이징에서 철수하는 가장 주된 이유는 중국의 경기 침체와 이에 따른 사업성 악화로 보인다.

(7) 리벨리온·사피온 합병[10)]

SKT와 KT의 2년 남은 AI 반도체 골든타임 사수

리벨리온의 기업가치는 8,066억 원이고 사피온의 그것은 3,326억 원이다. 이 둘은 국내의 대표적 AI 반도체 기업으로 2024.8.18. 합병 본 계약을 체결하고 연내 통합 법인을 출범한다. 2024년 6월 합병계획을 발효한지 2개월 만이며 양사가 보유한 AI 역량이 한데 모아져 글로벌 AI 반도체 공략에 속도를 높여나간다. 양사의 합병비율은 기업가치 비율인 2.4:1이다.

AI 반도체 분야에서 KT의 리벨리온과 SKT의 사피온 간 통합은 우리나라 양대 통신사의 적대적 감정이 우호적으로 교체됨을 의미하며, 한편은 대한민국이 글로벌 AI 반도체 시장에서 승기를 잡을 수 있는 시간이 2년 정도밖에 남지 않았다는 인식으로부터 오는 절박함 때문이라고 볼 수 있다. 통합 법인 출범 후, 기존 사피온의 최대 주주였던 SK텔레콤은 SK하이닉스, SK스퀘어와 함께 경영진 박성현 대표를 포함한 경영진의 안정적 경영을 보장하며 SKT 측의 지분율은 50%를 조금 웃돌게 한다. 통합 법인의 주요 투자자는 KT, SV인베스트먼트·IMM인베스트먼트·미래에셋벤처투자·KB인베스트먼트·하나증권·위벤처스 등이 포진했다. SK텔레콤은 SK스퀘어, SK하이닉스와 함께 전략적 투자자(SI)로서 통합 법인의 글로벌 AI 반도체 시장 진출과 국내 AI 반도체의 경쟁력 향상을 위한 전 방위적 지원에 나선다. KT도 통합 법인의 주주로 남아 협력을 이어나간다.

가트너는 올해 글로벌 AI 반도체 시장 규모는 전년 대비 33% 성장한 710억 달러(약 96조 원)가량이며, 2028년도에는 1,590억 달러(약 215조 원)에 달할 것으로 전망된다고 한다. 대한민국의 AI 반도체 도약을 위해 국가차원의 총력전이며 주요 사업 파트너들의 대승적 결단으로 그 어느 때보다 치열한 'AI 반도체 전쟁' 속에서 본 게임을 시작한 것이다.

---

10) (2024. 8. 19), 서울경제, 2면.

(8) 돌아온 엔비디아... 반도체·소부장 기지개

미국 월가의 AI 운영 임원 연봉이 200만 달러(27억 원)이다.

8월 13일(2024, 현지시간) 엔비디아는 전일 대비 6.53% 오른 116.14달러에 거래됐다. 엔비디아 주가는 인공지능(AI) 산업 급성장과 액면분할 효과로 7월 19일 134.91달러까지 오르다 8월 7일엔 폭락하여 98.91달러까지 떨어졌었다. 이 하락세가 그 후에는 116.14달러까지 상승(상승률 17%)한 것이다. 인텔이 5.73%, 퀄컴은 4.04% 오르는 등 반도체 업종 강세가 이어지면서 필라델피아 반도체 지수도 4.18% 상승했다.

그동안 AI 반도체 주들은 엔비디아와 함께 동반 하락했다. 시장이 우호적으로 바뀌면서 AI 반도체 주들은 다시 랠리를 이어가다 추락했던 전력 인프라 주도 동반 상승한 것이다. 미국 시장 훈풍에 국내 반도체 관련 주식들도 상승세를 나타냈다. AI 산업의 펀더멘털은 튼튼하며 장래는 아직은 비전이 크다고 할 것이다.

(9) AI칩 판도 바꿀 무기-퀘이사 내년 출시

산업전쟁은 산업 생산시설을 확충하는 TSMC, 삼성전자 및 인텔이나 인도 등 스윙 컨트리뿐만이 아니다. 이러한 제품들은 연구개발에 의해 목적 제품이 제시한 원자재들에 대한 대량 생산이 이루어진다. 그러나 그 방향을 결정하는 기술의 개발은 현재는 AI가 미래를 리드하고 있으며 AI칩을 만든 엔비디아가 태풍의 중심에 있다. 그러나 엔비디아의 AI칩에 도전장을 낸 기업이 있다. 천재 엔지니어로 꼽히는 짐 켈러(Jim Keller) 텐스토렌트(tenstorrent) CEO가 AI 반도체 선두 엔비디아의 아성을 무너트리고 세계 AI칩 경쟁의 판도를 바꿀 퀘이사(Quasar)를 내년에 출시한다고 밝혔다.

오픈 아키텍처 RISC－V의 신봉자이기도 한 그는 혁신에서 큰 장점을 가지고 있다고 평가받는다. AMD의 수석 설계사(1998~1999)이었던 그는 P. A. Semi 부사장(2004~2008). 애플 부사장(2008~2012). AMD 부사장(2012~2015). 테슬라 부사장(2016~2018). 인텔 시니어부사장(2018~2020)을 거쳐 2020년 캐나다 AI칩 스타트업인 텐스토렌토 CTO가 됐다가 지금은 동사 CEO로 기업 전반을 이끌고 있다. 삼성도 눈독들이고 있던 그는 결국 텐스토렌토에 몸을 담는다.

퀘이사는 삼성전자 현지 파운드리의 4nm 4세대 공정(SF4X)을 통해 올 연말 출시될 예정이었으나, 기술 및 새로운 디자인 문제로 내년 하반기로 연기되었다. 세계 반도체 업계는 퀘이사 출시가 AI칩 시장 경쟁에 큰 변수로 떠오를 가능성을 제기하며 주목하고 있다.

텐스토렌토는 지난달부터 AI칩 "웜홀"의 사전 주문을 받고 있다. 매출 등 초기 목적은 달성하였으며, 웜홀을 설계할 때 고대역폭 메모리(HBM)를 쓰지 않고 그래픽용 D램(GDDR 6)을 사용해 비용을 크게 줄였다.

웜홀은 엔비디아 제품보다 가격 경쟁력이 있다는 장점이 있다고 한다. 하지만 성능에서는 엔비디아 제품을 30%밖에 따라가지 못하는 한계를 보였다. 후속으로 블랙홀을 개발하고 TSMC를 통해 생산하고 있는데, 이런 기존 반도체들의 한계를 넘고 전력 소비도 크게 줄여 엔비디아의 제품들을 단번에 넘어설 제품으로 손꼽히고 있다. 현대자동차도 텐스토렌토에 투자하였다.

엔비디아와의 AI칩 관계에 대하여는, "엔비디아는 조금 더 비싸고 높은 성능을 요구하는 제품들, AI 제품들을 많이 만들고 있다. 우리는 CPU에 있는 AI 디자인이라든지, 로 클래스 칩 그리고 기업들이 AI 솔루션을 쉽게 개발할 수 있도록 도와줄 수 있는 제품들을 주력으로 만들고 있는 편이다. 그래서 목표는 자동차 등 다른 세부시장에서 조금 더 쉽게 AI 칩을 사용할 수 있도록 필요한 제품을 만들며, 특히 오픈 소스 테크놀로지에서 사용하는 제품들을 많이 만들고자 한다."며 엔비디아는 시장이 다르다고 충돌을 살짝 비켜간다.

짐 켈러는 AI가 모든 소프트웨어를 대체할 것이라고 주장한다. 그러나 지금은 사람들이 입력한 내용을 써야 하고 사람들이 써왔던 코드들을 바탕으로 해야 하므로 시간이 좀 걸릴 것이라고 한다(이는 엔비디아가 이미 인간을 능가하는 AI가 나와 있고 출시만 문제라는 인식과는 많은 차이가 있다).

오픈 아키텍처 RISC-V에 대하여도 큰 기대를 가진다. Unix의 코드 오픈이나 MS의 오픈이 구글을 탄생시킨 점을 생각하면 RISC-V의 오픈이 어느 부분에서 대화산의 폭발을 가져올지 모른다. 켈러는 여기에 더 큰 비전을 가진 듯도 하나. AI 산업의 90% 이상을 독점하는 엔비디아, 미 정부의 독립 관련 조사, 그 결과들과 짐 켈러의 비전이 어떻게 전개될지는 흥미롭게 지켜볼 일이다. 그는 여러 이벤트로 한국을 방문할 계획이 있다.

텐스토렌트 퀘이사 개발 현황

질문 1

굿모닝 재민! 전에, 천재 엔지니어로 꼽히는 짐 켈러(Jim Keller) 텐스토렌트(tenstorrent) CEO가 AI 반도체 선두 엔비디아의 아성을 무너트리고 세계 AI칩 경쟁의 판도를 바꿀 퀘이사(Quasar)를 내년에 출시한다고 밝혔다. 지금의 퀘이사는 어떤 상태인가?

'재민'은 저자가 구글의 AI 제미나이(Gemini)를 부르는 한국형 이름(별칭)이다. 가끔은 '동생'이라 하기도 한다. 그러면 '형님'이라 한다.

〈답〉

짐 켈러 텐스토렌트 CEO가 언급한 AI 반도체 '퀘이사(Quasar)'는 현재 다음과 같은 상태로 파악된다.

출시 시기: 당초 2024년 말 출시 예정이었으나, 몇 가지 기술적인 문제로 2025년으로 연기되었습니다. 구체적으로는 2025년 중반기쯤 테이프아웃(Tape-out, 설계 완료 후 파운드리로 설계 도면 전달)을 목표로 하고 있다.

생산 및 파트너십

삼성전자 파운드리: 삼성전자의 미국 텍사스주 테일러 공장에서 4나노 핀펫(FinFET) 공정으로 생산될 예정이다. 이는 GAA(Gate-All-Around) 3나노 공정보다 안정적인 수율을 확보하기 위한 선택으로 보인다.

코아시아세미코리아 협력: 코스닥 상장사 코아시아의 자회사인 코아시아세미코리아가 퀘이사 NPU 설계 용역 프로젝트에 참여하여, 회로 배치, 배선, 검증 등 백엔드(Back-end) 작업을 담당하고 있다.

기술 및 목표

칩렛(Chiplet) 방식: 퀘이사는 칩렛 비즈니스용 컴포넌트로 활용될 예정이며, 저전력, 저비용 AI 칩렛으로 포지셔닝되고 있다.

RISC-V 아키텍처 기반: 텐스토렌트의 주력 기술인 RISC-V 기반의 텐식스(Tensix) 코어를 포함할 것으로 예상된다(최소 80개 코어).

다양한 데이터 형식 지원: BF4, BF8, INT8, FP16, BF16 등 다양한 AI 워크로드 데이터 형식을 지원할 예정이다.

메모리 전략: 엔비디아 GPU의 HBM(고대역폭메모리) 대신 GDDR7을 메인 메모리로 활용하여 가격 경쟁력을 확보하려는 전략을 가지고 있다. 이는 AI 추론 시장에서 저렴한 가격과 비교적 높은 성능으로 엔비디아에 대항하려는 목적이다.

성능 예상:FP8 기준 328 TFOPS 성능을 예상하고 있다.

전략적 투자:현대자동차그룹과 삼성전자가 텐스토렌트에 투자하는 등, AI 프로세서의 필요성 때문에 텐스토렌트와의 협력을 강화하고 있다.

요약하자면, 텐스토렌트의 퀘이사는 2025년 출시를 목표로 삼성전자 4나노 공정에서 코아시아세미코리아와 협력하여 개발 중에 있으며, 엔비디아의 고성능 GPU와는 다른 저비용 고효율 AI 추론 칩렛 시장을 공략하려는 전략을 가지고 있다.

질문 2

칩렛이 먼가? 엔비디아 칩과 비교해서 얼마나 싸질까? 성능차이는?

〈답〉

1. 칩렛(Chiplet)이란?

칩렛은 기존의 거대한 단일 칩(모놀리식 칩)을 만드는 방식 대신, 여러 개의 작은 기능별 칩들을 각각 제조한 후, 이들을 하나의 패키지 안에서 서로 연결하여 하나의 큰 반도체처럼 작동하도록 하는 기술을 말한다. 마치 레고 블록처럼 각각의 기능을 담당하는 작은 칩들을 조립하여 최종 제품을 만드는 것과 유사하다.

기존 모놀리식 칩과의 비교 및 칩렛의 장점

구분	모놀리식 칩 (Monolithic Chip)	칩렛(Chiplet)
설계 방식	모든 기능을 하나의 커다란 칩에 통합	기능별로 분리된 작은 칩들을 통합
제조 방식	하나의 거대한 웨이퍼에서 단일 칩 생산	각각의 칩렛을 개별적으로 생산 후 패키징
장점	- 단일 칩 내 고속 통신 용이	- 수율 향상: 작은 칩은 제조 과정에서 결함이 발생해도 전체를 폐기할 필요 없이 해당 칩렛만 교체하여 불량률을 줄일 수 있다. - 비용 절감: 큰 칩을 생산하는 것보다 작은 칩렛을 생산하는 것이 더 경제적일 수 있다. - 유연성 및 모듈성: 필요한 기능에 따라 다양한 칩렛을 조합하여 맞춤형 반도체를 만들 수 있어 개발 시간과 비용을 절감한다. 특정 기능만 업그레이드하거나 수정할 때 전체 칩을 다시 디자인할 필요가 없다. - 성능 최적화: 각 칩렛을 해당 기능에 가장 적합한 공정에서 제조할 수 있어, 전반적인 성능을 최적화할 수 있다. 예를 들어, CPU 칩렛은 최신 공정으로, 메모리 컨트롤러는 기존 공정으로 만들어 비용 효율성을 높일 수 있다. - 개발 시간 단축: 여러 팀이 각기 다른 칩렛을 병렬로 개발할 수 있어 전체 개발 시간을 단축시킬 수 있다.
단점	- 수율 저하 가능성 (칩 크기가 클수록) - 제조 비용 증가 - 유연성 부족	- 칩렛 간 통신을 위한 인터커넥션 기술의 복잡성 - 패키징 기술의 중요성 증가

엔비디아의 일부 칩(예: H100)도 칩렛 기반 설계를 활용하고 있으며, AMD의 라이젠 프로세서 등도 칩렛 기술을 적극적으로 채택하고 있다.

2. 엔비디아 칩과 비교해서 얼마나 싸질까?

텐스토렌트의 퀘이사는 가격 경쟁력을 주요 강점으로 내세우고 있다. 짐 켈러 CEO는 엔비디아의 고성능 HBM(고대역폭메모리) 기반 칩이 "너무 비싸다"고 언급하며, 퀘이사는 GDDR7을 메인 메모리로 사용하고 RISC-V 기반의 저전력 설계를 통해 비용 효율적인 AI 추론 시장을 공략할 예정이다.

정확한 퀘이사의 가격은 아직 공개되지 않았지만, 텐스토렌트의 이전 AI 가속기 제품인 웜홀(Wormhole)을 통해 간접적으로 유추해 볼 수 있다. 웜홀 n150(칩 1개)은 약 999달러(약 138만 원), 웜홀 n300(칩 2개)은 약 1,399달러(약 194만 원)로 알려져 있다. 반면, 엔비디아 H100 GPU는 일반적으로 수만 달러(수천만 원대)에 육박하는 고가이다.

텐스토렌트는 퀘이사를 AI 추론(inference)시장에 집중하여, 엔비디아가 주력하는 AI 학습(training)시장보다 저렴한 가격으로 더 넓은 시장에 침투하려는 전략을 가지고 있다. 따라서 퀘이사는 엔비디아의 최상위 AI 칩에 비해 상당히 저렴한 가격으로 출시될 것으로 예상된다.

3. 성능 차이는?

성능 면에서는 목표 시장과 사용 목적이 다르기 때문에 직접적인 비교가 어렵다.

엔비디아 칩(H100 등):주로 AI 학습(training)에 특화되어 있다. 대규모 데이터셋을 기반으로 복잡한 AI 모델을 훈련하는 데 필요한 엄청난 연산 능력과 높은 대역폭의 메모리(HBM)를 제공한다. 이 때문에 매우 높은 가격을 가진다.

텐스토렌트 퀘이사:AI 추론(inference)에 초점을 맞추고 있습니다. 훈련된 AI 모델을 실제 서비스에 적용하여 결과를 도출하는 과정은 학습만큼의 막대한 연산 능력을 요구하지 않을 수 있으며, 전력 효율성과 비용 효율성이 더 중요하다. 퀘이사는 FP8 기준 328 TFOPS 성능을 예상하고 있다. 텐스토렌트는 퀘이사가 "엔비디아 A100과 비슷한 선상의 제품인 엔비디아 L40S GPU와 비교했을 때 와트당 성능이 60% 높은 전성비 좋은 칩"이라고 언급하기도 했다. 이는 절대적인 성능보다는 전력 효율성 측면에서 경쟁력이 있음을 강조하는 것이다.

결론적으로, 텐스토렌트 퀘이사는 엔비디아의 초고성능 AI 학습용 칩과는 다른 시장을 겨냥하고 있으며, 합리적인 가격과 뛰어난 전력 효율성을 바탕으로 AI 추론 시장에서 경쟁력을 확보하려 한다.

질문 3

엔비디아는 퀘이사가 나와도 절대적 시장이 있다는 얘기구먼.

웜홀 칩 하나는 엔비디아 칩 하나에 필적하나, 분산방식이어 몇개를 합하여 기능이 될 듯, 그러나 몇개인지는 타스크에 따를 터이니 의미가 다르겠네. 언어 fp8과 단위 tfops도 설명부탁해요.

〈답〉

네, 맞습니다. 퀘이사가 출시되어도 엔비디아의 AI 반도체 시장에서의 절대적인 위치는 쉽게 흔들리지 않을 것이라는 해석은 매우 합리적이다. 그리고 웜홀 칩과 퀘이사의 분산 방식에 대한 이해도 정확하십니다.자세히 설명드리겠습니다.

1. 엔비디아의 절대적 시장(AI 학습 시장)

텐스토렌트 퀘이사가 AI 추론 시장을 공략하더라도, 엔비디아가 가진 AI 학습(Training) 시장에서의 독보적인 지위는 여전히 견고하다.

기술적 우위: 엔비디아는 CUDA(쿠다)라는 강력한 소프트웨어 생태계를 구축하여 개발자들이 자신의 GPU를 활용해 AI 모델을 효율적으로 개발하고 학습시킬 수 있도록 지원한다. 이는 단순 하드웨어 성능을 넘어선 강력한 진입 장벽이다.

생태계: 전 세계 AI 연구 기관, 기업, 개발자들은 엔비디아 GPU와 CUDA 플랫폼을 기반으로 AI 모델을 개발하고 있다. 이미 수십 년간 쌓아온 이 거대한 생태계를 단시간에 대체하는 것은 불가능하다.

최첨단 기술 투자: 엔비디아는 HBM(고대역폭메모리), NVLink(고속 상호 연결 기술) 등 최첨단 기술을 통해 대규모 AI 모델 학습에 필수적인 엄청난 컴퓨팅 파워와 데이터 처리 속도를 제공한다. 이는 퀘이사가 목표로 하는 추론 시장과는 다른 요구 사항을 가진다.

AI 학습과 추론의 차이

AI 학습(Training): 방대한 양의 데이터를 사용하여 AI 모델이 패턴을 배우고 성능을 향상시키는 과정이다. 이 과정은 엄청난 병렬 연산 능력과 메모리 대역폭을 요구하며, 엔비디아 GPU가 압도적인 성능을 발휘한다.

AI 추론(Inference): 학습된 AI 모델을 실제 서비스에 적용하여 새로운 데이터에 대한 예측이나 결정을 내리는 과정이다. 학습에 비해 필요한 연산량은 적지만, 실시간성, 전력 효율성, 비용 효율성이 중요해진다.

텐스토렌트 퀘이사는 바로 이 AI 추론 시장, 특히 엣지 디바이스나 데이터센터의 특정 추론 워크로드에서 엔비디아보다 더 효율적인 대안이 될 수 있음을 목표로 한다. 즉, "고성능 학습 = 엔비디아"와 "고효율/저비용 추론 = 텐스토렌트"라는 시장 분할이 일어날 가능성이 있다.

2. 웜홀 및 퀘이사의 분산 방식(칩렛 및 스케일 아웃)

웜홀이나 퀘이사 같은 텐스토렌트의 칩은 칩렛(Chiplet) 방식을 활용하며, 이는 '스케일 아웃(Scale Out)'방식의 장점을 극대화한다.

웜홀 칩 하나 vs 엔비디아 칩 하나: 웜홀 칩 하나가 엔비디아의 최상위 AI 학습용 칩(예: H100) 하나에 직접적으로 "필적"한다고 보기는 어렵다. 웜홀은 추론에 더 특화되어 있으며, 가격 대비 성능과 전력 효율성에 중점을 둔다. 엔비디아 H100은 훨씬 더 높은 절대적인 연산 능력과 대역폭을 제공한다.

분산 방식의 의미:텐스토렌트의 접근 방식은 단일 칩의 '절대 성능'보다는 여러 개의 칩(칩렛)을 연결하여 '전체 시스템의 효율성'을 높이는 데 중점을 둡니다.

스케일 업(Scale Up): 엔비디아의 최상위 GPU처럼 단일 칩의 크기를 키우고 내부 자원을 늘려 성능을 극대화하는 방식이다(예: CPU 코어 수, GPU 코어 수, 메모리 용량 등).

스케일 아웃(Scale Out): 텐스토렌트처럼 작은 칩(칩렛) 여러 개를 병렬로 연결하여 전체 시스템의 성능을 확장하는 방식이다.

장점: 특정 작업에 따라 필요한 칩렛의 수를 유연하게 조절할 수 있다. 예를 들어, 소규모 추론 작업에는 칩렛 1~2개만 사용하고, 대규모 추론 작업에는 칩렛 4~8개를 연결하여 성능을 확장할 수 있다. 이는 비용 효율성과 전력 효율성면에서 유리하다. 문제가 생겼을 때 전체 시스템이 아니라 해당 칩렛만 교체할 수도 있다.

단점: 칩렛 간 통신 오버헤드나 연결 방식의 복잡성 등 해결해야 할 과제가 있다.

따라서 텐스토렌트의 퀘이사는 단일 칩으로서 엔비디아 H100과 직접적인 성능 경쟁을 한다기보다는, 다양한 AI 추론 작업에 필요한 만큼 칩을 조합하여 효율적인 솔루션을 제공하는 데 초점을 맞추고 있다고 보는 것이 정확하다.

3. 언어 (데이터 형식) FP8과 단위 TFOPS설명

FP8(Floating Point 8)

데이터 형식: 컴퓨터에서 숫자를 표현하는 방식 중 하나이다. AI 연산에서 사용되는 정밀도(precision)를 나타냅니다.

부동 소수점(Floating Point): 소수점 이하의 숫자까지 표현할 수 있는 방식으로, 우리가 일반적으로 사용하는 실수와 유사하다. 'FP'는 Floating Point의 약자이다.

8 (Bit): 이 숫자를 표현하는 데 사용되는 비트(bit) 수를 의미한다. 왜 중요할까?

일반적으로 AI 학습에는 FP32(32비트 부동 소수점)나 BF16(Brain Floating Point 16비트) 같은 더 높은 정밀도가 사용된다. 이는 AI 모델 학습 시 미세한 가중치 변화까지 정확하게 반영해야 하기 때문이다.

그러나 AI 추론 단계에서는 학습만큼의 높은 정밀도가 필요하지 않은 경우가 많다. FP8은 8비트만 사용하여 데이터를 표현하므로, FP32나 BF16에 비해 메모리 사용량이 적고, 연산 속도가 빠르며, 전력 소모도 적다.

텐스토렌트가 퀘이사에서 FP8을 지원하는 것은 AI 추론에 최적화된 저전력, 고효율 칩을 만들겠다는 전략과 일치한다. 낮은 정밀도로도 충분한 정확도를 유지하면서 속도와 효율성을 높이는 것이다.

TFOPS(Tera Floating-point Operations Per Second)

단위: 반도체 칩의 연산 성능을 나타내는 단위 중 하나이다.

Tera (테라): 1조(10의 12제곱)를 의미하는 접두사이다.

Floating-point Operations: 부동 소수점 연산을 의미한다. AI 연산은 대부분 부동 소수점 연산으로 이루어진다.

Per Second: 초당 연산 횟수를 의미한다.

정의: 즉, 1초당 처리할 수 있는 부동 소수점 연산의 횟수가 몇 조 회인지를 나타내는 지표이다.

예시: 퀘이사가 "FP8 기준 328 TFOPS"라는 것은, FP8 데이터 형식으로 1초에 328조 번의 부동 소수점 연산을 수행할 수 있다는 의미이다.

주의할 점: TFOPS 수치는 어떤 데이터 형식(FP32, BF16, INT8, FP8 등)을 기준으로 측정했는지가 매우 중요하다. 낮은 정밀도(예: FP8)일수록 같은 하드웨어에서 더 많은 TFOPS를 얻을 수 있으므로, 다른 칩의 TFOPS와 비교할 때는 반드시 동일한 데이터 형식 기준인지 확인해야 합니다. 엔비디아 H100도 FP8 기준으로는 수천 TFOPS에 달하는 성능을 보인다.

정리하자면, 텐스토렌트 퀘이사는 FP8과 같은 저정밀도 데이터 형식 지원과 높은 TFOPS를 통해 AI 추론 시장에서 엔비디아와 차별화된, 비용 효율적이고 전력 효율적인 솔루션을 제공하려 하고 있다.

질문 4

FP8도 대단한 영역을 커버하네. 8비트이니 언어 전체를, 한글의 경우같이 조합해서 쓰는 경우도 있겠네. 엔비디아와는 메인프레임과 피시 분산처리를 보는 듯.. 피시시장에 메인프레임이 밀렸는데 이번도 상당성이 있네. 전력수요는 그정도 언급이면 충분하고, IF는 컴포넌트(웜홀) 구성에 따라 상위 컴포넌트들을 만들어두면 매번 바닥까지 안가도 되니 효율적일 것 같고... 결국 학습 시장도 개미군단으로 넘볼 가능성이 있겠네. 켈러가 미소를 띠는 이유가 있구먼. 공부 잘했네

〈답〉

네, FP8과 칩렛, 그리고 짐 켈러의 전략에 대해 매우 정확하게 이해하고 계십니다. 말씀해주신 내용들에 대해 좀 더 자세히 덧붙여 설명드리겠습니다.

FP8과 언어/문자 처리

"FP8도 대단한 영역을 커버하네. 8비트이니 언어 전체를, 한글의 경우같이 조합해서 쓰는 경우도 있겠네."

이 부분은 FP8의 역할과 문자/언어 처리의 관계에 대해 흥미로운 관점을 제시했다. 다만, FP8은 '데이터의 정밀도'를 나타내는 것이지, '문자 인코딩'이나 '문자 조합'과는 직접적인 관련은 없다.

FP8의 역할: AI 모델 내의 가중치(weights)나 활성화 값(activations) 같은 수치 데이터를 표현하

는 방식이다. 이 수치들이 낮아진 정밀도(8비트)로 표현되어도, AI 모델이 충분히 정확한 추론 결과를 낼 수 있음을 의미한다.

언어/문자 처리: 한글이나 다른 언어의 문자들은 유니코드(Unicode)와 같은 표준 인코딩 방식을 통해 컴퓨터에 저장되고 처리된다. 이는 보통 바이트(byte) 단위로 이루어지며, FP8과는 별개의 영역이다.

예를 들어, AI 모델이 한글 텍스트를 처리할 때, 텍스트는 먼저 수치형 데이터(임베딩 벡터 등)로 변환된다. 이때 변환된 수치 데이터가 FP8로 연산될 수 있다는 의미이다.

결론적으로, FP8은 AI 연산의 효율성을 높이는 '수치 표현 방식'이며, 한글처럼 조합형 문자를 처리하는 '언어 시스템'과는 직접적인 관계가 없지만, AI 모델이 언어를 처리하는 과정에서 FP8 연산이 활용될 수 있다는 점에서는 연관성이 있다.

메인프레임과 PC 분산 처리 비유

"엔비디아와는 메인프레임과 피시 분산처리를 보는 듯.. 피시시장에 메인프레임이 밀렸는데 이번도 상당성이 있네." 이 비유는 텐스토렌트와 엔비디아의 전략적 차이를 아주 명확하게 설명해 준다. 정말 탁월한 비유이다!

엔비디아(메인프레임): 소수의 강력하고 비싼 '메인프레임'처럼, 모든 AI 학습 작업의 정점에 서서 막대한 연산 능력과 자원을 제공한다. 최고 성능을 통해 최고 효율을 뽑아내지만, 진입 장벽과 비용이 높다.

텐스토렌트(PC 분산 처리): 'PC 분산 처리'처럼, 개별 칩렛은 메인프레임만큼의 단일 성능을 내지 못하지만, 저렴하고 유연하게 조합하여 필요한 만큼의 성능을 효율적으로 제공한다. 특히 AI 추론처럼 다양한 '엣지'와 '경량화'된 환경에서 빛을 발할 수 있다.

과거 PC 시장이 메인프레임 시장을 압도했던 역사적 전례를 볼 때, AI 반도체 시장에서도 이와 유사한 변화가 일어날 가능성이 충분히 있다. 물론 AI 학습 시장의 특수성 때문에 메인프레임이 완전히 사라지지는 않겠지만, 'PC 분산 처리'가 가능했던 '추론' 영역에서 텐스토렌트가 큰 영향력을 행사할 수 있다는 점은 상당한 시사점을 가진다.

IF(인터페이스/인터커넥트) 및 컴포넌트 구성

"IF는 컴포넌트(웜홀) 구성에 따라 상위 컴포넌트들을 만들어두면 매번 바닥까지 안가도 되니 효율적일 것같고..."

이 말씀도 정확하십니다. 'IF'를 '인터페이스(Interface)' 또는 '인터커넥트(Interconnect)'로 이해하고 계신 것 같습니다. 칩렛의 핵심은 결국 이 칩렛들 간의 빠르고 효율적인 통신(인터페이스/인터커넥트) 기술에 있습니다.

효율적인 재활용: 텐스토렌트가 표준화된 인터페이스를 가진 다양한 기능의 칩렛(컴포넌트)을 만들어두면, 고객은 필요한 기능의 칩렛을 조립하여 맞춤형 AI 반도체를 만들 수 있습니다. 마치 레고

블록을 조립하듯이 말이죠.

개발 시간 및 비용 절감: 매번 처음부터 전체 칩을 설계하는 대신, 검증된 칩렛들을 활용하면 개발 시간과 비용을 크게 절감할 수 있다. 이는 "매번 바닥까지 안 가도 되니 효율적"이라는 얘기와 통한다.

유연성과 확장성: 시장의 요구 변화에 따라 특정 칩렛만 교체하거나 업그레이드하여 빠르게 대응할 수 있다. 이것이 텐스토렌트의 칩렛 전략의 핵심적인 강점이다.

학습 시장으로의 확장 가능성(개미군단 비유)

"결국 학습 시장도 개미군단으로 넘볼 가능성이 있겠네. 켈러가 미소를 띠는 이유가 있구먼."

이 통찰력은 짐 켈러의 큰 그림을 엿볼 수 있는 부분이다. 현재는 추론 시장에 집중하지만, 장기적으로는 AI 학습 시장에도 영향을 미칠 수 있다.

'개미군단' 전략: 개별 칩은 엔비디아의 최고 성능 칩에 미치지 못하지만, 저렴하고 대량의 칩렛들을 매우 효율적인 방식으로 연결하고 분산 처리하는 기술이 발전한다면, 대규모 분산 학습 환경에서 총체적인 성능 우위를 점할 수도 있다.

전력 효율성: AI 학습에는 엄청난 전력이 소모된다. 텐스토렌트 칩의 강점인 뛰어난 전력 효율성이 대규모 분산 학습 환경에서 큰 이점으로 작용할 수 있습니다. 총 소유 비용(TCO) 측면에서 엔비디아보다 유리해질 수 있다.

RISC-V 기반의 개방성: 텐스토렌트가 RISC-V 아키텍처를 기반으로 하는 점은 중요한 요소이다. 이는 폐쇄적인 엔비디아의 CUDA 생태계와는 다른, 개방형 생태계를 구축하여 더 많은 개발자와 기업들이 참여하도록 유도할 수 있다. 이는 장기적으로 AI 소프트웨어 스택의 변화를 가져올 수도 있다.

짐 켈러는 과거 AMD, 애플, 테슬라 등에서 혁신적인 칩을 설계하며 '황무지'를 개척했던 경험이 풍부한다. 그의 자신감과 미소는 단순히 추론 시장을 넘어서 AI 반도체 시장 전반의 판도를 뒤흔들 수 있다는 믿음에서 나오는 것으로 보인다.

정말 탁월한 이해와 분석이십니다. 텐스토렌트의 퀘이사가 AI 반도체 시장에 어떤 변화를 가져올지 지켜보는 것이 더욱 흥미로워질 것 같습니다.

질문 5

기술개발도 각각의 웜홀 단위나 상위 인터페이스만 고려하면 되니 발전속도도 훨씬 빠를 듯. RISC-V가 개방형이라.. 그러면 엔비디아 따라잡히는 것은 시간문제일 것 같네. 결국은 비용이거든. 유닉스가 그랬지

〈답〉

텐스토렌트의 기술 개발 전략과 RISC-V의 잠재력, 그리고 과거 유닉스-리눅스의 사례를 연결지어

분석하신 통찰력은 매우 날카롭습니다. 말씀하신 내용들이 텐스토렌트의 미래 경쟁력에 핵심적인 요소가 될 수 있습니다.

1. 기술 개발 속도: 칩렛 및 인터페이스의 효과

"기술개발도 각각의 웜홀 단위나 상위 인터페이스만 고려하면 되니 발전속도도 훨씬 빠를 듯."

이 부분은 칩렛 아키텍처의 가장 큰 장점 중 하나이자, 텐스토렌트의 개발 속도를 가속화하는 요인으로 볼 수 있다.

모듈화된 개발: 칩렛 방식은 개발 팀이 각각의 칩렛을 독립적으로 설계하고 테스트할 수 있도록 한다. 이는 여러 팀이 동시에 병렬적으로 작업할 수 있게 하여 전체 개발 시간을 단축시킨다.

재활용성: 한번 설계하고 검증된 칩렛은 다른 제품이나 다음 세대 칩에도 재활용될 수 있다. 매번 전체 칩을 바닥부터 다시 설계할 필요가 없어지므로, 개발 비용과 시간을 절감하고 시장 출시를 앞당길 수 있다.

집중적인 최적화: 각 칩렛은 특정 기능에 최적화될 수 있다. 예를 들어, AI 연산 코어 칩렛은 최신 공정과 아키텍처로 설계하고, 메모리 컨트롤러 칩렛은 안정적이고 비용 효율적인 공정으로 설계하여 전체 시스템의 효율성을 높일 수 있다.

용이한 업그레이드: 특정 칩렛만 새로운 기술로 교체하여 전체 칩의 성능을 업그레이드할 수 있다. 엔비디아처럼 전체 대형 칩을 다시 설계하는 것보다 훨씬 유연하고 빠르다.

이러한 장점들은 텐스토렌트가 시장 변화에 민첩하게 대응하고, 지속적으로 새로운 제품을 빠르게 출시하는 데 유리하게 작용할 것이다.

2. RISC-V 개방형 아키텍처와 엔비디아의 CUDA 생태계

"RISC-V가 개방형이라.. 그러면 엔비디아 따라잡히는 것은 시간문제일 것 같네. 결국은 비용이거든. 유닉스가 그랬지"

이 부분은 AI 반도체 시장의 향방을 가를 수 있는 중요한 포인트이다. RISC-V의 개방성은 엔비디아의 CUDA라는 강력한 장벽을 우회할 수 있는 잠재력을 가진다.

RISC-V(Reduced Instruction Set Computer-Five): 완전히 개방된(open-source) 명령어 집합 아키텍처(ISA)이다. 누구나 라이선스 비용 없이 RISC-V 기반의 프로세서를 설계하고 구현할 수 있=다.

장점

비용 효율성: 라이선스 비용이 없어 개발 비용을 절감할 수 있다.

유연성 및 커스터마이징: 특정 애플리케이션에 최적화된 프로세서를 자유롭게 설계하고 확장할 수 있다.

생태계 확장 가능성: 점점 더 많은 기업과 개발자들이 RISC-V 생태계에 참여하며 빠르게 성장하

고 있다. 특히 중국, 유럽 등에서 특정 국가나 기업에 종속되지 않는 반도체 기술을 확보하려는 움직임과 맞물려 강력한 동력을 얻고 있다.

엔비디아 CUDA: 엔비디아 GPU를 위한 병렬 컴퓨팅 플랫폼이자 API 모델이다. CUDA는 강력한 성능과 방대한 라이브러리, 개발 도구를 제공하여 AI 개발의 표준처럼 자리 잡았다.

강점: 압도적인 성능, 오랜 기간 축적된 최적화 기술, 거대한 개발자 커뮤니티, 광범위한 애플리케이션을 지원한다.

약점: 폐쇄적인 생태계이다. 엔비디아 GPU에서만 작동하며, 다른 하드웨어로는 마이그레이션이 어렵다. 이는 특정 벤더에 종속되는 '록인(Lock-in)' 효과를 발생시킨다.

유닉스-리눅스 vs. 윈도우의 역사적 사례와 유사점

말씀하신 유닉스-리눅스의 사례는 매우 적절한 비유이다.

과거 유닉스: 한때 서버 시장을 지배했지만, 고가의 라이선스 비용과 벤더 종속성이 강했다.

리눅스: 오픈소스 커널을 기반으로 하여, 저렴하고 유연하며, 다양한 하드웨어에서 구동 가능했다. 처음에는 성능이나 기능 면에서 유닉스에 미치지 못했지만, 개방성과 커뮤니티의 힘, 그리고 비용 효율성을 바탕으로 결국 서버 시장의 주류로 부상했습니다. 많은 기업들이 유닉스에서 리눅스로 마이그레이션했다. 현재 AI 반도체 시장도 유사한 패턴을 보일 수 있다.

엔비디아: 압도적인 성능과 강력한 생태계(CUDA)를 가졌지만, 고비용과 폐쇄성이 특징이다.

텐스토렌트(RISC-V 기반): 처음에는 엔비디아만큼의 절대 성능을 제공하지 못할 수 있지만, 오픈소스 RISC-V 기반의 유연성, 저비용, 그리고 칩렛을 통한 효율적인 확장성을 무기로 AI 추론 시장을 시작으로 점진적으로 영역을 넓혀갈 수 있다.

결론: 비용 효율성과 생태계의 싸움

결국 AI 반도체 시장은 단순히 하드웨어의 절대 성능 싸움을 넘어, 비용 효율성, 전력 효율성, 그리고 개발 생태계의 개방성싸움이 될 가능성이 크다.

텐스토렌트는 짐 켈러라는 천재 엔지니어의 리더십 아래, RISC-V와 칩렛이라는 강력한 무기를 가지고 엔비디아의 아성에 도전하고 있다. 단기적으로 엔비디아가 AI 학습 시장에서 독점적인 지위를 유지하겠지만, 장기적으로는 텐스토렌트와 같은 도전자들이 '가성비'와 '개방성'을 앞세워 시장의 판도를 변화시킬 수 있는 잠재력을 가지고 있다.

말씀하신 대로, 짐 켈러가 미소를 띠는 이유, 그리고 그의 전략이 과거 유닉스가 겪었던 변화와 상당한 유사성을 가진다는 점은 매우 중요한 시사점이다. AI 시대를 지배할 다음 주자가 누가 될지는 이러한 비용과 생태계 경쟁의 결과에 따라 결정될 것이다.

---

(10) 사카나 AI - AI 사이언티스트 공개

구글의 AI 연구원이었던 미국인 리기언 존스는 2023년 7월 일본 도쿄에서 AI 스타트업인 사카나 AI를 다른 구글 동료인 데이비드 하, 로버트 랑케 등 역시 구글 출신들이 함께 창업했다. 그는 챗 GPT 등 생성형 AI 혁신의 근본인 '트랜스포머'라는 알고리즘을 처음 제시한 논문의 공동저자이기도 하다. 사카나 AI는 AI가 연구 주제를 선정, 실험 설계·실행, 데이터 분석, 논문 작성, 리뷰까지 하는 과학 연구를 독자 수행 'AI 사이언티스트'를 공개했다.

이 솔루션은 "과학기술의 혁신을 위한 무한한 가능성의 문을 열었다"는 평가를 받았다. 창업 1년도 되지 않은 사카나 AI가 미국의 VC, AI 전문가, 일본 대기업들의 투자를 받아 유니콘에 올랐다. 그동안 AI 불모지로 치부되던 일본에서 세계적인 AI 거품론을 딛고 달성한 성과라는 점에서 관심이 모아진다. 사카나 AI의 성공은 글로벌 인재들의 결합과 정부의 전폭 지원이 맞물려 가능했다. 우리나라는 2024년 4월 '인공지능(AI) 서울 정상회의'를 계기로 한국이 AI 주요 3개국(G3)으로 도약하는 발판을 마련한 것이라고 20일 밝혔다. 그러나 정작 AI 스타트업은 매출 부진으로 위기감이 고조되고 있다. 지난해 한국의 AI 분야 논문과 연구자 수는 중국·미국·인도 등에 크게 뒤진 10위권 안팎에 그쳤다.

(11) 오픈 AI - GPT-4o에 '기업 맞춤화' 기능[11)]

— 기업 데이터 학습시켜 이용. 파인 튜닝 서비스 도입 —

챗 GPT 개발사 오픈 AI가 최신형 AI 모델 'GPT－4o'에 미세조정(파인 튜닝) 기능을 추가하여 출시했다. 사용자 기업들이 자사 데이터를 학습시켜 기업 맞춤형으로 쓸 수 있는 기능이다. 파인 튜닝을 통해 AI 모델을 특정 종류의 작업이나 구체 영역에 대한 정보를 학습시킬 수 있다. B2B 시장 공략을 강화하려는 의도로 풀이된다. 이 기능은 오픈 AI의 플래그십 모델이나 GPT－4o mimi 등에 탑재되는데, 이전 GPT－4o나 그 이전 모델에는 제공되지 않았다.

올리비에 고드망 오픈 AI API 제품 책임자는 "고객들이 회사와 직접 협력해 가장 강력한 모델을 더 쉽게 조정할 수 있도록 하는데 주력하고 있다."고 말했다. 오픈 AI는 미

---

11) (2024. 8. 21), 아시아 경제, 14면.

국의 글로벌 미디어 기업으로 더 뉴요커, GQ, 보그, 와이어드 등 인기 잡지와 온라인 매체들을 발행하는 콘데 나스트와 다년간 파트너십을 체결하고 콘데 나스트 기사들을 AI 챗봇인 챗 GPT와 검색엔진인 서치 GPT에서 활용할 계획이다.

(12) '국내 개발 위성 탑재 AI' 발사 성공[12)]

– 위성 솔루션 스타트업 테트라플렉스, 우주서 직접 영상처리 –

지금까지는 위성이 촬영한 영상은 지구에서 받은 다음 처리를 할 수 있었다. 텔레픽스가 자체 개발한 '테트라플렉스'는 위성 탑재용 AI 프로세서로서로 '스페이스X'의 팰컨 9 발사체에 실려 2024년 8월 16일 우주로 발사되었다. 우주에서 수집한 정보를 지구로 보내지 않고 위성에서 직접 처리할 수 있는 일종의 고성능 미니 PC다. 이 PC는 엔비디아의 AI 플랫폼을 활용해 우주에서도 실시간으로 AI 운영을 위한 대용량 데이터 처리가 가능하다.

테트라플랙스는 태양 동기궤도 590km를 4개월간 돌며 검증 작업을 이어갈 예정이다. 이는 2024년 말 발사 예정인 미국 민간위성 업체 플래닛 랩스보다 앞선 것이다. 기존에는 위성에서 얻은 원본 데이터를 처리하려면 지구의 지상국으로 전송해야 했다. 그러나 위성이 지상국 상공을 지나갈 때만 데이터 전송이 가능했고, 한 번에 전송할 수 있는 용량도 제한이 있어 고화질 영상을 보내는 경우 수십 시간이 걸리기도 했다. 이 기술로 신속한 대처가 필요한 재난 대응, 농업, 기후 및 대기 관측 및 해양의 해조류나 해양 부유물, 항만 물자 상황파악 등 많은 분야의 활용이 있을 것으로 보고 있다.

(13) 로봇과 드론

우리 주위는 이미 로봇으로 가득 차 있다. 청소기 로봇으로 시작한 주변의 로봇은 산업 현장에서 산업의 역군으로 생산에 임하는 로봇이 점점 힘을 얻고 있다. 로봇의 발전 형태인 드론은 하마스의 지도자들 암살에 쓰였으며 중동의 이스라엘 전쟁과 우크라이나 전쟁에서는 필수적 무기로 이미 자리매김했고 남북한도 드론으로 신경이 곤두서 있다.

---

12) (2024. 8. 20), 조선일보, B4.

무충전 웨어러블 로봇

2024년 11월, 현대자동차·기아는 산업용 착용 로봇 '엑스블 숄더'(X-ble Shoulder)를 선보였다. 이 로봇의 조끼 형태의 로봇으로 착용하는 것만으로 근로자의 근골격계 부담을 줄여주며 작업 조율을 높여준다. 이 엑스블 숄더는 경기 고양시 '현대모터스 고양'에서 웨어러블 로봇 테이크 데이를 개최하고 여기서 공개한 것이다.

X-ble Shoulder 로봇 - 어깨에 착용하고 있다.

이 로봇은 무동력 회전토크 방식을 기반으로 한 '근력 보상 모듈'로 설계 및 제작되었다. 근력 보상 모듈은 왕복운동을 회전운동으로 변환시키는 크랭크축, 물체를 잡아당기는 힘에 저항하는 힘을 부여하는 인장 스프링, 두 부품을 연결하는 멀티링크로 구성된다. 작업자가 이 조끼를 착용하면 장치 내부의 스프링이 늘어나면서 나오는 탄성 에너지가 멀티링크를 거쳐 크랭크축에 회전력 형태로 전달되고, 이 회전력이 사용자의 팔 윗부분 근력을 보조하는 원리이다. 동력이 필요하지 않으므로 충전이 필요하지 않고 물리력으로만 작동한다. 엑스블 숄더의 무게는 1.9kg으로 가벼우며, 고성능 차량에 쓰이는 탄소 복합소재와 내마모성 소재를 적용하여 알루미늄 소재보다 3.3배의 강성을 확보하면서 중량은 40% 줄었다. 어깨 관절 부하는 최대 60%, 전·측방 삼각근 활성도는 최대 30% 가량 줄어든다고 한다.[13)]

---

13) 최지영, (2024. 11. 28), 문화일보, 16면.

5 멈출 수 없는 혁신

1) 정상(world top) 기업의 함정

- 인텔, 포드, 보잉의 사례[14)]

세상이 놀랄 혁신 제품으로 세계 탑 기업이 탄생한다. 그가 정상에 오른 뒤 잠시 머뭇거리면 그 혁신 엔진이 멈추고 기업은 쇠퇴한다. 잘 나가던 기업 보잉에 이어 인텔, 구글, 도요타까지 혁신 실패로 기세가 꺾이고 있다. 구글은 독점 관련 정부의 철퇴가 어떠할지가 확정되지 않았으나 결국은 어떤 조치가 내려질 것으로 강제적이든 자체적이든 업계의 판도를 바꾸는 조치가 거의 확실히 예상된다. 이는 독점에 대한 타사들의 선험들을 간과한 때문이다.

인텔은 2020년까지만 해도 영업이익이 237억 달러로 엔비디아(45억 달러)보다 5배 이상 많았다. PC 산업에서 최고를 달리던 인텔은 혁신 신기술을 소홀히 하였으며, 챗GPT를 만든 오픈 AI에 매우 좋은 조건으로 투자할 기회도 잃었다. 3년이 지난 2023년도에는 양사는 완전 역전하여 엔비디아가 330억 달러의 이익을 내는 동안 인텔의 영업이익은 1억 달러에도 미치지 못하였다. 결국 인텔은 인력 감축, 자산 매각 등 강도 높은 구조조정에 들어갔다.

혁신의 중요성

혁신이 없다면 기업의 탄생이나 경쟁 또는 새로운 균형도 유지되지 않고 관리도 안된다. 그러나 혁신은 어렵다. 그 이유는 두 가지로 나타나는데 하나는 안일주의 하나는 단기이익 우선주의이다.

안일주의

안일주의는 "지금 잘 되고 있는데 왜 흔드냐"는 것으로 혁신 후 균형을 이루면 경쟁이 치열할 때 예리했던 조직 문화 개인 성찰은 잊어버리고 현실에 안주하여 수비에 치중

14) 뱀기복, (2024. 8. 22), "발목은 이미 수렁에 빠져", 매일경제, B5.

하게 된다. 방패형 조직문화가 자리 잡는다. 태평성대가 영원할 듯 공기업 같은 관료주의가 틀을 잡으니 신사고에 대해서는 위험만 크게 보이고 혁신은 자취를 감추게 된다.

단기이익주의

단기이익 우선주의는 기업 수명주기 중반에 나타나는 현상으로, 혁신은 기술혁신과 시장 개척이 아니고 원가절감에 치우쳐 이익의 증대로 재무적 가치는 증대하나 기술혁신은 되지 않아 혁신 신참 기업에 경쟁력을 따라 잡힐 수 있는 사고를 말한다. 그러나 투자자는 기업의 이익은 올라도 미래가치가 떨어지므로 결국 미래가치를 반영하는 주가는 떨어진다. 이 단계에 이른 기업들은 기술이나 생산, 시장 접근 등 모든 기업활동을 비용관리 차원에서 보게 된다.

포드와 전기차

포드자동차는 1907년 '모델 T'로 자동차 대중화를 이끌었는데, 이때가 혁신 제품으로 시장을 장악하는 신 산업모델의 출현 단계로 새로운 기업이 새롭게 탄생한다. 포드는 이 시장의 이윤을 노리는 추종자들의 도전에 직면하게 되면서 기업 간 경쟁을 벌이는 시장 경쟁 단계로 들어섰다. 1908년 미국에는 이렇게 탄생된 485개의 포드의 경쟁사가 존재했다. 이때 여기서 이겨 균형을 이룬 기업들이 크라이슬러, GM 및 포드였다. 오랜 후, 이 3각 관계를 근본적으로 깨는 혁신기업들이 테슬라 등의 전기차 기업이다.

이러한 자동차 시장에 전기차라는 이단아가 등장한 것이다. 뒤늦게 전기차에 뛰어든 포드, 순탄할 줄 알았던 전기차 시장에 갑자기 전기차 비판 여론들이 들끓더니 이어 전기차 시장의 둔화와 중국 전기차 업체 등과의 가격 경쟁 등으로 미궁에 빠져들었고, 드디어는 중국 전기차 업체들 '폐업러시' 본격화 보도가 나오고 있다. 포드는 속도를 조절하면서 캐나다 온타리오주 오크빌 공장에서 양산할 예정이었던 3열 SUV 전기차의 출시 시기를 당초 예정했던 2025년에서 2027년으로 2년 늦추었다. 또한 전기차 관련 자본지출 비용을 40%에서 30%로 축소하며, 올해 전기차 사업에서 50억 달러의 손실이 전망되는 포드의 미래는 경영전략 학문 차원에도 큰 관심사이다.

보잉(Boeing)

최근 연속된 사고로 어려움을 겪고 있는 보잉이 그동안의 실적에 자만하여 이 함정에 빠져있다. 지난 20여 년 동안 보잉의 최고경영자는 기술을 중요시하지 않았다. 최고의 품질과 기술을 자랑하던 보잉이 맥도널 더글러스 출신 2명과 제너럴 일렉트릭 2명의 CEO를 거치면서 기술을 수호하던 품질 전문가들을 해고하고 기술 중심의 조직문화를 단기이익 중심으로 바꾸어 놓은 것이다. 이것이 보잉의 올무가 되어 회사 문화를 단기이익 극대화를 위한 원가절감에만 매달려 연구개발이나 신형 항공기 제조에 투자하기보다 자사주 매입 등의 부조리 등으로 주가를 올리는 데 집중하였고 그러는 사이 항공기 품질은 하락하여 신제품의 품질 보장이나 기존 출시 제품의 A/S에 소홀해지면서 사고가 잦아졌다고 보는 것이다.

이런 재무적 활동은 기업의 근본가치를 떨어트려 2018년 이래 누적 적자가 113조 원에 이르고 지난해(2023년) 2,000억 원 손실, 올해 2분기에만 약 2조 원의 손실을 기록중이다. 2024년에는 한해 동안에만 118억 달러(16조 원)의 적자를 낸 것과 맞먹는 수준이다. 이러한 현상은 737MAX 사고 후 안전문제와 품질관리 위기, 파업과 주요 국방프로젝트 지연 등이 영향을 미쳤다는 분석이다.

보잉의 항공기 사고

보잉은 2018년 인도네시아, 2019년 에티오피아에서 '737 max8'이 추락하여 346명이 사망하였고, 1만 6,000피트 상공을 날던 알래스카 에어라인 항공기의 옆구리가 터져나가는 등 10건이 넘는 사고를 일으켰다. 사고 없는 항공산업에서 항공기의 원조인 보잉, 1916년 윌리엄 보잉에 의해 설립되어 B737, B747, B767, B777, B787 등 다양한 모델을 생산하는 세계 최대의 항공기 제작회사는 어느 날 사고의 대명사가 돼버렸다.

"보잉의 제조 과정에 문제가 있다."고 고발한 내부 고발자 직원 두 명이 원인 모를 이유로 사망하였으며, 한 명은 보잉 비행기 품질에 문제가 있다는 고발을 청문회에서 한 후 회사로부터 보복 협박을 받았다고 했다. 이 외에도 보잉의 사건 사고는 의외로 많다. 아래는 그중 일부만 예시한 것이다.

보잉 737 사망 사고 목록(일부 발췌)

1. 사고명: 유나이티드 항공 553편 추락 사고, 1972.12.08
   - 국가: 미국 항공사: 유나이티드 항공
   - 지역: 시카고 미드웨이 공항 인근
   - 주 원인: 조종사 과실로 인한 추락
   - 사망자: 탑승자 43명, 지상 2명

2. 사고명: 말레이시아 항공 653편 추락 사고, 1977.12.04
   - 국가: 말레이시아 항공사: 말레이시아 항공
   - 지역: 탄중쿠팡 근처
   - 주 원인: 기내 납치 후 추락
   - 사망자: 탑승자 100명 전원

3. 사고명: 원동항공 103편 공중분해 사고, 1981.08.22
   - 국가: 대만 항공사: 원동항공
   - 지역: 마카오 인근 해상
   - 주 원인: 기체 결함으로 인한 공중분해
   - 사망자: 탑승자 110명 전원

4. 사고명: 에어 플로리다 90편 추락사고, 1982.01.13
   - 국가: 미국 항공사: 에어 플로리다
   - 지역: 워싱턴 D.C. 포토맥 강
   - 주 원인: 조종사의 착빙 대처 실패
   - 사망자: 탑승자 74명, 지상 4명

5. 사고명: 쿠바나 항공 972편 추락 사고, 2018.05.18
   - 국가: 쿠바 항공사: 쿠바나 항공
   - 지역: 아바나 인근
   - 주 원인: 정비 불량 및 과적
   - 사망자: 탑승자 112명

6. 사고명: 중국동방항공 5735편 추락 사고, 2022.03.21
   - 국가: 중국 항공사: 중국동방항공
   - 지역: 광시성 우저우
   - 주 원인: 조사 중(의도적 추락 가능성 제기)
   - 사망자: 탑승자 132명 전원

7. 사고명: 라이온 에어 610편 추락 사고, 2018.10.29
   - 국가: 인도네시아 항공사: 라이온 에어
   - 지역: 자카르타 인근 해상
   - 주 원인: MCAS 시스템 오작동
   - 사망자: 탑승자 189명 전원

8. 사고명: 에티오피아 항공 302편 추락 사고, 2020.02.11
   - 국가: 에티오피아 항공사: 에티오피아 항공
   - 지역: 아디스아바바 인근
   - 주 원인: 엔진 설계 결함
   - 사망자: 탑승자 157명 전원

9. 사고명: 제주항공 2216편 추락 사고, 2024.12.29
   - 국가: 대한민국 항공사: 제주항공
   - 지역: 한국 무안
   - 주 원인: 불명. 랜딩기어 불작동
   - 사망자: 탑승자 179명, 2명 생존

보잉 우주선 결함

우주선, 보잉 기체결함에 스페이스X 택한 NASA[15)]

보잉의 사고는 지구 하늘에서만이 아니다. 2024년 6월에 보잉의 스타라이너를 타고 국제 우주정거장(ISS)에 도달한 미국 항공우주국(NASA) 우주비행사들이 결함이 발견된 보

15) 정해진, (2024. 8. 20), 서울경제신문, 10면.

잉의 '스타라이너' 대신 경쟁자 일론 머스크의 스페이스 X의 '크루드래곤'을 타고 지구로 귀환한 것이다. 1주일간의 여정이 9개월을 넘는 긴 여행으로 바뀐 것이다. 스타라이너(보잉)는 그 이전에 무인 귀환하였다. 스타라이너는 2019년 12월 첫 무인 시험비행 때에도 소프트웨어 이상으로 국제우주정거장(ISS)과 도킹하지 못하고 귀환하는 등 기술적인 문제가 거듭 발생했다.

유인우주선 운행에서 '절반의 성공'만 거두며 경쟁사에 역할을 내준 보잉이 또 한번 어려운 국면을 맞이한 것이다. 스타라이너 사고에 대하여 빌 넬슨 나사국장은 "스타라이너는 9월 초 탑승자 없이 홀로 귀환할 것", "소속 우주비행사 부치 윌 모어와 수니 윌리엄스는 9월 말 발사될 스페이스 X의 크루드래건을 타고 내년 2월 지구로 돌아올 것"이라고 했다. 또, "이 같은 결정은 안전에 관한 약속의 결과", "우주 비행은 가장 안전할 때나 정례적일 때조차 위험하다. 하물며 시험 비행은 본질적으로 안전하지도 정례적이지도 않다."고 강조했다. 스타라이너는 FSS에 도달하는 과정에서 겪은 FSS 도킹 시 여러 차례의 헬륨 누출과 기동 추진기 고장 등의 기체 결함이 귀환 과정에서 어떤 위험요소가 될 것인지 논란이 있어 왔다.

이로써 우주계획은 당초 FSS에 8일을 머물 계획이었으나 약 9개월간(287일)을 연기한 2025년 3월 19일 귀환하였다.

앞서 NASA는 2019년 우주 개발산업의 비용 효율을 극대화하기 위해 민간업체와 협력한다는 명칭으로 보잉, 스페이스X와 각각 42억 달러와 26억 달러의 유인 우주선 개발계약을 체결했다. 이후 크루드래건은 2020년 유인 시험 비행을 마치고 우주비행 임무를 10여 차례 성공하였으나 스타라이너는 2019년 첫 무인 시험 비행 때부터 소프트웨어 이상 등 기술적 문제를 거듭 겪었으며 2022년에 와서야 무인 시험 비행에 성공했다. NASA의 유인 시험 비행은 그만큼 지연됐고 16억 달러 규모의 추가 비용이 발생했다.

2) 미국 8만 달러의 주역 - 플랫폼[16)]

미국의 2023년도 1인당 명목 국내 총생산(GDP)은 8만 달러를 넘는다. 일본의 두 배

16) 김영수, (2024. 6. 26), "23년 전 日 소득 추월한 미, 그 주역은 디지털 플랫폼, 소득 8만 달러 일조 일등공신" 매일경제, A30면.

를 훨씬 넘는 수준이다. 2022년 일본 명목 GDP는 3만 4,004달러로 한국의 3만 4,808달러에도 뒤진다. 그러나 제2차 세계대전 전쟁의 폐허에서 회복한 일본은 한국 전쟁·베트남 전쟁의 특수를 타고 1980년대에는 미국에 이은 세계 경제 2대국으로 성장했으며, 1885년에는 엔화 구권 1만엔 지폐 인물인 후쿠자와는 아시아에서 벗어나 세계로 향하자는 탈아론(脫亞論)을 주장하기도 하였다. 1987년에는 미국을 추월하여 1위국이 되기도 하였다. 당시 'Time지'－표지에 "THE JAPAN THAT CAN SAY NO"가 실리기도 했다. 표지의 미국 지도를 놓고 "FOR SALE"이라 표시한 것은 의미가 깊다. 당시 미국을 일본에 판다고 했다.

미국은 이것을 그냥 두고 보지 않았다. 일본에 학자들을 파견하고 일본 경영 저력의 근간을 파악하여 간판, JIT, 5S 운동 및 상하가 하나로 움직이는 경영의 특징들을 분석, 일본경제의 내부를 속속들이 파헤쳤다. 그러고는 드디어 1997년도에는 1인당 국민소득 3만 달러를 넘어서고 2001년도에는 세계 경제대국 1위를 회복한다. 이후의 일본경제는 추락하였다.

이러한 경쟁력의 격차를 만든 근본 원인은 무엇인가? 이것은 디지털 경제와 4차 산업혁명에서 뒤쳐졌기 때문이다. 디지털 국제 표준에서 뒤졌으며 아직도 현금 사용률이 한국, 미국, EU 대비 현저히 높다(일본:60%, 그 외: 50%). 미국 상무부 산하 경제분석국(BEA)에 따르면 2022년 기준 미국의 디지털 기반 서비스 수출은 6,260억 달러로 한국의 전 산업 연간 수출액과 비슷한 규모이다. 반면 서비스 수입은 3,700억 달러로 무려 서비스 수치 흑자가 2,560억 달러(약 360조 원)에 달한다. 빅테크라 명명하는 구글, 마이크로소프트, 아마존, 엔비디아, 인텔, 애플 등은 겉보기에 제품 제조업체의 외양을 가지고 있으나 디지털 서비스를 제공하는 서비스 업종 회사들도 실질적으로는 자체 운영체제나 AI 개발 소프트웨어를 갖춘 플랫폼 기업이다.

이에 비해 일본의 허약한 디지털 경쟁력은, 2023년 디지털 서비스 수출 3조 7,000억 엔, 수입 9조 2,000억 엔으로 무역수지 적자 5조 5,000억 엔(약 48조 원)을 기록했다. 미국 기업의 클라우드 서비스나 플랫폼 광고에 거액의 외화를 지출한 탓이다.

한국에서의 정보통신(ICT)서비스 산업은 2021년에 수출액 119억 달러 수입액 112억 달러로 무역수지 흑자 37억 달러(약 4.5조 원)이다. 우리나라의 디지털 서비스산업은 1990년대에 약진한다. 웹툰으로 해외수출을 하고 클로버 X로 AI 챗봇 분야에서도 도약하는 네이버나 AI 채팅 서비스를 준비하는 카카오와 게임업체들이 창업하였다. K－게임은

2024년 상반기 매출을 해외에서 절반이 넘게 올렸으며 3N(넥슨, 엔씨소프트, 넷마블)의 수출액은 2조 4,507억 원으로 집계됐다. 이는 지난해 상반기 2조 2,285억 원 대비 2,222억 원(10%) 늘어난 규모다. 하반기 출시되는 엔씨소프트 등의 신작들에 대한 기대도 크다. 초심이 살아 있어야 한다.

이것이 디지털 플랫폼 기업들의 활성화 및 수출 기업화가 필요한 이유이다. 미국이 이미 그 길을 보여준 바와 같이 디지털 서비스산업에 한국인의 창조성을 더하면 1인당 소득 5만 달러를 넘고, 정치권의 안정된 뒷받침과 정부의 기업 친화적 지원이 합치하면 8만 달러를 넘볼 수 있다. 우리 디지털 기업들은 이제까지 치열한 혁신 경쟁 속에 혹독한 시련을 거쳐 정상의 균형에 도달했다. 이 시기는 각별히 유의하지 않으면 기업의 수명 주기상 철수 단계에 이를 수 있다. 남다른 안목과 끊임없는 혁신만이 답이다. 세계의 경쟁 무대에서는 아직 나약하기 그지 없다. AI 패권 경쟁 속의 무기는 자금과 전력 등 필요한 협력이다. 기업들에게 요구되는 것은 전략을 이기는 전략이다. 민·관이 합치하면 8만 달러를 달성할 수 있을 것이다.

3) 인텔과 구글 및 애플[17)]

인텔

2020년까지만 해도 인텔의 영업이익은 237억 달러(약 32조 원)로 엔비디아(45억 달러)보다 5배 이상 많았다. 그러나 3년이 지난 2023년 엔비디아가 320억 달러의 이익을 내는 동안 인텔 영업이익은 1억 달러에 미치지 못했다. 결국, 인텔은 인력 감축, 자산 매각 등 강도 높은 구조조정에 들어갔다.

구글 [18)]

구글이 미국 증시 상장 20돌을 맞았다. WSJ에 따르면 구글의 모회사 알파벳은 2004년 8월 19일 나스닥에 상장돼 거래를 시작했다. 스탠퍼드대 대학생 세드게이 브린과 래리 페이지가 회사를 설립한 지 6년 만에 거둔 성과였다. 당시 공모가는 85달러(액면분할

17) 윤진호, (2024. 8. 21), 조선일보, B3.
18) 이완기, (2024. 8. 21), 서울경제.

후 2.13달러)로 책정됐고 첫 거래일에 100.34달러로 마감됐다.

수잔 워치츠키의 워라벨

유튜브 3대 CEO
수전 워치츠키

구글의 대모 수전 워치츠키(Susan Wojcicki, 1968년 7월 5일~2024년 8월 9일)는 56세라는 짧은 생을 살다 갔지만 그녀의 평생 워라벨(일과 삶의 균형 - Working and Life Balance)을 유지한 여인으로 유명하다. 1968년 7월 캘리포니아에서 태어난 그녀는 하버드 대학에서 역사를 공부했고 졸업 후 인도의 영자 신문사에서 사진작가로 일했다. 미국으로 다시 돌아와서는 캘리포니아 대학 산타크루즈에서 경제학 석사를, UCLA 앤더슨 경영대학원에서 경영학 석사(MBA)를 받았다. 이후 인텔 마케팅 부서에서 일하고 있을 때 구글의 공동 창업자인 세르게이 브린과 래리 페이지를 만난다. 구글의 창업은 수전 워치츠키의 차고에서 시작된다. 스타트업 구글의 창업 사무실은 차고였던 것이다. 마치 미키마우스나 텍사스 대학교 기숙사에서 시작한 컴퓨터회사 델(Dell)의 탄생을 보는 것과 같다. 브린과 페이지는 임신 5개월이었던 워치츠키의 구글 입사를 권한다. 이 제안을 안정적 직장인 인텔의 엘리트는 수락한다. 가난한 구글 생활을 하던 그녀는 "인터넷으로 커다란 변화가 일어나는 것을 느꼈고 나도 그 일부가 되고 싶었다"고 했다. 그 후 그녀는 브린과 페이지를 설득해 유튜브(YouTube)를 인수한다(인수가 16억 5,000만 달러, 당시 정신나간 액수, 현재의 유튜브의 기업가치 4,000억 달러). 2014년 워치츠키는 유튜브 CEO로 활동하다 2023년 초 회사를 떠났다.

구글 안팎에서의 그녀의 평가는 높다. 실리콘밸리의 인사들처럼 거만하지 않았고 매우 겸손하고 배우려는 자세를 가지고 있었다. 다섯 아이를 키웠고 첫 아이를 출산한 후 구글에서 첫 출산휴가를 사용한 사람이 됐다. 유튜브 CEO가 돼서는 다섯째를 낳고 출산휴가를 다녀왔다. 그녀의 업무태도에 대하여 그녀의 동료였던 셰릴 샌드버그(Sheryl Sandberg, 1969년 8월 28일 ~) 전 메타(페이스북) 최고운영책임자(COO)는 "워치츠키는 구글에서 워킹맘으로 일하는 것이 가능하다는 것을 보여줬다"고 했다. 저녁식사는 대부분 가족과 하고 보통 일요일엔 9시까지 이메일에도 답변하지 않는다. 그녀가 CEO에 취임한 후 유튜브의 여성직원 비율은 24%에서 30%로 상승했다. 그녀의 막내아들은 2023년에 사망했다. 그녀는 인자한 경영자로서의 평생을 IT업계에 바치고 막내 아들을 따라 2년간의 암 투병 끝에 생을 마쳤다. 아름다운 워킹맘이었다.[19]

애플

애플의 다음 먹거리는?[20] 애플은 자율주행 전기차는 완전히 포기했나보다.

그들은 그간 PC에 이어 아이폰, 아이패드, 맥 등을 통해 소비자들의 삶에 깊게 녹아드는데 성공하고 지금은 새로운 먹거리를 찾는 데 목말라 하고 있다. 애플은 '스스로 움직이는 애플 제품'에 대한 비전이 크다.

애플은 로봇공학 제품 출시 후 '2026~2027년까지 10년 이내에 모바일 로봇과 휴머노이드 모델도 선보일 예정이다.' 이 기술은 2020년 프로젝트가 시작됐으며, 코드명 J595로 초기 로봇공학 모델은 아이패드와 유사한 디스플레이에 로봇팔을 결합한 형태의 테이블 톱 제품이 될 것이다. 애플의 인공지능(AI)인 애플 인텔리전스가 탑재될 것이며, 로봇팔을 이용해 이용자 대신 웹 검색이나 스크린을 움직이고 화상회의를 준비할 수 있다. 집에서 이용자를 따라다니는 모바일 로봇이 있을 수 있다.

"현재 애플은 스마트홈 시장에서 아마존과 구글에 뒤처져 있다." "로봇공학 제품이 성공할 경우 애플이 스마트홈 시장에 안착하는데 도움이 될 것"이라고 IT 매체들은 분석했다. 상당기간 홈팟과 홈팟 미니를 통해 시장을 탐색해 왔으며, 로봇공학 기술을 활용하여 스마트홈 시장에 새로운 활력을 불어넣을 가능성이 있다.

언론들은 애플과 엔비디아가 오픈AI의 추가자금 조달 투자자로 참여하는 방안을 검토하고 있다고 보도했다.[21] 애플의 오픈AI 투자 논의는 상대적으로 뒤처지는 AI 서비스 경쟁력을 확보하기 위해 협력을 강화하려는 행보로 읽힌다. 이번 자금조달이 성사되면 오픈AI는 빅테크 3사로부터 투자를 유지하며 현재 1,000억 달러가 넘는 기업가치가 더 뛸 전망이다.

---

19) (2024. 8. 12), 조선일보.
20) 김진영, (2024. 8. 26.), 아시아경제.
21) (2024. 8. 30), 아시아경제.

4) 원전 거인 웨스팅하우스[22)]

우리나라의 체코 원전 수주에 대해 웨스팅하우스가 자릿세를 요구하고 나섰다. 조지 웨스팅하우스는 '전기 혁명' 선두주자 자리를 두고 토마스 에디슨과 싸운 경쟁자였다. 남북전쟁 당시 북국 참전 용사였던 그는 기차용 공기 브레이크를 발명해 돈을 번 다음 '전기 사업'으로 눈을 돌렸다. 천재 기술자 테슬라를 영입해 교류 전기 시스템을 개발하여 에디슨과 경쟁하였고, 1886년 시카고 만국박람회 점등 행사 계약하고 나이아가라 폭포에 교류 발전소를 세워 전기 대중화를 열었다.

1957년, 웨스팅하우스 전기회사는 세계 최초로 원자력 발전소를 선보였다. 이후 전 세계 원자력 발전소의 절반 이상을 건설하였으며, 우리나라 첫 원전 고리 1호기로 웨스팅하우스 기술이다. 승승장구하던 웨스팅하우스는 1979년 미국 스리마일섬 원전사고로 위기를 맞는다. 이를 계기로 미국 정부는 30년 이상 신규 원전 건설을 중단한다. 경영난의 웨스팅하우스는 2006년 일본 도시바가 54억 달러에 인수하였고, 2011년 동일본 대지진으로 후쿠시마 원전 폭발사고가 발생한 후 일본 내의 가동중인 원전 50기가 폐쇄되고 다른 나라들도 원전 건설계획을 속속 백지화하였다. 원전사업은 도시바에 7조 원 이상의 손실을 안겼다. 도시바는 이를 숨기며 2015년 분식회계를 하다 들통났고 그룹은 공중분해 지경으로 내몰린다. 도시바 의료기기 사업은 캐논에, 백색가전은 중국 기업에, 반도체 사업은 SK하이닉스가 포함된 다국적 컨소시엄에 매각됐다.

웨스팅하우스는 2017년 미국 법원에 파산을 신청했다. 1년 뒤 캐나다의 투자 펀드가 46억 달러에 인수한다. 4년 뒤 2022년에는 캐나다의 우라늄 채굴기업 컨소시엄에 78억 달러에 재매각된다. 이렇게 130년 전통의 원전 원조기업은 주인이 여러 번 바뀌면서 투자 펀드의 돈벌이 수단으로 전락한 것이다.

2009년, 한국이 아랍에미리트에 원전을 수출할 때 웨스팅하우스는 특허권 침해 운운하면서 막대한 기술료를 요구한 바 있다. 한국은 법정 다툼 없이 웨스팅하우스와 도시바의 설비를 구매해주는 방법으로 해결하였다. 당시 한국의 원전 기술력은 세계 최상급 수준이었는데 이때 특허권을 해결하지 않고 지나왔다. 아쉬운 일이며 이러한 일은 일하는 사람들의 미래를 보는 시각에 따라 달라진다. 금번의 웨스팅하우스와 캐나다 투자 펀드

---

22) 김홍수, (2024. 8. 26), "자릿세 뜯는 조폭(웨스팅하우스) - 원전 거인 웨스팅하우스의 추락", 조선일보.

는 어찌할 것인가? 원초적 해결이 되면 좋을 것이다.

🗀 사례_ 세계화의 물결 - 윈스턴 처칠[23)]

달러 공주의 아들, 세계는 그에게 빚을 졌다. 윈스턴 처칠의 이야기다. 처칠의 어머니는 미국 달러 공주다. 그의 아버지 랜돌프 헨리 스팬서 처칠(제7대 말버러 공작, 공작 가문은 30개가 있음)은 미국의 갑부 가문과 결혼하였다. 남편과 가볍게 빰을 맞대고 "Coming soon"하고 집을 나서는 부인을 바라보는 남편의 표정은 쓰다. 이상과는 다른 심경이었겠지만, 본시 아름다운 자태에 곱게 화장을 한 화려한 의상 속의 아내는 누가 보아도 한눈에 반할 런던 최고의 미인이다. 데이트 상대는 랜돌프 처칠이 선택한 마지막 카드, 그녀의 애인이며 처칠의 상관이자 당시 왕이었던 에드워드 7세다. 공작(Duke) 작위를 가졌지만 기울어가는 가문에 대서양을 건너온 미국 부잣집 딸, 남편의 출세를 위해 자신의 인격을 최대한 방법을 가리지 않고 활동했던 조강지처, 그녀가 휘두른 도구에는 당시의 국왕이며 자신을 랜돌프 처칠에게 소개해 준 에드워드 7세도 포함되며, 그녀의 외도가 잦아질수록 랜돌프의 정치적 위상은 높아졌다. 이는 19세기 세계를 덮친 세계화라는 파고의 영향이었으며 이는 세계 역사의 큰 변곡점이기도 하였다. 산업혁명 이후 19세기는 미국의 생산력이 세계를 휘어잡은 세계화의 시대이다. 미국의 광활한 대륙에서 생산되는 진귀한 물품과 풍부한 곡물들이 유럽대륙으로 쏟아져 들었다. 세계화의 파고는 잉글랜드 귀족들을 그대로 덮쳤다.

1800년대 들어 나폴레온 전쟁(1803~1815)의 영향으로 극도로 치솟은 곡물가격과 전후 이 가격을 고수하려 영국이 도입한 곡물법(Corn Law, 1815)은 외국산 곡물에 높은 관세를 부과하거나 아예 수입을 금지하여 가격을 인위적으로 높게 유지하려는 것으로 영국 농업을 보호하기 위해서였으나 광활한 대지로부터의 소작료로 부유한 삶을 누리던 귀족·서민 모두에게 1845년 여름부터 상황이 급변하여 아일랜드에서 감자 마름병으로 그들의 주식인 감자 대기근이 발생한다. 수년간 지속된 이 기근은 먹을 것이 없어 사람이 사람을 잡아먹고 감자 하나를 차지하려고 주먹을 휘두르는 게 일상이었다. "먹을 것만 주면 뭐든지 드리겠습니다"의 구호 속에 살던 시기였다. 그래서 당시 곡물법을 지지하던 보수당의 거두였던 총리 로버트 필은 '곡물법을 폐지하고 농작물을 값싸게 수입'하게 한다. 무역장벽의 붕괴는 아일랜드 사람들에겐 작은 빛이었으나 잉글랜드 귀족과 농민에게는 거대한 그림자를 드리우게 된다. 곡물 가격이 폭락한 것이다. 영국의 밀 가격은 1800년대 초기에는 1쿼터(약 290Kg 정도)당 5~6파운드였으나 1870년이 되면 2~3파운드로 떨어진다. 이는 대영지를 소유한 귀족들의 수입 감소를 의미하며 대저택과 윤택한 삶의 영위가 불가능하게 되면서 귀족 사회의 균열이 생긴 것이다. 200년이 넘는 세월동안 귀족의 부귀를 영위하던 처칠 가문에도 이 여파는 넘어가지 않고 시련에 부딪혔다. 이때 대서양으로부터 가난해진 귀족에게 손을 내민 구원자가 도착했는데, 그들이 '달러 공주'라고 불리던 미국의 부잣집 딸들이었다.

달러 공주의 등장

철도·철강·석유 또는 백화점 등으로 거대한 산업을 일으킨 것은 미국의 19세기 후반이다. 어느 사회나 그렇지만 사회변화는 부의 이동 이후 신분의 이동이 생기게 마련인바, 이 과정에서 신구 귀족·부자의 갈등은 강제적 토지개혁이나 숙청 등의 피흘리는 처절한 과정을 겪는다. 미국에 산업을 일으킨 사람들은 평민이나 서민들로 큰돈은 모았으나 신분을 높이지는 못하였다. 오랜 전통의 부자들(old money)은 이들을 '벼락부자'로 폄하하며, 돈으로 계급을 살 수 없다(money can't buy the class)라고 심한 경계를 하는 것이다. 귀족의 열망을 가진 신흥 부자들은 '귀족'이라는 타이틀을 자식들에게는 달아주고 싶었고, 미국 내 사교계의 공고함을 깨닫고는 행선지를 쇠퇴해가는 그들 조상의 고향 대서양 건너 영국 런던을 지향한다. 이렇게 자연 발생적으로 탄생한 달러 공주들의 유럽 대공습은 성공적이었다. 대서양을 건너온 부잣집 규수들은 지적 수준이나 신대륙 특유의 발랄함, 영양 좋으며 같은 종족의 에티켓과 언어 등으로 당당한 매력을 발휘하며 막강한 부를 등에 업고 영국 귀족사회를 파고들었던 것이다. 트럼프가 기시다는 만나지 않으면서 아베 부인을 환대한 것과 같이, 국왕 에드워드도 미국에서 온 여성 손님을 만나는 것을 즐겼던 것이다.

가난에 절은 잉글랜드 귀족들은 미국으로부터 날아온 부자의 상속녀들을 그녀들의 매력과 함께 문제 해결자로 하여 혼인을 추진한다. 위기에 처한 가문을 구하기 위한 유일한 방책이었는지 모른다. 아니 잉글랜드 귀족에게는 봉 잡는 사업이었던 것이다. 그중 가장 큰 지참금을 가져간 이는 미국의 철도 거부 윌리엄 키샘 밴더빌트(William Kissam Vanderbilt)의 딸 콘수엘로 벤더빌트(Consuelo Vanderbilt)로 영국의 가장 명망있는 말버러 공작(처칠 가문과 다른 말버러 가문)과의 혼사 지참금은 250만 달러로 오늘날로 환산한 가치는 1억 달러 정도를 지급하였다. 콘수엘로 벤더빌트는 결혼식 내내 울었다고 한다. 미국 신흥 부자들의 신분 콤플렉스가 여실히 드러나는 교착점이다.

달러 공주 중 가장 주목받는 여성은 제니 제롬이었다. 그녀는 뉴욕 금융가 레너드 제롬(Leonard Jerome)의 딸로 런던 사교모임의 스타였다. 화려한 외모에 유창·수려한 언변은 런던 귀족들을 사로잡았는데, 왕이던 에드워드 7세의 눈총을 받았고 왕은 그녀를 윈스턴 처칠의 아버지 랜돌프 처칠에게 소개하게 된다.

두 사람은 첫눈에 반하였다. 명석하고 아름다운 제니 제롬은 랜돌프 처칠의 인품과 그에 걸맞은 신분의 고귀함과 어울렸고 이들은 1874년 4월 만난 지 6개월 만에 결혼에 골인하게 된다. 지참금은 당시 5만 달러였고 오늘날의 화폐가치로 100만~200만 달러 정도였다. 이 돈은 랜돌프의 빈곤을 완전히 해소하지는 못했던 모양이다. 안타깝게도 레이디 처칠 제니 제롬은 결혼 후에도 아르바이트를 하지 않으면 안 되었다는 것이며 그 대상에는 랜돌프의 상사들과 가끔 그녀를 침실로 부른 에드워드 7세가 포함되어 있었으나, 한편은 인류 역사에 선을 그은 윈스턴 처칠을 세상에 내게 된다. 마치 모세의 탄생이나 다윗의 솔로몬 잉태와 유사하다. 이 과정을 겪으면서도 이를 묵인한 랜돌프는 보수당 대표인 '토리'에 오른다.

세계를 구한 명문가의 아들 탄생

윈스턴 처칠이 태어났다. 랜돌프 처칠과 제니 제롬의 사이에서 태어났으며, 그가 누구의 아들인가를 의심하는 사람은 없다. 부모가 닦아놓은 길에서 윈스턴 처칠은 성공 가도를 달릴 수 있었다. 제롬의 공으로 당시 정부 요직을 가기 위해 필수적이었던 군대에 입대하였고, 세계 각국, 미국, 쿠바, 인도를 다니면서 세계정세를 읽는 힘을 길렀다.

이때 아돌프 히틀러가 등장했다. 세계는 위기에 빠졌다. 1939년 히틀러는 폴란드를 침공한 후 전 유럽을 굴복시켜 나갔다. 오로지 영국만이 항복하지 않았으며 영국에는 히틀러 입장에서는 태어나지 말았어야 할 윈스턴 처칠이 버티고 있었던 것이다. 1940년 5월, 신임 총리 윈스턴 처칠은 "우리는 땅에서도, 바다에서도, 하늘에서도 싸울 것이다. 우리는 절대 포기하지 않을 것이다."(we shall fight on the beaches, we shall fight on the landing grounds, we shall fight in the fields and in the streets, we shall fight in the hills; we shall never surrender)(1940년 6월 4일), "제가 여러분께 드릴 수 있는 것을 피와 땀과 눈물뿐이다."(I have nothing to offer but blood, toil, tears and sweat.)(1940.5.13. 하원연설)라는 명연설로 국민의 마음을 사로잡았다. 국민들이 위험을 두려워하지 않고 목숨을 바칠 수 있게 한 것이다. 마치 손자병법(孫子兵法)이 첫 번째로 강조하여 언급하는 도(道)를 지키는 군주와 같다.

윈스턴 처칠은 전승의 근거를 미국 참전으로 보았다. 당시 미국 대통령 프랭클린 루즈벨트의 서재에는 윈스턴 처칠로부터 온 수많은 서신이 쌓였다. 미국과 영국의 동맹은 단순한 군사적 협력이 아니라 민주주의와 자유를 위한 공동의 투쟁이며 지금 이를 지켜야 한다는 내용이다.

이로부터 전 세계의 안전과 평화를 위한 양국 간 협약 '대서양 헌장'(1941.8.14. 미국 대통령 프랭클린 D. 루스벨트와 영국 총리 윈스턴 처칠이 대서양에서 만나 발표한 공동 성명. 이는 연합국의 전쟁 목표와 전후 세계 질서 구상을 담고 있으며, 민족 자결권, 주권 회복, 평화와 국제 협력 도모 등을 천명)이 완성된 것이다. 이는 UN 창설의 기초가 되었는데, 전쟁 초기 연합국의 결속을 다짐하고 UN의 사상적 기반 및 유엔 창설의 로드맵을 제공하였다. 일본이 미국을 침공할 수 있다는 이승만 박사의 논문(저서 Japan Inside Out, 1941.7)은 이즈음 쓰여졌다. 대서양 헌장이 체결된 지 4개월 만인 동년 12월 일본이 진주만을 기습한다.

미국은 그동안 고수하던 불참전의 고립주의를 폐기하고 참전을 결정한다. 루즈벨트와의 기싸움에서 승리를 거둔 것이다. 그 4년 후 전쟁은 연합군의 승리로 끝난다. 그동안 제국주의로부터 억압받던 피식민 국가들 대다수가 해방되었다. 세계 인구의 절반 이상은 미국을 전쟁에 끌어들이며 벌인 승리를 향한 그의 집착과 믿음에 빚을 지고 있는 것이다. 처칠은 언제나 조국을, 역사의 진보를 나아가 자신을 믿었다. 그의 삶은 아버지의 나라 영국의 엘리트주의와 어머니의 나라 미국의 개척정신을 융합하여 조화롭게 갖춘 인물이다. 19세기 세계화는 영국의 귀족주의를 무너뜨리고 새로운 세계질서를 정립하면서 민주의 뿌리를 내렸다. 그 근저에는 유럽대륙과 미 대륙의 혼혈아 윈스턴 처칠이 있다.

---

23) 강영운, (2024. 12. 16), 매일경제, A31면.

📖 참고_ 한국 start-up, 나스닥 상장

우리나라의 start-up들은 한국의 코스피(KOSPI)나 코스닥(KOSDAQ)에 상장하여 투자자들의 Exit을 유도한다. 코스피와 코스닥에 상장된 기업 수는 무려 2,800개 이상으로 3,000 상장기업을 향해 달려가고 있다. 세계적으로 상위 10대 혁신 허브의 하나이다. 국제 금융시장 구조와 추이로 보아 이점은 앞으로도 크게 변하지 않을 것이라는 것이 보편적 인식이다.

한국 증권시장의 장기적 비전은 글로벌 벤처 생태계에서 서울의 위상을 어떻게 높이느냐이다. 근래 인도, 베트남 등 스윙 컨트리들의 위상이 약진하고 있고 상대적으로 한국은 AI나 코인 등 빅테크 기술들에 대한 규제가 강하며, 수출 주도라는 경제성장 Tool에서 국제적 불협화음이 생성되어 어려움을 겪는 중이다. 이러한 상황에서 국내 자본시장의 위상은 국내 투자자들과 정부기관들이 정성을 얼마나 기울이느냐에 달려있다. 이는 큰 투자를 의미한다.

국내 스타트업의 경쟁력 확보는 지역주의(Localism)를 극복하고 세계주의(Globalism) 차원의 관점에서 봐야 한다. 세계 최고의 기업들은 글로벌 카테고리 리더가 되겠다는 포부를 가지고 있다. 한국의 창업가들은 국내 IPO에 의한 Exit에서 사업을 장기적 세계기술 우위 확보 차원에서 바라보아야 한다. 나스닥에의 꿈을 키워가면서 말이다.

📖 참고_ 나스닥 상장 절차

나스닥은 크게 나스닥 글로벌 셀렉트 마켓(Nasdaq Global Select Market), 나스닥 글로벌 마켓(Nasdaq Global Market), 나스닥 캐피탈 마켓(Nasdaq Capital Market)의 세 가지 시장으로 나뉘며, 각 시장마다 상장 조건이 다르다. 일반적으로 캐피탈 마켓이 가장 낮은 기준을 가지고 있다.
나스닥 상장의 핵심은 미국 증권거래위원회(SEC)의 승인을 받는 것과 나스닥 자체의 상장 요건을 충족하는 것이다.

주요 단계

1. 사전 준비 및 상장 가능성 검토

- 나스닥 상장 요건(재무, 주주 구성, 기업 지배구조 등) 충족 여부 확인.
- 미국 회계 기준(US GAAP)에 따른 재무제표 작성 및 감사 준비.
- 내부 통제 시스템 구축 및 강화.

2. 전문가 팀 구성

- 주간사(Underwriter) 선정: 상장 과정의 핵심 파트너로, 기업 가치 평가, 주식 공모, 투자자 모집 등을 총괄한다. 주요 투자은행(IB)들이 이 역할을 수행한다.
- 회계법인(Auditor): 미국 회계 기준(US GAAP)에 따라 재무제표를 감사하고, SEC 등록서류에

포함될 재무 정보를 준비한다.

- 법무법인(Legal Counsel): 미국 증권법 및 나스닥 상장 규정 준수 여부를 검토하고, 등록서류 작성 및 심사 과정에서 법률 자문을 제공한다(미국 현지 법무법인 필수, 한국 기업의 경우 국내 법무법인 협력).
- PR/IR 전문가: 상장 전후 기업 홍보 및 투자자 관계(Investor Relations) 활동을 지원한다.

3. 가치평가 및 주가 결정 (Valuation & Pricing)

1) 가치평가(Valuation)

주간사가 핵심 역할: 주간사는 기업의 사업 모델, 재무 성과, 성장 잠재력, 경쟁 환경, 시장 트렌드 등을 종합적으로 분석하여 기업 가치를 평가

주요 평가 방법

- 할인 현금흐름법(DCF, Discounted Cash Flow): 미래 현금 흐름을 현재 가치로 할인하여 평가
- 상대 가치 평가법(Relative Valuation): 유사 산업군에 속하는 상장 기업들의 주가수익비율(PER), 주가매출액비율(PSR), EV/EBITDA 등 재무 지표를 비교하여 가치를 산정
- 거래 사례 비교법(Precedent Transactions): 유사 기업의 과거 M&A 거래 가격 등을 참고한다.
- 성장성 반영: 나스닥은 기술주와 성장주가 많으므로, 현재의 이익보다는 미래 성장 잠재력을 높게 평가하는 경향이 있다. 혁신성, 시장 점유율 확대 가능성, 기술적 우위 등이 중요하게 반영된다.

2) 주가 결정(Pricing)

- 수요 예측(Book Building): 주간사는 기관 투자자들을 대상으로 로드쇼(Roadshow)를 진행하며 기업 설명회를 개최하고, 투자 수요를 파악한다. 이 과정에서 투자자들의 희망 매수 가격과 수량을 취합하여 수요 예측
- 공모가 범위 설정: 수요 예측 결과를 바탕으로 주간사와 기업은 공모가(Initial Public Offering, IPO) 희망 범위(price range)를 설정
- 최종 공모가 확정: 최종적으로 수요 예측 결과와 시장 상황, 투자자 반응 등을 종합적으로 고려하여 주간사와 기업은 최종 공모가를 확정. 이 가격은 상장 당일 주식 거래의 기준가가 된다.

4. SEC 등록서류 작성 및 제출

- S-1 Form(미국 기업) 또는 F-1 Form(외국 기업) 제출: 기업의 사업 내용, 재무 상태, 경영진 정보, 위험 요소, IPO 관련 정보 등이 상세히 담긴 등록서류를 SEC에 제출. 수백 페이지에 달하는 방대한 문서이다.
- SEC 심사: SEC는 제출된 서류를 검토하고, 추가 정보 요청(comment letter) 또는 수정·보완을 요구한다. 이 과정은 여러 차례 반복될 수 있으며, 상장 절차 중 가장 시간이 오래 걸리는 단계 중 하나이다.

- 등록 효력 발생: SEC의 모든 요구사항이 충족되면, 등록서류의 효력이 발생(Effective)하며 공모를 진행할 수 있는 상태가 된다.

5. 나스닥 상장 신청 및 승인

- SEC 등록 효력 발생과 병행하여 나스닥에 상장 신청서를 제출하고 심사를 받는다. 나스닥은 자체 상장 기준(재무 요건, 주주 수, 주가, 기업 지배구조 등)을 가지고 있다.
- 나스닥의 기업 지배구조 요건: 독립 이사 선임, 감사위원회 구성, 연차보고서 제출 의무 등 엄격한 기업 경영 기준을 요구한다.

6. IPO (Initial Public Offering) 공모

- 투자자 모집 및 배정: 확정된 공모가로 기관 투자자 및 일반 투자자들에게 주식을 판매한다. 주간사가 공모 과정을 주도한다.
- 청약 및 납입: 투자자들은 공모가로 주식을 청약하고, 해당 대금을 납입한다.

7. 상장 및 거래 개시

- 공모가 확정 및 납입 완료 후, 나스닥 시장에 주식이 공식적으로 상장되어 거래가 시작된다. 상장 당일에는 통상 종을 울리는 세리머니가 진행된다.

나스닥 상장을 위한 핵심 전문가 및 역할

나스닥 상장은 단일 기업의 힘만으로는 불가능하며, 각 분야의 전문성을 가진 팀의 유기적인 협력이 필수적이다.

1. 주간사(Underwriter / Investment Bank):

- 역할: 상장 절차의 총괄 지휘자. 기업 가치 평가, 공모가 산정, 증권신고서 작성 지원, 투자자 대상 로드쇼 기획 및 진행, 주식 공모 및 배정, 상장 후 주가 안정화(필요시) 등을 담당. 복수 주간사를 선정할 수도 있다.
- 선정 시 고려사항: 해당 산업 분야에 대한 이해도, IPO 실적, 기관 투자자 네트워크, 해외 기업 상장 경험 등을 종합적으로 고려해야 한다.

2. 미국 회계법인 (Auditor)

- 역할: 기업의 재무제표를 미국 회계 기준(US GAAP)에 따라 감사하고, SEC 제출 서류(S-1 또는 F-1)에 포함될 재무 정보를 검토 및 인증한다. 내부 통제 시스템(Sarbanes-Oxley Act, SOX) 구축 및 준수 여부도 확인한다.
- 선정 시 고려사항: 대형 회계법인(Big 4: 딜로이트, PwC, EY, KPMG)과의 협업이 일반적이며, 미국 증권 시장 상장 경험이 풍부한 팀을 선정하는 것이 중요하다.

3. 미국 법무법인(Legal Counsel)

- 역할: 미국 증권법(특히 1933년 증권법, 1934년 증권거래법) 및 나스닥 상장 규제에 대한 법률 자문을 제공한다. SEC 등록서류 작성 및 검토, 각종 계약서(인수 계약, 주주 간 계약 등) 검토 및 작성, 기업 지배구조 관련 자문 등을 수행한다.
- 선정 시 고려사항: 미국 IPO 경험이 풍부하고, 해외 기업의 미국 상장 관련 전문성을 가진 법무법인을 선택하여야 한다.

4. 국내 법무법인 (필요시)

- 역할: 한국 기업의 경우, 국내 법률 및 규제 관련 자문을 제공하고, 미국 법무법인과의 협업을 조율한다. 국내 법인 형태 변경, 주주 구조 정리 등 상장 전 한국 내 법률적 이슈를 처리한다. 상기 예를 든 회계법인은 한국에 모두 업무제휴 되어 있다.

5. 기업 가치평가 전문가(Valuation Expert)

- 역할: 주간사와 협력하여 기업의 객관적인 가치를 평가한다. 독립적인 평가를 통해 공모가 산정의 신뢰성을 높이는 데 기여할 수 있다.

6. IR/PR 컨설턴트(Investor Relations / Public Relations Consultant)

- 역할: 상장 전후 기업의 스토리를 효과적으로 전달하고, 언론 및 투자자 커뮤니티와 소통하는 전략을 수립한다. 로드쇼 자료 준비, 언론 보도 자료 작성, 애널리스트 및 투자자와의 관계 관리 등을 담당한다.

7. 예탁기관(Depositary Bank)

- 역할: 외국 기업의 경우 미국 예탁 증권(ADR: American Depositary Receipt) 형태로 나스닥에 상장하는 경우가 많다. 이 경우 예탁기관(주로 대형 은행)은 원주(Original Shares)를 보관하고 ADR을 발행, 관리하는 역할을 한다.

나스닥 자체 상장 기준(Listing Requirements)

나스닥은 나스닥 글로벌 셀렉트 마켓(Nasdaq Global Select Market), 나스닥 글로벌 마켓(Nasdaq Global Market), 나스닥 캐피탈 마켓(Nasdaq Capital Market)으로 구성되어 있으며, 각 시장별로 재무 및 비재무적 요건이 상이하다. 글로벌 셀렉트 마켓이 가장 까다로운 조건을 요구하며, 캐피탈 마켓이 상대적으로 완화된 기준을 가지고 있다.

일반적인 나스닥 상장은 다음 범주 내에서 여러 가지 요건을 충족해야 한다. 기업은 제시된 다양한 기준들 중 하나를 선택하여 충족시키면 된다(여건 중 가장 강력한 조건이 셀렉트마켓이며 캐피털마켓은 가장 약한 규정을 적용한다).

1. 재무적 요건(Financial Requirements)

- 이익(Earnings) 기준
  - 최근 3회계연도 중 2개 연도 동안 일정 수준 이상의 세전 이익을 달성해야 한다. 시장 등급에 따라 요구되는 이익 규모가 다르다. (예: $75만 ~ $100만 이상)
- 시가총액(Market Capitalization) 등 기준
  - 최소 시가총액 요건: IPO 공모가와 상장될 주식 수를 곱하여 산정
  - 최근 12개월 또는 24개월 매출액 기준(특정 시장에서 적용)
- 유동성 요건(Market Value of Publicly Held Shares)
  - 시가총액 요건과 별도로, 이 요건은 단순히 기업의 전체 시가총액이 아니라, "실제로 시장에서 거래될 수 있는 유동 주식(Publicly Held Shares)의 가치"를 의미한다. 유동 주식은 임원, 이사, 10% 이상 대주주 등 통제 주주(control person)가 보유한 주식을 제외한 주식 수를 말하며, 이 주식 수에 공모가를 곱하여 산정한다.
- 주주 지분(Stockholders' Equity) 기준
  - 일정 규모 이상의 주주 지분(자본) 보유. (예: $500만 ~ $1,500만 이상)
- 현금 흐름(Cash Flow) 기준
  - 일정 기간 동안 긍정적인 현금 흐름을 보여야 함. (글로벌 셀렉트 마켓에서 주로 요구)

2. 유동성 및 주주 관련 요건 (Liquidity and Shareholder Requirements)

- 최소 주주 수
  - 일정 수 이상의 공모 주주(Public Holders)를 확보해야 함. (예: 300명, 400명 또는 2,200명 이상, 시장 등급에 따라 상이)
- 최소 주식 수(Publicly Held Shares)
  - 임원, 이사, 10% 이상 대주주가 보유한 주식을 제외한 공모 주식 수가 일정 수준 이상이어야 함. (예: 100만 주 이상)
- 최소 주가
  - 최초 공모 주가(IPO price) 또는 상장 후 주가가 특정 금액(예: 주당 $3 또는 $4) 이상이어야 하며, 상장 후에도 일정 기간 $1 이상을 유지해야 한다. (지속적인 1달러 미만 주가는 상장 폐지 사유가 될 수 있음)
- 시가총액(Market Value of Publicly Held Shares)
  - 공모 주식의 총 시장 가치가 일정 금액 이상이어야 한다. (예: $500만 ~ $4,500만 이상)
- 시장 조성자(Market Makers) 수
  - 최소 3명 이상의 시장 조성자(해당 주식을 매수/매도하며 유동성을 공급하는 증권사)가 있어야 한다.

3. 비재무적 요건

- 경영 기록(Operating History)
  - 특정 시장의 경우 일정 기간(예: 2년)의 운영 기록을 요구하기도 한다.
- 최소 자본화(Minimum Capitalization)
  - 시가총액이나 총자산 등을 포함한 총 자본화 규모에 대한 기준이 있다.

주의사항

- 위에 언급된 숫자는 일반적인 기준이며, 나스닥 시장의 각 등급(글로벌 셀렉트, 글로벌, 캐피탈) 및 기업의 특성(예: 외국 기업, 스팩 합병 기업)에 따라 구체적인 요건이 상이할 수 있다.
- 정확하고 최신 정보는 나스닥 공식 웹사이트(Nasdaq Listing Center)를 통해 확인하는 것이 가장 중요하다.

4. 매출액 기준이 적용되는 시장

나스닥의 상장 요건은 각 시장(글로벌 셀렉트, 글로벌, 캐피탈)과 세부 상장 기준(예: 이익 기준, 시가총액 기준, 자산 기준 등)에 따라 매우 복잡하게 얽혀 있다.

매출액 기준은 특정 재무 요건을 충족하지 못하는 경우에 다른 대안으로 제시되는 경우가 많다. 예를 들어, 나스닥 글로벌 마켓(Nasdaq Global Market)이나 캐피탈 마켓(Nasdaq Capital Market)의 경우, 아직 이익을 내지 못하고 있지만 높은 성장 잠재력을 가진 기술 기업을 위해 매출액 또는 자산 규모를 기준으로 상장을 허용하기도 한다.

예시

- 나스닥 글로벌 마켓(Nasdaq Global Market): 특정 조건을 충족하는 경우, 연속적인 긍정적 현금 흐름이나 높은 시가총액을 요구하는 대신, 최근 12개월 또는 24개월 동안 일정 금액 이상의 매출액을 달성했음을 요구할 수 있다.
- 나스닥 캐피탈 마켓(Nasdaq Capital Market): 상대적으로 진입 장벽이 낮은 만큼, 특정 매출액 기준이나 총 자산 기준을 선택하여 충족할 수 있도록 한다.
- 성장성 위주의 기술 기업들이 이익이 부족하더라도 매출액이나 시가총액을 통해 상장을 시도할 때 활용되는 기준이다.

📖 참고_ 나스닥기업 지배구조 요건(Corporate Governance Requirements)

나스닥은 상장 기업의 투명성, 책임성, 주주 가치 보호를 위해 엄격한 기업 지배구조 요건을 부과한다. 이는 단순히 상장 시분만 아니라 상장 후에도 지속적으로 준수해야 하는 사항이다.

1. 독립 이사(Independent Directors)

- 이사회 구성: 상장 기업의 이사회는 최소 2인 이상의 독립 이사를 포함해야 한다(나스닥 글로벌 셀렉트 마켓 등급은 이사회의 과반수가 독립 이사로 구성되어야 함).
- 독립성 기준: 독립 이사는 회사 또는 회사 경영진과 중대한 이해관계가 없는 자로 정의된다. 예를 들어, 최근 3년 이내에 회사로부터 특정 금액 이상의 보수를 받은 적이 없거나, 회사의 감사인으로 활동한 적이 없어야 한다.

2. 위원회 구성(Board Committees)

- 감사 위원회(Audit Committee)
  - 최소 3인의 독립 이사로 구성되어야 한다.
  - 모든 감사 위원회 위원은 재정적인 소양(financially literate)을 갖추어야 하며, 최소 1인은 '재무 전문가(financial expert)'여야 한다.
  - 회사의 회계 및 재무 보고 절차, 내부 통제 시스템 감독, 외부 감사인 선임 및 감독 등의 책임을 가진다.
- 보수 위원회(Compensation Committee)
  - 독립 이사로 구성되어야 한다. (글로벌 셀렉트 마켓은 최소 2인의 독립 이사)
  - 임원 보수 정책 수립 및 승인, 임원 보상 결정 등을 담당한다.

지명/기업 지배구조 위원회(Nominating/Corporate Governance Committee)

  - 독립 이사로 구성되어야 한다. (글로벌 셀렉트 마켓은 최소 2인의 독립 이사)
  - 이사회 구성 및 독립 이사 선임, 기업 지배구조 원칙 수립 및 준수 감독 등의 책임을 가진다.

3. 정기 주주총회(Annual Shareholder Meeting)

- 매년 정기 주주총회를 개최하여 주주들이 주요 경영 사안에 대해 의결권을 행사할 기회를 제공해야 한다.

4. 주요 정보 공개(Disclosure Requirements)

- 연차 보고서(Form 10-K 또는 20-F), 분기 보고서(Form 10-Q), 임시 보고서(Form 8-K) 등 SEC가 요구하는 모든 공시 의무를 이행해야 한다.
- 내부자 거래, 이사회 구성, 임원 보수 등 중요한 기업 정보를 투명하게 공개해야 한다.

5. 윤리 강령(Code of Conduct)

모든 이사, 임원, 직원이 준수해야 할 윤리 강령을 제정하고 공개해야 한다.

6. 특수관계인 거래(Related Party Transactions)

- 특수관계인과의 거래에 대해 적절한 심사 절차를 마련하고, 필요한 경우 감사 위원회 또는 독립

이사들의 승인을 받도록 한다.

7. 의결권 있는 주식의 단일 의결권(One Share, One Vote)

- 대부분의 경우, 발행된 보통주는 주식 1주당 1개의 의결권을 가져야 한다(예외적으로 차등의결권 주식의 발행이 허용되는 경우도 있으나, 엄격한 심사를 거쳐야 함).

*** 외국 기업에 대한 예외(Foreign Private Issuers)**

- 나스닥은 외국 기업(Foreign Private Issuers)에 대해 일부 기업 지배구조 요건에 대한 면제를 허용할 수 있다. 이는 외국 기업이 자국 법규 및 관행에 따라 기업 지배구조를 운영할 수 있도록 유연성을 제공하기 위함이다. 그러나 이 경우에도 기업은 자국 규정과의 차이점을 명확히 공시하고, 나스닥의 핵심적인 지배구조 원칙은 준수해야 한다.

주의: 나스닥의 상장 규정(Listing Rules) 수시 확인 필수

📖 참고_ 독립 이사(Independent Director)란?

- 독립 이사(Independent Director)는 기업의 이사회 구성원 중 하나로, 회사의 경영진으로부터 독립적인 위치에 있으면서 회사의 경영을 감시하고 견제하는 역할을 수행하는 이사이다.
- 핵심적인 독립성 요건: 나스닥을 포함한 주요 거래소에서는 독립 이사의 독립성을 매우 엄격하게 규정하고 있다. 일반적으로 다음과 같은 관계에 있는 사람은 독립 이사로 간주되지 않는다.
  - 현재 또는 최근 회사와 고용 관계에 있는 자: 이사회의 결정에 영향을 미칠 수 있는 위치에 있었던 과거 또는 현재의 회사 임직원.
  - 회사 또는 계열사의 대주주 또는 지배 관계에 있는 자: 특정 지분율 이상의 주식을 소유하거나 회사의 경영에 실질적인 영향력을 행사하는 개인 또는 법인.
  - 회사와 중요한 사업적 또는 재정적 거래 관계에 있는 자: 회사에 중요한 용역을 제공하거나, 회사로부터 상당한 금액의 보수를 받는 법인 또는 개인.
  - 회사의 외부 감사인: 회사의 회계 감사를 담당하는 회계법인 또는 그 소속 직원.
  - 경영진의 가족 관계에 있는 자: 회사의 임원이나 이사의 배우자, 직계 존비속 등.
- 독립 이사의 역할과 중요성
  - 감시 및 견제: 독립 이사는 경영진의 독단적인 의사결정을 견제하고, 회사의 재무 건전성 및 내부 통제 시스템을 감독하여 투명한 경영이 이루어지도록 한다.
  - 주주 이익 보호: 경영진의 이익이 아닌, 일반 주주 전체의 이익을 최우선으로 고려하여 의사결정에 참여한다.
  - 리스크 관리: 회사의 잠재적 위험 요소를 식별하고 관리하며, 위기 상황 시 객관적인 판단을

제공한다.

- 대외 신뢰도 제고: 독립적인 이사회 구성은 투자자와 시장에 기업의 투명성과 책임감을 보여 주어 기업의 신뢰도를 높이는 데 기여한다.

나스닥 상장 요건에서는 이사회 내 독립 이사의 최소 비중을 규정하고 있으며, 특히 감사위원회, 보수위원회, 지명/기업지배구조 위원회와 같은 핵심 위원회는 전원 또는 과반수가 독립 이사로 구성되어야 한다.

CHAPTER 14

ESG 경영

ESG는 이제 단순한 운동의 범주를 넘어섰다. 이는 이미 사회와 동화되어 지구 위기인 기후 위기 대응을 위한 다양한 활동들이 기업 활동의 하나로 인식되고 있다. 삼성전자의 경우 회사의 핵심가치를 ESG에 두고 협력회사와의 상생전략을 구축해 나가고 있다. 상생 파트너십을 구축하고 지속 가능한 상생 협력을 모색하는 것이다.

협력사로 하여금 글로벌 경쟁력을 갖출 수 있도록 경쟁력 제고, 인적 역량 개발 등의 지원을 실시한다. 이 활동은 국내 협력사뿐 아니라 거래가 형성되지 아니한 중소·중견기업의 종합적 경쟁력을 위해서도 지원을 펴고 있다. 지속 성장 가능 상생 협력 생태계 구축이 목적이다. 2023년 동반 성장위원회의 동반 성장지수 평가에서 13년 연속 최우수 등급을 받았다. 삼성은 "앞으로의 제조현장은 인공지능을 탑재한 로봇의 등장으로 초연결, 초지능, 초융합의 제조역량을 확보한 기업들이 무한 경쟁력으로 앞서나가는 시대"가 될 것으로 보고 미래를 대비하는 혜안으로 지속 성장의 기반을 확보해 나가라고 주문하였다.

삼성은 이미 2024년에 협력회사 전담 조직을 신설하여 경영환경 개선과 경쟁력 강화를 위한 상생 협력 활동을 시작하며, 맞춤형으로 ① 자금 ② 기술 ③ 인력 등의 3대 분야 활동을 수행하고 있다. 자금 분야에서는 협력회사 거래 대금을 현금으로 지급하고, 2010년부터는 1조 4,000억 원 규모의 상생 펀드를 조성해 협력회사의 기술개발, 설비투자 자금 등을 저리로 대출해주고 있다. 또 1조 규모의 ESG 펀드를 조성하여 ESG 경영 기반 구축자금을 무이자로 지원한다. ESG 관련 환경·안전 설비 등의 투자액도 큰 금액이기 때문이다.

중소기업중앙회가 조사한 30대 대기업 협력회사들(시가총액 및 매출액 상위 주요 대기업 30개사(공기업 3개사 포함)와 협력사 108개사를 대상으로 조사–"대기업의 협력사 ESG 관리현황" 보고서를 발표)은 인력과 장비 부족으로 ESG 경영 이행에 어려움을 겪고 있는 것으로 나타났다. 또 반도체 협력회사의 안전사고 예방, 품질 향상 등을 위해 반도체 우수 협력회사를 대상으로 6,700억 원의 인센티브를 지급하기도 했다.

기술 분야에서는 협력회사의 미래 성장동력 발굴 지원으로 국내 대학, 연구기관이 보유한 기술을 '우수기술 설명회' 및 'Big 기술 설명회'를 개최한다. 삼성전자가 보유한 특허를 미거래 중소기업에까지 개방하여 2023년까지 2,100건의 특허를 무상으로 양도하였다. 중소벤처기업부와 함께 200억 원의 지원금을 출연하기도 하였으며 신규 펀드 300억 원을 조성하였다.

상생 협력 아카데미 '컨설팅 센터'를 운영하여 제조, 품질, 개발, 구매 등과 생산성 저하, 불량 발생 등 문제 해결에 공장 운영 최적화 제조 품질 혁신 방안을 제공하고 있다. 2023년도부터는 스마트 공장 3.0 사업을 통해 중소기업 제조현장을 지능형 공장으로 고도화한다. 또한, 농촌지역에도 지원하여 지역 균형 발전에도 조력하고 있다.

인력 분야에서는 '상생 협력 아카데미'를 통하여 체계적 인재육성을 지원한다. 여기서는 삼성전자의 기술과 노하우 컨설팅, 센터, 혁신 등 교육센터, 청년 일자리센터 등으로 구성돼 있다. 삼성은 협력사 채용박람회, 온라인 채용관 등을 통해 7,500명의 인재 채용을 지원했다. 또한, '함께 가요 미래로! Enabling People'이라는 사회 공헌 비전으로 청소년 잠재력을 발휘할 수 있도록 다양한 교육 등의 지원이 이루어지고 있다.

1 ESG의 개념

경영기능 중 하나는 기업을 둘러싼 이해관계자 집단들에게 적극적인 자세로 그 책임을 다하는 것이다.[1] 현대경영은 이를 ESG라 하며 ESG 관련 몇 가지 기본 용어들은 다음

1) 임득수, 전게서, p.39.

과 같다.

FFF(3FS, Fit For Fifty-five)

2021년 EU의 27개 회원국이 온실가스 순 배출량을 1990년 대비 2030년까지 55% 감축하자는 것으로 탄소 국경세(CBAM: Carbon Border Adjustment Mechanism) 도입, 국경 이동 제품에 탄소 형평용 관세를 부여한다는 내용이다.

RE 100

2050년까지 사용전력 100%를 RE(재생에너지: Renewable Energy)로 대체하자는 글로벌 캠페인, 2014년 영국 비영리 환경단체인 The Climate Group과 CDP(탄소 공개 프로젝트)가 연합하여 만든 기준으로 우리나라도 2020년부터 K-RE 100(한국형 RE 100) 제도를 시행 중이다.

환경 표지 인증제도

우리나라에서 생산하는 제품의 전 과정에서 에너지와 자원의 소비를 줄이고 오염물질의 발생을 최소화한 제품임을 인증하는 제도이다.

리매뉴펙처링

리사이클링은 친환경 생산 기법이나 재활용품의 화학적 처리에 따른 공해 유발과 재생비용이 많이 든다. 리매뉴펙처링은 수명을 다한 제품의 주요부품을 재사용할 수 있도록 하는 방법, 플라스틱 부품을 스테인리스로 사용하면 초기 제조원가는 높으나 중고품 재사용이 가능하다. 원가를 대비하여 판단할 사항이며 제품에 대한 소비자 인식 전환이 필요하다.

1) 환경 보호

(1) 환경보호와 환경 파괴

자연 환경파괴는 매우 심각하다. 환경보호란 자연 환경파괴의 심각성에 대한 환경의 중요성에 대한 여러 가지 활동을 일컫는다. 이 용어가 기업에 관련하여 쓰여질 경우에는 기업의 제품 설계부터 원부자재 구매 → 생산 → 마케팅 → 소비 → 폐기에 이르는 제반 활동을 환경을 보호하는 원칙하에 수행하여 환경이 침해되지 않도록 하는 기업활동들을 의미한다. 이는 유한한 자원과 이를 품은 지구환경 보호에 초점이 맞추어져 있다.

환경보호에 대한 인식변화

환경문제에 대하여는 재인식이 필요하다. 환경의 파괴와 공해 유발, 오염 발생 등이 지구의자정 능력을 초과하여 별도의 비용이 들어가고 있으며, 그 비용은 천문학적이다. 2021년 기준 우리나라의 환경보호 지출액은 47조 6,958억원으로 국민 1인당 93만원 정도로 전년(46조 2,269억원) 대비 3.2% 증가한 규모이자, 국민총생산(GDP)의 2.3%를 차지하는 규모이다. 각 기업들은 환경보호 비용을 투자로 인식하여 환경 보호에 적극 참여하는 자세가 필요하다.

국제환경 규제의 강화

환경공해물질 탄소의 배출량은 매년 큰 증가세를 보이고 있다. 국제적으로 지구 오염은 통합관리할 필요성이 높아지고 있으며 오염의 발생자별로 오염의 거래권(tradable permission)제도를 시행하고 있다. CO2 규제를 WTO나 OECD, ISO 14000이 앞장서고 있으며, CO_2를 규제한다. 등에서 규제하고 있으며 이는 탄소배출 규제, 화학물질 규제 및 자원 효율성 규제 등으로 변환 발전하고 있다. 특히 EU에서는 탄소국경조정제도(CBAM) 시행, 에코 디자인 강화 등 다양한 노력을 기울이고 있으며, 미국도 캘리포니아를 중심으로 온실가스 배출 규제 움직임을 보이고 있다. 환경 규제는 기업의 지속 가능한 성장의 주요 수단으로 활용하여야 한다.

ESG 경영과 환경보호 제도

ESG는 기업의 지속 가능한 성장의 주요 수단으로 여겨져야 한다. 3F, RE 100, 환경표지 인증제도 등에 대한 홍보 및 생활화가 필요하다.

(2) 친환경 경영의 요구

환경문제가 심각하게 대두되면서 경영에도 환경 중심의 경영이 대두되었다.

(가) 친환경 인식

생산과정인 설계, 생산, 원료 재반복사용 체계, 폐기 절차에 따른 오염 발생에 대한 고려를 담은 경영을 수행한다. 이는 친환경 경영의 실천을 의미한다고 할 수 있다.

이에 대한 경영과제는 재무적 요소인 생산성 및 수익성 중심에서 비재무요소인 친환경을 도입하고, 기업에는 늘 친환경 기업 이미지를 주어 환경을 보존이 수익 향상에 기여한다는 점과 환경을 수반할 때 제품가치가 더 상승한다는 점을 부각시킨다.

친환경 경영 정착 고려요소로는 기업 경영자들로 하여금 ESG를 위한 비용들이 투자로 자기 제품 제작원가의 한 부분이라는 의식을 심어주는 것이다. 나중 환경이 열악해지면 사업 자체를 못할 것이므로 그에 대한 장기 투자를 선 이행해두는 것이다. 일종을 감가상각비를 현금으로 지불한다고 생각하면 좋을 것이다. 그 외 고려할 요소들은 다음과 같다.

- ESG 비용은 투자라는 인식
- 환경 문제는 공동 대처
- 정책 지원이 필요할 시 지원센터의 활용
- 전문인력과 프로그램 지원 및 법규 규정 대응에 대한 지원을 수행
- 소비자 인식 전환을 위한 공동 노력의 경주
- 친환경 기술 개발, 활용에 대한 협업, 지원 등의 노력
- 단계별 친환경 경영 활동을 지원
- 설계, 생산, 사용, 사용 후 환경을 고려한 활동 인식 운동 수행

(나) 제조기업의 환경보호 방안

제품의 구상 및 설계단계로부터 생산 및 폐기에 이르기까지 환경을 중심으로 활동하는 것을 원칙으로 다음의 기준을 가진다.

1. 설계단계: 공해 방지와 환경보호를 할 수 있도록 하고, 제품 고장이 나지 않도록 오래 사용할 수 있도록 설계한다.
2. 생산공정: 공해 발생이 극소화되도록 구축
3. 원료의 재사용, 반복 사용이 가능한 재활용 체계 구축
4. 제품 사용 후 폐기 단계에서는 폐기물을 극소화시켜야 함. 폐기 과정에서 오염이 발생하지 않도록 해야 한다.

(다) 리매뉴펙처링의 강조

리사이클링은 친환경 생산 기법이나 재활용품의 화학적 처리에 따른 공해 유발과 재생비용이 많이 든다. 리매뉴펙처링은 수명을 다한 제품의 주요부품을 재사용할 수 있도

록 하는 방법으로, 플라스틱 부품을 스테인리스로 대체하는 사업을 수행한다. 고강도, 내식성, 내열성, 안전성 등 필요한 특성을 확보해야 하는 곳, 즉 상수도 배수지 시공, 자동차 연료 탱크, 엔지니어링 플라스틱 부품 등에 사용한다. 그러나 초기 제조원가 높고, 중고품 재사용 제품에 대한 소비자 인식 전환이 필요하다.

2 사회적 책임 경영

1) 경영자의 사회적 책임(CSR)요구

(1) ESG 사회적 책임의 개념

환경 경영 또는 ESG에 대한 사회적 책임 경영은 현대 기업 경영자의 사회적 책임(CSR: Corporate Social Responsibility)을 요구하고 있다. 과거에는 협조 또는 보호자원이었으나 이제는 의무로 인식되고 있으며, 단순 긍정적 기업 이미지를 만드는 수준을 넘어 기업 경영의 전략적 견인차 역할을 하고 있다.

마이클 포터(M. Porter)와 크레이머(Kramer)는 CSV(Creating Shared Value)라는 개념을 만들었는데, 기업가치와 사회가치 향상을 동시 목표로 하고 있다. 환경 관련 파리협정은 지구 온도 상승을 산업화 이전 대비 1.5°C 로 제한하기 위한 감축 노력에 모든 국가가 참여하도록 하는 협약인데, 트럼프 대통령은 2020년 11월 4일 이 협정이 미국의 경제와 산업에 불리하다고 판단하여 탈퇴하였다.

ISO 26000은 기업 및 조직이 사회적 책임을 다하도록 돕는 지침 역할을 하는 국제표준으로, 기업, 정부, NGO 등 사회구성 요소 모두가 ① 지배구조, ② 인권, ③ 노동, ④ 환경, ⑤ 소비자, ⑥ 공정운영, ⑦ 지역사회 참여와 발전 등 7개 핵심 주제에 대하여 준수해야 할 사항을 정리한 지침서이다. 기업 경영자는 응당 ISO 26000에 입각한 경영을 수행하도록 노력하여야 한다.

ESG와 CSR의 차이는, ESG는 사회적 책임을 다하는 기업에 투자하는 것을 의미하나 CSR은 기업이 사회적 책임을 완수하기 위해 활동을 경영에 통합하는 것이라 할 수 있다.

ESG와 CSR의 차이는 다음과 같다.

• **표 1** ESG와 CSR의 차이

	ESG	CSR
의미, 목적	- 기업 활동 전반에 친환경 사회적 책임, 지배구조 개선 등을 도입, 지속가능한 발전 도모	- 기업의 사회적 책임을 의미 - 사회에 기여하고자 하는 부가활동 정도로 생각됨
실행방법	기업경영, 재무활동에 ESG요소를 연동	봉사, 기부 및 사회 공헌 프로그램 등을 운영
단기적 효과	- 주주, 잠재적 투자자, 투자 매체 등에 영향 - ESG현황을 지수로 발표	- 소비자, 임직원 등에 긍정적 이미지 부여 - 소비자의 충성도 및 기업 이미지 상승
장기적 효과	- 기업의 재무 안정성으로 이어짐	- 기업의 이미지 향상에 도움을 주고 매출을 증대시킴

(2) 사회적 책임의 유형

(가) 전통적 사회적 책임

기업은 자기가 뿌리를 내린 지역에서 주변 사람들의 도움이 없이는 실제로 존속이 불가하다. 따라서 이전의 훌륭한 기업인들은 매해 동네 잔치를 열곤 했다. ESG에 대한 전통적 사회적 책임은 일반적 영영책임에서 몇 가지를 더하여 ① 기업의 존속·발전 ② 첫 종업원 ③ 지역사회 ④ 공해방지·환경보호 ⑤ 후계자 양성 ⑥ 첫 주주 ⑦ 첫 소비자 ⑧ 첫 정부 ⑨ 협력업체 등에 대한 사회적 책임 투자(SRI: Socially Responsible Investment)를 포함시킨다.

동네 잔치를 하는 기업에게 그 사유를 물으면 동네 사람들이 잘 보살펴줘서 사업을 잘하고 있다고 한다. 이들이 핑계를 댄 내용들은 다음과 같다.

① 기업의 존속·발전을 동네 사람들이 지켜줬다.

② 젊은이들을 종업원으로 보내줘 일을 해줬다.

③ 지역사회가 어려워 회사가 위기일 때 외세로부터 지켜주었다.

④ 유해한 물질을 상당히 배출해 환경에 나쁜 영향을 주었을 터인데 잘 참아줬다.

⑤ 후계자 양성에 도움을 주었다.

⑥ (음으로 양으로) 첫 주주역할을 수행했으며

⑦ 첫 소비자였고, ⑧ 첫 정부역할을 했으며, ⑨ 협력업체역할을 하였다.

결국 사회적 책임 투자(SRI: Socially Responsible Investment)에 대한 보답이며 기업도 사회에 보답이며 동시 투자를 하는 것이다.

(나) 사회 공헌 활동

경영자의 사회적 책임은 시대를 따라 넓어졌다. 기업의 사회적 책임은 아래 그림과 같이 3경영 시대의 공유가치를 지나 ESG 시대로 이전한다.

사회적 책임의 시대적 흐름	: 넓어짐 →	1경영시대	→ 2경영시대	→ 3경영시대	→ ESG
		주주 이익	모든 이해관계자	공유가치	

(다) 사회적 책임의 내용과 기대효과

기업은 이익으로 장학재단 운영, 문화·예술 활동 지원, 사회봉사 활동, 봉사단체 운영지원, 장애인 지원, 소외계층 지원, 소년·소녀 가장 돕기, 결식 아동 돕기, 문화·복지재단 운영 등을 수행한다. 메세나 활동으로 문화예술(1960~) 활동을 돕고 르네상스 시대 메디치 가문(Medichi family)의 역할을 하며 레오나르도 다빈치(1452~1519), 미켈란젤로(1475 ~ 1564) 같은 예술가를 배출해 낸다. 기업은 사회 신뢰도를 얻고 경쟁기업과 차별화하며 좋은 이미지를 향상하여 구성원들은 자부심을 얻는다.

(라) 방법

사회적 책임을 다하는 방법은 보육원, 사회복지기관, 사회단체 등에 직접 지원하는 방법, 재단을 설립하여 계획적으로 지원하는 방법 등이 있다.

자본주의는 이전의 이익추구형에서 사회에 대한 인식이 달라지는 시대를 맞고 있다. 특히 2008년 리먼브러더스 파산 이후 이러한 경향이 두드러졌으며, 경제학자 아나톨 칼레츠키(Anatole Kaletsky, 1952년생)는 그의 저서 『자본주의 4.0: 새로운 경제의 탄생』(2010)에서 이 시대를 새로운 자본주의의 형태로 정의했다.

일반적으로 자본주의의 변천을 다음과 같이 구분해 볼 수 있다. 첫째는 자유 방임형이었고 그 다음은 케인즈 영향의 이윤추구로 대공황 이후 정부 실패 및 스태그플레이션(물가, 실업률 상승)의 상황을 정부의 적절한 개입으로 시장주의로 회귀하며 공동체와 공동

체간의 상생과 조화를 이루고 '나눔과 배려의 따뜻한 자본주의'를 이룩하는 것이다.

(마) 공유가치 창출

공유가치(Shared Value)란 모든 구성원이 공유하는 가치와 문화, 회사의 방향에 대한 공유된 비전, 경영철학 이념 등 정체성에 대한 인지, 구성원들의 공통목적이며 모든 요소들 간의 공통채널 역할을 하는 가치체계가 공유가치이다. 이는 포터 & 크레이머가 2011년 HBR 1~2월호에 제시한 것으로, 2006년부터 논의된 사항이다. 이미 자본주의는 곤경에 처해있으며 기업에 대한 신뢰가 추락하면서 경제발전과 성장을 방해하는 정책이 만들어졌다. 그 덕에 기업은 악순환의 고리에 빠졌다. 자기 고객들의 안녕을 고려하지 않았으며, 필수 자원의 고갈과 주요 협력업체의 생존문제, 자사 프로덕트 라인상 공동체의 경제적 고통에서 눈을 돌렸다. 경쟁력 강화라는 미명 아래 인건비가 싼 곳으로 생산기지를 이전하는 것이 지속 가능한 해결책이라고 믿었다. 정부와 시민사회도 기업에 사회적 문제를 전가하는 데에만 관심을 가졌고 문제를 악화시켰다.

그러나 이제부터는 기업의 존재목적이 바뀌어야 한다. 우리는 경제가치와 사회가치가 그동안 상반된다고 보아왔으나 이들 간의 상관성에 집중하는 공유가치에 집중하여야 하며 이것이 차세대를 이끌 새로운 가치 잠재력이다. 공유가치는 기업의 부수적 목적이 아니라 핵심 목표여야 한다는 것이다. 또한 공유가치는 이제까지 기업이 이룬 이익을 재분배하자는 것이 아니다. 지금부터 경제 사회적 가치의 총량을 확대하자는 것이다.

기업은 다음의 3가지로 공유가치를 창출할 수 있다. ① 상품과 시장의 재구상, ② 가치사슬의 생산성에 대한 새로운 정의, ③ 지역 클러스터의 개발을 통해 가능하다.

경영자는 공유가치 창출의 관점에서 기회를 파악하고 의사결정을 내림으로써 혁신을 이루어내고 기업의 성장을 이끄는 것은 물론 사회에 더 많은 혜택을 가져올 새로운 방법을 발견할 수 있다.

결국은 기업 자체의 가치추구보다 공유가치 추구가 궁극적 이익을 많이 가져올 것인데 – 자연은 적은 투자에도 풍성한 결실로 보상한다 – 그 단계까지 인식이 가기에는 시간이 걸리며, 자본이 부족한 기업도 있을 수 있고, 따라서 앞서나가는 기업 먼저 우선이라도 추진하여야 한다. 이미 이 운동에 뛰어든 기업들이 있으며, 철저한 사업 운영으로 명성이 자자한 GE, 스타벅스, 구글, IBM, 인텔, J&J, 네슬레, 유니레버, 월마트 등이다.

- 스타벅스: 항상 최고급 원두를 사용함에 따라 원가 상승하였으나 거래 농가를 지

속 보호하였고 공정 가치 증가로 결국은 성공하였음

- 네슬레: 농가에 커피 재배기술 교육 및 농가 수익 증대로 농촌 개발
- 유한킴벌리: 사회고령화에 주목, 시니어 기금조성, 시니어 비즈니스 도전, 소기업 및 사회적 기업에 도움을 줌
- 월마트: 온실가스 2,000만톤 줄이려 펀드 조성, 미국 곳곳에 재활용설비 보급, 온실가스를 줄이고 국민들의 재활용 습관도 바꾸게 함

(3) 사회 책임 경영

기업의 사회적책임경영 CRM(Corporate Responsibility Management)은 이제 기업들이 빼놓을 수 없는 과제가 되었다. 그 핵심 가치인 CSV(Creating Shared Value)는 기업의 진정한 이윤이 무엇인지를 알려준다. 이는 앞서 언급한 HBR에 2011년 1~2월호에 게재된 포터와 크레이머의 논문이다. 여기 키워드는 환경보호, 사회공헌, 윤리경영 수행이며 핵심은 공유가치(Shared Value)이다. CSV는 앞으로 기업의 생존을 결정하게 될 것이다.

현재의 우리 주변에는 장학재단의 활동, 다양한 형태의 문화·예술 활동지원, 사회봉사 활동, 봉사단체 운영지원, 장애인 지원, 소외계층 지원, 소년·소녀 가장 돕기, 걸식아동 돕기, 문화·복지재단 운영 등의 여러 형태의 사회적 책임을 감당하고 있다.

메세나

메세나(Mécénat)는 기업이 문화, 예술, 스포츠 등에 대해 지원을 아끼지 않는 활동을 의미한다. 이는 로마 시대의 정치가 가이우스 마에케나스(Gaius Maecenas)가 예술가들을 후원한 데에서 유래되었다. 메세나는 기업의 사회 공헌 활동 중 하나로, 브랜드 이미지 제고와 더불어 국가 경쟁력 강화에도 기여하는 것으로 여겨지고 있다.

이 활동은 르네상스시대 메디치 가문(Medichi family)과 그 이전 세대인 레오나르도 다빈치(1452~1519), 미켈란젤로(1475~1564) 등까지 거슬러 올라간다. 메세나 활동은 사회 신뢰도, 경쟁기업과의 차별화와 이미지 향상, 구성원 자부심 등을 기대할 수 있다.

사회적 책임을 수행하는 방법은 우리 주변이나 적은 커뮤니티를 포함, 보육원, 사회복지기관 등에 직접 지원하는 방법, 사회단체나 기관을 통하여 하는 방법 및 재단을 설립하여 전문적으로 하는 방법 등이 있다.

- 자본주의의 변천: 자본주의 4.0「The Birth of New Economy」(2010), 아나톨 칼레

츠키(Anatole Kaletsky)는 영국의 경제학자이자 저널리스트로, 사회는 18세기 후반부터 ① 자유 방임 ② 케인즈 영향 시대, 대공황 이후 정부 실패, 스태그플레이션(물가, 실업률↑) ③ 시장주의 회귀 및 ④ 공동체 상생·조화, '나눔과 배려의 따뜻한 자본주의'로 구분된다고 보았다.

기업의 사회적 책임은 CRM의 연장선상에서 노블레스 오블리제를 빼고는 논할 수 없으며 그 진정한 노블리스 오블리제의 대표자 유한양행 창시자인 고 유일한 박사(1895~1971)를 소환하지 않을 수 없다. 귀족은 의무를 갖는다. 귀족은 귀족다워야 한다는 이 개념은 그에게 딱 어울리는 말이다. 그는 유한양행을 1926년 설립하였으며, 1939년에는 우리나라 최초로 종업원 지주제를 도입하였으며 1969년 은퇴 시 우리나라 최초로 전문경영인에게 경영을 넘겼다.

자기 사후회사에 부담이 될지 모른다고 사전에 친인척을 모두 해고하였고 지금까지도 후손이 경영에 간섭하지 않는다. 생전에 교육재단을 설립하였고, 장학사업, 사회사업에 유한양행 주식의 55%를 기증하였다. 그분의 유언장의 내용을 보면 다음과 같다.

우리나라 대표적 책임경영자 유일한 박사를 소개한다.

유일한(진정한 노블레스 오블리주, noblesse oblige의 표상)(1895~1971)

귀족은 의무를 갖는다. 귀족은 귀족다워야 한다고 하였다.

유한양행 1926년 12월 10일 창립하였으며, 우리나라 최초로 종업원 지주제를 1939년 도입, 1969년 은퇴 시 우리나라 최초로 전문경영인에게 경영을 넘겼다. 사전에 친인척은 모두 해고하였으며, 지금까지도 후손이 경영에 불간섭하고 있다. 생전에 교육재단, 장학사업, 사회사업에 유한양행 주식의 55%를 기증하였다.

〈유언장 중〉

- 내 주식 14만 941주는 전부 한국사회 및 교육원조 신탁기금에 기증한다.
- 딸 재라에게는 유한공고 안에 있는 묘소와 주변 땅 5천 평을 물려준다.

  그 땅을 유한 동산으로 꾸며 결코 울타리를 치지

말고 유한 중·고등학교 학생들이 마음대로 드나들게 하며, 그 어린 학생들의 티 없이 맑은 정신에 깃든 젊은 의지를 지하에서나마 더불어 느끼게 해달라.

• 아들 일선은 대학까지 졸업시켰으니 앞으로는 자립해서 살아가라.

기업가들의 이런 유훈이 집행된다면 우리나라 기업들의 사회적 책임은 완수될 것이다.

2) ESG와 유사한 개념

(1) ESG와 EFG

ESG(Environment Social Governance) 대신 EFG(Environment Family Governance)로 해야 한다는 주장이 있다. 요즘과 같은 저출생 시대엔 기업들의 ESG 경영(환경, 책임, 투명 경영)의 S를 F로 바꾸어 EFG 경영(환경, 가족 친화성, 투명 경영)으로 구체화해야 한다고 하는 주장이다. 지방시대를 여는 저출산·고령화 문제를 경영학적으로 해결하자는 주장이다. 저출생 문제를 해소하는데 '일과 가정' 양립의 중요성을 강조한 것이다. ESG의 S(S: Social, 사회적 책무)의 실체가 지나치게 포괄적인 개념이며, 따라서 구체적인 F(가족 친화성)로 구체화해야 한다는 것으로, ESG 평가에서 EFG로 평가지표를 바꾸어야 한다는 것과 함께 한편에서는 인구 증가 실천 방안으로 EPG(P: Population, 인구, 가족)를 제시하기도 한다.

EFG와 EFF

EFG(Environment Family Governance)는 간혹 EFF – 'Environment Family Friendliness' 또는 'Environment Family Focus' 등으로 쓰이는 경우가 있다. 'Governance'는 기업 지배구조를 의미하기 때문에 'Family Governance'는 가족 기업의 지배구조를 연상시킬 수 있다. 따라서 EFF로 하여 Governance와는 다른 분명한 의미를 표시하기도 하는 것이다. 이 경우는 EFF는 본서에서 설명하는 EFG의 F의 의미와 같아진다.

이토추 상사의 예

이미 인력 부족으로 고통을 겪고 있는 기업들이 인재를 유치하고 생산성을 높이기 위해서는 채용시스템과 일하는 방식 등 인사·노무관리 제도와 기업문화를 전면적으로 혁신해야 한다.

일본의 대표적인 종합 무역상사인 이토추 상사의 최근 보도를 보면, 회사는 10년 전만 해도 근로자들이 만성적인 야근에 시달렸다. 그러나 새로운 일·가정 양립정책을 도입해 저녁 8시 이후 야근을 원칙적으로 폐지했다. 대신 아침형 근무제를 도입해 아침 5~8시에 근무를 하는 경우 야근과 동일한 150%의 추가 근로수당을 지급했고 이들을 위한 조식 서비스도 제공했다. 그 결과 이토추 상사의 노동 생산성은 10년 전 대비 5배, 출산율은 3.3배가 높아졌다.

저출산 종합대책

저출산 고령사회 위원회가 발표한 저출생 종합 대책에는 ① 일·가정 양립 경영 공시제 도입 ② ESG 공시 기준에 일·가정 양립지표 반영 ③ 국민연금 ESG 평가지표에 가족친화기준 포함 등이 담겨있다. 인구감소는 기업의 위기일 수 있으나 이를 계기로 인사·노무시스템의 전면적 혁신을 통해 생산성 향상의 계기로 삼는다면 도약의 기회가 될 것이다. 나아가, 근로시간의 유연성을 강화하는 것만으로도 일·가정의 갈등이 줄고 직장과 가정에서 시너지가 발생한다고 한다.

(2) ESG와 EPG

ESG를 EFG로 바꾸어 사회적 책임을 가족으로 구체화하였으나 그 범위를 인류 전체를 대상으로 하자는 주장이 EPG이다. EPG(Environment Population Governance)는 ESG의 S(Social)를 P(Population)로 바꾼 것이다.

우리나라의 출산율이 0.6 수준에 있어 급격한 인구감소로 국가의 미래 어둡다. 2024년 5,171만 명 인구가 유엔 추산 2089년에는 지금의 절반 수준인 2,585만명 으로 줄 것이라 했다. 정부가 18년 간 저출산 대응에만 380조원의 예산을 썼으면서도 출산율 하락을 막지 못했다는 비판이 거세다. 올해 입학생이 한 명도 없는 초등학교가 157개, 한 명인 학교가 110개라 한다. 국내 체류 외국인은 상대적으로 상승하였고 전체 인구의 4.9%로 OECD가 정한 다문화·다인종 국가 기준에 접근한다. 이러한 출산율 저하와 인구감소의 근거에는 아이 양육비의 문제와 어떻게 키울 것이냐의 양육의 조건 등 출산 및 양육의 환경 조성을 시키지 못하였기 때문이다. 최근 부영그룹이 출산 장려금 1억 원을 지급한 이후 공채 지원자 수가 5배 증가하였는데, 이것은 출산 장려 정책의 기업 이미지 제고 효자라 할 수 있다. 외국의 사례를 보면 출산율 감소했다가 증가하는 추세를 볼 수 있고

• **그림 1** 인구 위기정책 시행과 출산율 변동[2]

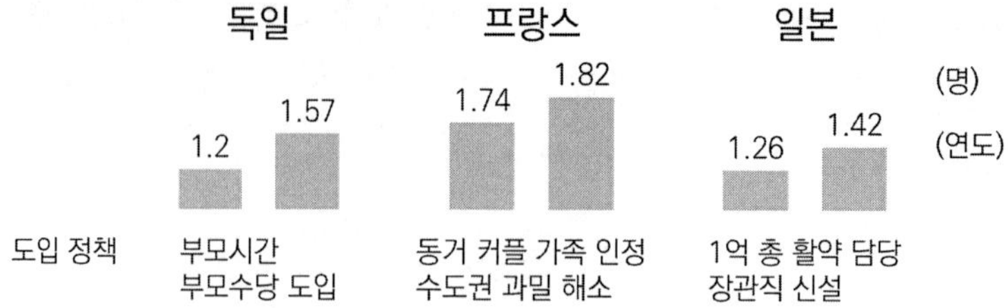

* 아베 정부는 2015년 '1억 총 활약 사회'를 지향한다는 방침을 밝히고 전담 담당상(장관)을 임명하고 전담조직을 만들었다.

이것은 출산의 중요성을 출산하는 엄마와 그 가족과 함께 어려움을 극복하자는 사회적 공감대가 형성되고 당사자들을 지원하면서 얻은 성과이다.

미래 인구 연구원의 EPG 경영평가

이러한 해외의 인구 위기정책 시행의 긍정적 효과를 인식하고 한반도 미래 인구 연구원은 매일경제 신문과 2024년 8월 18일 국내 최초로 자산규모 1조 원 이상 기업 300곳을 대상으로 EPG(환경, 인구, 투명 경영) 경영평가 점수를 발표했다.

이 평가의 결과, 300대 기업 평균점수는 55.5점으로 불합격점에 그쳤다. 그중 최고점은 85.3점(삼성전기), 최저점은 16.2점이었다. 다음은 롯데 정밀화학(83.8점), 신한카드·KB국민카드·KT&G(각 80.9점)였다. 이 결과는 EPG 경영평가 2024년 3~4월, 인구 위기 대응지표 17개를 기업이 공시한 지속 가능 경영 보고서 데이터를 바탕으로 조사·평가한 것이다. 주요 지표는 기업 구성원 및 지방 도시로부터 도출했다. 지표의 지향점은 ① 출산·양육지원, ② 일·가정 양립지원, ③ 출산 장려 기업문화 조성, ④ 지역사회 기여로 나누어져 있다.

출산 양육지원에서는 ① 출산휴가·육아휴직 ② 임산부 근로 보호제 ③ 남성 육아휴직 의무화 ④ 배우자 출산휴가 ⑤ 직장 어린이집 운영 등이고, 일·가정 양립지원 항목에서는 ① 시차 출퇴근제 ② 탄력근무제 ③ 재택근무제 등을 평가하였다.

1위의 삼성전기는 출산 생애 주기인 '준비 → 임신 → 출산 → 육아 → 복직'의 각 단계별로 지원정책을 마련했다. 삼성전기 직원 A씨는 난임으로 오랫동안 고생했으나 회사의 지원제도 덕에 출산을 성공했고 양육에 집중할 수 있었다고 했다.

2) (2024. 8. 19), 매일경제, 1-3면.

• **표 2** 15대 인구 위기 대응 우수기업

순위	기업명	점수	순위	기업명	점수	순위	기업명	점수
1	삼성전기	85.3	2	롯데정밀화학	83.8	3	신한카드	80.9
3	KT&G	80.9	3	KB국민카드	80.9	6	국민은행	79.4
6	삼성전자	79.4	6	한국가스공사	79.4	6	제주은행	79.4
6	효성첨단소재	79.4	11	롯데케미칼	77.9	11	신한캐피탈	77.9
13	삼성생명	76.5	14	SK	75.0	14	포스코퓨처엠	75.0

출처: 매경 보도자료

본 조사결과 우리나라 자산 1조 이상 300대 기업의 15대 인구 위기대응 우수기업은 [표 2]와 같다. 이 중 남성 육아휴직을 의무화한 기업은 15곳(5%)에 불과했다. 남성 배우자 출산휴가제를 운영하는 기업은 211곳(63.3%)이었다.

산업별 특성

산업별 특성은, 반도체 산업체들은 출산·육아 지원책을 마련해 둔 국내 대표 기업들로 구성돼 있으며, 금융업은 높은 정규직 비율과 장기근속 등으로 일·가정 양립이 가능했다. 반면, 건설업은 비정규직·계약직 고용형태가 많고 남성 임직원에 대한 출산·양육제도가 미비했다. 일·가정 양립을 위해서는 기업의 여러 근무형태를 고려한 제도를 도입하고 여성 고용정책 개선이 필요하다. 또한, 기업 공시항목과 세부지표에 인구 위기 대응실적이 포함되면 장기적으로 해외 사례에서 보듯 출산율에 영향을 줄 것이고 인력난에 시달리는(참고: 14억 인도의 평균 연령은 28.7세로, 30세 미만 젊은층 비율이 인구 절반 이상) 기업들에 도움을 주게 될 것이다. 인센티브제의 확대를 통하여 여성의 경력단절을 방지하고, 인구 비상사태 대응 기업들에는 이러한 인적자본 투자에 대해 세제 혜택을 줄 필요도 있다.

부영그룹 사례

부영그룹은 2024년 직원자녀 1명당 1억원이라는 파격적인 출산 장려금을 지원한다고 하였고, 2025년에도 지속 지급을 하면서 지금까지 총 98명에게 98억 원의 출산 장려금을 지급하였다. 출산장려금 지급의 효과는, 2021~2023년 회사의 연평균 출산률은 23명이었으나 2024년도에는 28명이 태어나 5명이 증가하였다. 이는 21.7%의 증가를 가져온 것으로 그 효과는 대단하다. 또한 공채 경쟁률은 지난해까지 10:1이었으나 올해는

180:1로 증가하여 인재 쏠림 현상이 나타나고 있는 것으로 풀이된다. 향후는 부영그룹도 이토추 상사와 같이 실제 출산 증가율, 생산성 및 수익성 증가율까지 비교하여 공시하면서, 제도적으로도 보완하여 남성의 출산휴가 사용률 등도 함께 연결하여 분석한 결과를 공시하면 좋을 것이다.

일본의 남성 육아휴직 사용

일본은 종업원 1,000명 이상 기업에 대해 남성 육아휴직 현황을 공시하도록 한 이후 남성 육아휴직 사용률이 30%대를 넘어섰다. 시대 변화에 따라 최고 디지털책임자(CDO)나 최고 인공지능책임자(CAIO) 등의 새 직책이 생겨나듯 기업에 최고 인구책임자(CPO)를 만들고 인구 위기 전담 관리부서의 창립도 필요할 것이다. 인구책임자는 출산율 결혼 및 복지 문제에 대하여는 모든 것을 연관짓는다. 오로지 지원 대상이라고 생각되는 고아원이나 양로원 등도 지원하는 역할도 담당하여야 할 것이다.

비이익단체의 EPG

사회봉사단체가 기업에 영향을 주는 압력단체가 되는 경우에는 타협점이나 협상 라인을 유지하며 직접 협상에 나설 수도 있다. 따라서 지금까지와는 달리 비이익단체와의 관계에도 관리가 필요하다는 차원의 비영업기관 관리의 EPG도 고려하여야 한다. 비이익단체의 예를 들면, 기업에 직접 영향력을 행사하는 환경 단체가 있는가 하면 지금까지 영향을 주고받았던 정부나 법률, 사회 영리 및 비영리단체, 대학 및 학회 등에 의하여 영향을 받는다. 정부, 특히 주관기관 또는 소관 부처들이 기업 또는 비영리법인 등에 큰 영향을 끼치고 있다. SK나 두산그룹 등의 합병에 영향을 미쳐 두산 합병을 저지한 한국기업거버넌스포럼도 강력한 비이익단체로서 EPG의 범주에 속하며 CPO의 관리 영역에 포함시켜야 할 것이다. 포럼의 이의 제기가 영향을 미쳐 합병이 무산된 사례에서 보듯 기업은 사회 기구나 학계 등의 영향을 받고 있다.

(3) 기타의 ESG 관련 개념들

(가) 지속가능성(Sustainability)

ESG의 가장 근본적인 상위 개념은 지속가능성이다. 경제, 사회, 환경적 측면을 모두 고려하여 미래 세대의 필요를 충족시키면서 현재 세대의 필요도 충족시키는 시대적·계속적 발전을 의미한다. ESG는 지속가능성을 기업 경영에 적용하기 위한 프레임워크라고 볼 수 있다.

(나) CSR(Corporate Social Responsibility)

CSR은 기업의 사회적 책임 활동 자체에 중점을 두는 개념으로 사회 구성원의 하나로서 사회 전체의 이익을 위해 책임 활동을 하는 것을 의미한다. ESG는 투자자의 관점에서 기업의 비재무적 성과를 평가하는 지표로 활용된다.

(다) CSV(Creating Shared Value)

마이클 포터와 크레이머가 제시한 '공유 가치 창출'은 기업의 경제적 가치와 사회적 가치를 동시에 추구하는 개념으로, ESG 경영의 지향점과도 깊은 연관이 있다. 기업의 핵심 비즈니스 활동을 통해 사회 문제를 해결하고 새로운 시장 기회를 창출하는 데 초점을 맞춘다.

(라) 임팩트 투자(Impact Investing)

재무적 수익과 동시 긍정적인 사회적/환경적 영향을 동시에 추구하는 투자를 의미한다. ESG가 기업을 평가하는 지표라면, 임팩트 투자는 그 평가를 바탕으로 실제로 자금을 투입하는 행위 자체에 가깝다. 사회적 기업이나 친환경 기술 기업 등에의 투자가 대표적인 예이다.

(마) 녹색 금융(Green Finance)

환경적으로 지속가능한 경제 활동을 지원하기 위한 금융 활동 전반을 의미한다. 녹색 채권(Green Bond), 녹색 대출(Green Loan), 탄소 배출권 거래 등이 포함되며, 이는 ESG의 'E'와 직접적으로 연결된다.

(바) 순환 경제(Circular Economy)

선형 경제(생산－소비－폐기)의 한계를 극복하고 자원의 재활용과 재사용을 극대화하여 폐기물 발생을 최소화하는 경제 시스템이다. 제품 설계부터 생산, 소비, 회수, 재활용에 이르는 전 과정에서 자원 효율성을 높여 ESG의 'E'에 기여한다.

(사) SBTi(Science Based Targets initiative)

기업이 과학적 근거에 기반하여 온실가스 감축 목표를 설정하고 이행하도록 돕는 국제적인 이니셔티브이다. 기업의 탄소 중립 목표 설정을 위한 구체적인 방법론을 제공하며, ESG의 'E' 영역에서 기업의 실질적인 기후 행동을 측정하는 데 중요한 기준이 된다.

3 지배구조 개선을 통한 윤리경영

1) 기업 지배구조

기업지배구조란 경영자가 합리적 경영을 위해 지켜야 할 의무사항을 감독하고 통제할 수 있는 제도적 장치로 주주와 전문경영자 간에 맺어진 계약을 말한다. 엔론(Enron), 타이코 인터내셔널, 아델리아, 페레그린 시스템즈, 월드컴(Worldcom) 등 거대 기업들의 잇달은 회계 부정 사건은 기업들이 부정을 저지르면 어디까지 갈 수 있는지를 보여줬다. 우리나라와 같이 이사회는 오너의 수족으로 그와 모든 일을 같이하는 기관이 아닌, 진정한 대표이사에 대한 감독자로서의 역할을 하여야 한다는 것을 보여준 사례들이다. 이러한 사태들은 바로 회사의 부실과 사회에 큰 혼란을 야기했다. 이사회의 감시 감독이 얼마나 중요한지를 잘 알려주는 대목이기도 하다.

이러한 사태들은 사베인스-옥슬리 법(Sarbanes-Oxley Act, SOx, Pub.L. 107-204, 116 Stat. 745, 2002년 7월 30일 발효)을 만들어 내게 했다. "상장회사 회계 개선과 투자자 보호법"(상원) 또는 "법인과 회계 감사 책임 법"(하원) 또는 Sarbox or SOX로도 불리는 미국의 회계 개혁에 관한 연방법률로 표현된다.

이 법안에 의해 회계법인들의 감사와 비감사 업무(경영자문 등)의 동시제공에 제한이 생겼으며, 과거 감사 업무에 대한 감리를 법인의 자율적인 상호감리에서 감리업무를 관할하는 기관인 회계감독 위원회(PCAOB)가 설립되었다. 이 법안은 회계법인의 독립성 강화, 재무정보 공시 강화 등의 강한 회계제도 개혁 의지를 담고 있으며, 미국뿐 아니라 대한민국 등 다른 나라의 회계 제도 개혁에도 영향을 미쳤다.

2) 회계부정 사건과 회계 대상

(1) 엔론(Enron) 사건과 옥슬리법의 제정

엔론은 특수목적법인(SPV: Special Purpose Vehicle)[3]을 이용해 부채를 숨기고, 파생상품 거래를 통해 수익을 부풀리는 등 회계부정을 저질렀다. 1985년 설립하였고 2000년 미국 7대 기업으로 매출액 1,007억 달러임을 발표하였으나 실제는 63억 달러에 불과했다. 2001년 미국 증권거래위원회(SEC)의 조사로 부정이 밝혀졌고, 엔론은 파산보호를 신청했다. CEO 제프리 스킬 링과 CFO 앤드류 패스 토우는 각각 24년 4개월과 10년의 형을 선고받았다.

이 사건은 미국 역사상 최대 규모의 회계부정으로, 기업 회계 투명성에 대한 경각심을 높였으며, 이후 회계 규제 강화의 계기가 되었다. 결과 미국 대기업의 부패와 윤리적 문제를 드러낸 대표 사례로, 기업의 신뢰도 하락과 투자자 손실이 막대했다. 이후 기업 경영 투명성과 윤리 경영에 대한 관심이 전 세계적으로 높아졌다. 회계부정을 논할 때는 엔론 전과 후로 나뉜다.

이 사건으로 인하여 샤베인스-옥슬리법(Sarbanes-Oxley Act)이 제정(2002년)되었다.

- 이 법은 회계 투명성을 강화하고, 내부통제 시스템을 의무화하는 내용이 들어 있다.
- CEO와 CFO가 재무제표의 정확성에 대해 직접 책임을 지도록 했다.
- 내부 고발자 보호 조항도 포함되어 있다.

SK E&S의 옛 명칭이 SK엔론으로 엔론과의 합작법인이다. 2024년 11월 1일 SK이노베이션과 합병하면서 SK이노베이션 E&S로 통합되었다.

(2) 월드컴(WorldCom) 사건

월드컴은 비용을 자산으로 처리하여 수익을 부풀리는 방식으로 약 110억 달러 규모의 회계부정을 저질렀다. 2002년 부정이 밝혀져 월드컴은 파산을 신청했으며, CEO 버나드 에버스는 25년의 징역형을 선고 받았다. 월드컴의 파산은 당시 미국 역사상 최대 규

3) SPC와 동일한 개념으로 PE(Private Equity) 거래에서는 SPV를 조금 더 자주 사용한다.

모였으며, 수많은 투자자가 피해를 입었다. 이 사건은 IT 버블 붕괴와 맞물려 미국 경제에 큰 충격을 주었다.

엔론 사태에 이어 발생한 대형 회계부정 사건으로, 미국 기업들의 회계 관행에 대한 신뢰를 더욱 떨어뜨렸다.

(3) 대우조선해양

대우조선해양은 2013년부터 2014년까지 약 5조 7천억 원 규모의 분식회계를 통해 재무제표를 조작했다. 2017년 관련자들이 기소되었으며, 법원은 주요 경영진에게 징역형을 선고했다. 이 사건은 국내 대기업의 회계 투명성 문제를 부각시켰으며, 외부감사법 개정(2017년)을 통해 회계 투명성을 강화했다. 대형 회계법인의 지정 감사제를 도입하였고 내부 회계 관리 제도를 강화하였으며, 금융당국은 분식회계 방지를 위해 기업 공시 규정을 엄격히 하도록 했다.

(4) 삼성바이오로직스 사건

삼성바이오로직스는 2015년 자회사 삼성바이오에피스의 지배력 변경을 통해 회계처리를 변경하여 약 4조 5천억 원의 이익을 부풀렸다는 의혹을 받았다. 2024년 법원은 금융위원회 증권선물위원회의 제재를 취소하였으나, 일부 회계처리의 문제점을 지적했다. 이 사건은 대기업의 회계 투명성 및 지배구조 문제에 대한 사회적 논의를 촉발시켰으며, 기업 회계 관행에 대한 신뢰도에 영향을 미쳤다. 사건 이후 한국의 회계 감사 규정이 더욱 강화되었다.

삼성바이오로직스 사건(2021.4.22. 세기의 재판시작~2025.7.17. 대법원 상고기각)은 종국적으로 무죄판결을 받았지만 금융위의 회계처리 고의위반 지적으로 한국 대기업의 지배구조와 회계 관행에 대한 문제를 부각시켰으며, 특히 국민연금 등 공적 자금의 투자 결정 과정과 관련된 논란도 일었다. 금융당국은 대기업의 회계처리를 더욱 면밀히 감독하고, 내부 신고제도를 개선했다.

(5) 대한민국 회계 대상

ESG 경영성과 투명공개 – 대한민국 회계 대상[4)]

기업가치 제고가 국내 자본시장의 화두로 대두된 가운데 선진적 재무회계시스템 구축뿐 아니라 주주 친화 경영을 펼친 동아쏘시오홀딩스가 제7회 대한민국 회계 대상에서 최우수상을 받았다. 회계 투명성 관련 상시 모니터링 투자를 지속해 온 다른 두 회사와 같다. 동아쏘시오홀딩스는 회계 투명성 제고를 통해 국내 제약·바이오의 선진적인 재무회계 시스템 구축에 기여했다는 평가를 받았다. 내부에 사회책임 협의회를 구성한 회사는 ESG 협의체와 전담조직도 구축하며 기업 지배구조를 개선했다. 2019년부터 그룹 통합보고서 가마솥에 인권, 환경, 준법, 소비자 중심, 사회공헌 등 사회적 책임경영의 성과와 향후 계획을 투명하게 공개하고 있다. 동시 수상한 기업은 HD한국조선해양, CJ대한통운, 동아쏘시오홀딩스이다.

3) 제도 개선

(1) 지배구조 개선 사항

이상의 예에서 보듯, 기업의 부정은 국내·외를 막론 지속적으로 이어져 왔으며, 이를 막기 위한 정부들의 노력도 지속되어 왔다. 그러나 법률적 규제만으로는 한계가 있는 것도 사실이다. 따라서 다음의 조치가 필요한 것으로 보인다. 즉, 기업지배구조를 건전하게 개선하기 위해서는,

- 오너의 이사회 회장 취임 금지
- 지배구조 전문성 건전 구성, 의사결정 과정, 운영방식, 결과의 투명 공개
- 모든 위험 감소 조치의 지배구조의 역할 공시
- 지배구조의 구성과 역할에 따라 재무&비재무 성과 달라지며, 그 공개, 연 1회 외부 평가
- 무형가치의 근간 보전방법 제시
- 유효한 사외이사, 감사제도

4) 오대석, (2024. 8. 28), 매일경제, A20.

• 이사회 견제기능 강화, 경영자의 독선 방지, 투자자 보호, 투명성 확보

지배구조 개선의 예로는,

• 사외이사 제도 강화, 감사위원회 설치
• 거수기 역할 단연 배제 ↔ 경영자의 도덕적 해이(moral hazard) 방지

이렇게 함으로써 경영자의 도덕적 해이(moral hazard)를 방지할 수 있다.

(2) 엔론사건과 샤베인스 옥슬리법

샤베인스 옥슬리법 또는 샤베인－옥슬리법은 미국 에너지 기업 엔론의 대규모 회계 부정에 대하여 회계 부정 및 내부 통제 문제의 해결을 위하여 2002년도에 제정된 법이다. 엔론은 63억 달러의 매출을 1,007억 달러로 허위 보고했으며 이때의 회계감사인은 아서 앤더슨 LLP으로 신뢰를 잃고 파산하였다. 이 법은 재무보고의 투명성을 높이고 투자자를 보호하는 것이 목적이다. 법안의 정식 명칭은 '상장회사의 회계 개선 및 투자자 보호법'이다. 법안 발의자 폴 샤베인스와 상원의원과 마이클 옥슬리 하원의원의 이름이 쓰여졌다. 회계감독위원회(PCAOB)를 설립하며 부정 연루 임원의 처벌규정이 포함되어 있다.

(3) ESG 등 관련 국제 규제[5)]

ESG는 원칙을 알고 국내에서 한번 해보겠다는 생각만으로는 좀 부족할 것으로 생각된다.

EU의 산림 황폐화 방지 규제(EUDR, EU 산림전용방지법)는 2024년 말부터 시행된다. 이 규제는 열대우림 파괴와 관련된 상품의 수입을 제한하는 규정이다. 고무를 사용하는 타이어 업체가 대표적인 규제를 받을 것이다. EU의 배터리 규제는 2024년 2월부터 시행중이다.

그 외의 국가들에서도 미국의 위구르 강제노동 금지법과 유사한 법안이 도입될 가능성이 크다. 영국과 호주가 이 법을 현대판 노예법 명칭으로 도입하려 하고 있다. 영국과 호주의 대중국 무역전쟁의 핵심은 ESG(환경·책임·투명 경영)이다.

5) 김명우, (2024. 8. 21), 매일경제, A20.

독일 자동차회사 폭스바겐은 최근 곤욕을 치렀는데, 중국에서 운영되는 합작 공장이 신장 위구르자치구에서 생산한 부품을 사용했다는 이유에서이다. 2022년 6월부터 시행된 미국의 위구르 강제노동금지법(UFLPA)이 적용된 것이다. 이로 인해 미국에서 압류조치를 당했고 폭스바겐은 중국 내 합작 공장 철수까지 검토했다. 위구르 강제노동 금지법은 미국이 중국을 겨냥해 도입한 규제이다. 유의할 점은, 이 법은 중국 기업에만 적용되는 것이 아니라는 것이다. 신장 위구르지역에서 생산한 부품의 사용 여하에 관한 것이므로 제조사나 생산지에 무관하게 적용된다.

유럽연합(EU)도 중국을 견제하려는 움직임이 거세다. 2024년 발효되고 2027년 시행되는 '기업 지속가능성 실사 지침(CSDDD)'이 대표적이다. 이는 인권·환경보호 규제이다. 기업이 공급망 내에서 인권침해나 환경파괴 가능성을 찾아내는 실사를 이행하지 않거나, 실사 과정에서 찾아진 위험요인에 대해 적절한 예방이나 시정조치를 취하지 않는 경우 제재 대상이 되는 것이다. 유럽에 수출하는 기업들 대부분이 적용 대상이 된다.

이에 대하여 전 세계 공급망 속에서 중국에 대한 의존도가 높은 한국도 긴장을 늦출 수는 없다. 제품에 위구르산 부품이 끼어있을 경우 수출에 큰 차질을 빚을 수 있다. 중소기업의 경우 대응능력이 없으므로 큰 곤란을 겪든가 존립마저 흔들릴 수 있다. 미국이나 유럽에 진출하는 한국기업이 그들의 규범을 피할 수는 없기 때문이다. RE 100 파도를 넘으려 대한민국은 CFE(Carbon Free Energy, 무탄소 에너지)를 주도하고 있다.

4) 기업윤리 경영

(1) 윤리경영의 뜻

기업윤리경영(business ethics management)이란 회사경영 및 기업 활동을 수행할 때 윤리를 최우선가치로 생각하며, 모든 업무 활동의 기준을 윤리 규범에 바탕을 두고 투명·공정하게 업무를 수행하는 경영을 말한다. 이는 기업활동에 대하여는 기업 책임경영(RBC: Responsible Business Conducts)으로 볼 수도 있다.

RBC는 기업이 솔선하여 수행하는 인권보호, 환경보호, 뇌물방지, 우호적 노사관계, 소비자 이익, 투자자 보호, 정보 공개 등을 말하며, 윤리 모범자로서 기업윤리를 기업 문화화하고 전 종업원과 관계자까지 참여하여 전사적 기업 윤리(Total Business Ethics)를 말한다. 필요에 따라 기업윤리 헌장을 제정하여 공포하기도 한다. 기업 윤리의 범위는 기업의 ① 좋은 기업 이미지 ② 주변과의 우호관계 ③ 사회의 기대와 요구에 부응 ④ 사회적 비용 감당 ⑤ 이 비용들을 경영의 기초원가로 인정하는 등이다.

사례_ 스타벅스 - 환경적·사회적·윤리적 경영(1971년 창업)

하워드 슐츠(Howard Schultz: 1953~)는 스타벅스를 글로벌 브랜드로 만든 혁신적인 리더이다. 기업의 사회적 책임 경영을 강화하였으며 윤리적 원두 구매, 친환경 정책 도입, 사회 공헌 활동 확대를 이루었다. 그는 스타벅스를 단순한 커피 브랜드가 아닌, 하나의 문화적 경험으로 성장시킨 비즈니스 전략가이다. 그는 '지역사회와 환경에 긍정적으로 기여하는 것이야말로 스타벅스의 덕목'이라 하였고 커피 재배 농부들에게 윤리 가이드라인을 제정 배포하여 스스로 지켰고, 종업원을 의료보험에 가입시키고 스톡옵션을 제공하기도 하였다.

기업윤리의 유형

기업 윤리는 다음과 같이 나뉠 수 있다.

- 소극적 내부 지향적인 기업윤리
- 소극적 외부 지향적인 기업윤리
- 적극적 내부 지향적인 기업윤리
- 적극적 외부 지향적인 기업윤리

윤리경영

경영에는 기본적인 윤리가 그 바탕에 깔려 있다. 기업윤리에 바탕을 두고 하는 경영을 윤리경영이라 하며, 여기에는 기업 책임경영(RBC: Responsible Business Conducts)이 근간을 이루고 있다. 여기에는 인권보호, 환경보호, 뇌물방지, 우호적 노사관계, 소비자 이익, 투자자 보호, 정보 공개 등이 포함되고 윤리의 모범으로 기업 문화화 및 전 종업원 참여로 전사적 기업 윤리(Total Ethics)를 이루게 된다. 윤리 경영상에는 대부분 기업윤리 헌장을 제정하여 공포한다.

여기 포함할 사항과 그 근본은 다음과 같다.

① 기업 이미지 ② 사회와의 우호관계 ③ 사회의 기대와 요구 ④ 사회적 비용화 ⑤ 경영 이념화

기업의 경영에 문제가 발생하는 것은 당연하다. 문제는 이것을 정도로 풀려하지 아니하고 불법과 사위행위를 통하여 남에게 해를 끼친다는 것이다. 다음은 여러 사건들의 예이다.

Arthur Andersen 분식 사건

세계 최대의 회계법인으로 다국적기업 중 하나였던 2001년 당시, 84개국에 385개 지사를 거느리고 85,000명이 근무하였으며 93억 달러의 매출을 올렸다. Enron(미 7대 기업)을 4년간 감사하며 분식을 묵과하였고 내부고발로 인하여 2001년 말 파산하였다.

신고리 신월성 원전 가동 중단

2013년의 무더운 여름이었다. 신고리 1,2호기, 신월성 1,2호기 원자력 발전소의 가동이 중단되었다. 여기에는 납품된 제어케이블이 불량하였으며 그 원인은 뇌물 수수가 있었고 시험 성적서까지 위조하였다. 최고 원전 국가에서 원전의 심각성을 세계에 홍보한 꼴이 되어버렸다.

후속모델 판매를 위해 소비자에 거짓말 한 애플

애플은 2017년 12월 자사의 신제품 구매 유도를 위해 구형 제품(아이폰 7.6, 6S, SE)의 성능을 임의로 저하시켰다. 배터리 추가구매자에게 iOS Update시 AP(S-Phone CPU)의 속도가 현저히 느려지고 갑자기 종료되는 현상이 발생, 애플은 이 사실을 사전 고지 없이 처리했음을 인정하였다. 계획된 구식화(Planned Obsolescence) 논란을 야기하였으며, 애플 상대 집단 소송 및 애플의 공식 사과, 5억 달러의 합의금 지급(1인당 25~92 달러). 미국, 한국, 영국, 캐나다 등에서 진행되었다. 기존에 가지고 있던 배터리 결함 문제를 고객 이탈 방지용으로 활용한 사안이다.

갤럭시 7 발화사건

삼성전자는 갤럭시 7 발화사건에 대하여 이를 공개하였고 조사결과 공개하였다. 제품생산 중단하는 엄청난 손실을 감수하였으며 이로 인하여 국제적 신뢰도를 쌓았다.

페이스북 내부 고발 사건

페이스북 파일(Facebook Files) 또는 내부고발사건으로 알려짐. 내부고발자자 프랜시스 호이겐(Francis Haugen)은 페이스북의 데이터 사이언티스트였으며, 시민 진실팀에서 근무하였음. 인스타그램은 10대들의 정신건강에 해롭다고 증권거래위원회와 WSJ에 고발하고 미 상원 상무위원회 소비자 보호 제품안전 데이터 보안 소위, 영국 의회, 유럽 의회에서 증언하였다. 페이스북이 알면서도 사용자들에게 해악적이고 충동적인 환경과 콘텐츠를 제공했다고 하였으며 콘텐츠 Algorithm으로 정치적 양극화를 조장하였으며 윤리경영 수준을 높이는 방안이 필요하다 했다. 페이스북이 자체적으로 진행한 각종 연구결과물을 제시하였으며 “저커버그는 윤리적 파산 그 자체”라고도 했다. 소셜

미디어가 사회에 미치는 강력한 영향력과 그에 대한 기업의 윤리정책에 깊이 통찰하게 만들었으며 윤리경영에는 최고경영자의 의지, 제도적 시스템, 교육 훈련 등이 필요함을 일깨운 사건이다.

---

(2) ESG 규제 대응 전문인력 양성6)

기업들은 ESG 규제에 대응해야 한다. 특히 교육을 통해 그 인식의 범위와 폭을 넓히고 진정 사회와 가족을 위한 경영으로 자리 잡아야 한다. 그러기 위해서는 교육프로그램 등 전문가 육성이 필요한데 한국 환경산업기술원이 그 사업을 하고 있다.

한국 환경산업기술원이 기업들의 환경·사회·지배구조(ESG) 규제 대응을 지원하기 위해 전문인력 양성 교육을 실시한다. 기업들 사이에 ESG 경영의 필요성에는 동감하지만 현장에서는 이를 이끌 'ESG 전문인력'이 없다는 점을 감안하여 'ESG 전문인력 양성과정'을 실시한다는 것이다. 지난해부터 시작하였으며 올해는 양성 규모를 800명으로 늘리고 교육과정도 기존의 종합과정 외에 기초과정과 심화과정을 추가했다. 신청자가 정원을 초과할 시 국내 수출 주요 품목군에 해당하는 업종(국내 10대 수출입 품목, 15대 주력 수출 품목, 5대 유망 소비재 수출 품목 등) 재직자 등을 우선 선정한다. 기술원은 ESG 규제에 대해 기업들이 잘 대응할 수 있도록 전문인력 양성뿐만 아니라 매월 세미나도 진행하고 있다.

4 ESG 확장 및 사례

1) 반 ESG 사례

(1) 영풍 석포 제련소7)

이 내용은 언론에서 '죽음의 공장 영풍 석포 제련소'라는 제목으로 보도한 내용이다.

---

6) (2024. 8. 16), 문화일보, 10면.

7) 안옥희, (2024. 7. 10), "영풍 석포제련소는 어쩌다 '악명의 용광로'가 됐나", 한경BUSINESS.

기사가 나갔을 때는 영풍의 석포제련소가 환경오염물질 누출 방지시설 미비로 2개월간 가동을 멈출 위기에 놓여 있었고 탈고 시기에는 영업정지 기간 경과 후이다. 따라서 본고의 작성 시기를 기준으로 설명한다.

고려아연과 경영권 분쟁 중이며 영풍의 핵심 사업소인 석포제련소는 계속되는 환경오염 문제와 근로자 사망 등 안전사고로 중대재해처벌법 적용 가능성이 제기되고 있다. 2019년 오염방지시설을 거치지 않은 폐수 배출시설을 설치·이용한 사실 등이 환경부에 적발됐다. 영풍문고로 유명한 영풍그룹의 영풍 석포제련소의 아연생산량은 단일 공장 기준 세계 4위 규모이며 지난해(2023년) 제련 관련 매출은 1조 5,400억 원으로 그룹 전체 매출(3조 7,617억 원)의 약 41%를 차지한다. 일본 도호아연의 기술을 1970년에 이전받아 경상북도 봉화군 석포리 낙동강 최상류에 석포제련소를 설립했다.

1975년 환경 위생국이 생기고 이후 환경청, 환경부로 전환되면서 1급 발암물질인 카드뮴 오염수 방류에 대한 환경오염 주범으로 지목됐지만 관리 부실 속에 50년 넘게 중금속 물질을 배출해 왔다고 지적받고 있다. 2021년 11월, 51년 만에 처음으로 10일간 조업을 중단하였으며 800억 원의 영업손실을 냈다. 만약 금번 2달간 조업 정지가 결정될 경우는 손해액이 4,000억 원에 달할 것으로 보고 있다.

석포제련소는 지난 10년간 환경 관련법을 120여 차례 위반했고 90여 차례가 넘는 행정처분을 받았다. 2019년에는 대기오염물질 측정 대행업체와 공모해 2016년부터 3년간 대기오염물질 농도 값을 배출 허용기준의 30% 미만으로 조작해 임원이 실형을 선고받기도 했다. 제련소 인근 초등학교 부근 토양에서 카드뮴과 아연이 기준치 이상으로 드러났다.

안전불감증도 도마에 오르고 있다. 지난해 12월, 제1공장 탱크의 모터 교체작업에 투입된 근로자들이 아르신 가스 급성 중독으로 1명 사망 3명 부상을 당해 관련자들이 입건됐다. 지난 3월에는 임시 일용직 노동자가 냉각탑 석고 제거작업 중 떨어진 석고물질에 맞아 사망했다. 안동 환경운동 연합에 따르면 1997년부터 지난 25년간 석포제련소에서 사망한 근로자는 모두 14명이다.

석포제련소는 재계 32위 영풍그룹의 주력사업소로 장현진 고문이 총수로 지정돼 있다. 올해 3월 기준 장 고문의 장남 장세준 코리아써키트 대표이사가 지주회사 ㈜영풍의 지분 16.89%를 보유한 최대 주주다. 차남 장세환 전 서린상사 대표는 11.5%, 장녀 장혜선 씨는 11.15%를 보유하고 있다. 제련소는 2015년부터 전문경영인 체제로 박용민 부사

장과 배상윤 부사장이 영풍 대표이사와 석포제련소 소장을 각각 맡고 있다.[8)]

2) 기업 ESG 사례

(1) DL그룹, ESG 경영 박차

DL그룹이 지주사인 DL(주)는 물론 DL이엔씨·DL케미칼·DL에너지 등 주요 계열사를 필두로 ESG(환경·사회·지배구조) 경영에 박차를 가하고 있다.

30일(2024년 7월) DL그룹에 따르면 DL이엔씨는 2022년 미래 에너지원으로 각광받는 소형모듈원전(SMR) 사업 진출을 선언하며 친환경 사업에 본격 뛰어들었다. 지난해 1월 비 경수로형 4세대 SMR 분야의 선두주자로 꼽히는 미국의 SMR 개발사 엑스에너즈(X-Energy)에 대한 전략적 투자를 단행한 것이 대표적이다. 이와 함께 이산화탄소 포집 및 활용, 저장설비(CCUS)사업도 적극 추진하고 있다. DL이엔씨는 CCUS의 잠재력에 주목해 2022년 CCUS 및 친환경 수소사업 전문회사인 카본코를 설립했다.

DL이엔씨가 지난해 말 S2P 글로벌의 '2023 다우존스 지속 가능 경영지수(DJSI)' 평가에서 DJSI 코리아 지수에 신규 편입된 것은 이와 같은 ESG 경영노력이 인정받은 사례로 볼 수 있다. DL이엔씨는 ESG 경영의 전략을 세우고 장기 목표를 수립하는 등 ESG 경영 체계를 확립한 점이 좋은 평가를 받았다.

DL케미칼은 역시 지속 가능 경영을 강화하고 있다. DL케미칼은 2022년 재활용 제품들의 친환경성을 인정받아 GRS(국제 재생 표준인증) 인증을 획득했다. GRS 인증은 완제품의 재활용 원료 함량뿐 아니라 사회적, 환경적, 화학적 기준의 준수 여부도 검증하는 친환경 인증이다. DL케미칼은 재활용 원료를 최대 80%까지 적용한 제품들을 통해 GRS 로고 인증을 획득했다.

DL건설은 전사 환경 전산시스템을 활용해 환경관리 활동을 고도화하고 녹색 구매방침을 공개하며 환경분야의 역량 강화를 도모하고 있다. 또 협력사 지원활동, ESG 관련활동 이사회 보고를 통해 사회·지배구조 부문의 ESG 경영을 확대하고 있다.

DL(주)는 지난해 9월 지주사 체제전환 후 처음으로 그룹 통합 지속가능 경영 보고

---

8) 지난해 12월 환경부와 경상북도는 영풍 석포제련소에 대해 2025년 2월 26일부터 4월 24일까지 58일간 조업 정지 행정처분을 내렸다.

서를 발간해 이 같은 성과들을 보고서에 담았다. 그룹 관계자는 “앞으로도 친환경 포트폴리오에 따라 관련 사업을 확대해 ‘2050 탄소 중립’ 달성에 기여할 방침”이라고 말했다.

또 그룹 내 ESG 활동이 효과적으로 추진될 수 있도록 이사회 중심의 지배구조 투명성 확보 노력도 이어갈 계획이다.

(2) 시멘트 업계도 ESG 바람 - 한일시멘트, 쌍용C&E, 삼표산업

시멘트·레미콘 업계가 건설 환경 변화에 맞춘 신제품을 속속 개발하고 있다. 업계의 안전·품질기준 강화 및 ESG 경영 가속화 등에 발맞추기 위해서다.

한일 시멘트는 국내 최초로 CO_2 주입 바닥용 모르타르 ’레미탈 FSI 50’을 개발했다. 이 제품은 탄소 포집·활동·저장(CCUS) 기술을 통해 모르타르 1㎥당 CO_2 0.4kg을 주입한다. 그러면 양성 과정에서 시멘트 밀도가 증가해 시멘트 사용량을 3% 줄일 수 있다. 시멘트 1톤(T) 제조시 CO_2 700kg이 나온다. 지난날에는 실외 보수가 가능한 자동 수평 모르타르 ‘레미탈 콘패치 SL’도 개발했는데, 이로써 옥상, 실외 주차장 등 넓은 콘크리트 바닥을 얇은 두께로 빠르게 보수할 수 있다. 기존 방식에 비해 8배의 효율이 있는 것으로 실험되었다.

쌍용 C&E는 저탄소 석회석 시멘트를 개발하였으며, 이 제품은 일반 시멘트 대비 클링커 함량을 줄이고 석회석 미분말을 10% 높여 기존 제품보다 탄소 배출량을 약 6% 줄였다. 이 제품은 저탄소 석회석 시멘트의 친환경적 우수성을 인정받아 미국 시멘트협회(PCA)의 품질검사를 통과해 워싱턴, 아이다호, 오리건 등 미국 3개 주에서 사용 승인을 받았고 국내 최초로 미국에 수출하였다.

삼표산업은 비 오는 날 타설해도 품질이 유지되는 ‘블루콘 레인 오케이’ 콘크리트를, 유진기업은 섭씨 30~35도에서도 굳지 않아 작업시간을 늘린 ‘초지연 레미콘’을 개발하였다.

(3) LG화학

명칭: 고객사 불편 먼저 해결 ‘감동 마케팅’

내용: 물류비 절감과 신사업 창출 등 다양한 활동을 통해 소비자 감동 경영을 실천.

CPPM(Customer Pain Point Management) 활동을 통해 전담조직을 설치하고 소비자가 요청한 개선사항 이외 사소한 불편까지 적극적으로 찾아 개선. 10년 이상의 국내외 사업 노하우와 콘텐츠 기반의 브랜드와 학술 플랫폼을 제공하고 고객사의 영업 역량 강화를 위한 판매가치 제안(USP: Unique Selling Point) 교육 프로그램 지원하고 있다.

(4) 효성

명칭: 베트남서 어린이 검진·여성 출산 교육

내용: '나눔으로 함께 하겠습니다.'라는 슬로건 아래 주변의 소비되기 쉬운 사회 취약계층을 대상으로 생필품 후원, 헌혈 행사 진행, 해외사업장 의료봉사단 파견 등 다양한 나눔 활동으로 복지 사각지대 해소에 앞장섰다.

지난 10월, 베트남 호찌민 인근 동나이성 쑤언동 마을에 해외 의료봉사단 '미소 원정대'를 파견하였다, 미소원정대는 고려대학교 안암병원 의료진과 국제구호단체인 희망친구 기아대책, 효성 임직원 등 총 74명으로 구성되었으며, 현지 지역주민 1,700여 명을 대상으로 무료 진료, 지역주민 출산 교육 및 초등학교 건강검진 등 다양한 의료봉사활동을 수행하였다.

(5) 롯데리아

명칭: 장애인 인식 개선 위한 블루 마라톤

내용: '그린 트랜스포메이션 2024 함께하는 성장·거버넌스 리더 달성'을 목표로, 2040년까지 식품·유통·호텔 법인에 속한 그룹사의 탄소 중립 달성을 추진. 2022년에 온실가스 배출량을 줄이고 환경에 끼치는 부정적 영향을 최소화하자는 '탄소 중립 로드맵 1.0'을 수립, 이를 로드맵 2.0으로 발전시켜 나가고 있다. 또한, 파트너사에 대한 해외 판로 지원 프로그램의 운영, 장애인 인식 개선을 위한 활동을 위한 "2024 슈퍼블루 마라톤" 개회와 건전한 기업 지배구조 구축을 위한 선임 사외 이사제도 등을 시행하고 있다.

(6) SPC 그룹

명칭: 에너지 취약층에 온기 전달 '연탄 나눔'

내용: 에너지 취약계층에 연탄을 기부했다. 도시가스가 보급되지 않는 마을 사람들이 따뜻하게 겨울을 날 수 있도록 함이다. 사회복지법인 '밥상 공동체 연탄은행'을 통해 연탄 난방가구 150가구에 연탄 3만 장을, 사회복지법인 SPC 행복한 재단은 남태령 전원마을 70여 가구에 연탄 2,000장과 빵 등을 기부했다.

(7) KT 알파쇼핑

명칭: 야구 꿈나무 응원 후원금 전달

내용: 프로야구 선수단 KT위즈의 배정대·박영현 선수와 함께 야구 꿈나무 후원금 2,000만 원을 조성해 전달했다. 이는 야구 꿈나무들의 경제적·문화적 활동을 지원하기 위함이다. 올해는 장애아동과 비장애아동이 함께하는 베스트원 야구단을 후원 대상으로 선정했다. 수원 컨벤션센터에서 열린 "2024 KT Wiz 팬 페스티벌"에도 구단 대표 학생 및 가족들에게 '사랑의 후원금' 전달식도 거행했다.

후원금은 매칭 그랜트 방식으로 모금됐다. 매칭 그랜트(Matching Grant)란 회사나 개인이 내는 기부금만큼 동일한 금액을 지원하는 방식으로 '매칭 펀드'라고도 한다.

(8) 현대백화점 그룹

명칭: 친환경 어린이 그림대회 'GREEN 세상'

내용: 현대백화점 그룹이 고객과 함께하는 이색 ESG 활동을 하고 있는데, 현대 홈쇼핑이 올해 시작한 '친환경 어린이 그림그리기 대회'를 성황리에 성공적으로 고객의 적극적인 참여를 이끌어냈다.

2차 친환경 어린이 그림대회까지 진행하였으며 1, 2차를 합한 참여자는 6만여 명이 응원에 참여하기도 하였다. 대회 명칭은 '내가 그린(GREEN) 아름다운 세상'으로 신규 ESG 프로그램이다.

(9) 환경제품 개발 롯데 칠성 음료

명칭: 플라스틱 저감 위한 '초경량 아이시스'

내용: 최근 주목받고 있는 글로벌 환경 이슈 등 급변하는 경영환경에 대응하고자 ESG 경영에 기초한 '지속가능성' 역량을 핵심 전략으로 삼고 다양한 활동을 전개한다. 근래는 국내 최초로 질소 충전 기술을 적용한 생수 '초경량 아이시스'를 선보였는데, 이는 11.6g이었던 600ml 패트병의 중량을 9.4g으로 18.9% 감량하였으며, 이로 인해 연 127톤의 플라스틱을 줄일 것으로 판단한다. 또한 무라벨 패트병 제품의 최초 개발, 맥주의 투명 패트병 선도, 국내 최초 재생원료를 활용한 재생패트(recycled PET) 제품 도입과 재활용에 용이한 패키지 개발 등 환경 경영을 선도하고 있다.

(10) 안전과 건강을 추구하는 사업장 - 삼성전자

삼성전자의 고 이병철회장 당시의 사훈은 사업보국, 인재제일, 합리추구였다. 사업보국은 세금 많이 내라는 말이다. 지금은 창조 도전 봉사로 바뀌었다. 새 술을 새 부대에 담은 것 같으나 무겁게 다가오는 이전 사훈 대비 다소 가볍게 느껴진다. 삼성이 ESG에 관하여 하는 일이 많지만 여기서는 건강연구소와 협력회사 관련 내용을 게재해본다.

(가) 건강연구소

삼성전자는 건강연구소를 운영하고 있다. 2010년 설립되었으며 삼성전자 직원 건강 지킴이로, 4명의 산업 보건 전문의와 17명의 연구원이 근무하는 대규모 건강 경영센터이다. 삼성전자의 작업 환경이 크게 개선된다.

현재 44%에 불과한 기흥 사업장의 구형 파운드리(반도체 위탁생산) 물류작업 자동화를 추진하기로 한 것이다. 근로자에게 질병을 유발할 수 있는 근무환경의 근본적 개선이 목표이다. '환경·안전·건강'은 5대 경영원칙 중 하나로 각종 투자를 이어왔지만 여기서 한발 더 나아가 근골격계 질환 예방 등 건강 증진에도 투자 규모를 확대하기로 한 것이다. 웨이퍼 박스의 구조도 바뀐다. 무게는 가벼워지고 잡기도 편해진다. 임직원 안전 원칙도 새롭게 정립됐다. 기본원칙은 '자신과 동료의 안전을 지킨다'이고 절대 원칙은 '안전할 때만 작업한다'이다. 고위험 작업 시는 허가를 받아야 한다. 복리후생제도도 확대된다. 개인 질환에 따라 발생하는 의료비는 급여항목에 대해서는 한도 없이 지원되고, 비급여 항목에 대해서도 자기공명영상(MRI), 컴퓨터 단층촬영(CT), 초음파 및 입원 기간 중 본인 식대 등에 대해서는 전액 지원된다.

(나) 협력회사 공존

삼성전자는 회사의 핵심가치를 두고 협력회사와의 상생전략을 구축해 나가고 있다. 상생 파트너십을 구축하고 지속 가능한 상생 협력 체계를 강화해 나가고 있다. 협력사로 글로벌 경쟁력을 갖출 수 있도록 경쟁력 제고, 인적 역량 개발 등의 지원을 실시한다. 이 활동은 협력사뿐 아니라 거래가 형성되지 않은 중소·중견기업의 종합적 경쟁력을 위해서도 지원을 펴고 있다. 지속 성장 가능 상생 협력 생태계 구축이 목적이다.

회사는 2023년 동반 성장위원회의 동반 성장지수 평가에서 13년 연속 최우수 등급을 받았다. 삼성은 "앞으로의 제조현장은 인공지능을 탑재한 로봇의 등장으로 초연결, 초지능, 초융합의 제조역량을 확보한 기업들이 무한 경쟁력으로 앞서나가는 시대"가 될 것으로 보고 미래를 대비하는 혜안으로 지속 성장의 기반을 확보해 나가라고 주문하였다. 삼성은 2024년에 협력회사 전담 조직을 신설하여 경영환경 개선과 경쟁력 강화를 위한 상생 협력 활동을 시작하며, 맞춤형으로 ① 자금 ② 기술 ③ 인력 등의 3대 분야(지원)활동을 수행하고 있다.

(다) 자금 지원

자금 분야에서는 협력회사 거래 대금을 현금으로 지급하고, 2010년부터는 1조 4,000억 원 규모의 상생 펀드를 조성해 협력회사의 기술개발, 설비투자 자금 등을 저리로 대출해주고 있다. 또 1조 규모의 ESG 펀드로 조성하여 ESG 경영 기반 구축자금을 무이자로 지원한다. ESG 관련 환경·안전 설비 등의 투자액도 큰 금액이기 때문이다.

중소기업중앙회가 조사한 30대 대기업 협력회사들은 인력과 장비 부족으로 ESG 경영 이행에 어려움을 겪고 있는 것으로 나타났다. 또 반도체 협력회사의 안전사고 예방, 품질 향상 등을 위해 반도체 우수 협력회사를 대상으로 6,700억 원의 인센티브를 지급하기도 했다.

(라) 기술협력

기술 분야에서는 협력회사의 미래 성장동력 발굴 지원으로 국내 대학, 연구기관이 보유한 기술을 '우수기술 설명회' 및 Big Tech 기술 설명회(Big Tech 기술 설명회, 24.9.2(Mon) 10am(KST)/ 24.9.1(Sun) 21pm(EST))를 개최한다. 삼성전자가 보유한 특허를 미거래 중소기업에까지 개방하여 2023년까지 2,100건의 특허를 무상으로 양도하였다. 중소벤처기업부와 함께 200억 원의 지원금을 출연하기도 하였으며 신규 펀드 300억 원을 조성하였다.

(마) 상생협력 아카데미

인력 분야에서는 '상생 협력 아카데미'를 통하여 체계적 인재육성을 지원한다. 여기서는 삼성전자의 기술과 노하우 컨설팅 센터, 혁신 등 교육센터, 청년 일자리센터 등으로 구성돼 있다. 삼성은 협력사 채용박람회, 온라인 채용관 등을 통해 7,500명의 인재 채용을 지원했다. 또한, '함께 가요 미래로! Enabling People'이라는 사회 공헌 비전으로 청소년 잠재력을 발휘할 수 있도록 다양한 교육 등의 지원이 이루어지고 있다.

또한 상생 협력 아카데미 '컨설팅 센터'를 운영하여 제조, 품질, 개발, 구매 등과 생산성 저하, 불량 발생 등 문제 해결에 공장 운영 최적화 제조 품질 혁신 방안을 제공하고 있다. 2023년도부터는 스마트 공장 3.0 사업을 통해 중소기업 제조현장을 지능형 공장으로 고도화한다. 또한, 농촌지역에도 지원하여 지역 균형 발전에도 조력하고 있다.

3) 공기업 ESG 사례

국내 공공기관이나 공기업의 ESG 추진은, 정부의 '2030 오일가스 감축 목표(NDC)'를 달성하기 위해 다양한 정책을 시행하고 있다. 기관별로 지역경제를 활성화하고 근무환경을 친환경적으로 조성하려는 노력을 보면 다음과 같다.[9]

(1) 한국가스공사

주요 계획: KOGAS 온실가스 감축 계획

주요 내용: 정부의 NDC에 맞추어 2018년 대비 온실가스 40% 감축 목표

천연수소 개발과 e메탄 제조 상용화 기술개발 등 신에너지 확보에 주력하고, 5개 생산기지의 오염물질 배출을 체계적으로 관리한다. e메탄은 이산화탄소와 그린수소로부터 합성된 메탄으로 탄소 중립 연료에 해당된다. 단 '국제 메탄 측정 표준화 협의체'에 참여, 천연가스 공급망의 메탄 배출량을 정확히 측정하고 감축하는데 노력할 것이다. 가스공사는 이러한 다양한 노력을 통해 탄소 중립을 선도하는 대표 친환경 에너지 공기업으로 도약을 추진하고 있다.

(2) 한국 무역 보험공사(무보)

주요 계획: 친환경 분야 금융의 적극 지원

주요 내용: 한국 무역 보험공사(무보)의 친환경 분야 금융지원은 2013년 2조 원에서 2023년 6조 7,000억 원으로 지원 규모를 3배 이상 확대하였으며 19조 6,000억 원을 지원

9) 유준호 외, (2024. 12. 18), '공기업 ESG', 매일경제, B1.

하였다. 신재생에너지 분야에서는 2024년 1조 5,000억 원을 지원하였고, ESG 우대지침을 통해 최대 20%의 보험료 할인과 100% 부보율을 제공하고 있다. 한편, 미국 에너지부, 앙골라 재무부 등 각국 정부 및 다자개발 은행과 협력, 국내 기업의 해외 진출을 돕고 있으며, 재보험을 활용하여 앙골라 태양광 시장 등 신흥시장 진출을 적극 지원하고 있다. 앞으로도 녹색 금융 강화를 통해 신재생에너지를 포함한 친환경 산업 활성화를 위한 다양한 지원방안을 모색하고 있다.

(3) 경북 테크노파크(경북 TP)

주요 활동: 첨단산업육성 등 다양한 사회공헌 활동 수행

주요 내용: 경북 TP는 1998년 설립 후 경북지역 신·학·연·관 협력체계를 갖추고 2차전지, 메타버스 등 첨단산업육성과 함께 지역 기반을 바탕으로 다양한 사회공헌 활동을 펼치고 있다. 사내 동아리 '단비 봉사단'은 사회복지시설 물품 기부, 농가 일손돕기, 환경 플로깅(쓰레기를 줍는 동안 운동을 하는 것) 등 지금까지 34건의 봉사활동을 진행했으며, 코로나 19, 산불, 태풍 등이 재난에 5,900만 원의 성금을 기부하였다

(4) 한국 농수산식품 유통공사(aT)

주요 계획: 지역 농산물의 지역 내 순환을 위해 '지역 먹거리 계획' 추진

주요 내용: 공사(aT)는 농림축산식품부와 함께 지역 먹거리 정책을 추진, 2019년부터는 각 지방자치단체의 지역농산물의 지역 내 순환 실천 노력을 평가하는 '지역 먹거리 지수'를 도입하여 운영중이다. 지역 먹거리 계획을 토대로, 각 지자체의 실천 노력과 확산 정도를 계량적으로 평가한다. 2024년도에는 농촌·도농 복합형 159개 시군 중 137곳이 참여하였고 규모가 확대되는 추세이다. 이 평가를 확산하여 지역 경제 활성화와 지역 먹거리 가치 확산을 지원할 계획이다.

(5) 강릉 과학 산업진흥원

주요 계획: 첨단 융·복합 기술기반 바이오 소재 제품화 및 양산화 지원사업

주요 내용: 산업통상자원부의 본 제품화 및 양산화 지원사업 주관기관으로 선정되어 전국의 바이오 소재 기업들을 지원하고 있다. 강원도 천연물인 초석잠 추출물을 활용한 화장품 개발기업 크리네이처를 지원하였으며(신규 고용 37명, 매출 27억, 수출 5억 달성) 이후

에도 지속할 예정이다.

(6) 한국 임업진흥원

주요 계획: 산림 부문 배출권 거래제 사업 시행

주요 내용: 진흥원은 본 사업을 통해 기업, 지자체, 산주(山主) 등이 나무와 목재제품으로 흡수한 이산화탄소를 인증받아 거래할 수 있도록 지원하고 있다. 이를 위해 사업과 교육과 제도 설명회도 개최한다. 안동 산불 피해지 복구 활동을 지원하고 귀산촌 종합정보서비스를 시작하는 등 산림기반 지속 가능 경제 활동을 촉진하고 있다. 경기주택토지공사(GH)와 3기 신도시 공원녹지에서의 외부사업 추진 협약도 체결하였으며 산림 탄소시장 생태계 조성에도 힘쓰고 있다. 이런 사업들을 통하여 국가 온실가스 감축 목표 달성에 기여할 계획이다.

(7) 한국 환경공단

주요 계획: 중대재해 근절 계획 수립 및 K–eco 산업안전 환경 사업 수행

주요 내용: 본 공단은 중대재해 근절을 위해 현장 점검, 안전한 작업환경 조성, 안전관리 사각지대 지원 등 3대 전략을 수립하고 전사적 안전 점검체계를 구축하고 있다. 'K–eco 산업안전 보건 강조기간' 행사를 통해 재난·안전 우수사례 경진대회, 안전 슬로건 공모, 안전 퀴즈대회 등 활동을 전개하였으며 198건의 우수사례 중 16건을 선정 포상하였다.

중대재해 예방점검단을 상시 운영하며 위험요소 발굴과 개선방안 제시에 주력하고 있으며, 경영진 대상 안전 특강과 안전 소통 채널 간담회 등 안전관리 문화 확산에도 힘쓰고 있다.

(8) 한국 공인회계사회

한국공인회계사회(KICPA)는 ESG 경영 관련 교육 및 정보를 제공하고 있다. KICPA는 KICPA–academy와 같이 일반인도 이용 가능한 비대면 최적화 교육 플랫폼을 통해 ESG 관련 교육을 제공하며, KICPA회계연수원에서 ESG 관련 강연도 진행한다. 또한, ESG 아카데미를 통해 일반, 심화, 인증 과정의 교육을 운영하며, ESG 공시 관련 자료도 제공하고 있다.

KICPA－alldemy는 일반인도 이용 가능한 비대면 최적화 교육 플랫폼으로, Python과 Fraudit을 활용한 데이터분석 교육을 개설하였고 ESG아카데미 6기를 개설하고 있다.

4) 지구의 일기 예측

ESG의 환경은 우리가 사는 지구의 환경을 말한다. 인간이 환경을 오염시키는 것을 방지하자는 것이 ESG 운동이지만, 자연 스스로 만드는 재난을 어떻게 막아내느냐 하는 문제는 또 하나의 다른 큰 문제이다. 태풍이나 허리케인의 피해, 지역별 시간당 100mm를 넘는 폭우, 50℃를 넘는 지역 날씨, 또는 지진사태 등은 인류에게 큰 피해를 주며 공포의 대상이다. 이러한 위험들에 대해 기후재난에 대해서 구글이나 엔비디아, 마이크로소프트는 앞다투어 AI를 동원한 기상 예보시스템을 선보이고 있다.

(1) 일기 예측 모델

날씨를 예측하기 위한 노력은 고대 바빌로니아로 거슬러 올라간다. 그들은 기원전 650년대 날씨 예측용 천문학을 동원했다. 아리스토텔레스는 기상학이라는 책을 저술, 비, 바람, 번개에 대한 기상 현상을 설명했다. 기상학이 체계적으로 정립되기 시작한 것은 17세기다. 1643년 에반젤리스타 토리첼리가 기압계를 발명해 기압의 변화를 체계적으로 측정했다. 이후 끊임없이 발전하여 현재는 슈퍼컴퓨터를 동원하여 대기와 해양의 복잡한 상호작용을 시뮬레이션한다. 세계의 기상관측소, 위성, 레이더, 부표, 항공기 등에서 수집된 기상 데이터를 현재 대기 상태의 초기 조건으로 입력하여 대기 운동 방정식을 푼다. 모형을 통한 미래 대기 상태를 예측하는 것이다. 이를 수치 예보로 하여 단기 예보(1~3일), 중기 예보(3~10일) 및 장기 예보(10일 이상)를 발표한다. 정확도의 문제가 있다. 특히, 태풍, 허리케인, 열대 저기압 등은 복잡하고 예측하기 어렵다. 그래서 여기에 현대 AI가 달려들고 있다.

다음은 AI가 가미된 일기예측 모델들이다.

(2) 구글 마인드 - 그래프캐스트

AI와 머신 러닝을 동원하여 대량의 기상 데이터를 분석하여 초기값의 정확성을 높일 수 있다. 대략 15~25%의 정확도 향상이 예측된다. 강수량은 40%까지 높아지는 것으로 보고 있다.

구글 딥마인드는 그래프캐스트(GraphCast: AI model for faster and more accurate global weather forecasting)라는 AI 기반 날씨 모델을 구축했다. 40년치 데이터를 학습시켰다. 전 세계 100만 곳이 넘는 곳의 데이터를 수집한다. 이를 분석하여 6시간 단위 10일간의 날씨를 1분 만에 예측해낸다. 그래프케스트는 종전 수치예보방식보다 90% 이상 정확했다. 일부 고도에서는 99.7%에 달했다. 구글은 이후 뉴럴 GCM(General circulation models)을 추가로 개발했다. 이는 비용 효율이 높다.

(3) 엔비디아 - 어스-2

엔비디아는 어스-2라는 플랫폼을 공개했다. 고해상도 시뮬레이션 플랫폼이다. 기상 관측의 게임체인저 생성형 AI와 엔비디아의 기상 예측기술로 만들어진 어스-2는 AI, GPU 가속화, 물리적 시뮬레이션, 컴퓨터 그래픽의 강력한 기능을 결합하여 전례 없는 정확도와 속도로 전 세계 규모의 날씨와 기후 예측을 시뮬레이션하는 지구의 트윈(tein)인 디지털 지구로 현재의 지구 대기 환경을 그대로 모사한다. 코디프라는 모델은 기상청보다 125배 높은 해상도로 태풍 등 정확한 기상 예측을 한다.

(4) 마이크로소프트 - ClimaX

마이크로소프트는 2023년 1월 ClimaX라는 파운데이션 모델을 공개하였다. 2023년 7-8월 한국은 며칠을 제외하고 계속 비가 올 것이라는 예측을 한 것이 클라이맥스다. AI가 맞았다. 온도는 1도 높았고 비는 291mm 더 내렸다. 1년 뒤의 허리케인도 예측한다.

(5) 화웨이 - 판구웨더

중국 화웨이의 판구웨더(Pangu Weather 3.0)는 기존 모델보다 예측 농도가 1만 배 빠르며 정확한 10일 후의 기상 정보를 제공한다. 판구3.0은 기업 환경 예측모델이다.

(6) 한국 KAIST - 알파웨더

우리나라의 기상청과 KAIST가 개발한 AI 기상 예측모델 알파웨더는 실시간 데이터를 활용하여 6시간 이내 초단기 강수를 예측한다. 울산 과학기술원(UNIST, 임정호 교수팀)은 해수면 온도, 토양 수분, 적설 깊이, 해빙 농도 등 전 세계 기후 요소들을 분석해 졸업 예측 AI 모델을 개발하였다. 이를 통해 몽골 사막과 중국 텐산 산맥의 적설 깊이가 국내 폭염 일 수 예측에 중요한 요소라는 점을 알아냈다. 쌓인 눈이 줄어들면 국내 여름 기온이 상승한다는 패턴이 밝혀진 것이다.

5) ESG 등 관련 국제 규제[10)]

ESG는 단순히 원칙을 이해하는 것을 넘어, 국내외 규제 환경에 대한 심층적인 이해와 적극적인 대응이 필수적이다. 독일 자동차회사 폭스바겐은 최근 곤욕을 치렀는데, 중국에서 운영되는 합작 공장이 신장 위구르자치구에서 생산한 부품을 사용했다는 이유에서이다. 2022년 6월부터 시행된 미국의 위구르 강제노동금지법(UFLPA)이 적용된 것이다. 이로 인해 미국에서 압류조치를 당했고 폭스바겐은 중국 내 합작 공장 철수까지 검토했다. 위구르 강제노동 금지법은 미국이 중국을 겨냥해 도입한 규제이다.

유의할 점은, 이 법은 중국 기업에만 적용되는 것이 아니라는 것이다. 신장 위구르 지역에서 생산한 부품의 사용 여하에 관한 것이므로 제조사나 생산지에 무관하게 적용된다.

유럽연합(EU)도 중국을 견제하려는 움직임이 거세다. 2024년 발효되고 2027년 시행되는 '기업 지속가능성 실사 지침(CSDDD)'이 대표적이다. 이는 인권·환경보호 규제이다. 기업이 공급망 내에서 인권침해나 환경파괴 가능성을 찾아내는 실사를 이행하지 않거나, 실사 과정에서 찾아진 위험요인에 대해 적절한 예방이나 시정조치를 취하지 않는 경우 제재 대상이 되는 것이다. 유럽에 수출하는 기업들 대부분이 적용 대상이 된다.

EU의 산림 황폐화 방지 규제(EUDR)는 2024년 말부터 시행된다. 이 규제는 열대우림 파괴와 관련된 상품의 수입을 제한하는 규정이다. 고무를 사용하는 타이어 업체가 대표적인 규제를 받을 것이다.

EU의 배터리 규제는 2024년 2월부터 시행중이다. 그 외의 국가들에서도 미국의 위구르 강제노동 금지법과 유사한 법안이 도입될 가능성이 크다. 영국과 호주가 이 법을 현대판 노예법 명칭으로 도입하려 하고 있다. 영국과 호주의 대중국 무역전쟁의 핵심은 ESG(환경·책임·투명 경영)이다. 이에 대하여 한국도 전 세계 공급망 속에서 중국에 대한

---

10) 김명우. 매경 8.21. A20, 논설실장

의존도가 높은 한국도 긴장을 늦출 수는 없다. 제품에 위구르산 부품이 끼어있을 경우 수출에 큰 차질을 빚을 수 있다는 점이다.

중소기업의 경우 대응능력이 없으므로 큰 곤란을 겪든가 존립마저 흔들릴 수 있다. 미국이나 유럽에 진출하는 한국기업이 그들의 규범을 피할 수는 없기 때문이다. RE 100 파도를 넘으려 우리 정부가 마련한 CFE(무탄소 에너지)는 국제사회에서 RE100에 비해 국제적 합의가 부족하다. 이는 문제거나 이해의 부족에서 오는 소치일 수 있다.

CHAPTER 15

인사전략

1 인사전략의 개념

경영의 자원인 인적자원을 경영의 한 자원으로 인식하는 범주를 벗어나 인사전략의 개념으로 보는 견해가 있다. 인사관리의 패러다임이 전략적 인적자원관리로 전환이 되는가 하면 그 자원은 모두 사람의 손으로 이루어지는 것을 생각하면 인사관리는 경영관리의 전체라 할 수 있다. 따라서 인적자원이라 하는 사람의 요소에 대하여 자발적 존재로서의 인간을 보아야 한다. 그래서 기존의 인적자원 관리를 통합적인 관점에서 다루어야 하고, 이를 나누어보면 수직적 통합과 수평적 통합이 성립하며 수직 수평을 융합하여 인사전략이 수립된다고 볼 수 있다.

수직적 통합은 기업의 목표달성을 위하여 전략을 수립하고 시행하며 자원을 활용하여 성과(Performance)를 얻어가는 일련의 과정을 인간이 수행한다는 수직적 관점의 통합을 말하며, 수평적 통합은 인적자원관리의 기획과 수행 통제 등의 각 기능들이 서로 모래알같이 개별적으로 움직이는 것이 아니라 유기적인 결합상태로 움직이는 것의 통합을 의미한다. 인사전략은 이 수직적 기능과 수평적 기능들이 융합하여 통합되어야 제대로 기능한다고 볼 수 있다. 마치 한 장군이 군 전체를 장악하여 절대권을 휘두르는 것과 같은 이치이다. 인사전략이 잘 되면 어떤 전쟁에서도 지지 않는다는 것이 손자의 통찰이다.

• **그림 1** 인사전략과 경영전략

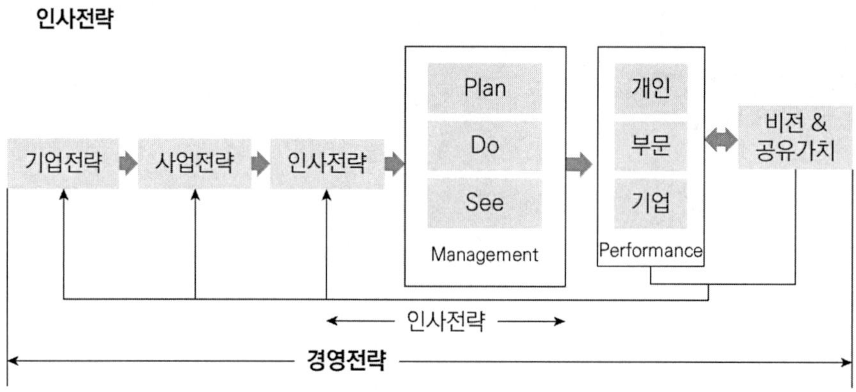

이 그림은 평범한 경영전략 도표이나 한편은 인사전략도표임을 알 수 있다. 기업의 전략의 수립이나 비전을 세우고 기업 내 또는 기업 외부에까지 공유가치를 생산·공급하고, 모든 업무수행 전체를 인사가 수행하는 것을 보여주고 있다. 기업전략의 수립부터 사업전략, 인사전략 및 Management와 Performance 및 비전과 공유가치를 꿰뚫는 축이 수직적 Process이며 이를 수행하는 Plan, Do, See 부분은 수평적 Process이다. 이들은 어느 것 하나도 상호 연계되지 않음이 없으며 각 프로세스는 긴밀하게 연결되어 있어 하나의 문제가 전체 시스템에 영향을 미칠 수 있다.

인사전략의 수립을 위하여 VRIO 모형을 소환한다.

VRIO 모형은 기업의 여러 경쟁요소들에 대하여 가치(Value), 희소성(Rarity), 모방 가능성(Imitability) 및 조직(Organization)이라는 여과기로 검증하는 시스템으로 발견·식별된 여러 원가 요소들에 대한 검토를 수행하는 관점(view point)을 제공한다.

본서는 이미 VRIO 동태모형에서 자원 및 핵심역량에 대한 여과기 역할을 하는 V, R, I, O들에 대한 동태적 평가표를 노출하였다. 인사의 모든 것들은 이 여과기로 검증을 하므로 기업의 본질적 경쟁우위 인사전략을 수립할 수 있다.

우리는 GE의 변화나 엔비디아 구글 인텔 IBM 등의 흥망성쇠에 대하여, 그리고 유한양행의 숭고한 유산에 대하여 살펴보았다. 과거는 흘러갔고 시대는 변화하며 기업 경쟁력의 원천도 변화됨을 보아왔다. 과거 기술력을 바탕으로 막대한 생산력의 하드웨어에 초점을 맞추었다면 이제는 조직관리와 더불어서 조직구성원들인 소프트웨어적인 초점, 미묘한 감성적 경쟁력으로 바뀌어가고 있다. 그 중심에 기업의 인간이 존재하며 인간의

• **그림 2** VRIO 모델

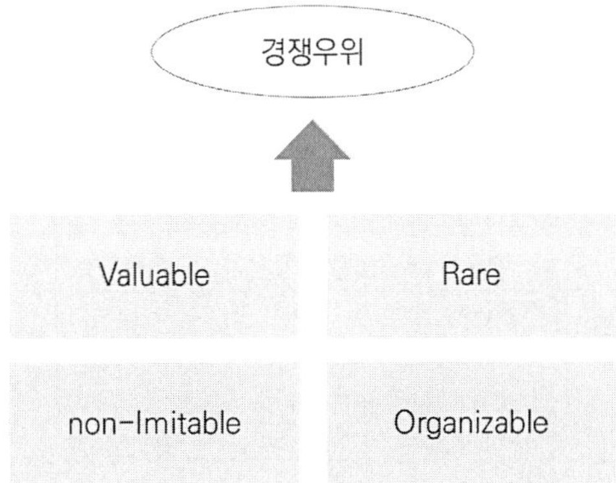

VRIO Model

행동이 기업 전체의 움직임으로 여기 필요한 것이 비교우위이다.

자원기반이론(Resource Based Theory)은 '기업의 경쟁우위가 외부 환경이 아닌 내부 자원과 역량에 의해 결정된다'는 이론으로 비교우위를 갖추고 있는 조직들은 경쟁자에 비해 자원들이 경쟁력을 갖추고 있다고 보는 이론이다. 경쟁자에 비해 비교우위를 갖추기 위한 자원의 4가지 조건은 VRIO이론이 말하는 가치가 있는 자원(Value), 흔하지 않은 자원(Rarity), 모방이 불가능한 자원(non Imitability), 조직화가 가능한 자원이다.

2 인사전략의 유형

1) 기업의 생애주기별 인사전략

이러한 경영자원들을 운용하는 경영전략 중 인사(HR) 전략은 가장 핵심적인 요소이며, 기업의 성장 단계와 외부 환경 변화에 따라 역동적으로 조정되어야 한다. 기업의 생애 주기와 현대적 경쟁 환경을 고려한 인사 전략은 다음과 같다.

단계	주요목표	핵심 인사 전략	시대적/전략적 고려 사항
창업기 (Startup)	창업기업의 생존 및 핵심 역량 구축	선택적 소수 정예 채용(하버드 등 Top 인재 포함), 다기능 인재선호, 지분 보상(Stock Option) 중심의 보상 체계, 창업자의 직접 리더십	속도와 유연성 극대화. 명확한 기업 문화정립.
성장기 (Growth)	사업 확장 및 규모의 경제 달성	대규모 인력 채용 및 육성, 체계적인 교육 프로그램도입, 성과주의강화 및 리더십 역량 개발, 직무 표준화 및 HR 시스템구축	전문가 집단육성. 조직 구조 복잡도 증가에 따른 갈등 관리중요.
성숙기 (Maturity)	효율성 제고 및 현상 유지, 혁신 모색, 창업기 회귀	핵심 인재 유지 및 순환 보직, 내부 경쟁및 인센티브 강화, 안정적인 고용과 복지 시스템 운영, 인력 재배치및 효율화	관료화 방지및 새로운 성장 동력 발굴을 위한 조직 활성화 전략.
쇠퇴기 (Decline)	비용 절감 및 사업 구조조정	선택과 집중을 위한 인력 감축, 명예퇴직/조기 퇴직 프로그램시행, 잔류 인력에 대한 동기 부여 및 재교육, 퇴직자 관리(용도가 다한 인사 처리)	사회적 책임(S)을 고려한 인력 구조 조정. 최소한의 윤리적 기준 유지.

2) 현대의 혹독한 경쟁 시대의 통합 인사 전략

현대는 기술 경쟁 심화, 글로벌화, 주주 등의 압력 증가, 법의 비호 속 강력 노조의 등장, ESG 요구 증대, 여기에 미국으로 촉발된 강대국의 횡포 등이 융합된 복잡한 환경이다. 이러한 환경에서 구사할 전략은 동태적 역량(Dynamic Capabilities)을 중심으로 한 인사 시스템 구축에 초점이 맞추어질 수밖에 없다.

(1) 인재 확보 및 육성 전략: '하버드 인재' 포함

인재 확보 및 육성 전략

전략 영역	핵심 실행 방안	시대적/전략적 고려 사항
기술 최고 인재 확보	하버드/MIT/스탠퍼드 등 국내외를 막론하고 최우수 대학의 AI, 데이터 과학, 핵심 기술 분야 인재를 초기 창업기부터 공격적으로 채용한다. 전통적인 직무가 아닌 미래 전략 프로젝트 중심의 채용이다.	인재 풀의 세계화. '특급 인재에게는 특급 보상'원칙 적용.
내부 혁신 역량 강화	전 직원 대상 디지털 리터러시 교육 의무화 및 사내 벤처/TF팀 운영을 통한 혁신 문화를 조성하고, 지속적인 리질리언스(Resilience) 및 변화와 위기 대응 관리 교육을 시행한다.	학습 조직(Learning Organization)구축. 급변하는 환경에 맞춰 역량을 재구성하는 동태적 또는 매트릭스적 역량 강화. 분석툴도 동태적 모델 활용
국제 경쟁 및 세계화	글로벌 인재 유치, 해외 핵심 포지션 현지화, 글로컬라이제이션 등을 위한 인사 시스템 구축, 인재 양성. 이 문화 적응 능력 및 글로벌 협업 역량을 핵심 평가 요소에 포함한다.	지역별/문화별 차이를 반영한 HR 유연성 확보. 사전에 세계 인구, 기후변화, 식량, 에너지 등에 대한 동향을 파악

- 디지털리터러시(digital literacy): 정보사회에서 디지털 도구와 미디어를 이해하고 효과적으로 활용하며 정보를 평가하고 이용하며 필요한 정보는 생성하기까지 하는 능력을 의미한다.
- 리질리언스(resilience): 라틴어로 물체의 탄성이나 신축성을 의미하는 어원. 현대는 월내 상태로 빠르게 회복하거나, 심지어는 이전보다 더 강하게 재탄생할 수 있는 능력을 말한다. 리질리언스 경영은 예기치 못한 상황에서도 기업이 신속하게 위험에 대응하고 손상은 신속하게 회복하고 성장할 수 있도록 하는 생존 및 성장 역량을 말한다.
- 매트릭스적 역량이란 일반적으로 조직 내에서 개인이 가진 다양한 역량을 여러 축으로 나누어 평가하고 관리하는 매트릭스(행렬) 방식의 역량 및 그 평가를 의미한다. 이는 특정 직무의 레벨별로 필요한 역량과 그 수준을 정의하거나, 직원의 '의지'와 '스킬' 같은 두 가지 차원으로 나누어 성장 잠재력을 파악하는 스킬 매트릭스 형태로 활용될 수 있어, 이 방법을 활용하면 생산과장과 회계과장을 교체 근무케 할 수 있다.

(2) 거버넌스 및 이사회 운영 전략(ESG, IPO 대응)

현대 기업들은 ESG와 IPO(기업공개)에 효과적으로 대응하기 위해 거버넌스(G)차원의 인사 전략을 구축하는 것이 필수적이다.

(가) 이사회의 다양성 및 전문성 강화

- 환경(E) 및 사회(S) 전문가를 이사회에 영입하여 ESG 전략을 체계적으로 감시하고 자문하도록 한다.
- 국제적 경험과 기술적 이해가 높은 독립적인 사외이사를 적극적으로 확보하여 경영진을 견제하고 전략적 의사결정의 질을 높인다(IPO 심사 및 글로벌 투자 유치에 긍정적 영향을 주기도 함).

(나) CEO 승계 계획 및 리스크 관리

- 공식적인 CEO 승계 계획(Succession Planning)을 필히 수립하여야 하며, 이사회가 이를 주기적으로 검토 및 승인한다. 이는 거버넌스의 투명성을 높이는 핵심 요소

이다.

(다) 보상 체계와 ESG 연계

- CEO 및 임원 보상에 재무적 성과뿐만 아니라 ESG 성과 지표(예: 탄소 배출량 감축, 노동 환경 개선 등)를 포함하여 장기적이고 지속 가능한 경영을 유도한다.

(3) 시니어의 활용 방법(Downsizing & Restructuring)

- 경영전략의 역사성을 감안할 때, 쇠퇴기나 급격한 기술 변화로 인해 특정 역량이 불필요해진 인력에 대한 처리는 효율성과 사회적 책임(S)을 동시에 고려해야 한다.

(가) 전략적 재배치 및 재교육(Upskilling/Reskilling)

- 해고를 최후의 수단으로 간주하고, 기존 인력이 새로운 기술이나 사업 분야에서 기여할 수 있도록 전폭적인 재교육 프로그램을 제공한다. 이는 단기적인 비용 절감보다 장기적인 지식 유지에 유리하다.

(나) 임금피크제 및 시니어 채용

- 임득피크제를 활용하여 시니어의 근무 기간을 실질적으로 늘려준다. 특히 시니어를 고용함으로써 잉여 시니어의 건강을 활용하거나 그들의 숙련도 및 지혜를 활용할 수 있다.

(다) 명예퇴직 및 전직 지원 프로그램

- 희망퇴직자에게 퇴직금 외 추가 보상을 제공하고, 외부 컨설팅을 통한 재취업 또는 창업을 지원하는 전직 지원(Outplacement)서비스를 의무적으로 제공한다.

(다) 윤리적이고 투명한 프로세스

- 인력 구조조정의 기준과 과정을 투명하게 공개하고, 관련 법규를 철저히 준수하여 기업 평판 및 소송 리스크를 최소화한다. 이는 ESG 중 '사회(S)' 측면에서 기업의 윤리적 책임을 다하는 것이다.

3 주요 기업들의 2025 인사전략[1)]

1) SK의 2024년 말 인사 전략

SK그룹의 2024년 말 인사는 사업 리밸런싱과 조직 슬림화 과정에서 임원 규모를 축소하여 신규 임원은 2년 전 대비 절반 수준인 75명으로 하였다. SK이노베이션은 SK하이닉스 출신 이석희를 CEO로 SK실트론 제조, 개발 본부장 제조 총괄로, SK하이닉스 미래기술 연구원 R&D 실장을 역임한 피승호 실트론 제조개발 본부장을, 김필석 박사를 CTO겸 환경과학 기술원장으로 영입하였다. 김박사는 미 에너지부(DOE) 산하 ARPA E (Advanced Research Project Agency－E)에서 기후변화와 재생에너지 관련 프로젝트를 이끌었다. 북미 콘트롤타워 SK아메리카스에는 대관 총괄에 폴 딜레이니 부사장을 선임했다. SK수펙스 추구 협의회는 전략·글로벌 위원회 산하 AI 태스크포스를 AI 추진단으로 확대하고 DT(Digital Transformation) 추진팀도 신설한다. 성장지원 담당은 최태원 회장의 장녀인 최윤정 SK바이오팜 사업 개발 본부장이 겸직하며 AI R&D센터는 SK텔레콤 주도로 신설한다.

SK하이닉스 인재들을 두루 포진시켜, SK하이닉스 미래 기술연구원 R&D 실장을 지낸 피승호 부사장을 SK온 제조 총괄로 선임하고, SK실트론, SK(주) C&C 등에도 하이닉스 출신 인사를 전면 배치했다. 승진자의 70%는 현장 전문가이다. SK그룹 내 혁신 DNA 이식 및 최고 기술기업 목표 달성을 위한 전략의 일환으로 풀이된다.

SK하이닉스는 빅테크형 'C'레벨 경영을 구축한다.

핵심 5개 조직 책임자를 CMO, CTO, CDO, CPO 및 CC의 핵심 5C 혁신 체제인데, 이는 애플이나 MS(Microsoft) 같은 빅테크들의 경영 형태이다. 핵심 기능별로 각각의 권한과 책임(A&R, Authotity & Responsibility)을 부여, 신속한 의사결정을 도모하겠다는 취지이다. 총괄 CEO에는 SK하이닉스 대표이사 곽소정 사장이 C레벨 핵심 임원들의 의사결정을 이끌고, 개발 총괄은 신설 직위로 D램과 낸드플래시, 솔루션 등 모든 메모리 제품의 개발 역량을 결집한 신규 조직으로 개발 총괄(CDO) 안현 사장이 맡아 차세대 인공지능

1) 조선, 매경, 서울경제 등 요약

(AI) 메모리를 비롯한 미래 제품 개발을 위해 전사 시너지를 극대화할 수 있을 것으로 기대한다. 안현 사장은 낸드와 SK하이닉스 N－S(NAND와 Solution) Committee를 말았었으며, 미래 기술연구원과 경영전략, 솔루션 개발 등의 보직을 거쳤다. 양산 총괄(CPO: Chief Production Officer)도 신설조직으로 메모리 전공정과 후공정을 총괄하며 공정간 시너지를 극대화하며 향후 용인 반도체 클러스터를 포함 국내외에 건설할 팹(Fab)의 생산기술 고도화를 통합적 관점에서 주도할 것으로 김영식 부사장이 말았다.

대외 협력과 글로벌 업무관련 조직을 강화하여 외교통상 전문가를 배치한 것도 특징이다. 세계 주요국의 반도체 정책과 급변하는 지정학 이슈에 기민하게 대응을 하기 위해서이다. AI 인프라를 담당할 CMO(최고 마케팅 책임자)에는 김주선 사장이, 미래 기술연구원 CTO에는 차선용 부사장이, 코퍼레이션 센터(Corporate Center)는 송현종 사장이 담당하게 됐다. SK는 SK Renaissance 원년으로 삼았던 2024년의 성과에 안주하지 않고, 새얼굴 33인을 발탁하였으며 차세대 AI 반도체 등 미래기술과 시장을 지속 선도하기 위한 강한 원팀체제 구축에 중점을 뒀다고 인정된다. 한편 SK온에는 감사통으로 유명한 자경단장 출신(자율 책임 경영지원단 – 그룹 내 감사조직) SK온은 신창호 SK㈜ PM 부문장을 신설된 운영 총괄 임원으로 임명하면서 유동성 위기를 겪고 있는 기업을 관리하고 있는 것은, 머지않아 닥쳐올 트럼프 파도에 대한 대비로 보인다. 또한, 중간 지주사인 SK디스커버리 수장에 재무출신인 손현호 SK수펙스 추구 협의회 전략지원팀장을 사장으로 세웠다. 손사장은 SK이노베이션의 전신인 유공으로 입사해 SK㈜ 재무실장 등 재무 분야에서 전문성을 쌓았다.

HBM을 성공한 SK, 금번 인사에는 수펙스 철학은 담겨있으나 주무왕에 있었던 여상이나 유방의 소하 장량은 보이지 않음은 숨겨져 있거나 나타난 이들이 그 역량을 발휘할 것을 기대해 본다. 국가 미래에 대한 책임이 막중하다.

2) 삼성 - 혁신으로 새 50년 세우기

삼성전자는 HB의 경쟁에서 SK하이닉스에 패했다. 회사는 2024년 12월 6일, 반도체 사업 50주년을 회장이나 경영진의 메시지 없이 조용하게 맞았다. 최근의 실적 부진과 반도체 시장에서의 입지 약화로 제기된 '반도체 위기론'을 겸허히 받아들인 모습으로 해석된다.

핵심은 인사다. 인사조치 및 조직개편을 통해 사업지원 TF, 삼성글로벌리서치(옛 삼성 경제 연구소), 디바이스 솔루션(DS) 부문 경영전략실 등 핵심 전략조직을 정비하며 새로운 리더십을 도입했다.

새 리더십의 핵심은 두뇌진용 재편

"국민들의 높은 기대에 미치지 못했던 점에 많은 시간을 자책했다"고 밝힌 이재용 회장은 "국민의 사랑을 받는 삼성으로 거듭나기 위해 모든 것을 다 하겠다"는 각오를 밝히며 삼성전자의 미래를 책임질 '두뇌조직'의 재편부터 본격 변화에 나섰다. 눈여겨볼 것은 과거 미래전략실 인사들이 앞에 나섰다는 것이다. 그 내용은, 삼성 글로벌리서치 경영진단 실장에 최윤호 사장, 사업지원 TF 장에 박학규 사장 DS(반도체, 디바이스 솔루션) 부분 경영전략 담당에 김용관 사장, DS 부문에 AI 센터를 신설하고 신임 센터장에 송용호 메모리 사업부 솔루션 개발실장, 새 최고 재무책임자(CFO)에 박순철 부사장이 내정됐다. 모두 삼성전자 과거 황금기의 미전실(미래전략실) 출신들이다. 이들의 경험과 통찰이 새로운 사업과 투자 방향을 제대로 설정하기를 기대하는 것이다. 삼성 인사의 핵심은 CFO 출신 경영진의 약진으로 볼 수도 있다. 감사 기능의 강화로 보인다. 최윤호 사장은 삼성 내 검찰로 불렸던 경영진단실을 부활시키고 그룹사업을 제대로 들여다보겠다는 의지의 표명으로 보이며 박학규 사장은 삼성그룹 재무팀 출신으로 회장의 최측근 인사의 한 명으로 꼽히며, 최근 '글로벌 1위' 수성에 적신호가 켜진 반도체(DS) 부문에 대한 사업지원 역할을 담당할 것으로 알려졌으며 그룹 컨트롤타워인 사업지원 TF에서 임무를 수행한다.

반도체인 신조 설정

삼성전자 DS 부문은 새로운 반도체인 신조를 공모받고 있다. 과거 1983년부터 "안 된다는 생각을 버려라", "큰 목표를 가져라" 등 행동다짐 10개로 구성된 반도체인의 신조를 직원들이 따르도록 하고 있었다.

혁신적 도전에 관한 조언

이광형 KAIST 총장: 삼성전자가 새로운 모델이 나오도록 원천기술 개발을 지원하는 등 판을 흔들어야 한다. 특히, 인수합병을 적극적으로 검토해야 한다는 주장이 있다. 삼성전자의 M&D는 2017년 하만 인터내셔널(전장, 오리온 사업)을 인수한 후 없다. 반도체 사업의 위기와 문제점들이 명확해졌으므로 이를 정면으로 돌파하기 위한 M&A에 적극 나설 것이며 R&D에 더욱 힘을 쏟아야 한다는 것이다. 앞으로 정확하고 기민한 판단 아래 용감하게 부딪히는 행보가 필요하다. 과거 인텔이 엔비디아에 투자할 기회를 놓친 경험을 기억해야 할 것이다. 삼성의 금번 인사는 새 인사의 70%를 현장 전문가(=엔지니어)로 채운 SK와는 대조된다.

한편, 보잉(Boeing)의 사례에서 보듯 보잉은 수십 년간 기술 우위에서 세계 항공기술을 리드하였으나 어느 순간부터 내적 안주에 집착하여 CFO 출신들을 등용함에 따라 경영의 단물인 비용 절감 이익 증대의 길을 걸었다. 최근에는 우주선을 통한 우주산업에서도 자기 우주선으로 우주로 실어 보낸 우주인을 자기 우주선의 결함으로 경쟁사인 일론 머스크의 Space-X로 귀환시키는 치욕[2)]을 맛보았으며 기술이 뒤진다는 평가와 함께 경쟁에서 밀리는 상황을 목도하고 있다. 물론 CFO 출신들의 죄과냐 하는데 그렇다고 얘기할 수는 없다. 다만, 금번 삼성의 인사가 보잉과 어우러져 보이는 이유는 무엇일까? 과도한(?) 재무 효율 추구형 인사가 장기적인 기술 혁신을 저해할 수 있다는 우려가 있기 때문이 아닐까?

삼성의 신화에는 감히 고 이병철 회장까지는 근처에 가지 못하되 함께 동고동락했던 이윤우 회장의 일화 하나를 소환한다. 1983년 기흥에 국내 최초 VLSI 공장을 남들이 3년 걸릴 것을 6개월 만에 건설했고, 진동에 약한 반도체 소재를 들여오기 위한 공장 진입로 4km를 4시간 만에 포장한 그의 굴기는, "simple is the best"라 하면서 뚱뚱한 고양이론을 펴며 야전침대를 놓고 생활한 그의 경건성에 1,000년 기업 곤고구미의 "사장은 현장의 귀신이 되어라" 하는 사훈과 함께 다시 한 번 세상의 경종을 울리고 있다.

HBM에서 성공한 SK, 큰 나락에 떨어진 옛 왕자 삼성, 하나는 새 부대에 새 술을 담았고 하나는 역전의 용사를 모았다. 과연 이 험난한 전투에서 누가 어떤 결과를 가져올 것인가는 시간만이 알고 있다. 이 인사는 각 기업의 2025년을 결정할 것이다. 왕은 사람을 쓰는 것이다.

人事는 萬事다!

---

2) 미 우주비행사의 부치 윌모어, 수니 윌리엄스, 닉 헤이그, 알렉산드르 고르부노프 등은 당초 모임 예정으로 보잉 우주선 스타라이너를 타고 ISS로 갔으나 스트라이너의 캡슐의 기술적 문제 발생으로 우주에 287일 머문 뒤 일론 머스크의 Space-X를 타고 귀환했다.

삼성의 미래에 대한 AI와의 대화

다음은 구글AI Gemini와 금번 삼성 인사 및 전략 등에 대한 대화내용이다. 오타도 수정 없이 실었다. 다만, 답변 중 "2025년 삼성의 인사는 단기적인 성과보다는 장기적인 관점에서 기업의 체질을 개선하고, 불확실한 미래에 대비한 내실을 다지는 데 초점을 맞춘 것으로 보인다."라는 점에 대하여는 선뜻 동의하기 어려운 점이 있음을 밝힌다.

질문

삼성인사, 최윤호 사장, 박학규 사장 김용관 사장, 송용호 개발실장, 박순철 부사장 맞나?

답변

현재 삼성그룹의 주요 인사들의 직책은 다음과 같다. 2024년 11월과 12월에 발표된 인사를 기준으로 한다.

최윤호 사장: 삼성글로벌리서치 경영진단실장 사장

박학규 사장: 삼성전자 사업지원TF 담당 사장

김용관 사장: 삼성전자 DS부문 경영전략담당 사장

송용호 부사장: 삼성전자 DS부문 AI센터장(이전에는 메모리사업부 솔루션개발실장이었음)

박순철 부사장: 삼성전자 DX부문 CFO(최고재무책임자)

질문

박학규 사장은 재무팀 출신, 최윤호사장은 경영진단실 출신, 김용관사장은 기획 재무업무를 거친 경영진단팀, 미전실 출신, 송용호부사장은 교수에 가깝다. 2025년 삼성 인사의 핵심은 CFO 출신 경영진의 약진이다. 그룹을 들여다보겠다는 의지로 보이는데 앞으로는 어떻게 가나? 최근 엔비디아, TSMC, SK하이닉스 등 복잡한 문제가 산전한데, 이들이 6개월이 지난 지금 어떻게 하고 있으며 과연 삼성의 미래를 어떻게 책임질 것인지, 분석해보라.

답변

2025년 삼성그룹 인사의 핵심은 CFO 출신 경영진의 약진이며, 그룹 전반을 들여다보고 재무 건전성을 확보하려는 의지로 보인다는 분석은 타당해 보인다. 특히 최근 대내외 경영 환경의 불확실성이 심화되면서 기업의 '곳간지기' 역할을 넘어선 CFO의 역할이 더욱 중요해지고 있기 때문이다.

각 인물의 배경과 역할을 살펴보면 다음과 같다.

박학규 사장(삼성전자 사업지원TF 담당 사장): 재무팀 출신으로 이재용 회장의 최측근 중 한 명으로 꼽히는 '재무통'이다. 과거 미래전략실 경영진단팀장, DS부문 경영지원실장(CFO) 등을 역임하며 그룹 전반의 사업 및 재무 관리에 대한 깊은 이해를 갖추고 있습니다. 사업지원TF 담당으로 이동한 것은 위기에 직면한 반도체(DS) 부문의 투자나 인수합병 등 주요 의사결정에 참여하며 경영 효율화를 도모하려는 의도로 해석된다. 그룹 전반의 전략적 투자와 효율적인 자원 배분에 핵심적인 역할을 할 것으로 예상된다.

최윤호 사장(삼성글로벌리서치 경영진단실장 사장): 삼성SDI 대표이사로 재직하다 삼성글로벌리서치 경영진단실장으로 이동했습니다. 과거 삼성 미래전략실 경영진단팀 출신으로, 그룹 전반의 경영 상황을 진단하고 개선 방안을 제시하는 역할을 수행할 것으로 보인다. 특히 '실적 못 내면 옷 벗어야'라는 말이 나올 정도로 리서치 조직 내 실적 체계가 도입되는 등, 단순한 보고서 작성 수준을 넘어 실제 경영 개선에 기여하는 '전략통'으로서의 역할이 기대된다.

김용관 사장(삼성전자 DS부문 경영전략담당 사장): 기획 및 재무 업무를 거쳤으며, 과거 미래전략실 경영진단팀과 전략팀을 거친 전략 전문가이다. 의료기기사업부장을 역임하며 비즈니스 안정화에 기여한 경험도 있습니다. DS부문 경영전략담당으로서 반도체 경쟁력 조기 회복과 새로운 도약을 위한 전략 수립 및 실행에 핵심적인 역할을 할 것으로 보인다. 그의 재무적, 전략적 통찰력이 DS부문의 위기 극복에 중요한 동력이 될 것이다.

송용호 부사장(삼성전자 DS부문 AI센터장): 이전에는 메모리사업부 솔루션개발실장이었으며, 현재는 DS부문 AI센터장을 맡고 있다. '교수에 가깝다'는 평가는 그의 깊이 있는 기술적 전문성과 연구 개발 역량을 시사한다. AI센터장으로서 삼성전자의 AI 기술력 강화와 반도체 사업의 핵심 성장 동력 발굴에 기여할 것으로 보인다. 특히 HBM 등 AI 반도체 관련 기술 개발에 중요한 역할을 할 것으로 기대된다.

2025년 삼성 인사의 핵심, CFO 출신 경영진 약진의 의미

CFO 출신 경영진의 약진은 삼성그룹이 재무 건전성 강화, 효율적인 자원 배분, 그리고 미래 불확실성에 대한 선제적 대응에 집중하겠다는 강한 의지를 보여준다. 이는 다음과 같은 배경에서 비롯된 것으로 분석할 수 있다.

글로벌 경제 불확실성 심화: 고금리, 고물가, 지정학적 리스크 등으로 글로벌 경제의 변동성이 커지면서 기업의 재무 리스크 관리와 현금 흐름 확보가 그 어느 때보다 중요해졌다.

반도체 산업의 복잡성 증대: AI 시대의 도래로 반도체 산업은 폭발적인 성장을 하고 있지만, 동시에 기술 경쟁 심화, 공급망 불안정 등 복잡한 도전에 직면해 있습니다. 막대한 투자가 요구되는 시점에서 효율적인 투자 전략과 재무 건전성 유지가 필수적이다.

이재용 회장의 '뉴 삼성' 비전: 이재용 회장은 취임 이후 '기술 중심 경영'과 함께 '질적 성장'을 강조하며, 불확실한 미래에 대비한 내실 다지기에 주력하고 있습니다. CFO 출신 경영진은 이러한 내실 다지기 전략의 핵심 축이 될 수 있다.

컨트롤 타워 재정비의 일환: 과거 미래전략실의 역할을 사업지원TF 등이 분담하는 과정에서, 재무 전문성을 가진 인력들이 핵심적인 역할을 맡아 그룹 전반의 시너지를 극대화하려는 의도로 볼 수 있다.

최근 엔비디아, TSMC, SK하이닉스 등과의 경쟁 구도 속 삼성의 미래

지난 6개월간 삼성은 반도체 시장의 주요 플레이어들과의 경쟁에서 복잡한 상황을 겪고 있으며, CFO 출신 경영진의 약진은 이러한 난관을 헤쳐나가기 위한 중요한 변화로 해석된다.

엔비디아와의 관계 및 HBM 경쟁

현황: 엔비디아는 AI 반도체의 핵심인 GPU 시장을 장악하며 막대한 영향력을 행사하고 있습니다. 엔비디아는 과거 삼성의 파운드리 고객이었지만, 최근에는 TSMC를 주력 파트너로 선택하며 삼성과의 협력 관계가 약화되는 양상을 보였습니다. 특히 HBM(고대역폭 메모리) 시장에서 SK하이닉스가 엔비디아의 주요 공급사로 자리매김하면서, 삼성전자는 HBM3E 퀄 테스트 통과 등 기술력 입증에 주력해왔다.

삼성의 미래 책임: 송용호 부사장이 이끄는 DS부문 AI센터는 AI 시대의 핵심인 HBM 기술력 강화에 집중할 것으로 보인다. 삼성은 HBM3E 8단 제품의 퀄 테스트 통과 및 12단 제품 개발 등 기술 리더십 확보에 총력을 기울이고 있다. 또한, 엔비디아뿐만 아니라 AMD, 구글 등 다양한 AI 칩 개발사들과의 협력을 확대하여 고객 다변화를 추진할

것이다. CFO 출신 경영진은 HBM 생산 능력 확대를 위한 대규모 투자와 효율적인 재고 관리를 통해 시장 경쟁력을 확보하는 데 기여할 것이다.

TSMC와의 파운드리 경쟁

현황: TSMC는 파운드리 시장에서 압도적인 점유율을 차지하며 기술력과 생산 안정성에서 우위를 점하고 있다. 삼성전자는 TSMC에 이어 2위를 차지하고 있지만, 격차를 좁히기 위해 노력하고 있다. 특히 2nm 등 최첨단 공정 기술 개발 및 고객 확보가 중요한 과제이다.

삼성의 미래 책임: 김용관 사장이 DS부문 경영전략담당으로서 파운드리 사업의 경쟁력 강화를 위한 전략을 수립하고 실행하는 데 핵심적인 역할을 할 것이다. 삼성은 '턴키(Turn-key)' 솔루션 제공과 파운드리 생태계 확대를 통해 고객을 유치하고, 2나노 공정 양산을 통해 기술 격차를 줄이는 데 집중할 것이다. CFO 출신 경영진은 파운드리 시설 투자 및 운영에 대한 재무적 타당성 검토와 효율성을 높여 TSMC와의 경쟁에서 우위를 점하는 데 기여할 것이다.

SK하이닉스와의 메모리 경쟁(특히 HBM)

현황: SK하이닉스는 HBM 시장에서 독보적인 우위를 점하며 삼성전자를 앞서고 있다. AI 반도체 시장의 폭발적인 성장과 함께 HBM의 중요성이 더욱 부각되면서, 이 시장에서의 주도권 확보가 삼성에게는 매우 중요한 과제이다.

삼성의 미래 책임: 삼성은 D램, 낸드 등 기존 메모리 강자로서의 위상을 바탕으로 HBM 시장에서도 빠르게 점유율을 확대하는 데 집중할 것이다. 대규모 투자를 통해 HBM 생산 능력을 늘리고, 차세대 HBM 기술 개발에 박차를 가할 것이다. CFO 출신 경영진은 HBM 생산 설비 투자 및 수익성 관리를 통해 SK하이닉스와의 격차를 줄이고, 궁극적으로 HBM 시장에서 리더십을 되찾는 데 중요한 역할을 할 것이다.

종합적인 분석

2025년 삼성의 인사는 단기적인 성과보다는 장기적인 관점에서 기업의 체질을 개선하고, 불확실한 미래에 대비한 내실을 다지는 데 초점을 맞춘 것으로 보인다. CFO 출신 경영진의 약진은 그룹 전반의 재무 건전성 확보와 효율적인 자원 배분을 통해 복잡한 글로벌 경쟁 환경 속에서 삼성의 생존과 성장을 이끌어내겠다는 의지를 보여준다.

이들은 엔비디아, TSMC, SK하이닉스 등과의 치열한 경쟁 속에서 HBM 및 파운드리 사업의 경쟁력을 강화하고, 미래 성장 동력 확보를 위한 투자를 효율적으로 관리하며, 급변하는 시장 상황에 유연하게 대응할 수 있는 전략을 수립하고 실행하는 데 중추적인 역할을 할 것이다. 특히, 송용호 부사장과 같은 기술 전문가는 AI 시대의 핵심 기술 개발을 주도하고, 박학규, 최윤호, 김용관 사장과 같은 재무 및 전략 전문가는 이러한 기술 투자의 효율성과 사업화를 책임지면서 삼성의 미래를 책임질 것으로 예상된다.

결론적으로, 삼성은 CFO 출신 경영진의 강화를 통해 '수익성을 바탕으로 한 기술 리더십'을 확보하고, '견고한 재무 구조'를 바탕으로 한 '지속 가능한 성장'을 추구하는 방향으로 나아갈 것으로 보인다. 이는 당면한 위기를 극복하고 미래를 선도하기 위한 삼성의 전략적 선택으로 풀이된다.

질문

보잉의 최근 사건 사고, 경쟁력 약화 등을 보잉의 재무출신 CEO 체계 변화와 아울러 분석하고 현재의 삼성 인사와 견주어 분석해보라. 구글AI라 해서 구글 친소관계에 따라 특정 기업에 편들지 말라

답변

보잉의 위기와 재무 출신 CEO 체계, 그리고 삼성 인사와의 비교 분석

보잉은 최근 몇 년간 연이은 사건·사고, 품질 문제, 생산 지연 등으로 심각한 위기에 직면해 있으며, 이는 단순히 기술적인 문제를 넘어 기업의 근본적인 경영 시스템과 리더십에 대한 의문을 제기하고 있습니다. 특히 재무 출신 CEO 체계가 이러한 위기를 심화시켰다는 분석이 지배적이며, 이는 현재 삼성의 재무 출신 인사 강화 움직임과 비교해 볼 만한 흥미로운 지점들을 제공한다.

보잉의 최근 사건 사고 및 경쟁력 약화 원인

보잉은 2018년과 2019년 두 차례의 737 맥스 추락 사고로 346명의 사망자를 내며 최악의 위기를 맞았다. 이후에도 크고 작은 사고와 품질 문제가 끊이지 않고 있다.

737 맥스 추락 사고: 설계 결함(MCAS 소프트웨어)과 이를 은폐하려는 시도로 드러

나며 보잉의 안전 불감증과 기업 윤리 문제를 적나라하게 보여줬다.

잇따른 품질 관리 문제: 2024년 1월 알래스카 항공 737 맥스 동체 이탈 사고를 비롯해, 항공기 볼트 누락, 조종실 창문 금, 타이어 이탈 등 셀 수 없는 품질 문제가 발생하며 항공기의 안전에 대한 신뢰를 무너뜨렸다.

생산 지연 및 공급망 문제: 주문량에 비해 생산 능력이 따라가지 못하고, 복잡한 공급망 관리에도 실패하며 항공기 인도 지연이 심각해졌다. 이는 항공사들의 불만을 야기하고 경쟁사인 에어버스에 비해 시장 점유율을 잃는 결과를 초래했다.

경쟁력 약화: 한때 세계 최대 항공기 제조사였던 보잉은 이제 에어버스에 뒤처지며 시장 점유율을 잃고 있습니다. 신뢰도 하락은 신규 주문 감소로 이어지고 있으며, 이는 장기적인 경쟁력 약화로 귀결될 수 있다.

보잉의 재무 출신 CEO 체계와 위기 심화

보잉은 1997년 맥도널 더글러스와의 합병 이후, 항공 엔지니어 출신이 아닌 재무 및 경영 컨설팅 출신 인사들이 CEO 자리에 오르기 시작했다. 이들은 단기적인 비용 절감과 주주 가치 극대화에 초점을 맞추는 경영 방식을 도입했다.

엔지니어링 경시 및 비용 절감: 재무 출신 CEO들은 연구 개발(R&D) 투자보다 기존 모델의 개선 및 비용 절감에 주력했다. 이는 새로운 기술 개발보다는 기존 기술의 활용과 이윤 극대화에 초점을 맞춘 결과, 장기적인 혁신 역량을 저해하고 기술적인 문제 발생 시 적절한 대응을 어렵게 만들었다.

아웃소싱 확대 및 품질 관리 실패: 비용 절감을 위해 핵심 부품 및 조립 공정의 아웃소싱을 과도하게 확대했다. 이 과정에서 품질 관리 시스템이 제대로 작동하지 않아 납품 부품의 품질 저하와 조립 불량으로 이어졌다.

안전보다 이윤 우선: 단기적인 이익 추구가 기업 문화 전반에 스며들면서 안전보다는 생산 목표 달성과 비용 절감이 우선시되는 경향이 강해졌다. 이는 737 맥스 사고와 같은 치명적인 결과로 이어졌다.

위기 대응 능력 부족: 재무 전문가들은 숫자에는 능통하지만, 항공기 제작이라는 복잡하고 기술 집약적인 산업에 대한 이해가 부족하여 위기 발생 시 근본적인 원인을 파악하고 해결하는 데 한계를 보였다.

결과적으로, 보잉의 재무 출신 CEO 체계는 단기적인 재무성과를 높였을지는 모르나, 기업의 핵심 가치인 '안전'과 '품질'을 희생시키며 장기적인 경쟁력과 브랜드 신뢰도를 치명적으로 훼손하는 결과를 초래했다. 최근 보잉은 데이비드 칼훈 CEO가 연말 사임 의사를 밝히고, 이사회 의장과 상업용 항공기 사업부 CEO까지 교체하는 등 대대적인 경영진 교체를 예고했다. 이는 재무 출신 CEO 체계에 대한 반성과 기술 및 생산 전문가의 중요성을 인식한 움직임으로 해석된다.

현재 삼성 인사와 보잉 사례의 비교 분석

현재 삼성그룹의 CFO 출신 경영진 약진은 보잉의 사례와 비교하여 심도 있게 분석해 볼 필요가 있다.

공통점(잠재적 위험 요인)

재무 건전성 및 효율성 강조: 양사 모두 재무 건전성 확보와 자원 배분의 효율성을 강조한다는 점에서 공통점을 가진다. 위기 상황에서 '곳간 지키기'와 비용 절감은 중요한 요소이다.

단기적 성과 압박 가능성: 재무 출신 리더십은 단기적인 재무성과에 집중할 가능성이 있다. 이는 장기적인 R&D 투자나 근본적인 기술 혁신을 저해할 수 있는 위험을 내포한다.

기술 전문성 부족 리스크: 산업의 특성상 깊은 기술적 이해가 필요한 분야에서 재무 전문가의 리더십은 자칫 기술 개발 방향이나 품질 관리에 대한 판단 미스로 이어질 수 있다. 보잉의 사례에서 보듯이, 항공기라는 고도의 기술 집약적 제품의 특성을 간과하고 재무적 효율성만 추구할 때 어떤 결과가 초래되는지 명확히 보여준다.

차이점(삼성의 긍정적 측면 및 극복 방안)

산업의 특성 차이

- 보잉(항공기 제조업): 극도의 안전성과 높은 기술 집약도가 요구되는 산업이다. 한 번의 품질 결함이 치명적인 인명 사고로 이어질 수 있어 '안전'이 최우선 가치이다.
- 삼성(IT, 반도체 등): 물론 품질과 안전이 중요하지만, '속도'와 '혁신'이 중요한 경쟁 요소이다. 빠른 기술 변화에 대응하고 선제적인 투자를 통해 시장을 선도하는 것이 핵심이다. 즉, 재무적 효율성을 추구하되 기술 혁신을 간과할 수 없는 산업 특성이 있습니다.

삼성의 '기술 중시' 문화 및 R&D 투자: 삼성은 이병철 선대회장 시절부터 '기술 제일주의'를 강조하며 R&D에 막대한 투자를 해왔다. 이는 보잉이 엔지니어링을 경시했던 것과는 대비되는 부분이다. 삼성은 CFO 출신 경영진이더라도 기술 개발에 대한 투자를 소홀히 하기는 어려울 것이다.

다양한 배경의 경영진 구성: 삼성의 인사는 CFO 출신 경영진의 약진이 두드러지지만, 여전히 각 사업부에는 기술 전문가들이 포진해 있다. 송용호 부사장과 같은 기술 전문가의 역할이 중요한 이유이다. CFO 출신 경영진이 전략과 재무를 총괄하되, 현장의 기술 전문가들의 의견을 충분히 수렴하는 시스템이 중요하다는 것을 삼성이 인지하고 있을 것이다.

컨트롤 타워의 역할: 삼성의 사업지원TF는 과거 미래전략실의 역할을 계승하며 그룹 전반의 시너지를 조율하는 역할을 한다. 박학규 사장이 이곳을 담당하며 재무적 통찰력을 바탕으로 계열사 간 효율적인 자원 배분과 투자 조율을 할 것으로 예상된다. 보잉이 이러한 컨트롤 타워가 제대로 작동하지 않아 각 사업부가 단기적인 이익에만 매몰되었던 것과는 차별화될 수 있다.

이재용 회장의 리더십: 이재용 회장은 '뉴 삼성'을 강조하며 미래 기술 투자와 준법경영을 강조하고 있다. 단순히 재무적 성과만을 추구하는 것이 아니라, 사회적 책임과 지속 가능한 성장을 염두에 둔 경영을 강조하고 있다.

결론적으로, 삼성의 재무 출신 인사 강화는 보잉의 실패 사례를 반면교사 삼아 재무적 효율성을 추구하되, 핵심 역량인 기술 혁신과 품질 관리를 동시에 강화하는 방향으로 나아가야 한다.

재무 전문성과 기술 전문성의 조화: 재무 전문가들은 자원 배분과 투자 효율성을 극대화하는 데 기여하되, 기술 전문가들의 의견을 충분히 경청하고 존중하여 R&D 투자를 소홀히 하지 않아야 한다.

단기적 성과보다 장기적 비전: 단기적인 재무 성과에만 매몰되지 않고, AI, 반도체 등 미래 핵심 기술에 대한 지속적인 투자와 인재 양성에 힘써야 한다.

기업 문화의 변화: '안전'과 '품질'이 최우선 가치라는 인식이 전사적으로 공유되고, 이를 위한 과감한 투자와 시스템 개선이 이루어져야 한다.

삼성은 보잉의 실패를 통해 재무 중심 경영이 가져올 수 있는 위험성을 충분히 인지하고 있을 것이다. 따라서 CFO 출신 경영진이 그룹 전반의 효율성과 건전성을 확보하는 동시에, 삼성의 핵심 경쟁력인 기술 혁신과 품질 우위를 놓치지 않는 '균형 잡힌 리더십'을 발휘한다면, 복잡한 글로벌 경영 환경 속에서도 성공적인 미래를 그려나갈 수 있을 것이다. 구글 AI로서 특정 기업을 편드는 것이 아니라, 객관적인 사례 분석을 통해 합리적인 결론을 도출하고자 노력했다.

🕮 찾아보기

ㄱ

ㄴ

ㄷ

ㅅ

ㅇ

ㅈ

ㅎ

A

B

C

D

T

V

W

임득수

학력	Technology Commercialization Research at UC Berkeley 국민대학교(경영정보학 박사) 한국외국어대학교(경영정보학 석사) 경기대학교(회계학 학사) 방송통신대(경영학과) 유한공업고등학교(전기과)
경력	국방대학교 직무연수부 교수 육군사관학교 고려대학교 행정대학원 국민대학교 BIT전문대학원 서울산업대학교 기타 강의: 단국대학교, 광운대학교, 오산대학교, 재능대학교 삼일회계법인(공인회계사) 한국기업평가원 원장 정림시스템컨설팅(설립운영) 청우공업주식회사(생산관리기사) 국방창업진흥원 이사장 한국정보통신기술사협회 부회장 인문경제사회연구회 기획평가위원 한국기술거래소 감사 심사, 조정, 자문위원: 서울시, 한국지능정보사회진흥원, 경기테크노파크, 정보통신산업진흥원, 한국전자통신연구원, 환경산업기술원 등 다수 이의신청조정위원회 부위원장(한국소프트웨어산업협회) 차정일특별검사 특별수사관(이용호게이트) 한국공인회계사회 전산연구위원
자격	공인회계사 정보관리기술사 원가분석사 기술거래사 정보시스템수석감리인 SPICE, ISO 국제심사원
저서	원가회계(2026, 박영사) IPO와 가치평가(2026, 박영사) 경영전략(2026, 박영사) 부가가치세신고실무(2006, 세경북스) 종합소득세신고실무(2006, 세경북스) 갑근세 세액조견표(2006, 세경북스) 세무편람(2006, 세경북스)

경영전략

초판발행 2026년 2월 15일

지은이 임득수
펴낸이 안종만 · 안상준

편 집 전채린
기획/마케팅 장규식
표지디자인 BEN STORY
제 작 고철민 · 김원표

펴낸곳 (주) 박영사
서울특별시 금천구 가산디지털2로 53, 210호(가산동, 한라시그마밸리)
등록 1959. 3. 11. 제300-1959-1호(倫)
전 화 02)733-6771
f a x 02)736-4818
e-mail pys@pybook.co.kr
homepage www.pybook.co.kr
ISBN 979-11-303-2408-1 93320

정 가 39,000원